OEUVRES COMPLÈTES

DE

M. DE BALZAC.

PARIS, IMPRIMÉ PAR BÉTHUNE ET PLON.

SCÈNES

DE LA

VIE PARISIENNE

TOME XI.

La Maison Nucingen. — Pierre Grassou.
Les Secrets de la princesse de Cadignan. — Les Employés, ou la Femme supérieure.
Splendeurs et Misères des Coutisanes : (Première Partie) Esther heureuse.
(Deuxième Partie) A combien l'Amour revient aux Vieillards.

PARIS,

FURNE,
RUE SAINT-ANDRÉ-DES-ARTS, 55;

J.-J. DUBOCHET et Cie,
RUE DE SEINE, 33;

J. HETZEL,
RUE DE MÉNARS, 10.

1844

LA
COMÉDIE HUMAINE.

ONZIÈME VOLUME.

PREMIÈRE PARTIE,
ÉTUDES DE MOEURS.

TROISIÈME LIVRE.

M. BIDAULT-GIGONNET.

Ce petit vieillard, à figure d'une teinte verdâtre, laissait
flotter ses cheveux gris sous un tricorne . . . .

LES EMPLOYÉS.

TROISIÈME LIVRE,

SCÈNES DE LA VIE PARISIENNE.

LA MAISON NUCINGEN.

A MADAME ZULMA CARAUD.

N'est-ce pas à vous, madame, dont la haute et probe intelligence est comme un trésor pour vos amis, à vous qui êtes à la fois pour moi tout un public et la plus indulgente des sœurs, que je dois dédier cette œuvre? daignez l'accepter comme témoignage d'une amitié dont je suis fier. Vous et quelques âmes, belles comme la vôtre, comprendront ma pensée en lisant la Maison Nucingen acollée à César Birotteau. Dans ce contraste n'y a-t-il pas tout un enseignement social?

DE BALZAC.

Vous savez combien sont minces les cloisons qui séparent les cabinets particuliers dans les plus élégants cabarets de Paris. Chez Véry, par exemple, le plus grand salon est coupé en deux par une cloison qui s'ôte et se remet à volonté. La scène n'était pas là, mais dans un bon endroit qu'il ne me convient pas de nommer. Nous étions deux, je dirai donc, comme le Prud'homme de Henri Monnier : « Je ne voudrais pas la compromettre. » Nous caressions les friandises d'un dîner exquis à plusieurs titres, dans un petit salon où nous parlions à voix basse, après avoir reconnu le peu d'épaisseur de la cloison. Nous avions atteint au moment du rôti sans avoir eu de voisins dans la pièce contiguë à la nôtre, où nous n'entendions que les pétillements du feu. Huit heures sonnèrent, il se fit un grand bruit de pieds, il y eut des paroles échangées, les garçons apportèrent des bougies. Il nous fut démontré que le salon voisin était occupé. En reconnaissant les voix, je sus à quels personnages nous avions affaire. C'était quatre des plus hardis cormorans éclos dans l'écume qui couronne les flots incessamment renouvelés de la génération présente ; aimables garçons dont l'existence est problématique, à qui l'on ne connait ni rentes ni domaines, et qui vivent bien. Ces spirituels *condottieri* de l'Industrie moderne, devenue la plus cruelle des guerres, laissent les inquiétudes à leurs créanciers, gardent les plaisirs pour eux, et n'ont de souci que de leur costume. D'ailleurs braves à fumer, comme Jean Bart, leur cigare sur une tonne de poudre, peut-être pour ne pas faillir à leur rôle ; plus moqueurs que les petits journaux, moqueurs à se moquer d'eux-mêmes ; perspicaces et incrédules, fureteurs d'affaires, avides et prodigues, envieux d'autrui, mais contents d'eux-mêmes ; profonds politiques par saillies, analysant tout, devinant tout, ils n'avaient pas encore pu se faire jour dans le monde où ils voudraient se produire. Un seul des quatre est parvenu, mais seulement au pied de l'échelle. Ce n'est rien que d'avoir de l'argent, et un parvenu ne sait tout ce qui lui manque alors qu'après six mois de flatteries. Peu parleur, froid, gourmé, sans esprit, ce parvenu nommé Andoche Finot, a eu le cœur de se mettre à plat ventre devant ceux qui pouvaient le servir, et la finesse d'être insolent avec ceux dont il n'avait plus besoin. Semblable à l'un des grotesques du ballet de Gustave, il est marquis par derrière et vilain par devant. Ce prélat industriel entretient un caudataire, Émile Blondet, rédacteur de journaux, homme de beaucoup d'esprit, mais décousu, brillant, capable, paresseux, se sachant exploité, se laissant faire, perfide, comme il est bon, par caprices ; un de ces hommes que l'on aime et que l'on n'estime pas. Fin comme une soubrette de comédie, incapable de refuser sa plume à qui la lui demande, et son cœur à qui le lui emprunte, Émile est le plus séduisant de ces hommes-filles de qui le plus fantasque de nos gens d'esprit a dit : « Je les aime mieux en souliers de satin qu'en bottes. » Le troisième, nommé Couture, se maintient par la Spéculation. Il ente affaire sur affaire, le succès de l'une couvre l'insuccès de l'autre. Aussi vit-il à fleur d'eau soutenu par la force nerveuse de son jeu, par une coupe roide et audacieuse. Il nage de ci, de là, cherchant dans l'immense mer des intérêts parisiens un îlot assez contestable pour pouvoir s'y loger. Évidemment, il n'est pas à sa place. Quant au dernier, le plus malicieux des quatre, son nom suffira : Bixiou! Hélas! ce n'est plus le Bixiou de 1825, mais celui de 1836, le misanthrope bouffon à qui l'on connaît le plus de verve et de mordant, un diable enragé d'avoir dépensé tant d'esprit en pure perte, furieux de ne pas avoir ramassé son épave dans la dernière révolution, donnant son coup de pied à chacun en vrai Pierrot des Funambules, sachant son époque et les aventures scandaleuses sur le bout de son doigt, les ornant de ses inventions drôlatiques, sautant sur toutes les épaules comme un clown, et tâchant d'y laisser une marque à la façon du bourreau.

Après avoir satisfait aux premières exigences de la gourmandise, nos voisins arrivèrent où nous en étions de notre dîner, au dessert; et, grâce à notre coite tenue, ils se crurent seuls. A la fumée des cigares, à l'aide du vin de Champagne, à travers les amusements gastronomiques du dessert, il s'entama donc une intime conversation. Empreinte de cet esprit glacial qui roidit les sentiments les plus élastiques, arrête les inspirations les plus généreuses, et donne au rire quelque chose d'aigu, cette causerie pleine de l'âcre ironie qui change la gaîté en ricanerie, accusa l'épuisement d'âmes livrées à elles-mêmes, sans autre but que la satisfaction de l'égoïsme, fruit de la paix où nous vivons. Ce pamphlet contre l'homme que Diderot n'osa pas publier, le *Neveu de Rameau;* ce livre, débraillé tout exprès pour montrer des plaies, est seul comparable à ce pamphlet dit sans aucune arrière-pensée, où le mot ne respecta même point ce que le penseur discute encore, où l'on ne construisit qu'avec des ruines, où l'on nia tout, où l'on n'admira que ce que le scepticisme adopte : l'omnipotence, l'omniscience, l'omniconvenance de l'argent. Après avoir tiraillé dans le cercle des personnes de connaissance, la Médisance se mit à fusiller les amis intimes. Un signe suffit pour expliquer le désir que j'avais de rester et d'écouter au moment où Bixiou prit la parole, comme on va le voir. Nous entendîmes alors une de ces terribles improvisations qui valent à cet artiste sa réputation auprès de quelques esprits blasés; et, quoique souvent interrompue, prise et reprise, elle fut sténographiée par ma mémoire. Opinions et forme, tout y est en dehors des conditions littéraires. Mais c'est ce que cela fut : un pot-pourri de choses sinistres qui peint notre temps, auquel l'on ne devrait raconter que de semblables histoires, et j'en laisse d'ailleurs la responsabilité au narrateur principal. La pantomime, les gestes, en rapport avec les fréquents changements de voix par lesquels Bixiou peignait les interlocuteurs mis en scène, devaient être parfaits, car ses trois auditeurs laissaient échapper des exclamations approbatives et des interjections de contentement.

— Et Rastignac t'a refusé? dit Blondet à Finot.

— Net.

— Mais l'as-tu menacé des journaux, demanda Bixiou.

— Il s'est mis à rire, répondit Finot.

— Rastignac est l'héritier direct de feu de Marsay, il fera son chemin en politique comme dans le monde, dit Blondet.

— Mais comment a-t-il fait sa fortune, demanda Couture. Il était en 1819 avec l'illustre Bianchon, dans une misérable pension du quartier latin; sa famille mangeait des hannetons rôtis et buvait le vin du cru, pour pouvoir lui envoyer cent francs par mois; le domaine de son père ne valait pas mille écus; il avait deux sœurs et un frère sur les bras, et maintenant...

— Maintenant, il a quarante mille livres de rentes, reprit Finot; chacune de ses sœurs a été richement dotée, noblement mariée, et il a laissé l'usufruit du domaine à sa mère...

— En 1827, dit Blondet, je l'ai encore vu sans le sou.

— Oh! en 1827, dit Bixiou.

— Eh! bien, reprit Finot, aujourd'hui nous le voyons en passe de devenir ministre, pair de France et tout ce qu'il voudra être! Il a depuis trois ans fini convenablement avec Delphine, il ne se mariera qu'à bonnes enseignes, et il peut épouser une fille noble, lui! Le gars a eu le bon esprit de s'attacher à une femme riche.

— Mes amis, tenez-lui compte des circonstances atténuantes, dit Blondet, il est tombé dans les pattes d'un homme habile en sortant des griffes de la misère.

— Tu connais bien Nucingen, dit Bixiou, dans les premiers temps, Delphine et Rastignac le trouvaient *bon;* une femme semblait être, pour lui, dans sa maison, un joujou, un ornement. Et voilà ce qui, pour moi, rend cet homme carré de base comme de hauteur : Nucingen ne se cache pas pour dire que sa femme est la représentation de sa fortune, *une chose* ndispensable, mais secondaire dans la vie à haute pression des hommes politiques et des grands financiers. Il a dit, devant moi, que Bonaparte avait été bête comme un bourgeois dans ses premières relations avec Joséphine, et qu'après avoir eu le courage de la prendre comme un marchepied, il avait été ridicule en voulant faire d'elle une compagne.

— Tout homme supérieur doit avoir, sur les femmes, les opinions de l'Orient, dit Blondet.

— Le baron a fondu les doctrines orientales et occidentales en une charmante doctrine parisienne. Il avait en horreur de Marsay qui n'était pas maniable, mais Rastignac lui a plu beaucoup et il l'a exploité sans que Rastignac s'en doutât : il lui a laissé toutes les charges de son ménage. Rastignac a endossé tous les caprices de Delphine, il la menait au bois, il l'accompagnait au spectacle. Ce grand petit homme politique d'aujourd'hui a long-temps passé sa vie à lire et à écrire de jolis billets. Dans les commencements, Eugène était grondé pour des riens, il s'égayait avec Delphine quand elle était gaie, s'attristait quand elle était triste, il supportait le poids de ses migraines, de ses confidences, il lui donnait tout son temps, ses heures, sa précieuse jeunesse pour combler le vide de l'oisiveté de cette Parisienne. Delphine et lui tenaient de grands conseils sur les parures qui allaient le mieux, il essuyait le feu des colères et la bordée des boutades; tandis que, par compensation, elle se faisait charmante pour le baron. Le baron riait à part lui; puis, quand il voyait Rastignac pliant sous le poids de ses charges, il avait *l'air de soupçonner quelque chose*, et reliait les deux amants par une peur commune.

— Je conçois qu'une femme riche ait fait vivre et vivre honorablement Rastignac; mais où a-t-il pris sa fortune, demanda Couture. Une fortune, aussi considérable que la sienne aujourd'hui, se prend quelque part, et personne ne l'a jamais accusé d'avoir inventé une bonne affaire ?

— Il a hérité, dit Finot.

— De qui ? dit Blondet.

— Des sots qu'il a rencontrés, reprit Couture.

— Il n'a pas tout pris, mes petits amours, dit Bixiou :

... Remettez-vous d'une alarme aussi chaude :
Nous vivons dans un temps très-ami de la fraude.

Je vais vous raconter l'origine de sa fortune. D'abord, hommage au talent ! Notre ami n'est pas un gars, comme dit Finot, mais un gentleman qui sait le jeu, qui connaît les cartes et que la galerie respecte. Rastignac a tout l'esprit qu'il faut avoir dans un moment donné, comme un militaire qui ne place son courage qu'à quatre-vingt-dix jours, trois signatures et des garanties. Il paraîtra cassant, brise-raison, sans suite dans les idées, sans constance dans ses projets, sans opinion fixe ; mais s'il se présente une affaire sérieuse, une combinaison à suivre, il ne s'éparpillera pas, comme Blondet que voilà ! et qui discute alors pour le compte du voisin, Rastignac se concentre, se ramasse, étudie le point où il faut charger, et il charge à fond de train. Avec la valeur de Murat, il enfonce les carrés, les actionnaires, les fondateurs et toute la boutique ; quand la charge a fait son trou, il rentre dans sa vie molle et insouciante, il redevient l'homme du midi, le voluptueux, le diseur de riens, l'inoccupé Rastignac, qui peut se lever à midi parce qu'il ne s'est pas couché au moment de la crise.

— Voilà qui va bien, mais arrive donc à sa fortune, dit Finot.

— Bixiou ne nous fera qu'une charge, reprit Blondet. La fortune de Rastignac, c'est Delphine de Nucingen, femme remarquable, et qui joint l'audace à la prévision.

— T'a-t-elle prêté de l'argent, demanda Bixiou.

Un rire général éclata.

— Vous vous trompez sur elle, dit Couture à Blondet, son esprit consiste à dire des mots plus ou moins piquants, à aimer Rastignac avec une fidélité gênante, à lui obéir aveuglément, une femme tout à fait italienne.

— Argent à part, dit aigrement Andoche Finot.

— Allons, allons, reprit Bixiou d'une voix pateline, après ce que nous venons de dire, osez-vous encore reprocher à ce pauvre Rastignac d'avoir vécu aux dépens de la maison Nucingen, d'avoir été mis dans ses meubles ni plus ni moins que la Torpille jadis par notre ami des Lupeaulx ? vous tomberiez dans la vulgarité de la rue Saint-Denis. D'abord, abstraitement parlant, comme dit Royer-Collard, la question peut soutenir *la critique de la raison pure*, quant à celle de la raison impure....

— Le voilà lancé ! dit Finot à Blondet.

— Mais, s'écria Blondet, il a raison. La question est très-ancienne, elle fut le grand mot du fameux duel à mort entre la

Châteigneraie et Jarnac. Jarnac était accusé d'être en bons termes avec sa belle-mère, qui fournissait au faste du trop aimé gendre. Quand un fait est si vrai, il ne doit pas être dit. Par dévouement pour le roi Henri II, qui s'était permis cette médisance, la Châteigneraie la prit sur son compte; de là ce duel qui a enrichi la langue française de l'expression : *coup de Jarnac*.

— Ha ! l'expression vient de si loin, elle est donc noble, dit Finot.

— Tu pouvais ignorer cela en ta qualité d'ancien propriétaire de journaux et Revues, dit Blondet.

— Il est des femmes, reprit gravement Bixiou, il est aussi des hommes qui peuvent scinder leur existence, et n'en donner qu'une partie (remarquez que je vous phrase mon opinion d'après la formule humanitaire). Pour ces personnes, tout intérêt matériel est en dehors des sentiments; elles donnent leur vie, leur temps, leur honneur à une femme, et trouvent qu'il n'est pas comme il faut de gaspiller entre soi du papier de soie où l'on grave : *La loi punit de mort le contrefacteur*. Par réciprocité, ces gens n'acceptent rien d'une femme. Oui, tout devient déshonorant s'il y a fusion des intérêts comme il y a fusion des âmes. Cette doctrine se professe, elle s'applique rarement...

— Hé ! dit Blondet, quelles vétilles ! Le maréchal de Richelieu, qui se connaissait en galanterie, fit une pension de mille louis à madame de La Popelinière, après l'aventure de la plaque de cheminée. Agnès Sorel apporta tout naïvement au roi Charles VII sa fortune, et le roi la prit. Jacques Cœur a entretenu la couronne de France, qui s'est laissé faire, et fut ingrate comme une femme.

— Messieurs, dit Bixiou, l'amour qui ne comporte pas une indissoluble amitié me semble un libertinage momentané. Qu'est-ce qu'un entier abandon où l'on se réserve quelque chose ? Entre ces deux doctrines, aussi opposées et aussi profondément immorales l'une que l'autre, il n'y a pas de conciliation possible. Selon moi, les gens qui craignent une liaison complète ont sans doute la croyance qu'elle peut finir, et adieu l'illusion ! La passion qui ne se croit pas éternelle est hideuse. (Ceci est du Fénelon tout pur.) Aussi, ceux à qui le monde est connu, les observateurs, les gens comme il faut, les hommes bien gantés et bien cravatés, qui ne rougissent pas d'épouser une femme pour sa fortune, proclament-ils comme indispensable une complète scission des intérêts et des sentiments. Les autres sont des fous qui aiment, qui se croient seuls dans le monde avec leur maîtresse! Pour eux, les millions sont de la boue; le gant, le camélia porté par l'idole vaut des millions! Si vous ne retrouvez jamais chez eux le vil métal dissipé, vous trouvez des débris de fleurs cachés dans de jolies boîtes de cèdre! Ils ne se distinguent plus l'un de l'autre. Pour eux, il n'y a plus de *moi*. TOI, voilà leur Verbe incarné. Que voulez-vous? Empêcherez-vous cette maladie secrète du cœur? Il y a des niais qui aiment sans aucune espèce de calcul, et il y a des sages qui calculent en aimant.

— Bixiou me semble sublime, s'écria Blondet. Qu'en dit Finot?

— Partout ailleurs, répondit Finot en se posant dans sa cravate, je dirais comme les gentlemen; mais ici je pense....

— Comme les infâmes mauvais sujets avec lesquels tu as l'honneur d'être, reprit Bixiou.

— Ma foi, oui, dit Finot.

— Et toi? dit Bixiou à Couture.

— Niaiseries, s'écria Couture. Une femme qui ne fait pas de son corps un marchepied, pour faire arriver au but l'homme qu'elle distingue, est une femme qui n'a de cœur que pour elle.

— Et toi, Blondet?

— Moi, je pratique.

— Hé! bien, reprit Bixiou de sa voix la plus mordante, Rastignac n'était pas de votre avis. Prendre et ne pas rendre est horrible et même un peu léger; mais prendre pour avoir le droit d'imiter le seigneur, en rendant le centuple, est un acte chevaleresque. Ainsi pensait Rastignac. Rastignac était profondément humilié de sa communauté d'intérêts avec Delphine de Nucingen, je puis parler de ses regrets, je l'ai vu les larmes aux yeux déplorant sa position. Oui, il en pleurait véritablement!... après souper. Hé! bien, selon vous.....

— Ah! çà, tu te moques de nous, dit Finot.

— Pas le moins du monde. Il s'agit de Rastignac, dont la douleur serait selon vous une preuve de sa corruption, car alors il aimait beaucoup moins Delphine! Mais que voulez-vous? le pauvre garçon avait cette épine au cœur. C'est un gentilhomme profondément dépravé, voyez-vous, et nous sommes de vertueux artistes. Donc, Rastignac voulait enrichir Delphine, lui pauvre, elle riche!

Le croirez-vous?... il y est parvenu. Rastignac, qui se serait battu comme Jarnac, passa dès lors à l'opinion de Henri II, en vertu de son grand mot : Il n'y a pas de vertu absolue, mais des circonstances. Ceci tient à l'histoire de sa fortune.

— Tu devrais bien nous entamer ton conte au lieu de nous induire à nous calomnier nous-mêmes, dit Blondet avec une gracieuse bonhomie.

— Ha! ha! mon petit, lui dit Bixiou en lui donnant le baptême d'une petite tape sur l'occiput, tu te rattrapes au vin de Champagne.

— Hé, par le saint nom de l'Actionnaire, dit Couture, raconte-nous ton histoire?

— J'y étais d'un cran, repartit Bixiou; mais avec ton juron, tu me mets au dénoûment.

— Il y a donc des actionnaires dans l'histoire, demanda Finot.

— Richissimes comme les tiens, répondit Bixiou.

— Il me semble, dit Finot d'un ton gourmé, que tu dois des égards à un bon enfant chez qui tu trouves dans l'occasion un billet de cinq cents....

— Garçon! cria Bixiou.

— Que veux-tu au garçon? lui dit Blondet.

— Faire rendre à Finot ses cinq cents francs, afin de dégager ma langue et déchirer ma reconnaissance.

— Dis ton histoire, reprit Finot en feignant de rire.

— Vous êtes témoins, dit Bixiou, que je n'appartiens pas à cet impertinent qui croit que mon silence ne vaut que cinq cents francs! tu ne seras jamais ministre, si tu ne sais pas jauger les consciences. Eh! bien, oui, dit-il d'une voix câline, mon bon Finot, je dirai l'histoire sans personnalités, et nous serons quittes.

— Il va nous démontrer, dit en souriant Blondet, que Nucingen a fait la fortune de Rastignac.

— Tu n'en es pas si loin que tu le penses, reprit Bixiou. Vous ne connaissez pas ce qu'est Nucingen, financièrement parlant.

— Tu ne sais seulement pas, dit Blondet, un mot de ses débuts?

— Je ne l'ai connu que chez lui, dit Bixiou, mais nous pourrions nous être vus autrefois sur la grand'route.

— La prospérité de la maison Nucingen est un des phénomènes les plus extraordinaires de notre époque, reprit Blondet. En 1804, Nucingen était peu connu. Les banquiers d'alors auraient tremblé de savoir sur la place cent mille écus de ses acceptations. Ce grand financier sent alors son infériorité. Comment se faire connaître ? Il suspend ses paiements. Bon ! Son nom, restreint à Strasbourg et au quartier Poissonnière, retentit sur toutes les places ! il désintéresse son monde avec des valeurs mortes, et reprend ses paiements : aussitôt son papier se fait dans toute la France. Par une circonstance inouïe, les valeurs revivent, reprennent faveur, donnent des bénéfices. Le Nucingen est très-recherché. L'année 1815 arrive, mon gars réunit ses capitaux, achète des fonds avant la bataille de Waterloo, suspend ses paiements au moment de la crise, liquide avec des actions dans les mines de Wortschin qu'il s'était procurées à vingt pour cent au-dessous de la valeur à laquelle il les émettrait lui-même ! oui, messieurs ! Il prend à Grandet cent cinquante mille bouteilles de vin de Champagne pour se couvrir en prévoyant la faillite de ce vertueux père du comte d'Aubrion actuel, et autant à Duberghe en vins de Bordeaux. Ces trois cent mille bouteilles *acceptées,* acceptées, mon cher, à trente sous, il les a fait boire aux Alliés, à six francs, au Palais-Royal de 1817 à 1819. Le papier de la maison Nucingen et son nom deviennent européens. Cet illustre baron s'est élevé sur l'abîme où d'autres auraient sombré. Deux fois, sa liquidation a produit d'immenses avantages à ses créanciers : il a voulu les rouer, impossible ! Il passe pour le plus honnête homme du monde. A la troisième suspension, le papier de la maison Nucingen se fera en Asie, au Mexique, en Australasie, chez les Sauvages. Ouvrard est le seul qui ait deviné cet Alsacien, fils de quelque juif converti par ambition : « Quand Nucingen lâche son or, disait-il, croyez qu'il saisit des diamants ! »

— Son compère du Tillet le vaut bien, dit Finot. Songez donc que du Tillet est un homme qui, en fait de naissance, n'en a que ce qui nous est indispensable pour exister, et que ce gars, qui n'avait pas un liard en 1814, est devenu ce que vous le voyez ; mais ce qu'aucun de nous (je ne parle pas de toi, Couture) n'a su faire, il a eu des amis au lieu d'avoir des ennemis. Enfin, il a si bien caché ses antécédents, qu'il a fallu fouiller des égouts pour le trouver commis chez un parfumeur de la rue Saint-Honoré, pas plus tard qu'en 1814.

— Ta ! ta ! ta ! reprit Bixiou, ne comparez jamais à Nucingen un petit *carotteur* comme du Tillet, un chacal qui réussit par son odorat, qui devine les cadavres et arrive le premier pour avoir le meilleur os. Voyez d'ailleurs ces deux hommes : l'un a la mine aiguë des chats, il est maigre, élancé ; l'autre est cubique, il est gras, il est lourd comme un sac, immobile comme un diplomate. Nucingen a la main épaisse et un regard de loup-cervier qui ne s'anime jamais ; sa profondeur n'est pas en avant, mais en arrière : il est impénétrable, on ne le voit jamais venir, tandis que la finesse de du Tillet ressemble, comme le disait Napoléon de je ne sais qui, à du coton filé trop fin, il casse.

— Je ne vois à Nucingen d'autre avantage sur du Tillet que d'avoir le bon sens de deviner qu'un financier ne doit être que baron, tandis que du Tillet veut se faire nommer comte en Italie, dit Blondet.

— Blondet ?... un mot, mon enfant, reprit Couture. D'abord Nucingen a osé dire qu'il n'y a que des apparences d'honnête homme ; puis, pour le bien connaître, il faut être dans les affaires. Chez lui, la banque est un très-petit département : il y a les fournitures du gouvernement, les vins, les laines, les indigos, enfin tout ce qui donne matière à un gain quelconque. Son génie embrasse tout. Cet éléphant de la Finance vendrait des Députés au Ministère, et les Grecs aux Turcs. Pour lui le commerce est, dirait Cousin, la totalité des variétés, l'unité des spécialités. La Banque envisagée ainsi devient toute une politique, elle exige une tête puissante, et porte alors un homme bien trempé à se mettre au-dessus des lois de la probité dans lesquelles il se trouve à l'étroit.

— Tu as raison, mon fils, dit Blondet. Mais nous seuls, nous comprenons que c'est alors la guerre portée dans le monde de l'argent. Le banquier est un conquérant qui sacrifie des masses pour arriver à des résultats cachés, ses soldats sont les intérêts des particuliers. Il a ses stratagèmes à combiner, ses embuscades à tendre, ses partisans à lancer, ses villes à prendre. La plupart de ces hommes sont si contigus à la Politique, qu'ils finissent par s'en mêler, et leurs fortunes y succombent. La maison Necker s'y est perdue, le fameux Samuel Bernard s'y est presque ruiné. Dans chaque siècle, il se trouve un banquier de fortune colossale qui ne laisse ni fortune ni successeur. Les frères Pâris, qui contribuèrent à abattre Law, et Law lui-même, auprès de qui tous ceux qui inventent des Sociétés par actions sont des pygmées, Bouret, Baujon, tous ont disparu sans se faire représenter par une famille. Comme le Temps, la Banque dévore ses enfants. Pour pouvoir subsister, le banquier doit devenir noble, fonder une dynastie comme les prêteurs de Charles-Quint, les Fugger, créés princes de Babenhausen, et qui existent encore... dans l'Almanach de Gotha. La Banque cherche la noblesse par instinct de conservation, et sans le savoir peut-être. Jacques Cœur a fait une grande maison noble, celle de Noirmoutier, éteinte sous Louis XIII. Quelle énergie chez cet homme, ruiné pour avoir fait un roi légitime ! Il est mort prince d'une île de l'Archipel où il a bâti une magnifique cathédrale.

— Ah ! si vous faites des Cours d'Histoire, nous sortons du temps actuel où le trône est destitué du droit de conférer la noblesse, où l'on fait des barons et des comtes à huis-clos, quelle pitié ! dit Finot.

— Tu regrettes la savonnette à vilain, dit Bixiou, tu as raison. Je reviens à nos moutons. Connaissez-vous Beaudenord ? Non, non, non. Bien. Voyez comme tout passe ! Le pauvre garçon était la fleur du dandysme il y a dix ans. Mais il a été si bien absorbé, que vous ne le connaissez pas plus que Finot ne connaissait tout à l'heure l'origine du coup de Jarnac (c'est pour la phrase et non pour te taquiner que je dis cela, Finot !). A la vérité, il appartenait au faubourg Saint-Germain. Eh ! bien, Beaudenord est le premier pigeon que je vais vous mettre en scène. D'abord, il se nommait Godefroid de Beaudenord. Ni Finot, ni Blondet, ni Couture ni moi, nous ne méconnaîtrons un pareil avantage. Le gars ne souffrait point dans son amour-propre en entendant appeler ses gens au sortir d'un bal, quand trente jolies femmes encapuchonnées et flanquées de leurs maris et de leurs adorateurs attendaient leurs voitures. Puis il jouissait de tous les membres que Dieu a donnés à l'homme : sain et entier, ni taie sur un œil, ni faux toupet, ni faux mollets ; ses jambes ne rentraient point en dedans, ne sortaient point en dehors ; genoux sans engorgement, épine dorsale droite, taille mince, main blanche et jolie, cheveux noirs ; teint ni rose comme celui d'un garçon épicier, ni trop brun comme celui d'un Calabrois. Enfin, chose essentielle ! Beaudenord n'était pas trop joli homme, comme le sont ceux de nos amis qui ont l'air de faire état de leur beauté, de ne pas avoir autre chose ; mais ne revenons pas là-dessus, nous l'avons dit, c'est infâme ! Il tirait bien le pistolet, montait fort agréablement à cheval ; il s'était battu pour une vétille, et n'avait pas tué son adversaire. Savez-vous que pour faire connaître de quoi se compose un bonheur entier, pur, sans mélange, au dix-neuvième siècle, à Paris, et un bonheur de jeune homme de vingt-six ans, il faut entrer dans les infiniment petites choses de la vie? Le bottier avait attrapé le pied de Beaudenord et le chaussait bien, son tailleur aimait à l'habiller. Godefroid ne grasseyait pas, ne gasconnait pas, ne normandisait pas, il parlait purement et correctement, et mettait fort bien sa cravate, comme Finot. Cousin par alliance du marquis d'Aiglemont, son tuteur (il était orphelin de père et de mère, autre bonheur!), il pouvait aller et allait chez les banquiers, sans que le faubourg Saint-Germain lui reprochât de les hanter, car heureusement un jeune homme a le droit de faire du plaisir son unique loi, de courir où l'on s'amuse, et de fuir les recoins sombres où fleurit le chagrin. Enfin il avait été vacciné (tu me comprends, Blondet). Malgré toutes ces vertus, il aurait pu se trouver très-malheureux. Hé! hé! le bonheur a le malheur de paraître signifier quelque chose d'absolu; apparence qui induit tant de niais à demander : « Qu'est-ce que le bonheur? » Une femme de beaucoup d'esprit disait : « Le bonheur est où on le met. »

— Elle proclamait une triste vérité, dit Blondet.

— Et morale, ajouta Finot.

— Archi-morale! LE BONHEUR, comme LA VERTU, comme LE MAL, expriment quelque chose de relatif, répondit Blondet. Ainsi La Fontaine espérait que, par la suite des temps, les damnés s'habitueraient à leur position, et finiraient par être dans l'enfer comme les poissons dans l'eau.

— Les épiciers connaissent tous les mots de La Fontaine! dit Bixiou.

— Le bonheur d'un homme de vingt-six ans qui vit à Paris, n'est pas le bonheur d'un homme de vingt-six ans qui vit à Blois, dit Blondet, sans entendre l'interruption. Ceux qui partent de là pour déblatérer contre l'instabilité des opinions sont des fourbes ou des ignorants. La médecine moderne, dont le plus beau titre de gloire est d'avoir, de 1799 à 1837, passé de l'état conjectural à l'état de science positive, et ce par l'influence de la grande École analyste de Paris, a démontré que, dans une certaine période, l'homme s'est complètement renouvelé....

— A la manière du couteau de Jeannot, et vous le croyez toujours le même, reprit Bixiou. Il y a donc plusieurs losanges dans cet habit d'Arlequin que nous nommons le bonheur, eh! bien, le costume de mon Godefroid n'avait ni trous ni taches. Un jeune homme de vingt-six ans, qui serait heureux en amour, c'est-à-dire aimé, non à cause de sa florissante jeunesse, non pour son esprit, non pour sa tournure, mais irrésistiblement, pas même à cause de l'amour en lui-même, mais quand même cet amour serait abstrait, pour revenir au mot de Royer-Collard, ce susdit jeune homme pourrait fort bien ne pas avoir un liard dans la bourse que l'objet aimant lui aurait brodée, il pourrait devoir son loyer à son propriétaire, ses bottes à ce bottier déjà nommé, ses habits au tailleur qui finirait, comme la France, par se désaffectionner. Enfin, il pourrait être pauvre! La misère gâte le bonheur du jeune homme qui n'a pas nos opinions transcendantes sur la fusion des intérêts. Je ne sais rien de plus fatigant que d'être moralement très-heureux et matériellement très-malheureux. N'est-ce pas avoir une jambe glacée comme la mienne par le vent coulis de la porte, et l'autre grillée par la braise du feu. J'espère être bien compris, il y a de l'écho dans la poche de ton gilet, Blondet? Entre nous, laissons le cœur, il gâte l'esprit. Poursuivons! Godefroid de Beaudenord avait donc l'estime de ses fournisseurs, car ses fournisseurs avaient assez régulièrement sa monnaie. La femme de beaucoup d'esprit déjà citée, et qu'on ne peut pas nommer, parce que, grâce à son peu de cœur, elle vit....

— Qui est-ce?

— La marquise d'Espard! Elle disait qu'un jeune homme devait demeurer dans un entresol, n'avoir chez lui rien qui sentît le ménage, ni cuisinière, ni cuisine, être servi par un vieux domestique, et n'annoncer aucune prétention à la stabilité. Selon elle, tout autre établissement est de mauvais goût. Godefroid de Beaudenord, fidèle à ce programme, logeait quai Malaquais, dans un entresol; néanmoins il avait été forcé d'avoir une petite similitude avec les gens mariés, en mettant dans sa chambre un lit d'ailleurs si étroit qu'il y tenait peu. Une Anglaise, entrée par hasard chez lui, n'y aurait pu rien trouver d'*improper*. Finot, tu te feras expliquer la grande loi de l'*improper* qui régit l'Angleterre! Mais puisque nous sommes liés par un billet de mille, je vais t'en donner une idée. Je suis allé en Angleterre, moi! (Bas à l'oreille de Blondet: Je lui donne de l'esprit pour plus de deux mille francs.) En Angleterre, Finot, tu te lies extrêmement avec une femme, pendant la nuit, au bal ou ailleurs ; tu la rencontres le lendemain dans la rue, et tu as l'air de la reconnaître : *improper!* Tu trouves à dîner, sous le frac de ton voisin de gauche, un homme charmant, de l'esprit, nulle morgue, du laissez-aller ; il n'a rien d'anglais ; suivant les lois de l'ancienne compagnie française, si accorte, si aimable, tu lui parles : *improper!* Vous abordez au bal une jolie femme afin de la faire danser : *improper!* Vous vous échauffez, vous discutez, vous riez, vous répandez votre cœur, votre âme, votre esprit dans votre conversation ; vous y exprimez des sentiments ; vous jouez quand vous êtes au jeu, vous causez en causant et vous mangez en mangeant : *improper! improper! improper!* Un des hommes les plus spirituels et les plus profonds de cette époque, Stendalh a très-bien caractérisé l'*improper* en disant qu'il est tel lord de la Grande-Bretagne qui, seul, n'ose pas se croiser les jambes devant son feu, de peur d'être *improper*. Une dame anglaise, fût-elle de la secte furieuse des *saints* (protestants renforcés qui laisseraient mourir toute leur famille de faim, si elle était *improper*), ne sera pas *improper* en faisant le diable à trois dans sa chambre à coucher, et se regardera comme perdue si elle reçoit un ami dans cette même chambre. Grâce à l'*improper*, on trouvera quelque jour Londres et ses habitants pétrifiés.

— Quand on pense qu'il est en France des niais qui veulent y importer les solennelles bêtises que les Anglais font chez eux avec ce beau sang-froid que vous leur connaissez, dit Blondet, il y a de quoi faire frémir quiconque a vu l'Angleterre et se souvient des gracieuses et charmantes mœurs françaises. Dans les derniers temps, Walter Scott, qui n'a pas osé peindre les femmes comme elles sont de peur d'être *improper*, se repentait d'avoir fait la belle figure d'*Effie* dans la Prison d'Édimbourg.

— Veux-tu ne pas être *improper* en Angleterre ? dit Bixiou à Finot.

— Hé ! bien ? dit Finot.

— Va voir aux Tuileries une espèce de pompier en marbre intitulé Thémistocle par le statuaire, et tâche de marcher comme la statue du commandeur, tu ne seras jamais *improper*. C'est par une application rigoureuse de la grande loi de l'*improper* que le bonheur de Godefroid se compléta. Voici l'histoire. Il avait un tigre, et non pas un groom, comme l'écrivent des gens qui ne savent rien du monde. Son tigre était un petit Irlandais, nommé Paddy, Joby, Toby (à volonté), trois pieds de haut, vingt pouces de large, figure de belette, des nerfs d'acier faits au gin, agile comme un écureuil, menant un landau avec une habileté qui ne s'est jamais trouvée en défaut ni à Londres ni à Paris, un œil de lézard, fin comme le mien, montant à cheval comme le vieux Franconi, les cheveux blonds comme ceux d'une vierge de Rubens, les joues roses, dissimulé comme un prince, instruit comme un avoué retiré, âgé de dix ans, enfin une vraie fleur de perversité, jouant et jurant, aimant les confitures et le punch, insulteur comme un feuilleton, hardi et chippeur comme un gamin de Paris. Il était l'honneur et le profit d'un célèbre lord anglais, auquel il avait déjà fait gagner sept cent mille francs aux courses. Le lord aimait beaucoup cet enfant : son tigre était une curiosité, personne à Londres n'avait de tigre si petit. Sur un cheval de course, Joby avait l'air d'un faucon. Eh ! bien, le lord renvoya Toby, non pour gourmandise, ni pour vol, ni pour meurtre, ni pour criminelle conversation, ni pour défaut de tenue, ni pour insolence envers milady, non pour avoir troué les poches de la première femme de milady, non pour s'être laissé corrompre par les adversaires de milord aux courses, non pour s'être amusé le dimanche, enfin pour aucun fait reprochable. Toby eût fait toutes ces choses, il aurait même parlé à milord sans être interrogé, milord lui aurait encore pardonné ce crime domestique. Milord aurait supporté bien des choses de Toby, tant milord y tenait. Son tigre menait une voiture à deux roues et à deux chevaux l'un devant l'autre, en selle sur le second, les jambes ne dépassant pas les brancards, ayant l'air enfin d'une de ces têtes d'anges que les peintres italiens sèment autour du Père éternel. Un journaliste anglais fit une délicieuse description de ce petit ange, il le trouva trop joli pour un tigre, il offrit de parier que Paddy était une tigresse apprivoisée. La description menaçait de s'envenimer et de devenir *improper* au premier chef. Le superlatif de l'*improper* mène à la potence. Milord fut beaucoup loué de sa circonspection par milady. Toby ne put trouver de place nulle part, après s'être vu contester son État-civil dans la Zoologie britannique. En ce temps, Godefroid florissait à l'ambassade de France à Londres, où il apprit l'aventure de Toby, Joby, Paddy. Godefroid s'empara du tigre qu'il trouva pleurant auprès d'un pot de confitures, car l'enfant avait déjà perdu les guinées par lesquelles milord avait doré son malheur. A son retour, Godefroid de Beaudenord importa donc chez nous le plus charmant tigre de l'Angleterre, il fut connu par son tigre comme Couture s'est fait remarquer par ses gilets. Aussi entra-t-il facilement dans la confédération du club dit aujourd'hui de Grammont. Il n'inquiétait aucune ambition après avoir renoncé à la carrière diplomatique, il n'avait pas un esprit dangereux, il fut bien reçu de tout le monde. Nous autres, nous serions offensés dans notre amour-propre en ne rencontrant que des visages riants. Nous nous plaisons à voir la grimace amère de l'Envieux. Godefroid n'aimait pas être haï. A chacun son goût! Arrivons au solide, à la vie matérielle? Son appartement, où j'ai léché plus d'un déjeuner, se recommandait par un cabinet de toilette mystérieux, bien orné, plein de choses comfortables, à cheminée, à baignoire; sortie sur un petit escalier, portes battantes assourdies, serrures faciles, gonds discrets, fenêtres à carreaux dépolis, à rideaux impassibles. Si la chambre offrait et devait offrir le plus beau désordre que puisse souhaiter le peintre d'aquarelle le plus exigeant, si tout y respirait l'allure bohémienne d'une vie de jeune homme élégant, le cabinet de toilette était comme un sanctuaire : blanc, propre, rangé, chaud, point de vent coulis, tapis fait pour y sauter pieds nus, en chemise et effrayée. Là est la signature du garçon vraiment petit-maître et sachant la vie! car là, pendant quelques minutes, il peut paraître ou sot ou grand dans les petits détails de l'existence qui révèlent le caractère. La marquise déjà citée, non, c'est la marquise de Rochefide, est sortie furieuse d'un cabinet de toilette, et n'y est jamais revenue, elle n'y avait rien trouvé d'*improper*. Godefroid y avait une petite armoire pleine...

— De camisoles! dit Finot.

— Allons, te voilà gros Turcaret! (Je ne le formerai jamais!) Mais non, de gâteaux, de fruits, jolis petits flacons de vin de Malaga, de Lunel, un en-cas à la Louis XIV, tout ce qui peut amuser des estomacs délicats et bien appris, des estomacs de seize quartiers. Un vieux malicieux domestique, très-fort en l'art vétérinaire, servait les chevaux et pansait Godefroid, car il avait été à feu monsieur Beaudenord, et portait à Godefroid une affection invétérée, cette lèpre du cœur que les Caisses d'Épargne ont fini par guérir chez les domestiques. Tout bonheur matériel repose sur des chiffres. Vous, à qui la vie parisienne est connue jusque dans ses exostoses, vous devinez qu'il lui fallait environ dix-sept mille livres de rente, car il avait dix-sept francs d'impositions et mille écus de fantaisies. Eh ! bien, mes chers enfants, le jour où il se leva majeur, le marquis d'Aiglemont lui présenta des comptes de tutelle, comme nous ne serions pas capables d'en rendre à nos neveux, et lui remit une inscription de dix-huit mille livres de rente sur le grand-livre, reste de l'opulence paternelle étrillée par la grande réduction républicaine, et grêlée par les arriérés de l'Empire. Ce vertueux tuteur mit son pupille à la tête d'une trentaine de mille francs d'économies placées dans la maison Nucingen, en lui disant avec toute la grâce d'un grand seigneur et le laisser-aller d'un soldat de l'Empire qu'il lui avait ménagé cette somme pour ses folies de jeune homme. « Si tu m'écoutes, Godefroid, ajouta-t-il, au lieu de les dépenser sottement comme tant d'autres, fais des folies utiles, accepte une place d'attaché d'ambassade à Turin, de là va à Naples, de Naples reviens à Londres, et pour ton argent tu te seras amusé, instruit. Plus tard, si tu veux prendre une carrière, tu n'auras perdu ni ton temps ni ton argent. » Feu d'Aiglemont valait mieux que sa réputation, on ne peut pas en dire autant de nous.

— Un jeune homme qui débute à vingt et un ans avec dix-huit mille livres de rente est un garçon ruiné, dit Couture.

— S'il n'est pas avare, ou très-supérieur, dit Blondet.

— Godefroid séjourna dans les quatre capitales de l'Italie, reprit Bixiou. Il vit l'Allemagne et l'Angleterre, un peu Saint-Pétersbourg, parcourut la Hollande ; mais il se sépara desdits trente mille francs en vivant comme s'il avait trente mille livres de rente. Il trouva partout *le suprême de volaille, l'aspic,* et *les vins de France*, entendit parler français à tout le monde, enfin il ne sut pas sortir de Paris. Il aurait bien voulu se dépraver le cœur, se le cuirasser, perdre ses illusions, apprendre à tout écouter sans rougir, à parler sans rien dire, à pénétrer les secrets intérêts des puissances.... Bah ! il eut bien de la peine à se munir de quatre langues, c'est-à-dire à s'approvisionner de quatre mots contre une idée. Il revint veuf de plusieurs douairières ennuyeuses, appelées *bonnes fortunes* à l'étranger, timide et peu formé, bon garçon, plein de confiance, incapable de dire du mal des gens qui lui faisaient l'honneur de l'admettre chez eux, ayant trop de bonne foi pour être diplomate, enfin ce que nous appelons un loyal garçon.

— Bref un *moutard* qui tenait ses dix-huit mille livres de rente à la disposition des premières actions venues, dit Couture.

— Ce diable de Couture a tellement l'habitude d'anticiper les dividendes, qu'il anticipe le dénoûment de mon histoire. Où en étais-je ? Au retour de Beaudenord. Quand il fut installé quai Malaquais, il arriva que mille francs au-dessus de ses besoins furent insuffisants pour sa part de loge aux Italiens et à l'Opéra. Quand il perdait vingt-cinq ou trente louis au jeu dans un pari, naturellement il payait ; puis il les dépensait en cas de gain, ce qui nous arriverait si nous étions assez bêtes pour nous laisser prendre à parier. Beaudenord, gêné dans ses dix-huit mille livres de rente, sentit la nécessité de créer ce que nous appelons aujourd'hui *le fond de roulement*. Il tenait beaucoup *à ne pas s'enfoncer lui-même*. Il alla consulter son tuteur : « Mon cher enfant, lui dit d'Aiglemont, les rentes arrivent au pair, vends tes rentes, j'ai vendu les miennes et celles de ma femme. Nucingen a tous mes capitaux et m'en donne six pour cent ; fais comme moi, tu auras un pour cent de plus, et ce un pour cent te permettra d'être tout à fait à ton aise. » En trois jours, notre Godefroid fut à son aise. Ses revenus étant dans un équilibre parfait avec son superflu, son bonheur matériel fut complet. S'il était possible d'interroger tous les jeunes gens de Paris d'un seul regard, comme il paraît que la chose se fera lors du jugement dernier pour les milliards de générations qui auront pataugé sur tous les globes, en gardes nationaux ou en sauvages, et de leur demander si le bonheur d'un jeune homme de vingt-six ans ne consiste pas : à pouvoir sortir à cheval, en tilbury, ou en cabriolet avec un tigre gros comme le poing, frais et rose comme Toby, Joby, Paddy ; à avoir, le soir, pour douze francs, un coupé de louage très-convenable ; à se montrer élégamment tenu suivant les lois vestimentales qui régissent huit heures, midi, quatre heures et le soir ; à être bien reçu dans toutes les ambassades, et y recueillir les fleurs éphémères d'amitiés cosmopolites et superficielles ; à être d'une beauté supportable, et à bien porter son nom, son habit et sa tête ; à loger dans un charmant petit entresol arrangé comme je vous ai dit que l'était l'entresol du quai Malaquais ; à pouvoir inviter des amis à vous accompagner au Rocher de Cancale sans avoir interrogé préalablement son gousset, et n'être arrêté dans aucun de ses mouvements raisonnables par ce mot : Ah ! et de l'argent ? à pouvoir renouveler les bouffettes roses qui embellissent les oreilles de ses trois chevaux pur sang, et à avoir toujours une coiffe neuve à son chapeau. Tous, nous-mêmes, gens supérieurs, tous répondraient que ce bonheur est incomplet, que c'est la Magdeleine sans autel, qu'il faut aimer et être aimé, ou aimer sans être aimé, ou être aimé sans aimer, ou pouvoir aimer à tort et à travers. Arrivons au bonheur moral. Quand, en janvier 1823, il se trouva bien assis dans ses jouissances, après avoir pris pied et langue dans les différentes sociétés parisiennes où il lui plut d'aller, il sentit la nécessité de se mettre à l'abri d'une ombrelle, d'avoir à se plaindre d'une femme comme il faut, de ne pas mâchonner la queue d'une rose achetée dix sous à madame Prévost, à l'instar des petits jeunes gens qui gloussent dans les corridors de l'Opéra, comme des poulets en épinette. Enfin il résolut de rapporter ses sentiments, ses idées, ses affections à une femme, *une femme!* La PHAMME! AH! Il conçut d'abord la pensée saugrenue d'avoir une passion malheureuse, il tourna pendant quelque temps autour de sa belle cousine, madame d'Aiglemont, sans s'apercevoir qu'un diplomate avait déjà dansé la valse de Faust avec elle. L'année 25 se passa en essais, en recherches, en co▉▉▉▉ inutiles. L'objet aimant demandé ne se trouva pas. ▉▉▉▉ons sont extrêmement rares. Dans cette époque, il ▉▉▉▉ tout autant de barricades dans les mœurs que dans ▉▉▉. En vérité, mes frères, je vous le dis, l'*improper* nous gagne! Comme on nous fait le reproche d'aller sur les brisées des peintres en portraits, des commissaires-priseurs et des marchandes de modes, je ne vous ferai pas subir la description de la personne en laquelle Godefroid reconnut sa femelle. Age, dix-neuf ans; taille, un mètre cinquante centimètres; cheveux blonds, sourcils *idem;* yeux bleus, front moyen, nez courbé, bouche petite, menton court et relevé, visage ovale; signes particuliers, néant. Tel, le passe-port de l'objet aimé. Ne soyez pas plus difficiles que la Police, que messieurs les Maires de toutes les villes et communes de France, que les gendarmes et autres autorités constituées. D'ailleurs, c'est le bloc de la Vénus de Médicis, parole d'honneur. La première fois que Godefroid alla chez madame de Nucingen, qui l'avait invité à l'un de ces bals par lesquels elle acquit, à bon compte, une certaine réputation, il y aperçut, dans un quadrille, la personne à aimer et fut émerveillé par cette taille d'un mètre cinquante centimètres. Ces cheveux blonds ruisselaient en cascades bouillonnantes sur une petite tête ingénue et fraîche comme celle d'une naïade qui aurait mis le nez à la fenêtre cristalline de sa source, pour voir les fleurs du printemps. (Ceci est notre nouveau style, des phrases qui filent comme notre macaroni tout à l'heure.) L'*idem* des sourcils, n'en déplaise à la Préfecture de Police, aurait pu demander six vers à l'aimable Parny, ce poète badin les eût fort agréablement comparés à l'arc de Cupidon, en faisant observer que le trait était au-dessous, mais un trait sans force, épointé, car il y règne encore aujourd'hui la moutonne douceur que les devants de cheminée attribuent à madame de la Vallière, au moment où elle signe sa tendresse par-devant Dieu, faute d'avoir pu la signer par-devant notaire. Vous connaissez l'effet des cheveux blonds et des yeux bleus, combinés avec une danse molle, voluptueuse et décente? Une jeune personne ne vous frappe pas alors audacieusement au cœur, comme ces brunes qui par leur regard ont l'air de vous dire, en mendiant espagnol : La bourse ou la vie! cinq francs, ou je te méprise. Ces beautés insolentes (et quelque peu dangereuses!) peuvent plaire à beaucoup d'hommes; mais, selon moi, la blonde qui a le bonheur de paraître excessivement tendre et complaisante, sans perdre ses droits de remontrance, de taquinage, de discours immodérés, de jalousie à faux et tout ce qui rend la femme adorable, sera toujours plus sûre de se marier que la brune ardente. Le bois est cher. Isaure, blanche comme une Alsacienne (elle avait vu le jour à Strasbourg et parlait l'allemand avec un petit accent français fort agréable), dansait à merveille. Ses pieds, que l'employé de la police n'avait pas mentionnés, et qui cependant pouvaient trouver leur place sous la rubrique *signes particuliers,* étaient remarquables par leur petitesse, par ce jeu particulier que les vieux maîtres ont nommé *flic-flac,* et comparable au débit agréable de mademoiselle Mars, car toutes les muses sont sœurs, le danseur et le poète ont également les pieds sur terre. Les pieds d'Isaure conversaient avec une netteté, une précision, une légèreté, une rapidité de très-bon augure pour les choses du cœur. — « Elle a du *flic-flac!* » était le suprême éloge de Marcel, le seul maître de danse qui ait mérité le nom de grand. On a dit le grand Marcel comme le grand Frédéric, et du temps de Frédéric.

— A-t-il composé des ballets, demanda Finot.

— Oui, quelque chose comme les *Quatre Éléments*, l'*Europe galante.*

— Quel temps, dit Finot, que le temps où les grands seigneurs habillaient les danseuses !

— *Improper!* reprit Bixiou. Isaure ne s'élevait pas sur ses pointes, elle restait terre à terre, se balançait sans secousses, ni plus ni moins voluptueusement que doit se balancer une jeune personne. Marcel disait avec une profonde philosophie que chaque état avait sa danse : une femme mariée devait danser autrement qu'une jeune personne, un robin autrement qu'un financier, et un militaire autrement qu'un page ; il allait même jusqu'à prétendre qu'un fantassin devait danser autrement qu'un cavalier ; et, de là il partait pour analyser toute la société. Toutes ces belles nuances sont bien loin de nous.

— Ah ! dit Blondet, tu mets le doigt sur un grand malheur. Si Marcel eût été compris, la Révolution française n'aurait pas eu lieu.

— Godefroid, reprit Bixiou, n'avait pas eu l'avantage de parcourir l'Europe sans observer à fond les danses étrangères. Sans cette profonde connaissance en chorégraphie, qualifiée de futile, peut-être n'eût-il pas aimé cette jeune personne ; mais des trois cents invités qui se pressaient dans les beaux salons de la rue Saint-Lazare, il fut le seul à comprendre l'amour inédit que trahissait une danse bavarde. On remarqua bien la manière d'Isaure d'Aldrigger ; mais, dans ce siècle où chacun s'écrie : Glissons, n'appuyons pas ! l'un dit : Voilà une jeune fille qui danse fameusement bien (c'était un clerc de notaire) ; l'autre : Voilà une jeune personne qui danse à ravir (c'était une dame en turban) ; la troisième, une femme de trente ans : Voilà une petite personne qui ne danse pas mal ! Revenons au grand Marcel, et disons en parodiant son plus fameux mot : Que de choses dans un avant-deux !

— Et allons un peu plus vite ! dit Blondet, tu marivaudes.

— Isaure, reprit Bixiou qui regarda Blondet de travers, avait une simple robe de crêpe blanc ornée de rubans verts, un camélia dans ses cheveux, un camélia à sa ceinture, un autre camélia dans le bas de sa robe, et un camélia...

— Allons, voilà les trois cents chèvres de Sancho !

— C'est toute la littérature, mon cher ! Clarisse est un chef-d'œuvre, il a quatorze volumes, et le plus obtus vaudevilliste te le racontera dans un acte. Pourvu que je t'amuse, de quoi te plains-tu ? Cette toilette était d'un effet délicieux, est-ce que tu n'aimes pas le camélia ? veux-tu des dahlias ? Non. Eh ! bien, un marron, tiens !

dit Bixiou qui jeta sans doute un marron à Blondet, car nous en entendîmes le bruit sur l'assiette.

— Allons, j'ai tort, continue? dit Blondet.

— Je reprends, dit Bixiou. « N'est-ce pas joli à épouser? » dit Rastignac à Beaudenord en lui montrant la petite aux camélias blancs, purs et sans une feuille de moins. Rastignac était un des intimes de Godefroid. — « Eh! bien, j'y pensais, lui répondit à l'oreille Godefroid. J'étais occupé à me dire qu'au lieu de trembler à tout moment dans son bonheur, de jeter à grand'peine un mot dans une oreille inattentive, de regarder aux Italiens s'il y a une fleur rouge ou blanche dans une coiffure, s'il y a au Bois une main gantée sur le panneau d'une voiture, comme cela se fait à Milan, au Corso; qu'au lieu de voler une bouchée de baba derrière une porte, comme un laquais qui achève une bouteille, d'user son intelligence pour donner et recevoir une lettre, comme un facteur; qu'au lieu de recevoir des tendresses infinies en deux lignes, avoir cinq volumes in-folio à lire aujourd'hui, demain une livraison de deux feuilles, ce qui est fatigant; qu'au lieu de se traîner dans les ornières et derrière les haies, il vaudrait mieux se laisser aller à l'adorable passion enviée par J.-J. Rousseau, aimer tout bonnement une jeune personne comme Isaure, avec l'intention d'en faire sa femme si, durant l'échange des sentiments, les cœurs se conviennent, enfin être Werther heureux! » — « C'est un ridicule tout comme un autre, dit Rastignac sans rire. A ta place, peut-être me plongerais-je dans les délices infinies de cet ascétisme, il est neuf, original et peu coûteux. Ta monna Lisa est suave, mais sotte comme une musique de ballet, je t'en préviens. » La manière dont Rastignac dit cette dernière phrase fit croire à Beaudenord que son ami avait intérêt à le désenchanter, et il le crut son rival en sa qualité d'ancien diplomate. Les vocations manquées déteignent sur toute l'existence. Godefroid s'amouracha si bien de mademoiselle Isaure d'Aldrigger, que Rastignac alla trouver une grande fille qui causait dans un salon de jeu, et lui dit à l'oreille : « Malvina, votre sœur vient de ramener dans son filet un poisson qui pèse dix-huit mille livres de rentes, il a un nom, une certaine assiette dans le monde et de la tenue; surveillez-les; s'ils filent le parfait amour, ayez soin d'être la confidente d'Isaure pour ne pas lui laisser répondre un mot sans l'avoir corrigé. » Vers deux heures du matin, le valet-de-chambre vint dire à une petite bergère des Alpes, de quarante ans, coquette comme la Zerline de l'opéra de Don Juan, et auprès de laquelle se tenait Isaure : « La voiture de madame la baronne est avancée. » Godefroid vit alors sa beauté de ballade allemande entraînant sa mère fantastique dans le salon de partance, où ces deux dames furent suivies par Malvina. Godefroid, qui feignit (l'enfant!) d'aller savoir dans quel pot de confitures s'était blotti Joby, eut le bonheur d'apercevoir Isaure et Malvina embobelinant leur sémillante maman dans sa pelisse, et se rendant ces petits soins de toilette exigés par un voyage nocturne dans Paris. Les deux sœurs l'examinèrent du coin de l'œil en chattes bien apprises, qui lorgnent une souris sans avoir l'air d'y faire attention. Il éprouva quelque satisfaction en voyant le ton, la mise, les manières du grand Alsacien en livrée, bien ganté, qui vint apporter de gros souliers fourrés à ses trois maîtresses. Jamais deux sœurs ne furent plus dissemblables que l'étaient Isaure et Malvina. L'aînée, grande et brune, Isaure petite et mince ; celle-ci les traits fins et délicats ; l'autre des formes vigoureuses et prononcées ; Isaure était la femme qui règne par son défaut de force, et qu'un lycéen se croit obligé de protéger ; Malvina était la femme « d'*Avez-vous vu dans Barcelone?* » A côté de sa sœur, Isaure faisait l'effet d'une miniature auprès d'un portrait à l'huile. « Elle est riche ! dit Godefroid à Rastignac en rentrant dans le bal. — Qui ? — Cette jeune personne. — Ah ! Isaure d'Aldrigger. Mais oui. La mère est veuve, son mari a eu Nucingen dans ses bureaux à Strasbourg. Veux-tu la revoir, tourne un compliment à madame de Restaud, qui donne un bal après-demain, la baronne d'Aldrigger et ses deux filles y seront, tu seras invité ! » Pendant trois jours dans la chambre obscure de son cerveau, Godefroid vit *son* Isaure et les camélias blancs, et les airs de tête, comme lorsqu'après avoir contemplé long-temps un objet fortement éclairé, nous le retrouvons les yeux fermés sous une forme moindre, radieux et coloré, qui pétille au centre des ténèbres.

— Bixiou, tu tombes dans le phénomène, masse-nous des tableaux ? dit Couture.

— Voilà ! reprit Bixiou en se posant sans doute comme un garçon de café, voilà, messieurs, le tableau demandé ! Attention, Finot ! il faut tirer sur ta bouche comme un cocher de coucou sur celle de sa rosse ! Madame Théodora-Marguerite-Wilhelmine Adolphus (de la maison Adolphus et compagnie de Manheim), veuve du baron d'Aldrigger, n'était pas une bonne grosse Allemande, compacte et réfléchie, blanche, à visage doré comme la mousse d'un pot de bière, enrichie de toutes les vertus patriarcales que la Germanie possède, romancièrement parlant. Elle avait les joues encore fraîches, colorées aux pommettes comme celle d'une poupée de Nuremberg, des tire-bouchons très-éveillés aux tempes, les yeux agaçants, pas le moindre cheveu blanc, une taille mince, et dont les prétentions étaient mises en relief par des robes à corset. Elle avait au front et aux tempes quelques rides involontaires qu'elle aurait bien voulu, comme Ninon, exiler à ses talons; mais les rides persistaient à dessiner leurs zigs-zags aux endroits les plus visibles. Chez elle, le tour du nez se fanait, et le bout rougissait, ce qui était d'autant plus gênant que le nez s'harmoniait alors à la couleur des pommettes. En qualité d'unique héritière, gâtée par ses parents, gâtée par son mari, gâtée par la ville de Strasbourg, et toujours gâtée par ses deux filles qui l'adoraient, la baronne se permettait le rose, la jupe courte, le nœud à la pointe du corset qui lui dessinait la taille. Quand un Parisien voit cette baronne passant sur le boulevard, il sourit, la condamne sans admettre, comme le Jury actuel, les circonstances atténuantes dans un fratricide! Le moqueur est toujours un être superficiel et conséquemment cruel, le drôle ne tient aucun compte de la part qui revient à la Société dans le ridicule dont il rit, car la Nature n'a fait que des bêtes, nous devons les sots à l'État social.

— Ce que je trouve de beau dans Bixiou, dit Blondet, c'est qu'il est complet : quand il ne raille pas les autres, il se moque de lui-même.

— Blondet, je te revaudrai cela, dit Bixiou d'un ton fin. Si cette petite baronne était évaporée, insouciante, égoïste, incapable de calcul, la responsabilité de ses défauts revenait à la maison Adolphus et compagnie de Manheim, à l'amour aveugle du baron d'Aldrigger. Douce comme un agneau, cette baronne avait le cœur tendre, facile à émouvoir, mais malheureusement l'émotion durait peu et conséquemment se renouvelait souvent. Quand le baron mourut, cette bergère faillit le suivre, tant sa douleur fut violente et vraie; mais... le lendemain, à déjeuner, on lui servit des petits pois qu'elle aimait, et ces délicieux petits pois calmèrent la crise. Elle était si aveuglément aimée par ses deux filles, par ses gens, que toute la maison fut heureuse d'une circonstance qui leur permit de dérober à la baronne le spectacle douloureux du convoi. Isaure et Malvina cachèrent leurs larmes à cette mère adorée, et l'occupèrent à choisir ses habits de deuil, à les commander pendant que l'on chantait le *Requiem*. Quand un cercueil est placé sous ce grand catafalque noir et blanc, taché de cire, qui a servi à trois mille cadavres de gens comme il faut avant d'être réformé, selon l'estimation d'un croquemort philosophe que j'ai consulté sur ce point, entre deux verres de *petit blanc;* quand un bas clergé très-indifférent braille le *Dies iræ,* quand le haut clergé non moins indifférent dit l'office, savez-vous ce que disent les amis vêtus de noir, assis ou debout dans l'église? (Voilà le tableau demandé). Tenez, les voyez-vous? — Combien croyez-vous que laisse le papa d'Aldrigger? disait Desroches à Taillefer, qui nous a fait faire avant sa mort la plus belle orgie connue.....

— Est-ce que Desroches était avoué dans ce temps-là?

— Il a traité en 1822, dit Couture. Et c'était hardi pour le fils d'un pauvre employé qui n'a jamais eu plus de dix-huit cents francs, et dont la mère gérait un bureau de papier timbré. Mais il a rudement travaillé de 1818 à 1822. Entré quatrième clerc chez Derville, il y était second clerc en 1819!

— Desroches!

— Oui, dit Bixiou. Desroches a roulé comme nous sur les fumiers du *Jobisme*. Ennuyé de porter des habits trop étroits et à manches trop courtes, il avait dévoré le Droit par désespoir, et venait d'acheter un titre nu. Avoué sans le sou, sans clientèle, sans autres amis que nous, il devait payer les intérêts d'une Charge et d'un Cautionnement.

— Il me faisait alors l'effet d'un tigre sorti du Jardin-des-Plantes, dit Couture. Maigre, à cheveux roux, les yeux couleur tabac d'Espagne, un teint aigre, l'air froid et flegmatique, mais âpre à la veuve, tranchant sur l'orphelin, travailleur, la terreur de ses clercs qui ne devaient pas perdre leur temps, instruit, retors, double, d'une élocution mielleuse, ne s'emportant jamais, haineux à la manière de l'homme judiciaire.

— Et il a du bon, s'écria Finot, il est dévoué à ses amis, et son premier soin fut de prendre Godeschal pour Maître-Clerc, le frère à Mariette.

— A Paris, dit Blondet, l'avoué n'a que deux nuances : il y a l'avoué honnête homme qui demeure dans les termes de la loi, pousse les procès, ne court pas les affaires, ne néglige rien, conseille ses clients avec loyauté, les fait transiger sur les points douteux, un Derville enfin. Puis il y a l'avoué famélique à qui tout est bon pourvu que les frais soient assurés ; qui ferait battre, non pas des montagnes, il les vend, mais des planètes ; qui se charge du triomphe d'un coquin sur un honnête homme, quand par hasard l'honnête homme ne s'est pas mis en règle. Quand un de ces avoués-là fait un tour de maître Gonin un peu trop fort, la Chambre le force à vendre. Desroches, notre ami Desroches, a compris ce métier assez pauvrement fait par de pauvres hères : il a acheté des causes aux gens qui tremblaient de les perdre, il s'est rué sur la chicane en homme déterminé à sortir de la misère. Il a eu raison, il a fait très-honnêtement son métier. Il a trouvé des protecteurs dans les hommes politiques en sauvant leurs affaires embarrassées, comme pour notre cher des Lupeaulx, dont la position était si compromise. Il lui fallait cela pour se tirer de peine, car Desroches a commencé par être très-mal vu du Tribunal ! lui qui rectifiait avec tant de peine les erreurs de ses clients !... Voyons, Bixiou, revenons ?..... Pourquoi Desroches se trouvait-il dans l'église ?

« — D'Aldrigger laisse sept ou huit cent mille francs ! répondit Taillefer à Desroches. — Ah ! bah ! il n'y a qu'une personne qui connaisse *leur* fortune, dit Werbrust, un ami du défunt. — Qui ? — Ce gros malin de Nucingen, il ira jusqu'au cimetière, d'Aldrigger a été son patron, et par reconnaissance il faisait valoir les fonds du bonhomme. — Sa veuve va trouver une bien grande différence ! — Comment l'entendez-vous ? — Mais d'Aldrigger aimait tant sa femme ! Ne riez donc pas, on nous regarde. — Tiens, voilà du Tillet, il est bien en retard, il arrive à l'Épître. — Il épousera sans doute l'aînée. — Est-ce possible ? dit Desroches, il est plus que jamais engagé avec madame Roguin. — Lui ! engagé ?... vous ne le connaissez pas. — Savez-vous la position de Nucingen et de du Tillet ? demanda Desroches. — La voici, dit Taillefer : Nucingen est homme à dévorer le capital de son ancien patron et à le lui rendre... — Heu ! heu ! fit Werbrust. Il fait diablement humide dans les églises, heu ! heu ! — Comment le rendre ?... — Hé ! bien, Nucingen sait que du Tillet a une grande fortune, il veut le marier à Malvina ; mais du Tillet se défie de Nucingen. Pour qui voit le jeu, cette partie est amusante. — Comment, dit Werbrust, déjà bonne à marier ?... Comme nous vieillissons vite ! — Malvina d'Aldrigger a vingt ans, mon cher. Le bonhomme d'Aldrigger s'est marié en 1800 ! Il nous a donné d'assez belles fêtes à Strasbourg pour son mariage et pour la naissance de Malvina. C'était en 1804, à la paix d'Amiens, et nous sommes en 1823, papa Werbrust. Dans ce temps-là, on ossianisait tout, il a nommé sa fille Malvina. Six ans après, sous l'Empire, il y a eu pendant quelque temps une fureur pour les choses chevaleresques, c'était : *Partant pour la Syrie*, un tas de bêtises. Il a nommé sa seconde fille Isaure, elle a dix-sept ans. Voilà deux filles à marier. — Ces femmes n'auront pas un sou dans dix ans, dit Werbrust confidentiellement à Desroches. — Il y a, répondit Taillefer, le valet de chambre de d'Aldrigger, ce vieux qui beugle au fond de l'église, il a vu élever ces deux demoiselles, il est capable de tout pour leur conserver de quoi vivre. (Les chantres : *Dies iræ !*) Les enfants de chœurs : *dies illa !* (Taillefer : — Adieu, Werbrust, en entendant le *Dies iræ*, je pense trop à mon pauvre fils. — Je m'en vais aussi, il fait trop humide, dit Werbrust. (*in favilla.*) (Les pauvres à la porte : Quelques sous, mes chers messieurs !) (Le suisse : Pan ! pan ! *pour les besoins de l'église*. Les chantres : *Amen !* Un ami : De quoi est-il mort ? Un curieux farceur : D'un vaisseau rompu dans le talon. Un passant : Savez-vous quel est le personnage qui s'est laissé mourir ? Un parent : Le président de Montesquieu. Le sacristain aux pauvres : Allez-vous-en donc, on nous a donné pour vous, ne demandez plus rien !)

— Quelle verve ! dit Couture.

(En effet il nous semblait entendre tout le mouvement qui se fait dans une église. Bixiou imitait tout, jusqu'au bruit des gens qui s'en vont avec le corps, par un remuement de pieds sur le plancher.)

— Il y a des poètes, des romanciers, des écrivains qui disent beaucoup de belles choses sur les mœurs parisiennes, reprit Bixiou, mais voilà la vérité sur les enterrements. Sur cent personnes qui rendent les derniers devoirs à un pauvre diable de mort, quatre-vingt-dix-neuf parlent d'affaires et de plaisirs en pleine église. Pour observer quelque pauvre petite vraie douleur, il faut des circonstances impossibles. Encore ! y a-t-il une douleur sans égoïsme ?...

— Heu ! heu ! fit Blondet. Il n'y a rien de moins respecté que la mort, peut-être est-ce ce qu'il y a de moins respectable ?...

— C'est si commun ! reprit Bixiou. Quand le service fut fini,

Nucingen et du Tillet accompagnèrent le défunt au cimetière. Le vieux valet de chambre allait à pied. Le cocher menait la voiture derrière celle du Clergé. — *Hé pien! ma ponne ami*, dit Nucingen à du Tillet en tournant le boulevard, *location est pelle hire ebiser Malfina : fous serez le brodecdir teu zette haufre vamile han plires, visse aurez eine vamile, ine indérière ; fous drouferez eine mison doute mondée, et Malfina verdes esd eine frai dressor.*

— Il me semble entendre parler ce vieux Robert Macaire de Nucingen ! dit Finot.

« — Une charmante personne, reprit Ferdinand du Tillet avec feu et sans s'échauffer, » reprit Bixiou.

— Tout du Tillet dans un mot ! s'écria Couture.

« — Elle peut paraître laide à ceux qui ne la connaissent pas, mais, je l'avoue, elle a de l'âme, disait du Tillet. — *Ed tu quir, c'esd le pon te l'iffire, mon cher, il aura ti téfuement et te l'indelligence. Tans nodre chin te médier, on ne said ni ki fit, ni ki mire ; c'esd eine crant ponhire ki te pufoir se gonvier au quir te sa femme. Che droguerais bienne Telvine qui, fous le safez, m'a abordé plis d'eine million, gondre Malfina qui n'a pas ine taude si crante.* — Mais qu'a-t-elle ? — *Che ne sais bas au chiste*, dit le baron de Nucingen, *mais il a keke chausse.* — Elle a une mère qui aime bien le rose ! » dit du Tillet. Ce mot mit fin aux tentatives de Nucingen. Après le dîner, le baron apprit alors à la Wilhelmine-Adolphus qu'il lui restait à peine quatre cent mille francs chez lui. La fille des Adolphus de Manheim, réduite à vingt-quatre mille livres de rente, se perdit dans des calculs qui se brouillaient dans sa tête. « — Comment ! disait-elle à Malvina, comment ! j'ai toujours eu six mille francs pour nous chez la couturière ! mais où ton père prenait-il de l'argent ? Nous n'aurons rien avec vingt-quatre mille francs, nous sommes dans la misère. Ah ! si mon père me voyait ainsi déchue, il en mourrait, s'il n'était pas mort déjà ! Pauvre Wilhelmine ! » Et elle se mit à pleurer. Malvina, ne sachant comment consoler sa mère, lui représenta qu'elle était encore jeune et jolie, le rose lui seyait toujours, elle irait à l'Opéra, aux Bouffons dans la loge de madame de Nucingen. Elle endormit sa mère dans un rêve de fêtes, de bals, de musique, de belles toilettes et de succès, qui commença sous les rideaux d'un lit en soie bleue, dans une chambre élégante, contiguë à celle où, deux nuits auparavant, avait expiré monsieur Jean-Baptiste baron d'Aldrigger, dont voici l'histoire en trois mots. En son vivant, ce respectable Alsacien, banquier à Strasbourg, s'était enrichi d'environ trois millions. En 1800, à l'âge de trente-six ans, à l'apogée d'une fortune faite pendant la Révolution, il avait épousé, par ambition et par inclination, l'héritière des Adolphus de Manheim, jeune fille adorée de toute une famille et naturellement elle en recueillit la fortune dans l'espace de dix années. D'Aldrigger fut alors baronifié par S. M. l'Empereur et Roi, car sa fortune se doubla ; mais il se passionna pour le grand homme qui l'avait titré. Donc, entre 1814 et 1815, il se ruina pour avoir pris au sérieux le soleil d'Austerlitz. L'honnête Alsacien ne suspendit pas ses paiements, ne désintéressa pas ses créanciers avec les valeurs qu'il regardait comme mauvaises ; il paya tout à bureau ouvert, se retira de la Banque, et mérita le mot de son ancien premier commis, Nucingen : « Honnête homme, mais bête ! » Tout compte fait, il lui resta cinq cent mille francs et des recouvrements sur l'Empire qui n'existait plus. — *Foilà ze gue z'est gué t'afoir drop cri anne Nappolion,* dit-il en voyant le résultat de sa liquidation. Lorsqu'on a été les premiers d'une ville, le moyen d'y rester amoindri ?... Le banquier de l'Alsace fit comme font tous les provinciaux ruinés : il vint à Paris, il y porta courageusement des bretelles tricolores sur lesquelles étaient brodées les aigles impériales et s'y concentra dans la société bonapartiste. Il remit ses valeurs au baron de Nucingen qui lui donna huit pour cent de tout, en acceptant ses créances impériales à soixante pour cent seulement de perte, ce qui fut cause que d'Aldrigger serra la main de Nucingen en lui disant : — *Ch'édais pien sir te de droufer te quir d'in Elsacien !* Nucingen se fit intégralement payer par notre ami des Lupeaulx. Quoique bien étrillé, l'Alsacien eut un revenu industriel de quarante-quatre mille francs. Son chagrin se compliqua du *spleen* dont sont saisis les gens habitués à vivre par le jeu des affaires quand ils en sont sevrés. Le banquier se donna pour tâche de se sacrifier, noble cœur ! à sa femme, dont la fortune venait d'être dévorée, et qu'elle avait laissé prendre avec la facilité d'une fille à qui les affaires d'argent étaient tout à fait inconnues. La baronne d'Aldrigger retrouva donc les jouissances auxquelles elle était habituée, le vide que pouvait lui causer la société de Strasbourg fut comblé par les plaisirs de Paris.

La maison Nucingen tenait déjà comme elle tient encore le haut bout de la société financière, et le baron habile mit son honneur à bien traiter le baron honnête. Cette belle vertu faisait bien dans le salon Nucingen. Chaque hiver écornait le capital de d'Aldrigger ; mais il n'osait faire le moindre reproche à la perle des Adolphus ; sa tendresse fut la plus ingénieuse et la plus inintelligente qu'il y eût en ce monde. Brave homme, mais bête ! Il mourut en se demandant : « Que deviendront-elles sans moi ? » Puis, dans un moment où il fut seul avec son vieux valet de chambre Wirth, le bonhomme, entre deux étouffements, lui recommanda sa femme et ses deux filles, comme si ce Caleb d'Alsace était le seul être raisonnable qu'il y eût dans la maison. Trois ans après, en 1826, Isaure était âgée de vingt ans et Malvina n'était pas mariée. En allant dans le monde Malvina avait fini par remarquer combien les relations y sont superficielles, combien tout y est examiné, défini. Semblable à la plupart des filles dites *bien élevées*, Malvina ignorait le mécanisme de la vie, l'importance de la fortune, la difficulté d'acquérir la moindre monnaie, le prix des choses. Aussi, pendant ces six années, chaque enseignement avait-il été une blessure pour elle. Les quatre cent mille francs laissés par feu d'Aldrigger à la maison Nucingen furent portés au crédit de la baronne, car la succession de son mari lui redevait douze cent mille francs ; et dans les moments de gêne, la bergère des Alpes y puisait comme dans une caisse inépuisable. Au moment où notre pigeon s'avançait vers sa colombe, Nucingen, connaissant le caractère de son ancienne patronne, avait dû s'ouvrir à Malvina sur la situation financière où la veuve se trouvait : il n'y avait plus que trois cent mille francs chez lui, les vingt-quatre mille livres de rente se trouvaient donc réduites à dix-huit mille. Wirth avait maintenu la position pendant trois ans ! Après la confidence du banquier, les chevaux furent réformés, la voiture fut vendue et le cocher congédié par Malvina, à l'insu de sa mère. Le mobilier de l'hôtel, qui comptait dix années d'existence, ne put être renouvelé, mais tout s'était fané en même temps. Pour ceux qui aiment l'harmonie, il n'y avait que demi-mal. La baronne, cette fleur si bien conservée, avait pris l'aspect d'une rose froide et grippée qui reste unique dans un buisson au milieu de novembre. Moi qui vous parle, j'ai vu cette opulence se dégradant par teintes, par demi-tons ! Effroyable ! parole d'honneur. Ç'a été mon dernier chagrin. Après je me suis dit : C'est bête de prendre tant d'intérêt aux autres ! Pendant que j'étais employé, j'avais la sottise de m'intéresser à toutes les maisons où je dînais, je les défendais en cas de médisance, je ne les calomniais pas, je..... Oh! j'étais un enfant. Quand sa fille lui eut expliqué sa position, la ci-devant perle s'écria : — Mes pauvres enfants! qui donc me fera mes robes? Je ne pourrai donc plus avoir de bonnets frais, ni recevoir, ni aller dans le monde! — A quoi pensez-vous que se reconnaisse l'amour chez un homme? dit Bixiou en s'interrompant, il s'agit de savoir si Beaudenord était vraiment amoureux de cette petite blonde.

— Il néglige ses affaires, répondit Couture.

— Il met trois chemises par jour, dit Finot.

— Une question préalable? dit Blondet, un homme supérieur peut-il et doit-il être amoureux?

— Mes amis, reprit Bixiou d'un air sentimental, gardons-nous comme d'une bête venimeuse de l'homme qui, se sentant pris d'amour pour une femme, fait claquer ses doigts ou jette son cigare en disant : Bah! il y en a d'autres dans le monde! Mais le gouvernement peut employer ce citoyen dans le Ministère des Affaires Étrangères. Blondet, je te fais observer que ce Godefroid avait quitté la diplomatie.

— Hé! bien, il a été absorbé, l'amour est la seule chance qu'aient les sots pour se grandir, répondit Blondet.

— Blondet, Blondet, pourquoi donc sommes-nous si pauvres? s'écria Bixiou.

— Et pourquoi Finot est-il riche? reprit Blondet, je te le dirai, va, mon fils, nous nous entendons. Allons, voilà Finot qui me verse à boire comme si j'avais monté son bois. Mais à la fin d'un dîner, on doit *siroter* le vin. Eh! bien?

— Tu l'as dit, l'absorbé Godefroid fit ample connaissance avec la grande Malvina, la légère baronne et la petite danseuse. Il tomba dans le servantisme le plus minutieux et le plus astringent. Ces restes d'une opulence cadavéreuse ne l'effrayèrent pas. Ah!... bah! il s'habitua par degrés à toutes ces guenilles. Jamais le lampasse vert à ornements blancs du salon ne devait paraître à ce garçon ni passé, ni vieux, ni taché, ni bon à remplacer. Les rideaux, la table à thé, les chinoiseries étalées sur la cheminée, le lustre rococo, le tapis façon cachemire qui montrait la corde, le piano, le petit service fleureté, les serviettes frangées et aussi trouées à l'espagnole, le salon de Perse qui précédait la chambre à coucher bleue de la baronne, avec ses accessoires, tout lui fut saint et sacré. Les femmes stupides et chez qui la beauté brille de manière à laisser dans l'ombre l'esprit, le cœur, l'âme, peuvent seules inspirer de pareils oublis, car une femme d'esprit n'abuse jamais de ses avantages, il faut être petite et sotte pour s'emparer d'un homme. Beaudenord, il me l'a dit, aimait le vieux et solennel Wirth! Ce vieux drôle avait pour son futur maître le respect d'un croyant catholique pour l'Eucharistie. Cet honnête Wirth était un Gaspard allemand, un de ces buveurs de bière qui enveloppent leur finesse de bonhomie, comme un cardinal Moyen-Age, son poignard dans sa manche. Wirth, voyant un mari pour Isaure, entourait Godefroid des ambages et circonlocutions arabesques de sa bonhomie alsacienne, la glu la plus adhérente de toutes les matières collantes. Madame d'Aldrigger était profondément *improper*, elle trouvait l'amour la chose la plus naturelle. Quand Isaure et Malvina sortaient ensemble et allaient aux Tuileries ou aux Champs-Élysées, où elles devaient rencontrer des jeunes gens de leur société, la mère leur disait : — « Amusez-vous bien, mes chères filles! » Leurs amis, les seuls qui pussent calomnier les deux sœurs, les défendaient; car l'excessive liberté que chacun avait dans le salon des d'Aldrigger, en faisait un endroit unique à Paris. Avec des millions on aurait obtenu difficilement de pareilles soirées où l'on parlait de tout avec esprit, où la mise soignée n'était pas de rigueur, où l'on était à son aise au point d'y demander à souper. Les deux sœurs écrivaient à qui leur plaisait, recevaient tranquillement des lettres, à côté de leur mère, sans que jamais la baronne eût l'idée de leur demander de quoi il s'agissait. Cette adorable mère donnait à ses filles tous les bénéfices de son égoïsme, la passion la plus aimable du monde, en ce sens que les égoïstes, ne voulant pas être gênés, ne gênent personne, et n'embarrassent point la vie de ceux qui les entourent par les ronces du conseil, par les épines de la remontrance, ni par les taquinages de guêpe que se permettent les amitiés excessives qui veulent tout savoir, tout contrôler...

— Tu me vas au cœur, dit Blondet. Mais, mon cher, tu ne racontes pas, tu *blagues*...

— Blondet, si tu n'étais pas gris, tu me ferais de la peine! De nous quatre, il est le seul homme sérieusement littéraire! A cause de lui, je vous fais l'honneur de vous traiter en gourmets, je vous distille mon histoire, et il me critique ! Mes amis, la plus grande marque de stérilité spirituelle est l'entassement des faits. La sublime comédie du *Misanthrope* prouve que l'Art consiste à bâtir un palais sur la pointe d'une aiguille. Le mythe de mon idée est dans la baguette des fées qui peut faire de la plaine des Sablons, un *Interlachen*, en dix secondes (le temps de vider ce verre !). Voulez-vous que je vous fasse un récit qui aille comme un boulet de canon, un rapport de général en chef ? Nous causons, nous rions, ce journaliste, bibliophobe à jeun, veut, quand il est ivre, que je donne à ma langue la sotte allure d'un livre (il feignit de pleurer). Malheur à l'imagination française, on veut épointer les aiguilles de sa plaisanterie ! *Dies iræ*. Pleurons Candide, et vive la *Critique de la raison pure !* la *symbolique*, et les systèmes en cinq volumes compactes, imprimés par des Allemands qui ne les savaient pas à Paris depuis 1750, en quelques mots fins, les diamants de notre intelligence nationale. Blondet mène le convoi de son suicide, lui qui fait dans son journal les derniers mots de tous les grands hommes qui nous meurent sans rien dire !

— Va ton train, dit Finot.

— J'ai voulu vous expliquer en quoi consiste le bonheur d'un homme qui n'est pas actionnaire (une politesse à Couture !). Eh ! bien, ne voyez-vous pas maintenant à quel prix Godefroid se procura le bonheur le plus étendu que puisse rêver un jeune homme ?... Il étudiait Isaure pour être sûr d'être compris !..... Les choses qui se comprennent les unes les autres doivent être similaires. Or, il n'y a de pareils à eux-mêmes que le néant et l'infini : le néant est la bêtise, le génie est l'infini. Ces deux amants s'écrivaient les plus stupides lettres du monde, en se renvoyant sur du papier parfumé des mots à la mode : *ange ! harpe éolienne ! avec toi je serai complet ! il y a un cœur dans ma poitrine d'homme ! faible femme ! pauvre moi !* toute la friperie du cœur moderne. Godefroid restait à peine dix minutes dans un salon, il causait sans aucune prétention avec les femmes, elles le trouvèrent alors très-spirituel. Il était de ceux qui n'ont d'autre esprit que celui qu'on leur prête. Enfin, jugez de son absorption : Joby, ses chevaux, ses voitures devinrent des choses secondaires dans son existence. Il n'était heureux qu'enfoncé dans sa bonne bergère en face de la baronne, au coin de cette cheminée de marbre vert antique, occupé à voir Isaure, à prendre du thé en causant avec le petit cercle d'amis qui venaient tous les soirs entre onze heures et minuit, rue Joubert, et où on pouvait toujours jouer à la bouillotte sans crainte : j'y ai toujours gagné. Quand Isaure avait avancé son joli petit pied chaussé d'un soulier de satin noir et que Godefroid l'avait longtemps regardé, il restait le dernier et disait à Isaure : — Donne-moi ton soulier..... Isaure levait le pied, le posait sur une chaise, ôtait son soulier, le lui donnait en lui jetant un regard, un de ces regards? enfin, vous comprenez ! Godefroid finit par découvrir un grand mystère chez Malvina. Quand du Tillet frappait à la porte, la rougeur vive qui colorait les joues de Malvina, disait : Ferdinand ! En regardant ce tigre à deux pattes, les yeux de la pauvre fille s'allumaient comme un brasier sur lequel afflue un courant d'air; elle trahissait un plaisir infini quand Ferdinand l'emmenait pour faire un *a parte* près d'une console ou d'une croisée. Comme c'est rare et beau, une femme assez amoureuse pour devenir naïve et laisser lire dans son cœur! Mon Dieu, c'est aussi rare à Paris, que la fleur qui chante l'est aux Indes. Malgré cette amitié commencée depuis le jour où les d'Aldrigger apparurent chez les Nucingen, Ferdinand n'épousait pas Malvina. Notre féroce ami du Tillet n'avait pas paru jaloux de la cour assidue que Desroches faisait à Malvina, car pour achever de payer sa Charge avec une dot qui ne paraissait pas être moindre de cinquante mille écus, il avait feint l'amour, lui homme de Palais! Quoique profondément humiliée de l'insouciance de du Tillet, Malvina l'aimait trop pour lui fermer la porte. Chez cette fille, tout âme, tout sentiment, tout expansion, tantôt la fierté cédait à l'amour, tantôt l'amour offensé laissait la fierté prendre le dessus. Calme et froid, notre ami Ferdinand acceptait cette tendresse, il la respirait avec les tranquilles délices du tigre léchant le sang qui lui teint la gueule; il en venait chercher les preuves, il ne passait pas deux jours sans se montrer rue Joubert. Le drôle possédait alors environ dix-huit cent mille francs, la question de fortune devait être peu de chose à ses yeux, et il avait résisté non-seulement à Malvina, mais aux barons de Nucingen et de Rastignac, qui, tous deux, lui avaient fait faire soixante-quinze lieues par jour, à quatre francs de guides, postillon en avant, et sans fil! dans les labyrinthes de leur finesse. Godefroid ne put s'empêcher de parler à sa future belle-sœur de la situation ridicule où elle se trouvait entre un banquier et un avoué.

—Vous voulez me sermonner au sujet de Ferdinand, savoir le secret qu'il y a entre nous, dit-elle avec franchise. Cher Godefroid, n'y revenez jamais. La naissance de Ferdinand, ses antécédents, sa fortune n'y sont pour rien, ainsi croyez à quelque chose d'extraordinaire. Cependant, à quelques jours de là, Malvina prit Beaudenord à part, et lui dit : — Je ne crois pas monsieur Desroches honnête homme (ce que c'est que l'instinct de l'amour!), il voudrait m'épouser, et fait la cour à la fille d'un épicier. Je voudrais bien savoir si je suis un pis-aller, si le mariage est pour lui une affaire d'argent. Malgré la profondeur de son esprit, Desroches ne pouvait deviner du Tillet, et il craignait de lui voir épouser Malvina. Donc, le gars s'était ménagé une retraite, sa position était intolérable, il gagnait à peine, tous frais faits, les intérêts de sa dette. Les femmes ne comprennent rien à ces situations-là. Pour elles, le cœur est toujours millionnaire !

— Mais comme ni Desroches ni du Tillet n'ont épousé Malvina, dit Finot, explique-nous le secret de Ferdinand ?

— Le secret, le voici, répondit Bxiou. Règle générale : une jeune personne qui a donné une seule fois son soulier, le refusât-elle pendant dix ans, n'est jamais épousée par celui à qui...

— Bêtise ! dit Blondet en interrompant, on aime aussi parce qu'on a aimé. Le secret, le voici : règle générale, ne vous mariez pas sergent, quand vous pouvez devenir duc de Dantzick et maréchal de France. Aussi voyez quelle alliance a faite du Tillet ! Il a épousé une des filles du comte de Grandville, une des plus vieilles familles de la magistrature française.

— La mère de Desroches avait une amie, reprit Bixiou, une femme de droguiste, lequel droguiste s'était retiré gras d'une fortune. Ces droguistes ont des idées bien saugrenues : pour donner à sa fille une bonne éducation, il l'avait mise dans un pensionnat !... Ce Matifat comptait bien marier sa fille, par la raison deux cent mille francs, en bel et bon argent qui ne sentait pas la drogue.

— Le Matifat de Florine ? dit Blondet.

— Eh ! bien, oui, celui de Lousteau, le nôtre, enfin ! Ces Matifat, alors perdus pour nous, étaient venus habiter la rue du Cherche-Midi, le quartier le plus opposé à la rue des Lombards où ils avaient fait fortune. Moi, je les ai cultivés, les Matifat ! Durant mon temps de galère ministérielle, où j'étais serré pendant huit heures de jour entre des niais à vingt-deux carats, j'ai vu des originaux qui m'ont convaincu que l'ombre a des aspérités, et que dans la plus grande platitude on peut rencontrer des angles ! Oui, mon cher, tel bourgeois est à tel autre ce que Raphaël est à Natoire. Madame veuve Desroches avait moyenné de longue main ce mariage à son fils, malgré l'obstacle énorme que présentait un certain Cochin, fils de l'associé commanditaire des Matifat, jeune employé au Ministère des Finances. Aux yeux de monsieur et madame Matifat, l'état d'avoué paraissait, selon leur mot, offrir des garanties pour le bonheur d'une femme. Desroches s'était prêté aux plans de sa mère afin d'avoir un pis-aller. Il ménageait donc les droguistes de la rue du Cherche-Midi. Pour vous faire comprendre un autre genre de bonheur, il faudrait vous peindre ces deux négociants mâle et femelle, jouissant d'un jardinet, logés à un beau rez-de-chaussée, s'amusant à regarder un jet d'eau, mince et long comme un épi, qui allait perpétuellement et s'élançait d'une petite table ronde en pierre de liais, située au milieu d'un bassin de six pieds de diamètre, se levant de bon matin pour voir si les fleurs de leur jardin avaient poussé, désœuvrés et inquiets, s'habillant pour s'habiller, s'ennuyant au spectacle, et toujours entre Paris et Luzarches où ils avaient une maison de campagne et où j'ai dîné. Blondet, un jour ils ont voulu me faire poser, je leur ai raconté une histoire depuis neuf heures du soir jusqu'à minuit, une aventure à tiroirs ! J'en étais à l'introduction de mon vingt-neuvième personnage (les romans en feuilletons m'ont volé !), quand le père Matifat, qui en qualité de maître de maison, tenait encore bon, a ronflé comme les autres, après avoir clignoté pendant cinq minutes. Le lendemain, tous m'ont fait des compliments sur le dénoûment de mon histoire. Ces épiciers avaient pour société monsieur et madame Cochin, Adolphe Cochin, madame Desroches, un petit Popinot, droguiste en exercice, qui leur donnait des nouvelles de la rue des Lombards (un homme de ta connaissance, Finot !). Madame Matifat, qui aimait les Arts, achetait des lithographies, des lithochromies, des dessins coloriés, tout ce qu'il y avait de meilleur marché. Le sieur Matifat se distrayait en examinant les entreprises nouvelles et en essayant de jouer quelques capitaux, afin de ressentir des émotions (Florine l'avait guéri du genre Régence). Un seul mot vous fera comprendre la profondeur de mon Matifat. Le bonhomme souhaitait ainsi le bonsoir à ses nièces : « Va te coucher, mes nièces ! » Il avait peur, disait-il, de les affliger en leur disant *vous*. Leur fille était une jeune personne sans manières, ayant l'air d'une femme de chambre de bonne maison, jouant tant bien que mal une sonate, ayant une jolie écriture anglaise, sachant le français et l'orthographe, enfin une complète éducation bourgeoise. Elle était assez impatiente d'être mariée, afin de quitter la maison paternelle, où elle s'ennuyait comme un officier de marine au quart de nuit, il faut dire aussi que le quart durait toute la journée. Desroches ou Cochin fils, un notaire ou un garde-du-corps, un faux lord anglais, tout mari lui était bon. Comme évidemment elle ne savait rien de la vie, j'en ai eu pitié, j'ai voulu lui en révéler le grand mystère. Bah! les Matifat m'ont fermé leur porte : les bourgeois et moi nous ne nous comprendrons jamais.

— Elle a épousé le général Gouraud, dit Finot.

— En quarante-huit heures, Godefroid de Beaudenord, l'ex-diplomate, devina les Matifat et leur intrigante corruption, reprit Bixiou. Par hasard, Rastignac se trouvait chez la légère baronne à causer au coin du feu pendant que Godefroid faisait son rapport à Malvina. Quelques mots frappèrent son oreille, il devina de quoi il s'agissait, surtout à l'air aigrement satisfait de Malvina. Rastignac resta, lui, jusqu'à deux heures du matin, et l'on dit qu'il est égoïste! Beaudenord partit quand la baronne alla se coucher. « Chère enfant, dit Rastignac à Malvina d'un ton bonhomme et paternel quand ils furent seuls, souvenez-vous qu'un pauvre garçon lourd de sommeil a pris du thé pour rester éveillé jusqu'à deux heures du matin, afin de pouvoir vous dire solennellement : Mariez-vous. Ne faites pas la difficile, ne vous occupez pas de vos sentiments, ne pensez pas à l'ignoble calcul des hommes qui ont un pied ici, un pied chez les Malifat, ne réfléchissez à rien : mariez-vous! Pour une fille, se marier, c'est s'imposer à un homme qui prend l'engagement de la faire vivre dans une position plus ou moins heureuse, mais où la question matérielle est assurée. Je connais le monde : jeunes filles, mamans et grand'mères sont toutes hypocrites en démanchant sur le sentiment quand il s'agit de mariage. Aucun ne pense à autre chose qu'à un bel état. Quand sa fille est bien mariée, une mère dit qu'elle a fait une excellente affaire. » Et Rastignac lui développa sa théorie sur le mariage, qui, selon lui, est une société de commerce instituée pour supporter la vie. « Je ne vous demande point votre secret, dit-il en terminant à Malvina, je le sais. Les hommes se disent tout entre eux, comme vous autres quand vous sortez après le dîner. Eh! bien, voici mon dernier mot : mariez-vous. Si vous ne vous mariez pas, souvenez-vous que je vous ai suppliée ici, ce soir, de vous marier ! » Rastignac parlait avec un certain accent qui commandait, non pas l'attention, mais la réflexion. Son insistance était de nature à surprendre. Malvina fut alors si bien frappée au vif de l'intelligence, là où Rastignac avait voulu l'atteindre, qu'elle y songeait encore le lendemain, et cherchait inutilement la cause de cet avis.

— Je ne vois, dans toutes ces toupies que tu lances, rien qui ressemble à l'origine de la fortune de Rastignac, et tu nous prends pour des Matifat multipliés par six bouteilles de vin de Champagne, s'écria Couture.

— Nous y sommes, s'écria Bixiou. Vous avez suivi le cours de tous les petits ruisseaux qui ont fait les quarante mille livres de rente auxquelles tant de gens portent envie ! Rastignac tenait alors entre ses mains le fil de toutes ces existences.

— Desroches, les Matifat, Beaudenord, les d'Aldrigger, d'Aiglemont.

— Et de cent autres !... dit Bixiou.

— Voyons ! comment ? s'écria Finot. Je sais bien des choses, et je n'entrevois pas le mot de cette énigme.

— Blondet vous a dit en gros les deux premières liquidations de Nucingen, voici la troisième en détail, reprit Bixiou. Dès la paix de 1815, Nucingen avait compris ce que nous ne comprenons qu'aujourd'hui : que l'argent n'est une puissance que quand il est en quantités disproportionnées. Il jalousait secrètement les frères Rostchild. Il possédait cinq millions, il en voulait dix ! Avec dix millions, il savait pouvoir en gagner trente, et n'en aurait eu que quinze avec cinq. Il avait donc résolu d'opérer une troisième liquidation ! Ce grand homme songeait alors à payer ses créanciers avec des valeurs fictives, en gardant leur argent. Sur la place, une conception de ce genre ne se présente pas sous une expression si mathématique. Une pareille liquidation consiste à donner un petit pâté pour un louis d'or à de grands enfants qui, comme les petits enfants d'autrefois, préfèrent le pâté à la pièce, sans savoir qu'avec la pièce ils peuvent avoir deux cents pâtés.

— Qu'est-ce que tu dis donc là, Bixiou ? s'écria Couture, mais rien n'est plus loyal, il ne se passe pas de semaine aujourd'hui que l'on ne présente des pâtés au public en lui demandant un louis. Mais le public est-il forcé de donner son argent ? n'a-t-il pas le droit de s'éclairer ?

— Vous l'aimeriez mieux contraint d'être actionnaire, dit Blondet.

— Non, dit Finot, où serait le talent?

— C'est bien fort pour Finot, dit Bixiou.

— Qui lui a donné ce mot-là, demanda Couture.

— Enfin, reprit Bixiou, Nucingen avait eu deux fois le bonheur de donner, sans le vouloir, un pâté qui s'était trouvé valoir plus qu'il n'avait reçu. Ce malheureux bonheur lui causait des remords. De pareils bonheurs finissent par tuer un homme. Il attendait depuis dix ans l'occasion de ne plus se tromper, de créer des valeurs qui auraient l'air de valoir quelque chose et qui...

— Mais, dit Couture, en expliquant ainsi la Banque, aucun commerce n'est possible. Plus d'un loyal banquier a persuadé, sous l'approbation d'un loyal Gouvernement, aux plus fins boursiers de prendre des fonds qui devaient, dans un temps donné, se trouver dépréciés. Vous avez vu mieux que cela ! N'a-t-on pas émis, toujours avec l'aveu, avec l'appui des Gouvernements, des valeurs pour payer les intérêts de certains fonds, afin d'en maintenir le cours et pouvoir s'en défaire. Ces opérations ont plus ou moins d'analogie avec la liquidation à la Nucingen.

— En petit, dit Blondet, l'affaire peut paraître singulière ; mais en grand, c'est de la haute finance. Il y a des actes arbitraires qui sont criminels d'individu à individu, lesquels arrivent à rien quand ils sont étendus à une multitude quelconque, comme une goutte d'acide prussique devient innocente dans un baquet d'eau. Vous tuez un homme, on vous guillotine. Mais avec une conviction gouvernementale quelconque, vous tuez cinq cents hommes, on respecte le crime politique. Vous prenez cinq mille francs dans mon secrétaire, vous allez au bagne. Mais avec le piment d'un gain à faire habilement mis dans la gueule de mille boursiers, vous les forcez à prendre les rentes de je ne sais quelle république ou monarchie en faillite, émises, comme dit Couture, pour payer les intérêts de ces mêmes rentes : personne ne peut se plaindre. Voilà les vrais principes de l'âge d'or où nous vivons !

— La mise en scène d'une machine si vaste, reprit Bixiou, exigeait bien des polichinelles. D'abord la maison Nucingen avait sciemment et à dessein employé ses cinq millions dans une affaire en Amérique, dont les profits avaient été calculés de manière à revenir trop tard. Elle s'était dégarnie avec préméditation. Toute liquidation doit être motivée. La maison possédait en fonds particuliers et en valeurs émises environ six millions. Parmi les fonds particuliers se trouvaient les trois cent mille de la baronne d'Aldrigger, les quatre cent mille de Beaudenort, un million à d'Aiglemont, trois cent mille à Matifat, un demi-million à Charles Grandet, le mari de mademoiselle d'Aubrion, etc. En créant lui-même une entreprise industrielle par actions, avec lesquelles il se proposait de désintéresser ses créanciers au moyen de manœuvres plus ou moins habiles, Nucingen aurait pu être suspecté, mais il s'y prit avec plus de finesse : il fit créer par un autre !... cette machine destinée à jouer le rôle du Mississipi du système de Law. Le propre de Nucingen est de faire servir les plus habiles gens de la place à ses projets, sans les leur communiquer. Nucingen laissa donc échapper devant du Tillet l'idée pyramidale et victorieuse de combiner une entreprise par actions en constituant un capital assez fort pour pouvoir servir de très-gros intérêts aux actionnaires pendant les premiers temps. Essayée pour la première fois, en un moment où des capitaux niais abondaient, cette combinaison devait produire une hausse sur les actions, et par conséquent un bénéfice pour le banquier qui les émettrait. Songez que ceci est du 1826. Quoique frappé de cette idée, aussi féconde qu'ingénieuse, du Tillet pensa naturellement que si l'entreprise ne réussissait pas, il y aurait un blâme quelconque. Aussi suggéra-t-il de mettre en avant un directeur visible de cette machine commerciale. Vous connaissez aujourd'hui le secret de la maison Claparon fondée par du Tillet, une de ses plus belles inventions !...

— Oui, dit Blondet, l'éditeur responsable en finance, l'agent provocateur, le bouc émissaire ; mais aujourd'hui nous sommes plus forts, nous mettons : S'adresser à *l'administration de la chose*, telle rue, tel numéro, où le public trouve des employés en casquettes vertes, jolis comme des recors.

— Nucingen avait appuyé la maison Charles Claparon de tout son crédit, reprit Bixiou. On pouvait jeter sans crainte sur quelques places un million de papier Claparon. Du Tillet proposa donc de mettre sa maison Claparon en avant. Adopté. En 1825, l'Actionnaire n'était pas gâté dans les conceptions industrielles. Le *fonds de roulement* était inconnu ! Les Gérants ne s'obligeaient pas à ne point émettre leurs actions bénéficiaires, ils ne déposaient rien à la Banque, ils ne garantissaient rien. On ne daignait pas expliquer la commandite en di ant à l'Actionnaire qu'on avait la bonté de ne pas lui demander plus de mille, de cinq cents, ou même de deux cent cinquante francs! On ne publiait pas que l'expérience *in œre publico* ne durerait que sept ans, cinq ans, ou même trois ans, et qu'ainsi le dénoûment ne se ferait pas long-temps attendre. C'était l'enfance de l'art! On n'avait même pas fait intervenir la publicité de ces gigantesques annonces par lesquelles on stimule les imaginations, en demandant de l'argent à tout monde...

— Cela arrive quand personne n'en veut donner, dit Couture.

— Enfin la concurrence dans ces sortes d'entreprises n'existait pas, reprit Bixiou. Les fabricants de papier mâché, d'impressions sur indiennes, les lamineurs de zinc, les Théâtres, les Journaux ne se ruaient pas comme des chiens à la curée de l'actionnaire expirant. Les belles affaires par actions, comme dit Couture, si naïvement publiées, appuyées par des rapports de gens experts (les princes de la science!...) se traitaient honteusement dans le silence et dans l'ombre de la Bourse. Les Loups-Cerviers exécutaient, financièrement parlant, l'air de la calomnie du Barbier de Séville. Ils allaient *piano, piano*, procédant par de légers cancans, sur la bonté de l'affaire, dits d'oreille à oreille. Ils n'exploitaient le patient, l'actionnaire, qu'à domicile, à la Bourse, ou dans le monde, par cette rumeur habilement créée et qui grandissait jusqu'au *tutti* d'une Cote à quatre chiffres....

— Mais, quoique nous soyons entre nous et que nous puissions tout dire, je reviens là-dessus, dit Couture.

— Vous êtes orfévre, monsieur Josse? dit Finot.

— Finot restera classique, constitutionnel et perruque, dit Blondet.

— Oui, je suis orfévre, reprit Couture, pour le compte de qui Cérizet venait d'être condamné en Police Correctionnelle. Je soutiens que la nouvelle méthode est infiniment moins traîtresse, plus loyale, moins assassine que l'ancienne. La publicité permet la réflexion et l'examen. Si quelque actionnaire *est gobé*, il est venu de propos délibéré, on ne lui a pas vendu *chat en poche*. L'Industrie...

— Allons, voilà l'Industrie! s'écria Bixiou.

— L'Industrie y gagne, dit Couture sans prendre garde à l'interruption. Tout Gouvernement qui se mêle du Commerce et ne le laisse pas libre, entreprend une coûteuse sottise : il arrive ou au

Maximum ou au Monopole. Selon moi, rien n'est plus conforme aux principes sur la liberté du commerce que les Sociétés par actions! Y toucher, c'est vouloir répondre du capital et des bénéfices, ce qui est stupide. En toute affaire, les bénéfices sont en proportion avec les risques! Qu'importe à l'État la manière dont s'obtient le mouvement rotatoire de l'argent, pourvu qu'il soit dans une activité perpétuelle! Qu'importe qui est riche, qui est pauvre, s'il y a toujours la même quantité de riches imposables? D'ailleurs, voilà vingt ans que les Sociétés par actions, les commandites, primes sous toutes les formes, sont en usage dans le pays le plus commercial du monde, en Angleterre, où tout se conteste, où les Chambres pondent mille ou douze cents lois par session, et où jamais un membre du Parlement ne s'est levé pour parler contre la méthode...

— Curative des coffres pleins, et par les végétaux! dit Bixiou, *les carottes!*

— Voyons? dit Couture enflammé. Vous avez dix mille francs, vous prenez dix actions de chacune *mille* dans dix entreprises différentes. Vous êtes volé neuf fois... (Cela n'est pas! le public est plus fort que qui que ce soit! mais je le suppose) une seule affaire réussit! (par hasard! — D'accord! — On ne l'a pas fait exprès! — Allez! blaguez?) Eh! bien, le *ponte* assez sage pour diviser ainsi ses masses, rencontre un superbe placement, comme l'ont trouvé ceux qui ont pris les actions des mines de Wortschin. Messieurs, avouons entre nous que les gens qui crient sont des hypocrites au désespoir de n'avoir ni l'idée d'une affaire, ni la puissance de la proclamer, ni l'adresse de l'exploiter. La preuve ne se fera pas attendre. Avant peu vous verrez l'Aristocratie, les gens de cour, les Ministériels descendant en colonnes serrées dans la Spéculation, et avançant des mains plus crochues et trouvant des idées plus tortueuses que les nôtres, sans avoir notre supériorité. Quelle tête il faut pour fonder une affaire à une époque où l'avidité de l'actionnaire est égale à celle de l'inventeur? Quel grand magnétiseur doit être l'homme qui crée un Claparon, qui trouve des expédients nouveaux! Savez-vous la morale de ceci? Notre temps vaut mieux que nous! nous vivons à une époque d'avidité où l'on ne s'inquiète pas de la valeur de la chose, si l'on peut y gagner en la repassant au voisin : on la repasse au voisin parce que l'avidité de l'Actionnaire qui croit à un gain, est égale à celle du Fondateur qui le lui propose!

— Est-il beau, Couture, est-il beau! dit Bixiou à Blondet, il va demander qu'on lui élève des statues comme à un bienfaiteur de l'Humanité.

— Il faudrait l'amener à conclure que l'argent des sots est de droit divin le patrimoine des gens d'esprit, dit Blondet.

— Messieurs, reprit Couture, rions ici pour tout le sérieux que nous garderons ailleurs quand nous entendrons parler des respectables bêtises que consacrent les lois faites à l'improviste.

— Il a raison. Quel temps, messieurs, dit Blondet, qu'un temps où dès que le feu de l'intelligence apparaît, on l'éteint vite par l'application d'une loi de circonstance. Les législateurs, partis presque tous d'un petit arrondissement où ils ont étudié la société dans les journaux, renferment alors le feu dans la machine. Quand la machine saute, arrivent les pleurs et les grincements de dents! Un temps où il ne se fait que des lois fiscales et pénales! Le grand mot de ce qui se passe, le voulez-vous? *Il n'y a plus de religion dans l'État!*

— Ah! dit Bixiou, bravo, Blondet! tu as mis le doigt sur la plaie de la France, la Fiscalité qui a plus ôté de conquêtes à notre pays que les vexations de la guerre. Dans le Ministère où j'ai fait six ans de galères, accouplé avec des bourgeois, il y avait un employé, homme de talent, qui avait résolu de changer tout le système des finances. Ah! bien, nous l'avons joliment dégommé. La France eût été trop heureuse, elle se serait amusée à reconquérir l'Europe, et nous avons agi pour le repos des nations : je l'ai tué par une caricature!

— Quand je dis le mot *religion*, je n'entends pas dire une capucinade, j'entends le mot en grand politique, reprit Blondet.

— Explique-toi, dit Finot.

— Voici, reprit Blondet. On a beaucoup parlé des affaires de Lyon, de la République canonnée dans les rues, personne n'a dit la vérité. La République s'était emparée de l'émeute comme un insurgé s'empare d'un fusil. La vérité, je vous la donne pour drôle et profonde. Le commerce de Lyon est un commerce sans âme, qui ne fait pas fabriquer une aune de soie sans qu'elle soit commandée et que le paiement soit sûr. Quand la commande s'arrête, l'ouvrier meurt de faim, il gagne à peine de quoi vivre en travaillant, les forçats sont plus heureux que lui. Après la révolution de juillet, la misère est arrivée à ce point que les CANUTS ont arboré le drapeau : *Du pain ou la mort !* une de ces proclamations que le gouvernement aurait dû étudier, elle était produite par la cherté de la vie à Lyon. Lyon veut bâtir des théâtres et devenir une capitale, de là des Octrois insensés. Les républicains ont flairé cette révolte à propos du pain, et ils ont organisé les *Canuts* qui se sont battus en partie double. Lyon a eu ses trois jours, mais tout est rentré dans l'ordre, et le Canut dans son taudis. Le Canut, probe jusque-là, rendant en étoffe la soie qu'on lui pesait en bottes, a mis la probité à la porte en songeant que les négociants le victimaient, et a mis de l'huile à ses doigts : il a rendu poids pour poids, mais il a vendu la soie représentée par l'huile, et le commerce des soieries françaises a été infesté *d'étoffes graissées*, ce qui aurait pu entraîner la perte de Lyon et celle d'une branche de commerce français. Les fabricants et le gouvernement, au lieu de supprimer la cause du mal, ont fait, comme certains médecins, rentrer le mal par un violent topique. Il fallait envoyer à Lyon un homme habile, un de ces gens qu'on appelle immoraux, un abbé Terray, mais l'on a vu le côté militaire ! Les troubles ont donc produit les gros de Naples à quarante sous l'aune. Ces gros de Naples sont aujourd'hui vendus, on peut le dire, et les fabricants ont sans doute inventé je ne sais quel moyen de contrôle. Ce système de fabrication sans prévoyance devait arriver dans un pays où RICHARD LENOIR, un des plus grands citoyens que la France ait eus, s'est ruiné pour avoir fait travailler six mille ouvriers sans commande, les avoir nourris, et avoir rencontré des ministres assez stupides pour le laisser succomber à la révolution que 1814 a faite dans le prix des tissus. Voilà le seul cas où le négociant mérite une statue. Eh ! bien, cet homme est aujourd'hui l'objet d'une souscription sans souscripteurs, tandis que l'on a donné un million aux enfants du général Foy. Lyon est conséquent : il connaît la France, elle est sans aucun sentiment religieux. L'histoire de Richard Lenoir est une de ces fautes que Fouché trouvait pire qu'un crime.

— Si dans la manière dont les affaires se présentent, reprit Couture en se remettant au point où il était avant l'interruption, il y a une teinte de charlatanisme, mot devenu flétrissant et mis à cheval sur le mur mitoyen du juste et de l'injuste, car je demande où commence, où finit le charlatanisme, ce qu'est le charlatanisme ? Faites-moi l'amitié de me dire qui n'est pas charlatan ? Voyons ? un peu de bonne foi, l'ingrédient social le plus rare ! Le commerce qui consisterait à aller chercher la nuit ce qu'on vendrait dans la journée serait un non-sens. Un marchand d'allumettes a l'instinct de l'accaparement. Accaparer la marchandise est la pensée du boutiquier de la rue Saint-Denis *dit* le plus vertueux, comme du spéculateur *dit* le plus effronté. Quand les magasins sont pleins, il y a nécessité de vendre. Pour vendre, il faut allumer le chaland, de là l'enseigne du Moyen-Age et aujourd'hui le Prospectus ! Entre appeler la pratique et la forcer d'entrer, de consommer, je ne vois pas la différence d'un cheveu ! Il peut arriver, il doit arriver, il arrive souvent que des marchands attrapent des marchandises avariées, car le vendeur trompe incessamment l'acheteur. Eh ! bien, consultez les plus honnêtes gens de Paris, les notables commerçants enfin ?... tous vous raconteront triomphalement la rouerie qu'ils ont alors inventée pour écouler leur marchandise quand on la leur avait vendue mauvaise. La fameuse maison Minard a commencé par des ventes de ce genre. La rue Saint-Denis ne vous vend qu'une robe de soie graissée, elle ne peut que cela. Les plus vertueux négociants vous disent de l'air le plus candide ce mot de l'improbité la plus effrénée : *On se tire d'une mauvaise affaire comme on peut.* Blondet vous a fait voir les affaires de Lyon dans leurs causes et leurs suites ; moi, je vais à l'application de ma théorie par une anecdote. Un ouvrier en laine, ambitieux et criblé d'enfants par une femme trop aimée, croit à la République. Mon gars achète de la laine rouge, et fabrique ces casquettes en laine tricotée que vous avez pu voir sur la tête de tous les gamins de Paris, et vous allez savoir pourquoi. La République est vaincue. Après l'affaire de Saint-Méry, les casquettes étaient invendables. Quand un ouvrier se trouve dans son ménage avec femme, enfants et dix mille casquettes en laine rouge dont ne veulent plus les chapeliers d'aucun bord, il lui passe par la tête autant d'idées qu'il en peut venir à un banquier bourré de dix millions d'actions à placer dans une affaire dont il se défie. Savez-vous ce qu'a fait l'ouvrier, ce Law faubourien, ce Nucingen des casquettes ? Il est allé trouver un dandy d'estaminet, un de ces farceurs qui font le désespoir des sergents-de-ville dans les bals champêtres aux Barrières, et l'a prié de jouer le rôle d'un capitaine américain pacotilleur, logé hôtel Meurice, d'aller *désirer* dix mille casquettes en laine rouge, chez un riche chapelier qui en avait encore *une* dans son étalage. Le chapelier flaire une affaire avec l'Amérique, accourt chez l'ouvrier, et se rue au comptant sur les casquettes. Vous comprenez : plus de capitaine américain, mais beaucoup de casquettes. Attaquer la liberté commerciale à cause de ces inconvénients, ce serait attaquer la Justice sous prétexte qu'il y a des délits qu'elle ne punit pas, ou accuser la Société d'être mal organisée à cause des malheurs qu'elle engendre ! Des casquettes et de la rue Saint-Denis, aux Actions et à la Banque, concluez !

— Couture, une couronne ! dit Blondet en lui mettant sa serviette tortillée sur sa tête. Je vais plus loin, messieurs. S'il y a vice dans la théorie actuelle, à qui la faute ? à la Loi ! à la Loi prise dans son système entier, à la législation ! à ces grands hommes d'Arrondissement que la Province envoie bouffis d'idées morales, idées indispensables dans la conduite de la vie à moins de se battre avec la justice, mais stupides dès qu'elles empêchent un homme de s'élever à la hauteur où doit se tenir le législateur. Que es lois interdisent aux passions tel ou tel développement (le jeu, la loterie, les Ninons de la borne, tout ce que vous voudrez), elles n'extirperont jamais les passions. Tuer les passions, ce serait tuer la Société, qui, si elle ne les engendre pas, du moins les développe. Ainsi vous entravez par des restrictions l'envie de jouer qui gît au fond de tous les cœurs, chez la jeune fille, chez l'homme de province, comme chez le diplomate, car tout le monde souhaite une fortune *gratis*, le Jeu s'exerce aussitôt en d'autres sphères. Vous supprimez stupidement la Loterie, les cuisinières n'en volent pas moins leurs maîtres, elles portent leurs vols à une Caisse d'Épargne, et la mise est pour elles de deux cent cinquante francs au lieu d'être de quarante sous, car les actions industrielles, les commandites, deviennent la Loterie, le Jeu sans tapis, mais avec un râteau invisible et un *refait* calculé. Les Jeux sont fermés, la Loterie n'existe plus, voilà la France bien plus morale, crient les imbéciles, comme s'ils avaient supprimé les *pontes* ! On joue toujours ! seulement le bénéfice n'est plus à l'État, qui remplace un impôt payé avec plaisir par un impôt gênant, sans diminuer les suicides, car le joueur ne meurt pas, mais bien sa victime ! Je ne vous parle pas des capitaux à l'étranger, perdus pour la France, ni des loteries de Francfort, contre le colportage desquelles la Convention avait décerné la peine de mort, et auquel se livraient les procureurs-syndics ! Voilà le sens de la niaise philanthropie de notre législateur. L'encouragement donné aux Caisses d'Épargne est une grosse sottise politique.

Supposez une inquiétude quelconque sur la marche des affaires, le gouvernement aura créé la *queue de l'argent,* comme on a créé dans la Révolution la *queue du pain.* Autant de caisses, autant d'émeutes. Si dans un coin trois gamins arborent un seul drapeau, voilà une révolution. Un grand politique doit être un scélérat abstrait, sans quoi les Sociétés sont mal menées. Un politique honnête homme est une machine à vapeur qui sentirait, ou un pilote qui ferait l'amour en tenant la barre : le bateau sombre. Un premier ministre qui prend cent millions et qui rend la France grande et heureuse, n'est-il pas préférable à un ministre enterré aux frais de l'État, mais qui a ruiné son pays ? Entre Richelieu, Mazarin, Potemkin, riches tous trois à chaque époque de trois cents millions, et le vertueux Robert Lindet, qui n'a su tirer parti ni des assignats, ni des Biens Nationaux, ou les vertueux imbéciles qui ont perdu Louis XVI, hésiteriez-vous ? Va ton train, Bixiou.

— Je ne vous expliquerai pas, reprit Bixiou, la nature de l'entreprise inventée par le génie financier de Nucingen, ce serait d'autant plus inconvenant qu'elle existe encore aujourd'hui, ses actions sont cotées à la Bourse ; les combinaisons étaient si réelles, l'objet de l'entreprise si vivace, que, créées au capital nominal de mille francs, établies par une Ordonnance royale, descendues à trois cents francs, elles ont remonté à sept cents francs, et arriveront au pair après avoir traversé les orages des années 27, 30 et 32. La crise financière de 1827 les fit fléchir, la Révolution de Juillet les abattit, mais l'affaire a des réalités dans le ventre (Nucingen ne saurait inventer une mauvaise affaire). Enfin, comme plusieurs maisons de banque du premier ordre y ont participé, il ne serait pas parlementaire d'entrer dans plus de détails. Le capital nominal fut de dix millions, capital réel sept, trois millions appartenaient aux fondateurs et aux banquiers chargés de l'émission des actions. Tout fut calculé pour faire arriver dans les six premiers mois l'action à gagner deux cents francs, par la distribution d'un faux dividende. Donc vingt pour cent sur dix millions. L'intérêt de du Tillet fut de cinq cent mille francs. Dans le vocabulaire financier, ce gâteau s'appelle *part à goinfre !* Nucingen se proposait d'opérer avec ses millions faits d'une main de papier rose à l'aide d'une pierre lithographique, de jolies petites actions à placer, précieusement conservées dans son cabinet. Les actions réelles allaient servir à fonder l'affaire, acheter un magnifique hôtel et commencer les opérations. Nucingen se trouvait encore des actions dans je ne sais quelles mines de plomb argentifère, dans des mines de houille et dans deux canaux, actions bénéficiaires accordées pour la mise en scène de ces quatre entreprises en pleine activité, supérieurement montées et en faveur, au moyen du dividende pris sur le capital. Nucingen pouvait compter sur un *agio* si les actions montaient, mais le baron le négligea dans ses calculs, il le laissait à fleur d'eau, sur la place, afin d'attirer les poissons! Il avait donc massé ses valeurs, comme Napoléon massait ses troupiers, afin de liquider durant la crise qui se dessinait et qui révolutionna, en 26 et 27, les places européennes. S'il avait eu son prince de Wagram, il aurait pu dire comme Napoléon du haut du Santon : Examinez bien la place, tel jour, à telle heure, il y aura là des fonds répandus! Mais à qui pouvait-il se confier? Du Tillet ne soupçonna pas son compérage involontaire. Les deux premières liquidations avaient démontré à notre puissant baron la nécessité de s'attacher un homme qui pût lui servir de piston pour agir sur le créancier. Nucingen n'avait point de neveu, n'osait prendre de confident, il lui fallait un homme dévoué, un Claparon intelligent, doué de bonnes manières, un véritable diplomate, un homme digne d'être ministre et digne de lui. Pareilles liaisons ne se forment ni en un jour, ni en un an. Rastignac avait alors été si bien entortillé par le baron que, comme le prince de la Paix, qui était autant aimé par le roi que par la reine d'Espagne, il croyait avoir conquis dans Nucingen une précieuse dupe. Après avoir ri d'un homme dont la portée lui fut long-temps inconnue, il avait fini par lui vouer un culte grave et sérieux en reconnaissant en lui la force qu'il croyait posséder seul. Dès son début à Paris, Rastignac fut conduit à mépriser la société tout entière. Dès 1820, il pensait, comme le baron, qu'il n'y a que des apparences d'honnête homme, et il regardait le monde comme la réunion de toutes les corruptions, de toutes les friponneries. S'il admettait des exceptions, il condamnait la masse : il ne croyait à aucune vertu, mais à des circonstances où l'homme est vertueux. Cette science fut l'affaire d'un moment; elle fut acquise au sommet du Père-Lachaise, le jour où il y conduisait un pauvre honnête homme, le père de sa Delphine, mort la dupe de notre société, des sentiments les plus vrais, et abandonné par ses filles et par ses gendres. Il résolut de jouer tout ce monde, et de s'y tenir en grand costume de vertu, de

probité, de belles manières. L'Égoïsme arma de pied en cap ce
jeune noble. Quand le gars trouva Nucingen revêtu de la même
armure, il l'estima comme au Moyen-Age, dans un tournoi, un
chevalier damasquiné de la tête aux pieds, monté sur un barbe,
eût estimé son adversaire houzé, monté comme lui. Mais il s'a-
mollit pendant quelque temps dans les délices de Capoue. L'amitié
d'une femme comme la baronne de Nucingen est de nature à faire
abjurer tout égoïsme. Après avoir été trompée une première fois
dans ses affections en rencontrant une mécanique de Birmingham,
comme était feu de Marsay, Delphine dut éprouver, pour un homme
jeune et plein des religions de la province, un attachement sans
bornes. Cette tendresse a réagi sur Rastignac. Quand Nucingen eut
passé à l'ami de sa femme le harnais que tout exploitant met à son
exploité, ce qui arriva précisément au moment où il méditait sa
troisième liquidation, il lui confia sa position, en lui montrant
comme une obligation de son intimité, comme une réparation, le
rôle de compère à prendre et à jouer. Le baron jugea dangereux
d'initier son collaborateur conjugal à son plan. Rastignac crut à un
malheur, et le baron lui laissa croire qu'il sauvait la boutique. Mais
quand un écheveau a tant de fils, il s'y fait des nœuds. Rastignac
trembla pour la fortune de Delphine : il stipula l'indépendance de
la baronne, en exigeant une séparation de biens, en se jurant à
lui-même de solder son compte avec elle en lui triplant sa fortune.
Comme Eugène ne parlait pas de lui-même, Nucingen le supplia
d'accepter, en cas de réussite complète, vingt-cinq actions de mille
francs chacune dans les mines de plomb argentifère, que Rastignac
prit pour ne pas l'offenser ! Nucingen avait seriné Rastignac la veille
de la soirée où notre ami disait à Malvina de se marier. A l'aspect
des cent familles heureuses qui allaient et venaient dans Paris, tranquilles sur leur fortune, les Godefroid de Beaudenord, les d'Aldrigger, les d'Aiglemont, etc., il prit à Rastignac un frisson comme à
un jeune général qui pour la première fois contemple une armée
avant la bataille. La pauvre petite Isaure et Godefroid, jouant à
l'amour, ne représentaient-ils pas Acis et Galathée sous le rocher
que le gros Polyphème va faire tomber sur eux?,...

— Ce singe de Bixiou, dit Blondet, il a presque du talent.

— Ah ! je ne marivaude donc plus, dit Bixiou jouissant de
son succès et regardant ses auditeurs surpris. — Depuis deux
mois, reprit-il après cette interruption, Godefroid se livrait à

tous les petits bonheurs d'un homme qui se marie. On ressemble alors à ces oiseaux qui font leurs nids au printemps, vont et viennent, ramassent des brins de paille, les portent dans leur bec, et cotonnent le domicile de leurs œufs. Le futur d'Isaure avait loué rue de la Planche un petit hôtel de mille écus, commode, convenable, ni trop grand, ni trop petit. Il allait tous les matins voir les ouvriers travaillant, et y surveiller les peintures. Il y avait introduit le *comfort*, la seule bonne chose qu'il y ait en Angleterre : calorifère pour maintenir une température égale dans la maison ; mobilier bien choisi, ni trop brillant, ni trop élégant ; couleurs fraîches et douces à l'œil, stores intérieurs et extérieurs à toutes les croisées ; argenterie, voitures neuves. Il avait fait arranger l'écurie, la sellerie, les remises où Toby, Joby, Paddy se démenait et frétillait comme une marmotte déchaînée, en paraissant très-heureux de savoir qu'il y aurait des femmes au logis et une *lady !* Cette passion de l'homme qui se met en ménage, qui choisit des pendules, qui vient chez sa future les poches pleines d'échantillons d'étoffes, la consulte sur l'ameublement de la chambre à coucher, qui va, vient, trotte, quand il va, vient et trotte animé par l'amour, est une des choses qui réjouissent le plus un cœur honnête et surtout les fournisseurs. Et comme rien ne plaît plus au monde que le mariage d'un joli jeune homme de vingt-sept ans avec une charmante personne de vingt ans qui danse bien, Godefroid, embarrassé pour la corbeille, invita Rastignac et madame de Nucingen à déjeuner, pour les consulter sur cette affaire majeure. Il eut l'excellente idée de prier son cousin d'Aiglemont et sa femme, ainsi que madame de Serisy. Les femmes du monde aiment assez à se dissiper une fois par hasard chez les garçons, à y déjeuner.

— C'est leur école buissonnière, dit Blondet.

— On devait aller voir rue de la Planche le petit hôtel des futurs époux, reprit Bixiou. Les femmes sont pour ces petites expéditions comme les ogres pour la chair fraîche, elles rafraîchissent leur présent de cette jeune joie qui n'est pas encore flétrie par la jouissance. Le couvert fut mis dans le petit salon qui, pour l'enterrement de la vie de garçon, fut paré comme un cheval de cortége. Le déjeuner fut commandé de manière à offrir ces jolis petits plats que les femmes aiment à manger, croquer, sucer le matin, temps où elles ont un effroyable appétit, sans vouloir l'avouer, car il semble qu'elles se compromettent en disant : J'ai faim ! — Et pourquoi tout seul, dit Godefroid en voyant arriver Rastignac. — Madame de Nucingen est triste, je te conterai tout cela, répondit Rastignac qui avait une tenue d'homme contrarié. — De la brouille ?... s'écria Godefroid. — Non, dit Rastignac. A quatre heures, les femmes envolées au bois de Boulogne, Rastignac resta dans le salon, et il regarda mélancoliquement par la fenêtre Toby, Joby, Paddy, qui se tenait audacieusement devant le cheval attelé au tilbury, les bras croisés comme Napoléon, il ne pouvait pas le tenir en bride autrement que par sa voix clairette, et le cheval craignait Joby, Toby. — Hé ! bien, qu'as-tu, mon cher ami, dit Godefroid à Rastignac, tu es sombre, inquiet, ta gaieté n'est pas franche. Le bonheur incomplet te tiraille l'âme ! Il est en effet bien triste de ne pas être marié à la Mairie et à l'Église avec la femme que l'on aime. — As-tu du courage, mon cher, pour entendre ce que j'ai à te dire, et sauras-tu reconnaître à quel point il faut s'attacher à quelqu'un pour commettre l'indiscrétion dont je vais me rendre coupable? lui dit Rastignac de ce ton qui ressemble à un coup de fouet. — Quoi, dit Godefroid en pâlissant. — J'étais triste de ta joie, et je n'ai pas le cœur, en voyant tous ces apprêts, ce bonheur en fleur, de garder un secret pareil. — Dis donc en trois mots. — Jure-moi sur l'honneur que tu seras en ceci muet comme une tombe. — Comme une tombe. — Que si l'un de tes proches était intéressé dans ce secret, il ne le saurait pas. — Pas. — Hé ! bien, Nucingen est parti cette nuit pour Bruxelles, il faut déposer si l'on ne peut pas liquider. Delphine vient de demander ce matin même au Palais sa séparation de biens. Tu peux encore sauver ta fortune. — Comment? dit Godefroid en se sentant un sang de glace dans les veines. — Écris tout simplement au baron de Nucingen une lettre antidatée de quinze jours, par laquelle tu lui donnes l'ordre de t'employer tous tes fonds en actions (et il lui nomma la société Claparon). Tu as quinze jours, un mois, trois mois peut-être pour les vendre au-dessus du prix actuel, elles gagneront encore. — Mais d'Aiglemont qui déjeunait avec nous, d'Aiglemont qui a chez Nucingen un million. — Écoute, je ne sais pas s'il se trouve assez de ces actions pour le couvrir, et puis, je ne suis pas son ami, je ne puis pas trahir les secrets de Nucingen, tu ne dois pas lui en parler. Si tu dis un mot, tu me réponds des conséquences. Godefroid resta pendant dix minutes dans la plus parfaite immobilité.—Acceptes-tu, oui ou non, lui dit impitoyablement Rastignac. Godefroid prit une plume et de l'encre, il écrivit et signa la lettre que lui dicta Rastignac. — Mon pauvre cousin! s'écria-t-il. — Chacun pour soi, dit Rastignac. Et d'un de chambré! ajouta-t-il en quittant Godefroid. Pendant que Rastignac manœuvrait dans Paris, voilà quel aspect présentait la Bourse. J'ai un ami de province, une bête qui me demandait en passant à la Bourse, entre quatre et cinq heures, pourquoi ce rassemblement de causeurs qui vont et viennent, ce qu'ils peuvent se dire, et pourquoi se promener après l'irrévocable fixation du cours des Effets publics.— « Mon ami, lui dis-je, ils ont mangé, ils digèrent; pendant la digestion, ils font des cancans sur le voisin, sans cela pas de sécurité commerciale à Paris. Là se lancent les affaires, et il y a tel homme, Palma, par exemple, dont l'autorité est semblable à celle d'Arago à l'Académie royale des Sciences. Il dit que la spéculation se fasse, et la spéculation est faite! »

— Quel homme, messieurs, dit Blondet, que ce juif qui possède une instruction non pas universitaire, mais universelle. Chez lui, l'universalité n'exclut pas la profondeur; ce qu'il sait, il le sait à fond; son génie est intuitif en affaires; c'est le grand-référendaire des loups-cerviers qui dominent la place de Paris, et qui ne font une entreprise que quand Palma l'a examinée. Il est grave, il écoute, il étudie, il réfléchit, et dit à son interlocuteur qui, vu son attention, le croit empaumé : — Cela ne me va pas. Ce que je trouve de plus extraordinaire, c'est qu'après avoir été dix ans l'associé de Werbrust, il ne s'est jamais élevé de nuages entre eux.

— Ça n'arrive qu'entre gens très-forts et très-faibles; tout ce qui est entre les deux se dispute et ne tarde pas à se séparer ennemis, dit Couture.

— Vous comprenez, dit Bixiou, que Nucingen avait savamment et d'une main habile, lancé sous les colonnes de la Bourse un petit obus qui éclata sur les quatre heures. — Savez-vous une nouvelle grave, dit du Tillet à Werbrust en l'attirant dans un coin, Nucingen est à Bruxelles, sa femme a présenté au Tribunal une demande en séparation de biens. — Êtes vous son compère pour une liquidation? dit Werbrust en souriant. — Pas de bêtises, Werbrust, dit du Tillet, vous connaissez les gens qui ont de son papier, écoutez-moi, nous avons une affaire à combiner. Les actions de notre nouvelle société gagnent vingt pour cent, elles gagneront vingt-cinq fin du trimestre, vous savez pourquoi, on distribue un magnifique dividende. — Finaud, dit Werbrust, allez, allez votre train, vous êtes un diable qui avez les griffes longues, pointues, et vous les plongez dans du beurre. — Mais laissez-moi donc dire, ou nous n'aurons pas le temps d'opérer. Je viens de trouver mon idée en apprenant la nouvelle, et j'ai positivement vu madame de Nucingen dans les larmes, elle a peur pour sa fortune. — Pauvre petite! dit Werbrust d'un air ironique. Hé! bien? reprit l'ancien juif d'Alsace en interrogeant du Tillet qui se taisait. — Hé! bien, il y a chez moi mille actions de mille francs que Nucingen m'a remises à placer, comprenez-vous? — Bon! — Achetons à dix, à vingt pour cent de remise, du papier de la maison Nucingen pour un million, nous gagnerons une belle prime sur ce million, car nous serons créanciers et débiteurs, la confusion s'opérera! mais agissons finement, les détenteurs pourraient croire que nous manœuvrons dans les intérêts de Nucingen. Werbrust comprit alors le tour à faire et serra la main de du Tillet en lui jetant le regard d'une femme qui fait une niche à sa voisine. — Hé! bien, vous savez la nouvelle, leur dit Martin Falleix, la maison Nucingen suspend? — Bah! répondit Werbrust, n'ébruitez donc pas cela, laissez les gens qui ont de son papier faire leurs affaires. — Savez-vous la cause du désastre?.. dit Claparon en intervenant. — Toi, tu ne sais rien, lui dit du Tillet, il n'y aura pas le moindre désastre, il y aura un paiement intégral. Nucingen recommencera les affaires et trouvera des fonds tant qu'il en voudra chez moi. Je sais la cause de la suspension : il a disposé de tous ses capitaux en faveur du Mexique qui lui retourne des métaux, des canons espagnols si sottement fondus qu'il s'y trouve de l'or, des cloches, des argenteries d'église, toutes les démolitions de la monarchie espagnole dans les Indes. Le retour de ces valeurs tarde. Le cher baron est gêné, voilà tout. — C'est vrai, dit Werbrust, je prends son papier à vingt pour cent d'escompte. La nouvelle circula dès lors avec la rapidité du feu sur une meule de paille. Les choses les plus contradictoires se disaient. Mais il y avait une telle confiance en la maison Nucingen, toujours à cause des deux précédentes liquidations, que tout le monde gardait le papier Nucingen. — Il faut que Palma nous donne un coup de main, dit Werbrust. Palma était l'oracle des Keller, gorgés de valeurs Nucingen. Un mot d'alarme dit par lui suffisait. Werbrust obtint de Palma qu'il sonnât un coup de cloche. Le lendemain, l'alarme régnait à la Bourse. Les Keller conseillés par Palma cédèrent leurs valeurs à dix pour cent de remise, et firent autorité à la Bourse : on les savait très-fins. Taillefer donna dès lors trois cent mille francs à vingt pour cent, Martin Faleix deux cent mille à quinze pour cent. Gigonnet devina le coup ! Il chauffa la panique afin de se procurer du papier Nucingen pour gagner quelques deux ou trois pour cent en le cédant à Werbrust. Il avise, dans un coin de la Bourse, le pauvre Matifat, qui avait trois cent mille francs chez Nucingen. Le droguiste, pâle et blême, ne vit pas sans frémir le terrible Gigonnet, l'escompteur de son ancien quartier, venant à lui pour le scier en deux. — Ça va mal, la crise se dessine, Nucingen arrange ! mais ça ne vous regarde pas, père Matifat, vous êtes retiré des affaires. — Hé ! bien, vous vous trompez, Gigonnet, je suis pincé de trois cent mille francs avec lesquels je voulais opérer sur les rentes d'Espagne. — Ils sont sauvés, les rentes d'Espagne vous auraient tout dévoré, tandis que je vous donnerai quelque chose de votre compte chez Nucingen, comme cinquante pour cent. — J'aime mieux voir venir la liquidation, répondit Matifat, jamais un banquier n'a donné moins de cinquante pour cent. Ah ! s'il ne s'agissait que de dix pour cent de perte, dit l'ancien droguiste. — Hé ! bien, voulez-vous à quinze ? dit Gigonnet. — Vous me paraissez bien pressé, dit Matifat. — Bonsoir, dit Gigonnet. — Voulez-vous à douze ? — Soit, dit Gigonnet. Deux millions furent rachetés le soir et balancés chez Nucingen par du Tillet, pour le compte de ces trois associés fortuits, qui le lendemain touchèrent leur prime. La vieille, jolie, petite baronne d'Aldrigger déjeunait avec ses deux filles et Godefroid, lorsque Rastignac vint d'un air diplomatique engager la conversation sur la crise financière. Le baron de Nucingen avait une vive affection pour la famille d'Aldrigger, il s'était arrangé, en cas de malheur, pour couvrir le compte de la baronne par ses meilleures valeurs, des actions dans les mines de plomb argentifère ; mais pour la sûreté de la baronne, elle devait le prier d'employer ainsi les fonds. — Ce pauvre Nucingen, dit la baronne, et que lui arrive-t-il donc ? — Il est en Belgique, sa femme demande une séparation de biens ; mais il est allé chercher des ressources chez des banquiers. — Mon Dieu, cela me rappelle mon pauvre mari ! Cher monsieur de Rastignac, comme cela doit vous faire mal, à vous si attaché à cette maison-là. —

Pourvu que tous les indifférents soient à l'abri, ses amis seront récompensés plus tard, il s'en tirera, c'est un homme habile. — Un honnête homme, surtout, dit la baronne. Au bout d'un mois, la liquidation du passif de la maison Nucingen était opérée, sans autres procédés que les lettres par lesquelles chacun demandait l'emploi de son argent en valeurs désignées et sans autres formalités de la part des maisons de banque que la remise des valeurs Nucingen contre les actions qui prenaient faveur. Pendant que du Tillet, Werbrust, Claparon, Gigonnet et quelques gens, qui se croyaient fins, faisaient revenir de l'Étranger avec un pour cent de prime le papier de la maison Nucingen, car ils gagnaient encore à l'échanger contre les actions en hausse, la rumeur était d'autant plus grande sur la place de Paris, que personne n'avait plus rien à craindre. On babillait sur Nucingen, on l'examinait, on le jugeait, on trouvait moyen de le calomnier ! Son luxe, ses entreprises ! Quand un homme en fait autant, il se coule, etc. Au plus fort de ce *tutti*, quelques personnes furent très-étonnées de recevoir des lettres de Genève, de Bâle, de Milan, de Naples, de Gênes, de Marseille, de Londres, dans lesquelles leurs correspondants annonçaient, non sans étonnement, qu'on leur offrait un pour cent de prime du papier de Nucingen de qui elles leur mandaient la faillite. — Il se passe quelque chose, dirent les Loups-Cerviers. Le Tribunal avait prononcé la séparation de biens entre Nucingen et sa femme. La question se compliqua bien plus encore : les journaux annoncèrent le retour de monsieur le baron de Nucingen, lequel était allé s'entendre avec un célèbre industriel de la Belgique, pour l'exploitation d'anciennes mines de charbon de terre, alors en souffrance, les fosses des bois de Bossut. Le baron reparut à la Bourse, sans seulement prendre la peine de démentir les rumeurs calomnieuses qui avaient circulé sur sa maison, il dédaigna de réclamer par la voie des journaux, il acheta pour deux millions un magnifique domaine aux portes de Paris. Six semaines après, le journal de Bordeaux annonça l'entrée en rivière de deux vaisseaux chargés, pour le compte de la maison Nucingen, de métaux dont la valeur était de sept millions. Palma, Werbrust et du Tillet comprirent que le tour était fait, mais ils furent les seuls à le comprendre. Ces écoliers étudièrent la mise en scène de ce *puff* financier, reconnurent qu'il était préparé depuis onze mois, et proclamèrent Nucingen le plus grand financier européen. Rastignac n'y comprit rien, mais il y avait gagné quatre cent mille francs que Nucingen lui avait laissé tondre sur les brebis parisiennes, et avec lesquels il a doté ses deux sœurs. D'Aiglemont, averti par son cousin Baudenord, était venu supplier Rastignac d'accepter dix pour cent de son million, s'il lui faisait obtenir l'emploi du million en actions sur un canal qui est encore à faire, car Nucingen a si bien roulé le Gouvernement dans cette affaire-là que les concessionnaires du canal ont intérêt à ne pas le finir. Charles Grandet a imploré l'amant de Delphine de lui faire échanger son argent contre des actions. Enfin, Rastignac a joué pendant dix jours le rôle de Law supplié par les plus jolies duchesses de leur donner des actions, et aujourd'hui le gars peut avoir quarante mille livres de rente dont l'origine vient des actions dans les mines de plomb argentifère.

— Si tout le monde gagne, qui donc a perdu ? dit Finot.

— Conclusion, reprit Bixiou. Alléchés par le pseudo-dividende qu'ils touchèrent quelques mois après l'échange de leur argent contre les actions, le marquis d'Aiglemont et Beaudenord les gardèrent (je vous les pose pour tous les autres), ils avaient trois pour cent de plus de leurs capitaux, ils chantèrent les louanges de Nucingen, et le défendirent au moment même où il fut soupçonné de suspendre ses paiements. Godefroid épousa sa chère Isaure, et reçut pour cent mille francs d'actions dans les mines. A l'occasion de ce mariage, les Nucingen donnèrent un bal dont la magnificence surpassa l'idée qu'on s'en faisait. Delphine offrit à la jeune mariée une charmante parure en rubis. Isaure dansa, non plus en jeune fille, mais en femme heureuse. La petite baronne fut plus que jamais bergère des Alpes. Malvina, la femme d'*Avez-vous vu dans Barcelone ?* entendit au milieu de ce bal du Tillet lui conseillant sèchement d'être madame Desroches. Desroches, chauffé par les Nucingen, par Rastignac, essaya de traiter les affaires d'intérêt ; mais aux premiers mots d'actions des mines données en dot, il rompit, et se retourna vers les Matifat. Rue du Cherche-Midi, l'avoué trouva les damnées actions sur les canaux que Gigonnet avait fourrées à Matifat au lieu de lui donner de l'argent. Vois-tu Desroches rencontrant le râteau de Nucingen sur les deux dots qu'il avait couchées en joue. Les catastrophes ne se firent pas attendre. La société Claparon fit trop d'affaires, il y eut engorgement, elle cessa de servir les intérêts et de donner des dividendes, quoique ses opérations fussent excellentes. Ce malheur se combina avec les événements de

1827. En 1829, Claparon était trop connu pour être l'homme de paille de ces deux colosses, et il roula de son piédestal à terre. De douze cent cinquante francs, les actions tombèrent à quatre cents francs, quoiqu'elles valussent intrinsèquement six cents francs. Nucingen, qui connaissait leur prix intrinsèque, racheta. La petite baronne d'Aldrigger avait vendu ses actions dans les mines qui ne rapportaient rien, et Godefroid vendit celles de sa femme par la même raison. De même que la baronne, Beaudenord avait échangé ses actions de mines contre les actions de la société Claparon. Leurs dettes les forcèrent à vendre en pleine baisse. De ce qui leur représentait sept cent mille francs, ils eurent deux cent trente mille francs. Ils firent leur lessive, et le reste fut prudemment placé dans le trois pour cent à 75. Godefroid, si heureux garçon, sans soucis, qui n'avait qu'à se laisser vivre, se vit chargé d'une petite femme bête comme une oie, incapable de supporter l'infortune, car au bout de six mois il s'était aperçu du changement de l'objet aimé en volatile; et, de plus, il est chargé d'une belle-mère sans pain qui rêve toilettes. Les deux familles se sont réunies pour pouvoir exister. Godefroid fut obligé d'en venir à faire agir toutes ses protections refroidies pour avoir une place de mille écus au Ministère des Finances. Les amis ?... aux Eaux. Les parents?... étonnés, promettant : *« Comment, mon cher, mais comptez sur moi ! Pauvre garçon ! »* Oublié net un quart d'heure après. Beaudenord dut sa place à l'influence de Nucingen et de Vandenesse. Ces gens si estimables et si malheureux logent aujourd'hui, rue du Mont-Thabor, à un troisième étage au-dessus de l'entresol. L'arrière-petite perle des Adolphus, Malvina, ne possède rien, elle donne des leçons de piano pour ne pas être à charge à son beau-frère. Noire, grande, mince, sèche, elle ressemble à une momie échappée de chez Passalacqua qui court à pied dans Paris. En 1830, Beaudenord a perdu sa place, et sa femme lui a donné un quatrième enfant. Huit maîtres et deux domestiques (Wirth et sa femme) ! argent : huit mille livres de rentes. Les mines donnent aujourd'hui des dividendes si considérables que l'action de mille francs vaut mille francs de rente. Rastignac et madame de Nucingen ont acheté les actions vendues par Godefroid et par la baronne. Nucingen a été créé pair de France par la Révolution de Juillet, et grand-officier de la Légion-d'Honneur. Quoiqu'il n'ait pas liquidé après 1830, il a, dit-on, seize à dix-huit millions de fortune. Sûr des Ordonnances de juillet, il avait vendu tous ses fonds et replacé hardiment quand le trois pour cent fut à 45, il a fait croire au Château que c'était par dévouement, et il a dans ce temps avalé, de concert avec du Tillet, trois millions à ce grand drôle de Philippe Bridau ! Dernièrement, en passant rue de Rivoli pour aller au bois de Boulogne, notre baron aperçut sous les arcades la baronne d'Aldrigger. La petite vieille avait une capote verte doublée de rose, une robe à fleurs, une mantille, enfin elle était toujours et plus que jamais bergère des Alpes, car elle n'a pas plus compris les causes de son malheur que les causes de son opulence. Elle s'appuyait sur la pauvre Malvina, modèle des dévouements héroïques, qui avait l'air d'être la vieille mère, tandis que la baronne avait l'air d'être la jeune fille ; et Wirth les suivait un parapluie à la main. — « *Foilà tes chens,* dit le baron à monsieur Cointet, un ministre avec lequel il allait se promener, *dont il m'a ité imbossiple te vaire la vordeine. La pourrasque à brincibes esd bassée, reblacez tonc ce baufre Peautenord.* » Beaudenord est rentré aux Finances par les soins de Nucingen, que les d'Aldrigger vantent comme un héros d'amitié, car il invite toujours la petite bergère des Alpes et ses filles à ses bals. Il est impossible à qui que ce soit au monde de démontrer comment cet homme a, par trois fois et sans effraction, voulu voler le public enrichi par lui, malgré lui. Personne n'a de reproches à lui faire. Qui viendrait dire que la haute Banque est souvent un coupe-gorge commettrait la plus insigne calomnie. Si les Effets haussent et baissent, si les valeurs augmentent et se détériorent, ce flux et reflux est produit par un mouvement naturel, atmosphérique, en rapport avec l'influence de la lune, et le grand Arago est coupable de ne donner aucune théorie scientifique sur cet important phénomène. Il résulte seulement de ceci une vérité pécuniaire que je n'ai vue écrite nulle part...

— Laquelle.

— Le débiteur est plus fort que le créancier.

— Oh ! dit Blondet, moi je vois dans ce que nous avons dit la paraphrase d'un mot de Montesquieu, dans lequel il a concentré l'Esprit des Lois.

— Quoi ? dit Finot.

— Les lois sont des toiles d'araignées à travers lesquelles passent les grosses mouches et où restent les petites.

— Où veux-tu donc en venir ? dit Finot à Blondet.

— Au gouvernement absolu, le seul où les entreprises de l'Esprit contre la Loi puissent être réprimées ! Oui, l'Arbitraire sauve les peuples en venant au secours de la justice, car le droit de grâce n'a pas d'envers : le Roi, qui peut gracier le banqueroutier frauduleux, ne rend rien à l'Actionnaire. La Légalité tue la Société moderne.

— Fais comprendre cela aux électeurs ! dit Bixiou.

— Il y a quelqu'un qui s'en est chargé.

— Qui ?

— Le Temps. Comme l'a dit l'évêque de Léon, si la liberté est ancienne, la royauté est éternelle : toute nation saine d'esprit y reviendra sous une forme ou sous une autre.

— Tiens, il y avait du monde à côté, dit Finot en nous entendant sortir.

— Il y a toujours du monde à côté, répondit Bixiou qui devait être aviné.

Paris, novembre 1837.

PIERRE GRASSOU.

AU LIEUTENANT-COLONEL D'ARTILLERIE PÉRIOLLAS,

Comme un témoignage de l'affectueuse estime de l'auteur,

DE BALZAC.

Toutes les fois que vous êtes sérieusement allé voir l'Exposition des ouvrages de sculpture et de peinture, comme elle a lieu depuis la Révolution de 1830, n'avez-vous pas été pris d'un sentiment d'inquiétude, d'ennui, de tristesse, à l'aspect des longues galeries encombrées? Depuis 1830, le Salon n'existe plus. Une seconde fois, le Louvre a été pris d'assaut par le peuple des artistes qui s'y est maintenu. En offrant autrefois l'élite des œuvres d'art, le Salon emportait les plus grands honneurs pour les créations qui y étaient exposées. Parmi les deux cents tableaux choisis, le public choisissait encore : une couronne était décernée au chef-d'œuvre par des mains inconnues. Il s'élevait des discussions passionnées à propos d'une toile. Les injures prodiguées à Delacroix, à Ingres, n'ont pas moins servi leur renommée que les éloges et le fanatisme de leurs adhérents. Aujourd'hui, ni la foule ni la Critique ne se passionneront plus pour les produits de ce bazar. Obligées de faire le choix dont se chargeait autrefois le Jury d'examen, leur attention se lasse à ce travail; et, quand il est achevé, l'Exposition se ferme. Avant 1817, les tableaux admis ne dépassaient jamais les deux premières colonnes de la longue galerie où sont les œuvres des vieux maîtres, et cette année ils remplirent tout cet espace, au grand étonnement du public. Le Genre historique, le Genre proprement dit, les tableaux de chevalet, le Paysage, les Fleurs, les Animaux, et l'Aquarelle, ces huit spécialités ne sauraient offrir plus de vingt tableaux dignes des regards du public, qui ne peut accorder son attention à une plus grande quantité d'œuvres. Plus le nombre des artistes allait croissant, plus le Jury d'admission devait se montrer difficile. Tout fut perdu dès que le Salon se continua dans la Galerie. Le Salon devait rester un lieu déterminé, restreint, de proportions inflexibles, où chaque Genre exposait ses chefs-d'œuvre. Une expérience de dix ans a prouvé la bonté de l'ancienne institution. Au lieu d'un tournoi, vous avez une émeute ; au lieu d'une Exposition glorieuse, vous avez un tumultueux bazar ; au lieu du choix, vous avez la totalité. Qu'arrive-t-il ? Le grand artiste y perd. *Le Café Turc, les Enfants à la fontaine, le Supplice des crochets,* et *le Joseph* de Decamps eussent plus profité à sa gloire, tous quatre dans le grand Salon, exposés avec les cent bons tableaux de cette année, que ses vingt toiles perdues parmi trois mille œuvres, confondues dans six galeries. Par une étrange bizarrerie, depuis que la porte s'ouvre à tout le monde, on parle des génies méconnus. Quand, douze années auparavant, *la Courtisane* de Ingres et celles de Sigalon, *la Méduse* de Géricault, *le Massacre de Scio* de Delacroix, *le Baptême d'Henri IV* par Eugène Deveria, admis par des célébrités taxées de jalousie, apprenaient au monde, malgré les dénégations de la Critique, l'existence de palettes jeunes et ardentes, il ne s'élevait aucune plainte. Maintenant que le moindre gâcheur de toile peut envoyer son œuvre, il n'est question que de gens incompris. Là où il n'y a plus jugement, il n'y a plus de chose jugée. Quoi que fassent les artistes, ils reviendront à l'examen qui recommande leurs œuvres aux admirations de la foule pour laquelle ils travaillent : sans le choix de l'Académie, il n'y aura plus de Salon, et sans Salon l'Art peut périr.

Depuis que le livret est devenu un gros livre, il s'y produit bien des noms qui restent dans leur obscurité, malgré la liste de dix ou douze tableaux qui les accompagne. Parmi ces noms, le plus inconnu peut-être est celui d'un artiste nommé Pierre Grassou, venu de Fougères, appelé plus simplement Fougères dans le monde artiste, qui tient aujourd'hui beaucoup de place au soleil, et qui suggère les amères réflexions par lesquelles commence l'esquisse de sa vie, applicable à quelques autres individus de la Tribu des Artistes. En 1832, Fougères demeurait rue de Navarin, au quatrième étage d'une de ces maisons étroites et hautes qui ressemblent à l'obélisque de Luxor, qui ont une allée, un petit escalier obscur à tournants dangereux, qui ne comportent pas plus de trois fenêtres à chaque étage, et à l'intérieur desquelles se trouve une cour, ou, pour parler plus exactement, un puits carré. Au dessus des trois ou quatre pièces de l'appartement occupé par Grassou de Fougères s'étendait son atelier, qui avait vue sur Montmartre. L'atelier peint en fond de briques, le carreau soigneusement mis en couleur brune et frotté, chaque chaise munie d'un petit tapis bordé, le canapé, simple d'ailleurs, mais propre comme celui de la chambre à coucher d'une épicière, là, tout dénotait la vie méticuleuse des petits esprits et le soin d'un homme pauvre. Il y avait une commode pour serrer les effets d'atelier, une table à déjeuner, un buffet, un secrétaire, enfin les ustensiles nécessaires aux peintres, tous rangés et propres. Le poêle participait à ce système de soin hollandais, d'autant plus visible que la lumière pure et peu changeante du nord inondait de son jour net et froid cette immense pièce. Fougères, simple peintre de Genre, n'a pas besoin des machines énormes qui ruinent les peintres d'Histoire, il ne s'est jamais reconnu de facultés assez complètes pour aborder la haute peinture, il s'en tenait encore au Chevalet. Au commencement du mois de décembre de cette année, époque à laquelle les bourgeois de Paris conçoivent périodiquement l'idée burlesque de perpétuer leur figure, déjà bien encombrante par elle-même, Pierre Grassou, levé de bonne heure, préparait sa palette, allumait son poêle, mangeait une flûte trempée dans du lait, et attendait, pour travailler, que le dégel de ses carreaux laissât passer le jour. Il faisait sec et beau. En ce moment, l'artiste qui mangeait avec cet air patient et résigné qui dit tant de choses, reconnut le pas d'un homme qui avait eu sur sa vie l'influence que ces sortes de gens ont sur celle de presque tous les artistes, d'Élias Magus, un marchand de tableaux, l'usurier des toiles. En effet Élias Magus surprit le peintre au moment où, dans cet atelier si propre, il allait se mettre à l'ouvrage.

— Comment vous va, vieux coquin? lui dit le peintre.

Fougères avait eu la croix, Élias lui achetait ses tableaux deux ou trois cents francs, il se donnait des airs très-artistes.

— Le commerce va mal, répondit Élias. Vous avez tous des prétentions, vous parlez maintenant de deux cents francs dès que vous avez mis pour six sous de couleur sur une toile... Mais vous êtes un brave garçon, vous! Vous êtes un homme d'ordre, et je viens vous apporter une bonne affaire.

— *Timeo Danaos et dona ferentes*, dit Fougères. Savez-vous le latin ?

— Non.

— Eh! bien, cela veut dire que les Grecs ne proposent pas de bonnes affaires aux Troyens sans y gagner quelque chose. Autrefois ils disaient : Prenez mon cheval ! Aujourd'hui nous disons : Prenez mon ours.... Que voulez-vous, Ulysse-Lageingeole-Élias Magus ?

Ces paroles donnent la mesure de la douceur et de l'esprit avec lesquels Fougères employait ce que les peintres appellent les charges d'atelier.

— Je ne dis pas que vous ne me ferez pas deux tableaux gratis.

— Oh! oh!

— Je vous laisse le maître, je ne les demande pas. Vous êtes un honnête artiste.

— Au fait ?

— Hé! bien, j'amène un père, une mère et une fille unique.

— Tous uniques !

— Ma foi, oui !... et dont les portraits sont à faire. Ces bourgeois, fous des arts, n'ont jamais osé s'aventurer dans un atelier. La fille a une dot de cent mille francs. Vous pouvez bien peindre ces gens-là : ce sera peut-être pour vous des portraits de famille.

Ce vieux bois d'Allemagne, qui passe pour un homme et qui se nomme Élias Magus, s'interrompit pour rire d'un sourire sec dont les éclats épouvantèrent le peintre. Il crut entendre Méphistophélès parlant mariage.

— Les portraits sont payés cinq cents francs pièce, vous pouvez me faire trois tableaux.

— Mai-z-oui, dit gaiement Fougères.

— Et si vous épousez la fille, vous ne m'oublierez pas.

— Me marier, moi ? s'écria Pierre Grassou, moi qui ai l'habitude de me coucher tout seul, de me lever de bon matin, qui ai ma vie arrangée....

— Cent mille francs, dit Magus, et une fille douce, pleine de tons dorés comme un vrai Titien !

— Quelle est la position de ces gens-là ?

— Anciens négociants ; pour le moment, aimant les arts, ayant maison de campagne à Ville-d'Avray, et dix ou douze mille livres de rente.

— Quel commerce ont-ils fait ?
— Les bouteilles.
— Ne dites pas ce mot, il me semble entendre couper des bouchons, et mes dents s'agacent....
— Faut-il les amener ?
— Trois portraits, je les mettrai au Salon, je pourrai me lancer dans le portrait, eh ! bien, oui...

Le vieil Élias descendit pour aller chercher la famille Vervelle. Pour savoir à quel point la proposition allait agir sur le peintre, et quel effet devaient produire sur lui les sieur et dame Vervelle ornés de leur fille unique, il est nécessaire de jeter un coup d'œil sur la vie antérieure de Pierre Grassou de Fougères.

Élève, Fougères avait étudié le dessin chez Servin, qui passait dans le monde académique pour un grand dessinateur. Après, il était allé chez Schinner y surprendre les secrets de cette puissante et magnifique couleur qui distingue ce maître ; mais le maître, les élèves, tout y avait été discret, et Pierre n'y avait rien surpris. De là, Fougères avait passé dans l'atelier de Gros pour se familiariser avec cette partie de l'art nommée la Composition, mais la Composition fut sauvage et farouche pour lui. Puis il avait essayé d'arracher à Sommervieux, à Drolling père, le mystère de leurs effets d'Intérieurs. Ces deux maîtres ne s'étaient rien laissé dérober. Enfin, Fougères avait terminé son éducation chez Duval-Lecamus. Durant ces études et ces différentes transformations, Fougères eut des mœurs tranquilles et rangées qui fournissaient matière aux railleries des différents ateliers où il séjournait, mais partout il désarma ses camarades par sa modestie, par une patience et une douceur d'agneau. Les Maîtres n'avaient aucune sympathie pour ce brave garçon, les Maîtres aiment les sujets brillants, les esprits excentriques, drolatiques, fougueux, ou sombres et profondément réfléchis, qui dénotent un talent futur. Tout en Fougères annonçait la médiocrité. Son surnom de Fougères, celui du peintre dans la pièce de l'Églantine, fut la source de mille avanies ; mais, par la force des choses, il accepta le nom de la ville où il était né.

Grassou de Fougères ressemblait à son nom. Grassouillet et d'une taille médiocre, il avait le teint fade, les yeux bruns, les cheveux noirs, le nez en trompette, une bouche assez large et les oreilles longues. Son air doux, passif et résigné relevait peu ces traits principaux de sa physionomie pleine de santé, mais sans action. Il ne devait être tourmenté ni par cette abondance de sang, ni par cette violence de pensée, ni par cette verve comique à laquelle se reconnaissent les grands artistes. Ce jeune homme, né pour être un vertueux bourgeois, venu de son pays pour être commis chez un marchand de couleurs, originaire de Mayenne et parent éloigné des d'Orgemont, s'institua peintre par le fait de l'entêtement qui constitue le caractère breton. Ce qu'il souffrit, la manière dont il vécut pendant le temps de ses études, Dieu seul le sait. Il souffrit autant que souffrent les grands hommes quand ils sont traqués par la misère et chassés comme des bêtes fauves par la meute des gens médiocres et par la troupe des Vanités altérées de vengeance. Dès qu'il se crut de force à voler de ses propres ailes, Fougères prit un atelier en haut de la rue des Martyrs, où il avait commencé à piocher. Il fit son début en 1819. Le premier tableau qu'il présenta au Jury pour l'Exposition du Louvre représentait une noce de village, assez péniblement copiée d'après le tableau de Greuze. On refusa la toile. Quand Fougères apprit la fatale décision, il ne tomba point dans ces fureurs ou dans ces accès d'amour-propre épileptique auxquels s'adonnent les esprits superbes, et qui se terminent quelquefois par des cartels envoyés au directeur ou au secrétaire du Musée, par des menaces d'assassinat. Fougères reprit tranquillement sa toile, l'enveloppa de son mouchoir, la rapporta dans son atelier en se jurant à lui-même de devenir un grand peintre. Il plaça sa toile sur son chevalet, et alla chez son ancien Maître, un homme d'un immense talent, chez Schinner, artiste doux et patient comme il était, et dont le succès avait été complet au dernier Salon : il le pria de venir critiquer l'œuvre rejetée. Le grand peintre quitta tout et vint. Quand le pauvre Fougères l'eut mis face à face avec l'œuvre, Schinner, au premier coup d'œil, serra la main de Fougères.

— Tu es un brave garçon, tu as un cœur d'or, il ne faut pas te tromper. Écoute? tu tiens toutes les promesses que tu faisais à l'atelier. Quand on trouve ces choses-là au bout de sa brosse, mon bon Fougères, il vaut mieux laisser ses couleurs chez Brullon, et ne pas voler la toile aux autres. Rentre de bonne heure, mets un bonnet de coton, couche-toi sur les neuf heures; va le matin, à dix heures, à quelque bureau où tu demanderas une place, et quitte les Arts.

— Mon ami, dit Fougères, ma toile a déjà été condamnée, et ce n'est pas l'arrêt que je demande, mais les motifs.

— Eh! bien, tu fais gris et sombre, tu vois la Nature à travers un crêpe; ton dessin est lourd, empâté; ta composition est un pastiche de Greuze qui ne rachetait ses défauts que par les qualités qui te manquent.

En détaillant les fautes du tableau, Schinner vit sur la figure de Fougères une si profonde expression de tristesse qu'il l'emmena dîner et tâcha de le consoler. Le lendemain, dès sept heures, Fougères était à son chevalet, retravaillait le tableau condamné; il en réchauffait la couleur, il y faisait les corrections indiquées par Schinner, il replâtrait ses figures. Puis, dégoûté de son tableau, il le porta chez Élias Magus. Élias Magus, espèce de Hollando-Belge-Flamand, avait trois raisons d'être ce qu'il devint : avare et riche. Venu de Bordeaux, il débutait alors à Paris, brocantait des tableaux et demeurait sur le boulevard Bonne-Nouvelle. Fougères, qui comptait sur sa palette pour aller chez le boulanger, mangea très-intrépidement du pain et des noix, ou du pain et du lait, ou du pain et des cerises, ou du pain et du fromage, selon les saisons. Élias Magus, à qui Pierre offrit sa première toile, la guigna longtemps, il en donna quinze francs.

— Avec quinze francs de recette par an et mille francs de dépense, dit Fougères en souriant, on ne va pas loin.

Élias Magus fit un geste, il se mordit les pouces en pensant qu'il aurait pu avoir le tableau pour cent sous. Pendant quelques jours, tous les matins, Fougères descendit de la rue des Martyrs, se cacha dans la foule sur le boulevard opposé à celui où était la boutique de Magus, et son œil plongeait sur son tableau qui n'attirait point les regards des passants. Vers la fin de la semaine, le tableau disparut. Fougères remonta le boulevard, se dirigea vers la boutique du brocanteur, il eut l'air de flâner. Le Juif était sur sa porte.

— Hé! bien, vous avez vendu mon tableau?

— Le voici, dit Magus, j'y mets une bordure pour pouvoir l'offrir à quelqu'un qui croira se connaître en peinture.

Fougères n'osa plus revenir sur le Boulevard, il entreprit un nouveau tableau; il resta deux mois à le faire en faisant des repas de souris, et se donnant un mal de galérien.

Un soir, il alla jusque sur le Boulevard, ses pieds le portèrent fatalement jusqu'à la boutique de Magus, il ne vit son tableau nulle part.

— J'ai vendu votre tableau, dit le marchand à l'artiste.

— Et combien ?

— Je suis rentré dans mes fonds avec un petit intérêt. Faites-moi des intérieurs flamands, une leçon d'anatomie, un paysage, je vous les paierai, dit Élias.

Fougères aurait serré Magus dans ses bras, il le regardait comme un père. Il revint, la joie au cœur : le grand peintre Schinner s'était donc trompé ! Dans cette immense ville de Paris, il se trouvait des cœurs qui battaient à l'unisson de celui de Grassou, son talent était compris et apprécié. Le pauvre garçon, à vingt-sept ans, avait l'innocence d'un jeune homme de seize ans. Un autre, un de ces artistes défiants et farouches, aurait remarqué l'air diabolique d'Élias Magus, il eût observé le frétillement des poils de sa barbe, l'ironie de sa moustache, le mouvement de ses épaules qui annonçait le contentement du Juif de Walter Scott fourbant un chrétien. Fougères se promena sur les Boulevards dans une joie qui donnait à sa figure une expression fière : il ressemblait à un Lycéen qui protège une femme. Il rencontra Joseph Bridau, l'un de ses camarades, un de ces talents excentriques destinés à la gloire et au malheur. Joseph Bridau, qui avait quelques sous dans sa poche, selon son expression, emmena Fougères à l'Opéra. Fougères ne vit pas le ballet, il n'entendit pas la musique, il concevait des tableaux, il peignait. Il quitta Joseph au milieu de la soirée, il courut chez lui faire des esquisses à la lampe, il inventa trente tableaux pleins de réminiscences, il se crut un homme de génie. Dès le lendemain, il acheta des couleurs, des toiles de plusieurs dimensions ; il installa du pain, du fromage sur sa table, il mit de l'eau dans une cruche, il fit une provision de bois pour son poêle ; puis, selon l'expression des ateliers, il piocha ses tableaux ; il eut quelques modèles, et Magus lui prêta des étoffes. Après deux mois de réclusion, le Breton avait fini quatre tableaux. Il redemanda les conseils de Schinner, auquel il adjoignit Joseph Bridau. Les deux peintres virent dans ces toiles une servile imitation des paysages hollandais, des intérieurs de Metzu, et dans la quatrième une copie de la Leçon d'anatomie de Rembrandt.

— Toujours des pastiches, dit Schinner. Ah ! Fougères aura de la peine à être original.

— Tu devrais faire autre chose que de la peinture, dit Bridau.

— Quoi ? dit Fougères.

— Jette-toi dans la littérature.

Fougères baissa la tête à la façon des brebis quand il pleut ; il demanda, il obtint encore des conseils utiles, et retoucha ses tableaux avant de les porter à Élias. Élias paya chaque toile vingt-cinq francs. A ce prix, Fougères n'y gagnait rien, mais il ne perdait pas, eu égard à sa sobriété. Il fit quelques promenades, pour voir ce que devenaient ses tableaux, et eut une singulière hallucination. Ses toiles si peignées, si nettes, qui avaient la dureté de la tôle et le luisant des peintures sur porcelaine, étaient comme couvertes d'un brouillard, elles ressemblaient à de vieux tableaux. Élias venait de sortir, Fougères ne put obtenir aucun renseignement sur ce phénomène. Il crut avoir mal vu. Le peintre rentra dans son atelier y faire de nouvelles vieilles toiles. Après sept ans de travaux continus, Fougères parvint à composer, à exécuter des tableaux passables. Il faisait aussi bien que tous les artistes du second ordre, Élias achetait, vendait tous les tableaux du pauvre Breton qui gagnait péniblement une centaine de louis par an, et ne dépensait pas plus de douze cents francs.

A l'Exposition de 1829, Léon de Lora, Schinner et Bridau, qui tous trois occupaient une grande place et se trouvaient à la tête du mouvement dans les Arts, furent pris de pitié pour la persistance, pour la pauvreté de leur vieux camarade ; et ils firent admettre à l'Exposition, dans le grand Salon, un tableau de Fougères. Ce tableau, puissant d'intérêt, qui tenait de Vigneron pour le sentiment et du premier faire de Dubufe pour l'exécution, représentait un jeune homme à qui, dans l'intérieur d'une prison, l'on rasait les cheveux à la nuque. D'un côté un prêtre, de l'autre une vieille et une jeune femme en pleurs. Un greffier lisait un papier timbré. Sur une méchante table se voyait un repas auquel personne n'avait touché. Le jour venait à travers les barreaux d'une fenêtre élevée. Il y avait de quoi faire frémir les bourgeois, et les bourgeois frémissaient. Fougères s'était inspiré tout bonnement du chef-d'œuvre de Gérard Dow : il avait retourné le groupe de la Femme hydropique vers la fenêtre, au lieu de le présenter de face. Il avait remplacé la mourante par le condamné : même pâleur, même regard, même appel à Dieu. Au lieu du médecin flamand, il avait peint la froide et officielle figure du greffier vêtu de noir ; mais il avait ajouté une vieille femme auprès de l jeune fille de Gérard Dow.

Enfin la figure cruellement bonasse du bourreau dominait ce groupe. Ce plagiat, très-habilement déguisé, ne fut point reconnu.

Le livret contenait ceci :

510. Grassou de Fougères (Pierre), rue de Navarin, 2.
LA TOILETTE D'UN CHOUAN, CONDAMNÉ A MORT EN 1801.

Quoique médiocre, le tableau eut un prodigieux succès. La foule se forma tous les jours devant la toile à la mode, et Charles X s'y arrêta. MADAME, instruite de la vie patiente de ce pauvre Breton, s'enthousiasma pour le Breton. Le duc d'Orléans marchanda la toile. Les ecclésiastiques dirent à madame la Dauphine que le sujet était plein de bonnes pensées : il y régnait en effet un air religieux très-satisfaisant. Monseigneur le Dauphin admira la poussière des carreaux, une grosse lourde faute, car Fougères avait répandu des teintes verdâtres qui annonçaient de l'humidité au bas des murs. MADAME acheta le tableau mille francs, le Dauphin en commanda un autre. Charles X donna la croix au fils du paysan qui s'était jadis battu pour la cause royale en 1799. Joseph Bridau, le grand peintre, ne fut pas décoré. Le Ministre de l'Intérieur commanda deux tableaux d'église à Fougères. Ce salon fut pour Pierre Grassou toute sa fortune, sa gloire, son avenir, sa vie. Inventer en toute chose, c'est vouloir mourir à petit feu ; copier, c'est vivre. Après avoir enfin découvert un filon plein d'or, Grassou de Fougères pratiqua la partie de cette cruelle maxime à laquelle la société doit ces infâmes médiocrités chargées d'élire aujourd'hui les supériorités dans toutes les classes sociales ; mais qui naturellement s'élisent elles-mêmes, et font une guerre acharnée aux vrais talents. Le principe de l'Élection, appliqué à tout, est faux, la France en reviendra. Néanmoins, la modestie, la simplicité, la surprise du bon et doux Fougères, firent taire les récriminations et l'envie. D'ailleurs il eut pour lui les Grassou parvenus, solidaires des Grassou à venir. Quelques gens, émus par l'énergie d'un homme que rien n'avait découragé, parlaient du Dominiquin, et disaient : « Il faut récompenser la volonté dans les Arts ! Grassou n'a pas volé son succès ! voilà dix ans qu'il pioche, pauvre bonhomme ! » Cette exclamation de *pauvre bonhomme !* était pour la moitié dans les adhésions et les félicitations que recevait le peintre. La pitié élève autant de médiocrités que l'envie rabaisse de grands artistes. Les journaux n'avaient pas épargné les critiques, mais le

chevalier Fougères les digéra comme il digérait les conseils de ses
amis, avec une patience angélique. Riche alors d'une quinzaine
de mille francs bien péniblement gagnés, il meubla son appartement et son atelier rue de Navarin, il y fit le tableau demandé par
monseigneur le Dauphin, et les deux tableaux d'église commandés
par le Ministère, à jour fixe, avec une régularité désespérante pour
la caisse du Ministère, habituée à d'autres façons. Mais admirez
le bonheur des gens qui ont de l'ordre? S'il avait tardé, Grassou,
surpris par la Révolution de Juillet, n'eût pas été payé. A trente-sept
ans, Fougères avait fabriqué pour Élias Magus environ deux cents
tableaux complétement inconnus, mais à l'aide desquels il était
parvenu à cette manière satisfaisante, à ce point d'exécution qui fait
hausser les épaules à l'artiste, et que chérit la bourgeoisie. Fougères
était cher à ses amis par une rectitude d'idées, par une sécurité de
sentiments, une obligeance parfaite, une grande loyauté; s'ils n'avaient aucune estime pour la palette, ils aimaient l'homme qui la
tenait. — Quel malheur que Fougères ait le vice de la peinture!
se disaient ses camarades. Néanmoins Grassou donnait des conseils
excellents, semblable à ces feuilletonistes incapables d'écrire un livre, et qui savent très-bien par où pèchent les livres; mais il y avait
entre les critiques littéraires et Fougères une différence : il était
éminemment sensible aux beautés, il les reconnaissait, et ses conseils
étaient empreints d'un sentiment de justice qui faisait accepter la
justesse de ses remarques. Depuis la Révolution de Juillet, Fougères
présentait à chaque Exposition une dizaine de tableaux, parmi lesquels le Jury en admettait quatre ou cinq. Il vivait avec la plus rigide économie, et tout son domestique consistait dans une femme de
ménage. Pour toute distraction, il visitait ses amis, il allait voir les
objets d'arts, il se permettait quelques petits voyages en France, il
projetait d'aller chercher des inspirations en Suisse. Ce détestable
artiste était un excellent citoyen : il montait sa garde, allait aux revues, payait son loyer et ses consommations avec l'exactitude la plus
bourgeoise. Ayant vécu dans le travail et dans la misère, il n'avait
jamais eu le temps d'aimer. Jusqu'alors garçon et pauvre, il ne se
souciait point de compliquer son existence si simple. Incapable
d'inventer une manière d'augmenter sa fortune, il portait tous les
trois mois chez son notaire, Cardot, ses économies et ses gains
du trimestre. Quand le notaire avait à Grassou mille écus, il
les plaçait par première hypothèque, avec subrogation dans les

droits de la femme, si l'emprunteur était marié, ou subrogation dans les droits du vendeur, si l'emprunteur avait un prix à payer. Le notaire touchait lui-même les intérêts et les joignait aux remises partielles faites par Grassou de Fougères. Le peintre attendait le fortuné moment où ses contrats arriveraient au chiffre imposant de deux mille francs de rente, pour se donner l'*otium cum dignitate* de l'artiste et faire des tableaux, oh! mais des tableaux! enfin de vrais tableaux! des tableaux finis, chouettes, kox-noffs et chocnosoffs. Son avenir, ses rêves de bonheur, le superlatif de ses espérances, voulez-vous le savoir? c'était d'entrer à l'Institut et d'avoir la rosette des Officiers de la Légion-d'Honneur! S'asseoir à côté de Schinner et de Léon de Lora, arriver à l'Académie avant Bridau! avoir une rosette à sa boutonnière! Quel rêve! Il n'y a que les gens médiocres pour penser à tout.

En entendant le bruit de plusieurs pas dans l'escalier, Fougères se rehaussa le toupet, boutonna sa veste de velours vert-bouteille, et ne fut pas médiocrement surpris de voir entrer une figure vulgairement appelée *un melon* dans les ateliers. Ce fruit surmontait une citrouille, vêtue de drap bleu, ornée d'un paquet de breloques tintinnabulant. Le melon soufflait comme un marsouin, la citrouille marchait sur des navets, improprement appelés des jambes. Un vrai peintre aurait fait ainsi la charge du petit marchand de bouteilles, et l'eût mis immédiatement à la porte en lui disant qu'il ne peignait pas les légumes. Fougères regarda la pratique sans rire, car monsieur Vervelle présentait un diamant de mille écus à sa chemise.

Fougères regarda Magus et dit : — *Il y a gras!* en employant un mot d'argot, alors à la mode dans les ateliers.

En entendant ce mot, monsieur Vervelle fronça les sourcils. Ce bourgeois attirait à lui une autre complication de légumes dans la personne de sa femme et de sa fille. La femme avait sur la figure un *acajou répandu*, elle ressemblait à une noix de coco surmontée d'une tête et serrée par une ceinture. Elle pivotait sur ses pieds, sa robe était jaune, à raies noires. Elle produisait orgueilleusement des mitaines extravagantes sur des mains enflées comme les gants d'une enseigne. Les plumes du convoi de première classe flottaient sur un chapeau extravasé. Des dentelles paraient des épaules aussi bombées par derrière que par devant : ainsi la forme sphérique du coco était parfaite. Les pieds, du genre de ceux que les peintres appellent des *abatis*, étaient ornés d'un bourrelet de six lignes au

M. VERVELLE.

..... Et ne fut pas médiocrement surpris de voir entrer une figure vulgairement appelée *melon* dans les ateliers.

PIERRE GRASSOU.

dessus du cuir verni des souliers. Comment les pieds y étaient-ils entrés? On ne sait.

Suivait une jeune asperge, verte et jaune par sa robe, et qui montrait une petite tête couronnée d'une chevelure en bandeau, d'un jaune-carotte qu'un Romain eût adoré, des bras filamenteux, des taches de rousseur sur un teint assez blanc, des grands yeux innocents, à cils blancs, peu de sourcils, un chapeau de paille d'Italie avec deux honnêtes coques de satin bordé d'un liséré de satin blanc, les mains vertueusement rouges, et les pieds de sa mère. Ces trois êtres avaient, en regardant l'atelier, un air de bonheur qui annonçait en eux un respectable enthousiasme pour les Arts.

— Et c'est vous, monsieur, qui allez faire nos ressemblances? dit le père en prenant un petit air crâne.

— Oui, monsieur, répondit Grassou.

— Vervelle, *il* a la croix, dit tout bas la femme à son mari pendant que le peintre avait le dos tourné.

— Est-ce que j'aurais fait faire nos portraits par un artiste qui ne serait pas décoré?... dit l'ancien marchand de bouchons.

Élias Magus salua la famille Vervelle et sortit, Grassou l'accompagna jusque sur le palier.

— Il n'y a que vous pour pêcher de pareilles boules.

— Cent mille francs de dot!

— Oui; mais quelle famille!

— Trois cent mille francs d'espérances, maison rue Boucherat, et maison de campagne à Ville-d'Avray.

— Boucherat, bouteilles, bouchons, bouchés, débouchés, dit le peintre.

— Vous serez à l'abri du besoin pour le reste de vos jours, dit Élias.

Cette idée entra dans la tête de Pierre Grassou, comme la lumière du matin avait éclaté dans sa mansarde. En disposant le père de la jeune personne, il lui trouva bonne mine et admira cette face pleine de tons violents. La mère et la fille voltigèrent autour du peintre, en s'émerveillant de tous ses apprêts, il leur parut être un dieu. Cette visible adoration plut à Fougères. Le veau d'or jeta sur cette famille son reflet fantastique.

— Vous devez gagner un argent fou? mais vous le dépensez comme vous le gagnez, dit la mère.

— Non, madame, répondit le peintre, je ne le dépense pas, je n'ai pas le moyen de m'amuser. Mon notaire place mon argent, il sait mon compte, une fois l'argent chez lui, je n'y pense plus.

— On me disait, à moi, s'écria le père Vervelle, que les artistes étaient tous paniers percés.

— Quel est votre notaire, s'il n'y a pas d'indiscrétion ? demanda madame Vervelle,

— Un brave garçon, tout rond, Cardot.

— Tiens ! tiens ! est-ce farce ! dit Vervelle, Cardot est le nôtre.

— Ne vous dérangez pas ! dit le peintre.

— Mais tiens-toi donc tranquille, Anténor, dit la femme, tu ferais manquer monsieur, et si tu le voyais travailler, tu comprendrais...

— Mon Dieu ! pourquoi ne m'avez-vous pas appris les Arts ? dit mademoiselle de Vervelle à ses parents.

— Virginie, s'écria la mère, une jeune personne ne doit pas apprendre certaines choses. Quand tu seras mariée... bien ! mais, jusque-là, tiens-toi tranquille.

Pendant cette première séance, la famille Vervelle se familiarisa presque avec l'honnête artiste. Elle dut revenir deux jours après. En sortant, le père et la mère dirent à Virginie d'aller devant eux; mais malgré la distance, elle entendit ces mots dont le sens devait éveiller sa curiosité,

— Un homme décoré... trente-sept ans... un artiste qui a des commandes, qui place son argent chez notre notaire. Consultons Cardot ? Hein, s'appeler madame de Fougères !... ça n'a pas l'air d'être un méchant homme !.. Tu me diras un commerçant ?.. mais un commerçant tant qu'il n'est pas retiré, vous ne savez pas ce que peut devenir votre fille ! tandis qu'un artiste économe... puis nous aimons les Arts... Enfin !...

Pierre Grassou, pendant que la famille Vervelle le discutait, discutait la famille Vervelle. Il lui fut impossible de demeurer en paix dans son atelier, il se promena sur le Boulevard, il y regardait les femmes rousses qui passaient ! Il se faisait les plus étranges raisonnements : l'or était le plus beau des métaux, la couleur jaune représentait l'or, les Romains aimaient les femmes rousses, et il devint Romain, etc. Après deux ans de mariage, quel homme s'occupe de la couleur de sa femme ? La beauté passe... mais la laideur reste ! L'argent est la moitié du bonheur. Le soir, en se couchant, le peintre trouvait déjà Virginie Vervelle charmante.

Quand les trois Vervelle entrèrent le jour de la seconde séance, l'artiste les accueillit avec un aimable sourire. Le scélérat avait fait sa barbe, il avait mis du linge blanc ; il s'était agréablement disposé les cheveux, il avait choisi un pantalon fort avantageux et des pantoufles rouges à la poulaine. La famille répondit par un sourire aussi flatteur que celui de l'artiste, Virginie devint de la couleur de ses cheveux, baissa les yeux et détourna la tête, en regardant les études. Pierre Grassou trouva ces petites minauderies ravissantes. Virginie avait de la grâce, elle ne tenait heureusement ni du père, ni de la mère ; mais de qui tenait-elle ?

— Ah ! j'y suis, se dit-il toujours, la mère aura eu un regard de son commerce.

Pendant la séance il y eut des escarmouches entre la famille et le peintre qui eut l'audace de trouver le père Vervelle spirituel. Cette flatterie fit entrer la famille au pas de charge dans le cœur de l'artiste, il donna l'un de ses croquis à Virginie, et une esquisse à la mère.

— Pour rien ? dirent-elles.

Pierre Grassou ne put s'empêcher de sourire.

— Il ne faut pas donner ainsi vos tableaux, c'est de l'argent, lui dit Vervelle.

A la troisième séance, le père Vervelle parla d'une belle galerie de tableaux qu'il avait à sa campagne de Ville-d'Avray : des Rubens, des Gérard-Dow, des Mieris, des Terburg, des Rembrandt, un Titien, des Paul Potter, etc.

— Monsieur Vervelle a fait des folies, dit fastueusement madame Vervelle, il a pour cent mille francs de tableaux.

— J'aime les Arts, reprit l'ancien marchand de bouteilles.

Quand le portrait de madame Vervelle fut commencé, celui du mari était presque achevé, l'enthousiasme de la famille ne connaissait alors plus de bornes. Le notaire avait fait le plus grand éloge du peintre : Pierre Grassou était à ses yeux le plus honnête garçon de la terre, un des artistes les plus rangés qui d'ailleurs avait amassé trente-six mille francs ; ses jours de misère étaient passés, il allait par dix mille francs chaque année, il capitalisait les intérêts ; enfin il était incapable de rendre une femme malheureuse. Cette dernière phrase fut d'un poids énorme dans la balance. Les amis des Vervelle n'entendaient plus parler que du célèbre Fougères. Le jour où Fougères entama le portrait de Virginie, il était *in petto* déjà le gendre de la famille Vervelle. Les trois Vervelle fleurissaient dans cet atelier qu'ils s'habituaient à considérer comme une de leurs résidences : il y avait pour eux un inexplicable attrait dans ce local propre, soigné, gentil, artiste. *Abyssus abyssum,* le bourgeois attire le bourgeois. Vers la fin de la séance, l'escalier fut agité, la porte fut brutalement ouverte, et entra Joseph Bridau : il était à la tempête, il avait les cheveux au vent ; il montra sa grande figure ravagée, jeta partout les éclairs de son regard, tourna tout autour de l'atelier et revint à Grassou brusquement, en ramassant sa redingote sur la région gastrique, et tâchant, mais en vain, de la boutonner, le bouton s'étant évadé de sa capsule de drap.

— Le bois est cher, dit-il à Grassou.
— Ah !
— Les Anglais sont après moi. Tiens, tu peins ces choses-là ?
— Tais-toi donc !
— Ah ! oui !

La famille Vervelle, superlativement choquée par cette étrange apparition, passa de son rouge ordinaire au rouge-cerise des feux violents.

— Ça rapporte ! reprit Joseph. Y a-t-il *aubert en fouillouse?*
— Te faut-il beaucoup ?
— Un billet de cinq cents... J'ai après moi un de ces négociants de la nature des dogues, qui, une fois qu'ils ont mordu, ne lâchent plus qu'il n'aient le morceau. Quelle race !
— Je vais t'écrire un mot pour mon notaire...
— Tu as donc un notaire ?
— Oui.
— Ça m'explique alors pourquoi tu fais encore les joues avec des tons roses, excellents pour des enseignes de parfumeur !

Grassou ne put s'empêcher de rougir, Virginie posait.

— Aborde donc la Nature comme elle est? dit le grand peintre en continuant. Mademoiselle est rousse. Eh ! bien, est-ce un péché mortel ? Tout est magnifique en peinture. Mets-moi du cinabre sur ta palette, réchauffe-moi ces joues-là, piques-y leurs petites taches brunes, beurre-moi cela ? Veux-tu avoir plus d'esprit que la Nature ?

— Tiens, dit Fougères, prends ma place pendant que je vais écrire.

Vervelle roula jusqu'à la table et s'approcha de l'oreille de Grassou.

— Mais ce *pacant-là* va tout gâter, dit le marchand.

— S'il voulait faire le portrait de votre Virginie, il vaudrait mille fois le mien, répondit Fougères indigné.

En entendant ce mot, le bourgeois opéra doucement sa retraite vers sa femme stupéfaite de l'invasion de la bête féroce, et assez peu rassurée de la voir coopérant au portrait de sa fille.

— Tiens, suis ces indications, dit Bridau en rendant la palette et prenant le billet. Je ne te remercie pas! je puis retourner au château de d'Arthez à qui je peins une salle à manger et où Léon de Lora fait les dessus de porte, des chefs-d'œuvre. Viens nous voir?

Il s'en alla sans saluer, tant il en avait assez d'avoir regardé Virginie.

— Qui est cet homme, demanda madame Vervelle.

— Un grand artiste, répondit Grassou.

Un moment de silence.

— Êtes-vous bien sûr, dit Virginie, qu'il n'a pas porté malheur à mon portrait? il m'a effrayée.

— Il n'y a fait que du bien, répondit Grassou.

— Si c'est un grand artiste, j'aime mieux un grand artiste qui vous ressemble, dit madame Vervelle.

— Ah! maman, monsieur est un bien plus grand peintre, il me fera tout entière, fit observer Virginie.

Les allures du Génie avaient ébouriffé ces bourgeois, si rangés.

On entrait dans cette phase d'automne si agréablement nommée *l'Été de la Saint-Martin*. Ce fut avec la timidité du néophyte en présence d'un homme de génie que Vervelle risqua une invitation de venir à sa maison de campagne dimanche prochain : il savait combien peu d'attraits une famille bourgeoise offrait à un artiste.

— Vous autres! dit-il, il vous faut des émotions! des grands spectacles et des gens d'esprit; mais il y aura de bons vins, et je compte sur ma galerie pour vous compenser l'ennui qu'un artiste comme vous pourra éprouver parmi des négociants.

Cette idolâtrie qui caressait exclusivement son amour-propre charma le pauvre Pierre Grassou, si peu accoutumé à recevoir de tels compliments. L'honnête artiste, cette infâme médiocrité, ce cœur d'or, cette loyale vie, ce stupide dessinateur, ce brave garçon, décoré de l'Ordre royal de la Légion-d'Honneur, se mit sous les armes pour aller jouir des derniers beaux jours de l'année, à Ville-d'Avray. Le peintre vint modestement par la voiture publique, et ne put s'empêcher d'admirer le beau pavillon du marchand de bouteilles, jeté au milieu d'un parc de cinq arpents, au sommet de Ville-d'Avray, au plus beau point de vue. Épouser Virginie, c'était avoir cette belle villa quelque jour ! Il fut reçu par les Vervelle avec un enthousiasme, une joie, une bonhomie, une franche bêtise bourgeoise qui le confondirent. Ce fut un jour de triomphe. On promena le futur dans les allées couleur nankin qui avaient été ratissées comme elles devaient l'être pour un grand homme. Les arbres eux-mêmes avaient un air peigné, les gazons étaient fauchés. L'air pur de la campagne amenait des odeurs de cuisine infiniment réjouissantes. Tous, dans la maison, disaient : Nous avons un grand artiste. Le petit père Vervelle roulait comme une pomme dans son parc, la fille serpentait comme une anguille, et la mère suivait d'un pas noble et digne. Ces trois êtres ne lâchèrent pas Grassou pendant sept heures. Après le dîner, dont la durée égala la somptuosité, monsieur et madame Vervelle arrivèrent à leur grand coup de théâtre, à l'ouverture de la galerie illuminée par des lampes à effets calculés. Trois voisins, anciens commerçants, un oncle à succession, mandés pour l'ovation du grand artiste, une vieille demoiselle Vervelle et les convives suivirent Grassou dans la galerie, assez curieux d'avoir son opinion sur la fameuse galerie du petit père Vervelle, qui les assommait de la valeur fabuleuse de ses tableaux. Le marchand de bouteilles semblait avoir voulu lutter avec le roi Louis-Philippe et les galeries de Versailles. Les tableaux magnifiquement encadrés avaient des étiquettes où se lisaient en lettres noires sur fond d'or :

RUBENS.

Danses de faunes et de nymphes.

REMBRANDT.

Intérieur d'une salle de dissection. Le docteur Tromp faisant sa leçon à ses élèves.

Il y avait cent cinquante tableaux tous vernis, époussetés, quelques-uns étaient couverts de rideaux verts qui ne se tiraient pas en présence des jeunes personnes.

L'artiste resta les bras cassés, la bouche béante, sans parole sur les lèvres, en reconnaissant la moitié de ses tableaux dans cette galerie : il était Rubens, Paul Potter, Mieris, Metzu, Gérard Dow ! il était à lui seul vingt grands maîtres.

— Qu'avez-vous ? vous pâlissez !

— Ma fille, un verre d'eau, s'écria la mère Vervelle.

Le peintre prit le père Vervelle par le bouton de son habit, et l'emmena dans un coin, sous prétexte de voir un Murillo. Les tableaux espagnols étaient alors à la mode.

— Vous avez acheté vos tableaux chez Élie Magus ?

— Oui, tous originaux !

— Entre nous, combien vous a-t-il vendu ceux que je vais vous désigner ?

Tous deux, ils firent le tour de la galerie. Les convives furent émerveillés du sérieux avec lequel l'artiste procédait en compagnie de son hôte à l'examen des chefs-d'œuvre.

— Trois mille francs ! dit à voix basse Vervelle en arrivant au dernier ; mais je dis quarante mille francs !

— Quarante mille francs un Titien ? reprit à haute voix l'artiste, mais ce serait pour rien.

— Quand je vous le disais, j'ai pour cent mille écus de tableaux, s'écria Vervelle.

— J'ai fait tous ces tableaux-là, lui dit à l'oreille Pierre Grassou, je ne les ai pas vendus tous ensemble plus de dix mille francs...

— Prouvez-le-moi, dit le marchand de bouteilles, et je double la dot de ma fille, car alors vous êtes Rubens, Rembrandt, Terburg, Titien !

— Et Magus est un fameux marchand de tableaux ! dit le peintre qui s'expliqua l'air vieux de ses tableaux et l'utilité des sujets que lui demandait le brocanteur.

Loin de perdre dans l'estime de son admirateur, monsieur de Fougères, car la famille persistait à nommer ainsi Pierre Grassou, grandit si bien, qu'il fit gratis les portraits de la famille, et les offrit naturellement à son beau-père, à sa belle-mère et à sa femme.

Aujourd'hui, Pierre Grassou, qui ne manque pas une seule Exposition, passe pour un des bons peintres de portraits. Il gagne une douzaine de mille francs par an, et gâte pour cinq cents francs de toiles. Sa femme a eu six mille francs de rentes en dot, il vit avec son beau père et sa belle-mère. Les Vervelle et les Grassou, qui s'entendent à merveille, ont voiture et sont les plus heureuses gens du monde. Pierre Grassou ne sort pas d'un cercle bourgeois où il est considéré comme un des plus grands artistes de l'époque ; et il ne se dessine pas un portrait de famille, entre la barrière du Trône et la rue du Temple, qui ne se fasse chez lui, qui ne se paie au moins cinq cents francs. Comme il s'est très-bien montré dans les émeutes du 12 mai, il a été nommé Officier de la Légion-d'Honneur. Il est chef de bataillon dans la Garde nationale. Le Musée de Versailles n'a pas pu se dispenser de commander une bataille à un si excellent citoyen. Madame de Fougères adore son époux à qui elle a donné deux enfants. Ce peintre, bon père et bon époux, ne peut cependant pas ôter de son cœur une fatale pensée : les artistes se moquent de lui, son nom est un terme de mépris dans les ateliers, les feuilletons ne s'occupent pas de ses ouvrages. Mais il travaille toujours, et il se porte à l'Académie, où il entrera. Puis, vengeance qui lui dilate le cœur ! il achète des tableaux aux peintres célèbres quand ils sont gênés, et il remplace les croûtes de la galerie de Ville-d'Avray par de vrais chefs-d'œuvre, qui ne sont pas de lui. On connaît des médiocrités plus taquines et plus méchantes que celle de Pierre Grassou qui, d'ailleurs, est d'une bienfaisance anonyme et d'une obligeance parfaite.

Paris, décembre 1839.

LA PRINCESSE DE CADIGNAN.

La princesse passe encore, aujourd'hui pour une des plus fortes sur la toilette. . . . .

LA PRINCESSE DE CADIGNAN.

LES SECRETS

DE LA PRINCESSE DE CADIGNAN.

A THÉOPHILE GAUTIER.

Après les désastres de la Révolution de Juillet qui détruisit plusieurs fortunes aristocratiques soutenues par la Cour, madame la princesse de Cadignan eut l'habileté de mettre sur le compte des événements politiques la ruine complète due à ses prodigalités. Le prince avait quitté la France avec la famille royale en laissant la princesse à Paris, inviolable par le fait de son absence, car les dettes, à l'acquittement desquelles la vente des propriétés vendables ne pouvait suffire, ne pesaient que sur lui. Les revenus du majorat avaient été saisis. Enfin les affaires de cette grande famille se trouvaient en aussi mauvais état que celles de la branche aînée des Bourbons.

Cette femme, si célèbre sous son premier nom de duchesse de Maufrigneuse, prit alors sagement le parti de vivre dans une profonde retraite, et voulut se faire oublier. Paris fut emporté par un courant d'événements si vertigineux, que bientôt la duchesse de Maufrigneuse, enterrée dans la princesse de Cadignan, mutation de nom inconnue à la plupart des nouveaux acteurs de la société mis en scène par la Révolution de Juillet, devint comme une étrangère.

En France, le titre de duc prime tous les autres, même celui de prince, quoiqu'en thèse héraldique pure de tout sophisme, les titres ne signifient absolument rien, et qu'il y ait égalité parfaite entre les gentilshommes. Cette admirable égalité fut jadis soigneusement maintenue par la maison de France ; et, de nos jours, elle l'est encore, au moins nominalement, par le soin qu'ont les rois de donner de simples titres de comtes à leurs enfants. Ce fut en vertu de ce système que François Ier écrasa la splendeur des titres que se donnait le pompeux Charles-Quint en lui signant une réponse : François, seigneur de Vanves. Louis XI avait fait mieux encore, en mariant sa fille à un gentilhomme sans titre, à Pierre de Beaujeu. Le système féodal fut si bien brisé par Louis XIV, que le titre de duc devint dans sa monarchie le suprême honneur de l'aristocratie, et le plus envié. Néanmoins, il est deux ou trois familles en France où la principauté, richement possessionnée autrefois, est mise au-dessus du duché. La maison de Cadignan, qui possède le titre de duc Maufrigneuse pour ses fils aînés, tandis que tous les autres se nomment simplement chevaliers de Cadignan, est une de ces familles exceptionnelles. Comme autrefois deux princes de la maison de Rohan, les princes de Cadignan avaient droit à un trône chez eux ; ils pouvaient avoir des pages, des gentilshommes à leur service. Cette explication est nécessaire, autant pour éviter les sottes critiques de ceux qui ne savent rien que pour constater les grandes choses d'un monde qui, dit-on, s'en va, et que tant de gens poussent sans le comprendre. Les Cadignan portent *d'or à cinq fusées de sable accolées et mises en fasce*, avec le mot MEMINI pour devise, et la couronne fermée, sans tenants ni lambrequins. Aujourd'hui la grande quantité d'étrangers qui affluent à Paris et une ignorance presque générale de la science héraldique commencent à mettre le titre de prince à la mode. Il n'y a de vrais princes que ceux qui sont possessionnés et auxquels appartient le titre d'Altesse. Le dédain de la noblesse française pour le titre de prince, et les raisons qu'avait Louis XIV de donner la suprématie au titre de duc, ont empêché la France de réclamer l'altesse pour les quelques princes qui existent en France, ceux de Napoléon exceptés. Telle est la raison pour laquelle les princes de Cadignan se trouvent dans une position inférieure, nominalement parlant, vis-à-vis des autres princes du continent.

Les personnes de la société dite du faubourg Saint-Germain protégeaient la princesse par une discrétion respectueuse due à son nom, lequel est de ceux qu'on honorera toujours, à ses malheurs que l'on ne discutait plus, et à sa beauté, la seule chose qu'elle eût conservée de son opulence éteinte. Le monde, dont elle fut l'ornement, lui savait gré d'avoir pris en quelque sorte le voile en se cloîtrant chez elle. Ce bon goût était pour elle, plus que pour toute autre femme, un immense sacrifice. Les grandes choses sont toujours si vivement senties en France, que la princesse regagna par sa retraite tout ce qu'elle avait pu perdre dans l'opinion publique au milieu de ses splendeurs. Elle ne voyait plus qu'une seule de ses anciennes amies, la marquise d'Espard ; encore n'allait-elle ni aux grandes réunions, ni aux fêtes. La princesse et la marquise se visitaient dans la première matinée, et comme en secret. Quand la princesse venait dîner chez son amie, la marquise fermait sa porte. Madame d'Espard fut admirable pour la princesse : elle changea de loge aux Italiens, et quitta les Premières pour une Baignoire du Rez-de-chaussée, en sorte que madame de Cadignan pouvait venir au théâtre sans être vue, et en partir incognito. Peu de femmes eussent été capables d'une délicatesse qui les eût privées du plaisir de traîner à leur suite une ancienne rivale tombée, de s'en dire la bienfaitrice. Dispensée ainsi de faire des toilettes ruineuses, la princesse allait en secret dans la voiture de la marquise, qu'elle n'eût pas acceptée publiquement. Personne n'a jamais su les raisons qu'eut madame d'Espard pour se conduire ainsi avec la princesse de Cadignan ; mais sa conduite fut sublime, et comporta pendant longtemps un monde de petites choses qui, vues une à une, semblent être des niaiseries, et qui, vues en masse, atteignent au gigantesque.

En 1832, trois années avaient jeté leurs tas de neige sur les aventures de la duchesse de Maufrigneuse, et l'avaient si bien blanchie qu'il fallait de grands efforts de mémoire pour se rappeler les circonstances graves de sa vie antérieure. De cette reine adorée par tant de courtisans, et dont les légèretés pouvaient défrayer plusieurs romans, il restait une femme encore délicieusement belle, âgée de trente-six ans, mais autorisée à ne s'en donner que trente, quoiqu'elle fût mère du duc Georges de Maufrigneuse, jeune homme de dix-neuf ans, beau comme Antinoüs, pauvre comme Job, qui devait avoir les plus grands succès, et que sa mère voulait avant tout marier richement. Peut-être ce projet était-il le secret de l'intimité dans laquelle elle restait avec la marquise, dont le salon passe pour le premier de Paris, et où elle pouvait un jour choisir parmi les héritières une femme pour Georges. La princesse voyait encore cinq années entre le moment présent et l'époque du mariage de son fils; des années désertes et solitaires, car pour faire réussir un bon mariage sa conduite devait être marquée au coin de la sagesse.

La princesse demeurait rue de Miromesnil, dans un petit hôtel, à un rez-de-chaussée d'un prix modique. Elle y avait tiré parti des restes de sa magnificence. Son élégance de grande dame y respirait encore. Elle y était entourée des belles choses qui annoncent une existence supérieure. On voyait à sa cheminée une magnifique miniature, le portrait de Charles X, par madame de Mirbel, sous lequel étaient gravés ces mots : *Donné par le roi ;* et, en pendant, le portrait de MADAME, qui fut si particulièrement excellente pour elle. Sur une table, brillait un album du plus haut prix, qu'aucune des bourgeoises qui trônent actuellement dans notre société industrielle et tracassière n'oserait étaler. Cette audace peignait admirablement la femme. L'album contenait des portraits parmi lesquels se trouvait une trentaine d'amis intimes que le monde avait appelés ses amants. Ce nombre était une calomnie ; mais, relativement à une dizaine, peut-être était-ce, disait la marquise d'Espard, de la belle et bonne médisance. Les portraits de Maxime de Trailles, de de Marsay, de Rastignac, du marquis d'Esgrignon, du général Montriveau, des marquis de Ronquerolles, et d'Adjuda-Pinto, du prince Galathionne, des jeunes ducs de Grandlieu, de Réthoré, du beau Lucien de Rubempré avaient d'ailleurs été traités avec une grande coquetterie de pinceau par les artistes les plus célèbres. Comme la princesse ne recevait pas plus de deux ou trois personnes de cette collection, elle nommait plaisamment ce livre le recueil de ses erreurs. L'infortune avait rendu cette femme une bonne mère. Pendant les quinze années de la Restauration, elle s'était trop amusée pour penser à son fils ; mais en se réfugiant dans l'obscurité, cette illustre égoïste songea que le sentiment maternel poussé à l'extrême deviendrait pour sa vie passée une absolution confirmée par les gens sensibles, qui pardonnent tout à une excellente mère. Elle aima d'autant mieux son fils, qu'elle n'avait plus autre chose à aimer. Georges de Maufrigneuse est d'ailleurs un de ces enfants qui peuvent flatter toutes les vanités d'une mère ; aussi la princesse lui fit-elle toutes sortes de sacrifices : elle eut pour Georges une écurie et une remise, au-dessus desquelles il habitait un petit entresol sur la rue, composé de trois pièces délicieusement meublées ; elle s'était imposé plusieurs privations pour lui conserver un cheval de selle, un cheval de cabriolet et un petit domestique. Elle n'avait plus que sa femme de chambre, et, pour cuisinière, une de ses anciennes filles de cuisine. Le tigre du duc avait alors un service un peu rude. Toby, l'ancien tigre de feu Beaudenord, car telle fut la plaisanterie du beau monde sur cet élégant ruiné, ce jeune tigre qui, à vingt-cinq ans, était toujours censé n'en avoir que quatorze, devait suffire à panser les chevaux, nettoyer le cabriolet ou le tilbury, suivre son maître, faire les appartements, et se trouver à l'antichambre de la princesse pour annoncer, si par hasard elle avait à recevoir la visite de quelque personnage. Quand on songe à ce que fut, sous la Restauration, la belle duchesse de Maufrigneuse, une des reines de Paris, une reine éclatante, dont la luxueuse existence en aurait remontré peut-être aux plus riches femmes à la mode de Londres, il y avait je ne sais quoi de touchant à la voir dans son humble coquille de la rue Miromesnil, à quelques pas de son immense hôtel qu'aucune fortune ne pouvait habiter, et que le marteau des spéculateurs a démoli pour en faire une rue. La femme à peine servie convenablement par trente domestiques, qui possédait les plus beaux appartements de réception de Paris, les plus jolis petits appartements, qui y donna de si belles fêtes, vivait dans un appartement de cinq pièces : une antichambre, une salle à manger, un salon, une chambre à coucher et un cabinet de toilette, avec deux femmes pour tout domestique.

— Ah ! elle est admirable pour son fils, disait cette fine commère de marquise d'Espard, et admirable sans emphase, elle est heureuse. On n'aurait jamais cru cette femme si légère capable de résolutions suivies avec autant de persistance ; aussi notre bon archevêque l'a-t-il encouragée, se montre-t-il parfait pour elle, et vient-il de décider la vieille comtesse de Cinq-Cygne à lui faire une visite.

Avouons-le d'ailleurs ? Il faut être reine pour savoir abdiquer, et descendre noblement d'une position élevée qui n'est jamais entièrement perdue. Ceux-là seuls qui ont la conscience de n'être rien par eux-mêmes, manifestent des regrets en tombant, ou murmurent et reviennent sur un passé qui ne reviendra jamais, en devinant bien qu'on ne parvient pas deux fois. Forcée de se passer des fleurs rares au milieu desquelles elle avait l'habitude de vivre et qui rehaussaient si bien sa personne, car il était impossible de ne pas la comparer à une fleur, la princesse avait bien choisi son rez-de-chaussée : elle y jouissait d'un joli petit jardin, plein d'arbustes, et dont le gazon toujours vert égayait sa paisible retraite. Elle pouvait avoir environ douze mille livres de rente, encore ce revenu modique était-il composé d'un secours annuel donné par la vieille duchesse de Navarreins, tante paternelle du jeune duc, lequel devait être continué jusqu'au jour de son mariage, et d'un autre secours envoyé par la duchesse d'Uxelles, du fond de sa terre, où elle économisait comme savent économiser les vieilles duchesses, auprès desquelles Harpagon n'est qu'un écolier. Le prince vivait à l'étranger, constamment aux ordres de ses maîtres exilés, partageant leur mauvaise fortune, et les servant avec un dévouement sans calcul, le plus intelligent peut-être de tous ceux qui les entourent. La position du prince de Cadignan protégeait encore sa femme à Paris. Ce fut chez la princesse que le maréchal auquel nous devons la conquête de l'Afrique eut, lors de la tentative de MADAME en Vendée, des conférences avec les principaux chefs de l'opinion légitimiste, tant était grande l'obscurité de la princesse, tant sa détresse excitait peu la défiance du gouvernement actuel! En voyant venir la terrible faillite de l'amour, cet âge de quarante ans au delà duquel il y a si peu de chose pour la femme, la princesse s'était jetée dans le royaume de la philosophie. Elle lisait, elle qui avait, durant seize ans, manifesté la plus grande horreur pour les choses graves. La littérature et la politique sont aujourd'hui ce qu'était autrefois la dévotion pour les femmes, le dernier asile de leurs prétentions. Dans les cercles élégants, on disait que Diane voulait écrire un livre. Depuis que, de jolie, de belle femme, la princesse était passée femme spirituelle en attendant qu'elle passât tout à fait, elle avait fait d'une réception chez elle un honneur suprême qui distinguait prodigieusement la personne favorisée. A l'abri de ces occupations, elle put tromper l'un de ses premiers amants, de Marsay, le plus influent personnage de la politique bourgeoise intronisée en juillet 1830; elle le reçut quelquefois le soir, tandis que le maréchal et plusieurs légitimistes s'entretenaient à voix basse, dans sa chambre à coucher, de la conquête du royaume, qui ne pouvait se faire sans le concours des idées, le seul élément de succès que les conspirateurs oubliassent. Ce fut une jolie vengeance de jolie femme, que de se jouer du premier ministre en le faisant servir de paravent à une conspiration contre son propre gouvernement. Cette aventure, digne des beaux jours de la Fronde, fut le texte de la plus spirituelle lettre du monde, où la princesse rendit compte des négociations à MADAME. Le duc de Maufrigneuse alla dans la Vendée, et put en revenir secrètement, sans s'être compromis, mais non sans avoir pris part aux périls de MADAME, qui, malheureusement, le renvoya lorsque tout parut être perdu. Peut-être la vigilance passionnée de ce jeune homme eût-elle déjoué la trahison. Quelque grands qu'aient été les torts de la duchesse de Maufrigneuse aux yeux du monde bourgeois, la conduite de son fils les a certes effacés aux yeux du monde aristocratique. Il y eut de la noblesse et de la grandeur à risquer ainsi le fils unique et l'héritier d'une maison historique. Il est certaines personnes, dites habiles, qui réparent les fautes de la vie privée par les services de la vie politique, et réciproquement; mais il n'y eut chez la princesse de Cadignan aucun calcul. Peut-être n'y en a-t-il pas davantage chez tous ceux qui se conduisent ainsi. Les événements sont pour la moitié dans ces contresens.

Dans un des premiers beaux jours du mois de mai 1833, la marquise d'Espard et la princesse tournaient, on ne pouvait dire se promenaient, dans l'unique allée qui entourait le gazon du jardin, vers deux heures de l'après-midi, par un des derniers éclairs du soleil. Les rayons réfléchis par les murs faisaient une chaude atmosphère dans ce petit espace qu'embaumaient des fleurs, présent de la marquise.

— Nous perdrons bientôt de Marsay, disait madame d'Espard à la princesse, et avec lui s'en ira votre dernier espoir de fortune pour le duc de Maufrigneuse; car depuis que vous l'avez si bien joué, ce grand politique a repris de l'affection pour vous.

— Mon fils ne capitulera jamais avec la branche cadette, dit la princesse, dût-il mourir de faim, dussé-je travailler pour lui. Mais Berthe de Cinq-Cygne ne le hait pas.

— Les enfants, dit madame d'Espard, n'ont pas les mêmes engagements que leurs pères...

— Ne parlons point de ceci, dit la princesse. Ce sera bien assez, si je ne puis apprivoiser la marquise de Cinq-Cygne, de marier mon fils avec quelque fille de forgeron, comme a fait ce petit d'Esgrignon!

— L'avez-vous aimé? dit la marquise.

— Non, répondit gravement la princesse. La naïveté de d'Esgrignon était une sorte de sottise départementale de laquelle je me suis aperçue un peu trop tard, ou trop tôt si vous voulez.

— Et de Marsay?

— De Marsay a joué avec moi comme avec une poupée. J'étais si jeune! Nous n'aimons jamais les hommes qui se font nos instituteurs, ils froissent trop nos petites vanités. Voici bientôt trois années que je passe dans une solitude entière, eh! bien, ce calme n'a rien eu de pénible. A vous seule, j'oserai dire qu'ici je me suis sentie heureuse. J'étais blasée d'adorations, fatiguée sans plaisir, émue à la superficie sans que l'émotion me traversât le cœur. J'ai trouvé tous les hommes que j'ai connus petits, mesquins, superficiels; aucun d'eux ne m'a causé la plus légère surprise, ils étaient sans innocence, sans grandeur, sans délicatesse. J'aurais voulu rencontrer quelqu'un qui m'eût imposé.

— Seriez-vous donc comme moi, ma chère, demanda la marquise, n'auriez-vous jamais rencontré l'amour en essayant d'aimer?

— Jamais, répondit la princesse en interrompant la marquise et lui posant la main sur le bras.

Toutes deux allèrent s'asseoir sur un banc de bois rustique, sous un massif de jasmin refleuri. Toutes deux avaient dit une de ces paroles solennelles pour des femmes arrivées à leur âge.

— Comme vous, reprit la princesse, peut-être ai-je été plus aimée que ne le sont les autres femmes; mais à travers tant d'aventures, je le sens, je n'ai pas connu le bonheur. J'ai fait bien des folies, mais elles avaient un but, et le but se reculait à mesure que j'avançais! Dans mon cœur vieilli, je sens une innocence qui n'a pas été entamée. Oui, sous tant d'expérience gît un premier amour qu'on pourrait abuser; de même que, malgré tant de fatigues et de flétrissures, je me sens jeune et belle. Nous pouvons aimer sans être heureuses, nous pouvons être heureuses et ne pas aimer; mais aimer et avoir du bonheur, réunir ces deux immenses jouissances humaines, est un prodige. Ce prodige ne s'est pas accompli pour moi.

— Ni pour moi, dit madame d'Espard.

— Je suis poursuivie dans ma retraite par un regret affreux : je me suis amusée, mais je n'ai pas aimé.

— Quel incroyable secret! s'écria la marquise.

— Ah! ma chère, répondit la princesse, ces secrets, nous ne pouvons les confier qu'à nous-mêmes : personne, à Paris, ne nous croirait.

— Et, reprit la marquise, si nous n'avions pas toutes deux passé trente-six ans, nous ne nous ferions peut-être pas cet aveu.

— Oui, quand nous sommes jeunes, nous avons de bien stupides fatuités! dit la princesse. Nous ressemblons parfois à ces pauvres jeunes gens qui jouent avec un curedent pour faire croire qu'ils ont bien dîné.

— Enfin, nous voilà, répondit avec une grâce coquette madame d'Espard qui fit un charmant geste d'innocence instruite, et nous sommes, il me semble, encore assez vivantes pour prendre une revanche.

— Quand vous m'avez dit, l'autre jour, que Béatrix était partie avec Conti, j'y ai pensé pendant toute la nuit, reprit la princesse après une pause. Il faut être bien heureuse pour sacrifier ainsi sa position, son avenir, et renoncer à jamais au monde.

— C'est une petite sotte, dit gravement madame d'Espard. Mademoiselle des Touches a été enchantée d'être débarrassée de Conti. Béatrix n'a pas deviné combien cet abandon, fait par une femme supérieure, qui n'a pas un seul instant défendu son prétendu bonheur, accusait la nullité de Conti.

— Elle sera donc malheureuse?

— Elle l'est déjà, reprit madame d'Espard. A quoi bon quitter son mari? Chez une femme, n'est-ce pas un aveu d'impuissance?

— Ainsi vous croyez que madame de Rochefide n'a pas été déterminée par le désir de jouir en paix d'un véritable amour, de cet amour dont les jouissances sont, pour nous deux, encore un rêve?

— Non, elle a singé madame de Beauséant et madame de Langeais, qui, soit dit entre nous, dans un siècle moins vulgaire que le nôtre, eussent été, comme vous d'ailleurs, des figures aussi grandes que celles des La Vallière, des Montespan, des Diane de Poitiers, des duchesses d'Étampes et de Châteauroux.

— Oh! moins le roi, ma chère. Ah! je voudrais pouvoir évoquer ces femmes et leur demander si...

— Mais, dit la marquise en interrompant la princesse, il n'est pas nécessaire de faire parler les morts, nous connaissons des femmes vivantes qui sont heureuses. Voici plus de vingt fois que j'entame une conversation intime sur ces sortes de choses avec la comtesse de Montcornet, qui, depuis quinze ans, est la femme du monde la plus heureuse avec ce petit Émile Blondet : pas une infidélité, pas une pensée détournée; ils sont aujourd'hui comme au premier jour; mais nous avons toujours été dérangées, interrompues au moment le plus intéressant. Ces longs attachements, comme celui de Rastignac et de madame de Nucingen, de madame de Camps, votre cousine, pour son Octave, ont un secret, et ce secret nous l'ignorons, ma chère. Le monde nous fait l'extrême honneur de nous prendre pour des rouées dignes de la cour du Régent, et nous sommes innocentes comme deux petites pensionnaires.

— Je serais encore heureuse de cette innocence-là, s'écria railleusement la princesse ; mais la nôtre est pire, il y a de quoi être humiliée. Que voulez-vous ? nous offrirons cette mortification à Dieu en expiation de nos recherches infructueuses ; car, ma chère, il n'est pas probable que nous trouvions, dans l'arrière-saison, la belle fleur qui nous a manqué pendant le printemps et l'été.

— La question n'est pas là, reprit la marquise après une pause pleine de méditations respectives. Nous sommes encore assez belles pour inspirer une passion ; mais nous ne convaincrons jamais personne de notre innocence ni de notre vertu.

— Si c'était un mensonge, il serait bientôt orné de commentaires, servi avec les jolies préparations qui le rendent croyable et dévoré comme un fruit délicieux ; mais faire croire à une vérité ! Ah ! les plus grands hommes y ont péri, ajouta la princesse avec un de ces fins sourires que le pinceau de Léonard de Vinci a seul pu rendre.

— Les niais aiment bien parfois, reprit la marquise.

— Mais, fit observer la princesse, pour ceci les niais eux-mêmes n'ont pas assez de crédulité.

— Vous avez raison, dit en riant la marquise. Mais ce n'est ni un sot, ni même un homme de talent que nous devrions chercher. Pour résoudre un pareil problème, il nous faut un homme de génie. Le génie seul a la foi de l'enfance, la religion de l'amour, et se laisse volontiers bander les yeux. Si vous et moi nous avons rencontré des hommes de génie, ils étaient peut-être trop loin de nous, trop occupés, et nous trop frivoles, trop entraînées, trop prises.

— Ah ! je voudrais cependant bien ne pas quitter ce monde sans avoir connu les plaisirs du véritable amour, s'écria la princesse.

— Ce n'est rien que de l'inspirer, dit madame d'Espard, il s'agit de l'éprouver. Je vois beaucoup de femmes n'être que les prétextes d'une passion au lieu d'en être à la fois la cause et l'effet.

— La dernière passion que j'ai inspirée était une sainte et belle chose, dit la princesse, elle avait de l'avenir. Le hasard m'avait adressé, cette fois, cet homme de génie qui nous est dû, et qu'il est si difficile de prendre, car il y a plus de jolies femmes que de gens de génie. Mais le diable s'est mêlé de l'aventure.

— Contez-moi donc cela, ma chère, c'est tout neuf pour moi.

— Je ne me suis aperçue de cette belle passion qu'au milieu de l'hiver de 1829. Tous les vendredis, à l'Opéra, je voyais à l'Orchestre un jeune homme d'environ trente ans, venu là pour moi, toujours à la même stalle, me regardant avec des yeux de feu, mais souvent attristé par la distance qu'il trouvait entre nous, ou peut-être aussi par l'impossibilité de réussir.

— Pauvre garçon ! Quand on aime, on devient bien bête, dit la marquise.

— Il se coulait pendant chaque entr'acte dans le corridor, reprit la princesse en souriant de l'amicale épigramme par laquelle la marquise l'interrompait ; puis une ou deux fois, pour me voir ou pour se faire voir, il mettait le nez à la vitre d'une loge en face de la mienne. Si je recevais une visite, je l'apercevais collé à ma porte, il pouvait alors me jeter un coup d'œil furtif ; il avait fini par connaître les personnes de ma société, il les suivait quand elles se dirigeaient vers ma loge, afin d'avoir les bénéfices de l'ouverture de ma porte. Le pauvre garçon a sans doute bientôt su qui j'étais, car il connaissait de vue monsieur de Maufrigneuse et mon beau-père. Je trouvai dès lors mon inconnu mystérieux aux Italiens, à une stalle d'où il m'admirait en face, dans une extase naïve : c'en était joli. A la sortie de l'Opéra comme à celle des Bouffons, je le voyais planté dans la foule, immobile sur ses deux jambes : on le coudoyait, on ne l'ébranlait pas. Ses yeux devenaient moins brillants quand il m'apercevait appuyée sur le bras de quelque favori. D'ailleurs, pas un mot, pas une lettre, pas une démonstration. Avouez que c'était du bon goût ? Quelquefois, en rentrant à mon hôtel au matin, je retrouvais mon homme assis sur une des bornes de ma porte cochère. Cet amoureux avait de bien beaux yeux, une barbe épaisse et longue en éventail, une royale, une moustache et des favoris ; on ne voyait que des pommettes blanches et un beau front ; enfin, une véritable tête antique. Le prince a, comme vous le savez, défendu les Tuileries du côté des quais dans les journées de juillet. Il est revenu le soir à Saint-Cloud quand tout a été perdu. « Ma chère, m'a-t-il dit, j'ai failli être tué sur les quatre heures. J'étais visé par un des insurgés, lorsqu'un jeune homme à longue barbe, que je crois avoir vu aux Italiens, et qui conduisait l'attaque, a détourné le canon du fusil. » Le coup a frappé je ne sais quel homme, un maréchal des-logis du régiment, et qui était à deux pas de mon mari. Ce jeune homme devait donc être un républicain. En 1831, quand je suis revenue me loger ici, je l'ai rencontré le dos appuyé au mur de cette maison ; il paraissait joyeux de mes désastres, qui peut-être lui semblaient nous rapprocher ; mais, depuis les affaires de Saint-Merry, je ne l'ai plus revu : il y a péri. La veille des funérailles du général Lamarque, je suis sortie à pied avec mon fils, et mon républicain nous a suivis, tantôt derrière, tantôt devant nous, depuis la Madeleine jusqu'au passage des Panoramas où j'allais.

— Voilà tout? dit la marquise.

— Tout, répondit la princesse. Ah! le matin de la prise de Saint-Merry, un gamin a voulu me parler à moi-même, et m'a remis une lettre écrite sur du papier commun, signé du nom de l'inconnu.

— Montrez-la-moi, dit la marquise.

— Non, ma chère. Cet amour a été trop grand et trop saint dans ce cœur d'homme pour que je viole son secret. Cette lettre, courte et terrible, me remue encore le cœur quand j'y songe. Cet homme mort me cause plus d'émotions que tous les vivants que j'ai distingués, il revient dans ma pensée.

— Son nom, demanda la marquise.

— Oh! un nom bien vulgaire, Michel Chrestien.

— Vous avez bien fait de me le dire, reprit vivement madame d'Espard, j'ai souvent entendu parler de lui. Ce Michel Chrestien était l'ami d'un homme célèbre que vous avez déjà voulu voir, de Daniel d'Arthez, qui vient une ou deux fois par hiver chez moi. Ce Chrestien, qui est effectivement mort à Saint-Merry, ne manquait pas d'amis. J'ai entendu dire qu'il était un de ces grands politiques auxquels, comme à de Marsay, il ne manque que le mouvement de ballon de la circonstance pour devenir tout d'un coup ce qu'ils doivent être.

— Il vaut mieux alors qu'il soit mort, dit la princesse d'un air mélancolique sous lequel elle cacha ses pensées.

— Voulez-vous vous trouver un soir avec d'Arthez chez moi? demanda la marquise, vous causerez de votre revenant.

— Volontiers, ma chère.

Quelques jours après cette conversation, Blondet et Rastignac, qui connaissaient d'Arthez, promirent à madame d'Espard de le déterminer à venir dîner chez elle. Cette promesse eût été, certes, imprudente sans le nom de la princesse dont la rencontre ne pouvait être indifférente à ce grand écrivain.

Daniel d'Arthez, un des hommes rares qui de nos jours unissent un beau caractère à un beau talent, avait obtenu déjà non pas toute la popularité que devaient lui mériter ses œuvres, mais une estime respectueuse à laquelle les âmes choisies ne pouvaient rien ajouter. Sa réputation grandira certes encore, mais elle avait alors atteint tout son développement aux yeux des connaisseurs : il est de ces auteurs qui, tôt ou tard, sont mis à leur vraie place, et qui n'en changent plus. Gentilhomme pauvre, il avait compris son époque en demandant tout à une illustration personnelle. Il avait lutté pendant long-temps dans l'arène parisienne, contre le gré d'un oncle riche, qui, par une contradiction que la vanité se charge de justifier, après l'avoir laissé en proie à la plus rigoureuse misère, avait légué à l'homme célèbre la fortune impitoyablement refusée à l'écrivain inconnu. Ce changement subit ne changea point les mœurs de Daniel d'Arthez : il continua ses travaux avec une simplicité digne des temps antiques, et s'en imposa de nouveaux en acceptant un siége à la Chambre des députés, où il prit place au Côté droit. Depuis son avénement à la gloire, il était allé quelquefois dans le monde. Un de ses vieux amis, un grand médecin, Horace Bianchon, lui avait fait faire la connaissance du baron de Rastignac, Sous-secrétaire d'État à un Ministère, et ami de de Marsay. Ces deux hommes politiques s'étaient assez noblement prêtés à ce que Daniel, Horace, et quelques intimes de Michel Chrestien, retirassent le corps de ce républicain à l'église Saint-Merry, et pussent lui rendre les honneurs funèbres. La reconnaissance, pour un service qui contrastait avec les rigueurs administratives déployées à cette époque où les passions politiques se déchaînèrent si violemment, avait lié pour ainsi dire d'Arthez à Rastignac. Le Sous-secrétaire d'État et l'illustre ministre étaient trop habiles pour ne pas profiter de cette circonstance; aussi gagnèrent-ils quelques amis de Michel Chrestien, qui ne partageaient pas d'ailleurs ses opinions, et qui se rattachèrent alors au nouveau Gouvernement. L'un d'eux, Léon Giraud, nommé d'abord Maître des requêtes, devint depuis Conseiller d'État. L'existence de Daniel d'Arthez est entièrement consacrée au travail, il ne voit la Société que par échappées, elle est pour lui comme un rêve. Sa maison est un couvent où il mène la vie d'un Bénédictin : même sobriété dans le régime, même régularité dans les occupations. Ses amis savent que jusqu'à présent la femme n'a été pour lui qu'un accident toujours redouté, il l'a trop observée pour ne pas la craindre ; mais à force de l'étudier, il a fini par ne plus la connaître, semblable en ceci à ces profonds tacticiens qui seraient toujours battus sur des terrains imprévus, où sont modifiés et contrariés leurs axiomes scientifiques. Il est resté l'enfant le plus candide, en se montrant l'observateur le plus instruit. Ce contraste, en apparence impossible, est très-explicable pour ceux qui ont pu mesurer la profondeur qui sépare les facultés des sentiments : les unes procèdent de la tête et les autres du cœur. On peut être un grand homme et un méchant, comme on peut être un sot et un amant sublime. D'Arthez est un de ces êtres privilégiés chez lesquels la finesse de l'esprit, l'étendue des qualités du cerveau, n'excluent ni la force ni la grandeur des sentiments. Il est, par un rare privilége, homme d'action et homme de pensée tout à la fois. Sa vie privée est noble et pure. S'il avait fui soigneusement l'amour jusqu'alors, il se connaissait bien, il savait par avance quel serait l'empire d'une passion sur lui. Pendant long-temps les travaux écrasants par lesquels il prépara le terrain solide de ses glorieux ouvrages, et le froid de la misère furent un merveilleux préservatif. Quand vint l'aisance, il eut la plus vulgaire et la plus incompréhensible liaison avec une femme assez belle, mais qui appartenait à la classe inférieure, sans aucune instruction, sans manières, et soigneusement cachée à tous les regards. Michel Chrestien accordait aux hommes de génie le pouvoir de transformer les plus massives créatures en sylphides, les sottes en femmes d'esprit, les paysannes en marquises : plus une femme était accomplie, plus elle perdait à leurs yeux ; car, selon lui, leur imagination n'avait rien à y faire. Selon lui, l'amour, simple besoin des sens pour les êtres inférieurs, était, pour les êtres supérieurs, la création morale la plus immense et la plus attachante. Pour justifier d'Arthez, il s'appuyait de l'exemple de Raphaël et de la Fornarina. Il aurait pu s'offrir lui-même comme un modèle en ce genre, lui qui voyait un ange dans la duchesse de Maufrigneuse. La bizarre fantaisie de d'Arthez pouvait d'ailleurs être justifiée de bien des manières : peut-être avait-il tout d'abord désespéré de rencontrer ici-bas une femme qui répondît à la délicieuse chimère que tout homme d'esprit rêve et caresse ? peut-être avait-il un cœur trop chatouilleux, trop délicat pour le livrer à une femme du monde? peut-être aimait-il mieux faire la part à la Nature et garder ses illusions en cultivant son Idéal? peut-être avait-il écarté l'amour comme incompatible avec ses travaux, avec la régularité d'une vie monacale où la passion eût tout dérangé. Depuis quelques mois, d'Arthez était l'objet des railleries de Blondet et de Rastignac qui lui reprochaient de ne connaître ni le monde ni les femmes. A les entendre, ses œuvres étaient assez nombreuses et assez avancées pour qu'il se permît des distractions : il avait une belle fortune et vivait comme un étudiant ; il ne jouissait de rien, ni de son or ni de sa gloire ; il ignorait les exquises jouissances de la passion noble et délicate que certaines femmes bien nées et bien élevées inspiraient ou ressentaient; n'était-ce pas indigne de lui de n'avoir connu que les grossièretés de l'amour ! L'amour, réduit à ce que le faisait la Nature, était à leurs yeux la plus sotte chose du monde. L'une des gloires de la Société, c'est d'avoir créé *la femme* là où la Nature a fait une femelle ; d'avoir créé la perpétuité du désir là où la Nature n'a pensé qu'à la perpétuité de l'Espèce ; d'avoir enfin inventé l'amour, la plus belle religion humaine. D'Arthez ne savait rien des charmantes délicatesses de langage, rien des preuves d'affection incessamment données par l'âme et l'esprit, rien de ces désirs ennoblis par les manières, rien de ces formes angéliques prêtées aux choses les plus grossières par les femmes comme il faut. Il connaissait peut-être la femme, mais il ignorait la divinité. Il fallait prodigieusement d'art, beaucoup de belles toilettes d'âme et de corps chez une femme pour bien aimer. Enfin, en vantant les délicieuses dépravations de pensée qui constituent la coquetterie parisienne, ces deux corrupteurs plaignaient d'Arthez, qui vivait d'un aliment sain et sans aucun assaisonnement, de n'avoir pas goûté les délices de la haute cuisine parisienne, et stimulaient vivement sa curiosité. Le docteur Bianchon, à qui d'Arthez faisait ses confidences, savait que cette curiosité s'était enfin éveillée. La longue liaison de ce grand écrivain avec une femme vulgaire, loin de lui plaire par l'habitude, lui était devenue insupportable ; mais il était retenu par l'excessive timidité qui s'empare de tous les hommes solitaires.

— Comment, disait Rastignac, quand on porte *tranché de gueules et d'or à un bezan et un tourteau de l'un en l'autre,* ne fait-on pas briller ce vieil écu picard sur une voiture ? Vous avez trente mille livres de rentes et les produits de votre plume ;

vous avez justifié votre devise, qui forme le calembour tant recherché par nos ancêtres : ARS, THES*aurusque virtus,* et vous ne le promenez pas au bois de Boulogne ! Nous sommes dans un siècle où la vertu doit se montrer.

— Si vous lisiez vos œuvres à cette espèce de grosse Laforêt, qui fait vos délices, je vous pardonnerais de la garder, dit Blondet. Mais, mon cher, si vous êtes au pain sec matériellement parlant; sous le rapport de l'esprit, vous n'avez même pas de pain...

Cette petite guerre amicale durait depuis quelques mois entre Daniel et ses amis, quand madame d'Espard pria Rastignac et Blondet de déterminer d'Arthez à venir dîner chez elle, en leur disant que la princesse de Cadignan avait un excessif désir de voir cet homme célèbre. Ces sortes de curiosités sont, pour certaines femmes, ce qu'est la lanterne magique pour les enfants, un plaisir pour les yeux, assez pauvre d'ailleurs, et plein de désenchantement. Plus un homme d'esprit excite de sentiments à distance, moins il y répondra de près ; plus il a été rêvé brillant, plus terne il sera. Sous ce rapport, la curiosité déçue va souvent jusqu'à l'injustice. Ni Blondet ni Rastignac ne pouvaient tromper d'Arthez, mais ils lui dirent en riant qu'il s'offrait pour lui la plus séduisante occasion de se décrasser le cœur et de connaître les suprêmes délices que donnait l'amour d'une grande dame parisienne. La princesse était positivement éprise de lui, il n'avait rien à craindre, il avait tout à gagner dans cette entrevue ; il lui serait impossible de descendre du piédestal où madame de Cadignan l'avait élevé. Blondet ni Rastignac ne virent aucun inconvénient à prêter cet amour à la princesse, elle pouvait porter cette calomnie, elle dont le passé donnait lieu à tant d'anecdotes. L'un et l'autre, ils se mirent à raconter à d'Arthez les aventures de la duchesse de Maufrigneuse : ses premières légèretés avec de Marsay, ses secondes inconséquences avec d'Ajuda qu'elle avait diverti de sa femme en vengeant ainsi madame de Beauséant, sa troisième liaison avec le jeune d'Esgrignon qui l'avait accompagnée en Italie et s'était horriblement compromis pour elle ; puis combien elle avait été malheureuse avec un célèbre ambassadeur, heureuse avec un général russe ; comment elle avait été l'Egérie de deux Ministres des Affaires étrangères, etc. D'Arthez leur dit qu'il en avait su plus qu'ils ne pouvaient lui en dire sur elle par leur pauvre ami, Michel Chrestien, qui l'avait adorée en secret pendant quatre années, et avait failli en devenir fou.

— J'ai souvent accompagné, dit Daniel, mon ami aux Italiens, à l'Opéra. Le malheureux courait avec moi dans les rues en allant aussi vite que les chevaux, et admirant la princesse à travers les glaces de son coupé. C'est à cet amour que le prince de Cadignan a dû la vie, Michel a empêché qu'un gamin ne le tuât.

— Eh! bien, vous aurez un thème tout prêt, dit en souriant Blondet. Voilà bien la femme qu'il vous faut, elle ne sera cruelle que par délicatesse, et vous initiera très-gracieusement aux mystères de l'élégance ; mais prenez garde ? elle a dévoré bien des fortunes! La belle Diane est une de ces dissipatrices qui ne coûtent pas un centime, et pour laquelle on dépense des millions. Donnez-vous corps et âme ; mais gardez à la main votre monnaie, comme le vieux du Déluge de Girodet.

Après cette conversation, la princesse avait la profondeur d'un abîme, la grâce d'une reine, la corruption des diplomates, le mystère d'une initiation, le danger d'une syrène. Ces deux hommes d'esprit, incapables de prévoir le dénoûment de cette plaisanterie, avaient fini par faire de Diane d'Uxelles la plus monstrueuse Parisienne, la plus habile coquette, la plus enivrante courtisane du monde. Quoiqu'ils eussent raison, la femme qu'ils traitaient si légèrement était sainte et sacrée pour d'Arthez, dont la curiosité n'avait pas besoin d'être excitée ; il consentit à venir de prime abord, et les deux amis ne voulaient pas autre chose de lui.

Madame d'Espard alla voir la princesse dès qu'elle eut la réponse.

— Ma chère, vous sentez-vous en beauté, en coquetterie, lui dit-elle, venez dans quelques jours dîner chez moi? je vous servirai d'Arthez. Notre homme de génie est de la nature la plus sauvage, il craint les femmes, et n'a jamais aimé. Faites votre thème là-dessus. Il est excessivement spirituel, d'une simplicité qui vous abuse en ôtant toute défiance. Sa pénétration, toute rétrospective, agit après coup et dérange tous les calculs. Vous l'avez surpris aujourd'hui, demain il n'est plus la dupe de rien.

— Ah! dit la princesse, si je n'avais que trente ans, je m'amuserais bien! Ce qui m'a manqué jusqu'à présent, c'était un homme d'esprit à jouer. Je n'ai eu que des partenaires et jamais d'adversaires. L'amour était un jeu au lieu d'être un combat.

— Chère princesse, avouez que je suis bien généreuse ; car enfin?... charité bien ordonnée....

Les deux femmes se regardèrent en riant, et se prirent les mains en se les serrant avec amitié. Certes elles avaient toutes deux l'une à l'autre des secrets importants, et n'en étaient sans doute, ni à un homme près, ni à un service à rendre ; car, pour faire les amitiés sincères et durables entre femmes, il faut qu'elles aient été cimentées par de petits crimes. Quand deux amies peuvent se tuer réciproquement, et se voient un poignard empoisonné dans la main, elles offrent le spectacle touchant d'une harmonie qui ne se trouble qu'au moment où l'une d'elles a, par mégarde, lâché son arme.

Donc, à huit jours de là, il y eut chez la marquise une de ces soirées dites de petits jours, réservées pour les intimes, auxquelles personne ne vient que sur une invitation verbale, et pendant lesquelles la porte est fermée. Cette soirée était donnée pour cinq personnes : Emile Blondet et madame de Montcornet, Daniel d'Arthez, Rastignac et la princesse de Cadignan. En comptant la maîtresse de la maison, il se trouvait autant d'hommes que de femmes.

Jamais le hasard ne s'était permis de préparations plus savantes que pour la rencontre de d'Arthez et de madame de Cadignan. La princesse passe encore aujourd'hui pour une des plus fortes sur la toilette, qui, pour les femmes, est le premier des Arts. Elle avait mis une robe de velours bleu à grandes manches blanches traînantes, à corsage apparent, une de ces guimpes en tulle légèrement froncée, et bordée de bleu, montant à quatre doigts de son cou, et couvrant les épaules, comme on en voit dans quelques portraits de Raphaël. Sa femme de chambre l'avait coiffée de quelques bruyères blanches habilement posées dans ses cascades de cheveux blonds, l'une des beautés auxquelles elle devait sa célébrité. Certes Diane ne paraissait pas avoir vingt-cinq ans. Quatre années de solitude et de repos avaient rendu de la vigueur à son teint. N'y a-t-il pas d'ailleurs des moments où le désir de plaire donne un surcroît de beauté aux femmes ? La volonté n'est pas sans influence sur les variations du visage. Si les émotions violentes ont le pouvoir de jaunir les tons blancs chez les gens d'un tempérament sanguin, mélancolique, de verdir les figures lymphatiques, ne faut-il pas accorder au désir, à la joie, à l'espérance, la faculté d'éclaircir le teint, de dorer le regard d'un vif éclat, d'animer la beauté par un jour piquant comme celui d'une jolie matinée ? La blancheur si célèbre de la princesse avait pris une teinte mûrie qui lui prêtait un air auguste. En ce moment de sa vie, frappée par tant de retours sur elle-même et par des pensées sérieuses, son front rêveur et sublime s'accordait admirablement avec son regard bleu, lent et majestueux. Il était impossible au physionomiste le plus habile d'imaginer des calculs et de la décision sous cette inouïe délicatesse de traits. Il est des visages de femmes qui trompent la science et déroutent l'observation par leur calme et par leur finesse ; il faudrait pouvoir les examiner quand les passions parlent, ce qui est difficile ; ou quand elles ont parlé, ce qui ne sert à plus rien : alors la femme est vieille et ne dissimule plus. La princesse est une de ces femmes impénétrables, elle peut se faire ce qu'elle veut être : folâtre, enfant, innocente à désespérer ; ou fine, sérieuse et profonde à donner de l'inquiétude. Elle vint chez la marquise avec l'intention d'être une femme douce et simple à qui la vie était connue par ses déceptions seulement, une femme pleine d'âme et calomniée, mais résignée, enfin un ange meurtri. Elle arriva de bonne heure, afin de se trouver posée sur la causeuse, au coin du feu, près de madame d'Espard, comme elle voulait être vue, dans une de ces attitudes où la science est cachée sous un naturel exquis, une de ces poses étudiées, cherchées qui mettent en relief cette belle ligne serpentine qui prend au pied, remonte gracieusement jusqu'à la hanche, et se continue par d'admirables rondeurs jusqu'aux épaules, en offrant aux regards tout le profil du corps. Une femme nue serait moins dangereuse que ne l'est une jupe si savamment étalée, qui couvre tout et met tout en lumière à la fois. Par un raffinement que bien des femmes n'eussent pas inventé, Diane, à la grande stupéfaction de la marquise, s'était fait accompagner du duc de Maufrigneuse. Après un moment de réflexion, madame d'Espard serra la main de la princesse d'un air d'intelligence.

— Je vous comprends ! En faisant accepter à d'Arthez toutes les difficultés du premier coup, vous ne les trouverez pas à vaincre plus tard.

La comtesse de Montcornet vint avec Blondet. Rastignac amena d'Arthez. La princesse ne fit à l'homme célèbre aucun de ces compliments dont l'accablaient les gens vulgaires ; mais elle eut de ces prévenances empreintes de grâce et de respect qui devaient être le dernier terme de ses concessions. Elle était sans doute ainsi avec le roi de France, avec les princes. Elle parut heureuse de voir ce

7.

grand homme et contente de l'avoir cherché. Les personnes pleines de goût, comme la princesse, se distinguent surtout par leur manière d'écouter, par une affabilité sans moquerie, qui est à la politesse ce que la pratique est à la vertu. Quand l'homme célèbre parlait, elle avait une pose attentive mille fois plus flatteuse que les compliments les mieux assaisonnés. Cette présentation mutuelle se fit sans emphase et avec convenance par la marquise. A dîner, d'Arthez fut placé près de la princesse, qui, loin d'imiter les exagérations de diète que se permettent les minaudières, mangea de fort bon appétit, et tint à honneur de se montrer femme naturelle, sans aucunes façons étranges. Entre un service et l'autre, elle profita d'un moment où la conversation générale s'engageait, pour prendre d'Arthez à partie.

— Le secret du plaisir que je me suis procuré en me trouvant auprès de vous, dit-elle, est dans le désir d'apprendre quelque chose d'un malheureux ami à vous, monsieur, mort pour une autre cause que la nôtre, à qui j'ai eu de grandes obligations sans avoir pu les reconnaître et m'acquitter. Le prince de Cadignan a partagé mes regrets. J'ai su que vous étiez l'un des meilleurs amis de ce pauvre garçon. Votre mutuelle amitié, pure, inaltérée était un titre auprès de moi. Vous ne trouverez donc pas extraordinaire que j'aie voulu savoir tout ce que vous pouviez me dire de cet être qui vous est si cher. Si je suis attachée à la famille exilée, et tenue d'avoir des opinions monarchiques, je ne suis pas du nombre de ceux qui croient qu'il est impossible d'être à la fois républicain et noble de cœur. La monarchie et la république sont les deux seules formes de gouvernement qui n'étouffent pas les beaux sentiments.

— Michel Chrestien était un ange, madame, répondit Daniel d'une voix émue. Je ne sais pas, dans les héros de l'antiquité, d'homme qui lui soit supérieur. Gardez-vous de le prendre pour un de ces républicains à idées étroites, qui voudraient recommencer la Convention et les gentillesses du Comité de Salut public ; non, Michel rêvait la fédération suisse appliquée à toute l'Europe. Avouons-le, entre nous ? après le magnifique gouvernement d'un seul, qui, je crois, convient plus particulièrement à notre pays, le système de Michel est la suppression de la guerre dans le vieux monde et sa reconstitution sur des bases autres que celles de la conquête qui l'avait jadis féodalisé. Les républicains étaient, à ce titre, les gens les plus voisins de son idée ; voilà pourquoi il leur a prêté son bras en juillet et à Saint-Merry. Quoique entièrement divisés d'opinion, nous sommes restés étroitement unis.

— C'est le plus bel éloge de vos deux caractères, dit timidement madame de Cadignan.

— Dans les quatre dernières années de sa vie, reprit Daniel, il ne fit qu'à moi seul la confidence de son amour pour vous, et cette confidence resserra les nœuds déjà bien forts de notre amitié fraternelle. Lui seul, madame, vous aura aimée comme vous devriez l'être. Combien de fois n'ai-je pas reçu la pluie en accompagnant votre voiture jusque chez vous, en luttant de vitesse avec vos chevaux, pour nous maintenir au même point sur une ligne parallèle, afin de vous voir... de vous admirer!

— Mais, monsieur, dit la princesse, je vais être tenue à vous indemniser.

— Pourquoi Michel n'est-il pas là? répondit Daniel d'un accent plein de mélancolie.

— Il ne m'aurait peut-être pas aimée long-temps, dit la princesse en remuant la tête par un geste plein de tristesse. Les républicains sont encore plus absolus dans leurs idées que nous autres absolutistes, qui péchons par l'indulgence. Il m'avait sans doute rêvée parfaite, il aurait été cruellement détrompé. Nous sommes poursuivies, nous autres femmes, par autant de calomnies que vous en avez à supporter dans la vie littéraire, et nous ne pouvons nous défendre ni par la gloire, ni par nos œuvres. On ne nous croit pas ce que nous sommes, mais ce que l'on nous fait. On lui aurait bientôt caché la femme inconnue qui est en moi, sous le faux portrait de la femme imaginaire, qui est la vraie pour le monde. Il m'aurait crue indigne des sentiments nobles qu'il me portait, incapable de le comprendre.

Ici la princesse hocha la tête en agitant ses belles boucles blondes pleines de bruyères par un geste sublime. Ce qu'elle exprimait de doutes désolants, de misères cachées, est indicible. Daniel comprit tout, et regarda la princesse avec une vive émotion.

— Cependant le jour où je le revis, long-temps après la révolte de juillet, reprit-elle, je fus sur le point de succomber au désir que j'avais de lui prendre la main, de la lui serrer devant tout le monde, sous le péristyle du Théâtre-Italien, en lui donnant mon bouquet. J'ai pensé que ce témoignage de reconnaissance serait mal interprété, comme tant d'autres choses nobles qui passent aujourd'hui pour les folies de madame de Maufrigneuse, et que je ne pourrai jamais expliquer, car il n'y a que mon fils et Dieu qui me connaîtront jamais.

Ces paroles, soufflées à l'oreille de l'écouteur de manière à être dérobées à la connaissance des convives, et avec un accent digne de la plus habile comédienne, devaient aller au cœur; aussi atteignirent-elles à celui de d'Arthez. Il ne s'agissait point de l'écrivain célèbre, cette femme cherchait à se réhabiliter en faveur d'un mort. Elle avait pu être calomniée, elle voulait savoir si rien ne l'avait ternie aux yeux de celui qui l'aimait. Était-il mort avec toutes ses illusions?

— Michel, répondit d'Arthez, était un de ces hommes qui aiment d'une manière absolue, et qui, s'ils choisissent mal, peuvent en souffrir sans jamais renoncer à celle qu'ils ont élue.

— Étais-je donc aimée ainsi?.. s'écria-t-elle d'un air de béatitude exaltée.

— Oui, madame.

— J'ai donc fait son bonheur?

— Pendant quatre ans.

— Une femme n'apprend jamais une pareille chose sans éprouver une orgueilleuse satisfaction, dit-elle en tournant son doux et noble visage vers d'Arthez par un mouvement plein de confusion pudique.

Une des plus savantes manœuvres de ces comédiennes est de voiler leurs manières quand les mots sont trop expressifs, et de faire parler les yeux quand le discours est restreint. Ces habiles dissonances, glissées dans la musique de leur amour faux ou vrai, produisent d'invincibles séductions.

— N'est-ce pas, reprit-elle en abaissant encore la voix et après s'être assurée d'avoir produit de l'effet, n'est-ce pas avoir accompli sa destinée que de rendre heureux, et sans crime, un grand homme?

— Ne vous l'a-t-il pas écrit?

— Oui, mais je voulais en être bien sûre, car, croyez-moi, monsieur, en me mettant si haut, il ne s'est pas trompé.

Les femmes savent donner à leurs paroles une sainteté particulière, elles leur communiquent je ne sais quoi de vibrant qui étend le sens des idées et leur prête de la profondeur; si plus tard leur auditeur charmé ne se rend pas compte de ce qu'elles ont dit, le but a été complètement atteint, ce qui est le propre de l'éloquence. La princesse aurait en ce moment porté le diadème de la France, son front n'eût pas été plus imposant qu'il l'était sous le beau diadème de ses cheveux élevés en natte comme une tour, et ornés de ses jolies bruyères. Cette femme semblait marcher sur les flots de la calomnie, comme le Sauveur sur les vagues du lac de Tibériade, enveloppée dans le suaire de cet amour, comme un ange dans ses nimbes. Il n'y avait rien qui sentît ni la nécessité d'être ainsi, ni le désir de paraître grande ou aimante : ce fut simple et calme. Un homme vivant n'aurait jamais pu rendre à la princesse les services qu'elle obtenait de ce mort. D'Arthez, travailleur solitaire, à qui la pratique du monde était étrangère, et que l'Étude avait enveloppé de ses voiles protecteurs, fut la dupe de cet accent et de ces paroles. Il fut sous le charme de ces exquises manières, il admira cette beauté parfaite, mûrie par le malheur, reposée dans la retraite ; il adora la réunion si rare d'un esprit fin et d'une belle âme. Enfin il désira recueillir la succession de Michel Chrestien. Le commencement de cette passion fut, comme chez la plupart des profonds penseurs, une idée. En voyant la princesse, en étudiant la forme de sa tête, la disposition de ses traits si doux, sa taille, son pied, ses mains si finement modelées, de plus près qu'il ne l'avait fait en accompagnant son ami dans ses folles courses, il remarqua le surprenant phénomène de la seconde vue morale que l'homme exalté par l'amour trouve en lui-même. Avec quelle lucidité Michel Chrestien n'avait-il pas lu dans ce cœur, dans cette âme, éclairée par les feux de l'amour? Le fédéraliste avait donc été deviné, lui aussi! il eût sans doute été heureux. Ainsi la princesse avait aux yeux de d'Arthez un grand charme, elle était entourée d'une auréole de poésie. Pendant le dîner, l'écrivain se rappela les confidences désespérées du républicain, et ses espérances quand il s'était cru aimé ; les beaux poèmes que dicte un sentiment vrai avaient été chantés pour lui seul à propos de cette femme. Sans le savoir, Daniel allait profiter de ces préparations dues au hasard. Il est rare qu'un homme passe sans remords de l'état de confident à celui de rival, et d'Arthez le pouvait alors sans crime. En un moment, il aperçut les énormes différences qui existent entre les femmes comme il faut, ces fleurs du grand monde, et les femmes vulgaires, qu'il ne connaissait cependant encore que sur un échantillon ; il fut donc pris par les coins les plus accessibles, les plus tendres de son âme et de son génie. Poussé par sa naïveté, par l'impétuosité de ses idées à s'emparer de cette femme, il se trouva retenu par le monde

et par la barrière que les manières, disons le mot, que la majesté de
la princesse mettait entre elle et lui. Aussi pour cet homme habitué à
ne pas respecter celle qu'il aimait, y eut-il là je ne sais quoi d'irri-
tant, un appât d'autant plus puissant qu'il fut forcé de le dévorer
et d'en garder les atteintes sans se trahir. La conversation, qui demeura sur Michel Chrestien jusqu'au dessert, fut un admirable prétexte à Daniel comme à la princesse de parler à voix basse : amour,
sympathie, divination ; à elle de se poser en femme méconnue, calomniée ; à lui de se fourrer les pieds dans les souliers du républicain mort. Peut-être cet homme d'ingénuité se surprit-il à moins
regretter son ami? Au moment où les merveilles du dessert relui-
sirent sur la table, au feu des candélabres, à l'abri des bouquets de
fleurs naturelles qui séparaient les convives par une haie brillante,
richement colorée de fruits et de sucreries, la princesse se plut à
clore cette suite de confidences par un mot délicieux, accompagné
d'un de ces regards à l'aide desquels les femmes blondes paraissent
être brunes, et dans lequel elle exprima finement cette idée que
Daniel et Michel étaient deux âmes jumelles. D'Arthez se rejeta
dès lors dans la conversation générale en y portant une joie d'enfant et un petit air fat digne d'un écolier. La princesse prit de la
façon la plus simple le bras de d'Arthez pour revenir au petit salon
de la marquise. En traversant le grand salon, elle alla lentement ;
et quand elle fut séparée de la marquise, à qui Blondet donnait le
bras, par un intervalle assez considérable, elle arrêta d'Arthez.

— Je ne veux pas être inaccessible pour l'ami de ce pauvre républicain, lui dit-elle. Et quoique je me sois fait une loi de ne recevoir personne, vous seul au monde pourrez entrer chez moi. Ne
croyez pas que ce soit une faveur. La faveur n'existe jamais que
pour des étrangers, et il me semble que nous sommes de vieux
amis : je veux voir en vous le frère de Michel.

D'Arthez ne put que presser le bras de la princesse, il ne trouva
rien à répondre. Quand le café fut servi, Diane de Cadignan s'enveloppa par un coquet mouvement dans un grand châle, et se leva.
Blondet et Rastignac étaient des hommes de trop haute politique et
trop habitués au monde pour faire la moindre exclamation bourgeoise, et vouloir retenir la princesse ; mais madame d'Espard fit
rasseoir son amie en la prenant par la main et lui disant à l'oreille :

— Attendez que les gens aient dîné, la voiture n'est pas prête. Et elle
fit un signe au valet de chambre qui remportait le plateau du café.

Madame de Montcornet devina que la princesse et madame d'Espard avaient un mot à se dire et prit avec elle d'Arthez, Rastignac et Blondet, qu'elle amusa par une de ces folles attaques paradoxales auxquelles s'entendent à merveille les Parisiennes.

— Eh! bien, dit la marquise à Diane, comment le trouvez-vous?

— Mais c'est un adorable enfant, il sort du maillot. Vraiment, cette fois encore, il y aura, comme toujours, un triomphe sans lutte.

— C'est désespérant, dit madame d'Espard, mais il y a de la ressource.

— Comment?

— Laissez-moi devenir votre rivale.

— Comme vous voudrez, répondit la princesse, j'ai pris mon parti. Le génie est une manière d'être du cerveau, je ne sais pas ce qu'y gagne le cœur, nous en causerons plus tard.

En entendant ce dernier mot qui fut impénétrable, madame d'Espard se jeta dans la conversation générale et ne parut ni blessée du *Comme vous voudrez,* ni curieuse de savoir à quoi cette entrevue aboutirait. La princesse resta pendant une heure environ assise sur la causeuse auprès du feu, dans l'attitude pleine de nonchalance et d'abandon que Guérin a donnée à Didon, écoutant avec l'attention d'une personne absorbée, et regardant Daniel par moments, sans déguiser une admiration qui ne sortait pas d'ailleurs des bornes. Elle s'esquiva quand la voiture fut avancée, après avoir échangé un serrement de main avec la marquise et une inclination de tête avec madame de Montcornet.

La soirée s'acheva sans qu'il fût question de la princesse. On profita de l'espèce d'exaltation dans laquelle était d'Arthez, qui déploya les trésors de son esprit. Certes, il avait dans Rastignac et dans Blondet deux acolytes de première force comme finesse d'esprit et comme portée d'intelligence. Quant aux deux femmes, elles sont depuis long-temps comptées parmi les plus spirituelles de la haute société. Ce fut donc une halte dans une oasis, un bonheur rare et bien apprécié pour ces personnages habituellement en proie au *garde à vous* du monde, des salons et de la politique. Il est des êtres qui ont le privilége d'être parmi les hommes comme des astres bienfaisants dont la lumière éclaire les esprits, dont les rayons échauffent les cœurs. D'Arthez était une de ces belles âmes. Un écrivain, qui s'élève à la hauteur où il est, s'habitue à tout penser, et oublie quelquefois dans le monde qu'il ne faut pas tout dire ; il lui est impossible d'avoir la retenue des gens qui y vivent continuellement ; mais comme ses écarts sont presque toujours marqués d'un cachet d'originalité, personne ne s'en plaint. Cette saveur si rare dans les talents, cette jeunesse pleine de simplesse qui rendent d'Arthez si noblement original, firent de cette soirée une délicieuse chose. Il sortit avec le baron de Rastignac qui, en le reconduisant chez lui, parla naturellement de la princesse, en lui demandant comment il la trouvait.

— Michel avait raison de l'aimer, répondit d'Arthez, c'est une femme extraordinaire.

— Bien extraordinaire, répliqua railleusement Rastignac. A votre accent, je vois que vous l'aimez déjà ; vous serez chez elle avant trois jours, et je suis un trop vieil habitué de Paris pour ne pas savoir ce qui va se passer entre vous. Eh ! bien, mon cher Daniel, je vous supplie de ne pas vous laisser aller à la moindre confusion d'intérêts. Aimez la princesse si vous vous sentez de l'amour pour elle au cœur ; mais songez à votre fortune. Elle n'a jamais pris ni demandé deux liards à qui que ce soit, elle est bien trop d'Uxelles et Cadignan pour cela ; mais, à ma connaissance, outre sa fortune à elle, laquelle était très-considérable, elle a fait dissiper plusieurs millions. Comment ? pourquoi ? par quels moyens ? personne ne le sait, elle ne le sait pas elle-même. Je lui ai vu avaler, il y a treize ans, la fortune d'un charmant garçon et celle d'un vieux notaire en vingt mois.

— Il y a treize ans ! dit d'Arthez, quel âge a-t-elle donc ?

— Vous n'avez donc pas vu, répondit en riant Rastignac, à table son fils, le duc de Maufrigneuse ? un jeune homme de dix-neuf ans. Or, dix-neuf et dix-sept font...

— Trente-six, s'écria l'auteur surpris, je lui donnais vingt ans.

— Elle les acceptera, dit Rastignac ; mais soyez sans inquiétude là-dessus : elle n'aura jamais que vingt ans pour vous. Vous allez entrer dans le monde le plus fantastique. Bonsoir, vous voilà chez vous, dit le baron en voyant sa voiture entrer rue de Bellefond où demeure d'Arthez dans une jolie maison à lui, nous nous verrons dans la semaine chez mademoiselle des Touches.

D'Arthez laissa l'amour pénétrer dans son cœur à la manière de notre oncle Tobie, sans faire la moindre résistance, il procéda par l'adoration sans critique, par l'admiration exclusive. La princesse,

cette belle créature, une des plus remarquables créations de ce
monstrueux Paris où tout est possible en bien comme en mal, devint, quelque vulgaire que le malheur des temps ait rendu ce mot,
l'ange rêvé. Pour bien comprendre la subite transformation de cet
illustre auteur, il faudrait savoir tout ce que la solitude et le travail
constant laissent d'innocence au cœur, tout ce que l'amour réduit
au besoin et devenu pénible auprès d'une femme ignoble, développe
de désirs et de fantaisies, excite de regrets et fait naître de sentiments divins dans les plus hautes régions de l'âme. D'Arthez était
bien l'enfant, le collégien que le tact de la princesse avait soudain
reconnu. Une illumination presque semblable s'était accomplie chez
la belle Diane. Elle avait donc enfin rencontré cet homme supérieur
que toutes les femmes désirent, ne fût-ce que pour le jouer; cette
puissance à laquelle elles consentent à obéir, ne fût-ce que pour
avoir le plaisir de la maîtriser; elle trouvait enfin les grandeurs de
l'intelligence unies à la naïveté du cœur, au neuf de la passion;
puis elle voyait, par un bonheur inouï, toutes ces richesses contenues dans une forme qui lui plaisait. D'Arthez lui semblait beau,
peut-être l'était-il. Quoiqu'il arrivât à l'âge grave de l'homme, à
trente-huit ans, il conservait une fleur de jeunesse due à la vie
sobre et chaste qu'il avait menée, et comme tous les gens de cabinet, comme les hommes d'État, il atteignait à un embonpoint
raisonnable. Très-jeune, il avait offert une vague ressemblance
avec Bonaparte général. Cette ressemblance se continuait encore,
autant qu'un homme aux yeux noirs, à la chevelure épaisse et
brune, peut ressembler à ce souverain aux yeux bleus, aux cheveux châtains; mais tout ce qu'il y eut jadis d'ambition ardente et
noble dans les yeux de d'Arthez avait été comme attendri par le
succès. Les pensées dont son front était gros avaient fleuri, les lignes creuses de sa figure étaient devenues pleines. Le bien-être
répandait des teintes dorées là où, dans sa jeunesse, la misère
avait mélangé les tons jaunes des tempéraments dont les forces se
bandent pour soutenir des luttes écrasantes et continues. Si vous
observez avec soin les belles figures des philosophes antiques, vous
y apercevrez toujours les déviations du type parfait de la figure
humaine auxquelles chaque physionomie doit son originalité, rec-
tifiées par l'habitude de la méditation, par le calme constant nécessaire aux travaux intellectuels. Les visages les plus tourmentés,
comme celui de Socrate, deviennent à la longue d'une sérénité

presque divine. A cette noble simplicité qui décorait sa tête impériale, d'Arthez joignait une expression naïve, le naturel des enfants, et une bienveillance touchante. Il n'avait pas cette politesse toujours empreinte de fausseté par laquelle dans ce monde les personnes les mieux élevées et les plus aimables jouent des qualités qui souvent leur manquent, et qui laissent blessés ceux qui se reconnaissent dupés. Il pouvait faillir à quelques lois mondaines par suite de son isolement ; mais comme il ne choquait jamais, ce parfum de sauvagerie rendait encore plus gracieuse l'affabilité particulière aux hommes d'un grand talent, qui savent déposer leur supériorité chez eux pour se mettre au niveau social, pour, à la façon d'Henri IV, prêter leur dos aux enfants, et leur esprit aux niais.

En revenant chez elle, la princesse ne discuta pas plus avec elle-même que d'Arthez ne se défendit contre le charme qu'elle lui avait jeté. Tout était dit pour elle : elle aimait avec sa science et avec son ignorance. Si elle s'interrogea, ce fut pour se demander si elle méritait un si grand bonheur, et ce qu'elle avait fait au ciel pour qu'il lui envoyât un pareil ange. Elle voulut être digne de cet amour, le perpétuer, se l'approprier à jamais, et finir doucement sa vie de jolie femme dans le paradis qu'elle entrevoyait. Quant à la résistance, à se chicaner, à coqueter, elle n'y pensa même pas. Elle pensait à bien autre chose ! Elle avait compris la grandeur des gens de génie, elle avait deviné qu'ils ne soumettent pas les femmes d'élite aux lois ordinaires. Aussi, par un de ces aperçus rapides, particuliers à ces grands esprits féminins, s'était-elle promis d'être faible au premier désir. D'après la connaissance qu'elle avait prise, à une seule entrevue, du caractère de d'Arthez, elle avait soupçonné que ce désir ne serait pas assez tôt exprimé pour ne pas lui laisser le temps de se faire ce qu'elle voulait, ce qu'elle devait être aux yeux de cet amant sublime.

Ici commence l'une de ces comédies inconnues jouées dans le for intérieur de la conscience, entre deux êtres dont l'un sera la dupe de l'autre, et qui reculent les bornes de la perversité, un de ces drames noirs et comiques, auprès desquels le drame de Tartufe est une vétille ; mais qui ne sont point du domaine scénique, et qui, pour que tout en soit extraordinaire, sont naturels, concevables et justifiés par la nécessité, un drame horrible qu'il faudrait nommer l'envers du vice. La princesse commença par envoyer chercher les œuvres de d'Arthez, elle n'en avait pas lu le premier mot; et, néanmoins, elle avait soutenu vingt minutes de discussion élogieuse avec lui, sans quiproquo ! Elle lut tout. Puis elle voulut comparer ces livres à ce que la littérature contemporaine avait produit de meilleur. Elle avait une indigestion d'esprit le jour où d'Arthez vint la voir. Attendant cette visite, tous les jours elle avait fait une toilette de l'ordre supérieur, une de ces toilettes qui expriment une idée et la font accepter par les yeux, sans qu'on sache ni comment ni pourquoi. Elle offrit au regard une harmonieuse combinaison de couleurs grises, une sorte de demi-deuil, une grâce pleine d'abandon, le vêtement d'une femme qui ne tenait plus à la vie que par quelques liens naturels, son enfant peut-être, et qui s'y ennuyait. Elle attestait un élégant dégoût qui n'allait cependant pas jusqu'au suicide, elle achevait son temps dans le bagne terrestre. Elle reçut d'Arthez en femme qui l'attendait, et comme s'il était déjà venu cent fois chez elle; elle lui fit l'honneur de le traiter comme une vieille connaissance, elle le mit à l'aise par un seul geste en lui montrant une causeuse pour qu'il s'assît, pendant qu'elle achevait une lettre commencée. La conversation s'engagea de la manière la plus vulgaire : le temps, le Ministère, la maladie de de Marsay, les espérances de la Légitimité. D'Arthez était absolutiste, la princesse ne pouvait ignorer les opinions d'un homme assis à la Chambre parmi les quinze ou vingt personnes qui représentent le parti légitimiste; elle trouva moyen de lui raconter comment elle avait joué de Marsay; puis, par une transition que lui fournit le dévouement du prince de Cadignan à la famille royale et à MADAME, elle amena l'attention de d'Arthez sur le prince.

— Il a du moins pour lui d'aimer ses maîtres et de leur être dévoué, dit-elle. Son caractère public me console de toutes les souffrances que m'a causées son caractère privé : — Car, reprit-elle en laissant habilement de côté le prince, n'avez-vous pas remarqué, vous qui savez tout, que les hommes ont deux caractères : ils en ont un pour leur intérieur, pour leurs femmes, pour leur vie secrète, et qui est le vrai; là, plus de masque, plus de dissimulation, ils ne se donnent pas la peine de feindre, ils sont ce qu'ils sont, et sont souvent horribles; puis le monde, les autres, les salons, la Cour, le souverain, la Politique les voient grands, nobles, généreux, en costume brodé de vertus, parés de beau langage, pleins d'exquises qualités. Quelle horrible plaisanterie ! Et l'on s'étonne quelquefois du sourire de certaines femmes, de leur air de supériorité avec leurs maris, de leur indifférence...

Elle laissa tomber sa main le long du bras de son fauteuil, sans achever, mais ce geste complétait admirablement son discours. Comme elle vit d'Arthez occupé d'examiner sa taille flexible, si bien pliée au fond de son moelleux fauteuil, occupé des jeux de sa robe, et d'une jolie petite fronsure qui badinait sur le busc, une de ces hardiesses de toilette qui ne vont qu'aux tailles assez minces pour ne pouvoir jamais rien perdre, elle reprit l'ordre de ses pensées comme si elle se parlait à elle-même.

— Je ne continue pas. Vous avez fini, vous autres écrivains, par rendre bien ridicules les femmes qui se prétendent méconnues, qui sont mal mariées, qui se font dramatiques, intéressantes, ce qui me semble être du dernier bourgeois. On plie et tout est dit, ou l'on résiste et l'on s'amuse. Dans les deux cas, on doit se taire. Il est vrai que je n'ai su, ni tout à fait plier, ni tout à fait résister; mais peut-être était-ce une raison encore plus grave de garder le silence. Quelle sottise aux femmes de se plaindre ! Si elles n'ont pas été les plus fortes, elles ont manqué d'esprit, de tact, de finesse, elles méritent leur sort. Ne sont-elles pas les reines en France ? Elles se jouent de vous comme elles le veulent, quand elles le veulent, et autant qu'elles le veulent. Elle fit danser sa cassolette par un mouvement merveilleux d'impertinence féminine et de gaieté railleuse. — J'ai souvent entendu de misérables petites espèces regretter d'être femmes, vouloir être hommes ; je les ai toujours regardées en pitié, dit-elle en continuant. Si j'avais à opter, je préférerais encore être femme. Le beau plaisir de devoir ses triomphes à la force, à toutes les puissances que vous donnent des lois faites par vous ! Mais quand nous vous voyons à nos pieds disant et faisant des sottises, n'est-ce donc pas un enivrant bonheur que de sentir en soi la faiblesse qui triomphe ? Quand nous réussissons, nous devons donc garder le silence, sous peine de perdre notre empire. Battues, les femmes doivent encore se taire par fierté : le silence de l'esclave épouvante le maître.

Ce caquetage fut sifflé d'une voix si doucement moqueuse, si mignonne, avec des mouvements de tête si coquets, que d'Arthez, à qui ce genre de femme était totalement inconnu, restait exactement comme la perdrix charmée par le chien de chasse.

— Je vous en prie, madame, dit-il enfin, expliquez-moi comment un homme a pu vous faire souffrir, et soyez sûre que là où toutes les femmes seraient vulgaires, vous seriez distinguée, quand même vous n'auriez pas une manière de dire les choses qui rendrait intéressant un livre de cuisine.

— Vous allez vite en amitié, dit-elle d'un son de voix grave qui rendit d'Arthez sérieux et inquiet.

La conversation changea, l'heure avançait. Le pauvre homme de génie s'en alla contrit d'avoir paru curieux, d'avoir blessé ce cœur, et croyant que cette femme avait étrangement souffert. Elle avait passé sa vie à s'amuser, elle était un vrai don Juan femelle, à cette différence près que ce n'est pas à souper qu'elle eût invité la statue de pierre, et certes elle aurait eu raison de la statue.

Il est impossible de continuer ce récit sans dire un mot du prince de Cadignan, plus connu sous le nom de duc de Maufrigneuse; autrement, le sel des inventions miraculeuses de la princesse disparaîtrait, et les Étrangers ne comprendraient rien à l'épouvantable comédie parisienne qu'elle allait jouer pour un homme.

Monsieur le duc de Maufrigneuse, en vrai fils du prince de Cadignan, est un homme long et sec, aux formes les plus élégantes, plein de bonne grâce, disant des mots charmants, devenu colonel par la grâce de Dieu, et devenu bon militaire par hasard; d'ailleurs brave comme un Polonais, à tout propos, sans discernement, et cachant le vide de sa tête sous le jargon de la grande compagnie. Dès l'âge de trente-six ans, il était par force d'une aussi parfaite indifférence pour le beau sexe que le roi Charles X son maître; puni comme son maître pour avoir, comme lui, trop plu dans sa jeunesse. Pendant dix-huit ans l'idole du faubourg Saint-Germain, il avait, comme tous les fils de famille, mené une vie dissipée, uniquement remplie de plaisirs. Son père, ruiné par la Révolution, avait retrouvé sa Charge au retour des Bourbons, le gouvernement d'un château royal, des traitements, des pensions; mais cette fortune factice, le vieux prince la mangea très-bien, demeurant le grand seigneur qu'il était avant la Révolution, en sorte que quand vint la loi d'indemnité, les sommes qu'il reçut furent absorbées par le luxe qu'il déploya dans son immense hôtel, le seul bien qu'il retrouva, et dont la plus grande partie était occupée par sa belle-fille. Le prince de Cadignan mourut quelque temps avant la Révolution de Juillet, âgé de quatre-vingt-sept ans. Il avait ruiné sa femme, et fut longtemps en délicatesse avec le duc de Navarreins, qui avait épousé sa fille en premières noces, et auquel il rendit difficilement ses comptes. Le duc de Maufrigneuse avait eu des liaisons avec la duchesse d'Uxelles. Vers 1814, au moment où monsieur de Maufrigneuse atteignait à trente-six ans, la duchesse le voyant pauvre mais très-bien en cour, lui donna sa fille qui possédait environ cinquante ou soixante mille livres de rente, sans ce qu'elle devait attendre d'elle. Mademoiselle d'Uxelles devenait ainsi duchesse, et sa mère savait qu'elle aurait vraisemblablement la plus grande liberté. Après avoir eu le bonheur inespéré de se donner un héritier, le duc laissa sa femme entièrement libre de ses actions, et alla s'amuser de garnison en garnison, passant les hivers à Paris, faisant des dettes que son père payait toujours, professant la plus entière indulgence conjugale, avertissant la duchesse huit jours à l'avance de son retour à Paris, adoré de son régiment, aimé du Dauphin, courtisan adroit, un peu joueur, d'ailleurs sans aucune affectation : jamais la duchesse ne put lui persuader de prendre une fille d'Opéra par décorum et par égard pour elle, disait-elle plaisamment. Le duc, qui avait la survivance de la Charge de son père, sut plaire aux deux rois, à Louis XVIII et à Charles X, ce qui prouve qu'il tirait assez bon parti de sa nullité; mais cette conduite, cette vie, tout était recouvert du plus beau vernis : langage, noblesse de manières, tenue offraient en lui la perfection; enfin les Libéraux l'aimaient. Il lui fut impossible de continuer les Cadignan qui, selon le vieux prince, étaient connus pour ruiner leurs femmes, car la duchesse mangea elle-même sa fortune. Ces particularités devinrent si publiques dans le monde de la cour et dans le faubourg Saint-Germain, que, pendant les cinq dernières années de la Restauration, on se serait moqué de quelqu'un qui en aurait parlé, comme s'il eût voulu raconter la mort de Turenne ou celle de Henri IV. Aussi, pas une femme ne parlait-elle de ce charmant duc sans en faire l'éloge : il avait été parfait pour sa femme, il était difficile à un homme de se montrer aussi bien que Maufrigneuse pour la duchesse, il lui avait laissé la libre disposition de sa fortune, il l'avait défendue et soutenue en toute occasion. Soit orgueil, soit bonté, soit chevalerie, monsieur de Maufrigneuse avait sauvé la duchesse en bien des circonstances où toute autre femme eût péri, malgré son entourage, malgré le crédit de la vieille duchesse d'Uxelles, du duc de Navarreins, de son beau-père et de la tante de son mari. Aujourd'hui le prince de Cadignan passe pour un des beaux caractères de l'Aristocratie. Peut-être la fidélité dans le besoin est-elle une des plus belles victoires que puissent remporter les courtisans sur eux-mêmes.

La duchesse d'Uxelles avait quarante-cinq ans quand elle maria sa fille au duc de Maufrigneuse, elle assistait donc depuis longtemps sans jalousie et même avec intérêt aux succès de son ancien ami. Au moment du mariage de sa fille et du duc, elle tint une conduite d'une grande noblesse et qui sauva l'immoralité de cette combinaison. Néanmoins, la méchanceté des gens de cour trouva matière à railler, et prétendit que cette belle conduite ne coûtait pas grand'chose à la duchesse, quoique depuis cinq ans environ elle se fut adonnée à la dévotion et au repentir des femmes qui ont beaucoup à se faire pardonner.

Pendant plusieurs jours la princesse se montra de plus en plus remarquable par ses connaissances en littérature. Elle abordait avec une excessive hardiesse les questions les plus ardues, grâce à des lectures diurnes et nocturnes poursuivies avec une intrépidité digne des plus grands éloges. D'Arthez, stupéfait et incapable de soupçonner que Diane d'Uxelles répétait le soir ce qu'elle avait lu le matin, comme font beaucoup d'écrivains, la tenait pour une femme supérieure. Ces conversations éloignaient Diane du but, elle essaya de se retrouver sur le terrain des confidences d'où son amant s'était prudemment retiré ; mais il ne lui fut pas très-facile d'y faire revenir un homme de cette trempe une fois effarouché. Cependant, après un mois de campagnes littéraires et de beaux discours platoniques, d'Arthez s'enhardit et vint tous les jours à trois heures. Il se retirait à six heures, et reparaissait le soir à neuf heures, pour rester jusqu'à minuit ou une heure du matin, avec la régularité d'un amant plein d'impatience. La princesse se trouvait habillée avec plus ou moins de recherche à l'heure où d'Arthez se présentait. Cette mutuelle fidélité, les soins qu'ils prenaient d'eux-mêmes, tout en eux exprimait des sentiments qu'ils n'osaient s'avouer, car la princesse devinait à merveille que ce grand enfant avait peur d'un débat autant qu'elle en avait envie. Néanmoins d'Arthez mettait dans ses constantes déclarations muettes un respect qui plaisait infiniment à la princesse. Tous deux se sentaient chaque jour d'autant plus unis que rien de convenu ni de tranché ne les arrêtait dans la marche de leurs idées, comme lorsque, entre amants, il y a d'un côté des demandes formelles, et de l'autre une défense ou sincère ou coquette. Semblable à tous les hommes plus jeunes que leur âge ne le comporte, d'Arthez était en proie à ces émouvantes irrésolutions causées par la puissance des désirs et par la terreur de déplaire, situation à laquelle une jeune femme ne comprend rien quand elle la partage, mais que la princesse avait trop souvent fait naître pour ne pas en savourer les plaisirs. Aussi Diane jouissait-elle de ces délicieux enfantillages avec d'autant plus de charme qu'elle savait bien comment les faire cesser. Elle ressemblait à un grand artiste se complaisant dans les lignes indécises d'une ébauche, sûr d'achever dans une heure d'inspiration le chef-d'œuvre encore flottant dans les limbes de l'enfantement. Combien de fois, en voyant d'Arthez prêt à s'avancer, ne se plut-elle pas à l'arrêter par un air imposant? Elle refoulait les secrets orages de ce jeune cœur, elle les soulevait, les apaisait par un regard, en tendant sa main à baiser, ou par des mots insignifiants dits d'une voix émue et attendrie. Ce manège, froidement convenu mais divinement joué, gravait son image toujours plus avant dans l'âme de ce spirituel écrivain, qu'elle se plaisait à rendre enfant, confiant, simple et presque niais auprès d'elle; mais elle avait aussi des retours sur elle-même, et il lui était alors impossible de ne pas admirer tant de grandeur mêlée à tant d'innocence. Ce jeu de grande coquette l'attachait elle-même insensiblement à son esclave. Enfin, elle s'impatienta contre cet Épictète amoureux, et, quand elle crut l'avoir disposé à la plus entière crédulité, elle se mit en devoir de lui appliquer sur les yeux le bandeau le plus épais.

Un soir Daniel trouva Diane pensive, un coude sur une petite table, sa belle tête blonde baignée de lumière par la lampe; elle badinait avec une lettre qu'elle faisait danser sur le tapis de la table. Quand d'Arthez eut bien vu ce papier, elle finit par le plier et le passer dans sa ceinture.

— Qu'avez-vous? dit d'Arthez, vous paraissez inquiète.

— J'ai reçu une lettre de monsieur de Cadignan, répondit-elle. Quelque graves que soient ses torts envers moi, je pensais, après avoir lu sa lettre, qu'il est exilé, sans famille, sans son fils qu'il aime.

Ces paroles, prononcées d'une voix pleine d'âme, révélaient une sensibilité angélique. D'Arthez fut ému au dernier point. La curiosité de l'amant devint pour ainsi dire une curiosité presque psychologique et littéraire. Il voulut savoir jusqu'à quel point cette femme était grande, sur quelles injures portait son pardon, comment ces femmes du monde, taxées de frivolité, de dureté de cœur, d'égoïsme, pouvaient être des anges. En se souvenant d'avoir été déjà repoussé quand il avait voulu connaître ce cœur céleste, il eut, lui, comme un tremblement dans la voix, lorsqu'en prenant la main transparente, fluette, à doigts tournés en fuseau de la belle Diane, il lui dit : — Sommes-nous maintenant assez amis pour que vous me disiez ce que vous avez souffert? Vos anciens chagrins doivent être pour quelque chose dans cette rêverie.

— Oui, dit-elle en sifflant cette syllabe comme la plus douce note qu'ait jamais soupirée la flûte de Tulou.

Elle retomba dans sa rêverie, et ses yeux se voilèrent. Daniel demeura dans une attente pleine d'anxiété, pénétré de la solennité de ce moment. Son imagination de poëte lui faisait voir comme des nuées qui se dissipaient lentement en lui découvrant le sanctuaire où il allait voir aux pieds de Dieu l'agneau blessé.

— Eh! bien?... dit-il d'une voix douce et calme.

Diane regarda le tendre solliciteur; puis elle baissa les yeux lentement en déroulant ses paupières par un mouvement qui décelait la plus noble pudeur. Un monstre seul aurait été capable d'imaginer quelque hypocrisie dans l'ondulation gracieuse par laquelle la malicieuse princesse redressa sa jolie petite tête pour plonger encore un regard dans les yeux avides de ce grand homme.

— Le puis-je? le dois-je? fit-elle en laissant échapper un geste d'hésitation et regardant d'Arthez avec une sublime expression de tendresse rêveuse. Les hommes ont si peu de foi pour ces sortes de choses! ils se croient si peu obligés à la discrétion!

— Ah! si vous vous défiez de moi, pourquoi suis-je ici? s'écria d'Arthez.

— Eh! mon ami, répondit-elle en donnant à son exclamation la grâce d'un aveu involontaire, lorsqu'elle s'attache pour la vie, une femme calcule-t-elle? Il ne s'agit pas de mon refus (que puis-je vous refuser?); mais de l'idée que vous aurez de moi, si je parle. Je vous confierai bien l'étrange situation dans laquelle je suis à mon âge; mais que penseriez-vous d'une femme qui découvrirait les plaies secrètes du mariage, qui trahirait les secrets d'un autre? Turenne gardait sa parole aux voleurs; ne dois-je pas à mes bourreaux la probité de Turenne?

— Avez-vous donné votre parole à quelqu'un?

— Monsieur de Cadignan n'a pas cru nécessaire de me demander

8.

le secret. Vous voulez donc plus que mon âme? Tyran! vous voulez donc que j'ensevelisse en vous ma probité, dit-elle en jetant sur
d'Arthez un regard par lequel elle donna plus de prix à cette fausse
confidence qu'à toute sa personne.

— Vous faites de moi un homme par trop ordinaire, si de moi
vous craignez quoi que ce soit de mal, dit-il avec une amertume
mal déguisée.

— Pardon, mon ami, répondit-elle en lui prenant la main, la
regardant, la prenant dans les siennes et la caressant en y traînant
les doigts par un mouvement d'une excessive douceur. Je sais tout
ce que vous valez. Vous m'avez raconté toute votre vie, elle est
noble, elle est belle, elle est sublime, elle est digne de votre nom;
peut-être, en retour, vous dois-je la mienne? Mais j'ai peur en ce
moment de déchoir à vos yeux en vous racontant des secrets qui ne
sont pas seulement les miens. Puis peut-être ne croirez-vous pas,
vous, homme de solitude et de poésie, aux horreurs du monde.
Ah! vous ne savez pas qu'en inventant vos drames, ils sont surpas-
sés par ceux qui se jouent dans les familles en apparence les plus
unies. Vous ignorez l'étendue de certaines infortunes dorées.

— Je sais tout, s'écria-t-il.

— Non, reprit-elle, vous ne savez rien. Une fille doit-elle jamais
livrer sa mère?

En entendant ce mot, d'Arthez se trouva comme un homme
égaré par une nuit noire dans les Alpes, et qui, aux premières
lueurs du matin, aperçoit qu'il enjambe un précipice sans fond. Il
regarda la princesse d'un air hébété, il avait froid dans le dos. Diane
crut que cet homme de génie était un esprit faible, mais elle lui vit
un éclat dans les yeux qui la rassura.

— Enfin, vous êtes devenu pour moi presque un juge, dit-elle
d'un air désespéré. Je puis parler, en vertu du droit qu'a tout être
calomnié de se montrer dans son innocence. J'ai été, je suis encore,
(si tant est qu'on se souvienne d'une pauvre recluse forcée par le
monde de renoncer au monde!) accusée de tant de légèreté, de tant
de mauvaises choses, qu'il peut m'être permis de me poser dans le
cœur où je trouve un asile de manière à n'en être pas chassée.
J'ai toujours vu dans la justification une forte atteinte faite à
l'innocence, aussi ai-je toujours dédaigné de parler. A qui d'ailleurs pouvais-je adresser la parole? On ne doit confier ces cruelles
choses qu'à Dieu ou à quelqu'un qui nous semble bien près de lui.

un prêtre, ou un autre nous-même. Eh! bien, si mes secrets ne sont pas là, dit-elle en appuyant sa main sur le cœur de d'Arthez, comme ils étaient ici... (Elle fit fléchir sous ses doigts le haut de son busc) vous ne serez pas le grand d'Arthez, j'aurai été trompée!

Une larme mouilla les yeux de d'Arthez, et Diane dévora cette larme par un regard de côté qui ne fit vaciller ni sa prunelle ni sa paupière. Ce fut leste et net comme un geste de chatte prenant une souris. D'Arthez, pour la première fois, après soixante jours pleins de protocoles, osa prendre cette main tiède et parfumée, il la porta sous ses lèvres, il y mit un long baiser traîné depuis le poignet jusqu'aux ongles avec une si délicate volupté que la princesse inclina sa tête en augurant très-bien de la littérature. Elle pensa que les hommes de génie devaient aimer avec beaucoup plus de perfection que n'aiment les fats, les gens du monde, les diplomates et même les militaires, qui cependant n'ont que cela à faire. Elle était connaisseuse, et savait que le caractère amoureux se signe en quelque sorte dans des riens. Une femme instruite peut lire son avenir dans un simple geste, comme Cuvier savait dire en voyant le fragment d'une patte: Ceci appartient à un animal de telle dimension, avec ou sans cornes, carnivore, herbivore, amphibie, etc., âgé de tant de mille ans. Sûre de rencontrer chez d'Arthez autant d'imagination dans l'amour qu'il en mettait dans son style, elle jugea nécessaire de le faire arriver au plus haut degré de la passion et de la croyance. Elle retira vivement sa main par un magnifique mouvement plein d'émotions. Elle eût dit: Finissez, vous allez me faire mourir! elle eût parlé moins énergiquement. Elle resta pendant un moment les yeux dans les yeux de d'Arthez, en exprimant tout à la fois du bonheur, de la pruderie, de la crainte, de la confiance, de la langueur, un vague désir et une pudeur de vierge. Elle n'eut alors que vingt ans! Mais comptez qu'elle s'était préparée à cette heure de comique mensonge avec un art inouï dans sa toilette, elle était dans son fauteuil comme une fleur qui va s'épanouir au premier baiser du soleil. Trompeuse ou vraie, elle enivrait Daniel. S'il est permis de risquer une opinion individuelle, avouons qu'il serait délicieux d'être ainsi trompé long-temps. Certes, souvent Talma, sur la scène, a été fort au-dessus de la nature. Mais la princesse de Cadignan n'est-elle pas la plus grande comédienne de ce temps? Il ne manque à cette femme qu'un parterre attentif. Malheureusement, dans les époques tourmentées par les orages politiques, les femmes disparaissent comme les lys des eaux, qui, pour fleurir et s'étaler à nos regards ravis, ont besoin d'un ciel pur et des plus tièdes zéphyrs.

L'heure était venue, Diane allait entortiller ce grand homme dans les lianes inextricables d'un roman préparé de longue main, et qu'il allait écouter comme un néophyte des beaux jours de la foi chrétienne écoutait l'épître d'un apôtre.

— Mon ami, ma mère, qui vit encore à Uxelles, m'a mariée à dix-sept ans, en 1814, (vous voyez que je suis bien vieille!) à monsieur de Maufrigneuse, non pas par amour pour moi, mais par amour pour lui. Elle s'acquittait, envers le seul homme qu'elle eût aimé, de tout le bonheur qu'elle avait reçu de lui. Oh! ne vous étonnez pas de cette horrible combinaison, elle a lieu souvent. Beaucoup de femmes sont plus amantes que mères, comme la plupart sont meilleures mères que bonnes femmes. Ces deux sentiments, l'amour et la maternité, développés comme ils le sont par nos mœurs, se combattent souvent dans le cœur des femmes; il y en a nécessairement un qui succombe quand ils ne sont pas égaux en force, ce qui fait de quelques femmes exceptionnelles la gloire de notre sexe. Un homme de votre génie doit comprendre ces choses qui font l'étonnement des sots, mais qui n'en sont pas moins vraies, et, j'irai plus loin, qui sont justifiables par la différence des caractères, des tempéraments, des attachements, des situations. Moi, par exemple, en ce moment, après vingt ans de malheurs, de déceptions, de calomnies supportées, d'ennuis pesants, de plaisirs creux, ne serais-je pas disposée à me prosterner aux pieds d'un homme qui m'aimerait sincèrement et pour toujours? Eh! bien, ne serais-je pas condamnée par le monde? Et cependant vingt ans de souffrances n'excuseraient-elles pas une dizaine d'années qui me restent à vivre encore belle, données à un saint et pur amour? Cela ne sera pas, je ne suis pas assez sotte que de diminuer mes mérites aux yeux de Dieu. J'ai porté le poids du jour et de la chaleur jusqu'au soir, j'achèverai ma journée, et j'aurai gagné ma récompense...

— Quel ange! pensa d'Arthez.

— Enfin, je n'en ai jamais voulu à la duchesse d'Uxelles d'avoir plus aimé monsieur de Maufrigneuse que la pauvre Diane que voici. Ma mère m'avait très-peu vue, elle m'avait oubliée; mais elle s'est mal conduite envers moi, de femme à femme, en sorte que ce qui est mal de femme à femme devient horrible de mère à fille. Les mères qui mènent une vie comme celle de la duchesse d'Uxelles tiennent leurs filles loin d'elles, je suis donc entrée dans le monde quinze jours avant mon mariage. Jugez de mon innocence ? Je ne savais rien, j'étais incapable de deviner le secret de cette alliance. J'avais une belle fortune : soixante mille livres de rente en forêts, que la Révolution avait oublié de vendre en Nivernais ou n'avait pu vendre et qui dépendaient du beau château d'Anzy ; monsieur de Maufrigneuse était criblé de dettes. Si plus tard j'ai appris ce que c'était que d'avoir des dettes, j'ignorais alors trop complétement la vie pour le soupçonner. Les économies faites sur ma fortune servirent à pacifier les affaires de mon mari. Monsieur de Maufrigneuse avait trente-huit ans quand je l'épousai, mais ces années étaient comme celles des campagnes des militaires, elles devaient compter double. Ah ! il avait bien plus de soixante-seize ans. A quarante ans, ma mère avait encore des prétentions, et je me suis trouvée entre deux jalousies. Quelle vie ai-je menée pendant dix ans ?... Ah ! si l'on savait ce que souffrait cette pauvre petite femme tant soupçonnée ! Être gardée par une mère jalouse de sa fille ! Dieu !... Vous autres qui faites des drames, vous n'en inventerez jamais un aussi noir, aussi cruel que celui-là. Ordinairement, d'après le peu que je sais de la littérature, un drame est une suite d'actions, de discours, de mouvements qui se précipitent vers une catastrophe ; mais ce dont je vous parle est la plus horrible catastrophe en action ! C'est l'avalanche tombée le matin sur vous qui retombe le soir, et qui retombera le lendemain. J'ai froid au moment où je vous parle et où je vous éclaire la caverne sans issue, froide et sombre dans laquelle j'ai vécu. S'il faut tout vous dire, la naissance de mon pauvre enfant qui d'ailleurs est tout moi-même... vous avez dû être frappé de sa ressemblance avec moi ? c'est mes cheveux, mes yeux, la coupe de mon visage, ma bouche, mon sourire, mon menton, mes dents... Eh ! bien, sa naissance est un hasard ou le fait d'une convention de ma mère et de mon mari. Je suis restée long-temps jeune fille après mon mariage, quasi délaissée le lendemain, mère sans être femme. La duchesse se plaisait à prolonger mon ignorance, et, pour atteindre à ce but, une mère a près de sa fille d'horribles avantages. Moi, pauvre petite, élevée dans un couvent comme une rose mystique, ne sachant rien du mariage, développée fort tard, je me trouvais très-heureuse : je jouissais de la bonne intelligence et de l'harmonie de notre famille. Enfin j'étais entièrement divertie de penser à mon mari, qui ne me plaisait guère et qui ne faisait rien pour se montrer aimable, par les premières joies de la maternité : elles furent d'autant plus vives que je n'en soupçonnais pas d'autres. On m'avait tant corné aux oreilles le respect qu'une mère se devait à elle-même! Et d'ailleurs, une jeune fille aime toujours à *jouer à la maman*. A l'âge où j'étais, un enfant remplace alors la poupée. J'étais si fière d'avoir cette belle fleur, car Georges était beau... une merveille! Comment songer au monde quand on a le bonheur de nourrir et de soigner un petit ange ! J'adore les enfants quand ils sont tout petits, blancs et roses. Moi, je ne voyais que mon fils, je vivais avec mon fils, je ne laissais pas sa gouvernante l'habiller, le déshabiller, le changer. Ces soins, si ennuyeux pour les mères qui ont des régiments d'enfants, étaient tout plaisir pour moi. Mais après trois ou quatre ans, comme je ne suis pas tout à fait sotte, malgré le soin que l'on mettait à me bander les yeux, la lumière a fini par les atteindre. Me voyez-vous au réveil, quatre ans après, en 1819? Les *Deux Frères ennemis* sont une tragédie à l'eau rose auprès d'une mère et d'une fille placées comme nous le fûmes alors, la duchesse et moi; je les ai bravés alors, elle et mon mari, par des coquetteries publiques qui ont fait parler le monde... Dieu sait comme ! Vous comprenez, mon ami, que les hommes avec lesquels j'étais soupçonnée de légèreté avaient pour moi la valeur du poignard dont on se sert pour frapper son ennemi. Préoccupée de ma vengeance, je ne sentais pas les blessures que je me portais à moi-même. Innocente comme un enfant, je passais pour une femme perverse, pour la plus mauvaise femme du monde, et je n'en savais rien. Le monde est bien sot, bien aveugle, bien ignorant; il ne pénètre que les secrets qui l'amusent, qui servent sa méchanceté ; les choses les plus grandes, les plus nobles, il se met la main sur les yeux pour ne pas les voir. Mais il me semble que, dans ce temps, j'ai eu des regards, des attitudes d'innocence révoltée, des mouvements de fierté qui eussent été des bonnes fortunes pour de grands peintres. J'ai dû éclairer des bals par les tempêtes de ma colère, par les torrents de mon dédain. Poésie perdue ! on ne fait ces sublimes poèmes que dans l'indignation qui nous saisit à vingt ans ! Plus tard on ne s'indigne plus, on est las, on ne s'étonne plus du vice, on est lâche, on a peur. Moi, j'allais, oh ! j'allais bien. J'ai joué le plus sot personnage au monde : j'ai eu les charges du crime sans en avoir les bénéfices. J'avais tant de plaisir à me compromettre ! Ah ! j'ai fait des malices d'enfant. Je suis allée en Italie avec un jeune étourdi que j'ai planté là quand il m'a parlé d'amour ; mais quand j'ai su qu'il s'était compromis pour moi (il avait fait un faux pour avoir de l'argent !) j'ai couru le sauver. Ma mère et mon mari, qui savaient le secret de ces choses, me tenaient en bride comme une femme prodigue. Oh ! cette fois, je suis allée au roi. Louis XVIII, cet homme sans cœur, a été touché : il m'a donné cent mille francs sur sa cassette. Le marquis d'Esgrignon, ce jeune homme que vous avez peut-être rencontré dans le monde et qui a fini par faire un très-riche mariage, a été sauvé de l'abîme où il s'était plongé pour moi. Cette aventure, causée par ma légèreté, m'a fait réfléchir. Je me suis aperçue que j'étais la première victime de ma vengeance. Ma mère, mon mari, mon beau-père avaient le monde pour eux, ils paraissaient protéger mes folies. Ma mère, qui me savait bien trop fière, trop grande, trop d'Uxelles pour me conduire vulgairement, fut alors épouvantée du mal qu'elle avait fait. Elle avait cinquante-deux ans, elle a quitté Paris, elle est allée vivre à Uxelles. Elle se repent maintenant de ses torts, elle les expie par la dévotion la plus outrée et par une affection sans bornes pour moi. Mais, en 1823, elle m'a laissée seule et face à face avec monsieur de Maufrigneuse. Oh ! mon ami, vous autres hommes, vous ne pouvez savoir ce qu'est un vieil homme à bonnes fortunes. Quel intérieur que celui d'un homme accoutumé aux adorations des femmes du monde, qui ne trouve ni encens, ni encensoir chez lui, mort à tout, et jaloux par cela même ! J'ai voulu, quand monsieur de Maufrigneuse a été tout à moi, j'ai voulu être une bonne femme ; mais je me suis heurtée à toutes les aspérités d'un esprit chagrin, à toutes les fantaisies de l'impuissance, aux puérilités de la niaiserie, à toutes les vanités de la suffisance, à un homme qui était enfin la plus ennuyeuse élégie du monde, et qui me traitait comme une petite fille, qui se plaisait à humilier mon amour-propre à tout propos, à m'aplatir sous les coups de son expérience, à me prouver que j'ignorais tout. Il me blessait à chaque instant. Enfin il a tout fait pour se faire prendre en détestation et me donner le droit de le trahir ; mais j'ai été la dupe de mon cœur et de mon envie de bien faire pendant trois ou quatre années ! Savez-vous le mot infâme qui m'a fait faire d'autres folies ? Inventerez vous jamais l'horrible des calomnies du monde ? — La duchesse de Maufrigneuse est revenue à son mari, se disait-on. — Bah ! c'est par dépravation, c'est un triomphe que de ranimer les morts, elle n'avait plus que cela à faire, a répondu ma meilleure amie, une parente, celle chez qui j'ai eu le bonheur de vous rencontrer.

— Madame d'Espard ! s'écria Daniel en faisant un geste d'horreur.

— Oh ! je lui ai pardonné, mon ami. D'abord le mot est excessivement spirituel, et peut-être ai-je dit moi-même de plus cruelles épigrammes sur de pauvres femmes tout aussi pures que je l'étais.

D'Arthez rebaisa la main de cette sainte femme qui, après lui avoir servi une mère hachée en morceaux, avoir fait du prince de Cadignan que vous connaissez, un Othello à triple garde, se mettait elle-même en capilotade et se donnait des torts, afin de se donner aux yeux du candide écrivain cette virginité que la plus niaise des femmes essaie d'offrir à tout prix à son amant.

— Vous comprenez, mon ami, que je suis rentrée dans le monde avec éclat et pour y faire des éclats. J'ai subi là des luttes nouvelles, il a fallu conquérir mon indépendance et neutraliser monsieur de Maufrigneuse. J'ai donc mené par d'autres raisons une vie dissipée. Pour m'étourdir, pour oublier la vie réelle par une vie fantastique, j'ai brillé, j'ai donné des fêtes, j'ai fait la princesse, et j'ai fait des dettes. Chez moi, je m'oubliais dans le sommeil de la fatigue, je renaissais belle, gaie, folle pour le monde ; mais, à cette triste lutte de la fantaisie contre la réalité, j'ai mangé ma fortune. La révolte de 1830 est arrivée, au moment où je rencontrais au bout de cette existence des Mille et une Nuits l'amour saint et pur que (je suis franche !) je désirais connaître. Avouez-le ? n'était-ce pas naturel chez une femme dont le cœur comprimé par tant de causes et d'accidents se réveillait à l'âge où la femme se sent trompée, et où je voyais autour de moi tant de femmes heureuses par l'amour. Ah ! pourquoi Michel Chrestien fut-il si respectueux ? Il y a eu là encore une raillerie pour moi. Que voulez-vous ? En tombant, j'ai tout perdu, je n'ai eu d'illusions sur rien ; j'avais tout pressé, hormis un seul fruit pour lequel je n'ai plus ni goût, ni dents. Enfin, je me suis trouvée désenchantée du monde quand il me fallait quitter le monde. Il y a là quelque chose de providentiel, comme dans les insensibilités qui nous préparent à la mort. (Elle fit un geste plein d'onction religieuse.) — Tout alors m'a servi, reprit-elle, les désastres de la monarchie et ses ruines m'ont aidée à m'ensevelir.

Mon fils me console de bien des choses. L'amour maternel nous rend tous les autres sentiments trompés! Et le monde s'étonne de ma retraite; mais j'y ai trouvé la félicité. Oh! si vous saviez combien est heureuse ici la pauvre créature qui est là devant vous! En sacrifiant tout à mon fils, j'oublie les bonheurs que j'ignore et que j'ignorerai toujours. Qui pourrait croire que la vie se traduit, pour la princesse de Cadignan, par une mauvaise nuit de mariage; et toutes les aventures qu'on lui prête, par un défi de petite fille à deux épouvantables passions? Mais personne. Aujourd'hui j'ai peur de tout. Je repousserai sans doute un sentiment vrai, quelque véritable et pur amour, en souvenir de tant de faussetés, de malheurs; de même que les riches attrapés par des fripons qui simulent le malheur repoussent une vertueuse misère, dégoûtés qu'ils sont de la bienfaisance. Tout cela est horrible, n'est-ce pas? mais croyez-moi, ce que je vous dis est l'histoire de bien des femmes.

Ces derniers mots furent prononcés d'un ton de plaisanterie et de légèreté qui rappelait la femme élégante et moqueuse. D'Arthez était abasourdi. A ses yeux, les gens que les tribunaux envoient au Bagne, qui pour avoir tué, qui pour avoir volé avec des circonstances aggravantes, qui pour s'être trompés de nom sur un billet, étaient de petits saints, comparés aux gens du monde. Cette atroce élégie, forgée dans l'arsenal du mensonge et trempée aux eaux du Styx parisien, avait été dite avec l'accent inimitable du vrai. L'écrivain contempla pendant un moment cette femme adorable, plongée dans son fauteuil, et dont les deux mains pendaient aux deux bras du fauteuil, comme deux gouttes de rosée à la marge d'une fleur, accablée par cette révélation, abîmée en paraissant avoir ressenti toutes les douleurs de sa vie à les dire, enfin un ange de mélancolie.

— Et jugez, fit-elle en se redressant par un soubresaut et levant une de ses mains et lançant des éclairs par les yeux où vingt soi-disant chastes années flambaient, jugez quelle impression dut faire sur moi l'amour de votre ami; mais par une atroce raillerie du sort... ou Dieu peut-être... car alors, je l'avoue, un homme, mais un homme digne de moi, m'eût trouvée faible, tant j'avais soif de bonheur! Eh! bien, il est mort, et mort en sauvant la vie à qui?... à monsieur de Cadignan! Étonnez-vous de me trouver rêveuse...

Ce fut le dernier coup. Le pauvre d'Arthez n'y tint pas, il se mit à genoux, il fourra sa tête dans les mains de la princesse, et il y pleura, il y versa de ces larmes douces que répandraient les anges,

si les anges pleuraient. Comme Daniel avait la tête là, madame de
Cadignan put laisser errer sur ses lèvres un malicieux sourire de
triomphe, un sourire qu'auraient les singes en faisant un tour supérieur, si les singes riaient. — Ah! je le tiens, pensa-t-elle; et,
elle le tenait bien en effet.

— Mais, vous êtes.... dit-il en relevant sa belle tête et la regardant avec amour.

— Vierge et martyre, reprit-elle en souriant de la vulgarité de
cette vieille plaisanterie mais en lui donnant un sens charmant par
ce sourire plein d'une gaieté cruelle. Si vous me voyez riant, c'est
que je pense à la princesse que connaît le monde, à cette duchesse
de Maufrigneuse à qui l'on donne et de Marsay, et l'infâme de
Traillés, un coupe-jarret politique, et ce petit sot d'Esgrignon, et
Rastignac, Rubempré, des ambassadeurs, des ministres, des généraux russes, que sais-je? l'Europe! On a glosé de cet album que j'ai
fait faire en croyant que ceux qui m'admiraient étaient mes amis. Ah!
c'est épouvantable. Je ne comprends pas comment je laisse un homme
à mes pieds : les mépriser tous, telle devrait être ma religion.

Elle se leva, alla dans l'embrasure de la fenêtre par une démarche
pleine de motifs magnifiques.

D'Arthez resta sur la chauffeuse où il se remit, n'osant suivre la
princesse, mais la regardant; il l'entendit se mouchant sans se moucher. Quelle est la princesse qui se mouche? Diane essayait l'impossible pour faire croire à sa sensibilité. D'Arthez crut son ange
en larmes, il accourut, la prit par la taille, la serra sur son cœur.

— Non, laissez-moi, dit-elle d'une voix faible et en murmurant,
j'ai trop de doutes pour être bonne à quelque chose. Me réconcilier avec la vie est une tâche au-dessus de la force d'un homme.

— Diane! je vous aimerai, moi, pour toute votre vie perdue.

— Non, ne me parlez pas ainsi, répondit-elle. En ce moment je
suis honteuse et tremblante comme si j'avais commis les plus grands
péchés.

Elle était entièrement revenue à l'innocence des petites filles, et
se montrait néanmoins auguste, grande, noble autant qu'une reine.
Il est impossible de décrire l'effet de ce manége, si habile qu'il arrivait à la vérité pure sur une âme neuve et franche comme celle
de d'Arthez. Le grand écrivain resta muet d'admiration, passif
dans cette embrasure de fenêtre, attendant un mot, tandis que la
princesse attendait un baiser; mais elle était trop sacrée pour lui.

Quand elle eut froid, la princesse alla reprendre sa position sur son fauteuil, elle avait les pieds gelés.

— Ce sera bien long, pensait-elle en regardant Daniel le front haut et la tête sublime de vertu.

— Est-ce une femme? se demandait ce profond observateur du cœur humain. Comment s'y prendre avec elle?

Jusqu'à deux heures du matin, ils passèrent le temps à se dire les bêtises que les femmes de génie, comme est la princesse, savent rendre adorables. Diane se prétendit trop détruite, trop vieille, trop passée; d'Arthez lui prouva, ce dont elle était convaincue, qu'elle avait la peau la plus délicate, la plus délicieuse au toucher, la plus blanche au regard, la plus parfumée; elle était jeune et dans sa fleur. Ils disputèrent beauté à beauté, détail à détail, par des : — Croyez-vous ? — Vous êtes fou. — C'est le désir ! — Dans quinze jours, vous me verrez telle que je suis. — Enfin, je vais vers quarante ans. — Peut-on aimer une si vieille femme. D'Arthez fut d'une éloquence impétueuse et lycéenne, bardée des épithètes les plus exagérées. Quand la princesse entendit ce spirituel écrivain disant des sottises de sous-lieutenant, elle l'écouta d'un air absorbé, tout attendrie, mais riant en elle-même.

Quand d'Arthez fut dans la rue, il se demanda s'il n'aurait pas dû être moins respectueux. Il repassa dans sa mémoire ces étranges confidences qui naturellement ont été fort abrégées ici, elles auraient voulu tout un livre pour être rendues dans leur abondance mellifue et avec les façons dont elles furent accompagnées. La perspicacité rétrospective de cet homme si naturel et si profond fut mise en défaut par le naturel de ce roman, par sa profondeur, par l'accent de la princesse.

— C'est vrai, disait-il sans pouvoir dormir, il y a de ces drames-là dans le monde; le monde couvre de semblables horreurs sous les fleurs de son élégance, sous la broderie de ses médisances, sous l'esprit de ses récits. Nous n'inventons jamais que le vrai. Pauvre Diane ! Michel avait pressenti cette énigme, il disait que sous cette couche de glace il y avait des volcans ! Et Bianchon, Rastignac ont raison : quand un homme peut confondre les grandeurs de l'idéal et les jouissances du désir, en aimant une femme à jolies manières, pleine d'esprit, de délicatesse, ce doit être un bonheur sans nom. Et il sondait en lui-même son amour, et il le trouvait infini.

Le lendemain, sur les deux heures, madame d'Espard, qui depuis plus d'un mois ne voyait plus la princesse, et n'avait pas reçu d'elle un seul traître mot, vint amenée par une excessive curiosité. Rien de plus plaisant que la conversation de ces deux fines couleuvres pendant la première demi-heure. Diane d'Uxelles se gardait, comme de porter une robe jaune, de parler de d'Arthez. La marquise tournait autour de cette question comme un Bédouin autour d'une riche caravane. Diane s'amusait, la marquise enrageait. Diane attendait, elle voulait utiliser son amie, et s'en faire un chien de chasse. De ces deux femmes si célèbres dans le monde actuel, l'une était plus forte que l'autre. La princesse dominait de toute la tête la marquise, et la marquise reconnaissait intérieurement cette supériorité. Là, peut-être, était le secret de cette amitié. La plus faible se tenait tapie dans son faux attachement pour épier l'heure si long-temps attendue par tous les faibles, de sauter à la gorge des forts, et leur imprimer la marque d'une joyeuse morsure. Diane y voyait clair. Le monde entier était la dupe des câlineries de ces deux amies. A l'instant où la princesse aperçut une interrogation sur les lèvres de son amie, elle lui dit : — Eh! bien, ma chère, je vous dois un bonheur complet, immense, infini, céleste.

— Que voulez-vous dire?

— Vous souvenez-vous de ce que nous ruminions, il y a trois mois, dans ce petit jardin, sur le banc, au soleil, sous le jasmin? Ah! il n'y a que les gens de génie qui sachent aimer. J'appliquerais volontiers à mon grand Daniel d'Arthez le mot du duc d'Albe à Catherine de Médicis : la tête d'un seul saumon vaut celle de toutes les grenouilles.

— Je ne m'étonne point de ne plus vous voir, dit madame d'Espard.

— Promettez-moi, si vous le voyez, de ne pas lui dire un mot de moi, mon ange, dit la princesse en prenant la main de la marquise. Je suis heureuse, oh! mais heureuse au delà de toute expression, et vous savez combien dans le monde un mot, une plaisanterie vont loin. Une parole tue, tant on sait mettre de venin dans une parole! Si vous saviez combien, depuis huit jours, j'ai désiré pour vous une semblable passion! Enfin, il est doux, c'est un beau triomphe pour nous autres femmes que d'achever notre vie de femme, de s'endormir dans un amour ardent, pur, dévoué, complet, entier, surtout quand on l'a cherché pendant si long-temps.

— Pourquoi me demandez-vous d'être fidèle à ma meilleure

amie? dit madame d'Espard. Vous me croyez donc capable de vous jouer un vilain tour?

— Quand une femme possède un tel trésor, la crainte de le perdre est un sentiment si naturel qu'elle inspire les idées de la peur. Je suis absurde, pardonnez-moi, ma chère.

Quelques moments après, la marquise sortit; et, en la voyant partir, la princesse se dit : Comme elle va m'arranger! puisse-t-elle tout dire sur moi; mais pour lui épargner la peine d'arracher Daniel d'ici, je vais le lui envoyer.

A trois heures, quelques instants après, d'Arthez vint. Au milieu d'un discours intéressant, la princesse lui coupa net la parole, et lui posa sa belle main sur le bras.

— Pardon, mon ami, lui dit-elle en l'interrompant, mais j'oublierais cette chose qui semble une niaiserie, et qui cependant est de la dernière importance. Vous n'avez pas mis le pied chez madame d'Espard depuis le jour mille fois heureux où je vous ai rencontré; allez-y, non pas pour vous ni par politesse, mais pour moi. Peut-être m'en avez-vous fait une ennemie, si elle a par hasard appris que depuis son dîner vous n'êtes pour ainsi dire pas sorti de chez moi. D'ailleurs, mon ami, je n'aimerais pas à vous voir abandonnant vos relations et le monde, ni vos occupations et vos ouvrages. Je serais encore étrangement calomniée. Que ne dirait-on pas? je vous tiens en lesse, je vous absorbe, je crains les comparaisons, je veux encore faire parler de moi, je m'y prends bien pour conserver ma conquête, en sachant que c'est la dernière. Qui pourrait deviner que vous êtes mon unique ami? Si vous m'aimez autant que vous dites m'aimer, vous ferez croire au monde que nous sommes purement et simplement frère et sœur. Continuez.

D'Arthez fut pour toujours discipliné par l'ineffable douceur avec laquelle cette gracieuse femme arrangeait sa robe pour tomber en toute élégance. Il y avait je ne sais quoi de fin, de délicat dans ce discours qui le toucha aux larmes. La princesse sortait de toutes les conditions ignobles et bourgeoises des femmes qui se disputent et se chicanent pièce à pièce sur des divans, elle déployait une grandeur inouïe; elle n'avait pas besoin de le dire, cette union était entendue entre eux noblement. Ce n'était ni hier, ni demain, ni aujourd'hui; ce serait quand ils le voudraient l'un et l'autre, sans les interminables bandelettes de ce que les femmes vulgaires nomment *un sacrifice;* sans doute elles savent tout ce qu'elles doivent y perdre, tandis que cette fête est un triomphe pour les femmes sûres d'y gagner. Dans cette phrase, tout était vague comme une promesse, doux comme une espérance et néanmoins certain comme un droit. Avouons-le ? Ces sortes de grandeurs n'appartiennent qu'à ces illustres et sublimes trompeuses, elles restent royales encore là où les autres femmes deviennent sujettes. D'Arthez put alors mesurer la distance qui existe entre ces femmes et les autres. La princesse se montrait toujours digne et belle. Le secret de cette noblesse est peut-être dans l'art avec lequel les grandes dames savent se dépouiller de leurs voiles ; elles arrivent à être, dans cette situation, comme des statues antiques ; si elles gardaient un chiffon, elles seraient impudiques. La bourgeoise essaie toujours de s'envelopper.

Enharnaché de tendresse, maintenu par les plus splendides vertus, d'Arthez obéit et alla chez madame d'Espard, qui déploya pour lui ses plus charmantes coquetteries. La marquise se garda bien de dire à d'Arthez un mot de la princesse, elle le pria seulement à dîner pour un prochain jour.

D'Arthez vit ce jour-là nombreuse compagnie. La marquise avait invité Rastignac, Blondet, le marquis d'Ajuda Pinto, Maxime de Trailles, le marquis d'Esgrignon, les deux Vandenesse, du Tillet, un des plus riches banquiers de Paris ; le baron de Nucingen, Nathan, lady Dudley, deux des plus perfides attachés d'ambassade, et le chevalier d'Espard, l'un des plus profonds personnages de ce salon, la moitié de la politique de sa belle-sœur.

Ce fut en riant que Maxime de Trailles dit à d'Arthez : — Vous voyez beaucoup la princesse de Cadignan ?

D'Arthez fit en réponse à cette question une sèche inclination de tête. Maxime de Trailles était un *bravo* d'un ordre supérieur, sans foi ni loi, capable de tout, ruinant les femmes qui s'attachaient à lui, leur faisant mettre leurs diamants en gage, mais couvrant cette conduite d'un vernis brillant, de manières charmantes et d'un es-tsatanique. Il inspirait à tout le monde une crainte et un mépris égal ; mais comme personne n'était assez hardi pour lui témoigner autre chose que les sentiments les plus courtois, il ne pouvait s'apercevoir de rien, ou il se prêtait à la dissimulation générale. Il devait au comte de Marsay le dernier degré d'élévation auquel il pouvait arriver. De Marsay, qui connaissait Maxime de longue main, l'avait jugé capable de remplir certaines fonctions secrètes et diplomatiques qu'il lui donnait, et desquelles il s'acquittait à merveille.

D'Arthez était depuis un an assez mêlé aux affaires politiques pour connaître à fond le personnage, et lui seul peut-être avait un caractère assez élevé pour exprimer tout haut ce que le monde pensait tout bas.

— C'este sans litte bire elle que fus néclichez la Champre, dit le baron de Nucingen.

— Ah! la princesse est une des femmes les plus dangereuses chez lesquelles un homme puisse mettre le pied, s'écria doucement le marquis d'Esgrignon, je lui dois l'infamie de mon mariage.

— Dangereuse? dit madame d'Espard. Ne parlez pas ainsi de ma meilleure amie. Je n'ai jamais rien su ni vu de la princesse qui ne me paraisse tenir des sentiments les plus élevés.

— Laissez donc dire le marquis, s'écria Rastignac. Quand un homme a été désarçonné par un joli cheval, il lui trouve des vices et il le vend.

Piqué par ce mot, le marquis d'Esgrignon regarda Daniel d'Arthez, et lui dit : — Monsieur n'en est pas, j'espère, avec la princesse, à un point qui nous empêche de parler d'elle.

D'Arthez garda le silence. D'Esgrignon, qui ne manquait pas d'esprit, fit en réponse à Rastignac un portrait apologétique de la princesse qui mit la table en belle humeur. Comme cette raillerie était excessivement obscure pour d'Arthez, il se pencha vers madame de Montcornet, sa voisine, et lui demanda le sens de ces plaisanteries.

— Mais, excepté vous, à en juger par la bonne opinion que vous avez de la princesse, tous les convives ont été, dit-on, dans ses bonnes grâces.

— Je puis vous assurer qu'il n'y a rien que de faux dans cette opinion, répondit Daniel.

— Cependant voici monsieur d'Esgrignon, un gentilhomme du Perche, qui s'est complétement ruiné pour elle, il y a douze ans, et qui, pour elle, a failli monter sur l'échafaud.

— Je sais l'affaire, dit d'Arthez. Madame de Cadignan est allée sauver monsieur d'Esgrignon de la Cour d'assises, et voilà comment il l'en récompense aujourd'hui.

Madame de Montcornet regarda d'Arthez avec un étonnement et une curiosité presque stupides, puis elle reporta ses yeux sur madame d'Espard en le lui montrant comme pour dire : Il est ensorcelé!

Pendant cette courte conversation, madame de Cadignan était protégée par madame d'Espard, dont la protection ressemblait à celle des paratonnerres qui attirent la foudre. Quand d'Arthez revint à la conversation générale, il entendit Maxime de Trailles lançant ce mot : — Chez Diane la dépravation n'est pas un effet, mais une cause ; peut-être doit-elle à cette cause son naturel exquis : elle ne cherche pas, elle n'invente rien ; elle vous offre les recherches les plus raffinées comme une inspiration de l'amour le plus naïf, et il vous est impossible de ne pas la croire.

Cette phrase, qui semblait avoir été préparée pour un homme de la portée de d'Arthez, était si forte que ce fut comme une conclusion. Chacun laissa la princesse, elle parut assommée. D'Arthez regarda de Trailles et d'Esgrignon d'un air railleur

— Le plus grand tort de cette femme est d'aller sur les brisées des hommes, dit-il. Elle dissipe comme eux des biens paraphernaux, elle envoie ses amants chez les usuriers, elle dévore des dots, elle ruine des orphelins, elle fond de vieux châteaux, elle inspire et commet peut-être aussi des crimes, mais...

Jamais aucun des deux personnages auxquels répondait d'Arthez n'avait entendu rien de si fort. Sur ce *mais*, la table entière fut frappée, chacun resta la fourchette en l'air, les yeux fixés alternativement sur le courageux écrivain et sur les assassins de la princesse, en attendant la conclusion dans un horrible silence.

— Mais, dit d'Arthez avec une moqueuse légèreté, madame la princesse de Cadignan a sur les hommes un avantage : quand on s'est mis en danger pour elle, elle vous sauve, et ne dit de mal de personne. Pourquoi, dans le nombre, ne se trouverait-il pas une femme qui s'amusât des hommes, comme les hommes s'amusent des femmes? Pourquoi le beau sexe ne prendrait-il pas de temps en temps une revanche ?...

— Le génie est plus fort que l'esprit, dit Blondet à Nathan.

Cette avalanche d'épigrammes fut en effet comme le feu d'une batterie de canons opposée à une fusillade. On s'empressa de changer de conversation. Ni le comte de Trailles, ni le marquis d'Esgrignon ne parurent disposés à quereller d'Arthez. Quand on servit le café, Blondet et Nathan vinrent trouver l'écrivain avec un empressement que personne n'osait imiter, tant il était difficile de concilier l'admiration inspirée par sa conduite, et la peur de se faire deux puissants ennemis.

— Ce n'est pas d'aujourd'hui que nous savons combien votre caractère égale en grandeur votre talent, lui dit Blondet. Vous vous êtes conduit là, non plus comme un homme, mais comme un Dieu : ne s'être laissé emporter ni par son cœur ni par son imagination ; ne pas avoir pris la défense d'une femme aimée, faute qu'on attendait de vous, et qui eût fait triompher ce monde dévoré de jalousie contre les illustrations littéraires... Ah ! permettez-moi de le dire, c'est le sublime de la politique privée.

— Ah ! vous êtes un homme d'état, dit Nathan. Il est aussi habile que difficile de venger une femme sans la défendre.

— La princesse est une des héroïnes du parti légitimiste, n'est-ce pas un devoir pour tout homme de cœur de la protéger *quand même ?* répondit froidement d'Arthez. Ce qu'elle a fait pour la cause de ses maîtres excuserait la plus folle vie.

— Il joue serré, dit Nathan à Blondet.

— Absolument comme si la princesse en valait la peine, répondit Rastignac qui s'était joint à eux.

D'Arthez alla chez la princesse, qui l'attendait en proie aux plus vives anxiétés. Le résultat de cette expérience que Diane avait favorisée pouvait lui être fatal. Pour la première fois de sa vie, cette femme souffrait dans son cœur et suait dans sa robe. Elle ne savait quel parti prendre au cas où d'Arthez croirait le monde qui dirait vrai, au lieu de la croire, elle qui mentait ; car, jamais un caractère si beau, un homme si complet, une âme si pure, une conscience si ingénue ne s'étaient offerts à sa vue, à sa portée. Si elle avait ourdi de si cruels mensonges, elle y avait été poussée par le désir de connaître le véritable amour. Cet amour, elle le sentait poindre dans son cœur, elle aimait d'Arthez ; elle était condamnée à le tromper, car elle voulait rester pour lui l'actrice sublime qui avait joué la comédie à ses yeux. Quand elle entendit le pas de Daniel dans la salle à manger, elle éprouva une commotion, un tressaillement qui l'agita jusque dans les principes de sa vie. Ce mouvement, qu'elle n'avait jamais eu pendant l'existence la plus aventureuse pour une femme de son rang, lui apprit alors qu'elle avait joué son bonheur. Ses yeux, qui regardaient dans l'espace, embrassèrent d'Arthez tout entier ; elle vit à travers sa chair, elle lut dans son âme : le soupçon ne l'avait même donc pas effleuré de son aile de chauve-souris. Le terrible mouvement de cette peur eut alors sa réaction, la joie faillit étouffer

9.

l'heureuse Diane; car il n'est pas de créature qui n'ait plus de force pour supporter le chagrin que pour résister à l'extrême félicité.

— Daniel, on m'a calomniée et tu m'as vengée! s'écria-t-elle en se levant et en lui ouvrant les bras.

Dans le profond étonnement que lui causa ce mot dont les racines étaient invisibles pour lui, Daniel se laissa prendre la tête par deux belles mains, et la princesse le baisa saintement au front.

— Comment avez-vous su...

— O niais illustre! ne vois-tu pas que je t'aime follement?

Depuis ce jour, il n'a plus été question de la princesse de Cadignan, ni de d'Arthez. La princesse a hérité de sa mère quelque fortune, elle passe tous les étés à Genève dans une villa avec le grand écrivain, et revient pour quelques mois d'hiver à Paris. D'Arthez ne se montre qu'à la Chambre, et ses publications sont devenues excessivement rares. Est-ce un dénoûment? Oui, pour les gens d'esprit non, pour ceux qui veulent tout savoir.

Aux Jardies, juin 1839.

LES EMPLOYÉS,

ou

LA FEMME SUPÉRIEURE.

―――

A LA COMTESSE SÉRAFINA SAN-SÉVERINO, NÉE PORCIA.

Obligé de tout lire pour tâcher de ne rien répéter, je feuilletais, il y a quelques jours, les trois cents contes plus ou moins drôlatiques de Il Bandello, *écrivain du seizième siècle, peu connu en France, et publiés dernièrement en entier à Florence dans l'édition compacte des Conteurs italiens : votre nom, de même que celui du comte, a aussi vivement frappé mes yeux que si c'était vous-même, madame. Je parcourais pour la première fois* Il Bandello *dans le texte original, et j'ai trouvé, non sans surprise, chaque conte, ne fût-il que de cinq pages, dédié par une lettre familière aux rois, aux reines, aux plus illustres personnages du temps, parmi lesquels se remarquent les nobles du Milanais, du Piémont, patrie de* Il Bandello, *de Florence et de Gênes. C'est les* Dolcini *de Mantoue, les* San-Severini *de Créma, les* Visconti *de Milan, les* Guidoboni *de Tortone, les* Sforza, *les* Doria, *les* Frégose, *les* Dante Alighieri (*il en existait encore un*), *les* Frascator, *la reine Marguerite de France, l'empereur d'Allemagne, le roi de Bohême, Maximilien, archiduc d'Autriche, les* Medici, *les* Sauli, Pallavicini, Bentivoglio *de Bologne*, Soderini, Colonna, Scaliger, *les* Cardone *d'Espagne. En France : les* Marigny, Anne de Polignac *princesse de Marsillac et comtesse de Larochefoucault, le cardinal d'Armagnac, l'évêque de Cahors, enfin toute la grande compagnie du temps, heureuse et flattée de sa correspondance avec le successeur de Boccace. J'ai vu aussi combien* Il Bandello *avait de noblesse dans le caractère : s'il a orné son œuvre de ces noms illustres, il n'a pas trahi la cause de ses amitiés privées. Après la signora* Gallerana, *comtesse de Bergame, vient le médecin à qui il a dédié son conte de* Roméo et Juliette; *après la signora molto magnifica* Hypolita Visconti ed Atellana, *vient le simple capitaine de cavalerie légère,* Livio Liviano; *après le duc d'Orléans, un prédicateur; après une* Riario, *vient messer magnifico* Girolamo Ungaro, *mercante lucchese, un homme vertueux auquel il raconte comment un gentiluomo navarese sposa una che era sua sorella et figliuola, non lo sapendo, sujet qui lui avait été envoyé par la reine de Navarre. J'ai pensé que je pouvais, comme Il Bandello, mettre un de mes récits sous la protection d'una virtuosa, gentilissima, illustrissima contessa Seralina San-Severina, et lui adresser des vérités que l'on prendra pour des flatteries. Pourquoi ne pas avouer combien je suis fier d'attester ici et ailleurs, qu'aujourd'hui, comme au seizième siècle, les écrivains, à quelque étage que les mette pour un moment la mode, sont consolés des calomnies, des injures, des critiques amères, par de belles et nobles amitiés dont les suffrages aident à vaincre les ennuis de la vie littéraire. Paris, cette cervelle du monde, vous a tant plu par l'agitation continuelle de ses esprits, il a été si bien compris par la délicatesse vénitienne de votre intelligence; vous avez tant aimé ce riche salon de Gérard que nous avons perdu, et où se voyaient, comme dans l'œuvre de Il Bandello, les illustrations européennes de ce quart de siècle; puis les fêtes brillantes, les inaugurations enchantées que fait cette grande et dangereuse syrène, vous ont tant émerveillée, vous avez si naïvement dit vos impressions, que vous prendrez sans doute sous votre protection la peinture d'un monde que vous n'avez pas dû connaître, mais qui ne manque pas d'originalité. J'aurais voulu avoir quelque belle poésie à vous offrir, à vous qui avez autant de poésie dans l'âme et au cœur que votre personne en exprime; mais si un pauvre prosateur ne peut donner que ce qu'il a, peut-être rachètera-t-il à vos yeux la modicité du présent par les hommages respectueux d'une de ces profondes et sincères admirations que vous inspirez.*

DE BALZAC.

A Paris, où les hommes d'étude et de pensée ont quelques analogies en vivant dans le même milieu, vous avez dû rencontrer plusieurs figures semblables à celle de monsieur Rabourdin, que ce récit prend au moment où il est Chef de Bureau à l'un des plus importants Ministères : quarante ans, des cheveux gris d'une si jolie nuance que les femmes peuvent à la rigueur les aimer ainsi, et qui adoucissent une physionomie mélancolique; des yeux bleus pleins de feu, un teint encore blanc, mais chaud et parsemé de quelques rougeurs violentes; un front et un nez à la Louis XV, une bouche sérieuse, une taille élevée, maigre ou plutôt maigrie comme celle d'un homme qui relève de maladie, enfin une démarche entre l'indolence du promeneur et la méditation de l'homme occupé. Si ce portrait fait préjuger un caractère, la mise de l'homme contribuait peut-être à le mettre en relief. Rabourdin portait habituellement une grande redingote bleue, une cravate blanche, un gilet croisé à la Roberspierre, un pantalon noir sans sous-pieds, des bas de soie gris et des souliers découverts. Rasé, lesté de sa tasse de café dès huit heures du matin, il sortait avec une exactitude d'horloge, et passait par les mêmes rues en se rendant au Ministère ; mais si propre, si compassé que vous l'eussiez pris pour un Anglais allant à son ambassade. A ces traits principaux, vous devinez le père de famille harassé par des contrariétés au sein du ménage, tourmenté par des ennuis au Ministère, mais assez philosophe pour prendre la vie comme elle est ; un honnête homme aimant son pays et le servant, sans se dissimuler les obstacles que l'on rencontre à vouloir le bien ; prudent parce qu'il connaît les hommes, d'une exquise politesse avec les femmes parce qu'il n'en attend rien ; enfin, un homme plein d'acquis, affable avec ses inférieurs, tenant à une grande distance ses égaux, et d'une haute dignité avec ses chefs. A cette époque, en 1825, vous eussiez remarqué surtout en lui l'air froidement résigné de l'homme qui avait enterré les illusions de la jeunesse, qui avait renoncé à de secrètes ambitions ; vous eussiez reconnu l'homme découragé mais encore sans dégoût et qui persiste dans ses premiers projets, plus pour employer ses facultés que dans l'espoir d'un douteux triomphe. Il n'était décoré d'aucun ordre, et s'accusait comme d'une faiblesse d'avoir porté celui du Lys aux premiers jours de la Restauration.

La vie de cet homme offrait des particularités mystérieuses : il n'avait jamais connu son père ; sa mère, femme chez qui le luxe éclatait, toujours parée, toujours en fête, ayant un riche équipage, dont la beauté lui parut merveilleuse par souvenir, et qu'il voyait rarement, lui laissa peu de chose ; mais elle lui avait donné l'éducation vulgaire et incomplète qui produit tant d'ambitions et si peu de capacités. A seize ans, quelques jours avant la mort de sa mère, il était sorti du lycée Napoléon pour entrer comme surnuméraire dans les Bureaux. Un protecteur inconnu l'avait promptement fait appointer. A vingt-deux ans, Rabourdin était Sous-Chef, et Chef à vingt-cinq. Depuis ce jour, la main qui soutenait ce garçon dans la vie n'avait plus fait sentir son pouvoir que dans une seule circonstance : elle l'avait amené, lui pauvre, dans la maison de monsieur Leprince, ancien commissaire-priseur, homme veuf, passant pour très-riche et père d'une fille unique. Xavier Rabourdin devint éperdument amoureux de mademoiselle Célestine Leprince, alors âgée de dix-sept ans et qui avait les prétentions de deux cent mille francs de dot. Soigneusement élevée par une mère artiste qui lui transmit tous ses talents, cette jeune personne devait attirer les regards des hommes les plus haut placés. Elle était grande, belle et admirablement bien faite ; elle peignait, était bonne musicienne, parlait plusieurs langues et avait reçu quelque teinture de science, dangereux avantage qui oblige une femme à beaucoup de précautions si elle veut éviter toute pédanterie. Aveuglée par une tendresse mal entendue, la mère avait donné de fausses espérances à sa fille sur son avenir : à l'entendre, un duc ou un ambassadeur, un maréchal de France ou un ministre pouvaient seuls mettre sa Célestine à la place qui lui convenait dans la société. Cette fille avait d'ailleurs les manières, le langage et les façons du grand monde. Sa toilette était plus riche et plus élégante que ne doit l'être celle d'une fille à marier : un mari ne pouvait plus lui donner que le bonheur. Et, encore, les *gâteries* continuelles de la mère, qui mourut deux ans avant le mariage de sa fille, rendaient-elles assez difficile la tâche d'un amant : il fallait du sang-froid pour gouverner une pareille femme. Les bourgeois effrayés se retirèrent. Orphelin, sans autre fortune que sa place de Chef de Bureau, Xavier fut proposé par monsieur Leprince à Célestine qui résista long-temps. Mademoiselle Leprince n'avait aucune objection contre son prétendu : il était jeune, amoureux et beau ; mais elle ne voulait pas se nommer madame Rabourdin. Le père dit à sa fille que Rabourdin était du bois dont on faisait les ministres. Célestine répondit que jamais homme qui avait nom Rabourdin n'arriverait sous le gouvernement des Bourbons, etc., etc. Forcé dans ses retranchements, le père commit une grave indiscrétion en déclarant à sa fille que son futur serait Rabourdin *de quelque chose* avant l'âge requis pour entrer à la Chambre. Xavier devait être bientôt maître des requêtes et secrétaire-général de son Ministère. De ces deux échelons, ce jeune homme s'élancerait dans les régions supérieures de l'administration, riche d'une fortune et d'un nom transmis par certain testament à lui connu. Le mariage se fit.

Rabourdin et sa femme crurent à cette mystérieuse puissance. Emportés par l'espérance et par le laissez-aller que les premières amours conseillent aux jeunes mariés, monsieur et madame Rabourdin dévorèrent en cinq ans près de cent mille francs sur leur capital. Justement effrayée de ne pas voir avancer son mari, Célestine voulut employer en terres les cent mille francs restant de sa dot, placement qui donna peu de revenu ; mais un jour la succession de monsieur Leprince récompenserait de sages privations par les fruits d'une belle aisance. Quand le vieux commissaire-priseur vit son gendre déshérité de ses protections, il tenta, par amour pour sa fille, de réparer ce secret échec en risquant une partie de sa fortune dans une spéculation pleine de chances favorables ; mais le pauvre homme, atteint par une des liquidations de la Maison Nucingen, mourut de chagrin, ne laissant qu'une dizaine de beaux tableaux qui ornèrent le salon de sa fille, et quelques meubles antiques qu'elle mit au grenier. Huit années de vaine attente firent enfin comprendre à madame Rabourdin que le paternel protecteur de son mari devait avoir été surpris par la mort, que le testament avait été supprimé ou perdu. Deux ans avant la mort de Leprince, la place de Chef de Division, devenue vacante, avait été donnée à un monsieur de La Billardière, parent d'un député de la Droite, fait ministre en 1823. C'était à quitter le métier. Mais Rabourdin pouvait-il abandonner huit mille francs de traitement avec gratifications, quand son ménage s'était accoutumé à les dépenser, et qu'ils formaient les trois quarts du revenu ? D'ailleurs, au bout de quelques années de patience, n'avait-il pas droit à une pension ? Quelle chute pour une femme dont les hautes prétentions au début de la vie étaient presque légitimes, et qui passait pour être une femme supérieure !

Madame Rabourdin avait justifié les espérances que donnait mademoiselle Leprince : elle possédait les éléments de l'apparente supériorité qui plaît au monde, sa vaste instruction lui permettait de parler à chacun son langage, ses talents étaient réels, elle montrait un esprit indépendant et élevé, sa conversation captivait autant par sa variété que par l'étrangeté des idées. Ces qualités utiles et bien placées chez une souveraine, chez une ambassadrice, servaient à peu de chose dans un ménage où tout devait aller terre-à-terre. Les personnes qui parlent bien veulent un public, aiment à parler longtemps et fatiguent quelquefois. Pour satisfaire aux besoins de son esprit, madame Rabourdin avait pris un jour de réception par semaine, elle allait beaucoup dans le monde afin d'y goûter les jouissances auxquelles son amour-propre l'avait habituée. Ceux qui connaissent la vie de Paris sauront ce que souffrait une femme de cette trempe, assassinée dans son intérieur par l'exiguïté de ses moyens pécuniaires. Malgré tant de niaises déclamations sur l'argent, il faut toujours quand on habite Paris être acculé au pied des additions, rendre hommage aux chiffres et baiser la pate fourchue du Veau d'or. Quel problème! douze mille livres de rente pour défrayer un ménage composé du père, de la mère, de deux enfants, d'une femme de chambre et d'une cuisinière, le tout logé rue Duphot, au second, dans un appartement de cent louis! Prélevez la toilette et les voitures de madame avant d'évaluer les grosses dépenses de maison, car la toilette passait avant tout; voyez ce qui reste pour l'éducation des enfants (une fille de sept ans, un garçon de neuf ans, dont l'entretien, malgré une bourse entière, coûtait déjà deux mille francs), vous trouverez que madame Rabourdin pouvait à peine donner trente francs par mois à son mari. Presque tous les maris parisiens en sont là, sous peine d'être des monstres. Cette femme qui s'était cru destinée à briller dans le monde, à le dominer, vit enfin arriver le moment où elle serait forcée d'user son intelligence et ses facultés dans une lutte ignoble, inattendue, en se mesurant corps à corps avec son livre de dépense. Déjà, grande souffrance d'amour-propre! elle avait congédié son domestique mâle, lors de la mort de son père. La plupart des femmes se fatiguent dans cette lutte journalière, elles se plaignent, et finissent par se plier à leur sort; mais au lieu de déchoir, l'ambition de Célestine grandissait avec les difficultés, elle ne pouvait pas les vaincre, elle voulait les enlever; car, à ses yeux, cette complication dans les ressorts de la vie était comme le nœud gordien qui ne se dénoue pas et que le génie tranche. Loin de consentir à la mesquinerie d'une destinée bourgeoise, elle s'impatientait des retards qu'éprouvaient les grandes choses de son avenir, en accusant le sort de tromperie. Célestine se croyait de bonne foi une femme supérieure. Peut-être avait-elle raison, peut-être eût-elle été grande dans de grandes circonstances, peut-être n'était-elle pas à sa place. Reconnaissons-le : il existe des variétés dans la femme comme dans l'homme que se façonnent les Sociétés pour leurs besoins. Or, dans l'Ordre Social comme dans l'Ordre Naturel, il se trouve plus de jeunes pousses qu'il n'y a d'arbres, plus de frai que de poissons arrivés à tout leur développement : beaucoup de capacités, des Athanase Granson, doivent donc mourir étouffées comme les graines qui tombent sur une roche nue. Certes, il y a des femmes de ménage, des femmes d'agrément, des femmes de luxe, des femmes exclusivement épouses, ou mères, ou amantes, des femmes purement spirituelles ou purement matérielles ; comme il y a des artistes, des soldats, des artisans, des mathématiciens, des poètes, des négociants, des gens qui entendent l'argent, l'agriculture ou l'administration. Puis la bizarrerie des événements amène des contre-sens : beaucoup d'appelés et peu d'élus est une loi de la Cité aussi bien que du Ciel. Madame Rabourdin se jugeait très-capable d'éclairer un homme d'état, d'échauffer l'âme d'un artiste, de servir les intérêts d'un inventeur et de l'assister dans ses luttes, de se dévouer à la politique financière d'un Nucingen, d'un Keller, de représenter avec éclat une haute fortune. Peut-être voulait-elle ainsi s'expliquer à elle-même son horreur pour le livre du blanchisseur, pour les contrôles journaliers de la cuisine, les supputations économiques et les soins d'un petit ménage. Elle se faisait supérieure là où elle avait plaisir à l'être. En sentant si vivement les épines d'une position qui peut se comparer à celle de saint Laurent sur son gril, elle devait laisser échapper des cris. Aussi, dans ses paroxysmes d'ambition contrariée, dans les moments où sa vanité blessée lui causait de lancinantes douleurs, Célestine s'attaquait-elle à Xavier Rabourdin. N'était-ce pas à son mari de la placer convenablement ! Si elle était un homme, elle aurait bien eu l'énergie de faire une prompte fortune pour rendre heureuse une femme aimée ! Elle lui reprochait d'être trop honnête homme ; ce qui, dans la bouche de certaines femmes, est un brevet d'imbécillité. Elle lui dessinait de superbes plans dans lesquels elle négligeait les obstacles qu'y apportent les hommes et les choses ; puis, comme toutes les femmes animées par un sentiment violent, elle devenait en pensée plus machiavélique qu'un Gondreville, plus rouée que Maxime de Trailles ; son esprit concevait tout, et elle se contemplait elle-même dans l'étendue de ses idées. Au débouché de ces belles imaginations, Rabourdin, à qui la pratique était connue, restait froid. Célestine attristée jugea son mari étroit de cervelle, timide, peu compréhensif, et prit insensiblement la plus fausse opinion sur le compagnon de sa vie : d'abord, elle l'éteignait constamment par le brillant de sa discussion ; puis, comme ses idées lui venaient par éclairs, elle l'arrêtait court quand il commençait à donner une explication, afin de ne pas perdre une étincelle de son esprit. Dès les premiers jours de leur mariage, en se sentant aimée et admirée par Rabourdin, Cé-

lestine fut sans façon avec lui ; elle se mit au-dessus de toutes les
lois conjugales et de politesse intime, en demandant au nom de l'a-
mour le pardon de ses petits méfaits ; et comme elle ne se corrigea
point, elle domina constamment. Dans cette situation, un homme
se trouve vis-à-vis de sa femme comme un enfant devant son précepteur, quand il ne peut ou ne veut pas croire que l'enfant qu'il a
régenté petit soit devenu grand. Semblable à madame de Staël,
qui criait en plein salon à un plus grand homme qu'elle : « Savez-
vous que vous venez de dire quelque chose de bien profond ! »
madame Rabourdin disait de son mari : — Il a quelquefois de l'esprit. Insensiblement la dépendance dans laquelle elle continuait à
tenir Xavier se manifesta sur sa physionomie par d'imperceptibles
mouvements ; son attitude et ses manières exprimèrent son manque
de respect. Sans le savoir, elle nuisit donc à son mari ; car en tout
pays, avant de juger un homme, le monde écoute ce qu'en pense sa
femme, et demande ainsi ce que les Genevois appellent *un préavis*
(en genevois on prononce *préavisse*). Quand Rabourdin s'aperçut
des fautes que l'amour lui avait fait commettre, le pli était pris ; il
se tut et souffrit. Semblable à quelques hommes chez lesquels le
sentiment et les idées sont en force égale, chez lesquels il se rencontre tout à la fois une belle âme et une cervelle bien organisée, il
était l'avocat de sa femme au tribunal de son jugement ; il se disait que la nature l'avait destinée à un rôle manqué par sa faute, à
lui ; elle était comme un cheval anglais de pur sang, un coureur
attelé à une charrette pleine de moellons, elle souffrait ; enfin il se
condamnait. Puis, à force de les répéter, sa femme lui avait inoculé
ses croyances en elle-même. Les idées sont contagieuses en ménage :
le Neuf Thermidor est, comme tant d'événements immenses, le
résultat d'une influence féminine. Aussi, poussé par l'ambition de
Célestine, Rabourdin avait-il songé depuis long-temps au moyen de
la satisfaire ; mais il lui cachait ses espérances pour ne pas lui en
infliger les tourments. Cet homme de bien était résolu de se faire
jour dans l'administration en y pratiquant une forte trouée. Il voulait y produire une de ces révolutions qui placent un homme à la
tête d'une partie quelconque de la société ; mais incapable de la
bouleverser à son profit, il roulait des pensées utiles et rêvait un
triomphe obtenu par de nobles moyens. Cette idée à la fois ambitieuse et généreuse, il est peu d'employés qui ne l'aient conçue ;
mais chez les employés comme chez les artistes, il y a beaucoup

plus d'avortements que d'enfantements, ce qui revient au mot de
Buffon : Le génie c'est la patience.

Mis à portée d'étudier l'administration française et d'en observer
le mécanisme, Rabourdin avait opéré dans le milieu où le hasard
faisait mouvoir sa pensée, ce qui, par parenthèse, est le secret de
beaucoup d'œuvres humaines, et il avait fini par inventer un nouveau système d'administration. Connaissant les gens auxquels il aurait affaire, il avait respecté la machine qui fonctionnait alors, qui
fonctionne encore et qui fonctionnera long-temps; car tout le
monde se serait effrayé à l'idée de la refaire, mais personne ne
pouvait se refuser à la simplifier. Le problème à résoudre était
donc un meilleur emploi des mêmes forces. Dans sa plus simple
expression, ce plan consistait à remanier les impôts de manière à
les diminuer sans que l'État perdît ses revenus, et à obtenir, avec
un budget égal au budget qui soulevait alors tant de folles discussions, des résultats deux fois plus considérables que les résultats
actuels. Une longue pratique avait démontré à Rabourdin, qu'en
toute chose la perfection était produite par de simples revirements.
Économiser, c'est simplifier. Simplifier, c'est supprimer un rouage
inutile : il y a donc déplacement. Aussi, son système reposait-il sur
un déclassement, il se traduisait par une nouvelle nomenclature administrative. Là gît peut-être la raison de la haine que s'attirent les
novateurs. Les suppressions exigées par le perfectionnement, et
d'abord mal comprises, menacent des existences qui ne se résolvent
pas facilement à changer de condition. Ce qui rendait Rabourdin
vraiment grand, était d'avoir su contenir l'enthousiasme qui saisit tous les inventeurs, d'avoir cherché patiemment un engrenage à
chaque mesure afin d'éviter les chocs, en laissant au temps et à l'expérience le soin de démontrer l'excellence de chaque changement.
La grandeur du résultat ferait croire à son impossibilité, si l'on perdait de vue cette pensée au milieu de la rapide analyse de ce système.
Il n'est donc pas indifférent d'indiquer, d'après ses confidences,
quelqu'incomplètes qu'elles furent, le point d'où il partit pour embrasser l'horizon administratif. Ce récit, qui tient d'ailleurs au cœur
de l'intrigue, expliquera peut-être aussi quelques malheurs des
mœurs présentes.

Xavier avait d'abord été profondément ému par les misères qu'il
avait reconnues dans l'existence des employés, il s'était demandé
d'où venait leur croissante déconsidération; il en avait recherché les

causes, et les avait trouvées dans ces petites révolutions partielles qui furent comme le remous de la tempête de 1789 et que les historiens des grands mouvements sociaux négligent d'examiner, quoiqu'en définitif elles ayent fait nos mœurs ce qu'elles sont.

Autrefois, sous la monarchie, les armées bureaucratiques n'existaient point. Peu nombreux, les employés obéissaient à un premier ministre toujours en communication avec le souverain, et servaient ainsi presque directement le roi. Les chefs de ces serviteurs zélés étaient simplement nommés des *premiers commis.* Dans les parties d'admini tration que le roi ne régissait pas lui-même, comme les Fermes, les employés étaient à leurs chefs ce que les commis d'une maison de commerce sont à leurs patrons : ils apprenaient une science qui devait leur servir à se faire une fortune. Ainsi, le moindre point de la circonférence se rattachait au centre et en recevait la vie. Il y avait donc dévouement et foi. Depuis 1789, l'État, la *patrie* si l'on veut, a remplacé le Prince. Au lieu de relever directement d'un premier magistrat politique, les commis sont devenus, malgré nos belles idées sur la patrie, *des employés du gouvernement;* leurs chefs flottent à tous les vents d'un pouvoir qui ne sait pas la veille s'il existera le lendemain et qui s'appelle *le Ministère.* Le courant des affaires devant toujours s'expédier, il surnage une certaine quantité de commis qui se sait indispensable quoique congéable à merci et qui veut rester en place. La bureaucratie, pouvoir gigantesque mis en mouvement par des nains, est née ainsi. Si en subordonnant toute chose et tout homme à sa volonté, Napoléon avait retardé pour un moment l'influence de la bureaucratie, ce rideau pesant placé entre le bien à faire et celui qui peut l'ordonner, elle s'était définitivement organisée sous le gouvernement constitutionnel, nécessairement ami des médiocrités, grand amateur de pièces probantes et de comptes, enfin tracassier comme une petite bourgeoise. Heureux de voir les ministres en lutte constante avec quatre cents petits esprits, avec dix ou douze têtes ambitieuses et de mauvaise foi, les Bureaux se hâtèrent de se rendre indispensables en se substituant à l'action vivante par l'action écrite, et ils créèrent une puissance d'inertie appelée le Rapport. Expliquons le Rapport.

Quand les rois eurent des ministres, ce qui n'a commencé que sous Louis XV, ils se firent faire des rapports sur les questions importantes, au lieu de tenir, comme autrefois, conseil avec les grands de l'État. Insensiblement, les ministres furent amenés par leurs Bureaux à faire comme les rois. Occupés de se défendre devant les deux Chambres et devant la cour, ils se laissèrent mener par les lisières du rapport. Il ne se présenta rien d'important dans l'administration, que le ministre, à la chose la plus urgente, ne répondît : — J'ai demandé un rapport. Le rapport devint ainsi, pour l'affaire et pour le ministre, ce qu'est le rapport à la Chambre des Députés pour les lois : une consultation où sont traitées les raisons contre et pour avec plus ou moins de partialité ; en sorte que le ministre, de même que la Chambre, se trouve tout aussi avancé avant qu'après le rapport. Toute espèce de parti se prend en un instant. Quoi qu'on fasse, il faut arriver au moment où l'on se décide. Plus on met en bataille de raisons pour et de raisons contre, moins le jugement est sain. Les plus belles choses de la France se sont faites quand il n'existait pas de rapport et que les décisions étaient spontanées. La loi suprême de l'homme d'état est d'appliquer des formules précises à tous les cas, à la manière des juges et des médecins.

Rabourdin s'était dit : On est ministre pour avoir de la décision, connaître les affaires et les faire marcher. Et il voyait le rapport régnant en France depuis le colonel jusqu'au maréchal, depuis le commissaire de police jusqu'au roi, depuis les préfets jusqu'aux ministres, depuis la Chambre jusqu'à la loi. Tout commençait à se discuter, se balancer et se contre-balancer de vive voix et par écrit, tout prenait la forme littéraire. La France allait se ruiner malgré de si beaux rapports, et disserter au lieu d'agir. Il se faisait en France un million de rapports écrits par année ; aussi la bureaucratie régnait-elle ! Les dossiers, les cartons, les paperasses à l'appui des pièces sans lesquelles la France serait perdue, la circulaire sans laquelle elle n'irait pas, fleurissaient. La bureaucratie commençait à entretenir à son profit la méfiance entre la recette et la dépense, elle calomniait l'administration pour le salut de l'administrateur. Enfin elle inventait les fils lilliputiens qui enchaînent la France à la centralisation parisienne, comme si, de 1500 à 1800, la France n'avait rien pu faire sans trente mille commis.

En s'attachant à la chose publique, comme le gui au poirier, l'employé s'en désintéressa complétement, et voici comme. Obligés d'obéir aux princes ou aux Chambres qui leur imposent des parties prenantes au budget et forcés de garder des travailleurs, les ministres diminuaient les salaires et augmentaient les emplois, en pensant que plus il y aurait de monde employé par le gouvernement, plus le gouvernement serait fort. La loi contraire est un axiome écrit dans l'univers : il n'y a d'énergie que par la rareté des principes agissants. Aussi l'événement a-t-il prouvé l'erreur du ministérialisme. Pour implanter un gouvernement au cœur d'une nation, il faut savoir y rattacher *des intérêts* et non *des hommes*. Conduit à mépriser le gouvernement qui lui retirait à la fois considération et salaire, l'employé se comportait en ce moment avec lui comme une courtisane avec un vieil amant, il lui donnait du travail pour son argent : situation aussi peu tolérable pour l'administration que pour l'employé, si tous deux osaient se tâter le pouls, et si les gros salaires n'étouffaient pas la voix des petits. Seulement occupé de se maintenir, de toucher ses appointements et d'arriver à sa pension, l'employé se croyait tout permis pour obtenir ce grand résultat. Cet état de choses amenait le servilisme du commis, il engendrait de perpétuelles intrigues au sein des Ministères où les pauvres employés luttaient contre une aristocratie dégénérée qui venait pâturer sur les communaux de la bourgeoisie, en exigeant des places pour ses enfants ruinés. Un homme supérieur pouvait difficilement marcher le long de ces haies tortueuses, plier, ramper, se couler dans la fange de ces sentines où les têtes remarquables effrayaient tout le monde. Un génie ambitieux se vieillit pour obtenir la triple couronne, il n'imite pas Sixte-Quint pour devenir Chef de Bureau. Il ne restait ou ne venait que des paresseux, des incapables ou des niais. Ainsi s'établissait lentement la médiocrité de l'Administration française. Entièrement composée de petits esprits, la bureaucratie mettait un obstacle à la prospérité du pays, retardait sept ans dans ses cartons le projet d'un canal qui eût stimulé la production d'une province, s'épouvantait de tout, perpétuait les lenteurs, éternisait les abus qui la perpétuaient et l'éternisaient elle-même ; elle tenait tout et le ministre même en lisière ; enfin elle étouffait les hommes de talent assez hardis pour vouloir aller sans elle ou l'éclairer sur ses sottises. Le livre des pensions venait d'être publié, Rabourdin y vit un garçon de bureau inscrit pour une retraite supérieure à celle des vieux colonels criblés de blessures. L'histoire de la bureaucratie se lisait là tout entière. Autre plaie engendrée par les mœurs modernes, et qu'il comptait parmi les causes de cette secrète démoralisation : l'Administration à Paris n'a point de subordination réelle, il y règne une égalité complète entre le chef d'une Division importante et le dernier expéditionnaire : l'un est aussi savant que l'autre dans une arène où l'on se rejette la besogne les uns aux autres. Les employés se jugeaient entre eux sans aucun respect. L'instruction, également dispensée sans mesure aux masses, amène le fils d'un concierge de ministère à prononcer sur le sort d'un homme de mérite ou d'un grand propriétaire chez qui son père a tiré le cordon de la porte. Le dernier venu peut donc lutter avec le plus ancien. Un riche surnuméraire éclabousse son chef en allant à Longchamp dans un tilbury qui porte une jolie femme à laquelle il indique par un mouvement de son fouet le pauvre père de famille à pied, en disant : *Voilà mon chef!* Les Libéraux nommaient cet état de choses le PROGRÈS, Rabourdin y voyait l'ANARCHIE au cœur du pouvoir; car il voyait en résultat des intrigues agitées, comme celles du sérail, entre des eunuques, des femmes et des sultans imbéciles, des petitesses de religieuses, des vexations sourdes, des tyrannies de collège, des travaux diplomatiques à effrayer un ambassadeur entrepris pour une gratification ou pour une augmentation, des sauts de puces attelées à un char de carton ; des malices de nègre faites au ministre lui-même; puis les gens réellement utiles, les travailleurs, victimes des parasites ; les gens dévoués à leur pays qui tranchent vigoureusement sur la masse des incapacités, succombant sous d'ignobles trahisons. Toutes les hautes places allaient appartenir à l'influence parlementaire et non à la Royauté ; les employés se voyaient alors dans la condition de rouages vissés à une machine : il ne s'agissait plus pour eux que d'être plus ou moins graissés. Cette fatale conviction étouffait bien des mémoires écrits en conscience sur les plaies secrètes du pays, désarmait bien des courages, corrodait les probités les plus sévères, fatiguées de l'injustice et conviées à l'insouciance par de dissolvants ennuis. Un commis des frères Rothschild correspond avec toute l'Angleterre : un seul employé pourrait correspondre avec tous les préfets ; mais là où l'un vient apprendre les éléments de sa fortune, l'autre perd inutilement son temps, sa vie et sa santé. Là était le mal. Certes un pays ne semble pas immédiatement menacé de mort parce qu'un employé de talent se retire et qu'un homme médiocre le remplace. Malheureusement pour les nations, aucun homme ne paraît indispensable à leur existence. Mais quand tout s'est à la longue amoindri, les nations disparaissent. Chacun peut, par instruction, aller voir à Venise, à Madrid, à Amsterdam, à Stockholm et à Rome les places où existèrent d'immenses pouvoirs, aujourd'hui détruits par la petitesse qui s'y est infiltrée en gagnant les sommités. Au jour d'une lutte, tout s'est trouvé débile, l'État a succombé devant une faible attaque. Adorer le sot qui réussit, ne pas s'attrister à la chute d'un homme de talent est le résultat de notre triste éducation et de nos mœurs qui poussent les gens d'esprit à la raillerie et le génie au désespoir. Mais quel problème difficile à résoudre que celui de la réhabilitation des employés, au moment où le libéralisme criait par ses journaux dans toutes les boutiques industrielles que les traitements des employés constituaient un vol perpétuel, quand il configurait les chapitres du budget en forme de sangsues, et demandait chaque année où allait le milliard des impôts. Aux yeux de monsieur Rabourdin, l'employé, relativement au budget, était ce que le joueur est au jeu ; tout ce qu'il en emporte, il le lui restitue. Tout gros traitement impliquait une production. Payer mille francs par an à un homme pour lui demander toutes ses journées, n'était-ce pas organiser le vol et la misère ? un forçat coûte presque autant et travaille moins. Mais vouloir qu'un homme auquel l'État donnerait douze mille francs par an se vouât à son pays, était un contrat profitable à tous deux, et qui pouvait tenter les capacités.

Ces réflexions avaient donc conduit Rabourdin à une refonte du personnel. Employer peu de monde, tripler ou doubler les traitements et supprimer les pensions ; prendre les employés jeunes, comme faisaient Napoléon, Louis XIV, Richelieu et Ximenès, mais les garder long-temps en leur réservant les hauts emplois et de grands honneurs, étaient les points capitaux d'une réforme aussi utile à l'État qu'à l'employé. Il est difficile de raconter en détail, chapitre par chapitre, un plan qui embrassait le budget et qui descendait dans les infiniment petits de l'Administration pour les synthétiser ; mais peut-être une indication des principales réformes suffira-t-elle à ceux qui connaissent comme à ceux qui ignorent la constitution administrative. Quoique la position d'un historien soit dangereuse en racontant un plan qui ressemble à de la politique faite au coin du feu, encore est-il nécessaire de le crayonner, afin d'expliquer l'homme par l'œuvre. Supprimez le récit de ses travaux, vous ne voudrez plus croire le narrateur sur parole, s'il se contentait d'affirmer le talent ou l'audace d'un Chef de bureau.

Rabourdin divisait la haute administration en trois ministères. Il avait pensé que si jadis il se trouvait des têtes assez fortes pour embrasser l'ensemble des affaires intérieures et extérieures, la France d'aujourd'hui ne manquerait jamais de Mazarin, de Suger, de Sully, de Choiseul, de Colbert pour diriger des ministères plus vastes que les ministères actuels. D'ailleurs, constitutionnellement parlant, trois ministres s'accordent plus facilement que sept. Puis, il est moins difficile aussi de se tromper quant au talent. Enfin, peut-être la royauté éviterait-elle ainsi ses perpétuelles oscillations ministérielles qui ne permettent de suivre aucun plan de politique extérieure, ni d'accomplir aucune amélioration intérieure. En Autriche, où des nations diverses réunies offrent des intérêts différents à concilier et à conduire sous une même couronne, deux hommes d'État supportaient en ce moment le poids des affaires publiques, sans en être accablés. La France était-elle plus pauvre que l'Allemagne en capacités politiques? D'abord n'était-il pas naturel de réunir le ministère de la marine au ministère de la guerre? Pour Rabourdin, la marine paraissait un des comptes courants du ministère de la guerre, comme l'artillerie, la cavalerie, l'infanterie et l'intendance. N'était-ce pas un contre-sens de donner aux amiraux et aux maréchaux une administration séparée, quand ils marchaient vers un but commun : la défense du pays, l'attaque de l'ennemi, la protection des possessions nationales? Le ministère de l'intérieur devait réunir le commerce, la police et les finances, sous peine de mentir à son nom. Au ministère des affaires étrangères appartenaient la justice, la maison du roi, et tout ce qui, dans le ministère de l'intérieur, concerne les arts, les lettres et les grâces : toute protection devait découler immédiatement du souverain, et ce ministère impliquait la présidence du Conseil. Chacun de ces trois ministères ne comportait pas plus de deux cents employés à son administration centrale, où Rabourdin les logeait tous, comme jadis sous la monarchie. En prenant pour moyenne une somme de douze mille francs par tête, il ne comptait que sept millions pour des chapitres qui en coûtaient plus de vingt dans le budget actuel; car, en réduisant ainsi les ministères à trois têtes, il supprimait des administrations entières devenues inutiles, et les énormes frais de leurs établissements dans Paris. Il prouvait qu'un arrondissement devait être administré par dix hommes, une préfecture par douze au plus, ce qui ne supposait que cinq mille employés pour toute la France, Justice et Armée à part, nombre que dépassait alors le chiffre seul des employés aux ministères. Mais, dans son plan, les greffiers des tribunaux étaient chargés du régime hypothécaire; mais le ministère public était chargé de l'enregistrement et des domaines, car il avait réuni dans un même centre les parties similaires : ainsi l'hypothèque, la succession, l'enregistrement ne sortaient pas de leur cercle d'action, et ne nécessitaient que trois surnuméraires par Tribunal, et trois par Cour royale. L'application constante de ce principe avait conduit Rabourdin à la réforme des finances. Il avait confondu toutes les perceptions d'impôts en une seule, en taxant la consommation en masse au lieu de taxer la propriété. Selon lui, la consommation était l'unique matière imposable en temps de paix. La contribution foncière devait être réservée pour les cas de guerre. Alors seulement l'État pouvait demander des sacrifices au sol, car alors il s'agissait de le défendre; mais, en temps de paix, c'était une lourde faute politique que de l'inquiéter au delà d'une certaine limite; on ne le trouvait plus dans les grandes crises. Ainsi l'*Emprunt* pendant la paix, parce qu'il se faisait au pair et non à cinquante pour cent de perte, comme dans les temps mauvais; puis, pendant la guerre, la *contribution foncière*.

— L'invasion de 1814 et de 1815, disait Rabourdin à ses amis, a fondé en France et démontré une institution que ni Law ni Napoléon n'avaient pu établir : le *crédit*.

Malheureusement Xavier considérait les vrais principes de cette admirable machine comme encore peu compris. Rabourdin imposait la consommation par le mode des contributions directes, en supprimant tout l'attirail des contributions indirectes. La recette de l'impôt se résolvait par un rôle unique composé de divers articles. Il abattait ainsi les gênantes barrières qui barricadent les villes auxquelles il procurait de plus gros revenus en simplifiant leurs modes actuels de perception énormément coûteux. Diminuer la lourdeur de l'impôt n'est pas en matière de finance diminuer l'impôt, c'est le mieux répartir; l'alléger, c'est augmenter la masse des transactions en leur laissant plus de jeu; l'individu paye moins et l'État reçoit davantage. Cette réforme, qui peut sembler immense, reposait sur un mécanisme fort simple. Rabourdin avait pris l'impôt personnel et mobilier comme la représentation la plus fidèle de la consommation générale. Les fortunes individuelles s'expriment admirablement en France par le loyer, par le nombre des domestiques, par les chevaux et les voitures de luxe qui se prêtent à la fiscalité; car les habitations et ce qu'elles contiennent varient peu, et disparaissent difficilement. Après avoir indiqué les moyens de confectionner un rôle de contributions mobilières plus sincère que ne l'était le rôle actuel, il répartissait les sommes que produisaient au trésor les impôts dits *indirects* en *un tant pour cent* de chaque cote individuelle. En effet, l'impôt est un prélèvement d'argent fait sur les choses ou sur les personnes sous des déguisements plus ou moins spécieux ; mais le temps de ces déguisements, bon quand il fallait extorquer l'argent, était passé dans une époque où la classe sur laquelle pèsent les impôts sait pourquoi l'État les prend et par quel mécanisme il les lui rend. En effet, le budget n'est pas un coffre-fort, mais un arrosoir ; plus il prend et répand d'eau, plus un pays prospère. Ainsi supposez six millions de *cotes aisées* (il en avait prouvé l'existence, en y comprenant les *cotes riches*), ne valait-il pas mieux leur demander directement *un droit de vin* qui ne serait pas plus ridicule que l'impôt *des portes et fenêtres* et produirait cent millions, plutôt que de les tourmenter en imposant la chose même ? Par cette régularisation de l'impôt, chaque particulier payerait moins en réalité, l'État recevrait davantage, et les consommateurs jouiraient d'une immense réduction dans le prix des choses que l'État ne soumettrait plus à des tortures infinies. Il conservait un droit de culture sur les vignobles, afin de protéger cette industrie contre la trop grande abondance de ses produits. Puis, pour atteindre les consommations des cotes pauvres, les patentes des débitants étaient taxées d'après la population des lieux qu'ils habitaient. Ainsi, sous trois formes : droit de vin, droit de culture et patente, le Trésor levait une recette énorme sans frais ni vexations, là où il y avait un impôt vexatoire partagé entre ses employés et lui. L'impôt pesait ainsi sur le riche au lieu de tourmenter le pauvre. Un autre exemple. Supposez un franc ou deux, par cote, de droits de sel, vous obtenez dix ou douze millions, la gabelle moderne disparaît, la population pauvre respire, l'agriculture est soulagée, l'État reçoit tout autant, et nulle cote ne se plaint, car toute cote est propriétaire, et peut reconnaître immédiatement les bénéfices d'un impôt ainsi réparti en voyant au fond des campagnes la vie s'améliorant. Enfin, d'année en année, l'État verrait le nombre des *cotes aisées* croissant. En supprimant l'administration des contributions indirectes, machine extrêmement coûteuse, et qui est un État dans l'État, le Trésor et les particuliers y gagnaient donc énormément, à ne considérer que l'économie des frais de perception. Le tabac et la poudre s'affermaient en régie, sous une surveillance. Le système sur ces deux régies, développé par d'autres que Rabourdin lors du renouvellement de la loi sur les tabacs, était si convaincant que cette loi n'eût point passé dans une Chambre à qui l'on n'aurait pas mis le marché à la main, comme le fit alors le ministère. Ce fut alors moins une question de finance qu'une question de gouvernement. L'État ne possédait plus rien en propre, ni forêts, ni mines, ni exploitations. Aux yeux de Rabourdin, l'État, possesseur de domaines, constituait un contre-sens administratif, car l'État ne sait pas faire valoir et se prive de contributions; il perd deux produits à la fois. Quant aux fabriques du gouvernement, c'était le même non-sens reporté dans la sphère de l'industrie. L'État obtient des produits plus coûteux que ceux du commerce, plus lentement confectionnés, et manque à percevoir ses droits sur les mouvements de l'Industrie, à laquelle il retranche des alimentations. Était-ce administrer un pays que d'y fabriquer au lieu d'y faire fabriquer, d'y posséder au lieu de créer le plus de possessions diverses? L'État n'exigeait plus un seul cautionnement en argent. Rabourdin n'admettait que des cautionnements hypothécaires. Voici pourquoi. Ou l'État gardait le cautionnement en nature, et c'était gêner le mouvement de l'argent; ou il l'employait à un taux supérieur à l'intérêt qu'il en donnait, et c'était un vol ignoble; ou il y perdait, et c'était une sottise; enfin, s'il disposait un jour de la masse des cautionnements, il préparait dans certains cas une banqueroute horrible. L'impôt territorial disparaissait donc en partie, Rabourdin en conservait une faible portion, ne fût-ce que comme point de départ en cas de guerre; mais évidemment les productions du sol devenaient libres, et l'Industrie, en trouvant les matières premières à bas prix, pouvait lutter avec l'étranger dans le secours trompeur des Douanes. Les riches administraient gratuitement les Départements, en ayant pour récompense la pairie sous certaines conditions. Les magistrats, les corps savants, les officiers inférieurs voyaient leurs services honorablement récompensés. Il n'y avait pas d'employé qui n'obtînt une immense considération, méritée par l'étendue de ses travaux et l'importance de ses appointements; chacun d'eux pensait lui-même à son avenir, et la France n'avait plus sur le corps le cancer des pensions. En résultat, Rabourdin trouvait sept cents millions de dépenses seulement et douze cents millions de recettes. Il était clair qu'un remboursement de cinq cents millions annuels jouait alors avec un peu plus de force que le maigre amortissement dont le vice était démontré. Là, selon lui, l'État se faisait encore rentier, comme l'État s'entêtait d'ailleurs à posséder et à fabriquer. Enfin, pour exécuter sans secousses sa réforme et pour éviter une Saint-Barthélemy d'employés, Rabourdin demandait vingt années.

Telles étaient les pensées mûries par cet homme depuis le jour où sa place fut donnée à monsieur de La Billardière, homme incapable. Ce plan si vaste en apparence, si simple en réalité, qui supprimait tant de gros états-majors et tant de petites places également inutiles, exigeait de continuels calculs, des statistiques exactes, des preuves évidentes. Rabourdin avait pendant long-temps étudié le budget sur sa double face, celle des Voies et Moyens, celle des Dépenses. Aussi avait-il passé bien des nuits à l'insu de sa femme. Ce n'était rien encore que d'avoir osé concevoir ce plan et de l'avoir superposé sur le cadavre administratif, il fallait s'adresser à un ministre capable de l'apprécier. Le succès de Rabourdin tenait donc à la tranquillité d'une politique alors toujours agitée. Il ne considéra le gouvernement comme définitivement assis qu'au moment où trois cents députés eurent le courage de former une majorité compacte, systématiquement ministérielle. Une administration fondée sur cette base s'était établie depuis que Rabourdin avait achevé ses travaux. A cette époque, le luxe de la paix due aux Bourbons faisait oublier le luxe guerrier du temps où la France brillait comme un vaste camp, prodigue et magnifique parce qu'il était victorieux. Après sa campagne en Espagne, le Ministère paraissait devoir commencer une de ces paisibles carrières où le bien peut s'accomplir, et depuis trois mois un nouveau règne avait commencé sans éprouver aucune entrave, car le libéralisme de la Gauche avait salué Charles X avec autant d'enthousiasme que la Droite. C'était à tromper les gens les plus clairvoyants. Le moment semblait donc propice. N'était-ce pas un gage de durée pour une administration que de proposer et de mettre à fin une réforme dont les résultats étaient si grands ? Jamais donc Rabourdin ne s'était montré plus soucieux, plus préoccupé le matin quand il allait par les rues au Ministère, et le soir à quatre heures et demie quand il en revenait.

De son côté, madame Rabourdin, désolée de sa vie manquée, ennuyée de travailler en secret pour se procurer quelques jouissances de toilette, ne s'était jamais montrée plus aigrement mécontente, mais, en femme attachée à son mari, elle regardait comme indignes d'une femme supérieure les honteux commerces par lesquels certaines femmes d'employés suppléaient à l'insuffisance des appointements. Cette raison lui fit refuser toute relation avec madame Colleville, alors liée avec François Keller, et dont les soirées effaçaient souvent celles de la rue Duphot. Humiliée d'être mariée à un homme sans énergie, car elle prenait l'immobilité du penseur politique et la préoccupation du travailleur intrépide pour l'apathique abattement de l'employé dompté par l'ennui des bureaux, et vaincu par la plus détestable de toutes les misères, par une médiocrité qui permet de vivre; Célestine, vers cette époque, avait, dans sa grande ame, résolu de faire à elle seule la fortune de son mari, de l'élever à tout prix, et de lui cacher les ressorts qu'elle ferait jouer. Elle porta dans ses conceptions cette indépendance d'idées qui la distinguait, et se complut à s'élever au-dessus des femmes en n'obéissant point à leurs petits préjugés, en ne s'embarrassant point des entraves que la société leur impose. Dans sa rage, elle se promit de battre les sots avec leurs armes, et de se jouer elle-même s'il le fallait. Elle vit enfin les choses de haut. L'occasion était favorable. Monsieur de La Billardière, attaqué d'une maladie mortelle, allait succomber sous peu de jours. Si Rabourdin lui succédait, ses talents, car Célestine lui accordait des talents administratifs, seraient si bien appréciés, que la place de maître des requêtes, autrefois promise, lui serait donnée; elle le voyait Commissaire du roi, défendant des projets de loi aux Chambres : elle l'aiderait alors! elle deviendrait, s'il était besoin, son secrétaire; elle passerait des nuits. Tout cela pour aller au bois de Boulogne dans une charmante calèche, pour marcher de pair avec madame Delphine de Nucingen, pour élever son salon à la hauteur de celui de madame de Colleville, pour être invitée aux grandes solennités ministérielles, pour conquérir des auditeurs, pour faire dire d'elle : Madame Rabourdin de *quelque chose* (elle ne connaissait pas encore sa terre), comme on disait madame Firmiani, madame d'Espard, madame d'Aiglemont, madame de Carigliano; enfin pour effacer surtout l'odieux nom de Rabourdin.

Ces secrètes conceptions engendrèrent quelques changements dans l'intérieur du ménage. Madame Rabourdin commença par marcher d'un pas ferme dans la voie de la *Dette*. Elle reprit un domestique mâle, lui fit porter une livrée insignifiante, drap brun à liserés rouges. Elle rafraîchit quelques parties de son mobilier, tendit à nouveau son appartement, l'embellit de fleurs souvent renouvelées, l'encombra des futilités qui devenaient alors à la mode ; puis, elle qui jadis avait quelques scrupules sur ses dépenses, n'hésita plus à remettre sa toilette en harmonie avec le rang auquel elle aspirait, et dont les bénéfices furent escomptés dans quelques magasins où elle fit ses provisions pour la guerre. Pour mettre à la mode ses mercredis, elle donna régulièrement un dîner le vendredi, les convives furent tenus à faire une visite en prenant une tasse de thé, le mercredi suivant. Elle choisit habilement ses convives parmi les députés influents, parmi les gens qui, de loin ou de près, pouvaient servir ses intérêts. Enfin elle se fit un entourage fort convenable. On s'amusait beaucoup chez elle ; on le disait, du moins, ce qui suffit à Paris pour attirer le monde. Rabourdin était si profondément occupé de son grave et grand travail qu'il ne remarqua pas cette recrudescence de luxe au sein de son ménage.

Ainsi la femme et le mari assiégèrent la même place, en opérant sur des lignes parallèles, à l'insu l'un de l'autre.

Au Ministère, florissait alors comme Secrétaire-général certain monsieur Clément Chardin des Lupeaulx, un de ces personnages que le flot des événements politiques met en saillie pendant quelques années, qu'il emporte en un jour d'orage, et que vous retrouvez sur la rive, à je ne sais quelle distance, échoués comme la carcasse d'une embarcation, mais qui semblent être encore quelque chose. Le voyageur se demande si ce débris n'a pas contenu des marchandises précieuses, servi dans de grandes circonstances, coopéré à quelque résistance, supporté le velours d'un trône ou transporté le cadavre d'une royauté. En ce moment, Clément des Lupeaulx (les Lupeaulx absorbaient le Chardin) atteignait à son apogée. Dans les existences les plus illustres comme dans les plus obscures, n'y a-t-il pas pour l'animal comme pour les Secrétaires-généraux un zénith et un nadir, une période où le pelage est magnifique, où la fortune rayonne de tout son éclat. Dans la nomenclature créée par les fabulistes, des Lupeaulx appartenait au genre des Bertrand, et ne s'occupait qu'à trouver des Ratons. Les moralistes déploient ordinairement leur verve sur les abominations transcendantes. Pour eux, les crimes sont à la cour d'Assises ou à la Police correctionnelle, mais les finesses sociales leur échappent ; l'habileté qui triomphe sous les armes du Code est au-dessus ou au-dessous d'eux, ils n'ont ni loupe ni longue-vue ; il leur faut de bonnes grosses horreurs bien visibles. Toujours occupés des carnassiers, ils négligent les reptiles ; et heureusement pour les poètes comiques, ils leur laissent les nuances qui colorent le Chardin des Lupeaulx. Égoïste et vain, souple et fier, libertin et gourmand, avide à cause de ses dettes, discret comme une tombe d'où rien ne sort pour démentir l'inscription destinée aux passants, intrépide et sans peur quand il sollicitait, aimable et spirituel dans toute l'acception du mot, moqueur à propos, plein de tact, sachant vous compromettre par une caresse comme par un coup de coude, ne reculant devant aucune largeur de ruisseau et sautant avec grâce, effronté voltairien et allant à la messe à Saint-Thomas-d'Aquin quand il s'y trouvait une belle assemblée, le Secrétaire-général ressemblait à toutes les médiocrités qui forment le noyau du monde politique. Savant de la science des autres, il avait pris la position d'écouteur, et il n'en existait point de plus attentif. Aussi, pour ne pas éveiller le soupçon, était-il flatteur jusqu'à la nausée, insinuant comme un parfum et caressant comme une femme. Il allait accomplir sa quarantième année. Sa jeunesse l'avait désespéré pendant long-temps, car il sentait que l'assiette de sa fortune politique dépendait de la députation. Comment était-il parvenu ? se dira-t-on. Par un moyen bien simple : Bonneau politique, des Lupeaulx se chargeait des missions délicates que l'on ne peut donner ni à un homme qui se respecte, ni à un homme qui ne se respecte pas, mais qui se confient à des êtres sérieux et apocryphes tout ensemble, que l'on peut avouer ou désavouer à volonté. Son état était d'être toujours compromis, et il avançait autant par la défaite que par le succès. Il avait compris que sous la Restauration, temps de transactions continuelles entre les hommes, entre les choses, entre les faits accomplis et ceux qui se massaient à l'horizon, le pouvoir aurait besoin d'une femme de ménage. Une fois que dans une maison il s'introduit une vieille qui sait comment se fait et se défait le lit, où se balaient les ordures, où se jette et d'où se tire le linge sale, où se serre l'argenterie, comment s'apaise un créancier, quels gens doivent être reçus ou mis à la porte ; cette créature eût-elle des vices, fût-elle sale, bancroche ou édentée, mît-elle à la loterie et prît-elle trente sous par jour pour se faire une mise, les maîtres l'aiment par habitude, tiennent devant elle conseil dans les circonstances les plus critiques : elle est là, rappelle les ressources et flaire les mystères, apporte à propos le pot de rouge et le schall, se

laisse gronder, rouler par les escaliers, et le lendemain, au réveil,
présente gaiement un excellent consommé. Quelque grand que soit
un homme, il a besoin d'une femme de ménage avec laquelle il
puisse être faible, indécis, disputailleur avec son propre destin,
s'interroger, se répondre et s'enhardir au combat. N'est-ce pas
comme le bois mou des Sauvages, qui, frotté contre du bois dur,
donne le feu? Beaucoup de génies s'allument ainsi. Napoléon faisait ménage avec Berthier, et Richelieu avec le père Joseph : des
Lupeaulx faisait ménage avec tout le monde. Il restait l'ami des ministres déchus en se constituant leur intermédiaire auprès de ceux
qui arrivaient ; il embaumait ainsi la dernière flatterie et parfumait
le premier compliment. Il entendait d'ailleurs admirablement les
petites choses auxquelles un homme d'état n'a pas le loisir de songer : il comprenait une nécessité, il obéissait bien ; il relevait sa
bassesse en en plaisantant le premier, afin d'en relever tout le prix,
et choisissait toujours dans les services à rendre celui que l'on
n'oublierait pas. Ainsi, quand il fallut franchir le fossé qui séparait
l'Empire de la Restauration, quand chacun cherchait une planche
pour le passer, au moment où les roquets de l'Empire se ruaient
dans un dévouement de paroles, des Lupeaulx passait la frontière
après avoir emprunté de fortes sommes à des usuriers. Jouant le
tout pour le tout, il rachetait en Allemagne les créances les plus
criardes sur le roi Louis XVIII, et liquidait par ce moyen, lui le
premier, près de trois millions à vingt pour cent ; car il eut le bonheur d'opérer à cheval sur 1814 et sur 1815. Les bénéfices furent
dévorés par les sieurs Gobseck, Werbrust et Gigonnet, croupiers
de l'entreprise : des Lupeaulx les leur avait promis ; il ne jouait
pas une mise, il jouait toute la banque, en sachant bien que
Louis XVIII n'était pas homme à oublier cette lessive. Des Lupeaulx fut nommé maître des requêtes, chevalier de Saint-Louis et
officier de la Légion-d'Honneur. Une fois grimpé, l'homme habile
chercha les moyens de se maintenir sur son échelon, car dans la
place forte où il s'était introduit les généraux ne conservent pas
long-temps les bouches inutiles. Aussi, à son métier de ménagère
et d'entremetteur, avait-il joint la consultation gratuite dans les
maladies secrètes du pouvoir: Après avoir reconnu chez les prétendues supériorités de la Restauration une profonde infériorité relativement aux événements qui les dominaient, il avait imposé leur
médiocrité politique en leur apportant, leur vendant au milieu

d'une crise ce mot d'ordre que les gens de talent écoutent dans l'avenir. Ne croyez point que ceci vînt de lui-même ; autrement, des Lupeaulx eût été un homme de génie, et ce n'était qu'un homme d'esprit. Ce Bertrand allait partout, recueillait les avis, sondait les consciences et saisissait les sons qu'elles rendaient. Il récoltait la science en véritable et infatigable abeille politique. Ce dictionnaire de Bayle vivant ne faisait pas comme le fameux dictionnaire, il ne rapportait pas toutes les opinions sans conclure, il avait le talent de la mouche et tombait droit sur la chair la plus exquise, au milieu de la cuisine. Aussi passait-il pour un homme d'État indispensable ; et cette croyance avait pris de si profondes racines dans les esprits, que les ambitieux arrivés jugeaient nécessaire de bien le compromettre afin de l'empêcher de monter plus haut ; ils le dédommageaient par un crédit secret de son peu d'importance publique. Néanmoins, en se sentant appuyé sur tout le monde, ce pêcheur d'idées avait exigé des arrhes perpétuelles : il était rétribué par l'État-major dans la Garde Nationale où il avait une sinécure payée par la Ville de Paris ; il était commissaire du gouvernement près d'une Société Anonyme ; il avait une inspection dans la Maison du roi. Ses deux places inscrites au budget étaient celles de Secrétaire-général et de maître des requêtes. Pour le moment, il voulait être commandeur de la Légion-d'Honneur, gentilhomme de la chambre, comte et député. Pour être député, il fallait payer mille francs d'impôt, la misérable bicoque des Lupeaulx valait à peine cinq cents francs de rente. Où prendre l'argent pour y bâtir un château, pour l'entourer de plusieurs domaines respectables, et venir y jeter de la poudre aux yeux de tout un Arrondissement ? Quoique dînant tous les jours en ville, quoique logé depuis neuf ans aux frais de l'État, quoique voituré par le Ministère, des Lupeaulx ne possédait guère que trente mille francs de dettes franches et liquides sur lesquelles personne n'élevait de contestation. Un mariage pouvait le mettre à flot en écopant sa barque pleine des eaux de la dette ; mais le bon mariage dépendait de son avancement, et son avancement voulait la députation. En cherchant les moyens de briser ce cercle vicieux, il ne voyait qu'un immense service à rendre ou quelque bonne affaire à combiner. Mais, hélas ! les conspirations étaient usées, et les Bourbons avaient en apparence vaincu les partis. Enfin malheureusement, depuis quelques années le gouvernement était si bien mis à jour par les sottes discussions de la Gauche, qui s'étudiait à rendre tout gouvernement impossible en France, qu'on ne pouvait plus y faire d'affaires : les dernières s'étaient accomplies en Espagne, et combien n'avait-on pas crié ! Puis des Lupeaulx avait multiplié les difficultés en croyant à l'amitié de son ministre, auquel il eut l'imprudence d'exprimer le désir d'être assis sur les bancs ministériels. Les ministres devinèrent d'où venait ce désir : des Lupeaulx voulait consolider une position précaire et ne plus être dans leur dépendance. Le lévrier se révoltait contre le chasseur, les ministres lui donnèrent quelques coups de fouet et le caressèrent tour à tour, ils lui suscitèrent des rivaux ; mais des Lupeaulx se conduisit avec eux comme une habile courtisane avec des nouvelles venues : il leur tendit des piéges, ils y tombèrent, il en fit promptement justice. Plus il se sentit menacé, plus il désira conquérir un poste inamovible ; mais il fallait jouer serré ! En un instant, il pouvait tout perdre. Un coup de plume abattrait ses épaulettes de colonel civil, son inspection, sa sinécure à la Société Anonyme, ses deux places et leurs avantages : en tout, six traitements conservés sous le feu de la loi sur le cumul. Souvent il menaçait son ministre comme une maîtresse menace son amant, il se disait sur le point d'épouser une riche veuve : le ministre cajolait alors le cher des Lupeaulx. Dans un de ces raccommodements, il reçut la promesse formelle d'une place à l'Académie des Inscriptions et Belles-Lettres, lors de la première vacance. C'était, disait-il, le pain d'un cheval. Dans son admirable position, Clément Chardin des Lupeaulx était comme un arbre planté dans un terrain favorable. Il pouvait satisfaire ses vices, ses fantaisies, ses vertus et ses défauts.

Voici les fatigues de sa vie : entre cinq ou six invitations journalières, il avait à choisir la maison où se trouvait le meilleur dîner. Il allait faire rire le matin le ministre et sa femme au petit-lever, caressait les enfants et jouait avec eux. Puis il travaillait une heure ou deux, c'est-à-dire il s'étendait dans un bon fauteuil pour lire les journaux, dicter le sens d'une lettre, recevoir quand le ministre n'y était pas, expliquer en gros la besogne, attraper ou distribuer quelques gouttes d'eau bénite de cour, parcourir des pétitions d'un coup de lorgnon ou les apostiller par une signature qui signifiait : « *Je m'en moque, faites comme vous voudrez !* » chacun savait que quand des Lupeaulx s'intéressait à quelqu'un ou à quelque chose, il s'en mêlait personnellement. Il permettait aux employés supérieurs quelques causeries intimes sur les affaires délicates, et il écoutait leurs cancans. De temps en temps il allait au Château prendre le mot d'ordre. Enfin il attendait le ministre au retour de la Chambre quand il y avait session, pour savoir s'il fallait inventer et diriger quelque manœuvre. Le sybarite ministériel s'habillait, dînait et visitait douze ou quinze salons de huit heures à trois heure du matin. A l'Opéra, il causait avec les journalistes, car il était avec eux du dernier bien; il y avait entre eux un continuel échange de petits services, il leur entonnait ses fausses nouvelles et gobait les leurs; il les empêchait d'attaquer tel ou tel ministre sur telle ou telle chose qui ferait, disait-il, une vraie peine à leurs femmes ou à leurs maîtresses.

— Dites que le projet de loi ne vaut rien, et démontrez-le si vous pouvez; mais ne dites pas que Mariette a mal dansé. Calomniez notre affection pour nos proches en jupons, mais ne révélez pas nos farces de jeune homme. Diantre! nous avons tous fait nos vaudevilles, et nous ne savons pas ce que nous pouvons devenir par le temps qui court. Vous serez peut-être ministre, vous qui salez aujourd'hui les tartines du *Constitutionnel*.

En revanche, dans l'occasion il servait les rédacteurs, il levait tout obstacle à la représentation d'une pièce, il lâchait à propos des gratifications ou quelque bon dîner, il promettait de faciliter la conclusion d'une affaire. D'ailleurs il aimait la littérature et protégeait les arts : il avait des autographes, de magnifiques albums *gratis*, des esquisses, des tableaux. Il faisait beaucoup de bien aux artistes en ne leur nuisant pas, en les soutenant dans certaines occasions où leur amour-propre voulait une satisfaction peu coûteuse. Aussi était-il aimé par tout ce monde de coulisses, de journalistes et d'artistes. D'abord tous avaient les mêmes vices et la même paresse; puis ils se moquaient si bien de tout entre deux vins ou entre deux danseuses! le moyen de ne pas être amis? Si des Lupeaulx n'eût pas été Secrétaire-général, il aurait été journaliste. Aussi dans la lutte des quinze années où la batte de l'épigramme ouvrit la brèche par où passa l'insurrection, des Lupeaulx ne reçut-il jamais le moindre coup.

En voyant cet homme jouant à la boule dans le jardin du Ministère avec les enfants de Monseigneur, le fretin des employés se creusait la cervelle pour deviner le secret de son influence et la nature de son travail, tandis que les talons rouges de tous les Ministères le regardaient comme le plus dangereux Méphistophélès, l'adoraient et lui rendaient avec usure les flatteries qu'il débitait dans la sphère supérieure. Indéchiffrable comme une énigme hiéroglyphique pour les petits, l'utilité du secrétaire-général était claire comme une règle de trois pour les intéressés. Chargé de trier les conseils, les idées, de faire des rapports verbaux, ce petit prince de Wagram de ce Napoléon ministériel connaissait tous les secrets de la politique parlementaire, raccrochait les tièdes, portait, rapportait et enterrait les propositions, disait les *non* ou les *oui* que le ministre n'osait prononcer. Fait à recevoir les premiers feux et les premiers coups du désespoir ou de la colère, il se lamentait ou riait avec le ministre. Anneau mystérieux par lequel bien des intérêts se rattachaient au Château et discret comme un confesseur, tantôt il savait tout et tantôt ne savait rien ; puis, il disait du ministre ce que le ministre ne pouvait pas dire de soi-même. Enfin, avec cet Ephestion politique, le ministre osait être lui-même, ôter sa perruque et son râtelier, poser ses scrupules et se mettre en pantoufles, déboutonner ses rouleries et déchausser sa conscience. Tout d'ailleurs n'était pas roses pour des Lupeaulx : il flattait et conseillait son ministre, obligé de flatter pour conseiller, de conseiller en flattant et de déguiser la flatterie sous le conseil. Aussi presque tous les hommes politiques qui firent ce métier eurent-ils une figure assez jaune ; leur constante habitude de toujours faire un mouvement de tête affirmatif pour approuver ce qui se dit, ou pour s'en donner l'air, communiqua quelque chose d'étrange à leur tête ; ils approuvaient indifféremment tout ce qui se disait devant eux, et leur langage fut plein de *mais*, de *cependant*, de *néanmoins*, de *moi je ferais, moi à votre place* (ils disaient souvent *à votre place*), toutes phrases qui préparent la contradiction.

Au physique, Clément des Lupeaulx était le reste d'un joli homme : taille de cinq pieds quatre pouces, embonpoint tolérable, le teint échauffé par la bonne chère, un air usé, une titus poudrée, de petites lunettes fines ; au moins blond, couleur indiquée par une main potelée comme celle d'une vieille femme blonde, un peu trop carrée, les ongles courts, une main de satrape. Le pied ne manquait pas de distinction. Passé cinq heures, des Lupeaulx était toujours en bas de soie à jour, en souliers, pantalon noir, gilet de cachemire, mouchoir de batiste sans parfums, chaîne d'or, habit bleu de roi à boutons ciselés, et sa brochette d'ordres ; le matin, des bottes craquant et un pantalon gris. Sa tenue ressemblait beaucoup plus à celle d'un avoué madré qu'à la contenance d'un ministre. Son œil miroité par l'usage des lunettes le rendait plus laid qu'il ne l'était réellement quand par malheur il les ôtait. Pour les juges habiles, pour les gens droits que le vrai seul met à l'aise, des Lupeaulx était insupportable : ses façons gracieuses frisaient le mensonge, ses protestations aimables, ses vieilles gentillesses toujours neuves pour les imbéciles, montraient trop la corde. Tout homme perspicace voyait en lui une planche pourrie sur laquelle il fallait bien se garder de poser le pied.

Dès que la belle madame Rabourdin daigna s'occuper de la fortune administrative de son mari, elle devina Clément des Lupeaulx et l'étudia pour savoir si dans cette volige il y avait encore quelques fibres ligneuses assez solides pour lestement passer dessus du Bureau à la Division, de huit mille à douze mille francs. La femme supérieure crut pouvoir jouer ce roué politique. Monsieur des Lupeaulx fut donc un peu cause des dépenses extraordinaires qui s'étaient faites et qui se continuaient dans le ménage de Rabourdin.

La rue Duphot, bâtie sous l'Empire, est remarquable par quelques maisons élégantes au dehors et dont les appartements ont été généralement bien entendus. Celui de madame Rabourdin avait d'excellentes dispositions, avantage qui entre pour beaucoup dans la noblesse de la vie intérieure. C'était une jolie antichambre assez vaste, éclairée sur la cour et menant à un grand salon dont les fenêtres avaient vue sur la rue. A droite de ce salon, se trouvaient le cabinet et la chambre de Rabourdin, en retour desquels était la salle à manger où l'on entrait par l'antichambre; à gauche, la chambre à coucher de madame et son cabinet de toilette, en retour desquels était le petit appartement de sa fille. Aux jours de réception, la porte du cabinet de Rabourdin et celle de la chambre de madame restaient ouvertes. L'espace permettait de recevoir une assemblée choisie, sans se donner le ridicule qui pèse sur certaines soirées bourgeoises où le luxe s'improvise aux dépens des habitudes journalières et paraît alors une exception. Le salon venait d'être retendu en soie jaune avec des agréments de couleur carmélite. La chambre de madame était vêtue en étoffe *vraie perse* et meublée dans le genre *rococo*. Le cabinet de Rabourdin hérita de la tenture de l'ancien salon nettoyée, et fut orné des beaux tableaux laissés par Leprince. La fille du commissaire-priseur utilisa dans sa salle à manger de ravissants tapis turcs, bonne occasion saisie par son père, en les y encadrant dans de vieux ébènes, d'un prix devenu exorbitant. D'admirables buffets de Boulle, achetés également par le feu commissaire-priseur, meublèrent le pourtour de cette pièce, au milieu de laquelle scintillèrent les arabesques en cuivre incrustées dans l'écaille de la première horloge à socle qui reparut pour remettre en honneur les chefs-d'œuvre du dix-septième siècle. Des fleurs embaumaient cet appartement plein de goût et de belles choses, où chaque détail était une œuvre d'art bien placée et bien accompagnée, où madame Rabourdin, mise avec cette originale simplicité que trouvent les artistes, se montrait comme une femme accoutumée à ces jouissances, n'en parlait pas et se contentait d'achever par les grâces de son esprit l'effet produit sur ses hôtes par cet ensemble. Grâce à son père, dès que le *rococo* fut à la mode, Célestine fit parler d'elle.

Quelque habitué qu'il fût aux fausses et aux réelles magnificences de tout étage, des Lupeaulx fut surpris chez madame Rabourdin. Le charme qui saisit cet Asmodée parisien peut s'expliquer par une comparaison. Imaginez un voyageur fatigué des mille aspects si riches de l'Italie, du Brésil, des Indes, qui revient dans sa patrie et trouve sur son chemin un délicieux petit lac, comme est le lac d'Orta au pied du Mont-Rose, une île bien jetée dans des eaux calmes, coquette et simple, naïve et cependant parée, solitaire et bien accompagnée : élégants bouquets d'arbres, statues d'un bel effet. A l'entour, des rives à la fois sauvages et cultivées ; le grandiose et ses tumultes au dehors, au dedans les proportions humaines. Le monde que le voyageur a vu se retrouve en petit, modeste et pur ; son âme reposée le convie à rester là, car un charme poétique et mélodieux l'entoure de toutes les harmonies et réveille toutes les idées. C'est à la fois une Chartreuse et la vie !

Quelques jours auparavant, la belle madame Firmiani, l'une des plus ravissantes femmes du faubourg Saint-Germain, qui aimait et recevait madame Rabourdin, avait dit à des Lupeaulx invité tout exprès pour entendre cette phrase : « Pourquoi n'allez-vous donc pas chez madame ? » Et elle avait montré Célestine. « Madame a des soirées délicieuses, et surtout on y dîne... mieux que chez moi. »

Des Lupeaulx s'était laissé surprendre une promesse par la belle madame Rabourdin qui, pour la première fois, avait levé les yeux sur lui 1 parlant. Et il était allé rue Duphot, n'est-ce pas tout dire ? La me n'a qu'une ruse, s'écrie Figaro, mais elle est infaillible. En dînant chez ce simple Chef de Bureau, des Lupeaulx se promit d'y dîner quelquefois. Grâce au jeu décent et convenable de la charmante femme que sa rivale, madame Colleville, surnommait *la Célimène de la rue Duphot,* il y dînait tous les vendredis depuis un mois, et revenait de son propre mouvement prendre une tasse de thé le mercredi.

Depuis quelques jours, après de savantes et fines perquisitions, madame Rabourdin croyait avoir trouvé dans cette planche ministérielle la place d'y mettre une fois le pied. Elle ne doutait plus du succès. Sa joie intérieure ne peut être comprise que dans ces ménages d'employés où l'on a, trois ou quatre ans durant, calculé le bien-être résultant d'une nomination espérée, caressée, choyée. Combien de souffrances apaisées! combien de vœux élancés vers les divinités ministérielles! combien de visites intéressées! Enfin, grâce à sa hardiesse, madame Rabourdin entendait tinter l'heure où elle allait avoir vingt mille francs par an au lieu de huit mille.

— Et je me serai bien conduite, se disait-elle. J'ai fait un peu de dépense; mais nous ne sommes pas dans une époque où l'on va chercher les mérites qui se cachent, tandis qu'en se mettant en vue, en restant dans le monde, en cultivant ses relations, en s'en faisant de nouvelles, un homme arrive. Après tout, les ministres et leurs amis ne s'intéressent qu'aux gens qu'ils voient, et Rabourdin ne se doute pas du monde! Si je n'avais pas entortillé ces trois députés, ils auraient peut-être voulu la place de La Billardière; tandis que, reçus chez moi, la vergogne les prend, ils deviennent nos appuis au lieu d'être nos rivaux. J'ai fait un peu la coquette, mais je suis heureuse que les premières niaiseries avec lesquelles on amuse les hommes aient suffi...

Le jour où commença réellement une lutte inattendue à propos de cette place, après le dîner ministériel qui précédait une de ces soirées que les ministres considèrent comme publiques, des Lupeaulx se trouvait à la cheminée auprès de la femme du ministre; et, en prenant sa tasse de café, il lui arriva de comprendre encore une fois madame Rabourdin parmi les sept ou huit femmes véritablement supérieures de Paris; à plusieurs reprises, il avait mis au jeu madame Rabourdin comme le caporal Trim y mettait son bonnet.

— Ne le dites pas trop, cher ami, vous lui feriez du tort, lui dit la femme du ministre en riant à demi.

Aucune femme n'aime à entendre faire devant elle l'éloge d'une autre femme; toutes se réservent en ce cas la parole, afin de vinaigrer la louange.

— Ce pauvre La Billardière est en train de mourir, reprit son Excellence, sa succession administrative revient à Rabourdin, qui est un de nos plus habiles employés, et envers qui nos prédécesseurs ne se sont pas bien conduits, quoique l'un d'eux ait dû sa Préfecture de police sous l'Empire à certain personnage payé pour s'intéresser à Rabourdin. Franchement, cher ami, vous êtes encore assez jeune pour être aimé pour vous-même....

— Si la place de La Billardière est acquise à Rabourdin, je puis être cru quand je vante la supériorité de sa femme, répliqua des Lupeaulx en sentant l'ironie du ministre; mais si madame la comtesse veut en juger par elle-même...

— Je l'inviterai à mon premier bal, n'est-ce pas? Votre femme supérieure arriverait quand j'aurais de ces dames qui viennent ici pour se moquer de nous, et qui entendraient annoncer *madame Rabourdin*.

— Mais n'annonce-t-on pas madame Firmiani chez le ministre des Affaires Étrangères?

— Une femme née Cadignan!... dit vivement le nouveau comte en lançant un coup d'œil foudroyant à son Secrétaire général, car ni lui ni sa femme n'étaient nobles.

Beaucoup de personnes crurent qu'il s'agissait d'affaires importantes, les solliciteurs demeurèrent au fond du salon. Quand des Lupeaulx sortit, la comtesse nouvelle dit à son mari : — Je crois des Lupeaulx amoureux?

— Ce serait donc la première fois de sa vie, répondit-il en haussant les épaules comme pour dire à sa femme que des Lupeaulx ne s'occupait point de bagatelles.

Le ministre vit entrer un député du Centre droit et laissa sa femme pour aller caresser une voix indécise. Mais, sous le coup d'un désastre imprévu qui l'accablait, ce député voulait s'assurer une protection et venait annoncer en secret qu'il serait sous peu de jours obligé de donner sa démission. Ainsi prévenu, le Ministère pouvait faire jouer ses batteries avant l'Opposition.

Le ministre, c'est-à-dire des Lupeaulx, avait invité à dîner un personnage inamovible dans tous les Ministères, assez embarrassé de sa personne, et qui, dans son désir de prendre une contenance digne, restait planté sur ses deux jambes réunies à la façon d'une gaîne égyptienne. Ce fonctionnaire attendait près de la cheminée le moment de remercier le Secrétaire-général, dont la retraite brusque et imprévue le surprit au moment où il allait phraser un compliment. C'était purement et simplement le caissier du ministère, le seul employé qui ne tremblât jamais lors d'un changement.

Dans ce temps, la Chambre ne tripotait pas mesquinement le budget comme dans le temps déplorable où nous vivons, elle ne réduisait pas ignoblement les émoluments ministériels, elle ne faisait pas ce qu'en style de cuisine on nomme des économies de bouts de chandelles, elle accordait à chaque ministre qui prenait les affaires une indemnité dite de *déplacement*. Il en coûte hélas! autant pour entrer au ministère que pour en sortir, et l'arrivée entraîne des frais de toute nature qu'il est peu convenable d'inventorier. Cette indemnité consistait en vingt-cinq jolis petits mille francs. L'ordonnance apparaissait-elle au Moniteur, pendant que grands et petits, attroupés autour des poêles ou devant les cheminées, secoués par l'orage dans leurs places, se disaient : « Que va faire celui-là? va-t-il augmenter le nombre des employés, va-t-il en renvoyer deux pour en faire rentrer trois? » le paisible caissier prenait vingt-cinq beaux billets de banque, les attachait avec une épingle, et gravait sur sa figure de suisse de cathédrale une expression joyeuse. Il enfilait l'escalier des appartements et se faisait introduire chez monseigneur à son lever par les gens qui tous confondent, en un seul et même pouvoir, l'argent et le gardien de l'argent, le contenant et le contenu, l'idée et la forme. Le caissier saisissait le couple ministériel à l'aurore du ravissement pendant laquelle un homme d'État est bénin et bon prince. Au : — *Que voulez-vous?* du ministre, il répondait par l'exhibition des chiffons, en disant qu'il s'empressait d'apporter à Son Excellence l'indemnité d'usage; il en expliquait les motifs à madame étonnée, mais heureuse, et qui ne manquait jamais de prélever quelque chose, souvent le tout. Un déplacement est une affaire de ménage. Le caissier tournait son compliment, et glissait à monseigneur quelques phrases : — Si Son Excellence daignait lui conserver sa place, si elle était contente d'un service purement mécanique, si, etc. Comme un homme qui apporte vingt-cinq mille francs est toujours un digne employé, le caissier ne sortait pas sans entendre sa confirmation au poste d'où il voyait passer, repasser et trépasser les ministres depuis vingt-cinq ans. Puis il se mettait aux ordres de madame, il apportait les treize mille francs du mois en temps utile, il les avançait ou les retardait à commandement, et se ménageait ainsi, suivant une vieille expression monastique, une voix au Chapitre. Ancien teneur de livres au Trésor quand le Trésor avait des livres tenus en parties doubles, le sieur Saillard fut indemnisé par sa place actuelle quand on y renonça. C'était un gros et gras bonhomme très-fort sur la tenue des livres et très-faible en toute autre chose, rond comme un zéro, simple comme bonjour, qui venait à pas comptés comme un éléphant, et s'en allait de même à la Place-Royale où il demeurait dans le rez-de-chaussée d'un vieil hôtel à lui. Il avait pour compagnon de route monsieur Isidore Baudoyer, Chef de bureau dans la Division de monsieur La Billardière et partant collègue de Rabourdin, lequel avait épousé sa fille Élisabeth, et avait naturellement pris un appartement au-dessus du sien. Personne ne doutait au Ministère que le père Saillard ne fût une bête, mais personne n'avait jamais pu savoir jusqu'où allait sa bêtise; elle était trop compacte pour être interrogée, elle ne sonnait pas le creux, elle absorbait tout sans rien rendre. Bixiou (un employé dont il sera bientôt question) avait fait sa charge en mettant une tête à perruque sur le haut d'un œuf et deux petites jambes dessous, avec cette inscription : « Né pour payer et recevoir sans » jamais commettre d'erreurs. Un peu moins de bonheur, il eût » été garçon de la banque de France ; un peu plus d'ambition, il » était remercié. » En ce moment, le ministre regardait son caissier comme on regarde une patère ou la corniche, sans imaginer que l'ornement puisse entendre le discours, ni comprendre une pensée secrète.

— Je tiens d'autant plus à ce que nous arrangions tout avec le préfet dans le plus profond mystère, que des Lupeaulx a des prétentions, disait le ministre au député démissionnaire, sa bicoque est dans votre Arrondissement et nous ne voulons pas de lui.

— Il n'a ni le cens, ni l'âge, dit le député.

— Oui, mais vous savez ce qui a été décidé pour Casimir Périer, relativement à l'âge. Quant à la possession annale, des Lupeaulx possède quelque chose qui ne vaut pas grand chose ; mais la loi n'a pas prévu les agrandissements, et il peut acquérir ; or, les commissions ont la manche large pour les députés du Centre, et nous ne pourrions pas nous opposer ostensiblement à la bonne volonté que l'on aurait pour ce cher ami.

— Mais où prendrait-il l'argent pour des acquisitions?

— Et comment Manuel a-t-il été possesseur d'une maison à Paris? s'écria le ministre.

La patère écoutait, mais bien à son corps défendant. Ces vives interlocutions quoique murmurées aboutissaient à l'oreille de Saillard par des caprices d'acoustique encore mal observés. Savez-vous quel sentiment s'empara du bonhomme en entendant ces confidences politiques? une terreur cuisante. Il était de ces gens naïfs qui se désespèrent de paraître écouter ce qu'ils ne doivent pas entendre, d'entrer là où ils ne sont pas appelés, de paraître hardis quand ils sont timides, curieux quand ils sont discrets. Le caissier se glissa sur le tapis de manière à se reculer, en sorte que le ministre le trouva fort loin quand il l'aperçut. Saillard était un séide ministériel incapable de la moindre indiscrétion; si le ministre l'avait cru dans son secret, il n'aurait eu qu'à lui dire: *motus!* Le caissier profita de l'affluence des courtisans, regagna un fiacre de son quartier pris à l'heure lors de ces coûteuses invitations, et revint à la Place-Royale.

A l'heure où le père Saillard voyageait dans Paris, son gendre et sa chère Élisabeth étaient occupés avec l'abbé Gaudron, leur directeur, à faire un vertueux boston en compagnie de quelques voisins, et d'un certain Martin Falleix, fondeur en cuivre au faubourg Saint-Antoine, à qui Saillard avait prêté les fonds nécessaires pour créer un bénéficieux établissement. Ce Falleix, honnête Auvergnat venu le chaudron sur le dos, avait été promptement employé chez les Brézac, grands dépeceurs de châteaux. Vers vingt-sept ans, altéré de bien-être tout comme un autre, Martin Falleix eut le bonheur d'être commandité par monsieur Saillard pour l'exploitation d'une découverte en fonderie. (Brevet d'invention et médaille d'or à l'exposition de 1825.) Madame Baudoyer, dont la fille unique marchait, suivant un mot du père Saillard, sur la queue de ses douze ans, avait jeté son dévolu sur Falleix, garçon trapu, noiraud, actif, de probité dégourdie, dont elle faisait l'éducation. Suivant ses idées, cette éducation consistait à apprendre au petit Auvergnat à jouer au boston, à bien tenir ses cartes, à ne pas laisser voir dans son jeu, à venir chez eux rasé, les mains savonnées au gros savon ordinaire, à ne pas jurer, à parler leur français, à porter des bottes au lieu de souliers, des chemises en calicot au lieu de chemises en toile à sacs, à relever ses cheveux au lieu de les tenir plats. Depuis huit jours, Élisabeth avait décidé Falleix à ôter de ses oreilles deux énormes anneaux plats, qui ressemblaient à des cerceaux.

— Vous allez trop loin, madame Baudoyer, dit-il en la voyant heureuse de ce sacrifice, vous prenez sur moi trop d'empire : vous me faites nettoyer mes dents, ce qui les ébranle ; vous me ferez bientôt brosser mes ongles et friser mes cheveux, ce qui ne va pas dans notre commerce : on n'y aime pas les muscadins.

Élisabeth Baudoyer, *née Saillard*, est une de ces figures qui se dérobent au pinceau par leur vulgarité même, et qui néanmoins doivent être esquissées, car elles offrent une expression de cette petite bourgeoisie parisienne, placée au-dessus des riches artisans et au-dessous de la haute classe, dont les qualités sont presque des vices, dont les défauts n'ont rien d'aimable, mais dont les mœurs, quoique plates, ne manquent pas d'originalité. Élisabeth avait en elle quelque chose de chétif qui faisait mal à voir. Sa taille, qui dépassait à peine quatre pieds, était si mince que sa ceinture comportait à peine une demi-aune. Ses traits fins, ramassés vers le nez, donnaient à sa figure une vague ressemblance avec le museau d'une belette. A trente ans passés, elle paraissait n'en avoir que seize ou dix-sept. Ses yeux d'un bleu de faïence, opprimés par de grosses paupières unies à l'arcade des sourcils, jetaient peu d'éclat. Tout en elle était mesquin : et ses cheveux d'un blond qui tirait sur le blanc, et son front plat éclairé par des plans où le jour semblait s'arrêter, et son teint plein de tons gris presque plombés. Le bas du visage plus triangulaire qu'ovale terminait irrégulièrement des contours assez généralement tourmentés. Enfin la voix offrait une assez jolie suite d'intonations aigres-douces. Élisabeth était bien la petite bourgeoise conseillant son mari le soir sur l'oreiller, n'ayant pas le moindre mérite dans ses vertus ; ambitieuse sans arrière-pensée, par le seul développement de l'égoïsme domestique ; à la campagne, elle aurait voulu arrondir ses propriétés ; dans l'administration, elle voulait avancer. Dire la vie de son père et de sa mère, dira toute la femme en peignant l'enfance de la jeune fille.

Monsieur Saillard avait épousé la fille d'un marchand de meubles, établi sous les piliers des Halles. L'exiguïté de leur fortune avait primitivement obligé monsieur et madame Saillard à de constantes privations. Après trente-trois ans de mariage et vingt-neuf ans de travail dans les Bureaux, la fortune des Saillard (leur société les nommait ainsi) consistait en soixante mille francs confiés à Falleix, l'hôtel de la Place-Royale acheté quarante mille francs en 1804, et trente-six mille francs de dot donnés à leur fille. Dans ce capital, la succession de la veuve Bidault, mère de madame Saillard, représentait une somme de cinquante mille francs environ. Les appointements de Saillard avaient toujours été de quatre mille cinq cents francs, car sa place était un vrai cul-de-sac administratif qui pendant long-temps ne tenta personne. Ces quatre-vingt-dix mille francs, amassés sou à sou, provenaient donc d'économies sordides et fort inintelligemment employées. En effet les Saillard ne connaissaient pas d'autre manière de placer leur argent que de le porter, par somme de dix mille francs, chez leur notaire monsieur Sorbier, prédécesseur de Cardot, et de le prêter à cinq pour cent par première hypothèque avec subrogation dans les droits de la femme, quand l'emprunteur était marié ! Madame Saillard obtint en 1804 un bureau de papier timbré dont le détail détermina l'entrée d'une servante au logis. En ce moment l'hôtel, qui valait plus de cent mille francs, en rapportait huit mille. Falleix donnait sept pour cent de ses soixante mille francs, outre un partage égal des bénéfices. Ainsi les Saillard jouissaient d'au moins dix-sept mille livres de rente. Toute l'ambition du bonhomme était d'avoir la croix en prenant sa retraite.

La jeunesse d'Élisabeth fut un travail constant dans une famille dont les mœurs étaient si pénibles et les idées si simples. On y délibérait sur l'acquisition d'un chapeau pour Saillard, on comptait combien d'années avait duré un habit, les parapluies étaient accrochés par en haut au moyen d'une boucle en cuivre. Depuis 1804, il ne s'était pas fait une réparation à la maison. Les Saillard gardaient leur rez-de-chaussée dans l'état où le précédent propriétaire le leur avait livré : les trumeaux étaient dédorés, les peintures des dessus de portes se voyaient à peine sous la couche de poussière qu'y avait mise le Temps. Ils conservaient dans ces grandes et belles pièces à cheminées en marbre sculpté, à plafonds dignes de ceux de Versailles, les meubles trouvés chez la veuve Bidault. C'étaient des fauteuils en bois de noyer disjoints et couverts en tapisseries, des commodes en bois de rose, des guéridons à galerie en cuivre et à marbres blancs fendus, un superbe secrétaire de Boulle auquel la mode n'avait pas encore rendu sa valeur, enfin le tohu-bohu des bonnes occasions saisies par la marchande des piliers des Halles : tableaux achetés à cause de la beauté des cadres ; vaisselle d'ordre composite, c'est-à-dire un dessert en magnifiques assiettes du Japon, et le reste en porcelaine de toutes les paroisses ; argenterie dépareillée, vieux cristaux, beau linge damassé, lit en tombeau garni de perse et à plumes. Au milieu de toutes ces reliques, madame Saillard habitait une bergère d'acajou moderne, les pieds sur une chaufferette brûlée à chaque trou, près d'une cheminée pleine de cendres et sans feu, sur laquelle se voyaient un cartel, des bronzes antiques, des candélabres à fleurs, mais sans bougies, car elle s'éclairait avec un martinet en cuivre d'où s'élevait une haute chandelle cannelée par différents coulages.

Madame Saillard avait un visage où, malgré ses rides, se peignaient l'entêtement et la sévérité, l'étroitesse de ses idées, une probité quadrangulaire, une religion sans pitié, une avarice naïve et la paix d'une conscience nette. Dans certains tableaux flamands, vous voyez des femmes de bourgmestres ainsi composées par la nature et bien reproduites par le pinceau ; mais elles ont de belles robes en velours ou d'étoffes précieuses, tandis que madame Saillard n'avait pas de robes, mais ce vêtement antique nommé, dans la Touraine et dans la Picardie, des cottes, ou plus généralement en France, des cotillons, espèce de jupes plissées derrière et sur les côtés, mises les unes sur les autres. Son corsage était serré dans un casaquin, autre mode d'un autre âge ! Elle conservait le bonnet à papillon et les souliers à talons hauts. Quoiqu'elle eût cinquante-sept ans et que ses travaux obstinés au sein du ménage lui permissent bien de se reposer, elle tricotait les bas de son mari, les siens et ceux d'un oncle, comme tricotent les femmes de la campagne, en marchant, en parlant, en se promenant dans le jardin, en allant voir ce qui se passait à sa cuisine.

D'abord infligée par la nécessité, l'avarice des Saillard était devenue une habitude. Au retour du Bureau, le caissier mettait habit bas, il faisait lui-même le beau jardin fermé sur la cour par une grille, et qu'il s'était réservé. Pendant long-temps, Élisabeth était allée le matin au marché avec sa mère, et toutes deux suffisaient aux soins du ménage. La mère cuisait admirablement un canard aux navets ; mais, selon le père Saillard, Élisabeth n'avait pas sa pareille pour savoir accommoder aux oignons les restes d'un gigot. « C'était à manger son oncle sans s'en apercevoir. » Aussitôt qu'Élisabeth avait su tenir une aiguille, sa mère lui avait fait raccommoder le linge de la maison et les habits de son père. Sans cesse occupée comme une servante, elle ne sortait jamais seule. Quoique demeurant à deux pas du boulevard du Temple, où se trouvaient Franconi, la Gaîté, l'Ambigu-Comique, et plus loin la Porte Saint-Martin, Élisabeth n'était jamais allée à la *comédie.* Quand elle eut la fantaisie de *voir ce que c'était,* avec la permission de monsieur Gaudron, bien entendu, monsieur Baudoyer la mena, par magnificence et afin de lui montrer le plus beau de tous les spectacles, à l'Opéra, où se donnait alors *le Laboureur chinois.* Élisabeth trouva *la comédie* ennuyeuse comme les mouches et n'y voulut plus retourner. Le dimanche, après avoir cheminé quatre fois de la Place-Royale à l'église Saint-Paul, car sa mère lui faisait pratiquer strictement les préceptes et les devoirs de la religion, son père et sa mère la conduisaient devant le café Turc, où ils s'asseyaient sur des chaises placées alors entre une barrière et le mur. Les Saillard se dépêchaient d'arriver les premiers afin d'être au bon endroit, et se divertissaient à voir passer le monde. A cette époque, le Jardin Turc était le rendez-vous des élégants et élégantes du Marais, du faubourg Saint-Antoine et lieux circonvoisins. Élisabeth n'avait jamais porté que des robes d'indienne en été, de mérinos en hiver, et les faisait elle-même; sa mère ne lui donnait que vingt francs par mois pour son entretien; mais son père, qui l'aimait beaucoup, tempérait cette rigueur par quelques présents. Elle n'avait jamais lu ce que l'abbé Gaudron, vicaire de Saint-Paul et le conseil de la maison, appelait des livres profanes. Ce régime avait porté ses fruits. Obligée d'employer ses sentiments à une passion quelconque, Élisabeth devint âpre au gain. Elle ne manquait ni de sens ni de perspicacité; mais les idées religieuses et son ignorance ayant enveloppé ses qualités dans un cercle d'airain, elles ne s'exercèrent que sur les choses les plus vulgaires de la vie; puis, disséminées sur peu de points, elles se portaient tout entières dans l'affaire en train. Réprimé par la dévotion, son esprit naturel dut se déployer entre les limites posées par les cas de conscience, qui sont un magasin de subtilités où l'intérêt choisit ses échappatoires. Semblable à ces saints personnages chez qui la religion n'a pas étouffé l'ambition, elle était capable de demander au prochain des actions blâmables pour en recueillir tout le fruit; dans l'occasion, elle eût été, comme eux, implacable pour son dû, sournoise dans les moyens. Offensée, elle eût observé ses adversaires avec la perfide patience des chats, et se serait ménagé quelque froide et complète vengeance mise sur le compte du bon Dieu. Jusqu'au mariage d'Élisabeth, les Saillard vécurent sans autre société que celle de l'abbé Gaudron, prêtre auvergnat, nommé vicaire de Saint-Paul lors de la restauration du culte catholique. A cet ecclésiastique, ami de feu madame Bidault, se joignait l'oncle paternel de madame Saillard, vieux marchand de papier retiré depuis l'an II de la République, alors âgé de soixante-neuf ans et qui venait les voir le dimanche seulement, parce qu'on ne faisait pas d'affaires ce jour-là.

Ce petit vieillard à figure d'un teint verdâtre, prise presque tout entière par un nez rouge comme celui d'un buveur et percée de deux yeux de vautour, laissait flotter ses cheveux gris sous un tricorne, portait des culottes dont les oreilles dépassaient démesurément les boucles, des bas de coton chinés, tricotés par sa nièce, qu'il appelait toujours *la petite Saillard;* de gros souliers à boucles d'argent et une redingote multicolore. Il ressemblait beaucoup à ces petits sacristains-bedeaux-sonneurs-suisses-fossoyeurs-chantres de village, que l'on prend pour des fantaisies de caricaturiste jusqu'à ce qu'on les ait vus en personne. En ce moment, il arrivait encore à pied pour dîner et s'en retournait de même rue Grenétat, où il demeurait à un troisième étage. Son métier consistait à escompter les valeurs du commerce dans le quartier Saint-Martin, où il était connu sous le sobriquet de Gigonnet, à cause du mouvement fébrile et convulsif par lequel il levait la jambe. Monsieur Bidault avait commencé l'escompte dès l'an II, avec un Hollandais, le sieur Werbrust, ami de Gobseck.

Plus tard, dans le banc de la Fabrique de Saint-Paul, Saillard fit la connaissance de monsieur et madame Transon, gros négociants en poteries, établis rue de Lesdiguières, qui s'intéressèrent à Élisabeth; et, qui, dans l'intention de la marier, produisirent le jeune Isidore Baudoyer chez les Saillard. La liaison de monsieur et madame Baudoyer avec les Saillard se resserra par l'approbation de Gigonnet, qui, pendant long-temps, avait employé dans ses affaires un sieur Mitral, huissier, frère de madame Baudoyer la mère, lequel voulait alors se retirer dans une jolie maison à l'Ile-Adam. Monsieur et madame Baudoyer, père et mère d'Isidore, honnêtes mégissiers de la rue Censier, avaient lentement fait une fortune médiocre dans un commerce routinier. Après avoir marié leur fils unique, auquel ils donnèrent cinquante mille francs, ils pensèrent à vivre à la campagne, et choisirent le pays de l'Ile-Adam où ils attirèrent Mitral; mais ils vinrent fréquemment à Paris, où ils avaient conservé un pied-à-terre dans la maison de la rue Censier donnée en dot à Isidore. Les Baudoyer jouissaient encore de mille écus de rente, après avoir doté leur fils.

Monsieur Mitral, homme à perruque sinistre, à visage de la couleur de la Seine et où brillaient deux yeux tabac d'Espagne, froid comme une corde à puits, et sentant la souris, gardait le secret sur sa fortune; mais il devait opérer dans son coin comme Werbrust et Gigonnet opéraient dans le quartier Saint-Martin.

Si le cercle de cette famille s'étendit, ni ses idées ni ses mœurs ne changèrent. On fêtait les saints du père, de la mère, du gendre, de la fille et de la petite-fille, l'anniversaire des naissances et des mariages, Pâques, Noël, le premier jour de l'an et les Rois. Ces fêtes occasionnaient de grands balayages et un nettoiement universel au logis, ce qui ajoutait l'utilité aux douceurs de ces cérémonies domestiques. Puis, s'offraient en grande pompe, et avec accompagnement de bouquets, des cadeaux utiles : une paire de bas de soie ou un bonnet à poil pour Saillard, des boucles d'or, un plat d'argent pour Élisabeth ou pour son mari à qui l'on faisait peu à peu un service de vaisselle plate, des cottes en soie à madame Saillard qui les gardait en pièces. A propos du présent, on asseyait le gratifié dans un fauteuil en lui disant pendant un certain temps : — Devine ce que nous t'allons donner ! Enfin s'entamait un dîner splendide, de cinq heures de durée, auquel étaient conviés l'abbé Gaudron, Falleix, Rabourdin, monsieur Godard, jadis Sous-chef de monsieur Baudoyer, monsieur Bataille, capitaine de la compagnie à laquelle appartenaient le gendre et le beau-père. Monsieur Cardot, né prié, faisait comme Rabourdin, il acceptait une invitation sur six. On chantait au dessert, l'on s'embrassait avec enthousiasme en se souhaitant tous les bonheurs possibles, et l'on exposait les cadeaux, en demandant leur avis à tous les invités. Le jour du bonnet à poil, Saillard l'avait gardé sur la tête pendant le dessert, à la satisfaction générale. Le soir, les simples connaissances venaient, et il y avait bal. On dansait long-temps au son d'un unique violon; mais depuis six ans monsieur Godard, grand joueur de flûte, contribuait à la fête par l'addition d'un perçant flageolet. La cuisinière et la bonne de madame Baudoyer, la vieille Catherine, servante de madame Saillard, le portier ou sa femme faisaient galerie à la porte du salon. Les domestiques recevaient un écu de trois livres pour s'acheter du vin et du café. Cette société considérait Baudoyer et Saillard comme des hommes transcendants : ils étaient employés par le gouvernement, ils avaient percé par leur mérite ; ils travaillaient, disait-on, avec le ministre, ils devaient leur fortune à leurs talents, ils étaient des hommes politiques ; mais Baudoyer passait pour le plus capable, sa place de Chef de bureau supposait des travaux beaucoup plus compliqués, plus ardus que ceux de la tenue d'une caisse. Puis, quoique fils d'un mégissier de la rue Censier, Isidore avait eu le génie de faire des études, l'audace de renoncer à l'établissement de son père pour aborder les Bureaux, où il était parvenu à un poste éminent. Enfin, peu communicatif, on le regardait comme un profond penseur, et peut-être, disaient les Transon, deviendra-t-il quelque jour le député du huitième arrondissement. En entendant ces propos, il arrivait souvent à Gigonnet de pincer ses lèvres, déjà si pincées, et de jeter un coup d'œil à sa petite-nièce Élisabeth.

Au physique, Isidore était un homme âgé de trente-sept ans, grand et gros, qui transpirait facilement, et dont la tête ressemblait à celle d'un hydrocéphale. Cette tête énorme, couverte de cheveux châtains et coupés ras, se rattachait au col par un rouleau de chair qui doublait le collet de son habit. Il avait des bras d'Hercule, des mains dignes de Domitien, un ventre que sa sobriété contenait au majestueux, selon le mot de Brillat-Savarin. Sa figure tenait beaucoup de celle de l'empereur Alexandre. Le type tartare se retrouvait dans ses petits yeux, dans son nez aplati relevé du bout, dans sa bouche à lèvres froides et dans son menton court. Le front était bas et étroit. Quoique d'un tempérament lymphatique, le dévot Isidore s'adonnait à une excessive passion conjugale que le temps n'altérait point. Malgré sa ressemblance avec le bel empereur de Russie et le terrible Domitien, Isidore était tout simplement un bureaucrate, peu capable comme Chef de bureau, mais routinièrement formé au travail et qui cachait une nullité flasque sous une enveloppe si épaisse qu'aucun scalpel ne pouvait la mettre à nu. Ses fortes études, pendant lesquelles il déploya la patience et la sagesse d'un bœuf, sa tête carrée avaient trompé ses parents, qui le crurent un homme extraordinaire. Méticuleux et pédant, diseur et tracassier, l'effroi de ses employés auxquels il faisait de continuelles observations, il exigeait les points et les virgules, accomplissait avec rigueur les règlements, et se montrait si terriblement exact que nul à son bureau ne manquait à s'y trouver avant lui. Baudoyer portait un habit bleu barbeau à boutons jaunes, un gilet chamois, un pantalon gris et une cravatte de couleur. Il avait de larges pieds mal chaussés. La chaîne de sa montre était ornée d'un énorme paquet de vieilles breloques parmi lesquelles il conservait en 1824 les graines d'Amérique à la mode en l'an VII.

Au sein de cette famille qui se maintenait par la force des liens religieux, par la rigueur de ses mœurs, par une pensée unique, celle de l'avarice qui devient alors comme une boussole, Élisabeth était forcée de se parler à elle-même au lieu de communiquer ses idées, car elle se sentait sans pairs qui la comprissent. Quoique les faits l'eussent contrainte à juger son mari, la dévote soutenait de son mieux l'opinion favorable à monsieur Baudoyer; elle lui témoignait un profond respect, honorant en lui le père de sa fille, son mari, le pouvoir temporel, disait le vicaire de Saint-Paul. Aussi aurait-elle regardé comme un péché mortel de faire un seul geste, de lancer un seul coup d'œil, de dire une seule parole qui eût pu révéler à un étranger sa véritable opinion sur l'imbécile Baudoyer; elle professait même une obéissance passive pour toutes ses volontés. Tous les bruits de la vie arrivaient à son oreille, elle les recueillait, les comparait pour elle seule, et jugeait si sainement des choses et des hommes, qu'au moment où cette histoire commence, elle était l'oracle secret des deux fonctionnaires, insensiblement arrivés tous deux à ne rien faire sans la consulter. Le père Saillard disait naïvement : « Est-elle fûtée, ct'Élisabeth? » Mais Baudoyer, trop sot pour ne pas être gonflé par la fausse réputation dont il jouissait dans le quartier Saint-Antoine, niait l'esprit de sa femme, tout en le mettant à profit. Élisabeth avait deviné que son oncle Bidault dit Gigonnet devait être riche et maniait des sommes énormes. Éclairée par l'intérêt, elle connaissait monsieur des Lupeaulx mieux que ne le connaissait le ministre. En se trouvant mariée à un imbécile, elle pensait bien que la vie aurait pu aller autrement pour elle, mais elle soupçonnait le mieux sans vouloir le connaître. Toutes ses affections douces trouvaient un aliment dans son amour pour sa fille, à qui elle évitait les peines qu'elle avait supportées dans son enfance, et elle se croyait ainsi quitte envers le monde des sentiments. Pour sa fille seule, elle avait décidé son père à l'acte exorbitant de son association avec Falleix. Falleix avait été présenté chez les Saillard par le vieux Bidault, qui lui prêtait de l'argent sur des marchandises. Falleix trouvait *son vieux pays trop cher*, il s'était plaint avec candeur devant les Saillard de ce que Gigonnet prenait dix-huit pour cent à un Auvergnat. La vieille madame Saillard avait osé blâmer son oncle qui répondit : — C'est bien parce qu'il est Auvergnat que je ne lui prends que dix-huit pour cent !

Falleix, âgé de vingt-huit ans, ayant fait une découverte et la communiquant à Saillard, paraissait avoir le cœur sur la main, expression du vocabulaire Saillard, et semblait promis à une grande fortune; Élisabeth conçut aussitôt de le *mitonner* pour sa fille, et de former elle-même son gendre, calculant ainsi à sept ans de distance. Martin Falleix rendit d'incroyables respects à madame Baudoyer, à laquelle il reconnut un esprit supérieur. Eût-il plus tard des millions, il devait toujours appartenir à cette maison, où il trouvait une famille. La petite Baudoyer était déjà stylée à lui apporter gentiment à boire et à placer son chapeau.

Au moment où monsieur Saillard rentra du Ministère, le boston allait son train. Élisabeth conseillait Falleix. Madame Saillard tricotait au coin du feu en regardant le jeu du vicaire de Saint-Paul. Monsieur Baudoyer, immobile comme un Terme, employait son intelligence à calculer où étaient les cartes et faisait face à Mitral, venu de l'Ile-Adam pour les fêtes de Noël. Personne ne se dérangea pour le caissier, qui se promena pendant quelques instants dans le salon, en montrant sa grosse face crispée par une méditation insolite.

— Il est toujours comme ça quand il dîne chez le ministre, ce qui n'arrive heureusement que deux fois par an, dit madame Saillard, car ils me l'extermineraient. Saillard n'était point fait pour être dans le gouvernement. — Ah çà, j'espère, Saillard, lui dit-elle à haute voix, que tu ne vas pas garder ici ta culotte de soie et ton habit de drap d'Elbeuf. Va donc quitter tout cela, ne l'use pas ici pour rien, ma mère.

— Ton père a quelque chose, dit Baudoyer à sa femme quand le caissier fut dans sa chambre à se déshabiller sans feu.

— Peut-être monsieur de La Billardière est-il mort, dit simplement Élisabeth; et comme il désire que tu le remplaces, ça le tracasse.

— Si je puis vous être utile à quelque chose, dit en s'inclinant le vicaire de Saint-Paul, usez de moi, j'ai l'honneur d'être connu de madame la Dauphine. Nous sommes dans un temps où il faut donner les emplois à des gens dévoués et dont les principes religieux soient inébranlables.

— Tiens, dit Falleix, faut donc des protections aux gens de mérite pour arriver dans vos états? J'ai bien fait de me faire fondeur, la pratique sait dénicher les choses bien fabriquées...

— Monsieur, répondit Baudoyer, le gouvernement est le gouvernement, ne l'attaquez jamais ici.

— En effet, dit le vicaire, vous parlez là comme le *Constitutionnel*.

— Le *Constitutionnel* ne dit pas autre chose, reprit Baudoyer qui ne le lisait jamais.

Le caissier croyait son gendre aussi supérieur en talents à Rabourdin qu'il croyait Dieu au-dessus de saint Crépin, disait-il; mais le bonhomme souhaitait cet avancement avec naïveté. Mu par le sentiment qui porte tous les employés à monter en grade, passion violente, irréfléchie, brutale, il voulait le succès, comme il voulait la croix de la Légion-d'Honneur, sans rien faire contre sa conscience, et par la seule force du mérite. Selon lui, un homme qui avait eu la patience d'être assis pendant vingt-cinq ans dans un bureau, derrière un grillage, s'était tué pour la patrie et avait bien mérité la croix. Pour servir son gendre, il n'avait pas inventé autre chose que de glisser une phrase à la femme de son Excellence, en lui apportant le traitement du mois.

— Hé! bien, Saillard, tu as l'air d'avoir perdu tous tes parents? Parle-nous donc, mon fils. Dis-nous donc quelque chose, lui cria sa femme quand il rentra.

Saillard tourna sur ses talons après avoir fait un signe à sa fille, pour se défendre de parler politique devant les étrangers. Quand monsieur Mitral et le vicaire furent partis, Saillard recula la table, se mit dans un fauteuil et se posa comme il se posait quand il avait un cancan de bureau à répéter, mouvements semblables aux trois coups frappés sur le théâtre à la Comédie française. Après avoir recommandé le plus profond secret à sa femme, à son gendre et à sa fille, car, quelque mince que fût le cancan, leurs places, selon lui, dépendaient toujours de leur discrétion, il leur raconta cette incompréhensible énigme de la démission d'un député, de l'envie bien légitime du Secrétaire-général d'être nommé à sa place, de la secrète opposition du Ministère au vœu d'un de ses plus fermes soutiens, d'un de ses zélés serviteurs; puis l'affaire de l'âge et du cens. Ce fut une avalanche de suppositions noyée dans les raisonnements des deux employés qui se renvoyèrent l'un à l'autre des tartines de bêtises. Élisabeth, elle, fit trois questions.

— Si monsieur des Lupeaulx est pour nous, monsieur Baudoyer sera-t-il sûrement nommé?

— *Quien, parbleu!* s'écria le caissier.

— En 1814, mon oncle Bidault et monsieur Gobseck son ami l'ont obligé, pensa-t-elle. A-t-il encore des dettes?

— Oui, fit le caissier en appuyant par un sifflement piteux et prolongé sur la dernière voyelle. Il y a eu des oppositions sur le traitement, mais elles ont été levées par ordre supérieur, un mandat à vue.

— Où donc est sa terre des Lupeaulx?

— *Quien, parbleu!* dans le pays de ton grand-père et de ton grand-oncle Bidault, de Falleix, pas loin de l'Arrondissement du député qui descend la garde...

Quand son colosse de mari fut couché, Élisabeth se pencha sur lui, et quoiqu'il eût taxé ses questions de *lubies :* — Mon ami, dit-elle, peut-être auras-tu la place de monsieur de La Billardière.

— Te voilà encore avec tes imaginations, dit Baudoyer. Laisse donc monsieur Gaudron parler à la Dauphine, et ne te mêle pas des Bureaux.

A onze heures, au moment où tout était calme à la Place-Royale, monsieur des Lupeaulx quittait l'Opéra pour venir rue Duphot. Ce mercredi fut un des plus brillants de madame Rabourdin. Plusieurs de ses habitués revinrent du théâtre et augmentèrent les groupes formés dans ses salons et où se remarquaient plusieurs célébrités : Canalis le poète, le peintre Schinner, le docteur Bianchon, Lucien de Rubempré, Octave de Camps, le comte de Granville, le vicomte de Fontaine, du Bruel le vaudevilliste, Andoche Finot le journaliste, Derville, une des plus fortes têtes du palais, le baron du Châtelet, député, du Tillet le banquier, des jeunes gens élégants comme Paul de Manerville et le jeune comte d'Esgrignon. Célestine servait le thé quand le Secrétaire-général entra, sa toilette lui allait bien ce soir-là : elle avait une robe de velours noir sans ornement, une écharpe de gaze noire, les cheveux bien lissés, relevés par une natte ronde, et de chaque côté les boucles tombant à l'anglaise. Ce qui distinguait cette femme, était le laissez-aller italien de l'artiste, une facile compréhension de toute chose, et la grâce avec laquelle elle souhaitait la bienvenue au moindre désir de ses amis. La nature lui avait donné une taille svelte pour se retourner lestement au premier mot d'interrogation, des yeux noirs fendus à l'orientale et inclinés comme ceux des Chinoises pour voir de côté; elle savait ménager sa voix insinuante et douce de manière à répandre un charme caressant sur toute parole, même celle jetée au hasard; elle avait de ces pieds que l'on ne voit que dans les portraits où les peintres mentent à leur aise en chaussant leur modèle, seule flatterie qui ne compromette pas l'Anatomie. Son teint, un peu jaune au jour comme est celui des brunes, jetait un vif éclat aux lumières qui faisaient briller ses cheveux et ses yeux noirs. Enfin ses formes minces et découpées rappelaient à l'artiste celles de la Vénus du Moyen-Age trouvée par Jean Goujon, l'illustre statuaire de Diane de Poitiers.

Des Lupeaulx s'arrêta sur la porte en s'appuyant l'épaule au chambranle. Cet espion des idées ne se refusa pas au plaisir d'espionner un sentiment, car cette femme l'intéressait beaucoup plus qu'aucune de celles auxquelles il s'était attaché. Des Lupeaulx arrivait à l'âge où les hommes ont des prétentions excessives auprès des femmes. Les premiers cheveux blancs amènent les dernières passions, les plus violentes parce qu'elles sont à cheval sur une puissance qui finit et sur une faiblesse qui commence. Quarante ans est l'âge des folies, l'âge où l'homme veut être aimé pour lui, car alors son amour ne se soutient plus par lui-même, comme aux premiers jours de la vie où l'on peut être heureux en aimant à tort et à travers, à la façon de Chérubin. A quarante ans, on veut tout, tant on craint de ne rien obtenir, tandis qu'à vingt-cinq ans on a tant de choses qu'on ne sait rien vouloir. A vingt-cinq ans, on marche avec tant de forces qu'on les dissipe impunément; mais à quarante ans on prend l'abus pour la puissance. Les pensées qui saisirent en ce moment des Lupeaulx furent sans doute mélancoliques. Les nerfs de ce vieux Beau se détendirent, le sourire agréable qui lui servait de physionomie et lui faisait comme un masque en crispant sa figure, se dissipa; l'homme vrai parut, il fut horrible; Rabourdin l'aperçut, et se dit: — Que lui est-il arrivé? Est-il en disgrâce? Le Secrétaire-général se souvenait seulement d'avoir été trop promptement quitté naguère par la jolie madame Colleville dont les intentions furent exactement celles de Célestine. Rabourdin surprit ce faux homme d'État les yeux attachés sur sa femme, et il enregistra ce regard dans sa mémoire. Rabourdin était un observateur trop perspicace pour ne pas connaître des Lupeaulx à fond, il le méprisait profondément; mais, comme chez les hommes très-occupés, ses sentiments n'arrivaient pas à la surface. L'emportement que cause un travail aimé équivaut à la plus habile dissimulation, les opinions de Rabourdin étaient donc lettres closes pour des Lupeaulx. Le Chef de bureau voyait avec peine ce parvenu politique chez lui, mais il n'avait pas voulu contrarier sa femme. En ce moment, il causait confidentiellement avec un surnuméraire qui devait jouer un rôle dans l'intrigue engendrée par la mort certaine de La Billardière, il épia donc d'un regard fort distrait Célestine et des Lupeaulx.

Ici, peut-être doit-on expliquer, autant pour les étrangers que pour nos neveux, ce qu'est à Paris un surnuméraire.

Le surnuméraire est à l'Administration ce que l'enfant de chœur est à l'Église, ce que l'enfant de troupe est au Régiment, ce que le rat est au Théâtre : quelque chose de naïf, de candide, un être aveuglé par les illusions. Sans l'illusion, où irions-nous? Elle donne la puissance de manger la *vache enragée* des Arts, de dévorer les commencements de toute science en nous donnant la croyance. L'illusion est une foi démesurée! Or, il a foi en l'Administration, le surnuméraire! il ne la suppose pas froide, atroce, dure comme elle est. Il n'y a que deux genres de surnuméraires : les surnuméraires riches et les surnuméraires pauvres. Le surnuméraire pauvre est riche d'espérance et a besoin d'une place, le surnuméraire riche est pauvre d'esprit et n'a besoin de rien. Une famille riche n'est pas assez niaise pour mettre un homme d'esprit dans l'Administration. Le surnuméraire riche est confié à un employé supérieur ou placé près du Directeur-général, qui l'initie à ce que Bilboquet, ce profond philosophe, appellerait la haute comédie de l'Administration : on lui adoucit les horreurs du stage jusqu'à ce qu'il soit nommé à quelque emploi. Le surnuméraire riche n'effraie jamais les Bureaux. Les employés savent qu'il ne les menace point, le surnuméraire riche ne vise que les hauts emplois de l'administration. Vers cette époque, bien des familles se disaient : — « Que ferons-nous de nos enfants? » L'Armée n'offrait point de chances de fortune. Les carrières spéciales, le Génie civil, la Marine, les Mines, le Génie militaire, le Professorat étaient barricadés par des règlements ou défendus par des concours; tandis que le mouvement rotatoire qui métamorphose les employés en préfets, sous-préfets, directeurs des contributions, receveurs, etc., en bons-hommes de lanterne magique, n'est soumis à aucune loi, à aucun stage. Par cette lacune, débouchèrent les surnuméraires à cabriolet, à beaux habits, à moustaches, et impertinents comme des parvenus. Le journalisme persécutait assez le surnuméraire riche, toujours cousin, neveu, parent de quelque ministre, de quelque député, d'un pair très-influent; mais les employés, complices de ce surnuméraire, en recherchaient la protection. Le surnuméraire pauvre, le vrai, le seul surnuméraire, est presque toujours le fils de quelque veuve d'employé qui vit sur une maigre pension et se tue à nourrir son fils jusqu'à ce qu'il arrive à la place d'expéditionnaire, et qui meurt le laissant près du bâton de maréchal, quelque place de commis-rédacteur, de commis d'ordre, ou peut-être de Sous-chef. Toujours logé dans un quartier où les loyers ne sont pas chers, ce surnuméraire part de bonne heure; pour lui, l'état du ciel est la seule question d'Orient! Venir à pied, ne pas se crotter, ménager ses habits, calculer le temps qu'une trop forte averse peut lui prendre s'il est forcé de se mettre à l'abri, combien de préoccupations! Les trottoirs dans les rues, le dallage des boulevards et des quais furent des bienfaits pour lui. Quand, par des causes bizarres, vous êtes dans Paris à sept heures et demie ou huit heures du matin, en hiver, que vous voyez, par un froid piquant, par une pluie, par un mauvais temps quelconque, poindre un craintif et pâle jeune homme, sans cigare, faites attention à ses poches?... vous y verrez la configuration d'une flûte que sa mère lui a donnée, afin qu'il puisse, sans danger pour son estomac, franchir les neuf heures qui séparent son déjeuner de son dîner. La candeur des surnuméraires dure peu, d'ailleurs. Un jeune homme, éclairé par les lueurs de la vie parisienne, a bientôt mesuré la distance effroyable qui se trouve entre un Sous-chef et lui, cette distance qu'aucun mathématicien, ni Archimède, ni Newton, ni Pascal, ni Leibnitz, ni Kepler, ni Laplace, n'a pu évaluer, et qui existe entre 0 et le chiffre 1, entre une gratification problématique et un traitement! Le surnuméraire aperçoit donc assez promptement les impossibilités de la carrière, il entend parler des passe-droits par des employés qui les expliquent; il découvre les intrigues des Bureaux, il voit les moyens exceptionnels par lesquels ses supérieurs sont parvenus : l'un a épousé une jeune personne qui a fait une faute; l'autre, la fille naturelle d'un ministre : celui-ci a endossé une grave responsabilité; celui-là, plein de talent, a risqué sa santé dans des travaux forcés, il avait une persévérance de taupe, et l'on ne se sent pas toujours capable de tels prodiges! Tout se sait dans les Bureaux. L'homme incapable a une femme pleine de tête qui l'a poussé par là, qui l'a fait nommer député; s'il n'a pas de talent dans les Bureaux, il intrigaille à la Chambre. Tel a pour ami intime de sa femme un homme d'État. Tel est le commanditaire d'un journaliste puissant. Dès lors le surnuméraire dégoûté donne sa démission. Les trois quarts des surnuméraires quittent l'Administration sans avoir été employés, il n'y reste que les jeunes gens entêtés ou les imbéciles qui se disent : « J'y suis depuis trois ans, je finirai par avoir une place! » ou les jeunes gens qui se sentent une vocation. Évidemment, le surnumérariat est, pour l'Administration, ce que le noviciat est dans les Ordres religieux, une épreuve. Cette épreuve est rude. L'État y découvre ceux qui peuvent supporter la faim, la soif et l'indigence sans y succomber, le travail sans s'en dégoûter, et dont le tempérament acceptera l'horrible existence, ou, si vous voulez, la maladie des Bureaux. De ce point de vue, le surnumérariat, loin d'être une infâme spéculation du Gouvernement pour obtenir du travail gratis, serait une institution bienfaisante.

Le jeune homme à qui parlait Rabourdin était un surnuméraire pauvre nommé Sébastien de La Roche, venu sur la pointe de ses bottes de la rue du Roi-Doré au Marais, sans avoir attrapé la moindre éclaboussure. Il disait maman et n'osait lever les yeux sur madame Rabourdin, dont la maison lui faisait l'effet d'un Louvre. Il montrait peu ses gants nettoyés à la gomme élastique. Sa pauvre mère lui avait mis cent sous dans sa poche au cas où il serait absolument nécessaire de jouer, en lui recommandant de ne rien prendre, de rester debout, et de bien faire attention à ne pas pousser quelque lampe, quelque jolie bagatelle étalée sur une étagère. Sa mise était le noir le plus strict. Sa figure blonde, ses yeux d'une belle teinte verte à reflets dorés étaient en harmonie avec une belle chevelure d'un ton chaud. Le pauvre enfant regardait parfois madame Rabourdin à la dérobée, en se disant : — « Quelle belle femme! » A son retour, il devait penser à cette fée jusqu'au moment où le sommeil lui clorrait la paupière. Rabourdin avait vu dans Sébastien une vocation, et, comme il prenait le surnumérariat au sérieux, il s'était intéressé vivement à ce pauvre enfant. Il avait d'ailleurs deviné la misère qui régnait dans le ménage d'une pauvre veuve pensionnée à sept cents francs, et dont le fils, sorti du collége depuis peu, avait nécessairement absorbé bien des économies. Aussi était-il tout paternel pour ce pauvre surnuméraire; il se battait souvent au Conseil afin de lui obtenir une gratification, et quelquefois il la prenait sur la sienne propre, quand la discussion devenait trop ardente entre les distributeurs des grâces et lui. Puis il accablait Sébastien de travail, il le formait; il lui faisait remplir la place de du Bruel le faiseur de pièces de théâtre, connu dans la littérature dramatique et sur les affiches sous le nom de Cursy, lequel laissait à Sébastien cent écus sur son traitement. Rabourdin, dans l'esprit de madame de La Roche et de son fils, était à la fois un grand homme, un tyran, un ange; à lui, se rattachaient toutes leurs espérances. Sébastien avait les yeux toujours fixés sur le moment où il devait passer employé. Ah! le jour où ils émargent est une belle journée pour les surnuméraires! Tous ils ont long-temps manié l'argent de leur premier mois, et ils ne le donnent pas tout entier à leur mère! Vénus sourit toujours à ces prémices de la caisse ministérielle. Cette espérance ne pouvait être réalisée pour Sébastien que par monsieur Rabourdin, son seul protecteur; aussi son dévouement à son chef était-il sans bornes. Le surnuméraire dînait deux fois par mois rue Duphot, mais en famille et amené par Rabourdin; madame ne le priait jamais que pour les bals où il lui fallait des danseurs. Le cœur du pauvre surnuméraire battait quand il voyait l'imposant des Lupeaulx qu'une voiture ministérielle emportait souvent à quatre heures et demie, alors qu'il déployait son parapluie sous la porte du ministère pour s'en aller au Marais. Le Secrétaire-général de qui son sort dépendait, qui d'un mot pouvait lui donner une place de douze cents francs (oui, douze cents francs étaient toute son ambition; à ce prix, sa mère et lui pouvaient être heureux!) eh! bien, ce Secrétaire-général ne le connaissait pas! A peine des Lupeaulx savait-il qu'il existât un Sébastien de La Roche. Et si le fils de La Billardière, le surnuméraire riche du bureau de Baudoyer, se trouvait aussi sous la porte, des Lupeaulx ne manquait jamais à le saluer par un coup de tête amical. Monsieur Benjamin de La Billardière était fils du cousin d'un ministre.

En ce moment Rabourdin grondait ce pauvre petit Sébastien, le seul qui fût dans la confidence entière de ses immenses travaux. Le surnuméraire copiait et recopiait le fameux mémoire composé de cent cinquante feuillets de grand papier Tellière, outre les tableaux à l'appui, les résumés qui tenaient sur une simple feuille, les calculs avec accolades, titres à l'anglaise et sous-titres en ronde. Animé par sa participation mécanique à cette grande idée, l'enfant de vingt ans refaisait un tableau pour un simple grattage, il mettait sa gloire à peindre les écritures, éléments d'une si noble entreprise. Sébastien avait commis l'imprudence d'emporter au bureau la minute du travail le plus dangereux, afin d'en achever la copie. C'était un État général des employés des administrations centrales de tous les ministères à Paris, avec des indications sur leur fortune présente et à venir, et sur leurs entreprises personnelles en dehors de leur emploi.

A Paris tout employé qui n'a pas, comme Rabourdin, une patriotique ambition ou quelque capacité supérieure, joint les fruits d'une industrie aux produits de sa place afin de pouvoir exister. Il fait comme monsieur Saillard, il s'intéresse à un commerce en bâillant des fonds, et le soir il tient les livres de son associé. Beaucoup d'employés sont mariés à des lingères, à des débitantes de tabac, à des directrices de bureau de loterie ou de cabinets de lecture. Quelques-uns, comme le mari de madame Colleville, l'antagoniste de Célestine, sont placés à l'orchestre d'un Théâtre. D'autres, comme du Bruel, fabriquent des vaudevilles, des opéras-comiques, des mélodrames, ou dirigent des spectacles. En ce genre, on peut citer messieurs Sewrin, Pixerécourt, Planard, etc. Dans leur temps Pigault-Lebrun, Piis, Duvicquet avaient des places. Le premier libraire de monsieur Scribe fut un employé au Trésor.

Outre ces renseignements, l'État fait par Rabourdin contenait un examen des capacités morales et des facultés physiques nécessaires pour bien connaître les gens chez lesquels se rencontraient l'intelligence, l'aptitude au travail et la santé, trois conditions indispensables dans des hommes qui devaient supporter le fardeau des affaires publiques, qui devaient tout faire vite et bien. Mais ce beau travail, fruit de dix années d'expérience, d'une longue connaissance des hommes et des choses, obtenu par des liaisons avec les principaux fonctionnaires des différents Ministères, sentait l'espionnage et la police pour qui ne comprenait pas à quoi il se rattachait. Une seule feuille lue, monsieur Rabourdin pouvait être perdu. Admirant sans restriction son chef et ignorant encore les méchancetés de la Bureaucratie, Sébastien avait les malheurs de la naïveté comme il en avait toutes les grâces. Aussi quoique déjà grondé pour avoir emporté ce travail, eut-il le courage d'avouer sa faute en entier : il avait serré minute et copie dans un carton où personne ne pouvait les trouver; mais en devinant l'importance de sa faute, quelques larmes roulèrent dans ses yeux.

— Allons, monsieur, lui dit avec bonté Rabourdin, plus d'imprudences, mais ne vous désolez pas. Rendez-vous demain au Bureau de très-bonne heure, voici la clef d'une caisse qui est dans mon secrétaire à cylindre, elle est fermée par une serrure à combinaisons; vous l'ouvrirez en écrivant le mot *ciel*, vous y serrerez copie et minute.

Ce trait de confiance sécha les larmes du gentil surnuméraire, que son chef voulut contraindre à prendre une tasse de thé et des gâteaux.

— Maman me défend de prendre du thé à cause de ma poitrine, dit Sébastien.

— Hé! bien, cher enfant, reprit l'imposante madame Rabourdin, qui voulait faire acte public de bonté, voici des sandwiches et de la crème, venez là près de moi.

Elle força Sébastien à s'asseoir près d'elle à table, et le cœur du pauvre petit lui battit jusque dans la gorge en sentant la robe de cette divinité effleurer son habit. En ce moment la belle Rabourdin aperçut monsieur des Lupeaulx, lui sourit, et, au lieu d'attendre qu'il vînt à elle, alla vers lui.

— Pourquoi restez-vous là comme si vous nous boudiez? dit-elle.

— Je ne boudais pas, reprit-il. Mais en venant vous annoncer une bonne nouvelle, je ne pouvais m'empêcher de penser que vous seriez encore plus sévère pour moi. Je me voyais dans six mois d'ici presque étranger pour vous. Oui, vous avez trop d'esprit, et moi trop d'expérience..... de rouerie, si vous voulez! pour que nous nous trompions l'un et l'autre. Votre but est atteint sans qu'il vous en coûte autre chose que des sourires et des paroles gracieuses...

— Nous tromper! que voulez-vous dire? s'écria-t-elle d'un air en apparence piqué.

— Oui, monsieur de La Billardière va ce soir encore plus mal qu'hier; et, d'après ce que m'a dit le ministre, votre mari sera nommé Chef de Division.

Il lui raconta ce qu'il appelait sa scène chez le ministre, la jalousie de la comtesse, et ce qu'elle avait dit à propos de l'invitation qu'il ménageait à madame Rabourdin.

— Monsieur des Lupeaulx, répondit avec dignité madame Rabourdin, permettez-moi de vous dire que mon mari est le plus ancien Chef de bureau et le plus capable, que la nomination de ce vieux La Billardière fut un passe-droit qui a mis les Bureaux en rumeur, que mon mari fait l'intérim depuis un an, qu'ainsi nous n'avons ni concurrent ni rival.

— Cela est vrai.

— Eh! bien, reprit-elle en souriant et montrant les plus belles dents du monde, l'amitié que j'ai pour vous peut-elle être entachée par une pensée d'intérêt? M'en croyez-vous capable?

Des Lupeaulx fit un geste de dénégation admirative.

— Ah! reprit-elle, le cœur des femmes sera toujours un secret pour les plus habiles d'entre vous. Oui, je vous ai vu venir ici avec le plus grand plaisir, et il y avait au fond de mon plaisir une idée intéressée.

— Ah!

— Vous avez, lui dit-elle à l'oreille, un avenir sans bornes, vous serez député, puis ministre! (Quel plaisir pour un ambitieux d'entendre dérouler ces paroles dans le tuyau de son oreille par la jolie voix d'une jolie femme!) Oh! je vous connais mieux que vous ne vous connaissez vous-même. Rabourdin est un homme qui vous sera d'une immense utilité dans votre carrière, il fera le travail quand vous serez à la Chambre! De même que vous rêvez le Ministère, moi, je veux pour Rabourdin le Conseil d'État et une Direction générale. Je me suis donc mis en tête de réunir deux hommes qui ne se nuiront jamais l'un à l'autre, et qui peuvent se servir puissamment. N'est-ce pas là le rôle d'une femme? Amis, vous marcherez plus vite l'un et l'autre, et il est temps pour tous deux de voguer! J'ai brûlé mes vaisseaux, ajouta-t-elle en souriant. Vous n'êtes pas aussi franc avec moi que je le suis avec vous.

— Vous ne voulez pas m'écouter, dit-il d'un air mélancolique malgré le contentement intérieur et profond que lui causait madame Rabourdin. Que me font vos promotions futures, si vous me destituez ici?

— Avant de vous écouter, dit-elle avec sa vivacité parisienne, il faudrait pouvoir nous entendre.

Et elle laissa le vieux fat pour aller causer avec madame de Chessel, une comtesse de province qui faisait mine de partir.

— Cette femme est extraordinaire, se dit des Lupeaulx, je ne me reconnais plus auprès d'elle.

Et, en effet, ce roué qui, six ans auparavant, entretenait un Rat, qui, grâce à sa place, se faisait un sérail avec les jolies femmes des employés, qui vivait dans le monde des journalistes et des actrices, fut charmant pendant toute la soirée pour Célestine, et quitta le salon le dernier.

—Enfin, pensa madame Rabourdin en se déshabillant, nous avons la place! douze mille francs par an, les gratifications et le revenu de notre ferme des Grajeux, tout cela fera vingt mille francs. Ce n'est pas l'aisance, mais ce n'est plus la misère.

Célestine s'endormit en pensant à ses dettes, en supputant qu'en trois ans, par une retenue annuelle de six mille francs, elle pourrait les acquitter. Elle était bien loin d'imaginer qu'une femme qui n'avait jamais mis le pied dans un salon, qu'une petite bourgeoise criarde et intéressée, dévote et enterrée au Marais, sans appuis ni connaissances, songeait à emporter d'assaut la place à laquelle elle asseyait son Rabourdin par avance. Madame Rabourdin eût méprisé madame Baudoyer si elle avait su l'avoir pour antagoniste, car elle ignorait la puissance de la petitesse, cette force du ver qui ronge un ormeau en en faisant le tour sous l'écorce. S'il était possible de se servir en littérature du microscope des Leuvenhoëk, des Malpighi, des Raspail, ce qu'a tenté Hoffmann le Berlinois ; et si l'on grossissait et dessinait ces tarets qui ont mis la Hollande à deux doigts de sa perte en rongeant ses digues, peut-être ferait-on voir des figures à peu de chose près semblables à celles des sieurs Gigonnet, Mitral, Baudoyer, Saillard, Gaudron, Falleix, Transon, Godard et compagnie, tarets qui d'ailleurs ont montré leur puissance dans la trentième année de ce siècle.

Aussi voici venir le moment de montrer les tarets qui grouillaient dans les Bureaux où se sont passées les principales scènes de cette Étude.

A Paris, presque tous les Bureaux se ressemblent. En quelque ministère que vous erriez pour solliciter le moindre redressement de torts ou la plus légère faveur, vous trouverez des corridors obscurs, des dégagements peu éclairés, des portes percées, comme les loges de théâtre, d'une vitre ovale qui ressemble à un œil, et par laquelle on voit des fantaisies dignes de Callot, et sur lesquelles sont des indications incompréhensibles. Quand vous avez trouvé l'objet de vos désirs, vous êtes dans une première pièce où se tient le garçon de bureau ; il en est une seconde où sont les employés inférieurs ; le cabinet d'un Sous-chef vient ensuite à droite ou à gauche ; enfin plus loin ou plus haut, celui du Chef de bureau. Quant au personnage immense nommé Chef de Division sous l'Empire, parfois Directeur sous la Restauration, et maintenant redevenu Chef de Division, il loge au-dessus ou au-dessous de ses deux ou trois Bureaux, quelquefois après celui d'un de ses Chefs. Son appartement se distingue toujours par son ampleur, avantage bien prisé dans ces singulières alvéoles de la ruche appelée Ministère ou Direction générale, si tant est qu'il existe une seule Direction générale ! Aujourd'hui presque tous les Ministères ont absorbé ces administrations autrefois séparées. A cette agglomération, les Directeurs-généraux ont perdu tout leur lustre en perdant leurs hôtels, leurs gens, leurs salons et leur petite cour. Qui reconnaîtrait aujourd'hui, dans l'homme arrivant à pied au Trésor, y montant à un deuxième étage, le Directeur-général des Forêts ou des Contributions indirectes, jadis logé dans un magnifique hôtel, rue Sainte-Avoye ou rue Saint-Augustin, Conseiller, souvent Ministre d'État et Pair de France ? (Messieurs Pasquier et Molé, entre autres, se sont contentés de Directions-générales après avoir été ministres, mettant ainsi en pratique le mot du duc d'Antin à Louis XIV : Sire, quand Jésus-Christ mourait le vendredi, il savait bien qu'il reviendrait le dimanche.) Si, en perdant son luxe, le Directeur-général avait gagné en étendue administrative, le mal ne serait pas énorme ; mais aujourd'hui ce personnage se trouve à grand'peine Maître des requêtes avec quelques malheureux vingt mille francs. Comme symbole de son ancienne puissance, on lui tolère un huissier en culotte, en bas de soie et en habit à la française, si toutefois l'huissier n'a pas été dernièrement réformé.

En style administratif, un Bureau se compose d'un garçon, de plusieurs surnuméraires faisant la besogne gratis pendant un certain nombre d'années, de simples expéditionnaires, de commis-rédacteurs, de commis d'ordre ou commis principaux, d'un Sous-chef et d'un Chef. La Division, qui comprend ordinairement deux ou trois Bureaux, en compte parfois davantage. Les titres dénominatifs varient selon les administrations : il peut y avoir un vérificateur au lieu d'un commis d'ordre, un teneur de livres, etc.

Carrelée comme le corridor et tendue d'un papier mesquin, la pièce où se tient le garçon de bureau est meublée d'un poêle, d'une grande table noire, plumes, encrier, quelquefois une fontaine, enfin des banquettes sans nattes pour les pieds-de-grues publics; mais le garçon de bureau, assis dans un bon fauteuil, repose les siens sur un paillasson. Le bureau des employés est une grande pièce plus ou moins claire, rarement parquetée. Le parquet et la cheminée sont spécialement affectés aux Chefs de Bureau et de Division, ainsi que les armoires, les bureaux et les tables d'acajou, les fauteuils de maroquin rouge ou vert, les divans, les rideaux de soie et autres objets de luxe administratif. Le bureau des employés a un poêle dont le tuyau donne dans une cheminée bouchée, s'il y a cheminée. Le papier de tenture est uni, vert ou brun. Les tables sont en bois noir. L'industrie des employés se manifeste dans leur manière de se caser. Le frileux a sous ses pieds une espèce de pupitre en bois, l'homme à tempérament bilieux-sanguin n'a qu'une sparterie; le lymphatique qui redoute les vents coulis, l'ouverture des portes et autres causes du changement de température, se fait un petit paravent avec des cartons. Il existe une armoire où chacun met l'habit de travail, les manches en toile, les garde-vue, casquettes, calottes grecques et autres ustensiles du métier. Presque toujours la cheminée est garnie de carafes pleines d'eau, de verres et de débris de déjeuner. Dans certains locaux obscurs, il y a des lampes. La porte du cabinet où se tient le Sous-chef est ouverte, en sorte qu'il peut surveiller ses employés, les empêcher de trop causer, ou venir causer avec eux dans les grandes circonstances. Le mobilier des bureaux indiquerait au besoin à l'observateur la qualité de ceux qui les habitent. Les rideaux sont blancs ou en étoffe de couleur, en coton ou en soie; les chaises sont en merisier ou en acajou, garnies de paille, de maroquin ou d'étoffes; les papiers sont plus ou moins frais. Mais, à quelque administration que toutes ces choses publiques appartiennent, dès qu'elles sortent du Ministère, rien n'est plus étrange que ce monde de meubles qui a vu tant de maîtres et tant de régimes, qui a subi tant de désastres. Aussi de tous les déménagements, les plus grotesques de Paris sont-ils ceux des Administrations. Jamais le génie d'Hoffmann, ce chantre de l'impossible, n'a rien inventé de plus fantastique. On ne se rend pas compte de ce qui passe dans les charrettes. Les cartons bâillent en laissant une traînée de poussière dans les rues. Les tables montrant leurs quatre fers en l'air, les fauteuils rongés, les incroyables ustensiles avec lesquels on administre la France, ont des physionomies effrayantes. C'est à la fois quelque chose qui tient aux affaires de théâtre et aux machines des saltimbanques. De même que sur les obélisques, on aperçoit des traces d'intelligence et des ombres d'écriture qui troublent l'imagination, comme tout ce qu'on voit sans en comprendre la fin ! Enfin tout cela est si vieux, si éreinté, si fané, que la batterie de cuisine la plus sale est infiniment plus agréable à voir que les ustensiles de la cuisine administrative.

Peut-être suffira-t-il de peindre la Division de monsieur La Billardière, pour que les étrangers et les gens qui vivent en province aient des idées exactes sur les mœurs intimes des Bureaux, car ces traits principaux sont sans doute communs à toutes les administrations européennes.

D'abord, et avant tout, figurez-vous à votre fantaisie un homme ainsi rubriqué dans l'Annuaire ?

CHEF DE DIVISION.

« Monsieur le baron Flamet de La Billardière (Athanase-Jean-
» François-Michel), ancien Grand-Prevôt du département de la
» Corrèze, Gentilhomme ordinaire de la Chambre, Maître des
» requêtes en service extraordinaire, Président du grand Collége
» du département de la Dordogne, Officier de la Légion-d'Honneur,
» chevalier de Saint-Louis et des Ordres étrangers du Christ, d'I-
» sabelle, de Saint-Wladimir, etc., Membre de l'Académie du
» Gers et de plusieurs autres Sociétés savantes, Vice-président de
» la Société des Bonnes-Lettres, Membre de l'Association de Saint-
» Joseph, et de la Société des prisons, l'un des Maires de
» Paris, etc., etc. »

Ce personnage, qui prenait un si grand développement typographique, occupait alors cinq pieds six pouces sur trente-six lignes de large dans un lit, la tête ornée d'un bonnet de coton serré par des rubans couleur feu, visité par l'illustre Desplein, chirurgien du Roi, et par le jeune docteur Bianchon, flanqué de deux vieilles parentes, environné de fioles, linges, remèdes et autres instruments mortuaires, guetté par le curé de Saint-Roch qui lui insinuait de penser à son salut. Son fils Benjamin de La Billardière demandait tous les matins aux deux docteurs : — Croyez-vous que j'aie le bonheur de conserver mon père ? Le matin même l'héritier avait fait une transposition en mettant le mot malheur à la place du mot bonheur.

Or, la Division La Billardière était située par soixante et onze marches de longitude sous la latitude des mansardes dans l'océan ministériel d'un magnifique hôtel, au nord-est d'une cour, où jadis étaient des écuries, alors occupées par la Division Clergeot. Un palier séparait les deux bureaux, dont les portes étaient étiquetées, le long d'un vaste corridor éclairé par des jours de souffrance. Les cabinets et antichambres de messieurs Rabourdin et Baudoyer étaient au-dessous, au deuxième étage. Après celui de Rabourdin se trouvaient l'antichambre, le salon et les deux cabinets de monsieur La Billardière.

Au premier étage, coupé en deux par un entresol, était le logement et le bureau de monsieur Eugène de La Brière, personnage occulte et puissant qui sera décrit en quelques phrases, car il mérite bien une parenthèse. Ce jeune homme fut, pendant tout le temps que dura le Ministère, le secrétaire particulier du ministre. Aussi son appartement communiquait-il par une porte dérobée au cabinet réel de Son Excellence, car après le cabinet de travail il y en avait un autre en harmonie avec les grands appartements où Son Excellence recevait, afin de pouvoir conférer tour à tour avec son secrétaire particulier sans témoins, et avec de grands personnages sans son secrétaire. Un secrétaire particulier est au ministre ce que des Lupeaulx était au ministère. Entre le jeune La Brière et des Lupeaulx, il y avait la différence de l'aide-de-camp au chef d'état-major. Cet apprenti-ministre décampe et reparaît quelquefois avec son protecteur. Si le ministre tombe avec la faveur royale ou avec des espérances parlementaires, il emmène son secrétaire pour le ramener; sinon il le met au vert en quelque pâturage administratif, à la Cour des Comptes, par exemple, cette auberge où les secrétaires attendent que l'orage se dissipe. Ce jeune homme n'est pas précisément un homme d'État mais c'est un homme politique, et quelquefois la politique d'un homme. Quand on pense au nombre infini de lettres qu'il doit décacheter et lire, outre ses occupations, n'est-il pas évident que dans un état monarchique on payerait cette utilité bien cher. Une victime de ce genre coûte à Paris entre dix et vingt mille francs; mais le jeune homme profite des loges, des invitations et des voitures ministérielles. L'empereur de Russie serait très-heureux d'avoir pour cinquante mille francs par an, un de ces aimables caniches constitutionnels, si doux, si bien frisés, si caressants, si dociles, si merveilleusement dressés, de bonne garde, et.... fidèles! Mais le secrétaire particulier ne vient, ne s'obtient, ne se découvre, ne se développe que dans les bureaux d'un gouvernement représentatif. Dans la monarchie vous n'avez que des courtisans et des serviteurs; tandis qu'avec une Charte vous êtes servi, flatté, caressé par des hommes libres. Les ministres, en France, sont donc plus heureux que les femmes et que les rois : ils ont quelqu'un qui les comprend. Peut-être faut-il plaindre les secrétaires particuliers à l'égal des femmes et du papier blanc : ils souffrent tout. Comme la femme chaste, ils doivent n'avoir de talent qu'en secret, et pour leurs ministres. S'ils ont du talent en public, ils sont perdus. Un secrétaire particulier est donc un ami donné par le Gouvernement. Revenons aux Bureaux?

Trois garçons vivaient en paix à la Division La Billardière, à savoir : un garçon pour les deux bureaux, un autre commun aux deux chefs, et celui du directeur de la Division, tous trois chauffés et habillés par l'État, portant cette livrée si connue, bleu de roi à liserés rouges en petite tenue, et pour la grande larges galons bleus blancs et rouges. Celui de La Billardière avait une tenue d'huissier. Pour flatter l'amour-propre du cousin d'un ministre, le Secrétaire-général avait toléré cet empiétement qui d'ailleurs ennoblissait l'Administration. Véritables piliers de ministères, experts des coutumes bureaucratiques, ces garçons, sans besoins, bien chauffés, vêtus aux dépens de l'État, riches de leur sobriété, sondaient jusqu'au vif les employés; ils n'avaient d'autre moyen de se désennuyer que de les observer, d'étudier leurs manies; aussi savaient-ils à quel point ils pouvaient s'avancer avec eux dans le *prêt*, faisant d'ailleurs leurs commissions avec la plus entière discrétion, allant engager ou dégager au Mont-de-Piété, achetant les reconnaissances, prêtant sans intérêt; mais aucun employé ne prenait d'eux la moindre somme sans rendre une gratification, les sommes étaient légères, et il s'ensuivait des placements dits *à la petite semaine*. Ces serviteurs sans maîtres avaient neuf cents francs d'apppointements; les étrennes et gratifications portaient ces émoluments à douze cents francs, et ils étaient en position d'en gagner presque autant avec les employés, car les déjeuners de ceux qui déjeunaient leur passaient par les mains. Dans certains ministères, le concierge apprêtait ces déjeuners. La conciergerie du Ministère des Finances avait autrefois valu près de quatre mille francs au gros père Thuillier, dont le fils était un des employés de la Division La Billardière. Les garçons trouvaient quelquefois dans leur paume droite des pièces de cent sous glissées par des solliciteurs pressés, et reçues avec une rare impassibilité. Les plus anciens ne portent la livrée de l'État qu'au Ministère, et sortent en habit bourgeois.

Celui des Bureaux, le plus riche d'ailleurs, exploitait la masse des employés. Homme de soixante ans, ayant des cheveux blancs taillés en brosse, trapu, replet, le cou d'un apoplectique, un visage commun et bourgeonné, des yeux gris, une bouche de poêle, tel est le profil d'Antoine, le plus vieux garçon du Ministère. Antoine avait fait venir des Échelles en Savoie et placé ses deux neveux, Laurent et Gabriel, l'un auprès des chefs, l'autre auprès du directeur. Taillés en plein drap, comme leur oncle : trente à quarante ans, physionomie de commissionnaire, receveurs de contremarques le soir à un Théâtre royal, places obtenues par l'influence de La Billardière, ces deux Savoyards étaient mariés à d'habiles blanchisseuses de dentelles qui reprisaient aussi les cachemires. L'oncle non marié, ses neveux et leurs femmes vivaient tous ensemble, et beaucoup mieux que la plupart des Sous-chefs. Gabriel et Laurent, ayant à peine dix ans de place, n'étaient pas arrivés à mépriser le costume du gouvernement; ils sortaient en livrée, fiers comme des auteurs dramatiques après un succès d'argent. Leur oncle, qu'ils servaient avec fanatisme et qui leur paraissait un homme subtil, les initiait lentement aux mystères du métier. Tous trois venaient ouvrir les Bureaux, les nettoyaient entre sept et huit heures, lisaient les journaux ou politiquaient à leur manière sur les affaires de la Division avec d'autres garçons, échangeant entre eux leurs renseignements respectifs. Aussi, comme les domestiques modernes qui savent parfaitement bien les affaires de leurs maîtres, étaient-ils dans le Ministère comme des araignées au centre de leur toile, ils y sentaient la plus légère commotion.

Le jeudi matin, lendemain de la soirée ministérielle et de la soirée Rabourdin, au moment où l'oncle se faisait la barbe assisté de ses deux neveux dans l'antichambre de la Division, au second étage, ils furent surpris par l'arrivée imprévue d'un employé.

— C'est monsieur Dutocq, dit Antoine, je le reconnais à son pas de filou. Il a toujours l'air de patiner cet homme-là ! Il tombe sur votre dos sans qu'on sache par où il est venu. Hier, contre son habitude, il est resté le dernier dans le bureau de la Division, excès qui ne lui est pas arrivé trois fois depuis qu'il est au Ministère.

Trente-huit ans, un visage oblong à teint bilieux, des cheveux gris crépus, toujours taillés ras ; un front bas, d'épais sourcils qui se rejoignaient, un nez tordu, des lèvres pincées, des yeux vert-clair qui fuyaient le regard du prochain, une taille élevée, l'épaule droite légèrement plus forte que l'autre ; habit brun, gilet noir, cravate de foulard, pantalon jaunâtre, bas de laine noire, souliers à nœuds barbottants : vous voyez monsieur Dutocq, commis d'ordre du bureau Rabourdin. Incapable et flâneur, il haïssait son chef. Rien de plus naturel. Rabourdin n'avait aucun vice à flatter, aucun côté mauvais par où Dutocq aurait pu se rendre utile. Beaucoup trop noble pour nuire à un employé, il était aussi trop perspicace pour se laisser abuser par aucun semblant. Dutocq n'existait donc que par la générosité de Rabourdin et désespérait de tout avancement tant que ce chef mènerait la Division. Quoique se sentant sans moyens pour occuper la place supérieure, Dutocq connaissait assez les Bureaux pour savoir que l'incapacité n'empêche point d'émarger, il en serait quitte pour chercher un Rabourdin parmi ses rédacteurs. L'exemple de La Billardière était frappant et funeste. La méchanceté combinée avec l'intérêt personnel équivaut à beaucoup d'esprit ; très-méchant et très-intéressé, cet employé avait donc tâché de consolider sa position en se faisant l'espion des Bureaux. Dès 1816, il prit une couleur religieuse très-foncée en pressentant la faveur dont jouiraient les gens que, dans ce temps, les niais comprenaient tous indistinctement sous le nom de Jésuites. Appartenant à la Congrégation sans être admis à ses mystères, Dutocq allait d'un bureau à l'autre, explorait les consciences en disant des gaudrioles, et venait paraphraser ses *rapports* à des Lupeaulx, qu'il instruisait des plus petits événements. Aussi le Secrétaire-général étonnait-il souvent le ministre par sa profonde connaissance des affaires intimes. Bonneau tout de bon de ce Bonneau politique, Dutocq briguait l'honneur des secrets messages de des Lupeaulx, qui tolérait cet homme immonde en pensant que le hasard pouvait le lui rendre utile, ne fût-ce qu'à le tirer de peine, lui ou quelque grand personnage, par un honteux mariage. L'un et l'autre ils se comprenaient bien. Dutocq comptait sur cette bonne fortune, en y voyant une bonne place, et il restait garçon. Dutocq avait succédé à monsieur Poiret l'aîné, retiré dans une pension

bourgeoise, et mis à la retraite en 1814, époque à laquelle il y eut
de grandes réformes parmi les employés. Il demeurait à un cinquième étage, rue Saint-Louis-Saint-Honoré, près du Palais-Royal,
dans une maison à allée. Passionné pour les collections de vieilles
gravures, il voulait avoir tout Rembrandt et tout Charlet, tout Syl-
vestre, Audran, Callot, Albrecht Durer, etc. Comme la plupart
des gens à collections et ceux qui font eux-mêmes leur ménage, il
prétendait acheter les choses à bon marché. Il vivait dans une pension rue de Beaune, et passait la soirée dans le Palais-Royal, allant parfois au spectacle, grâce à du Bruel, qui lui donnait un
billet d'auteur par semaine. Un mot sur du Bruel.

Quoique suppléé par Sébastien auquel il abandonnait la pauvre
indemnité que vous savez, du Bruel venait cependant au Bureau,
mais uniquement pour se croire, pour se dire Sous-chef et toucher
des appointements. Il faisait les petits théâtres dans le feuilleton
d'un journal ministériel, où il écrivait aussi les articles demandés
par les ministres : position connue, définie et inattaquable. Du Bruel
ne manquait d'ailleurs à aucune des petites ruses diplomatiques qui
pouvaient lui concilier la bienveillance générale. Il offrait une loge
à madame Rabourdin à chaque première représentation, la venait
chercher en voiture et la ramenait, attention à laquelle elle se montrait sensible. Aussi, Rabourdin, très-tolérant et très-peu tracassier
avec ses employés, le laissait-il aller à ses répétitions, venir à ses
heures, et travailler à ses vaudevilles. Monsieur le duc de Chaulieu savait du Bruel occupé d'un roman qui devait lui être dédié.
Vêtu avec le laissez-aller du vaudevilliste, le Sous-Chef portait le
matin un pantalon à pied, des souliers-chaussons, un gilet mis à
la réforme, une redingote olive et une cravate noire. Le soir, il
avait un costume élégant, car il visait au gentleman. Du Bruel
demeurait, et pour cause, dans la maison de Florine, une actrice
pour laquelle il écrivit des rôles. Florine logeait alors dans la maison
de Tullia, danseuse plus remarquable par sa beauté que par son talent. Ce voisinage permettait au Sous-Chef de voir souvent le duc
de Rhétoré, fils aîné du duc de Chaulieu, favori de Charles X. Le
duc de Chaulieu avait fait obtenir à du Bruel la croix de la Légion-
d'Honneur, après une onzième pièce de circonstance. Du Bruel, ou
si vous voulez, Cursy travaillait en ce moment à une pièce en cinq
actes pour les Français. Sébastien aimait beaucoup du Bruel, il recevait de lui quelques billets de parterre, et applaudissait avec la foi du

jeune âge aux endroits que du Bruel lui signalait comme douteux; Sébastien le regardait comme un grand écrivain. Ce fut à Sébastien que du Bruel dit, le lendemain de la première représentation d'un vaudeville produit, comme tous les vaudevilles, par trois collaborateurs, et où l'on avait sifflé dans quelques endroits : — Le public a reconnu les scènes faites à deux.

— Pourquoi ne travaillez-vous pas seul? répondit naïvement Sébastien.

Il y avait d'excellentes raisons pour que du Bruel ne travaillât pas seul. Il était le tiers d'un auteur. Un auteur dramatique, comme peu de personnes le savent, se compose : d'abord d'un *homme à idées,* chargé de trouver les sujets et de construire la charpente ou *scenario* du vaudeville; puis d'un *piocheur,* chargé de rédiger la pièce; enfin d'un *homme-mémoire,* chargé de mettre en musique les couplets, d'arranger les chœurs et les morceaux d'ensemble, de les chanter, de les superposer à la situation. L'*homme-mémoire* fait aussi la recette, c'est-à-dire veille à la composition de l'affiche, en ne quittant pas le directeur qu'il n'ait indiqué pour le lendemain une pièce de la société. Du Bruel, vrai Piocheur, lisait au Bureau les livres nouveaux, en extrayait les mots spirituels et les enregistrait pour en émailler son dialogue. Cursy (son nom de guerre) était estimé par ses collaborateurs, à cause de sa parfaite exactitude; avec lui, sûr d'être compris, l'Homme aux sujets pouvait se croiser les bras. Les employés de la Division aimaient assez le vaudevilliste pour aller en masse à ses pièces et les soutenir, car il méritait le titre de *bon enfant*. La main leste à la poche, ne se faisant jamais tirer l'oreille pour payer des glaces ou du punch, il prêtait cinquante francs sans jamais les redemander. Possédant une maison de campagne à Aulnay, rangé, plaçant son argent, du Bruel avait, outre les quatre mille cinq cents de sa place, douze cents de pension sur la Liste Civile et huit cents sur les cent mille écus d'encouragements aux Arts votés par la Chambre. Ajoutez à ces divers produits neuf mille francs gagnés par les *quarts,* les *tiers,* les *moitiés* de vaudevilles à trois théâtres différents, et vous comprendrez qu'au physique, il fut gros, gras, rond et montrât une figure de bon propriétaire. Au moral, amant de cœur de Tullia, du Bruel se croyait préféré, comme toujours, au brillant duc de Rhétoré, l'amant en titre.

Dutocq n'avait pas vu sans effroi ce qu'il nommait la liaison de des Lupeaulx avec madame Rabourdin, et sa rage sourde s'en était accrue. D'ailleurs, il avait un œil trop fureteur pour ne pas avoir deviné que Rabourdin s'adonnait à un grand travail en dehors de ses travaux officiels, et il se désespérait de n'en rien savoir, tandis que le petit Sébastien était, en tout ou en partie, dans le secret. Dutocq avait essayé de se lier avec monsieur Godard, Sous-chef de Baudoyer, collègue de du Bruel, et il y était parvenu. La haute estime dans laquelle Dutocq tenait Baudoyer avait ménagé son accointance avec Godard ; non que Dutocq fût sincère, mais en vantant Baudoyer et ne disant rien de Rabourdin, il satisfaisait sa haine à la manière des petits esprits.

Joseph Godard, cousin de Mitral par sa mère, avait fondé sur cette parenté avec Baudoyer, quoiqu'assez éloignée, des prétentions à la main de mademoiselle Baudoyer ; conséquemment, à ses yeux Baudoyer brillait comme un génie. Il professait une haute estime pour Élisabeth et madame Saillard, sans s'être encore aperçu que madame Baudoyer mitonnait Falleix pour sa fille. Il apportait à mademoiselle Baudoyer de petits cadeaux, des fleurs artificielles, des bonbons au jour de l'an, de jolies boîtes à ses jours de fête. Agé de vingt-six ans, travailleur sans portée, rangé comme une demoiselle, monotone et apathique, ayant les cafés, le cigare et l'équitation en horreur, couché régulièrement à dix heures du soir et levé à sept, doué de plusieurs talents de société, jouant des contredanses sur le flageolet, ce qui l'avait mis en grande faveur chez les Saillard et les Baudoyer, fifre dans la Garde nationale pour ne point passer les nuits au corps-de-garde, Godard cultivait surtout l'histoire naturelle. Ce garçon faisait des collections de minéraux et de coquillages, savait empailler les oiseaux, emmagasinait dans sa chambre un tas de curiosités achetées à bon marché : des pierres à paysages, des modèles de palais en liége, des pétrifications de la fontaine Saint-Allyre à Clermont (Auvergne), etc. Il accaparait tous les flacons de parfumerie pour mettre ses échantillons de baryte, ses sulfates, sels, magnésie, coraux, etc. Il entassait des papillons dans des cadres, et sur les murs des parasols de la Chine, des peaux de poissons séchées. Il demeurait chez sa sœur, fleuriste, rue de Richelieu. Quoique très-admiré par les mères de famille, ce jeune homme modèle était méprisé par les ouvrières de sa sœur, et surtout par la demoiselle du comptoir, qui pendant long-temps avait espéré l'*enganter*. Maigre et fluet, de taille moyenne, les yeux cernés, ayant peu de barbe, tuant, comme disait Bixiou, les mouches au vol, Joseph Godard avait peu de soin de lui-même : ses habits étaient mal taillés, ses pantalons larges formaient le sac; il portait des bas blancs par toutes les saisons, un chapeau à petits bords et des souliers lacés. Assis au bureau, dans un fauteuil de canne, percé au milieu du siége et garni d'un rond en maroquin vert, il se plaignait beaucoup de ses digestions. Son principal vice était de proposer des parties de campagne, le dimanche dans la belle saison, à Montmorency, des dîners sur l'herbe, et d'aller prendre du laitage sur le boulevard du Mont-Parnasse. Depuis six mois Dutocq commençait à aller de loin en loin chez mademoiselle Godard, espérant faire quelques affaires dans cette maison, y découvrir quelque trésor femelle.

Ainsi, dans les Bureaux, Baudoyer avait en Dutocq et Godard deux prôneurs. Monsieur Saillard, incapable de juger Dutocq, lui faisait parfois de petites visites au Bureau. Le jeune La Billardière, mis surnuméraire chez Baudoyer, était de ce parti. Les têtes fortes riaient beaucoup de cette alliance entre ces incapacités. Baudoyer, Godard et Dutocq avaient été surnommés par Bixiou la Trinité sans Esprit, et le petit La Billardière l'Agneau pascal.

— Vous vous êtes levé matin, dit Antoine à Dutocq en prenant un air riant.

— Et vous, Antoine, répondit Dutocq, vous voyez bien que les journaux arrivent quelquefois plus tôt que vous ne nous les donnez.

— Aujourd'hui, par hasard, dit Antoine sans se déconcerter; ils ne sont jamais venus deux fois de suite à la même heure.

Les deux neveux se regardèrent à la dérobée comme pour se dire, en admirant leur oncle : — *Quel toupet !*

— Quoiqu'il me rapporte deux sous par déjeuner, dit en murmurant Antoine quand il entendit Dutocq fermer la porte, j'y renoncerais bien pour ne plus l'avoir dans notre Division.

— Ah! vous n'êtes pas le premier aujourd'hui, monsieur Sébastien, dit un quart d'heure après Antoine au surnuméraire.

— Qui donc est arrivé? demanda le pauvre enfant en pâlissant.

— Monsieur Dutocq, répondit l'huissier Laurent.

Les natures vierges ont plus que toutes les autres un inexplicable don de seconde vue dont la cause gît peut-être dans la pureté de leur appareil nerveux en quelque sorte neuf. Sébastien avait donc deviné la haine de Dutocq contre son vénéré Rabourdin. Aussi à peine Laurent eut-il prononcé ce nom, que, saisi par un horrible pressentiment, il s'écria : — Je m'en doutais ! et il s'élança dans le corridor avec la rapidité d'une flèche.

— Il y aura du grabuge dans les Bureaux ! dit Antoine en branlant sa tête blanchie et endossant son costume officiel. On voit bien que monsieur le baron rend ses comptes à Dieu... oui, madame Gruget, sa garde, m'a dit qu'il ne passerait pas la journée. Vont-ils se remuer ici ! Le vont-ils ! Allez voir si tous les poêles ronflent bien, vous autres ! Sabre de bois, notre monde va nous tomber sur le dos.

— C'est vrai, dit Laurent, que ce pauvre petit jeune homme a eu un fameux coup de soleil en apprenant que ce jésuite de monsieur Dutocq l'avait devancé.

— Moi j'ai beau lui dire, car enfin on doit la vérité à un bon employé, et ce que j'appelle un bon employé, c'est un employé comme ce petit qui donne *recta* ses dix francs au jour de l'an, reprit Antoine. Je lui dis donc : Plus vous en ferez, plus on vous en demandera et l'on vous laissera sans avancement ! Eh ! bien, il ne m'écoute pas, il se tue à rester jusqu'à cinq heures, une heure de plus que tout le monde (il hausse les épaules). C'est des bêtises, on n'arrive pas comme ça !... A preuve qu'il n'est pas encore question d'appointer ce pauvre enfant qui ferait un bon employé. Après deux ans ! ça scie le dos, parole d'honneur.

— Monsieur Rabourdin aime monsieur Sébastien, dit Laurent.

— Mais monsieur Rabourdin n'est pas ministre, reprit Antoine, et il fera chaud quand il le sera, les poules auront des dents, il est bien trop... Suffit ! Quand je pense que je porte à émarger l'état des appointements à des farceurs qui restent chez eux, et qui y font ce qu'ils veulent, tandis que ce petit Laroche se crève, je me demande si Dieu pense aux Bureaux ! Et qu'est-ce qu'ils vous donnent, ces protégés de monsieur le maréchal, de monsieur le duc? ils vous remercient : (il fait un signe de tête protecteur) « Merci, mon cher Antoine ! » Tas de *faignants,* travaillez donc ! ou vous serez cause d'une révolution. Fallait voir s'il y avait de ces giries-là sous monsieur Robert Lindet ; car, moi tel que vous me voyez, je suis entré dans cette baraque sous Robert Lindet. Et sous lui, l'employé travaillait ! Fallait voir tous ces gratte-papier jusqu'à minuit, les poêles éteints, sans seulement s'en apercevoir ; mais c'est qu'aussi la guillotine était là !... et, c'est pas pour dire, mais c'était autre chose que de les pointer, comme aujourd'hui, quand ils arrivent tard.

— Père Antoine, dit Gabriel, puisque vous êtes causeur ce matin, quelle idée, là, vous faites-vous de l'employé?

— C'est, répondit gravement Antoine, un homme qui écrit, assis dans un Bureau. Qu'est-ce que je dis donc là? Sans les employés, que serions-nous?... Allez donc voir à vos poêles et ne parlez jamais en mal des employés, vous autres! Gabriel, le poêle du grand bureau tire comme un diable, il faut tourner un peu la clef.

Antoine se plaça sur le palier, à un endroit d'où il pouvait voir déboucher les employés de dessous la porte cochère; il connaissait tous ceux du Ministère et les observait dans leur allure, en remarquant les différences que présentaient leurs mises. Avant d'entrer dans le drame, il est nécessaire de peindre ici la silhouette des principaux acteurs de la Division La Billardière qui fourniront d'ailleurs quelques variétés du Genre Commis et justifieront non-seulement les observations de Rabourdin, mais encore le titre de cette Étude, essentiellement parisienne. En effet, ne vous y trompez pas! Sous le rapport des misères et de l'originalité, il y a employés et employés, comme il y a fagots et fagots. Distinguez surtout l'employé de Paris de l'employé de province. En province, l'employé se trouve heureux : il est logé spacieusement, il a un jardin, il est généralement à l'aise dans son bureau; il boit de bon vin, à bon marché, ne consomme pas de filet de cheval, et connaît le luxe du dessert. Au lieu de faire des dettes, il fait des économies. Sans savoir précisément ce qu'il mange, tout le monde vous dira qu'*il ne mange pas ses appointements!* S'il est garçon, les mères de famille le saluent quand il passe; et, s'il est marié, sa femme et lui vont au bal chez le receveur général, chez le préfet, le sous-préfet, l'intendant. On s'occupe de son caractère, il a des bonnes fortunes, il se fait une renommée d'esprit, il a des chances pour être regretté, toute une ville le connaît, s'intéresse à sa femme, à ses enfants. Il donne des soirées; et, s'il a des moyens, un beau-père dans l'aisance, il peut devenir député. Sa femme est surveillée par le méticuleux espionnage des petites villes, et s'il est malheureux dans son intérieur, il le sait; tandis qu'à Paris un employé peut n'en rien savoir. Enfin, l'employé de province est *quelque chose*, tandis que l'employé de Paris est à peine *quelqu'un*.

Le premier qui vint après Sébastien était un rédacteur du Bureau Rabourdin, honorable père de famille, nommé monsieur

Phellion. Il devait à la protection de son Chef une demi-bourse au collège Henri IV pour chacun de ses deux garçons : faveur bien placée, car Phellion avait encore une fille élevée gratis dans un pensionnat où sa femme donnait des leçons de piano, où il faisait une classe d'histoire et de géographie pendant la soirée. Homme de quarante cinq ans, sergent-major de sa compagnie dans la Garde nationale, très-compatissant en paroles, mais hors d'état de donner un liard, le commis-rédacteur demeurait rue du Faubourg-Saint-Jacques, non loin des Sourds-Muets, dans une maison à jardin où son local (style Phellion) ne coûtait que quatre cents francs. Fier de sa place, heureux de son sort, il s'appliquait à servir le Gouvernement, se croyait utile à son pays, et se vantait de son insouciance en politique, où il ne voyait jamais que LE POUVOIR. Monsieur Rabourdin faisait plaisir à Phellion en le priant de rester une demi-heure de plus pour achever quelque travail, et il disait alors aux demoiselles La Grave, car il dînait rue Notre-Dame-des-Champs dans le pensionnat où sa femme *professait la musique*: — « Mesdemoiselles, les affaires ont exigé que je restasse au Bureau. Quand on appartient au gouvernement on n'est pas son maître ! » Il avait composé des livres par demandes et par réponses, à l'usage des pensionnats de jeunes demoiselles. Ces *petits traités substantiels,* comme il les nommait, se vendaient chez le libraire de l'Université, sous le nom de Catéchismes historique et géographique. Se croyant obligé d'offrir à madame Rabourdin un exemplaire papier vélin, relié en maroquin rouge, de chaque nouveau catéchisme, il les apportait en grande tenue : culotte de soie, bas de soie, souliers à boucles d'or, etc. Monsieur Phellion recevait le jeudi soir, après le coucher des pensionnaires, il donnait de la bière et des gâteaux. On jouait la bouillotte à cinq sous la cave. Malgré cette médiocre mise, par certains jeudis enragés, monsieur Laudigeois, employé à la Mairie, perdait ses dix francs. Tendu de papier vert américain à bordures rouges, ce salon était décoré des portraits du Roi, de la Dauphine et de Madame, des deux gravures de Mazeppa d'après Horace Vernet, de celle du Convoi du pauvre d'après Vigneron, « tableau sublime de pensée, et qui, selon Phellion, devait consoler les dernières classes de la société en leur prouvant qu'elles avaient des amis plus dévoués que les hommes et dont les sentiments allaient plus loin que la tombe ! » A ces paroles, vous devinez l'homme qui tous les ans conduisait, le jour des Morts, au cimetière de l'Ouest ses trois enfants auxquels il montrait les vingt mètres de terre achetés à perpétuité, dans lesquels son père et la mère de sa femme avaient été enterrés. « Nous y viendrons tous, » leur disait-il pour les familiariser avec l'idée de la mort. L'un de ses plus grands plaisirs consistait à explorer les environs de Paris, il s'en était donné la carte. Possédant déjà à fond Antony, Arcueil, Bièvre, Fontenay-aux-Roses, Aulnay, si célèbre par le séjour de plusieurs grands écrivains, il espérait avec le temps connaître toute la partie ouest des environs de Paris. Il destinait son fils aîné à l'Administration et le second à l'École Polytechnique. Il disait souvent à son aîné : « Quand tu auras l'honneur d'être employé par le Gouvernement ! » mais il lui soupçonnait une vocation pour les sciences exactes qu'il essayait de réprimer, en se réservant de l'abandonner à lui-même, s'il y persistait. Phellion n'avait jamais osé prier monsieur Rabourdin de lui faire l'honneur de dîner chez lui, quoiqu'il eût regardé ce jour comme un des plus beaux de sa vie. Il disait que s'il pouvait laisser un de ses fils marchant sur les traces d'un Rabourdin, il mourrait le plus heureux père du monde. Il rebattait si bien l'éloge de ce digne et respectable Chef aux oreilles des demoiselles La Grave, qu'elles désiraient voir le grand Rabourdin comme un jeune homme peut souhaiter de voir monsieur de Châteaubriand. — « Elles eussent été bien heureuses, disaient-elles, d'avoir *sa demoiselle* à élever !» Quand, par hasard, la voiture du ministre sortait ou rentrait, qu'il y eût ou non du monde, Phellion se découvrait très-respectueusement, et prétendait que la France en irait bien mieux si tout le monde honorait assez le pouvoir pour l'honorer jusque dans ses insignes. Quand Rabourdin le faisait venir *en bas* pour lui expliquer un travail, Phellion tendait son intelligence, il écoutait les moindres paroles du chef comme un *dilettante* écoute un air aux Italiens. Silencieux au Bureau, les pieds en l'air sur un pupitre de bois et ne les bougeant point, il étudiait sa besogne en conscience. Il s'exprimait dans sa correspondance administrative avec une gravité religieuse, prenait tout au sérieux, et appuyait sur les ordres transmis par le ministre au moyen de phrases solennelles. Cet homme, si ferré sur les convenances, avait eu un désastre dans sa carrière de rédacteur, et quel désastre ! Malgré le soin extrême avec lequel il minutait, il lui était arrivé de laisser échapper une phrase ainsi conçue : *Vous vous rendrez aux lieux indiqués, avec les papiers nécessaires.* Heureux de pouvoir rire aux dépens de cette innocente créature, les expéditionnaires étaient allés consulter à son insu Rabourdin, qui songeant au caractère de son rédacteur, ne put s'empêcher de rire, et modifia la phrase en marge par ces mots : *Vous vous rendrez sur le terrain avec toutes les pièces indiquées.* Phellion, à qui l'on vint montrer la correction, l'étudia, pesa la différence des expressions, ne craignit pas d'avouer qu'il lui aurait fallu deux heures pour trouver ces équivalents, et s'écria : « Monsieur Rabourdin est un homme de génie ! » Il pensa toujours que ses collègues avaient manqué de procédés à son égard en recourant si promptement au Chef ; mais il avait trop de respect dans la hiérarchie pour ne pas reconnaître leur droit d'y recourir, d'autant plus qu'alors il était absent ; cependant, à leur place, il aurait attendu, la circulaire ne pressait pas. Cette affaire lui fit perdre le sommeil pendant quelques nuits. Quand on voulait le fâcher, on n'avait qu'à faire allusion à la maudite phrase en lui disant quand il sortait : — « Avez-vous les papiers nécessaires ? » Le digne rédacteur se retournait, lançait un regard foudroyant aux employés, et leur répondait : — « Ce que vous dites me semble fort déplacé, messieurs. » Il y eut un jour à ce sujet une querelle si forte que Rabourdin fut obligé d'intervenir et de défendre aux employés de rappeler cette phrase. Monsieur Phellion avait une figure de bélier pensif, peu colorée, marquée de la petite vérole, de grosses lèvres pendantes, les yeux d'un bleu clair, une taille au-dessus de la moyenne. Propre sur lui comme doit l'être un maître d'histoire et de géographie obligé de paraître devant de jeunes demoiselles, il portait de beau linge, un jabot plissé, gilet de casimir noir ouvert, laissant voir des bretelles brodées par sa fille, un diamant à sa chemise, habit noir, pantalon bleu. Il adoptait l'hiver le carrik noisette à trois collets et avait une canne plombée nécessitée par *la profonde solitude de quelques parties de son quartier.* Il s'était déshabitué de priser et citait cette réforme comme un exemple frappant de l'empire qu'un homme peut prendre sur lui-même. Il montait les escaliers lentement, car il craignait un asthme, ayant ce qu'il appelait *la poitrine grasse.* Il saluait Antoine avec dignité.

Immédiatement après monsieur Phellion, vint un expéditionnaire qui formait un singulier contraste avec ce vertueux bonhomme. Vimeux était un jeune homme de vingt-cinq ans, à quinze cents francs d'appointements, bien fait, cambré, d'une figure élégante et romanesque, ayant les cheveux, la barbe, les yeux, les sourcils noirs comme du jais, de belles dents, des mains charmantes, portant des moustaches si fournies, si bien peignées, qu'il semblait en faire métier et marchandise. Vimeux avait une si grande aptitude à son travail qu'il l'expédiait plus promptement que personne. — « Ce jeune homme est doué ! » disait Phellion en le voyant se croiser les jambes et ne savoir à quoi employer le reste de son temps, après avoir fait son ouvrage. — « Et voyez ! c'est perlé ! » disait le rédacteur à du Bruel. Vimeux déjeunait d'une simple flûte et d'un verre d'eau, dînait pour vingt sous chez Katcomb et logeait en garni à douze francs par mois. Son bonheur, son seul plaisir était la toilette. Il se ruinait en gilets mirifiques, en pantalons collants, demi-collants, à plis ou à broderies, en bottes fines, en habits bien faits qui dessinaient sa taille, en cols ravissants, en gants frais, en chapeaux. La main ornée d'une bague à la chevalière mise par-dessus son gant, armé d'une jolie canne, il tâchait de se donner la tournure et les manières d'un jeune homme riche. Puis, il allait, un cure-dent à la bouche, se promener dans la grande allée des Tuileries, absolument comme un millionnaire sortant de table. Dans l'espérance qu'une femme, une Anglaise, une étrangère quelconque, ou une veuve pourrait s'amouracher de lui, il étudiait l'art de jouer avec sa canne, et de lancer un regard à la manière dite *américaine*, par Bixiou. Il riait pour montrer ses belles dents. Il se passait de chaussettes, et se faisait friser tous les jours. Vimeux, en vertu de principes arrêtés, épousait une bossue à six mille livres de rente, à huit mille une femme de quarante-cinq ans, à mille écus une Anglaise. Ravi de son écriture et pris de compassion pour ce jeune homme, Phellion le sermonnait pour lui persuader de donner des leçons d'écriture, honorable profession qui pouvait améliorer son existence et la rendre même agréable ; il lui promettait le pensionnat des demoiselles La Grave. Mais Vimeux avait son idée si fort en tête, que personne ne pouvait l'empêcher de croire à son étoile. Donc, il continuait à s'étaler à jeun comme un esturgeon de Chevet, quoiqu'il eût vainement exposé ses énormes moustaches depuis trois ans. Endetté de trente francs pour ses déjeuners, chaque fois que Vimeux passait devant Antoine, il baissait les yeux pour ne pas rencontrer son regard ; et cependant, vers midi, il le priait de lui aller chercher une flûte.

Après avoir essayé de faire entrer quelques idées justes dans cette pauvre tête, Rabourdin avait fini par y renoncer. Monsieur Vimeux père était greffier d'une Justice de paix dans le département du Nord. Adolphe Vimeux avait dernièrement économisé Katcomb et vécu de petits pains, pour s'acheter des éperons et une cravache. On l'avait appelé le pigeon-Villiaume pour railler ses calculs matrimoniaux. On ne pouvait attribuer les moqueries adressées à cet Amadis à vide qu'au génie malin qui créa le vaudeville, car il était bon camarade, et ne nuisait à personne qu'à lui-même. La grande plaisanterie des Bureaux à son égard consistait à parier qu'il portait un corset. Primitivement casé dans le bureau Baudoyer, Vimeux avait intrigué pour passer chez Rabourdin, à cause de la sévérité de Baudoyer relativement aux *Anglais,* nom donné par les employés à leurs créanciers. Le jour des Anglais est le jour où les Bureaux sont publics. Sûrs de trouver là leurs débiteurs, les créanciers affluent, ils viennent les tourmenter en leur demandant quand ils seront payés, et les menacent de mettre opposition sur leur traitement. L'implacable Baudoyer obligeait ses employés à rester. « C'était à eux, disait-il, à ne pas s'endetter. » Il regardait sa sévérité comme une chose nécessaire au bien public. Au contraire, Rabourdin protégeait les employés contre leurs créanciers, qu'il mettait à la porte, disant que les Bureaux n'étaient point ouverts pour les affaires privées, mais pour les affaires publiques. On s'était beaucoup moqué de Vimeux dans les deux Bureaux, quand il avait fait sonner ses éperons à travers les corridors et les escaliers. Le mystificateur du Ministère, Bixiou, avait fait passer dans les deux Divisions Clergeot et La Billardière une feuille en tête de laquelle Vimeux était caricaturé sur un cheval de carton, et où chacun était invité à souscrire pour lui acheter un cheval. Monsieur Baudoyer était marqué pour un quintal de foin, pris sur sa consommation particulière, et chaque employé mit une épigramme sur son voisin. Vimeux, en vrai bon-enfant, souscrivit lui-même au nom de miss Fairfax.

Les employés beaux-hommes dans le Genre Vimeux, ont leur place pour vivre, et leur physique pour faire fortune. Fidèles aux bals masqués dans le temps de carnaval, ils y vont chercher les bonnes fortunes qui les fuient souvent encore là. Beaucoup finissent par se marier soit avec des modistes qu'ils acceptent de guerre lasse, soit avec de vieilles femmes, soit aussi avec de jeunes personnes auxquelles leur *physique* a plu, et avec lesquelles ils ont filé un roman émaillé de lettres stupides, mais qui ont produit leur effet. Ces commis sont quelquefois hardis, ils voient passer une femme en équipage aux Champs-Élysées, ils se procurent son adresse, ils lancent des épîtres passionnées à tout hasard, et rencontrent une occasion qui malheureusement encourage cette ignoble spéculation.

Ce Bixiou (prononcez Bisiou) était un dessinateur qui se moquait de Dutocq aussi bien que de Rabourdin, surnommé par lui *la vertueuse Rabourdin.* Pour exprimer la vulgarité de son chef, il l'appelait *la place Baudoyer,* il nommait le vaudevilliste *Flon-Flon.* Sans contredit l'homme le plus spirituel de la Division et du Ministère, mais spirituel à la façon du singe, sans portée ni suite, Bixiou était d'une si grande utilité à Baudoyer et à Godard qu'ils le protégeaient malgré sa malfaisance, il expédiait leur besogne par-dessous la jambe. Bixiou désirait la place de Godard ou de du Bruel; mais sa conduite nuisait à son avancement. Tantôt il se moquait des Bureaux, et c'était quand il venait de faire une bonne affaire, comme la publication des portraits dans le procès Fualdès pour lesquels il prit des figures au hasard, ou celle des débats du procès de Castaing; tantôt saisi par une envie de parvenir, il s'appliquait au travail; puis il le laissait pour un vaudeville qu'il ne finissait point. D'ailleurs égoïste, avare et dépensier tout ensemble, c'est-à-dire ne dépensant son argent que pour lui; cassant, agressif et indiscret, il faisait le mal pour le mal : il attaquait surtout les faibles, ne respectait rien, ne croyait ni à la France, ni à Dieu, ni à l'Art, ni aux Grecs, ni aux Turcs, ni au Champ-d'Asile, ni à la monarchie, insultant surtout ce qu'il ne comprenait point. Ce fut lui qui, le premier, mit des calottes noires à la tête de Charles X sur les pièces de cent sous. Il contrefaisait le docteur Gall à son cours, de manière à décravater de rire le diplomate le mieux boutonné. La plaisanterie principale de ce terrible inventeur de charges consistait à chauffer les poêles outre mesure, afin de procurer des rhumes à ceux qui sortaient imprudemment de son étuve, et il avait de plus la satisfaction de consommer le bois du gouvernement. Remarquable dans ses mystifications, il les variait avec tant d'habileté, qu'il y prenait toujours quelqu'un. Son grand secret en ce genre était de deviner les désirs de chacun; il connaissait le chemin de tous les châteaux en Espagne, le rêve où l'homme est mystifiable parce qu'il cherche à s'attraper lui-même, et il vous *faisait poser* pendant des heures entières. Ainsi, ce profond observateur, qui déployait un tact inouï pour une raillerie, ne savait plus user de sa puissance pour employer les hommes à sa fortune ou à son avancement. Celui qu'il aimait le plus à vexer était le jeune La Billardière, sa bête noire, son cauchemar, et que néanmoins il patelinait constamment, afin de le mieux mystifier : il lui adressait des lettres de femme amoureuse signées Comtesse de M... ou Marquise de B..., l'attirait ainsi aux jours gras dans le foyer de l'Opéra devant la pendule et le lâchait à quelque grisette, après l'avoir montré à tout le monde. Allié de Dutocq (il le considérait comme un mystificateur sérieux) dans sa haine contre Rabourdin et dans ses éloges de Baudoyer, il l'appuyait avec amour. Jean-Jacques Bixiou était petit-fils d'un épicier de Paris. Son père mort colonel l'avait laissé à la charge de sa grand'mère, qui s'était mariée en secondes noces à son premier garçon, nommé Descoings et qui mourut en 1822. Se trouvant sans état au sortir du collége, il avait tenté la peinture, et malgré l'amitié qui le liait à Joseph Bridau, son ami d'enfance, il y avait renoncé pour se livrer à la caricature, aux vignettes, aux dessins de livres, connus, vingt ans plus tard, sous le nom d'*illustrations*. La protection des ducs de Maufrigneuse, de Rhétoré, qu'il connut par des danseuses, lui procura sa place, en 1819. Au mieux avec des Lupeaulx, avec qui, dans le monde, il se trouvait sur un pied d'égalité, tutoyant du Bruel, il offrait la preuve vivante des observations de Rabourdin relativement à la destruction constante de la hiérarchie administrative à Paris, par la valeur personnelle qu'un homme acquiert en dehors des Bureaux. De petite taille, mais bien pris, une figure fine, remarquable par une vague ressemblance avec celle de Napoléon, lèvres minces, menton plat tombant droit, favoris châtains, vingt-sept ans, blond, voix mordante, regard étincelant, voilà Bixiou. Cet homme, tout sens et tout esprit, se perdait par une fureur pour les plaisirs de tout genre qui le jetait dans une dissipation continuelle. Intrépide chasseur de grisettes, fumeur, amuseur de gens, dîneur et soupeur, se mettant partout au diapason, brillant aussi bien dans les coulisses qu'au bal des grisettes dans l'Allée des Veuves, il étonnait autant à table que dans une partie de plaisir, en verve à minuit dans la rue, comme le matin si vous le preniez au saut du lit ; mais sombre et triste avec lui-même, comme la plupart des grands comiques. Lancé dans le monde des actrices et des acteurs, des écrivains, des artistes et de certaines femmes dont la fortune est aléatoire, il vivait bien, allait au spectacle sans payer, jouait à Frascati, gagnait souvent. Enfin cet artiste, vraiment profond, mais par éclairs, se balançait dans la vie comme sur une escarpolette, sans s'inquiéter du moment où la corde casserait. Sa vivacité d'esprit, sa prodigalité d'idées le faisaient rechercher par tous les gens accoutumés aux rayonnements de l'intelligence; mais aucun de ses amis ne l'aimait. Incapable de retenir un bon mot, il immolait ses deux voisins à table avant la fin du premier service. Malgré sa gaieté d'épiderme, il perçait dans ses discours un secret mécontentement de sa position sociale, il aspirait à quelque chose de mieux, et le fatal démon caché dans son esprit l'empêchait d'avoir le sérieux qui en impose tant aux sots. Il demeurait rue de Ponthieu, à un second étage où il avait trois chambres livrées à tout le désordre d'un ménage de garçon, un vrai bivouac. Il parlait souvent de quitter la France et d'aller violer la fortune en Amérique. Aucune sorcière ne pouvait prévoir l'avenir d'un jeune homme chez qui tous les talents étaient incomplets, incapable d'assiduité, toujours ivre de plaisir, et croyant que le monde finissait le lendemain. Comme costume, il avait la prétention de n'être pas ridicule, et peut-être était-ce le seul de tout le Ministère de qui la tenue ne fît pas dire : — « Voilà un employé ! » Il portait des bottes élégantes, un pantalon noir à sous-pieds, un gilet de fantaisie et une jolie redingote bleue, un col, éternel présent de la grisette, un chapeau de Bandoni, des gants de chevreau couleur sombre. Sa démarche, cavalière et simple à la fois, ne manquait pas de grâce. Aussi, quand il fut mandé par des Lupeaulx pour une impertinence un peu trop forte dite sur le baron de La Billardière et menacé de destitution, se contenta-t-il de lui répondre : « Vous me reprendriez à cause du costume. » Des Lupeaulx ne put s'empêcher de rire. La plus jolie plaisanterie, faite par Bixiou dans les Bureaux, est celle inventée pour Godard, auquel il offrit un papillon rapporté de la Chine que le Sous-chef garde dans sa collection et montre encore aujourd'hui, sans avoir reconnu qu'il est en papier peint. Bixiou eut la patience de pourlécher un chef-d'œuvre pour jouer un tour à son Sous-chef.

Le diable pose toujours une victime auprès d'un Bixiou. Le Bureau Baudoyer avait donc sa victime, un pauvre expéditionnaire, âgé de vingt-deux ans, aux appointements de quinze cents francs, nommé Auguste-Jean-François Minard. Minard s'était marié par amour avec une ouvrière fleuriste, fille d'un portier, qui travaillait chez elle pour mademoiselle Godard et que Minard avait vue rue de Richelieu dans la boutique. Étant fille, Zélie Lorain avait eu bien des fantaisies pour sortir de son état. D'abord élève du Conservatoire, tour à tour danseuse, chanteuse et actrice, elle avait songé à faire comme font beaucoup d'ouvrières, mais la peur de mal tourner et de tomber dans une effroyable misère l'avait préservée du vice. Elle flottait entre mille partis, lorsque Minard s'était dessiné nettement, une proposition de mariage à la main. Zélie gagnait cinq cents francs par an, Minard en avait quinze cents. En croyant pouvoir vivre avec deux mille francs, ils se marièrent sans contrat, avec la plus grande économie. Minard et Zélie étaient allés se loger auprès de la barrière de Courcelles, comme deux tourtereaux, dans un appartement de cent écus, au troisième : des rideaux de calicot blanc aux fenêtres, sur les murs un petit papier écossais à quinze sous le rouleau, carreau frotté, meubles en noyer, petite cuisine bien propre ; d'abord une première pièce où Zélie faisait ses fleurs, puis un salon meublé de chaises foncées en crin, une table ronde au milieu, une glace, une pendule représentant une fontaine à cristal tournant, des flambeaux dorés enveloppés de gaze ; enfin une chambre à coucher blanche et bleue ; lit, commode et secrétaire en acajou, petit tapis rayé au bas du lit, six fauteuils et quatre chaises ; dans un coin, le berceau en merisier où dormaient un fils et une fille. Zélie nourrissait ses enfants elle-même, faisait sa cuisine, ses fleurs et son ménage. Il y avait quelque chose de touchant dans cette heureuse et laborieuse médiocrité. En se sentant aimée par Minard, Zélie l'aima sincèrement. L'amour attire l'amour, c'est l'*abyssus abyssum* de la Bible. Ce pauvre homme quittait son lit le matin pendant que sa femme dormait, et lui allait chercher ses provisions. Il portait les fleurs terminées en se rendant à son bureau, en revenant il achetait les matières premières ; puis, en attendant le dîner, il taillait ou estampait les feuilles, garnissait les tiges, délayait les couleurs. Petit, maigre, fluet, nerveux, ayant des cheveux rouges et crépus, des yeux d'un jaune clair, un teint d'une éclatante blancheur, mais marqué de rousseurs, il avait un courage sourd et sans apparat. Il possédait la science de l'écriture au même degré que Vimeux. Au Bureau, il se tenait coi, faisait sa besogne et gardait l'attitude recueillie d'un homme souffrant et songeur. Ses cils blancs et son peu de sourcils l'avaient fait surnommer le *lapin blanc* par l'implacable Bixiou. Minard, ce Rabourdin d'une sphère inférieure, dévoré du désir de mettre sa Zélie dans une heureuse situation, cherchait dans l'océan des besoins du luxe et de l'industrie parisienne une idée, une découverte, un perfectionnement qui lui procurât une prompte fortune. Son apparente bêtise était produite par la tension continuelle de son esprit : il allait de la Double Pâte des Sultanes à l'Huile Céphalique, des briquets phosphoriques au gaz portatif, des socques articulés aux lampes hydrostatiques, embrassant ainsi les *infiniment petits* de la civilisation matérielle. Il supportait les plaisanteries de Bixiou comme un homme occupé supporte les bourdonnements d'un insecte, il ne s'en impatientait même point. Malgré son esprit, Bixiou ne devinait pas le profond mépris que Minard avait pour lui. Minard se souciait peu d'une querelle, il y voyait une perte de temps. Aussi avait-il fini par lasser son persécuteur. Il venait au Bureau habillé fort simplement, gardait le pantalon de coutil jusqu'en octobre, portait des souliers et des guêtres, un gilet en poil de chèvre, un habit de castorine en hiver et de gros mérinos en été, un chapeau de paille ou un chapeau de soie à onze francs, selon les saisons, car sa gloire était sa Zélie : il se serait passé de manger pour lui acheter une robe. Il déjeunait avec sa femme et ne mangeait rien au Bureau. Une fois par mois il menait Zélie au spectacle avec un billet donné par du Bruel ou par Bixiou, car Bixiou faisait de tout, même du bien. La mère de Zélie quittait alors sa loge, et venait garder l'enfant. Minard avait remplacé Vimeux dans le Bureau de Baudoyer. Madame et monsieur Minard rendaient en personne leurs visites du jour de l'an. En les voyant, on se demandait comment faisait la femme d'un pauvre employé à quinze cents francs pour maintenir son mari dans un costume noir, et porter des chapeaux de paille d'Italie à fleurs, des robes de mousseline brodée, des pardessous en soie, des souliers de prunelle, des fichus magnifiques, une ombrelle chinoise, et venir en fiacre et rester vertueuse ; tandis que madame Colleville ou telle autre *dame* pouvaient à peine joindre les deux bouts, elles qui avaient deux mille quatre cents francs !...

Dans chacun de ces Bureaux, il se trouvait un employé ami l'un de l'autre jusqu'à rendre leur amitié ridicule, car on rit de tout dans les Bureaux. Celui du Bureau Baudoyer, nommé Colleville, y était Commis principal, et, sous la Restauration, il eut été Sous-chef ou même Chef, depuis long-temps. Il avait en madame Colleville une femme aussi supérieure dans son genre que madame Rabourdin dans le sien. Colleville, fils d'un premier violon de l'Opéra, s'était amouraché de la fille d'une célèbre danseuse. Flavie Minoret, une de ces habiles et charmantes Parisiennes qui savent rendre leurs maris heureux tout en gardant leur liberté, faisait de la maison de Colleville le rendez-vous de nos meilleurs artistes, des orateurs de la Chambre. On ignorait presque chez elle l'humble place occupée par Colleville. La conduite de Flavie, femme un peu trop féconde, offrait tant de prise à la médisance, que madame Rabourdin avait refusé toutes ses invitations. L'ami de Colleville, nommé Thuillier, occupait dans le Bureau Rabourdin une place absolument pareille à celle de Colleville, et s'était vu par les mêmes motifs arrêté dans sa carrière administrative comme Colleville. Qui connaissait Colleville connaissait Thuillier, et réciproquement. Leur amitié, née au bureau, venait de la coïncidence de leurs débuts dans l'administration. La jolie madame Colleville avait, disait-on dans les Bureaux, accepté les soins de Thuillier que sa femme laissait sans enfants. Thuillier, dit le beau Thuillier, ex-homme à bonnes fortunes, menait une vie aussi oisive que celle de Colleville était occupée. Colleville, première clarinette à l'Opéra-Comique, et teneur de livres le matin, se donnait beaucoup de mal pour élever sa famille, quoique les protections ne lui manquassent pas. On le regardait comme un homme très-fin, d'autant plus qu'il cachait son ambition sous une espèce d'indifférence. En apparence content de son sort, aimant le travail, il trouvait tout le monde, même les chefs, disposés à protéger sa courageuse existence. Depuis quelques jours seulement madame Colleville avait réformé son train de maison, et semblait tourner à la dévotion; aussi disait-on vaguement dans les Bureaux qu'elle pensait à prendre dans la Congrégation un point d'appui plus sûr que le fameux orateur François Keller, un de ses plus constants adorateurs dont le crédit n'avait pas jusqu'à présent fait obtenir une place supérieure à Colleville. Flavie s'était adressée, et ce fut une de ses erreurs, à des Lupeaulx. Colleville avait la passion de chercher l'horoscope des hommes célèbres dans l'anagramme de leurs noms. Il passait des mois entiers à décomposer des noms et les recomposer afin d'y découvrir un sens. *Un corse la finira* trouvé dans *révolution française.—Vierge de son mari* dans *Marie de Vigneros*, nièce du cardinal de Richelieu. — *Henrici mei casta dea* dans *Catharina de Médicis*. — *Eh c'est large nez* dans *Charles Genest*, l'abbé de la cour de Louis XIV, si connu par son gros nez qui amusait le duc de Bourgogne; enfin tous les anagrammes connus avaient émerveillé Colleville. Érigeant l'anagramme en science, il prétendait que le sort de tout homme était écrit dans la phrase que donnait la combinaison des lettres de ses nom, prénoms et qualités. Depuis l'avénement de Charles X, il s'occupait de l'anagramme du Roi. Thuillier, qui lâchait quelques calembours, prétendait que l'anagramme était un calembour en lettres. Colleville, homme plein de cœur, lié presqu'indissolublement à Thuillier, le modèle de l'égoïste, présentait un problème insoluble et que beaucoup d'employés de la Division expliquaient par ces mots : « Thuillier est riche et le ménage Colleville est lourd ! » En effet, Thuillier passait pour joindre aux émoluments de sa place les bénéfices de l'escompte; on venait souvent le chercher pour parler à des négociants avec lesquels il avait des conférences de quelques minutes dans la cour, mais pour le compte de mademoiselle Thuillier sa sœur. Cette amitié consolidée par le temps était basée sur des sentiments, sur des faits assez naturels qui trouveront leur place ailleurs (voyez *les Petits Bourgeois*) et qui formeraient ici ce que les critiques appellent des longueurs. Il n'est peut-être pas inutile de faire observer néanmoins que si l'on connaissait beaucoup madame Colleville dans les Bureaux, on ignorait presque l'existence de madame Thuillier. Colleville, l'homme actif, chargé d'enfants, était gros, gras, réjoui; tandis que Thuillier, *le Beau de l'Empire*, sans soucis apparents, oisif, d'une taille svelte, offrait aux regards une figure blême et presque mélancolique. — « Nous ne savons pas, disait Rabourdin en parlant de ces deux employés, si nos amitiés naissent plutôt des contrastes que des similitudes. »

Au contraire de ces deux frères siamois, Chazelle et Paulmier étaient deux employés toujours en guerre : l'un fumait, l'autre prisait, et ils se disputaient sans cesse à qui pratiquait le meilleur mode d'absorber le tabac. Un défaut qui leur était commun et qui les rendait aussi ennuyeux l'un que l'autre aux employés consistait à se quereller à propos des valeurs mobilières, du taux des petits pois, du prix des maquereaux, des étoffes, des parapluies, des habits, chapeaux, cannes et gants de leurs collègues. Ils vantaient à l'envi l'un de l'autre les nouvelles découvertes sans jamais y participer.

Chazelle colligeait les prospectus de librairie, les affiches à lithographies et à dessins; mais il ne souscrivait à rien. Paulmier, le collègue de Chazelle en bavardage, passait son temps à dire que, s'il avait telle ou telle fortune, il se donnerait bien telle ou telle chose. Un jour Paulmier alla chez le fameux Dauriat pour le complimenter d'avoir amené la librairie à produire des livres satinés avec couvertures imprimées, et l'engager à persévérer dans sa voie d'améliorations. Paulmier ne possédait pas un livre! Le ménage de Chazelle, tyrannisé par sa femme et voulant paraître indépendant, fournissait d'éternelles plaisanteries à Paulmier; tandis que Paulmier, garçon, souvent à jeun comme Vimeux, offrait à Chazelle un texte fécond avec ses habits râpés et son indigence déguisée. Chazelle et Paulmier prenaient du ventre : celui de Chazelle, rond, petit, pointu, avait, suivant un mot de Bixiou, l'impertinence de toujours passer le premier; celui de Paulmier flottait de droite à gauche; Bixiou le leur faisait mesurer une fois par trimestre. Tous deux ils étaient entre trente et quarante ans; tous deux, assez niais, ne faisant rien en dehors du Bureau, présentaient le type de l'employé pur sang, hébété par les paperasses, par l'habitation des Bureaux. Chazelle s'endormait souvent en travaillant; et sa plume, qu'il tenait toujours, marquait par de petits points ses aspirations. Paulmier attribuait alors ce sommeil à des exigences conjugales. En réponse à cette plaisanterie, Chazelle accusait Paulmier de boire de la tisane quatre mois de l'année sur les douze et lui disait qu'il mourrait d'une grisette. Paulmier démontrait alors que Chazelle indiquait sur un almanach les jours où madame Chazelle le trouvait aimable. Ces deux employés, à force de laver leur linge sale en s'apostrophant à propos des plus menus détails de leur vie privée, avaient obtenu la déconsidération qu'ils méritaient. — « Me prenez-vous pour un Chazelle? » était un mot qui servait à clore une discussion ennuyeuse.

Monsieur Poiret jeune, pour le distinguer de son frère Poiret l'aîné, retiré dans la Maison-Vauquer, où Poiret jeune allait parfois dîner, se proposant d'y finir également ses jours, avait trente ans de service. La nature n'était pas si invariable dans ses révolutions que le pauvre homme dans les actes de sa vie : il mettait toujours ses effets dans le même endroit, posait sa plume au même fil du bois, s'asseyait à sa place à la même heure, se chauffait au poêle à la même minute, car sa seule vanité consistait à porter une montre infaillible, réglée d'ailleurs tous les jours sur l'Hôtel-de-Ville devant lequel il passait, demeurant rue du Martroi. De six heures à huit heures du matin, il tenait les livres d'une forte maison de nouveautés de la rue Saint-Antoine, et de six heures à huit heures du soir ceux dans la maison Camusot rue des Bourdonnais. Il gagnait ainsi mille écus, y compris les émoluments de sa place. Atteignant, à quelques mois près, le temps voulu pour avoir sa pension, il montrait une grande indifférence aux intrigues des Bureaux. Semblable à son frère à qui sa retraite avait porté un coup fatal, il baisserait sans doute beaucoup quand il n'aurait plus à venir de la rue du Martroi au Ministère, à s'asseoir sur sa chaise et à expédier. Chargé de faire la collection du journal auquel s'abonnait le bureau et celle du *Moniteur*, il avait le fanatisme de cette collection. Si quelque employé perdait un numéro, l'emportait et ne le rapportait pas, Poiret jeune se faisait autoriser à sortir, se rendait immédiatement au bureau du journal, réclamait le numéro manquant et revenait enthousiasmé de la politesse du caissier. Il avait toujours eu affaire à un charmant garçon; et, selon lui, les journalistes étaient décidément des gens aimables et peu connus. Homme de taille médiocre, Poiret avait des yeux à demi éteints, un regard faible et sans chaleur, une peau tannée, ridée, grise de ton, parsemée de petits grains bleuâtres, un nez camard et une bouche rentrée où flânaient quelques dents gâtées. Aussi Thuillier disait-il que Poiret avait beau se regarder dans un miroir, il ne se voyait pas dedans (de dents). Ses bras maigres et longs étaient terminés par d'énormes mains sans aucune blancheur. Ses cheveux gris, collés par la pression de son chapeau, lui donnaient l'air d'un ecclésiastique, ressemblance peu flatteuse pour lui, car il haïssait les prêtres et le clergé, sans pouvoir expliquer ses opinions religieuses. Cette antipathie ne l'empêchait pas d'être extrêmement attaché au gouvernement quel qu'il fût. Il ne boutonnait jamais sa vieille redingote verdâtre, même par les froids les plus violents; il ne portait que des souliers à cordons, et un pantalon noir. Il se fournissait dans les mêmes maisons depuis trente ans. Quand son tailleur mourut, il demanda un congé pour aller à son enterrement, et serra la main au fils sur la fosse du père en lui assurant sa pratique. L'ami de tous ses fournisseurs, il s'informait de leurs affaires, causait avec eux, écoutait leurs doléances et les payait comptant. S'il écrivait à quelqu'un de *ces messieurs* pour ordonner un changement dans sa commande, il observait les formules les plus polies, mettait *Monsieur* en vedette, datait et faisait un brouillon de la lettre qu'il gardait dans un carton étiqueté : *Ma correspondance*. Aucune vie n'était plus en règle. Poiret possédait tous ses mémoires acquittés, toutes ses quittances même minimes et ses livres de dépense annuelle enveloppés dans des chemises et par années, depuis son entrée au Ministère. Il dînait au même restaurant, à la même place, par abonnement, au Veau-qui-tette, place du Châtelet; les garçons lui gardaient sa place. Ne donnant pas au *Cocon d'or*, la fameuse maison de soierie, cinq minutes au delà du temps dû, à huit heures et demie il arrivait au café David, le plus célèbre du quartier, et y restait jusqu'à onze heures; il y venait comme au Veau-qui-tette depuis trente ans, et prenait une bavaroise à dix heures et demie. Il y écoutait les discussions politiques, les bras croisés sur sa canne, et le menton dans sa main droite, sans jamais y participer. La dame du comptoir, seule femme à laquelle il parlât avec plaisir, était la confidente des petits accidents de sa vie, car il possédait sa place à la table située près du comptoir. Il jouait au domino, seul jeu qu'il eût compris. Quand ses partners ne venaient pas, on le trouvait quelquefois endormi, le dos appuyé sur la boiserie et tenant un journal dont la planchette reposait sur le marbre de sa table. Il s'intéressait à tout ce qui se faisait dans Paris, et consacrait le dimanche à surveiller les constructions nouvelles. Il questionnait l'invalide chargé d'empêcher le public d'entrer dans l'enceinte en planches, et s'inquiétait des retards qu'éprouvaient les bâtisses, du manque de matériaux ou d'argent, des difficultés que rencontrait l'architecte. On lui entendait dire : « J'ai vu sortir le Louvre de ses décombres, j'ai vu naître la place du Châtelet, le quai aux Fleurs, les marchés! » Lui et son frère, nés à Troyes d'un commis des Fermes, avaient été envoyés à Paris étudier dans les Bureaux. Leur mère se fit remarquer par une inconduite désastreuse, car les deux frères eurent le chagrin d'apprendre sa mort à l'hôpital de Troyes, nonobstant de nombreux envois de fonds. Non-seulement tous deux jurèrent alors de ne jamais se marier, mais ils prirent les enfants en horreur : mal à leur aise auprès d'eux, ils les craignaient comme on peut craindre les fous, et les examinaient d'un œil hagard. L'un et l'autre, ils avaient été écrasés de besogne sous Robert Lindet. L'Administration ne fut pas juste alors envers eux, mais ils se regardaient comme heureux d'avoir conservé leurs têtes, et ne se plaignaient qu'entre eux de cette ingratitude, car ils avaient *organisé le maximum*. Quand on joua le tour à Phellion de faire réformer sa fameuse phrase par Rabourdin, Poiret prit Phellion à part dans le corridor en sortant et lui dit : — « Croyez bien, monsieur, que je me suis opposé de tout mon pouvoir à ce qui a eu lieu. » Depuis son arrivée à Paris, il n'était jamais sorti de la ville. Dès ce temps, il avait commencé un journal de sa vie où il marquait les événements saillants de la journée ; du Bruel lui apprit que lord Byron faisait ainsi. Cette similitude combla Poiret de joie, et l'engagea à acheter les œuvres de lord Byron, traduction de Chastopalli à laquelle il ne comprit rien du tout. On le surprenait souvent au Bureau dans une pose mélancolique, il avait l'air de penser profondément et ne songeait à rien. Il ne connaissait pas un seul des locataires de sa maison, et gardait sur lui la clef de son domicile. Au jour de l'an, il portait lui-même ses cartes chez tous les employés de la Division, et ne faisait jamais de visites. Bixiou s'avisa, par un jour de canicule, de graisser de saindoux l'intérieur d'un vieux chapeau que Poiret jeune (il avait cinquante-deux ans) ménageait depuis neuf années. Bixiou, qui n'avait jamais vu que ce chapeau-là sur la tête de Poiret, en rêvait, il le voyait en mangeant ; il avait résolu, dans l'intérêt de ses digestions, de débarrasser les Bureaux de cet immonde chapeau. Poiret jeune sortit vers quatre heures. En s'avançant dans les rues de Paris, où les rayons du soleil réfléchis par les pavés et les murailles produisent des chaleurs tropicales, il sentit sa tête inondée, lui qui suait rarement. *S'estimant dès lors malade ou sur le point de le devenir*, au lieu d'aller au Veau-qui-tette, il rentra chez lui, tira de son secrétaire le journal de sa vie, et consigna le fait de la manière suivante :

Aujourd'hui, 3 juillet 1823, surpris par une sueur étrange et annonçant peut-être la suette, maladie particulière à la Champagne, je me dispose à consulter le docteur Haudry. L'invasion du mal a commencé à la hauteur du quai de l'École.

Tout à coup, étant sans chapeau, il reconnut que la prétendue sueur avait une cause indépendante de sa personne. Il s'essuya la figure, examina le chapeau, ne put rien découvrir, car il n'osa découdre la coiffe. Il nota donc ceci sur son journal :

Porté le chapeau chez le sieur Tournan, chapelier rue

Saint-Martin, vu que je soupçonne une autre cause à cette sueur, qui ne serait pas alors une sueur, mais bien l'effet d'une addition quelconque nouvellement ou anciennement faite au chapeau.

Monsieur Tournan notifia sur-le-champ à sa pratique la présence d'un corps gras obtenu par la distillation d'un porc ou d'une truie. Le lendemain Poiret vint avec un chapeau prêté par monsieur Tournan en attendant le neuf; mais il ne s'était pas couché sans ajouter cette phrase à son journal : *Il est avéré que mon chapeau contenait du saindoux ou graisse de porc.* Ce fait inexplicable occupa pendant plus de quinze jours l'intelligence de Poiret, qui ne sut jamais comment ce phénomène avait pu se produire. On l'entretint au Bureau des pluies de crapauds et autres aventures caniculaires, de la tête de Napoléon trouvée dans une racine d'ormeau, de mille bizarreries d'histoire naturelle. Vimeux lui dit qu'un jour son chapeau, à lui Vimeux, avait déteint en noir sur son visage, et que les chapeliers vendaient des drogues. Poiret alla plusieurs fois chez le sieur Tournan, afin de s'assurer de ses procédés de fabrication.

Il y avait encore chez Rabourdin un employé qui faisait l'homme courageux, professait les opinions du Centre gauche et s'insurgeait contre les tyrannies de Baudoyer pour le compte des malheureux esclaves de ce Bureau. Ce garçon, nommé Fleury, s'abonnait hardiment à une feuille de l'Opposition, portait un chapeau gris à grands bords, des bandes rouges à ses pantalons bleus, un gilet bleu à boutons dorés, et une redingote qui croisait sur la poitrine comme celle d'un maréchal-des-logis de gendarmerie. Quoique inébranlable dans ses principes, il restait néanmoins employé dans les Bureaux; mais il y prédisait un fatal avenir au gouvernement s'il persistait à donner dans la religion. Il avouait ses sympathies pour Napoléon, depuis que la mort du grand homme faisait tomber en désuétude les lois contre les partisans de l'usurpateur. Fleury, ex-capitaine dans un régiment de la Ligne sous l'Empereur, grand, beau brun, était contrôleur au Cirque Olympique. Bixiou ne s'était jamais permis de charge sur Fleury, car ce rude troupier, qui tirait très-bien le pistolet, fort à l'escrime, paraissait capable dans l'occasion de se livrer à de grandes brutalités. Passionné souscripteur des *Victoires et Conquêtes*, Fleury refusait de payer, tout en gardant les livraisons, se fondant sur ce qu'elles dépassaient le nombre promis par le prospectus. Il adorait monsieur Rabourdin, qui l'avait empêché d'être destitué. Il lui était échappé de dire que, si jamais il arrivait malheur à monsieur Rabourdin par le fait de quelqu'un, il tuerait ce quelqu'un. Dutocq caressait bassement Fleury, tant il le redoutait. Fleury, criblé de dettes, jouait mille tours à ses créanciers. Expert en législation, il ne signait point de lettres de change, et avait lui-même mis sur son traitement des oppositions sous le nom de créanciers supposés, en sorte qu'il le touchait presque en entier. Lié très-intimement avec une comparse de la Porte Saint-Martin, chez laquelle étaient ses meubles, il jouait heureusement l'écarté, faisait le charme des réunions par ses talents, il buvait un verre de vin de Champagne d'un seul coup sans mouiller ses lèvres, et savait toutes les chansons de Béranger par cœur. Il se montrait fier de sa voix pleine et sonore. Ses trois grands hommes étaient Napoléon, Bolivar et Béranger. Foy, Laffitte et Casimir Delavigne n'avaient que son estime. Fleury, vous le devinez, homme du Midi, devait finir par être éditeur responsable de quelque journal libéral.

Desroys, l'homme mystérieux de la Division, ne frayait avec personne, causait peu, cachait si bien sa vie que l'on ignorait son domicile, ses protecteurs et ses moyens d'existence. En cherchant des causes à ce silence, les uns faisaient de Desroys un carbonaro, les autres un orléaniste ; ceux-ci un espion, ceux-là un homme profond. Desroys était tout uniment le fils d'un conventionnel qui n'avait pas voté la mort. Froid et discret par tempérament, il avait jugé le monde et ne comptait que sur lui-même. Républicain en secret, admirateur de Paul-Louis Courier, ami de Michel Chrestien, il attendait du temps et de la raison publique le triomphe de ses opinions en Europe. Aussi rêvait-il la Jeune Allemagne et la Jeune Italie. Son cœur s'enflait de ce stupide amour collectif qu'il faut nommer l'*humanitarisme*, fils aîné de défunte Philanthropie, et qui est à la divine Charité catholique ce que le Système est à l'Art, le Raisonnement substitué à l'Œuvre. Ce consciencieux puritain de la liberté, cet apôtre d'une impossible égalité, regrettait d'être forcé par la misère de servir le gouvernement, et faisait des démarches pour entrer dans quelque administration de Messageries. Long, sec, filandreux et grave comme un homme qui se croyait appelé à donner un jour sa tête pour le grand œuvre, il vivait d'une page de Volney, étudiait Saint-Just et s'occupait d'une réhabilitation de Roberspierre, considéré comme le continuateur de Jésus-Christ.

Le dernier de ces personnages qui mérite un coup de crayon est le petit La Billardière. Ayant, pour son malheur, perdu sa mère, protégé par le ministre, exempt des rebuffades de la Place-Baudoyer, reçu dans tous les salons ministériels, il était haï de tout le monde à cause de son impertinence et de sa fatuité. Les chefs se montraient polis avec lui, mais les employés l'avaient mis en dehors de leur camaraderie par une politesse grotesque inventée pour lui. Bellâtre de vingt-deux ans, long et fluet, ayant les manières d'un Anglais, insultant les Bureaux par sa tenue de dandy, frisé, parfumé, colleté, venant en gants jaunes, en chapeaux à coiffes toujours neuves, ayant un lorgnon, allant déjeuner au Palais-Royal, étant d'une bêtise vernissée par des manières qui sentaient l'imitation, Benjamin de La Billardière se croyait joli garçon, et avait tous les vices de la haute société sans en avoir les grâces. Sûr d'être fait *quelque chose*, il pensait à écrire un livre pour avoir la croix comme littérateur et l'imputer à ses talents administratifs. Il cajolait donc Bixiou dans le dessein de l'exploiter, mais sans avoir encore osé s'ouvrir à lui sur ce projet. Ce noble cœur attendait avec impatience la mort de son père pour succéder à un titre de baron accordé récemment, il mettait sur ses cartes *le chevalier de La Billardière*, et avait exposé dans son cabinet ses armes encadrées (*chef d'azur à trois étoiles, et deux épées en sautoir sur un fond de sable, avec cette devise :* TOUJOURS FIDÈLE) ! Ayant la manie de s'entretenir de l'art héraldique, il avait demandé au jeune vicomte de Portenduère pourquoi ses armes étaient si chargées, et s'était attiré cette jolie réponse : « Je ne les ai pas fait faire. » Il parlait de son dévouement à la monarchie, et des bontés que la Dauphine avait pour lui. Très-bien avec des Lupeaulx, il déjeunait souvent avec lui, et le croyait son ami. Bixiou, posé comme son mentor, espérait débarrasser la Division et la France de ce jeune fat en le jetant dans la débauche, et il avouait hautement son projet..

Telles étaient les principales physionomies de la Division La Billardière, où il se trouvait encore quelques autres employés dont les mœurs ou les figures se rapprochaient ou s'éloignaient plus ou moins de celles-ci. On rencontrait dans le Bureau Baudoyer des employés à front chauve, frileux, bardés de flanelles, perchés à des cinquièmes étages, y cultivant des fleurs, ayant des cannes d'épine, de vieux habits râpés, le parapluie en permanence. Ces gens, qui tiennent le milieu entre les portiers heureux et les ouvriers gênés, trop loin des centres administratifs pour songer à un avancement quelconque, représentent les pions de l'échiquier bureaucratique. Heureux d'être de garde pour ne pas aller au Bureau, capables de tout pour une gratification, leur existence est un problème pour ceux-là mêmes qui les emploient, et une accusation contre l'État qui, certes, engendre ces misères en les acceptant. A l'aspect de ces étranges physionomies, il est difficile de décider si ces mammifères à plumes se crétinisent à ce métier, ou s'ils ne font pas ce métier parce qu'ils sont un peu crétins de naissance. Peut-être la part est-elle égale entre la Nature et le Gouvernement. « Les villageois, a dit un inconnu, subissent, sans s'en rendre » compte, l'action des circonstances atmosphériques et des faits ex- » térieurs. Identifiés en quelque sorte avec la nature au milieu de » laquelle ils vivent, ils se pénètrent insensiblement des idées et des » sentiments qu'elle éveille et les reproduisent dans leurs actions et » sur leur physionomie, selon leur organisation et leur caractère » individuel. Moulés ainsi et façonnés de longue main sur les objets » qui les entourent sans cesse, ils sont le livre le plus intéressant et » le plus vrai pour quiconque se sent attiré vers cette partie de la » physiologie, si peu connue et si féconde, qui explique les rapports » de l'être moral avec les agents extérieurs de la Nature. » Or, la Nature, pour l'employé, c'est les Bureaux ; son horizon est de toutes parts borné par des cartons verts ; pour lui, les circonstances atmosphériques, c'est l'air des corridors, les exhalaisons masculines contenues dans des chambres sans ventilateurs, la senteur des papiers et des plumes ; son terroir est un carreau, ou un parquet émaillé de débris singuliers, humecté par l'arrosoir du garçon de bureau ; son ciel est un plafond auquel il adresse ses bâillements, et son élément est la poussière. L'observation sur les villageois tombe à plomb sur les employés *identifiés* avec la nature au milieu de laquelle ils vivent. Si plusieurs médecins distingués redoutent l'influence de cette nature, à la fois sauvage et civilisée, sur l'être moral contenu dans ces affreux compartiments, nommés Bureaux, où le soleil pénètre peu, où la pensée est bornée en des occupations semblables à celle des chevaux qui tournent un manége, qui bâillent horriblement et meurent promptement ; Rabourdin avait donc profondément raison en raréfiant les employés, en demandant pour eux et de forts appointements et d'immenses travaux. On ne s'ennuye jamais à faire de grandes choses. Or, tels qu'ils sont constitués, les Bureaux, sur les neuf heures que leurs employés doivent à l'État, en perdent quatre en conversations, comme on va le voir, en narrés, en disputes, et surtout en intrigues. Aussi faut-il avoir hanté les Bureaux pour reconnaître à quel point la vie rapetissée y ressemble à celle des colléges; mais partout où les hommes vivent collectivement, cette similitude est frappante : au Régiment, dans les Tribunaux, vous retrouvez le collége plus ou moins agrandi. Tous ces employés, réunis pendant leurs séances de huit heures dans les bureaux, y voyaient une espèce de classe où il y avait des devoirs à faire, où les chefs remplaçaient les préfets d'études, où les gratifications étaient comme des prix de bonne conduite donnés à des protégés, où l'on se moquait les uns des autres, où l'on se haïssait et où il existait néanmoins une sorte de camaraderie, mais déjà plus froide que celle du régiment, qui elle-même est moins forte que celle des colléges. A mesure que l'homme s'avance dans la vie, l'égoïsme se développe et relâche les liens secondaires en affection. Enfin, les Bureaux, n'est-ce pas le monde en petit, avec ses bizarreries, ses amitiés, ses haines, son envie et sa cupidité, son mouvement de marche quand même! ses frivoles discours qui font tant de plaies, et son espionnage incessant.

En ce moment, la Division de monsieur le baron de La Billardière était en proie à une agitation extraordinaire bien justifiée par l'événement qui allait s'y accomplir, car les chefs de Division ne meurent pas tous les jours, et il n'y a pas de tontine où les probabilités de vie ou de mort se calculent avec plus de sagacité que dans les Bureaux. L'intérêt y étouffe toute pitié, comme chez les enfants; mais les employés ont l'hypocrisie de plus.

Vers huit heures, les employés du Bureau Baudoyer arrivaient à leur poste, tandis qu'à neuf heures ceux de Rabourdin commençaient à peine à se montrer, ce qui n'empêchait pas d'expédier la besogne beaucoup plus rapidement chez Rabourdin que chez Baudoyer. Dutocq avait de graves raisons pour être venu de si bonne heure. Entré furtivement la veille dans le cabinet où travaillait Sébastien, il l'avait surpris copiant un travail pour Rabourdin; il s'était caché, et avait vu sortir Sébastien sans papiers. Sûr alors de trouver cette minute assez volumineuse et la copie cachées en un endroit quelconque, en fouillant tous les cartons l'un après l'autre, il avait fini par trouver ce terrible état. Il s'était empressé d'aller chez le directeur d'un établissement autographique faire tirer deux exemplaires de ce travail au moyen d'une presse à copier, et possédait ainsi l'écriture même de Rabourdin. Pour ne pas éveiller le soupçon, il s'était hâté de replacer la minute dans le carton, en se rendant le premier au Bureau. Retenu jusqu'à minuit rue Duphot, Sébastien fut, malgré sa diligence, devancé par la haine. La haine demeurait rue Saint-Louis-Saint-Honoré, tandis que le dévouement demeurait rue du Roi-Doré au Marais. Ce simple retard pesa sur toute la vie de Rabourdin. Sébastien, pressé d'ouvrir le carton, y trouva sa copie inachevée, la minute en ordre, et les serra dans la caisse de son chef. Vers la fin de décembre, il fait souvent peu clair le matin dans les Bureaux, il en est même plusieurs où l'on gardait des lampes jusqu'à dix heures, Sébastien ne put donc remarquer la pression de la pierre sur le papier. Mais quand, à neuf heures et demie, Rabourdin examina sa minute, il aperçut d'autant mieux l'effet produit par les procédés de l'autographie, qu'il s'en était beaucoup occupé pour vérifier si les presses autographiques remplaceraient les expéditionnaires. Le Chef de Bureau s'assit dans son fauteuil, prit ses pincettes et se mit à arranger méthodiquement son feu, tant il fut absorbé par ses réflexions; puis, curieux de savoir entre les mains de qui se trouvait son secret, il manda Sébastien.

— Quelqu'un est venu avant vous au Bureau? lui demanda-t-il.

— Oui, dit Sébastien, monsieur Dutocq.

— Bien, il est exact. Envoyez-moi Antoine.

Trop grand pour affliger inutilement Sébastien en lui reprochant un malheur consommé, Rabourdin ne lui dit pas autre chose. Antoine vint, Rabourdin lui demanda si la veille il n'était pas resté quelques employés après quatre heures; le garçon de bureau lui nomma Dutocq comme ayant travaillé plus tard que monsieur de la Roche. Rabourdin congédia le garçon par un signe de tête, et reprit le cours de ses réflexions.

— A deux fois j'ai empêché sa destitution, se dit-il, voilà ma récompense.

Cette matinée devait être pour le Chef de Bureau comme le moment solennel où les grands capitaines décident d'une bataille en pesant toutes les chances. Connaissant mieux que personne l'esprit des Bureaux, il savait qu'on n'y pardonne pas plus là qu'on ne le pardonne au Collége, au Bagne, ou à l'Armée, ce qui ressemble à la délation, à l'espionnage. Un homme capable de fournir des notes sur ses camarades est honni, perdu, vilipendé : les ministres abandonnent en ce cas leurs propres instruments. Un employé doit alors donner sa démission et quitter Paris, son honneur est à jamais taché : les explications sont inutiles, personne n'en demande ni n'en veut écouter. A ce jeu, un ministre est un grand homme, il est censé choisir les hommes ; mais un simple employé passe pour un espion, quels que soient ses motifs. Tout en mesurant le vide de ces sottises, Rabourdin les savait immenses et s'en voyait accablé. Plus surpris qu'atterré, il chercha la meilleure conduite à tenir dans cette circonstance, et resta donc étranger au mouvement des Bureaux mis en émoi par la mort de monsieur de La Billardière, il ne l'apprit que par le petit de La Brière qui savait apprécier l'immense valeur du Chef de Bureau.

Or donc, dans le Bureau des Baudoyer (on disait les Baudoyer, les Rabourdin), vers dix heures Bixiou racontait les derniers moments du directeur de la Division à Minard, à Desroys, à monsieur Godard qu'il avait fait sortir de son cabinet, à Dutocq accouru chez les Baudoyer par un double motif. Colleville et Chazelle manquaient.

BIXIOU (*debout devant le poêle, à la bouche duquel il présente alternativement la semelle de chaque botte pour la sécher.*)

Ce matin, à sept heures et demie, je suis allé savoir des nouvelles de notre digne et respectable Directeur, chevalier du Christ, etc., etc. Eh ! mon Dieu, oui, messieurs, le baron était encore hier vingt *et cætera;* mais aujourd'hui il n'est plus rien, pas même employé. J'ai demandé les détails de sa nuit. Sa garde, qui se rend et ne meurt pas, m'a dit que, le matin dès cinq heures, il s'était inquiété de la famille royale. Il s'était fait lire les noms de ceux d'entre nous qui venaient savoir de ses nouvelles. Enfin, il avait dit : « Emplissez ma tabatière, donnez-moi le journal, apportez-moi mes besicles ; changez mon ruban de la Légion-d'Honneur, il est bien sale. » Vous le savez, il porte ses Ordres au lit. Il avait donc toute sa connaissance, toute sa tête, toutes ses idées habituelles. Mais, bah ! dix minutes après, l'eau avait gagné, gagné, gagné le cœur, gagné la poitrine ; il s'était senti mourir en sentant les kystes crever. En ce moment fatal, il a prouvé combien il avait la tête forte et combien était vaste son intelligence ! Ah ! nous ne l'avons pas apprécié, nous autres ! Nous nous moquions de lui, nous le regardions comme une ganache, tout ce qu'il y a de plus ganache, n'est-ce pas, monsieur Godard ?

GODARD.

Moi, j'estimais les talents de monsieur de La Billardière mieux que qui que ce soit.

BIXIOU.

Vous vous compreniez!

GODARD.

Enfin, ce n'était pas un méchant homme; il n'a jamais fait de mal à personne.

BIXIOU.

Pour faire le mal, il faut faire quelque chose, et il ne faisait rien. Si ce n'est pas vous qui l'aviez jugé tout à fait incapable, c'est donc Minard.

MINARD (*en haussant les épaules*).

Moi!

BIXIOU.

Hé! bien vous, Dutocq? (*Dutocq fait un signe de violente dénégation.*) Bon! allons, personne! Il était donc accepté par tout le monde ici pour une tête herculéenne! Hé! bien, vous aviez raison : il a fini en homme d'esprit, de talent, de tête, enfin comme un grand homme qu'il était.

DESROYS (*impatienté*).

Mon Dieu, qu'a-t-il fait de si grand? il s'est confessé!

BIXIOU.

Oui, monsieur, et il a voulu recevoir les saints sacrements. Mais pour les recevoir, savez-vous comment il s'y est pris? il a mis ses habits de Gentilhomme ordinaire de la chambre, tous ses Ordres, enfin il s'est fait poudrer; on lui a serré sa queue (pauvre queue) dans un ruban neuf. Or, je dis qu'il n'y a qu'un homme de beaucoup de caractère qui puisse se faire faire la queue au moment de sa mort; nous voilà huit ici, il n'y en a pas un seul de nous qui se la ferait faire. Ce n'est pas tout, il a dit, car vous savez qu'en mourant tous les hommes célèbres font un dernier *speech* (mot anglais qui signifie *tartine parlementaire*), il a dit... Comment a-t-il dit cela? Ah! « *Je dois bien me parer pour recevoir le Roi du ciel, moi qui me suis tant de fois mis sur mon quarante et un pour aller chez le Roi de la terre!* » Voilà comment a fini monsieur de La Billardière, il a pris à tâche de justifier ce mot de Pythagore : On ne connaît bien les hommes qu'après leur mort.

COLLEVILLE (*entrant*).

Enfin, messieurs, je vous annonce une fameuse nouvelle...

TOUS.

Nous la savons.

COLLEVILLE.

Je vous en défie bien, de la savoir! J'y suis depuis l'avénement de Sa Majesté aux trônes collectifs de France et de Navarre. Je l'ai achevée cette nuit avec tant de peine que madame Colleville me demandait ce que j'avais à me tant tracasser.

DUTOCQ.

Croyez-vous qu'on ait le temps de s'occuper de vos anagrammes quand le respectable monsieur de La Billardière vient d'expirer?...

COLLEVILLE.

Je reconnais mon Bixiou! je viens de chez monsieur La Billardière, il vivait encore; mais on l'attend à passer... (*Godard comprend la charge, et s'en va mécontent dans son cabinet.*) Messieurs, vous ne devineriez jamais les événements que suppose l'anagramme de cette phrase sacramentale. (*Il montre un papier.*) *Charles dix, par la grâce de Dieu, roi de France et de Navarre.*

GODARD (*revenant*).

Dites-le tout de suite, et n'amusez pas ces messieurs.

COLLEVILLE (*triomphant et développant la partie cachée de sa feuille de papier.*)

A H. V. il cedera
De S. C. l. d. partira.
En nauf errera.
Decede à Gorix.

Toutes les lettres y sont! (*Il répète.*) A Henri cinq cédera (sa couronne), de Saint-Cloud partira; en nauf (esquif, vaisseau, felouque, corvette, tout ce que vous voudrez, c'est un vieux mot français), errera...

DUTOCQ.

Quel tissu d'absurdités! Comment voulez-vous que le roi cède la couronne à Henri V, qui dans votre hypothèse serait son petit-fils, quand il y a monseigneur le Dauphin? Vous prophétisez déjà mort du Dauphin.

BIXIOU.

Qu'est-ce que Gorix? un nom de chat.

M. PHELLION.

Il avait une figure de bélier pensif, peu colorée,
marquée de la petite vérole.....

LES EMPLOYÉS.

COLLEVILLE (*piqué*).

L'abréviation lapidaire d'un nom de ville, mon cher ami, je l'ai cherché dans Malte-Brun : Goritz, en latin *Gorixia*, située en Bohême ou Hongrie, enfin en Autriche...

BIXIOU.

Tyrol, provinces basques, ou Amérique du sud. Vous auriez dû chercher aussi un air pour jouer cela sur la clarinette.

GODARD (*levant les épaules et s'en allant*).

Quelles bêtises !

COLLEVILLE.

Bêtises, bêtises ! je voudrais bien que vous vous donnassiez la peine d'étudier le fatalisme, religion de l'empereur Napoléon.

GODARD (*piqué du ton de Colleville*).

Monsieur Colleville, Bonaparte peut être dit *empereur* par les historiens, mais on ne doit pas le reconnaître en cette qualité dans les Bureaux.

BIXIOU (*souriant*).

Cherchez cet anagramme-là, mon cher ami ? Tenez, en fait d'anagrammes, j'aime mieux votre femme, c'est plus facile à retourner. (*A voix basse.*) Flavie devait bien vous faire faire, à ses moments perdus, Chef de Bureau, ne fût-ce que pour vous soustraire aux sottises d'un Godard !...

DUTOCQ (*appuyant Godard*).

Si ce n'était pas des bêtises, vous perdriez votre place, car vous prophétisez des événements peu agréables au roi ; tout bon royaliste doit présumer qu'il a eu assez de séjour à l'étranger.

COLLEVILLE.

Si l'on m'ôtait ma place, François Keller secouerait drôlement votre ministre. (*Silence profond.*) Sachez, maître Dutocq, que tous les anagrammes connus ont été accomplis. Tenez, vous !... Eh ! bien, ne vous mariez pas : on trouve *coqu* dans votre nom !

BIXIOU.

D, t, reste alors pour *détestable*.

DUTOCQ (*sans paraître fâché*).

J'aime mieux que ce ne soit que dans mon nom.

PAULMIER (*tout bas à Desroys*).

Attrape, mons Colleville.

DUTOCQ (*à Colleville*).

Avez-vous fait celui de : *Xavier Rabourdin, chef de bureau*

COLLEVILLE.

Parbleu !

BIXIOU (*taillant sa plume*).

Qu'avez-vous trouvé ?

COLLEVILLE.

Il fait ceci : *D'abord rêva bureaux, E-u...* Saisissez-vous bien ?... ET IL EUT ! *E-u fin riche.* Ce qui signifie qu'après avoir commencé dans l'administration, il la plantera là, pour faire fortune ailleurs. (*Il répète.*) *D'abord rêva bureaux, E-u fin riche.*

DUTOCQ.

C'est au moins singulier.

BIXIOU.

Et Isidore Baudoyer ?

COLLEVILLE (*avec mystère*).

Je ne voudrais pas le dire à d'autres qu'à Thuillier.

BIXIOU.

Gage un déjeuner que je vous le dis.

COLLEVILLE.

Je le paie, si vous le trouvez ?

BIXIOU.

Vous me régalerez donc ; mais n'en soyez pas fâché : deux artistes comme nous s'amuseront à mort !... *Isidore Baudoyer* donne *Ris d'aboyeur d'oie !*

COLLEVILLE (*frappé d'étonnement*).

Vous me l'avez volé.

BIXIOU (*cérémonieusement*).

Monsieur de Colleville, faites-moi l'honneur de me croire assez riche en niaiseries pour ne pas dérober celles de mon prochain.

BAUDOYER (*entrant un dossier à la main*).

Messieurs, je vous en prie, parlez encore un peu plus haut, vous mettez le Bureau en très-bon renom auprès des administrateurs. Le digne monsieur Clergeot, qui m'a fait l'honneur de venir me demander un renseignement, entendait vos propos. (*Il passe chez monsieur Godard.*)

BIXIOU (*à voix basse*).

L'aboyeur est bien doux ce matin, nous aurons un changement dans l'atmosphère.

DUTOCQ (*bas à Bixiou*).

J'ai quelque chose à vous dire.

BIXIOU (*tâtant le gilet de Dutocq*).

Vous avez un joli gilet qui sans doute ne vous coûte presque rien. Est-ce là le secret?

DUTOCQ.

Comment, pour rien! je n'ai jamais rien payé de si cher. Cela vaut six francs l'aune au grand magasin de la rue de la Paix, une belle étoffe mate qui va bien en grand deuil.

BIXIOU.

Vous vous connaissez en gravures, mais vous ignorez les lois de l'étiquette. On ne peut pas être universel. La soie n'est pas admise dans le grand deuil. Aussi n'ai-je que de la laine. Monsieur Rabourdin, monsieur Clergeot, le ministre sont tout laine; le faubourg Saint-Germain tout laine. Il n'y a que Minard qui ne porte pas de laine, il a peur d'être pris pour un mouton, nommé *Laniger* en latin de Bucolique; il s'est dispensé, sous ce prétexte, de se mettre en deuil de Louis XVIII, grand législateur, auteur de la charte et homme d'esprit, un roi qui tiendra bien sa place dans l'histoire, comme il la tenait sur le trône, comme il la tenait bien partout; car savez-vous le plus beau trait de sa vie? non. Eh! bien, à sa seconde rentrée, en recevant tous les souverains alliés, il a passé le premier en allant à table.

PAULMIER (*regardant Dutocq*).

Je ne vois pas...

DUTOCQ (*regardant Paulmier*).

Ni moi non plus.

BIXIOU.

Vous ne comprenez pas? Eh! bien, il ne se regardait pas comme chez lui. C'était spirituel, grand et épigrammatique. Les souverains n'ont pas plus compris que vous, même en se cotisant pour comprendre; il est vrai qu'ils étaient tous étrangers....

(*Baudoyer, pendant cette conversation, est au coin de la cheminée dans le cabinet de son Sous-chef, et tous deux ils parlent à voix basse.*)

BAUDOYER.

Oui, le digne homme expire. Les deux ministres y sont pour recevoir son dernier soupir, mon beau-père vient d'être averti de l'événement. Si vous voulez me rendre un signalé service, vous prendrez un cabriolet et vous irez prévenir madame Baudoyer, car monsieur Saillard ne peut quitter sa caisse et moi je n'ose laisser le Bureau seul. Mettez-vous à sa disposition : elle a, je crois, ses vues, et pourrait vouloir faire faire simultanément quelques démarches. (*Les deux fonctionnaires sortent ensemble.*)

GODARD.

Monsieur Bixiou, je quitte le bureau pour la journée, ainsi remplacez-moi.

BAUDOYER (*à Bixiou d'un air benin*).

Vous me consulterez, s'il y avait lieu.

BIXIOU.

Pour le coup, La Billardière est mort !

DUTOCQ (*à l'oreille de Bixiou*).

Venez un peu dehors me reconduire. (*Bixiou et Dutocq sortent dans le corridor et se regardent comme deux augures.*)

DUTOCQ (*parlant dans l'oreille de Bixiou*).

Écoutez. Voici le moment de nous entendre pour avancer. Que diriez-vous, si nous devenions vous Chef et moi Sous-chef?

BIXIOU (*haussant les épaules*).

Allons, pas de farces !

DUTOCQ.

Si Baudoyer était nommé, Rabourdin ne resterait pas, il donnerait sa démission. Entre nous, Baudoyer est si incapable que si du Bruel et vous, vous voulez ne pas l'aider, dans deux mois il sera renvoyé. Si je sais compter, nous aurons devant nous trois places vides.

BIXIOU.

Trois places qui nous passeront sous le nez, et qui seront données à des ventrus, à des laquais, à des espions, à des hommes de la Congrégation, à Colleville dont la femme a fini par où finissent les jolies femmes... par la dévotion...

DUTOCQ.

A vous, mon cher, si vous voulez une fois dans votre vie employer votre esprit logiquement. (*Il s'arrête comme pour étudier sur la figure de Bixiou l'effet de son adverbe*). Jouons ensemble cartes sur table.

BIXIOU (*impassible*).

Voyons votre jeu ?

DUTOCQ.

Moi je ne veux pas être autre chose que Sous-chef, je me connais, je sais que je n'ai pas, comme vous, les moyens d'être Chef. Du Bruel peut devenir directeur, vous serez son Chef de bureau, il vous laissera sa place quand il aura fait sa pelote, et moi je boulotterai, protégé par vous, jusqu'à ma retraite.

BIXIOU.

Finaud ! Mais par quels moyens comptez-vous mener à bien une entreprise où il s'agit de forcer la main au ministre, et d'expectorer un homme de talent? Entre nous, Rabourdin est le seul homme capable de la Division, et peut-être du Ministère. Or il s'agit de mettre à sa place le carré de la sottise, le cube de la niaiserie, *la Place Baudoyer !*

DUTOCQ (*se rengorgeant*).

Mon cher, je puis soulever contre Rabourdin tous les Bureaux ! vous savez combien Fleury l'aime? eh ! bien, Fleury le méprisera.

BIXIOU.

Être méprisé par Fleury !

DUTOCQ.

Il ne restera personne au Rabourdin : les employés en masse iront se plaindre de lui au ministre, et ce ne sera pas seulement notre Division, mais la Division Clergeot, mais la Division Bois-Levant et les autres Ministères....

BIXIOU.

C'est cela ! cavalerie, infanterie, artillerie et le corps des marins de la Garde, en avant ! Vous délirez, mon cher ! Et moi, qu'ai-je à faire là-dedans?

DUTOCQ.

Une caricature mordante, un dessin à tuer un homme.

BIXIOU.

Le paierez-vous ?

DUTOCQ.

Cent francs.

BIXIOU (*en lui-même*).

Il y a quelque chose.

DUTOCQ (*continuant*).

Il faudrait représenter Rabourdin habillé en boucher, mais bien ressemblant, chercher des analogies entre un bureau et une cuisine, lui mettre à la main un tranche-lard, peindre les principaux employés des ministères en volailles, les encager dans une immense souricière sur laquelle on écrirait : *Exécutions administratives,* et il serait censé leur couper le cou un à un. Il y aurait des oies, des canards à têtes conformées comme les nôtres, des portraits vagues, vous comprenez! il tiendrait un volatile à la main, Baudoyer, par exemple, fait en dindon.

BIXIOU.

Ris d'aboyeur d'oie! (*Il a regardé pendant long-temps Dutocq.*) Vous avez trouvé cela, vous?

DUTOCQ.

Oui, moi.

BIXIOU (*se parlant à lui-même*).

Les sentiments violents conduiraient-ils donc au même but que le talent? (*A Dutocq.*) Mon cher, je ferai cela... (*Dutocq laisse échapper un mouvement de joie*) quand (*point d'orgue*) je saurai sur quoi m'appuyer; car si vous ne réussissez pas, je perds ma place, et il faut que je vive. Vous êtes encore singulièrement *bon enfant*, mon cher collègue!

DUTOCQ.

Eh! bien, ne faites la lithographie que quand le succès vous sera démontré....

BIXIOU.

Pourquoi ne videz-vous pas votre sac tout de suite?

DUTOCQ.

Il faut auparavant aller flairer l'air du bureau, nous reparlerons de cela tantôt. (*Il s'en va.*)

BIXIOU (*seul dans le corridor*).

Cette raie au beurre noir, car il ressemble plus à un poisson qu'à un oiseau, ce Dutocq a eu là une bonne idée, je ne sais pas où il l'a prise. Si la *Place Baudoyer* succède à La Billardière, ce serait drôle, mieux que drôle, nous y gagnerions! (*Il rentre dans le Bureau.*) Messieurs, il va y avoir de fameux changements, le papa La Billardière est décidément mort. Sans blague! parole d'honneur! Voilà Godard en course pour notre respectable chef Baudoyer, successeur présumé du défunt (*Minard, Desroys, Colleville lèvent la tête avec étonnement, tous posent leurs plumes, Colleville se mouche*). Nous allons avancer, nous autres! Colleville sera Sous-Chef au moins, Minard sera peut-être commis principal, et pourquoi ne le serait-il pas? il est aussi bête que moi. Hein! Minard, si vous étiez à deux mille cinq cents, votre petite femme serait joliment contente et vous pourriez vous acheter des bottes.

COLLEVILLE.

Mais vous ne les avez pas encore, deux mille cinq cents.

BIXIOU.

Monsieur Dutocq les a chez les Rabourdin, pourquoi ne les aurais-je pas cette année? Monsieur Baudoyer les a eus.

COLLEVILLE.

Par l'influence de monsieur Saillard. Aucun commis principal ne les a dans la Division Clergeot.

PAULMIER.

Par exemple! Monsieur Cochin n'a peut-être pas trois mille? Il a succédé à monsieur Vavasseur, qui a été dix ans sous l'Empire à quatre mille, il a été remis à trois mille à la première rentrée, et est mort à deux mille cinq cents. Mais par la protection de son frère, monsieur Cochin s'est fait augmenter, il a trois mille.

COLLEVILLE.

Monsieur Cochin signe *E. L. L. E. Cochin*, il se nomme Émile-Louis-Lucien-Emmanuel, ce qui *anagrammé* donne *Cochenille*. Eh! bien, il est associé d'une maison de droguerie, rue des Lombards, la maison Matifat qui s'est enrichie par des spéculations sur cette denrée coloniale.

BIXIOU.

Pauvre homme, il a fait un an de Florine.

COLLEVILLE.

Cochin assiste quelquefois à nos soirées, il est de première force sur le violon. (*A Bixiou qui ne s'est pas encore mis au travail.*) Vous devriez venir chez nous entendre un concert, mardi prochain. On joue un *quintetto* de Reicha.

BIXIOU.

Merci, je préfère regarder la partition.

COLLEVILLE.

Est-ce pour un faire un mot que vous dites cela?... car un artiste de votre force doit aimer la musique.

BIXIOU.

J'irai, mais à cause de madame.

BAUDOYER (*revenant*).

Monsieur Chazelle n'est pas encore venu, vous lui ferez mes compliments, messieurs.

BIXIOU (*qui a mis un chapeau à la place de Chazelle en entendant le pas de Baudoyer*).

Pardon, monsieur, il est allé demander un renseignement pour vous chez les Rabourdin.

CHAZELLE (*entrant son chapeau sur la tête et sans voir Baudoyer*).

Le père La Billardière est enfoncé, messieurs! Rabourdin est Chef de Division, maître des requêtes! il n'a pas volé son avancement, celui-là.....

BAUDOYER (*à Chazelle*).

Vous avez trouvé cette nomination dans votre second chapeau, monsieur, n'est-ce pas? (*Il lui montre le chapeau qui est à sa place*). Voilà la troisième fois depuis le commencement du mois que vous venez après neuf heures; si vous continuez ainsi, vous ferez du chemin, mais savoir en quel sens! (*A Bixiou qui lit le journal*). Mon cher monsieur Bixiou, de grâce laissez le journal à ces messieurs qui s'apprêtent à déjeuner, et venez prendre la besogne d'aujourd'hui. Je ne sais pas ce que monsieur Rabourdin fait de Gabriel; il le garde, je crois, pour son usage particulier, je l'ai sonné trois fois. (*Baudoyer et Bixiou rentrent dans le cabinet.*)

CHAZELLE.

Damné sort!

PAULMIER (*enchanté de tracasser Chazelle*).

Ils ne vous ont donc pas dit en bas qu'il était monté? D'ailleurs ne pouviez-vous regarder en entrant, voir le chapeau à votre place, et l'éléphant.....

COLLEVILLE (*riant*).

Dans la ménagerie.

PAULMIER.

Il est assez gros pour être visible.

CHAZELLE (*au désespoir*).

Parbleu, pour quatre francs soixante-quinze centimes que nous donne le gouvernement par jour, je ne vois pas que l'on doive être comme des esclaves.

FLEURY (*entrant*).

A bas Baudoyer! vive Rabourdin! voilà le cri de la Division.

CHAZELLE (*s'exaspérant*).

Baudoyer peut bien me faire destituer s'il le veut, je n'en serai pas plus triste. A Paris, il existe mille moyens de gagner cinq francs par jour! on les gagne au Palais à faire des copies pour les avoués...

PAULMIER (*hasticotant toujours Chazelle*).

Vous dites cela, mais une place est une place, et le courageux

Colleville qui se donne un mal de galérien en dehors du Bureau, qui pourrait gagner, s'il perdait sa place, plus que ses appointements, rien qu'en montrant la musique, eh! bien, il aime mieux sa place. Que diantre, on n'abandonne pas ses espérances.

CHAZELLE (*continuant sa philippique*).

Lui, mais pas moi! Nous n'avons plus de chances? Parbleu! il fut un temps où rien n'était plus séduisant que la carrière administrative. Il y avait tant d'hommes aux armées qu'il en manquait pour l'administration. Les gens édentés, blessés à la main, au pied, de santé mauvaise, comme Paulmier, les myopes obtenaient un rapide avancement. Les familles, dont les enfants grouillaient dans les lycées, se laissaient alors fasciner par la brillante existence d'un jeune homme en lunettes, vêtu d'un habit bleu, dont la boutonnière était allumée par un ruban rouge, et qui touchait un millier de francs par mois, à la charge d'aller quelques heures dans un Ministère quelconque, y surveiller quelque chose, y arrivant tard et partant tôt, ayant, comme lord Byron, des heures de loisir et faisant des romances, se promenant aux Tuileries, doué d'un petit air rogue, se faisant voir partout, au spectacle, au bal, *admis dans les meilleures sociétés*, dépensant ses appointements, rendant ainsi à la France tout ce que la France lui donnait, rendant même des services. En effet, les employés étaient alors, comme Thuillier, cajolés par de jolies femmes ; ils paraissaient avoir de l'esprit, ils ne se lassaient point trop dans les Bureaux. Les impératrices, les reines, les princesses, les maréchales de cette heureuse époque avaient des caprices. Toutes ces belles dames avaient la passion des belles âmes : elles aimaient à protéger. Aussi pouvait-on remplir vingt-cinq ans, une place élevée, être auditeur au Conseil d'état ou maître des requêtes, et faire des rapports à l'Empereur en s'amusant avec son auguste famille. On s'amusait et l'on travaillait tout ensemble. Tout se faisait vite. Mais aujourd'hui, depuis que la Chambre a inventé la spécialité pour les dépenses, et les chapitres intitulés : Personnel! nous sommes moins que des soldats. Les moindres places sont soumises à mille chances, car il y a mille souverains....

BIXIOU (*rentrant*).

Chazelle est donc fou. Où voit-il mille souverains?.... serait ce par hasard dans sa poche?...

CHAZELLE.

Comptons? Quatre cents au bout du pont de la Concorde, ainsi nommé parce qu'il mène au spectacle de la perpétuelle discorde entre la Gauche et la Droite de la Chambre; trois cents autres au bout de la rue de Tournon. La Cour, qui doit compter pour trois cents, est donc obligée d'avoir sept cents fois plus de volonté que l'Empereur pour nommer un de ses protégés à une place quelconque!...

FLEURY.

Tout cela signifie que, dans un pays où il y a trois pouvoirs, il y a mille à parier contre un, qu'un employé qui n'est protégé que par lui-même n'aura point d'avancement.

BIXIOU (*regardant tour à tour Chazelle et Fleury*).

Ah! mes enfants, vous en êtes encore à savoir qu'aujourd'hui le plus mauvais état c'est l'état d'être à l'État...

FLEURY.

A cause du gouvernement constitutionnel.

COLLEVILLE.

Messieurs!... ne parlons pas politique.

BIXIOU.

Fleury a raison. Aujourd'hui, messieurs, servir l'État, ce n'est plus servir le prince qui savait punir et récompenser! Aujourd'hui l'État, c'est tout le monde. Or, tout le monde ne s'inquiète de personne. Servir tout le monde, c'est ne servir personne. Personne ne s'intéresse à personne. Un employé vit entre ces deux négations! Le monde n'a pas de pitié, n'a pas d'égard, n'a ni cœur, ni tête; tout le monde est égoïste, oublie demain les services d'hier. Vous avez beau vous trouver, comme monsieur Baudoyer, dès l'âge le plus tendre, un génie administratif, le Châteaubriand des rapports, le Bossuet des circulaires, le Canalis des mémoires, l'enfant sublime de la dépêche, il existe une loi désolante contre le génie administratif, la loi sur l'avancement avec sa moyenne. Cette fatale Moyenne résulte des tables de la loi sur l'avancement et des tables de mortalité combinées. Il est certain qu'en entrant dans quelque administration que ce soit, à l'âge de dix-huit ans, on n'obtient dix-huit cents francs d'appointements qu'à trente ans; pour en obtenir six mille à cinquante, la vie de Colleville nous prouve que le génie d'une femme, l'appui de plusieurs pairs de France, de plusieurs députés influents, ne sert à rien. Il n'est donc pas de carrière libre et indépendante dans laquelle, en douze années, un jeune homme, ayant fait ses humanités, vacciné, libéré du service militaire, jouissant de ses facultés, sans avoir une intelligence transcendante, n'ait amassé un capital de quarante-cinq mille francs et de centimes, représentant la rente perpétuelle de notre traitement essentiellement transitoire, car il n'est pas même viager. Dans cette période, un épicier doit avoir gagné dix mille francs de rentes, avoir déposé son bilan, ou présidé le tribunal de commerce. Un peintre a badigeonné un kilomètre de toile, il doit être décoré de la Légion-d'Honneur, ou se poser en grand homme inconnu. Un homme de lettres est professeur de quelque chose, ou journaliste à cent francs pour mille lignes, il écrit des feuilletons, ou se trouve à Sainte-Pélagie après un pamphlet lumineux qui mécontente les Jésuites, ce qui constitue une valeur énorme et en fait un homme politique. Enfin, un oisif, qui n'a rien fait, car il y a des oisifs qui font quelque chose, a fait des dettes et une veuve qui les lui paye. Un prêtre a eu le temps de devenir évêque in partibus. Un vaudevilliste est devenu propriétaire, quand il n'aurait jamais fait, comme du Bruel, de vaudevilles entiers. Un garçon intelligent et sobre, qui aurait commencé l'escompte avec un très-petit capital, comme mademoiselle Thuillier, achète alors un quart de charge d'agent de change. Allons plus bas! Un petit clerc est notaire, un chiffonnier a mille écus de rentes, les plus malheureux ouvriers ont pu devenir fabricants; tandis que, dans le mouvement rotatoire de cette civilisation qui prend la division infinie pour le progrès, un Chazelle a vécu à vingt-deux sous par tête!... — se débat avec son tailleur et son bottier! — a des dettes! — n'est rien! Et s'est *crétinisé!* Allons! messieurs? un beau mouvement! Hein? donnons tous nos démissions!... Fleury, Chazelle, jetez-vous dans d'autres parties? et devenez-y deux grands hommes!...

CHAZELLE (*calmé par le discours de Bixiou*).

Merci. (*Rire général.*)

BIXIOU.

Vous avez tort, dans votre situation je prendrais les devants sur le Secrétaire-général.

CHAZELLE (*inquiet*).

Et qu'a-t-il donc à me dire?

BIXIOU.

Odry vous dirait, Chazelle, avec plus d'agrément que n'en mettra des Lupeaulx, que pour vous la seule place libre est la place de la Concorde.

PAULMIER (*tenant le tuyau du poêle embrassé*).

Parbleu, Baudoyer ne nous fera pas grâce, allez!...

FLEURY.

Encore une vexation de Baudoyer! Ah! quel singulier pistolet vous avez là! Parlez-moi de monsieur Rabourdin, voilà un homme. Il m'a mis de la besogne sur ma table, il faudrait trois jours pour l'expédier ici... eh! bien, il l'aura pour ce soir, à quatre heures. Mais il n'est pas sur mes talons pour m'empêcher de venir causer avec les amis.

BAUDOYER (*se montrant*).

Messieurs, vous conviendrez que si l'on a le droit de blâmer le système de la Chambre ou la marche de l'Administration, ce doit être ailleurs que dans les Bureaux! (*Il s'adresse à Fleury.*) Pourquoi venez-vous ici, monsieur?

FLEURY (*insolemment*).

Pour avertir ces messieurs qu'il y a du remue-ménage! Du Bruel est mandé au secrétariat-général, Dutocq y va! Tout le monde se demande qui sera nommé.

BAUDOYER (*en rentrant*).

Ceci, monsieur, n'est pas votre affaire, retournez à votre Bureau, ne troublez pas l'ordre dans le mien...

FLEURY (*sur la porte*).

Ce serait une fameuse injustice si Rabourdin *la gobait!* Ma foi! je quitterais le Ministère (*il revient*). Avez-vous trouvé votre anagramme, papa Colleville?

COLLEVILLE.

Oui, la voici.

FLEURY (*se penche sur le bureau de Colleville*).

Fameux! fameux! Voilà ce qui ne manquera pas d'arriver si le gouvernement continue son métier d'hypocrite. (*Il fait signe aux employés que Baudoyer écoute.*) Si le Gouvernement disait franchement son intention sans conserver d'arrière-pensée, les Libéraux verraient alors ce qu'ils auraient à faire. Un gouvernement qui met contre lui ses meilleurs amis, et des hommes comme ceux des *Débats*, comme Châteaubriand et Royer-Collard! ça fait pitié!

COLLEVILLE (*après avoir consulté ses collègues*).

Tenez, Fleury, vous êtes un bon enfant; mais ne parlez pas politique ici, vous ne savez pas le tort que vous nous faites.

FLEURY (*sèchement*).

Adieu, messieurs. Je vais expédier. (*Il revient et parle bas à Bixiou.*) On dit que madame Colleville est liée avec la Congrégation.

BIXIOU.

Par où?...

FLEURY (*il éclate de rire*).

On ne vous prend jamais sans vert!

COLLEVILLE (*inquiet*).

Que dites-vous?

FLEURY.

Notre Théâtre a fait hier mille écus avec la pièce nouvelle, quoiqu'elle soit à sa quarantième représentation? vous devriez venir la voir, les décorations sont superbes.

En ce moment, des Lupeaulx recevait au secrétariat du Bruel, à la suite duquel Dutocq s'était mis. Des Lupeaulx avait appris par son valet de chambre la mort de monsieur de La Billardière, et voulait plaire aux deux ministres, en faisant paraître le soir même un article nécrologique.

— Bonjour, mon cher du Bruel, dit le demi-ministre au Sous-chef en le voyant entrer et le laissant debout. Vous savez la nouvelle? La Billardière est mort, les deux ministres étaient présents quand il a été administré. Le bonhomme a fortement recommandé Rabourdin, disant qu'il mourrait bien malheureux s'il ne savait pas avoir pour successeur celui qui constamment avait rempli sa place. Il paraît que l'agonie est une question où l'on avoue tout..... Le ministre s'est d'autant plus engagé, que son intention, comme celle du Conseil, est de récompenser les nombreux services de monsieur Rabourdin (il hoche la tête), le Conseil d'État réclame ses lumières. On dit que monsieur de La Billardière quitte la Division de défunt son père et passe à la Commission du Sceau, c'est comme si le roi lui faisait un cadeau de cent mille francs, la place est comme une charge de notaire et peut se vendre. Cette nouvelle réjouira votre Division, car on pouvait croire que Benjamin y serait placé. Du Bruel, il faudrait brocher dix ou douze lignes en manière de *fait Paris*, sur le bonhomme; leurs Excellences y jetteront un coup d'œil (il lit les journaux). Savez-vous la vie du papa La Billardière ?

Du Bruel fit un geste pour accuser son ignorance.

— Non ? reprit des Lupeaulx. Eh ! bien, il a été mêlé aux affaires de la Vendée, il était l'un des confidents du feu roi. Comme monsieur le comte de Fontaine, il n'a jamais voulu transiger avec le premier Consul. Il a un peu chouanné. C'est né en Bretagne d'une famille parlementaire si jeune, qu'il a été anobli par Louis XVIII. Quel âge avait-il ? N'importe ! Arrangez bien ça... *La loyauté qui ne s'est jamais démentie... une religion éclairée...* (le pauvre bonhomme avait pour manie de ne jamais mettre le pied dans une église), donnez-lui du *pieux serviteur*... Amenez gentiment qu'il a pu chanter le cantique de Siméon à l'avénement de Charles X. Le comte d'Artois estimait beaucoup La Billardière, car il a coopéré malheureusement à l'affaire de Quiberon et a tout pris sur lui. Vous savez ?... La Billardière a justifié le roi dans une brochure publiée en réponse à une impertinente histoire de la Révolution faite par un journaliste, vous pouvez donc appuyer sur le dévouement. Enfin, pesez bien vos mots, afin que les autres journaux ne se moquent pas de nous, et apportez-moi l'article. Vous étiez hier chez Rabourdin ?

— Oui, *Monseigneur*, dit du Bruel. Ah, pardon !

— Il n'y a pas de mal, répondit en riant des Lupeaulx.

— Sa femme était délicieusement belle, reprit du Bruel, il n'y a pas deux femmes pareilles dans Paris : il y en a d'aussi spirituelles qu'elle ; mais il n'y en a pas de si gracieusement spirituelle ; une femme peut être plus belle que Célestine ; mais il est difficile qu'elle soit si variée dans sa beauté. Madame Rabourdin est bien supérieure à madame Colleville ! dit le vaudevilliste en se rappelant l'aventure de des Lupeaulx. Flavie doit ce qu'elle est au commerce des hommes, tandis que madame Rabourdin est tout par elle-même, elle sait tout ; il ne faudrait pas se dire un secret en latin devant elle. Si j'avais une femme semblable, je croirais pouvoir parvenir à tout.

— Vous avez plus d'esprit qu'il n'est permis à un auteur d'en avoir, répondit des Lupeaulx avec un mouvement de vanité. Puis il se détourna pour apercevoir Dutocq, et lui dit : — Ah ! bonjour, Dutocq. Je vous ai fait demander pour vous prier de me prêter votre Charlet, s'il est complet ; la comtesse ne connaît rien de Charlet.

Du Bruel se retira.

— Pourquoi venez-vous sans être appelé? dit durement des Lupeaulx à Dutocq quand ils furent seuls. L'État est-il en péril pour venir me trouver à dix heures, au moment où je vais déjeuner avec Son Excellence.

— Peut-être, monsieur, dit Dutocq. Si j'avais eu l'honneur de vous voir ce matin, vous n'auriez sans doute pas fait l'éloge du sieur Rabourdin après avoir lu le vôtre tracé par lui.

Dutocq ouvrit sa redingote, prit un cahier de papier moulé sur ses côtes gauches, et le posa sur le bureau de des Lupeaulx, à un endroit marqué. Puis il alla pousser le verrou, craignant une explosion. Voici ce que lut le Secrétaire-général à son article pendant que Dutocq fermait la porte.

MONSIEUR DES LUPEAULX. *Un gouvernement se déconsidère en employant ostensiblement un tel homme qui a sa spécialité dans la police diplomatique. On peut opposer ce personnage avec succès aux flibustiers politiques des autres cabinets, ce serait dommage de l'employer à la police intérieure: il est au-dessus de l'espion vulgaire, il comprend un plan, il saurait mener à bien une infamie nécessaire et savamment couvrir sa retraite.*

Des Lupeaulx était succinctement analysé en cinq ou six phrases, la quintessence du portrait biographique placé au commencement de cette histoire. Aux premiers mots, le Secrétaire-général se sentit jugé par un homme plus fort que lui; mais il voulut se réserver d'examiner ce travail, qui allait loin et haut, sans livrer ses secrets à un homme comme Dutocq. Des Lupeaulx montra donc à l'espion un visage calme et grave. Le Secrétaire-général, comme les avoués et les magistrats, comme les diplomates et tous ceux qui sont obligés de fouiller le cœur humain, ne s'étonnait plus de rien. Rompu aux trahisons, aux ruses de la haine, aux piéges, il pouvait recevoir dans le dos une blessure, sans que son visage en parlât.

— Comment vous êtes-vous procuré cette pièce?

Dutocq raconta sa bonne fortune; en l'écoutant, la figure de des Lupeaulx ne témoignait aucune approbation. Aussi l'espion finit-il en grande crainte le récit qu'il avait commencé triomphalement.

— Dutocq, vous avez mis le doigt entre l'écorce et l'arbre, répondit sèchement le Secrétaire-général. Si vous ne voulez pas vous faire de très-puissants ennemis, gardez le plus profond secret sur ceci, qui est un travail de la plus haute importance et à moi connu.

Des Lupeaulx renvoya Dutocq par un de ces regards qui sont plus expressifs que la parole.

— Ah! ce scélérat de Rabourdin s'en mêle aussi! se disait Dutocq épouvanté de trouver un rival dans son Chef. Il est dans l'État-major quand je suis à pied! Je ne l'aurais pas cru!

A tous ses motifs d'aversion contre Rabourdin se joignit la jalousie de l'homme de métier contre un confrère, un des plus violents ingrédients de haine.

Quand des Lupeaulx fut seul, il tomba dans une étrange méditation. De quel pouvoir Rabourdin était-il l'instrument? fallait-il profiter de ce singulier document pour le perdre, ou s'en armer pour réussir auprès de sa femme? Ce mystère fut tout obscur pour des Lupeaulx, qui parcourait avec effroi les pages de cet état où les hommes de sa connaissance étaient jugés avec une profondeur inouïe. Il admirait Rabourdin, tout en se sentant blessé au cœur par lui. L'heure du déjeuner surprit des Lupeaulx dans sa lecture.

— Monseigneur va vous attendre si vous ne descendez pas, vint lui dire le valet de chambre du ministre.

Le ministre déjeunait avec sa femme, ses enfants et des Lupeaulx, sans domestiques. Le repas du matin est le seul moment d'intimité que les hommes d'État peuvent conquérir sur le mouvement de leurs dévorantes affaires. Mais, malgré les ingénieuses barrières par lesquelles ils défendent cette heure de causerie intime et de laissez-aller donnée à leur famille et à leurs affections, beaucoup de grands et de petits savent les franchir. Les affaires viennent souvent, comme en ce moment, se jeter à travers leur joie.

— Je croyais Rabourdin un homme au-dessus des employés ordinaires, et le voilà qui, dix minutes après la mort de La Billardière, invente de me faire parvenir par La Brière un vrai billet de théâtre. Tenez, dit le ministre à des Lupeaulx en lui donnant un papier qu'il roulait entre ses doigts.

Trop noble pour songer au sens honteux que la mort de monsieur La Billardière prêtait à sa lettre, Rabourdin ne l'avait pas retirée des mains de La Brière en apprenant par lui la nouvelle. Des Lupeaulx lut ce qui suit :

« Monseigneur,

» Si vingt-trois ans de services irréprochables peuvent mériter
» une faveur, je supplie Votre Excellence de m'accorder une au-
» dience aujourd'hui même, il s'agit d'une affaire où mon honneur
» se trouve engagé. »

Suivaient les formules de respect.

— Pauvre homme! dit des Lupeaulx avec un ton de compassion qui laissa le ministre dans son erreur, nous sommes entre nous, faites-le venir. Vous avez Conseil après la Chambre, et votre Excellence doit aujourd'hui répondre à l'Opposition, il n'y a pas d'autre heure où vous puissiez le recevoir. Des Lupeaulx se leva, demanda l'huissier, lui dit un mot, et revint s'asseoir à table. — Je l'ajourne au dessert, dit-il.

Comme tous les ministres de la Restauration, le ministre était un homme sans jeunesse. La charte concédée par Louis XVIII avait le défaut de lier les mains aux rois en les forçant à livrer les destinées du pays aux quadragénaires de la Chambre des Députés et aux septuagénaires de la Pairie, de les dépouiller du droit de saisir un homme de talent politique là où il était, malgré sa jeunesse ou malgré la pauvreté de sa condition. Napoléon seul put employer des jeunes gens à son choix, sans être arrêté par aucune considération. Aussi, depuis la chute de cette grande volonté, l'énergie avait-elle déserté le pouvoir. Or, faire succéder la mollesse à la vigueur est un contraste plus dangereux en France qu'en tout autre pays. En général, les ministres arrivés vieux ont été médiocres, tandis que les ministres pris jeunes ont été l'honneur des monarchies européennes et des républiques où ils dirigèrent les affaires. Le monde retentissait encore de la lutte de Pitt et de Napoléon, deux hommes qui conduisirent la politique à l'âge où les Henri de Navarre, les Richelieu, les Mazarin, les Colbert, les Louvois, les d'Orange, les Guise, les la Rovère, les Machiavel, enfin tous les grands hommes connus, partis d'en bas ou nés aux environs des trônes, commencèrent à gouverner des États. La Convention, modèle d'énergie, fut composée en grande partie de têtes jeunes; aucun souverain ne doit oublier qu'elle sut opposer quatorze armées à l'Europe; sa politique, si fatale aux yeux de ceux qui tiennent pour le pouvoir, dit absolu, n'en était pas moins dictée par les vrais principes de la monarchie, car elle se conduisit comme un grand roi. Après dix ou douze années de luttes parlementaires, après avoir ressassé la politique et s'y être harassé, ce ministre avait été véritablement intronisé par un parti qui le considérait comme son homme d'affaires. Heureusement pour lui-même, il approchait plus de soixante ans que de cinquante ; s'il avait conservé quelque vigueur juvénile, il aurait été promptement brisé. Mais, habitué à rompre, à faire retraite, à revenir à la charge, il pouvait se laisser frapper tour à tour par son parti, par l'Opposition, par la cour, par le clergé, en leur opposant la force d'inertie d'une matière à la fois molle et consistante; enfin, il avait les bénéfices de son malheur. Gehenné dans mille questions de gouvernement, comme est le jugement d'un vieil avocat après avoir tout plaidé, son esprit ne possédait plus ce vif que gardent les esprits solitaires, ni cette prompte décision des gens accoutumés de bonne heure à l'action, et qui se distingue chez les jeunes militaires. Pouvait-il en être autrement? il avait constamment chicané au lieu de juger, il avait critiqué les effets sans assister aux causes, il avait surtout la tête pleine des mille réformes qu'un parti lance à son chef, des programmes que les intérêts privés apportent à un orateur d'avenir, en l'embarrassant de plans et de conseils inexécutables. Loin d'arriver frais, il était arrivé fatigué de ses marches et contre-marches. Puis en prenant position sur la sommité tant désirée, il s'y était accroché à mille buissons épineux, il y avait trouvé mille volontés contraires à concilier. Si les hommes d'État de la Restauration avaient pu suivre leurs propres idées, leurs capacités seraient sans doute moins exposées à la critique ; mais si leurs vouloirs furent entraînés, leur âge les sauva en ne leur permettant plus de déployer cette résistance qu'on sait opposer au début de la vie à ces intrigues à la fois basses et élevées qui vainquirent quelquefois Richelieu, et auxquelles, dans une sphère moins élevée, Rabourdin allait se prendre. Après les tiraillements de leurs premières luttes, ces gens, moins vieux que vieillis, eurent les tiraillements ministériels. Ainsi leurs yeux se troublaient déjà quand il fallait la perspicacité de l'aigle, leur esprit était lassé quand il fallait redoubler de verve. Le ministre à qui Rabourdin voulait se confier, entendait journellement des hommes d'une incontestable supériorité lui exposant les théories les plus ingénieuses, applicables ou inapplicables aux affaires de la France. Ces gens à qui les difficultés de la politique générale étaient cachées, assaillaient ce ministre, au retour d'une bataille parlementaire, d'une lutte avec les secrètes imbécillités de la cour, ou à la veille d'un combat avec l'esprit public, ou le lendemain d'une question diplomatique qui avait déchiré le Conseil en trois opinions. Dans cette situation, un homme d'État tient naturellement un bâillement tout prêt au service de la première phrase où il s'agit de mieux ordonner la chose publique. Il ne se faisait pas alors de dîner où les plus audacieux spéculateurs, où les hommes des coulisses financières et politiques, ne résumassent en un mot profond les opinions de la Bourse et de la Banque, celles surprises à la diplomatie, et les plans que comportait la situation de l'Europe. Le ministre avait d'ailleurs en des Lupeaulx et son secrétaire particulier, un petit conseil pour ruminer cette nourriture, pour contrôler et analyser les intérêts qui parlaient par tant de voix habiles. En effet, son malheur, qui sera celui de tous les ministres sexagénaires, était de biaiser avec toutes les difficultés : avec le journalisme que l'on voulait en ce moment amortir sourdement au lieu de l'abattre franchement; avec la question financière, comme avec les questions d'industrie; avec le clergé comme avec la question des biens nationaux; avec le Libéralisme comme avec la Chambre. Après avoir tourné le pouvoir en sept ans, le ministre croyait pouvoir tourner ainsi toutes les questions. Il est si naturel de vouloir se maintenir par les moyens qui servirent à s'élever, que nul n'osait blâmer un système inventé par la médiocrité pour plaire à des esprits médiocres. La Restauration de même que la Révolution polonaise ont su démontrer, aux nations comme aux princes, ce que vaut un homme, et ce qui arrive quand il leur manque. Le dernier et le plus grand défaut des hommes d'État de la Restauration fut leur honnêteté dans une lutte où leurs adversaires employaient toutes les ressources de la friponnerie politique, le mensonge et les calomnies, en déchaînant contre eux, par les moyens les plus subversifs, les masses inintelligentes, habiles seulement à comprendre le désordre.

Rabourdin s'était dit tout cela. Mais il venait de se décider à jouer le tout pour le tout, comme un homme qui lassé par le jeu ne s'accorde plus qu'un coup; or, le hasard lui donnait un tricheur pour adversaire en la personne de des Lupeaulx. Néanmoins, quelle que fût sa sagacité, le Chef de Bureau, plus savant en administration qu'en optique parlementaire, n'imaginait pas toute la vérité :

il ne savait pas que le grand travail qui avait rempli sa vie allait devenir une théorie pour le ministre, et qu'il était impossible à l'homme d'Etat de ne pas le confondre avec les novateurs du dessert, avec les causeurs du coin du feu.

Au moment où le ministre debout, au lieu de penser à Rabourdin, songeait à François Keller, et n'était retenu que par sa femme qui lui offrait une grappe de raisin, le Chef de Bureau fut annoncé par l'huissier. Des Lupeaulx avait bien compté sur la disposition où devait être le ministre préoccupé de ses improvisations; aussi, voyant l'homme d'Etat aux prises avec sa femme, alla-t-il au devant de Rabourdin et le foudroya-t-il pas sa première phrase.

— Son Excellence et moi nous sommes instruits de ce qui vous préoccupe, dit des Lupeaulx, et vous n'avez rien à craindre (*baissant la voix*) ni de Dutocq (*reprenant sa voix ordinaire*) ni de qui que ce soit.

— Ne vous tourmentez point, Rabourdin, lui dit Son Excellence avec bonté, mais en faisant un mouvement de retraite.

Rabourdin s'avança respectueusement, et le ministre ne put l'éviter.

— Votre Excellence daignerait-elle me permettre de lui dire deux mots en particulier? fit Rabourdin en jetant à l'Excellence une œillade mystérieuse.

Le ministre regarda la pendule et se dirigea vers la fenêtre où le suivit le pauvre Chef.

— Quand pourrai-je avoir l'honneur de soumettre l'affaire à Votre Excellence, afin de lui expliquer le nouveau plan d'administration auquel se rattache la pièce que l'on doit entacher...

— Un plan d'administration! dit le ministre en fronçant les sourcils et l'interrompant. Si vous avez quelque chose en ce genre à me communiquer, attendez le jour où nous travaillerons ensemble. J'ai Conseil aujourd'hui, je dois une réponse à la Chambre sur l'incident que l'Opposition a élevé hier à la fin de la séance. Votre jour est mercredi prochain, nous n'avons pas travaillé hier, car hier je n'ai pu m'occuper des affaires du Ministère. Les affaires politiques ont nui aux affaires purement administratives.

— Je remets mon honneur avec confiance entre les mains de Votre Excellence, dit gravement Rabourdin, et je la supplie de ne pas oublier qu'elle ne m'a pas laissé le temps d'une explication immédiate à propos de la pièce soustraite...

— Mais ne craignez donc rien, dit des Lupeaulx en s'avançant entre le ministre et Rabourdin qu'il interrompit, avant huit jours vous serez sans doute nommé.....

Le ministre se mit à rire en songeant à l'enthousiasme de des Lupeaulx pour madame Rabourdin, et il guigna sa femme qui sourit. Rabourdin, surpris de ce jeu muet, en chercha la signification, il cessa de tenir sous son regard le ministre un moment, et l'Excellence en profita pour se sauver.

— Nous causerons ensemble de tout cela, dit des Lupeaulx devant qui le Chef de Bureau se trouva seul, non sans surprise. Mais n'en voulez pas à Dutocq, je vous réponds de lui.

— Madame Rabourdin est une femme charmante, dit la femme du ministre au Chef de Bureau pour lui dire quelque chose.

Les enfants regardaient Rabourdin avec curiosité. Rabourdin s'attendait à quelque chose de solennel, et il était comme un gros poisson pris dans les mailles d'un léger filet, il se débattait avec lui-même.

— Madame la comtesse est bien bonne, dit-il.

— N'aurai-je pas le plaisir de la voir un mercredi? dit la comtesse, amenez-nous-la, vous m'obligerez...

— Madame Rabourdin reçoit le mercredi, répondit des Lupeaulx qui connaissait la banalité des mercredis officiels; mais si vous avez tant de bonté pour elle, vous avez bientôt, je crois, une soirée intime.

La femme du ministre se leva contrariée.

— Vous êtes le maître de mes cérémonies, dit-elle à des Lupeaulx.

Paroles ambiguës par lesquelles elle exprima la contrariété que lui causait des Lupeaulx en entreprenant sur ses soirées intimes, où elle n'admettait que des personnes de choix. Elle sortit en saluant Rabourdin. Des Lupeaulx et le Chef de Bureau furent donc seuls dans le petit salon où le ministre déjeunait en famille. Des Lupeaulx froissait entre ses doigts la lettre confidentielle que La Brière avait remise au ministre, Rabourdin la reconnut.

— Vous ne me connaissez pas bien, dit-il au Chef de Bureau en lui souriant. Vendredi soir, nous nous entendrons à fond. En ce moment, je dois faire l'audience, le ministre me la laisse aujourd'hui sur le dos, car il se prépare pour la Chambre. Mais je vous le répète, Rabourdin, ne craignez rien.

Rabourdin chemina lentement par les escaliers, confondu de la singulière tournure que prenaient les choses. Il s'était cru dénoncé par Dutocq, et ne se trompait point : des Lupeaulx avait entre les mains l'État où il était jugé si sévèrement et des Lupeaulx caressait son juge. C'était à s'y perdre ! Les gens droits comprennent difficilement les intrigues embrouillées, et Rabourdin se perdait dans ce dédale, sans pouvoir deviner le jeu que jouait le Secrétaire-général.

— Ou il n'a pas lu son article, ou il aime ma femme.

Telles furent les deux pensées auxquelles s'arrêta le chef en traversant la cour, car le regard qu'il avait saisi la veille entre Célestine et des Lupeaulx lui revint dans la mémoire comme un éclair. Pendant l'absence de Rabourdin, son Bureau avait été nécessairement en proie à une agitation violente, car dans les Ministères les rapports entre les employés et les supérieurs sont si bien réglés, que quand l'huissier du ministre vient de la part de Son Excellence chez un Chef de bureau, surtout à l'heure où le ministre n'est pas visible, il se fait de grands commentaires. La coïncidence de cette communication extraordinaire avec la mort de monsieur La Billardière donna d'ailleurs une importance insolite à ce fait que monsieur Saillard apprit par monsieur Clergeot, et il vint en conférer avec son gendre. Bixiou, qui travaillait alors avec son chef, le laissa causer avec son beau-père et se transporta dans le bureau Rabourdin où les travaux étaient interrompus.

BIXIOU (*entrant*).

Il ne fait guère chaud chez vous, messieurs ? Vous ne savez pas ce qui se passe en bas. *La vertueuse Rabourdin* est enfoncée ! Oui, destitué ! Une scène horrible chez le ministre.

DUTOCQ (*il regarde Bixiou*).

Est-ce vrai ?

BIXIOU.

A qui cela peut-il faire de la peine ? ce n'est pas à vous, vous deviendrez Sous-chef et du Bruel Chef. Monsieur Baudoyer passe à la Division.

FLEURY.

Je gage cent francs que Baudoyer ne sera jamais Chef de Division.

VIMEUX.

Je me mets dans le pari. Vous y mettez-vous, monsieur Poiret?

POIRET.

J'ai ma retraite au premier janvier.

BIXIOU.

Comment, nous ne verrons plus vos souliers à cordons, et que deviendra le ministère sans vous? Qui se met de mon pari?

DUTOCQ.

Je ne puis en être, je parierais à coup sûr. Monsieur Rabourdin est nommé, monsieur de La Billardière l'a recommandé sur son lit de mort aux deux ministres, en s'accusant d'avoir touché les émoluments d'une place dont le travail était fait par Rabourdin : il a eu des scrupules de conscience ; et, sauf tout ordre supérieur, ils lui ont promis, pour le calmer, de nommer Rabourdin.

BIXIOU.

Messieurs, mettez-vous tous contre moi : vous voilà sept? car vous en serez, monsieur Phellion. Je parie un dîner de cinq cents francs au Rocher de Cancale que Rabourdin n'a pas la place de La Billardière. Ça ne vous coûtera pas cent francs à chacun, et moi j'en risque cinq cents. Je vous fais la chouette enfin. Ça va-t-il? En êtes-vous, du Bruel?

PHELLION (*posant sa plume*).

Môsieur, sur quoi fondez-vous cette proposition aléatoire, car aléatoire est le mot; mais je me trompe en employant le terme de proposition, c'est *contrat* que je voulais dire. Le pari constitue un contrat.

FLEURY.

Non, car on ne peut donner le nom de contrat qu'aux conventions reconnues par le code, et le code n'accorde pas d'action pour le pari.

DUTOCQ.

C'est le reconnaître que de le proscrire.

BIXIOU.

Ça, c'est fort, mon petit Dutocq!

POIRET.

Par exemple!

FLEURY.

C'est juste. C'est comme se refuser au paiement de ses dettes, on les reconnaît.

THUILLIER.

Vous faites de fameux jurisconsultes !

POIRET.

Je suis aussi curieux que monsieur Phellion de savoir sur quelles raisons s'appuie monsieur Bixiou...

BIXIOU (*criant à travers le bureau*).

En êtes-vous, du Bruel ?

DU BRUEL (*apparaissant*).

Sac-à-papier, messieurs, j'ai quelque chose de difficile à faire, c'est la réclame pour la mort de monsieur La Billardière. De grâce ! un peu de silence : vous rirez et parierez après.

THUILLIER.

Rirez et pas rirez ! vous entreprenez sur mes calembours !

BIXIOU (*allant dans le bureau de du Bruel*).

C'est vrai, du Bruel, l'éloge du bonhomme est une chose bien difficile, j'aurais plus tôt fait sa charge !

DU BRUEL.

Aide-moi donc, Bixiou !

BIXIOU.

Je veux bien, quoique ces articles-là se fassent mieux en mangeant.

DU BRUEL.

Nous dînerons ensemble. (*Lisant.*)

  « *La religion et la monarchie perdent tous les jours*
» *quelques-uns de ceux qui combattirent pour elle dans*
» *les temps révolutionnaires...*

BIXIOU.

Mauvais. Je mettrais :

  « *La mort exerce particulièrement ses ravages parmi*
» *les plus vieux défenseurs de la monarchie et les plus fi-*
» *dèles serviteurs du roi, dont le cœur saigne de tous ces*
» *coups.* (Du Bruel écrit rapidement.) *Monsieur le baron*
» *Flamet de La Billardière est mort ce matin d'une hy-*
» *dropisie de poitrine, causée par une affection au cœur.*

Vois-tu, il n'est pas indifférent de prouver que l'on a du cœur dans les Bureaux. Faut-il couler là une petite tartine sur les émotions des royalistes pendant la terreur ? Hein ! ça ne ferait pas mal. Mais non, les petits journaux diraient que les émotions ont plus frappé sur les intestins que sur le cœur. N'en parlons pas. Qu'as-tu mis ?

DU BRUEL (*lisant*).

« *Issu d'une vieille souche parlementaire...*

BIXIOU.

Très-bien cela ! c'est poétique, et souche est profondément vrai.

DU BRUEL (*continuant*).

« *Où le dévouement pour le trône était héréditaire, aussi
» bien que l'attachement à la foi de nos pères, monsieur
» de La Billardière...*

BIXIOU.

Je mettrais *monsieur le baron*.

DU BRUEL.

Mais il ne l'était pas en 1793...

BIXIOU.

C'est égal, tu sais que, sous l'Empire, Fouché rapportant une anecdote sur la Convention, et dans laquelle Roberspierre lui parlait, la contait ainsi : « Roberspierre me dit : Duc d'Otrante, vous irez à l'Hôtel-de-Ville ! » Il y a donc un précédent.

DU BRUEL.

Laisse-moi noter ce mot-là ! Mais ne mettons pas *le baron*, car j'ai réservé pour la fin les faveurs qui ont plu sur lui.

BIXIOU.

Ah ! bien ! C'est le coup de théâtre, le tableau d'ensemble de l'article.

DU BRUEL.

Voyez-vous ?...

« *En nommant monsieur de La Billardière baron, gen-
» tilhomme ordinaire...*

BIXIOU (*à part*).

Très-ordinaire.

DU BRUEL (*continuant*).

« *De la chambre, etc., le roi récompensa tout ensemble
» les services rendus par le prévôt qui sut concilier la ri-
» gueur de ses fonctions avec la mansuétude ordinaire
» aux Bourbons, et le courage du Vendéen qui n'a pas
» plié le genou devant l'idole impériale. Il laisse un fils,
» héritier de son dévouement et de ses talents, etc.*

BIXIOU.

N'est-ce pas trop monté de ton, trop riche de couleurs? j'éteindrais un peu cette poésie : l'idole impériale, plier le genou! diable! Le vaudeville gâte la main, et l'on ne sait plus tenir le style de la pédestre prose. Je mettrais : *il appartenait au petit nombre de ceux qui,* etc. Simplifie, il s'agit d'un homme simple.

DU BRUEL.

Encore un mot de vaudeville. Tu ferais ta fortune au théâtre, Bixiou!

BIXIOU.

Qu'as-tu mis sur Quiberon ? (*il lit*). Ce n'est pas cela! Voilà comment je redigerais :

« *Il assuma sur lui, dans un ouvrage récemment pu-*
» *blié, tous les malheurs de l'expédition de Quiberon, en*
» *donnant ainsi la mesure d'un dévouement qui ne recu-*
» *lait devant aucun sacrifice.*

C'est fin, spirituel, et tu sauves La Billardière.

DU BRUEL.

Aux dépens de qui?

BIXIOU (*sérieux comme un prêtre qui monte en chaire*).

De Hoche et de Tallien. Tu ne sais donc pas l'histoire?

DU BRUEL.

Non. J'ai souscrit à la collection des Baudouin, mais je n'ai pas encore eu le temps de l'ouvrir : il n'y a pas de sujet de vaudeville là-dedans.

PHELLION (*à la porte*).

Nous voudrions tous savoir, monsieur Bixiou, qui peut vous inciter à croire que le vertueux et digne monsieur Rabourdin, qui fait l'intérim de la Division depuis neuf mois, qui est le plus ancien Chef de Bureau du Ministère, et que le ministre au retour de chez monsieur de La Billardière a envoyé chercher par son huissier, ne sera pas nommé Chef de Division.

BIXIOU.

Papa Phellion, vous connaissez la géographie?

PHELLION (*se rengorgeant*).

Monsieur, je m'en flatte.

BIXIOU.

L'histoire?

PHELLION (*d'un air modeste*).

Peut-être.

BIXIOU (*le regardant*).

Votre diamant est mal accroché, il va tomber. Eh! bien, vous ne connaissez pas le cœur humain, vous n'êtes pas plus avancé là-dedans que dans les environs de Paris.

POIRET (*bas à Vimeux*).

Les environs de Paris? Je croyais qu'il s'agissait de monsieur Rabourdin.

BIXIOU.

Le bureau Rabourdin parie-t-il en masse contre moi?

TOUS.

Oui.

BIXIOU.

Du Bruel, en es-tu?

DU BRUEL.

Je crois bien. Il est dans notre intérêt que notre chef passe, alors chacun dans notre bureau avance d'un cran.

THUILLIER.

D'un crâne (*bas à Phellion*). Il est joli, celui-là.

BIXIOU.

Je gagerai. Voici ma raison. Vous la comprendrez difficilement, mais enfin je vous la dirai tout de même. Il est juste que monsieur Rabourdin soit nommé (*il regarde Dutocq*); car en lui, l'ancienneté, le talent et l'honneur sont reconnus, appréciés et récompensés. La nomination est même dans l'intérêt bien entendu de l'Administration. (*Phellion, Poiret et Thuillier écoutent sans rien comprendre et sont comme des gens qui cherchent à voir clair dans les ténèbres.*) Eh! bien, à cause de toutes ces convenances et de ces mérites, en reconnaissant combien la mesure est équitable et sage, je parie qu'elle n'aura pas lieu. Oui! elle manquera comme ont manqué les expéditions de Boulogne et de Russie, où le génie avait rassemblé toutes les chances de succès! Elle manquera comme manque ici-bas tout ce qui semble juste et bon. Je joue le jeu du diable.

DU BRUEL.

Qui donc sera nommé?

BIXIOU.

Plus je considère Baudoyer, plus il me semble réunir toutes les

qualités contraires; conséquemment, il sera chef de Division.
DUTOCQ (*poussé à bout*).
Mais monsieur des Lupeaulx, qui m'a fait venir pour me demander mon Charlet, m'a dit que monsieur Rabourdin allait être nommé, et que le petit La Billardière passait Référendaire au Sceau.
BIXIOU.
Nommé! nommé! La nomination ne se signera seulement pas dans dix jours. On nommera pour le jour de l'an. Tenez, regardez votre chef dans la cour, et dites-moi si ma vertueuse Rabourdin a la mine d'un homme en faveur, on le croirait destitué! (*Fleury se précipite à la fenêtre.*) Adieu, messieurs; je vais aller annoncer à monsieur Baudoyer votre nomination de monsieur Rabourdin, ça le fera toujours enrager, le saint homme! Puis je lui raconterai notre pari, pour lui remettre le cœur. C'est ce que nous nommons au théâtre une péripétie, n'est-ce pas, du Bruel? Qu'est-ce que cela me fait? Si je gagne, il me prendra pour Sous-chef. (*Il sort.*)
POIRET.
Tout le monde accorde de l'esprit à ce monsieur, eh! bien, moi, je ne puis jamais rien comprendre à ses discours (*il expédie toujours*). Je l'écoute, je l'écoute, j'entends des paroles et ne saisis aucun sens : il parle des environs de Paris à propos du cœur humain, et (*il pose sa plume et va au poêle*) dit qu'il joue le jeu du diable, à propos des expéditions de Russie et de Boulogne! il faudrait d'abord admettre que le diable joue, et savoir quel jeu? Je vois d'abord le jeu de dominos... (*il se mouche*).
FLEURY (*interrompant*).
Il est onze heures, le père Poiret se mouche.
DU BRUEL.
C'est vrai. Déjà! Je cours au Secrétariat.
POIRET.
Où en étais-je?
THUILLIER.
Domino, au Seigneur; car il s'agit du diable, et le diable est un suzerain sans charte. Mais ceci vise plus à la pointe qu'au calembour. Ceci est le jeu de mots. Au reste, je ne vois pas de différence entre le jeu de mots et... (*Sébastien entre pour prendre des circulaires à signer et à collationner*).

VIMEUX.

Vous voilà, beau jeune homme. Le temps de vos peines est fini, vous serez appointé! Monsieur Rabourdin sera nommé! Vous étiez hier à la soirée de madame Rabourdin. Êtes-vous heureux d'aller là! On dit qu'il y va des femmes superbes.

SÉBASTIEN.

Je ne sais pas.

FLEURY.

Vous êtes aveugle?

SÉBASTIEN.

Je n'aime point à regarder ce que je ne saurais avoir.

PHELLION (*enchanté*).

Bien dit! jeune homme.

VIMEUX.

Vous faites bien attention à madame Rabourdin, que diable! une femme charmante.

FLEURY.

Bah! des formes maigres. Je l'ai vue aux Tuileries, j'aime bien mieux Percilliée, la maîtresse de Ballet, la victime à Castaing.

PHELLION.

Mais qu'a de commun une actrice avec la femme d'un Chef de bureau?

DUTOCQ.

Toutes deux jouent la comédie.

FLEURY (*regardant Dutocq de travers*).

Le physique n'a rien à faire avec le moral, et si vous entendez par là que.....

DUTOCQ.

Moi, je n'entends rien.

FLEURY.

Celui de tous les employés qui sera fait chef de Bureau, voulez-vous le savoir?..

TOUS.

Dites!

FLEURY.

C'est Colleville.

THUILLIER.

Pourquoi?

FLEURY.

Madame Colleville a fini par prendre le plus court.... le chemin de la sacristie...

THUILLIER (*sèchement*).

Je suis trop l'ami de Colleville pour ne pas vous prier, monsieur Fleury, de ne pas parler légèrement de sa femme.

PHELLION.

Jamais les femmes, qui n'ont aucun moyen de défense, ne devraient être le sujet de nos conversations...

VIMEUX.

D'autant plus que la jolie madame Colleville n'a pas voulu recevoir Fleury, et qu'il la dénigre par vengeance.

FLEURY.

Elle n'a pas voulu me recevoir sur le même pied que Thuillier, mais j'y suis allé...

THUILLIER.

Quand?... Où?... sous ses fenêtres...

Quoique Fleury fut redouté dans les Bureaux pour sa crânerie, il accepta silencieusement le dernier mot de Thuillier. Cette résignation, qui surprit les employés, avait pour cause un billet de deux cents francs, d'une signature assez douteuse, que Thuillier devait présenter à mademoiselle Thuillier, sa sœur. Après cette escarmouche, un profond silence s'établit. Chacun travailla de une heure à trois heures. Du Bruel ne revint pas.

Vers trois heures et demie, les apprêts du départ, le brossage des chapeaux, le changement des habits, s'opéra simultanément dans tous les bureaux du Ministère. Cette chère demi-heure, employée à de petits soins domestiques, abrège d'autant la séance. En ce moment, les pièces trop chaudes s'attiédissent, l'odeur particulière aux Bureaux s'évapore, le silence revient. A quatre heures, il ne reste plus que les véritables employés, ceux qui prennent leur état au sérieux. Un ministre peut connaître les travailleurs de son Ministère en faisant une tournée à quatre heures précises, espionnage qu'aucun de ces graves personnages ne se permet.

A cette heure, dans les cours, quelques chefs s'abordèrent pour se communiquer leurs idées sur l'événement de la journée. Généralement, en s'en allant deux à deux, trois à trois, on concluait en faveur de Rabourdin ; mais les vieux routiers comme monsieur Clergeot branlaient la tête en disant : *Habent sua sidera lites*. Saillard et Baudoyer furent poliment évités, car personne ne savait quelle parole leur dire au sujet de la mort de La Billardière, et chacun comprenait que Baudoyer pouvait désirer la place, quoiqu'elle ne lui fût pas due.

Quand le gendre et le beau-père se trouvèrent à une certaine distance du Ministère, Saillard rompit le silence en disant : — Cela va mal pour toi, mon pauvre Baudoyer.

— Je ne comprends pas, répondit le chef, à quoi songe Elisabeth qui a employé Godard à avoir, dare dare, un passe-port pour Falleix. Godard m'a dit qu'elle a loué une chaise de poste d'après l'avis de mon oncle Mitral, et à cette heure Falleix est en route pour son pays.

— Sans doute une affaire de notre commerce, dit Saillard.

— Notre commerce le plus pressé dans ce moment était de songer à la place de monsieur La Billardière.

Ils se trouvaient alors à la hauteur du Palais-Royal dans la rue Saint-Honoré, Dutocq les salua et les aborda.

— Monsieur, dit-il à Baudoyer, si je puis vous être utile en quelque chose dans les circonstances où vous vous trouvez, disposez de moi, car je ne vous suis pas moins dévoué que monsieur Godard.

— Une semblable démarche est au moins consolante, dit Baudoyer, on a l'estime des honnêtes gens.

— Si vous daigniez employer votre influence pour me placer auprès de vous comme Sous-chef en prenant Bixiou pour votre Chef, vous feriez la fortune de deux hommes capables de tout pour votre élévation.

— Vous raillez-vous de nous, monsieur? dit Saillard en faisant de gros yeux bêtes.

— Loin de moi cette pensée, dit Dutocq. Je viens de l'imprimerie du journal y porter, de la part de monsieur le Secrétaire-général, le mot sur monsieur de La Billardière. L'article que j'y ai lu m'a donné la plus haute estime pour vos talents. Quand il faudra achever le Rabourdin, je puis donner un fier coup de hache, daignez vous en souvenir.

Dutocq disparut.

— Je veux être pendu si j'y comprends un mot, dit le caissier en regardant Baudoyer dont les petits yeux annonçaient une stupéfaction singulière. Il faudra faire acheter le journal ce soir.

Quand Saillard et son gendre entrèrent dans le salon du rez-de-chaussée, ils y trouvèrent un grand feu, madame Saillard, Élisabeth, monsieur Gaudron, et le curé de Saint-Paul. Le curé se tourna vers monsieur Baudoyer, à qui sa femme fit un signe d'intelligence peu compris.

— Monsieur, dit le curé, je n'ai pas voulu tarder à venir vous remercier du magnifique cadeau par lequel vous avez embelli ma pauvre église, je n'osais pas m'endetter pour acheter ce bel ostensoir, digne d'une cathédrale. Vous qui êtes un de nos plus pieux et assidus paroissiens, vous deviez plus que tout autre avoir été frappé du dénûment de notre maître-autel. Je vais voir, dans quelques moments, monseigneur le coadjuteur, et il vous témoignera bientôt sa satisfaction.

— Je n'ai rien fait encore.... dit Baudoyer.

— Monsieur le curé, répondit sa femme en lui coupant la parole, je puis trahir son secret tout entier. Monsieur Baudoyer compte achever son œuvre en vous donnant un dais pour la prochaine Fête-Dieu. Mais cette acquisition tient un peu à l'état de nos finances, et nos finances tiennent à notre avancement.

— Dieu récompense ceux qui l'honorent, dit monsieur Gaudron en se retirant avec le curé.

— Pourquoi, dit Saillard à monsieur Gaudron et au curé, ne nous faites-vous pas l'honneur de manger avec nous la fortune du pot ?

— Restez, mon cher vicaire, dit le curé à Gaudron. Vous me savez invité par monsieur le curé de Saint-Roch, qui demain enterre monsieur de La Billardière.

— Monsieur le curé de Saint-Roch peut-il dire un mot pour nous, demanda Baudoyer que sa femme tira violemment par le pan de sa redingote.

— Mais tais-toi donc, Baudoyer, lui dit-elle en l'attirant dans un coin pour lui souffler à l'oreille : — Tu as donné à la paroisse un ostensoir de cinq mille francs. Je t'expliquerai tout.

L'avare Baudoyer fit une grimace horrible et resta songeur pendant tout le dîner.

— Pourquoi donc t'es-tu tant remuée à propos du passe-port de Falleix ? de quoi te mêles-tu ! lui demanda-t-il enfin.

— Il me semble que les affaires de Falleix sont un peu les nôtres, répondit sèchement Élisabeth en jetant un regard à son mari pour lui montrer monsieur Gaudron devant lequel il devait se taire.

— Certainement, dit le père Saillard en pensant à sa commandite.

— Vous êtes arrivé, j'espère, à temps au bureau du journal, demanda Élisabeth à monsieur Gaudron en lui servant le potage.

— Oui, chère madame, répondit le vicaire. Aussitôt que le directeur du journal a vu le mot du secrétaire de la Grande-aumônerie, il n'a plus fait la moindre difficulté. La petite note a été mise par ses soins à la place la plus convenable, je n'y aurais jamais songé; mais ce jeune homme du journal a l'intelligence éveillée. Les défenseurs de la Religion pourront combattre l'impiété sans désavantage, il y a beaucoup de talents dans les journaux royalistes. J'ai tout lieu de penser que le succès couronnera vos espérances. Mais songez, mon cher Baudoyer, à protéger monsieur Colleville, il est l'objet de l'attention de Son Éminence, on m'a recommandé de vous parler de lui...

— Si je suis Chef de Division, j'en ferai l'un de mes Chefs de Bureau, si l'on veut! dit Baudoyer.

Le mot de l'énigme arriva quand le dîner fut fini. La feuille ministérielle, achetée par le portier, contenait aux Faits-Paris les deux articles suivants, dits entrefilets.

———

« Monsieur le baron de La Billardière est mort ce matin, après
» une longue et douloureuse maladie. Le Roi perd un serviteur
» dévoué, l'Église un de ses plus pieux enfants. La fin de monsieur
» de La Billardière a dignement couronné sa belle vie, consacrée
» tout entière dans des temps mauvais à des missions périlleuses,
» et vouée encore naguère aux fonctions les plus difficiles. Mon-
» sieur de La Billardière fut grand-prévôt dans un Département où
» son caractère triompha des obstacles que la rébellion y multi-
» pliait. Il avait accepté une Direction ardue où ses lumières ne fu-
» rent pas moins utiles que l'aménité française de ses manières,
» pour concilier les affaires graves qui s'y sont traitées. Nulles ré-
» compenses n'ont été mieux méritées que celles par lesquelles le roi
» Louis XVIII et Sa Majesté se sont plu à couronner une fidélité
» qui n'avait pas chancelé sous l'usurpateur. Cette vieille famille re-
» vivra dans un rejeton héritier des talents et du dévouement de
» l'homme excellent dont la perte afflige tant d'amis. Déjà Sa Majesté

» a fait savoir, par un mot gracieux, qu'elle comptait monsieur Ben-
» jamin de La Billardière au nombre de ses Gentilshommes ordi-
» naires de la chambre.

» Les nombreux amis qui n'auraient pas reçu de billets de faire
» part, ou chez lesquels ces billets n'arriveraient pas à temps, sont
» prévenus que les obsèques se feront demain à quatre heures, à
» l'église de Saint-Roch. Le discours sera prononcé par monsieur
» l'abbé Fontanon. »

———

« Monsieur Isidore Baudoyer, représentant d'une des plus an-
» ciennes familles de la bourgeoisie parisienne, et chef de bureau
» dans la Division La Billardière, vient de rappeler les vieilles tra-
» ditions de piété qui distinguaient ces grandes familles, si jalouses
» de la splendeur de la Religion et si amies de ses monuments. L'é-
» glise de Saint-Paul manquait d'un ostensoir en rapport avec la
» magnificence de cette basilique, due à la Compagnie de Jésus. Ni
» la Fabrique ni le curé n'étaient assez riches pour en orner l'autel.
» Monsieur Baudoyer a fait don à cette paroisse de l'ostensoir que
» plusieurs personnes ont admiré chez monsieur Gohier, orfévre du
» roi. Grâce à cet homme pieux, qui n'a pas reculé devant l'énor-
» mité du prix, l'église de Saint-Paul possède aujourd'hui ce chef-
» d'œuvre d'orfévrerie, dont les dessins sont dus à monsieur de
» Sommervieux. Nous aimons à publier un fait qui prouve combien
» sont vaines les déclamations du libéralisme sur l'esprit de la bour-
» geoisie parisienne. De tout temps, la haute bourgeoisie fut roya-
» liste, elle le prouvera toujours dans l'occasion. »

———

— Le prix était de cinq mille francs, dit l'abbé Gaudron ; mais
en faveur de l'argent comptant, l'orfévre de la Cour a modéré ses
prétentions.

— *Représentant d'une des plus anciennes familles de la
bourgeoisie parisienne !* disait Saillard. C'est imprimé, et dans
le Journal officiel encore !

— Cher monsieur Gaudron, aidez-donc mon père à composer
une phrase qu'il pourrait glisser dans l'oreille de madame la com-

tesse en lui portant le traitement du mois, une phrase qui dise bien tout! Je vais vous laisser. Je dois sortir avec mon oncle Mitral, Croiriez-vous qu'il m'a été impossible de trouver mon oncle Bidault. Et dans quel chenil demeure-t-il! Enfin monsieur Mitral, qui connaît ses allures, dit qu'il a fini ses affaires entre huit heures et midi; que, passé cette heure, on ne peut le trouver qu'à un café nommé café Thémis, un singulier nom....

— Y rend-on la justice? dit en riant l'abbé Gaudron.

— Comment va-t-il dans un café situé au coin de la rue Dauphine et du quai des Augustins; mais on dit qu'il y joue tous les soirs aux dominos avec son ami monsieur Gobseck. Je ne veux pas aller là toute seule, mon oncle me conduit et me ramène.

En ce moment Mitral montra sa figure jaune plaquée de sa perruque qui semblait faite en chiendent, et fit signe à sa nièce de venir afin de ne pas dissiper un temps payé deux francs l'heure. Madame Baudoyer sortit donc sans rien expliquer à son père ni à son mari.

—Le ciel, dit monsieur Gaudron à Baudoyer quand Élisabeth fut partie, vous a donné dans cette femme un trésor de prudence et de vertus, un modèle de sagesse, une chrétienne en qui se trouve un entendement divin. La Religion seule forme des caractères si complets. Demain je dirai la messe pour le succès de la bonne cause! Il faut, dans l'intérêt de la monarchie et de la religion, que vous soyez nommé. Monsieur Rabourdin est un Libéral, abonné au *Journal des Débats*, journal funeste qui fait la guerre à monsieur le comte de Villèle pour servir les intérêts froissés de monsieur de Châteaubriand. Son Éminence lira ce soir le journal quand ce ne serait qu'à cause de son pauvre ami monsieur de La Billardière, et monseigneur le coadjuteur lui parlera de vous et de Rabourdin. Je connais monsieur le curé! Quand on pense à sa chère église, il ne vous oublie pas dans son prône. Or, il a l'honneur en ce moment de dîner avec le coadjuteur, chez monsieur le curé de Saint-Roch.

Ces paroles commençaient à faire comprendre à Saillard et à Baudoyer qu'Élisabeth n'était pas restée oisive depuis le moment où Godard l'avait avertie.

—Est-elle fûtée, st'Élisabeth, s'écria Saillard en appréciant avec plus de justesse que ne le faisait l'abbé le rapide chemin de taupe tracé par sa fille.

—Elle a envoyé Godard savoir à la porte de monsieur Rabourdin quel journal il recevait, dit Gaudron, et je l'ai dit au secrétaire de Son Éminence ; car nous sommes dans un moment où l'Église et le trône doivent bien connaître quels sont leurs amis, quels sont leurs ennemis.

— Voilà cinq jours que je cherche une phrase à dire à la femme de Son Excellence, dit Saillard.

— Tout Paris lit cela, s'écria Baudoyer dont les yeux étaient attachés sur le journal.

— Votre éloge nous coûte quatre mille huit cents francs, mon fiston ! dit madame Saillard.

— Vous avez embelli la maison de Dieu, répondit l'abbé Gaudron.

— Nous pouvions faire notre salut sans cela, reprit-elle. Mais si Baudoyer a la place, elle vaut huit mille francs de plus, le sacrifice ne sera pas grand. Et s'il ne l'avait pas ?... Hein, ma mère ! dit-elle en regardant son mari, quelle saignée !...

— Eh ! bien, dit Saillard enthousiasmé, nous regagnerions cela chez Falleix qui va maintenant étendre ses affaires en se servant de son frère qu'il a mis agent de change exprès. Élisabeth aurait bien dû nous dire pourquoi Falleix s'est envolé. Mais cherchons la phrase. Voilà ce que j'ai déjà trouvé : *Madame, si vous vouliez dire deux mots à Son Excellence*.....

— *Vouliez*, dit Gaudron, *daigniez*, pour parler plus respectueusement. D'ailleurs il faut savoir avant tout si madame la Dauphine vous accorde sa protection, car alors vous pourriez lui insinuer l'idée de coopérer aux désirs de son Altesse Royale.

— Il faudrait aussi désigner la place vacante, dit Baudoyer.

— *Madame la comtesse*, reprit Saillard en se levant et regardant sa femme avec un sourire agréable.

— Jésus ! Saillard es-tu drôle comme ça ! Mais, mon fils, prends donc garde, tu la feras rire, c'te femme ?

— *Madame la comtesse...* Suis-je mieux ? dit-il en regardant sa femme.

— Oui, mon poulet.

— *La place de feu le digne monsieur La Billardière est vacante, mon gendre monsieur Baudoyer*.....

— *Homme de talent et de haute piété*, souffla Gaudron.

— Écris, Baudoyer, cria le père Saillard, écris la phrase.

Baudoyer prit naïvement une plume et écrivit sans rougir son propre éloge, absolument comme eussent fait Nathan ou Canalis en rendant compte d'un de leurs livres.

— *Madame la comtesse...* Vois-tu, ma mère, dit Saillard à sa femme, je suppose que tu es la femme du ministre.

— Me prends-tu pour une bête? je le devine bien, répondit-elle.

— *La place de feu le digne monsieur de La Billardière est vacante; mon gendre, monsieur Baudoyer, homme d'un talent consommé et de haute piété...* Après avoir regardé monsieur Gaudron qui réfléchissait, il ajouta : *serait bien heureux s'il l'avait.* Ha! ce n'est pas mal, c'est bref et ça dit tout.

— Mais attends donc, Saillard, tu vois bien que monsieur l'abbé rumine, lui dit sa femme, ne le trouble donc pas.

— *Serait bien heureux si vous daigniez vous intéresser à lui*, reprit Gaudron, *et en disant quelques mots à Son Excellence, vous seriez particulièrement agréable à madame la Dauphine, par laquelle il a le bonheur d'être protégé.*

— Ah, monsieur Gaudron, cette phrase vaut l'ostensoir, je regrette moins les quatre mille huit cents.... D'ailleurs, dis donc, Baudoyer, tu les paieras, mon garçon! As-tu écrit?

— Je te ferai répéter cela, ma mère, dit madame Saillard, et tu me la réciteras matin et soir. Oui, elle est bien troussée, cette phrase-là! Êtes-vous heureux d'être si savant, monsieur Gaudron! Voilà ce que c'est que d'étudier dans les séminaires, on apprend à parler à Dieu et à ses saints.

— Il est aussi bon que savant, dit Baudoyer en serrant les mains au prêtre. Est-ce vous qui avez rédigé l'article? demanda-t-il en montrant le journal.

— Non, répondit Gaudron. Cette rédaction est du secrétaire de Son Éminence, un jeune abbé qui m'a de grandes obligations et qui s'intéresse à monsieur Colleville; autrefois, j'ai payé sa pension au séminaire.

— Un bienfait a toujours sa récompense, dit Baudoyer.

Pendant que ces quatre personnes s'attablaient pour faire leur boston, Élisabeth et son oncle Mitral atteignaient le café Thémis, après s'être entretenus en chemin de l'affaire que le tact d'Élisabeth lui avait indiquée comme le plus puissant levier pour forcer la main au ministre. L'oncle Mitral, l'ancien huissier fort en chicane, en expédients et précautions judiciaires, regarda l'honneur de sa famille comme intéressé au triomphe de son neveu. Son avarice lui faisait sonder le coffre-fort de Gigonnet, et il savait que cette succession revenait à son neveu Baudoyer ; il lui voulait donc une position en harmonie avec la fortune des Saillard et de Gigonnet, qui toutes écherraient à la petite Baudoyer. A quoi ne devait pas prétendre une fille dont la fortune irait à plus de cent mille livres de rente ! Il avait adopté les idées de sa nièce et les avait entendues. Aussi avait-il accéléré le départ de Falleix en lui expliquant comment on allait vite en poste. Puis il avait réfléchi pendant son dîner sur la courbure qu'il convenait d'imprimer au ressort inventé par Élisabeth. En arrivant au café Thémis, il dit à sa nièce que lui seul pouvait arranger l'affaire avec Gigonnet, et il la fit rester dans le fiacre, afin qu'elle n'intervînt qu'en temps et lieu. A travers les vitres, Élisabeth aperçut les deux figures de Gobseck et de son oncle Bidault qui se détachaient sur le fond jaune vif des boiseries de ce vieux café, comme deux têtes de camées, froides et impassibles dans l'attitude que le graveur leur a données. Ces deux avares parisiens étaient entourés de vieux visages où le trente pour cent d'escompte semblait écrit dans les rides circulaires qui, partant du nez, retroussaient des pommettes glacées. Ces physionomies s'animèrent à l'aspect de Mitral, et les yeux brillèrent d'une curiosité tigresque.

— Hé, hé, c'est le papa Mitral ! s'écria Chaboisseau.

Ce petit vieillard faisait l'escompte de la librairie.

— Oui, ma foi, répondit un marchand de papier nommé Métivier. — Ah, c'est un vieux singe qui se connaît en grimaces.

— Et vous, vous êtes un vieux corbeau qui vous connaissez en cadavres, répondit Mitral.

— Juste, dit le sévère Gobseck.

— Que venez-vous faire ici, mon fils ? venez-vous saisir notre ami Métivier ? lui demanda Gigonnet en lui montrant le marchand de papier qui avait une trogne de vieux portier.

— Votre petite-nièce Élisabeth est là, papa Gigonnet, lui dit Mitral à l'oreille.

— Quoi, des malheurs ! dit Bidault.

Le vieillard fronça les sourcils et prit un air tendre comme celui du bourreau quand il s'apprête à officier ; malgré sa vertu romaine, il dut être ému, car son nez si rouge perdit un peu de sa couleur.

— Eh ! bien, ce serait des malheurs, n'aideriez-vous pas la fille

de Saillard, une petite qui vous tricote des bas depuis trente ans?
s'écria Mitral.

— S'il y avait des garanties, je ne dis pas! répondit Gigonnet. Il
y a du Falleix là-dedans. Votre Falleix établit son frère agent de
change, il fait autant d'affaires que les Brézac, avec quoi? avec son
intelligence, n'est-ce pas! Enfin Saillard n'est pas un enfant.

— Il connaît la valeur de l'argent, dit Chaboisseau.

Ce mot, dit entre ces vieillards, eut fait frémir un artiste, car
tous hochèrent la tête.

— D'ailleurs, ça ne me regarde pas, moi, les malheurs de mes
proches, reprit Bidault-Gigonnet. J'ai pour principe de ne jamais
me laisser aller ni avec mes amis, ni avec mes parents, car on ne
peut périr que par les endroits faibles. Adressez-vous à Gobseck,
il est doux.

Les escompteurs applaudirent à cette doctrine par un mouvement de leurs têtes métalliques; et qui les eût vus, aurait cru entendre les cris de machines mal graissées.

— Allons, Gigonnet, un peu de tendresse? dit Chaboisseau, on
vous a tricoté des bas pendant trente ans.

— Ah! ça vaut quelque chose, dit Gobseck.

— Vous êtes entre vous, on peut parler, dit Mitral après avoir
examiné les êtres autour de lui. Je suis amené par une bonne affaire.....

— Pourquoi venez-vous donc à nous, si elle est bonne? dit aigrement Gigonnet en interrompant Mitral.

— Un gars qui était Gentilhomme de la chambre, un vieux
Chouan, son nom?... La Billardière est mort.

— Vrai, dit Gobseck.

— Et le neveu donne des ostensoirs aux églises! dit Gigonnet.

— Il n'est pas si bête que de les donner, il les vend, papa,
reprit Mitral avec orgueil. Il s'agit d'avoir la place de monsieur de La Billardière, et pour y arriver, il est nécessaire de
saisir.....

— *Saisir*, toujours huissier, dit Métivier en frappant amicalement sur l'épaule de Mitral. J'aime cela, moi!

— De saisir le sieur Chardin des Lupeaulx entre nos griffes, reprit Mitral. Or, Élisabeth en a trouvé le moyen, et il est...

— Élisabeth, s'écria Gigonnet en interrompant encore. Chère
petite créature, elle tient de son grand-père, de mon pauvre frère!

Bidault n'avait pas son pareil! Ah! si vous l'aviez vu aux ventes de vieux meubles! quel tact! quel fil! Que veut-elle?

— Tiens, tiens, dit Mitral, vous retrouvez bien vite vos entrailles, papa Gigonnet. Ce phénomène doit avoir ses causes.

— Enfant! dit Gobseck à Gigonnet, toujours trop vif!

— Allons, Gobseck et Gigonnet, mes maîtres, vous avez besoin de des Lupeaulx, vous vous souvenez de l'avoir plumé, vous avez peur qu'il ne redemande un peu de son duvet, dit Mitral.

— Peut-on lui dire l'affaire, demanda Gobseck à Gigonnet.

— Mitral est des nôtres, il ne voudrait pas faire un mauvais trait à ses anciennes pratiques, répondit Gigonnet. Eh! bien, Mitral, nous venons, entre nous trois, dit-il à l'oreille de l'ancien huissier, d'acheter des créances qui sont en liquidation.

— Que pouvez-vous sacrifier? demanda Mitral.

— Rien, dit Gobseck.

— On ne nous sait pas là, fit Gigonnet, Samanon nous sert de paravent.

— Écoutez-moi, Gigonnet? dit Mitral. Il fait froid et votre petite-nièce attend. Vous me comprendrez en trois mots. Il faut envoyer entre vous deux, sans intérêts, deux cent cinquante mille francs à Falleix, qui maintenant brûle la route à trente lieues de Paris, avec un courrier en avant.

— Possible? dit Gobseck.

— Où va-t-il? s'écria Gigonnet.

— Mais il se rend à la magnifique terre des Lupeaulx, reprit Mitral. Il connaît le pays, il va acheter autour de la bicoque du Secrétaire-général pour lesdits deux cent cinquante mille francs d'excellentes terres qui vaudront toujours bien leur prix. On a neuf jours pour l'enregistrement des actes notariés, (ne perdez pas ceci de vue!). Avec cette petite augmentation, la terre des Lupeaulx paiera mille francs d'impôts. *Ergo*, des Lupeaulx devient électeur du grand Collège, éligible, comte, et tout ce qu'il voudra! Vous savez quel est le député qui s'est coulé?

Les deux avares firent un signe affirmatif.

— Des Lupeaulx se couperait une jambe pour être député, reprit Mitral. Mais s'il veut avoir en son nom les contrats que nous lui montrerons, en les hypothéquant, bien entendu, de notre prêt avec subrogation dans les droits des vendeurs..... (Ah! ah! vous y êtes?...) il nous faut d'abord la place pour Baudoyer. Après, nous vous repassons des Lupeaulx ! Falleix reste au pays et prépare la matière électorale; ainsi vous couchez des Lupeaulx en joue par Falleix pendant tout le temps de l'élection, une élection d'arrondissement où les amis de Falleix font la majorité. Y a-t-il du Falleix, là-dedans, papa Gigonnet?

— Il y a aussi du Mitral, reprit Métivier. C'est bien joué.

— C'est fait, dit Gigonnet. Pas vrai, Gobseck? Falleix nous signera des contre-valeurs, et mettra l'hypothèque en son nom, nous irons voir des Lupeaulx en temps utile.

— Et nous, dit Gobseck, nous sommes volés !

— Ah papa? dit Mitral, je voudrais bien connaître le voleur.

— Hé! nous ne pouvons être volés que par nous-mêmes, répondit Gigonnet. Nous avons cru bien faire en achetant les créances sur des Lupeaulx à soixante pour cent de remise.

— Vous les hypothéquerez sur sa terre et vous le tiendrez encore par les intérêts! répondit Mitral.

— Possible, dit Gobseck.

Après avoir échangé un fin regard avec Gobseck, Bidault dit Gigonnet vint à la porte du café.

— Élisabeth, va ton train, ma fille, dit-il à sa nièce. Nous tenons ton homme, mais ne néglige pas les accessoires. C'est bien commencé, rusée! achève, tu as l'estime de ton oncle!... Et il lui frappa gaiement dans la main.

— Mais, dit Mitral, Métivier et Chaboisseau peuvent nous donner un coup de main, en allant ce soir à la boutique de quelque journal de l'Opposition y faire saisir la balle au bond, et rempoigner l'article ministériel. Va toute seule, ma petite, je ne veux pas lâcher ces deux cormorans. Et il rentra dans le Café.

— Demain les fonds partiront à leur destination par un mot au Receveur-général, nous trouverons *chez nos amis* pour cent mille écus de son papier, dit Gigonnet à Mitral quand l'huissier vint parler à l'escompteur.

Le lendemain, les nombreux abonnés d'un journal libéral lurent dans les premiers-Paris un article entre filets, inséré d'autorité par Chaboisseau et Métivier, actionnaires dans deux journaux, escompteurs de la librairie, de l'imprimerie, de la papeterie, et à qui nul rédacteur ne pouvait rien refuser. Voici l'article.

« Hier un journal ministériel indiquait évidemment comme suc-
» cesseur du baron de La Billardière monsieur Baudoyer, un des
» citoyens les plus recommandables d'un quartier populeux où sa
». bienfaisance n'est pas moins connue que la piété sur laquelle
» appuie tant la feuille ministérielle ; elle aurait pu parler de ses
» talents ! Mais a-t-elle songé qu'en vantant l'antiquité bourgeoise
» de monsieur Baudoyer, qui certes est une noblesse tout comme
» une autre, elle indiquait la cause de l'exclusion vraisemblable de
» son candidat ? Perfidie gratuite ! La bonne dame caresse celui
» qu'elle tue, suivant son habitude. Nommer monsieur Baudoyer,
» ce serait rendre hommage aux vertus, aux talents des classes
» moyennes, dont nous serons toujours les avocats, quoique nous
» voyions notre cause souvent perdue. Cette nomination serait un
» acte de justice et de bonne politique, le ministère ne se le per-
» mettra pas. La feuille religieuse a, cette fois, plus d'esprit que
» ses patrons ; on la grondera. »

Le lendemain matin, vendredi, jour de dîner chez madame Rabourdin, que des Lupeaulx avait laissée à minuit, éblouissante de
beauté, sur l'escalier des Bouffons, donnant le bras à madame de
Camps (madame Firmiani venait de se marier), le vieux roué se
réveilla, ses idées de vengeance calmées ou plutôt rafraîchies : il
était plein du dernier regard échangé avec madame Rabourdin.

— Je m'assurerai Rabourdin en lui pardonnant d'abord et je le
rattraperai plus tard ; pour le moment, s'il n'avait pas sa place, il
faudrait renoncer à une femme qui peut devenir un des plus précieux
instruments d'une haute fortune politique ; elle comprend tout, ne
recule devant aucune idée ; et puis, je ne saurais pas avant le ministre quel plan d'administration a conçu Rabourdin ! Allons, cher
des Lupeaulx, il s'agit de tout vaincre pour votre Célestine. Vous
avez eu beau faire la grimace, madame la comtesse, vous inviterez
madame Rabourdin à votre première soirée intime.

Des Lupeaulx était un de ces hommes qui, pour satisfaire une
passion, savent mettre leur vengeance dans un coin de leur cœur.
Ainsi son parti fut pris, il résolut de faire nommer Rabourdin.

— Je vous prouverai, cher chef, que je mérite une belle place dans
votre bagne diplomatique, se dit-il en s'asseyant dans son cabinet
et décachetant les journaux.

Il savait trop bien, à cinq heures, ce que devait contenir la feuille ministérielle, pour s'amuser à la lire; mais il l'ouvrit pour regarder l'article de La Billardière, en pensant à l'embarras dans lequel du Bruel l'avait mis en lui apportant la railleuse rédaction de Bixiou. Il ne put s'empêcher de rire en relisant la biographie de feu le comte de Fontaine, mort quelques mois auparavant, et qu'il avait réimprimée pour La Billardière, quand tout à coup ses yeux furent éblouis par le nom de Baudoyer. Il lut avec fureur le spécieux article qui engageait le Ministère. Il sonna vivement et fit demander Dutocq pour l'envoyer au journal. Quel fut son étonnement en lisant la réponse de l'Opposition! car, par hasard, ce fut la feuille libérale qui lui vint la première sous la main. La chose était sérieuse. Il connaissait cette partie, et le maître qui brouillait ses cartes lui parut un Grec de la première force. Disposer avec cette habileté de deux journaux opposés, à l'instant, dans la même soirée, et commencer le combat, en devinant l'intention du Ministre! Il reconnut la plume d'un rédacteur libéral de sa connaissance, et se promit de le questionner le soir à l'Opéra. Dutocq parut.

— Lisez, lui dit des Lupeaulx en lui tendant les deux journaux et continuant à parcourir les autres feuilles pour savoir si Baudoyer y avait remué quelque autre corde. Allez savoir qui s'est avisé de compromettre ainsi le Ministère.

— Ce n'est toujours pas monsieur Baudoyer, répondit Dutocq, il n'a pas quitté son bureau hier. Je n'ai pas besoin d'aller au journal. En y apportant votre article hier, j'ai vu l'abbé qui s'est présenté muni d'une lettre de la Grande-Aumônerie, et devant laquelle vous eussiez plié vous-même.

— Dutocq, vous en voulez à monsieur Rabourdin, et ce n'est pas bien, car il a deux fois empêché votre destitution. Mais nous ne sommes pas les maîtres de nos sentiments : on peut haïr son bienfaiteur. Seulement, sachez que si vous vous permettez contre Rabourdin la moindre traîtrise, avant que je vous aie donné le mot d'ordre, ce sera votre perte, vous me compterez comme votre ennemi. Quant au journal de mon ami, que la Grande-Aumônerie lui prenne notre nombre d'abonnements, si elle veut s'en servir exclusivement. Nous sommes à la fin de l'année, la question de l'abonnement sera bientôt discutée, et nous nous entendrons? Quant à la place de La Billardière, il y a un moyen d'en finir, c'est d'y nommer aujourd'hui même.

— Messieurs, dit Dutocq en rentrant au Bureau et en s'adressant à ses collègues, je ne sais pas si Bixiou a le don de lire dans l'avenir, mais si vous n'avez pas le journal ministériel, je vous engage à y étudier l'article Baudoyer; puis, comme monsieur Fleury a la feuille de l'Opposition, vous pourrez y voir la réplique. Certes, monsieur Rabourdin a du talent, mais un homme qui, par le temps qui court, donne aux églises des ostensoirs de six mille francs, a diablement de talent aussi.

BIXIOU (*entrant*).

Que dites-vous de *la première aux Corinthiens* contenue dans notre journal religieux, et de l'*Épître aux ministres* qui est dans le journal libéral? Comment va monsieur Rabourdin, du Bruel?

DU BRUEL (*arrivant*).

Je ne sais pas. (*Il emmène Bixiou dans son cabinet et lui dit à voix basse.*) Mon cher, votre manière d'aider les gens ressemble aux façons du bourreau, qui vous met les pieds sur les épaules pour vous plus promptement casser le cou. Vous m'avez fait avoir de des Lupeaulx une chasse que ma bêtise m'a méritée. Il était joli, l'article sur La Billardière! Je n'oublierai pas ce trait-là. La première phrase semblait dire au Roi: *Il faut mourir.* Celle sur Quiberon signifiait clairement que le Roi était un.... Enfin tout était ironique.

BIXIOU (*se mettant à rire*).

Tiens, vous vous fâchez! On ne peut donc plus *blaguer?*

DU BRUEL.

Blaguer! blaguer! Quand vous voudrez être Sous-chef, on vous répondra par des blagues, mon cher.

BIXIOU (*d'un ton menaçant*).

Sommes-nous fâchés?

DU BRUEL.

Oui.

BIXIOU (*d'un air sec*).

Eh! bien, tant pis pour vous.

DU BRUEL (*songeur et inquiet*).

Pardonneriez-vous cela, vous?

BIXIOU (*câlin*).

A un ami? je crois bien. (*On entend la voix de Fleury.*) Voilà Fleury qui maudit Baudoyer. Hein! est-ce bien joué? Baudoyer aura la place. (*Confidentiellement.*) Après tout, tant mieux. Du Bruel, suivez bien les conséquences. Rabourdin serait un lâche de rester sous Baudoyer, il donnera sa démission, et ça nous fera deux places. Vous serez Chef, et vous me prendrez avec vous comme Sous-chef. Nous ferons des vaudevilles ensemble, et je vous piocherai la besogne au Bureau.

DU BRUEL (*souriant*).

Tiens, je ne songeais pas à cela. Pauvre Rabourdin! ça me ferait de la peine, cependant.

BIXIOU.

Ah! voilà comment vous l'aimez? (*Changeant de ton.*) Eh! bien, je ne le plains pas non plus. Après tout, il est riche; sa femme donne des soirées, et ne m'invite pas, moi qui vais partout! Allons, mon bon du Bruel, adieu, sans rancune! (*Il sort dans le Bureau.*) Adieu, Messieurs. Ne vous disais-je pas hier qu'un homme qui n'avait que des vertus et du talent était toujours bien pauvre, même avec une jolie femme.

FLEURY.

Vous êtes riche, vous!

BIXIOU.

Pas mal, cher Cincinnatus! Mais vous me donnerez à dîner au *Rocher de Cancale*.

POIRET.

Il m'est toujours impossible de comprendre le Bixiou.

PHELLION (*d'un air élégiaque*).

Monsieur Rabourdin lit si rarement les journaux, qu'il serait peut-être utile de les lui porter en nous en privant momentanément. (*Fleury lui tend son journal, Vimeux celui du Bureau, il prend les journaux et sort.*)

En ce moment, des Lupeaulx, qui descendait pour déjeuner avec le ministre, se demandait si, avant d'employer la fine fleur de sa rouerie pour le mari, la prudence ne commandait pas de sonder le cœur de la femme, afin de savoir s'il serait récompensé de son dévouement. Il se tâtait le peu de cœur qu'il avait, lorsque, sur l'escalier, il rencontra son avoué qui lui dit en souriant : — Deux mots, monseigneur? avec cette familiarité des gens qui se savent indispensables.

— Quoi, mon cher Desroches? fit l'homme politique. Que m'arrive-t-il? Ils se fâchent, ces messieurs, et ne savent pas faire comme moi : attendre!

— J'accours vous prévenir que toutes vos créances sont entre les mains des sieurs Gobseck et Gigonnet, sous le nom d'un sieur Samanon.

— Des hommes à qui j'ai fait gagner des sommes immenses !

— Écoutez, lui dit l'avoué à l'oreille, Gigonnet s'appelle Bidault, il est l'oncle de Saillard, votre caissier, et Saillard est le beau-père d'un certain Baudoyer qui se croit des droits à la place vacante dans votre Ministère. N'ai-je pas eu raison de vous prévenir.

— Merci, fit des Lupeaulx en saluant l'avoué d'un air fin.

— D'un trait de plume vous aurez quittance, dit Desroches en s'en allant.

— Voilà de ces sacrifices immenses ! se dit des Lupeaulx, il est impossible d'en parler à une femme, pensa-t-il. Célestine vaut-elle la quittance de toutes mes dettes ? j'irai la voir ce matin.

Ainsi la belle madame Rabourdin allait être dans quelques heures l'arbitre des destinées de son mari, sans qu'aucune puissance pût la prévenir de l'importance de ses réponses, sans qu'aucun signal l'avertît de composer son maintien et sa voix. Et, par malheur, elle se croyait sûre du succès, elle ne savait pas Rabourdin miné de toutes parts par le travail sourd des tarets.

— Eh ! bien, monseigneur, dit des Lupeaulx en entrant dans le petit salon où l'on déjeunait, avez-vous lu les articles sur Baudoyer ?

— Pour l'amour de Dieu, mon cher, répondit le ministre, laissons les nominations dans ce moment-ci. On m'a cassé la tête, hier, de cet ostensoir. Pour sauver Rabourdin, il faudra faire de sa promotion une affaire de Conseil, si je ne veux point avoir la main forcée. C'est à dégoûter des affaires. Pour garder Rabourdin, il nous faut avancer un certain Colleville...

— Voulez-vous me livrer la conduite de ce vaudeville, et ne pas vous en occuper ? je vous égaierai tous les matins par le récit de la partie d'échecs que je jouerai contre la Grande-Aumônerie, dit des Lupeaulx.

— Eh ! bien, lui dit le ministre, faites le travail avec le chef du Personnel. Savez-vous que rien n'est plus propre à frapper l'esprit du roi que les raisons contenues dans le journal de l'Opposition ? Menez donc un ministère avec des Baudoyer !

— Un imbécile dévot, reprit des Lupeaulx, et incapable comme...

— Comme La Billardière, dit le ministre.

— La Billardière avait au moins les manières du gentilhomme ordinaire de la chambre, reprit des Lupeaulx. Madame, dit-il, en s'adressant à la comtesse, il y a maintenant nécessité d'inviter madame Rabourdin à votre première soirée intime, je vous ferai observer qu'elle a pour amie madame de Camps ; elles étaient ensemble hier aux Italiens, et je l'ai connue à l'hôtel Firmiani ; d'ailleurs vous verrez si elle est de nature à compromettre un salon.

— Invitez madame Rabourdin, ma chère, dit le ministre, et parlons d'autre chose.

— Célestine est donc dans mes griffes, dit des Lupeaulx en remontant chez lui pour faire une toilette du matin.

Les ménages parisiens sont dévorés par le besoin de se mettre en harmonie avec le luxe qui les environne de toutes parts, aussi en est-il peu qui aient la sagesse de conformer leur situation extérieure à leur budget intérieur. Mais ce vice tient peut-être à un patriotisme tout français et qui a pour but de conserver à la France sa suprématie en fait de costume. La France règne par le vêtement sur toute l'Europe, chacun y sent la nécessité de garder un sceptre commercial qui fait de la Mode en France ce qu'est la Marine en Angleterre. Cette patriotique fureur qui porte à tout sacrifier au *paroistre*, comme disait d'Aubigné sous Henri IV, est la cause de travaux secrets et immenses qui prennent toute la matinée des femmes parisiennes, quand elles veulent, ainsi que le voulait madame Rabourdin, tenir avec douze mille livres de rente le train que beaucoup de riches ne se donnent pas avec trente mille. Ainsi, les vendredis, jours de dîner, madame Rabourdin aidait la femme de chambre à faire les appartements ; car la cuisinière allait de bonne heure à la Halle, et le domestique nettoyait l'argenterie, façonnait les serviettes, brossait les cristaux. Le mal-avisé qui, par une distraction de la portière, serait monté vers onze heures ou midi chez madame Rabourdin, l'eût trouvée, au milieu du désordre le moins pittoresque, en robe de chambre, les pieds dans de vieilles pantoufles, mal coiffée, arrangeant elle-même ses lampes, disposant elle-même ses jardinières ou se cuisinant à la hâte un déjeuner peu poétique. Le visiteur à qui les mystères de la vie parisienne auraient été inconnus eût certes appris à ne pas mettre le pied dans les coulisses du théâtre ; bientôt signalé comme un homme capable des plus grandes noirceurs, la femme surprise dans ses mystères du matin aurait parlé de sa bêtise et de son indiscrétion de manière à le ruiner. La Parisienne, si indulgente pour les curiosités qui lui profitent, est implacable pour celles qui lui font perdre ses prestiges. Aussi une pareille invasion domiciliaire n'est-elle pas, comme dit la Police correctionnelle, une attaque à la pudeur, mais un vol avec effraction, le vol de ce qu'il y a de plus précieux, *le crédit!* Une femme se laisse volontiers surprendre peu vêtue, les cheveux tombants; quand tous ses cheveux sont à elle, elle y gagne; mais elle ne veut pas se laisser voir faisant elle-même son appartement, elle y perd son *paroistre*. Madame Rabourdin était dans tous les apprêts de son vendredi, au milieu des provisions pêchées par sa cuisinière dans l'océan de la Halle, alors que monsieur des Lupeaulx se rendit sournoisement chez elle. Certes, le Secrétaire-général était bien le dernier que la belle Rabourdin attendît; aussi, en entendant craquer des bottes sur le palier, s'écria-t-elle : — Déjà le coiffeur! Exclamation aussi peu agréable pour des Lupeaulx que la vue de des Lupeaux le fut pour elle. Elle se sauva donc dans sa chambre à coucher, où régnait un effroyable gâchis de meubles qui ne veulent pas être vus, des choses hétérogènes en fait d'élégance, un vrai mardi-gras domestique. L'effronté des Lupeaulx suivit la belle effarée, tant il la trouva piquante dans son déshabillé. Je ne sais quoi d'alléchant tentait le regard : la chair, vue par un hiatus de camisole, semblait mille fois plus attrayante que quand elle se bombait gracieusement depuis la ligne circulaire tracée sur le dos par le surjet de velours, jusqu'aux rondeurs fuyantes du plus joli col de cygne où jamais un amant ait posé son baiser avant le bal. Quand l'œil se promène sur une femme parée qui montre une magnifique poitrine, ne croit-on pas voir le dessert monté de quelque beau dîner; mais le regard qui se coule entre l'étoffe froissée par le sommeil embrasse des coins friands, et s'en régale comme on dévore un fruit volé qui rougit entre deux feuilles sur l'espalier.

— Attendez, attendez! cria la jolie Parisienne en verrouillant son désordre.

Elle sonna Thérèse, sa fille, la cuisinière, le domestique, implorant un schall et souhaitant le coup de sifflet du machiniste à l'Opéra. Et le coup de sifflet partit. Et en un tour de main, autre phénomène! la chambre prit un air de matin fort piquant en harmonie avec une toilette subitement combinée pour la plus grande gloire de cette femme, évidemment supérieure en ceci.

— Vous! dit-elle. Et à cette heure! Que se passe-t-il donc?

— Les choses les plus graves du monde, répondit des Lupeaulx. Il s'agit aujourd'hui de bien nous comprendre.

Célestine regarda cet homme à travers ses lunettes et comprit.

— Mon principal vice, répondit-elle, est d'être prodigieusement fantasque, ainsi je ne mêle pas mes affections à la politique; parlons politique, affaires, et nous verrons après. Ce n'est pas, d'ailleurs, une fantaisie, mais une conséquence de mon goût d'artiste, qui me défend de faire hurler les couleurs, d'allier des choses disparates, et m'ordonne d'éviter les dissonances. Nous avons notre politique aussi, nous autres femmes!

Déjà le son de la voix, la gentillesse des manières avaient produit leur effet et métamorphosé la brutalité du Secrétaire-général en courtoisie sentimentale; elle l'avait rappelé à ses obligations d'amant. Une jolie femme habile se fait comme une atmosphère où les nerfs se détendent, où les sentiments s'adoucissent.

— Vous ignorez ce qui se passe, reprit brutalement des Lupeaulx qui tenait à se montrer brutal. Lisez.

Et il offrit à la gracieuse Rabourdin les deux journaux où il avait entouré chaque article en encre rouge. En lisant, le schall se décroisa sans que Célestine s'en aperçût ou par l'effet d'une volonté bien déguisée. A l'âge où la force des fantaisies est en raison de leur rapidité, des Lupeaulx ne pouvait pas plus garder son sang-froid que Célestine ne gardait le sien.

— Comment! dit-elle, mais c'est affreux! Qu'est-ce que ce Baudoyer?

— Un baudet, fit des Lupeaulx; mais, vous le voyez! il porte des reliques, et arrivera conduit par la main habile qui tient la bride.

Le souvenir de ses dettes passa devant les yeux de madame Rabourdin et l'éblouit, comme si elle eût vu deux éclairs consécutifs; ses oreilles tintèrent à coups redoublés sous la pression du sang qui battait dans ses artères; elle resta tout hébétée, regardant une patère sans la voir.

— Mais vous nous êtes fidèle! dit-elle à des Lupeaulx en le caressant d'un coup d'œil de manière à se l'attacher.

— C'est selon, fit-il en répondant à cette œillade par un regard inquisitif qui fit rougir cette pauvre femme.

— S'il vous faut des arrhes, vous perdriez tout le prix, dit-elle en riant. Je vous faisais plus grand que vous ne l'êtes. Et vous, vous me croyez bien petite, bien pensionnaire.

— Vous ne m'avez pas compris, reprit-il d'un air fin. Je voulais dire que je ne pouvais pas servir un homme qui joue contre moi, comme l'Étourdi contre Mascarille.

— Que signifie ceci?

— Voici qui vous prouvera que je suis grand.

Et il présenta à madame Rabourdin l'État volé par Dutocq, en le lui offrant à l'endroit où son mari l'avait analysé si savamment.

— Lisez!

Célestine reconnut l'écriture, lut, et pâlit sous ce coup d'assommoir.

— Toutes les Administrations y sont, dit des Lupeaulx.

— Mais heureusement, dit-elle, vous seul possédez ce travail, que je ne puis m'expliquer.

— Celui qui l'a volé n'est pas si niais que de ne pas en avoir un double, il est trop menteur pour l'avouer et trop intelligent dans son métier pour le livrer, je n'ai même pas tenté d'en parler.

— Qui est-ce?

— Votre Commis principal.

— Dutocq. On n'est jamais puni que de ses bienfaits! Mais, reprit-elle, c'est un chien qui veut un os.

— Savez-vous ce qu'on veut m'offrir à moi, pauvre diable de Secrétaire-général?

— Quoi!

— Je dois trente et quelques malheureux mille francs, vous allez prendre une bien méchante opinion de moi en sachant que je ne dois pas davantage; mais enfin, en cela, je suis petit! Eh! bien, l'oncle de Baudoyer vient d'acheter mes créances et sans doute se dispose à m'en rendre les titres.

— Mais c'est infernal, tout cela.

— Du tout, c'est monarchique et religieux, car la Grande-Aumônerie s'en mêle....

— Que ferez-vous?

— Que m'ordonnez-vous de faire? dit-il avec une grâce adorable en lui tendant la main.

Célestine ne le trouva plus ni laid, ni vieux, ni poudré à frimas, ni secrétaire-général, ni quoi que ce soit d'immonde; mais elle ne lui donna pas la main: le soir dans son salon elle la lui aurait laissé prendre cent fois; mais le matin et seule, le geste constituait une promesse un peu trop positive, et pouvait mener loin.

— Et l'on dit que les hommes d'État n'ont pas de cœur! s'écria-t-elle en voulant compenser la dureté du refus par la grâce de la parole. Cela m'effrayait, ajouta-t-elle en prenant l'air le plus innocent du monde.

— Quelle calomnie! répondit des Lupeaulx, un des plus immobiles diplomates et qui garde le pouvoir depuis qu'il est né, vient d'épouser la fille d'une actrice, et de la faire recevoir à la cour la plus ferrée sur les quartiers de noblesse.

— Et vous nous soutiendrez?

— Je fais le travail des nominations. Mais pas de tricherie!

Elle lui tendit sa main à baiser et lui donna un petit soufflet sur la joue.

— Vous êtes à moi, dit-elle.

Des Lupeaulx admira ce mot. (Le soir à l'Opéra, le fat le raconta de cette manière : « Une femme ne voulant pas dire à un homme » qu'elle était à lui, aveu qu'une femme comme il faut ne fait jamais, » lui a dit : Vous êtes à moi. Comment trouvez-vous le détour? »)

— Mais soyez mon alliée, reprit-il. Votre mari a parlé au ministre d'un plan d'administration auquel se rattache l'État dans lequel je suis si bien traité; sachez-le, dites-le-moi ce soir.

— Ce sera fait, dit-elle sans voir grande importance à ce qui avait amené des Lupeaulx chez elle si matin.

— Madame, le coiffeur, dit la femme de chambre.

— Il s'est bien fait attendre, je ne sais pas comment je m'en serais tirée, s'il avait tardé, pensa Célestine.

— Vous ne savez pas jusqu'où va mon dévouement, lui dit des Lupeaulx en se levant. Vous serez invitée à la première soirée particulière de la femme du ministre....

— Ah! vous êtes un ange, dit-elle. Et je vois maintenant combien vous m'aimez : vous m'aimez avec intelligence.

— Ce soir, chère enfant, reprit-il, j'irai savoir à l'Opéra quels sont les journalistes qui conspirent pour Baudoyer, et nous mesurerons nos bâtons.

— Oui, mais vous dînez ici, n'est-ce pas? j'ai fait chercher et trouver les choses que vous aimez.

— Tout cela cependant ressemble tant à l'amour, qu'il serait doux d'être long temps trompé ainsi! se dit des Lupeaulx en descendant les escaliers. Mais si elle se moque de moi, je le saurai : je lui prépare le plus habile de tous les pièges avant la signature,

18.

afin de pouvoir lire dans son cœur. Mes petites chattes, nous vous connaissons! car, après tout, les femmes sont tout ce que nous sommes! Vingt-huit ans et vertueuse, et ici, rue Duphot! c'est un bonheur bien rare, qui vaut la peine d'être cultivé.

Le papillon éligible sautillait par les escaliers.

— Mon Dieu, cet homme-là, sans ses lunettes, poudré, doit être bien drôle en robe de chambre, se disait Célestine. Il a le harpon dans le dos, et me remorque enfin là où je voulais aller, chez le ministre. Il a joué son rôle dans ma comédie.

Quand, à cinq heures, Rabourdin rentra pour s'habiller, sa femme vint assister à sa toilette, et lui apporta cet État que, comme la pantoufle du conte des Mille et une Nuits, le pauvre homme devait rencontrer partout.

— Qui t'a remis cela? dit Rabourdin stupéfait.

— Monsieur des Lupeaulx!

— Il est venu! demanda Rabourdin en jetant à sa femme un de ces regards qui certes auraient fait pâlir une coupable, mais qui trouva un front de marbre et un œil rieur.

— Et il reviendra dîner, répondit-elle. Pourquoi votre air effarouché?

— Ma chère, dit Rabourdin, des Lupeaulx est mortellement offensé par moi, ces gens-là ne pardonnent pas, et il me caresse! Crois-tu que je ne voie pas pourquoi?

— Cet homme, reprit-elle, me paraît avoir un goût très-délicat, je ne puis le blâmer. Enfin, je ne sais rien de plus flatteur pour une femme que de réveiller un palais blasé. Après.....

— Trêve de plaisanterie, Célestine! Epargne un homme accablé. Je ne puis rencontrer le ministre, et mon honneur est au jeu.

— Mon Dieu, non. Dutocq aura la promesse d'une place, et tu seras nommé Chef de Division.

— Je te devine, chère enfant, dit Rabourdin; mais le jeu que tu joues est aussi déshonorant que la réalité. Le mensonge est le mensonge, et une honnête femme.....

— Laisse-moi donc me servir des armes employées contre nous.

— Célestine, plus cet homme se verra sottement pris au piége, plus il s'acharnera sur moi.

— Et si je le renverse?

Rabourdin regarda sa femme avec étonnement.

— Je ne pense qu'à ton élévation, et il était temps, mon pauvre ami !... reprit Célestine. Mais tu prends le chien de chasse pour le gibier, dit-elle après une pause. Dans quelques jours des Lupeaulx aura très-bien accompli sa mission. Pendant que tu cherches à parler au ministre, et avant que tu ne puisses le voir, moi je lui aurai parlé. Tu as sué sang et eau pour enfanter un plan que tu me cachais ; et, en trois mois, ta femme aura fait plus d'ouvrage que toi en six ans. Dis-moi ton beau système ?

Rabourdin, tout en se faisant la barbe et après avoir obtenu de sa femme de ne pas dire un seul mot de ses travaux, en la prévenant que confier une seule idée à des Lupeaulx c'était mettre le chat à même la jatte de lait, commença l'explication de ses travaux.

— Comment, Rabourdin, ne m'as-tu pas parlé de cela ? dit Célestine en coupant la parole à son mari dès la cinquième phrase. Mais tu te serais épargné des peines inutiles. Que l'on soit aveuglé pendant un moment par une idée, je le conçois ; mais pendant six ou sept ans, voilà ce que je ne conçois pas. Tu veux réduire le budget, c'est l'idée vulgaire et bourgeoise ! Mais il faudrait arriver à un budget de deux milliards, la France serait deux fois plus grande. Un système neuf, ce serait de tout faire mouvoir par l'emprunt, comme le crie monsieur de Nucingen. Le trésor le plus pauvre est celui qui se trouve plein d'écus sans emploi ; la mission d'un ministère des finances est de jeter l'argent par les fenêtres, il lui rentre par ses caves, et tu veux lui faire entasser des trésors ! Mais il faut multiplier les emplois au lieu de les réduire. Au lieu de rembourser les rentes, il faudrait multiplier les rentiers. Si les Bourbons veulent régner en paix, ils doivent créer des rentiers dans les dernières bourgades, et surtout ne pas laisser les étrangers toucher des intérêts en France, car ils nous en demanderont un jour le capital ; tandis que si toute la rente est en France, ni la France ni le crédit ne périront. Voilà ce qui a sauvé l'Angleterre. Ton plan est un plan de petite bourgeoise. Un homme ambitieux n'aurait dû se présenter devant son ministre qu'en recommandant Law sans ses chances mauvaises, en expliquant la puissance du crédit, en démontrant comme quoi nous ne devons pas amortir le capital, mais les intérêts, comme font les Anglais...

— Allons, Célestine, dit Rabourdin, mêle toutes les idées ensemble, contrarie-les ; amuse-t'en comme de joujoux ! je suis habitué à cela. Mais ne critique pas un travail que tu ne connais pas encore.

— Ai-je besoin, dit-elle, de connaître un plan dont l'esprit est d'administrer la France avec six mille employés au lieu de vingt mille? Mais, mon ami, fût-ce un plan d'homme de génie, un roi de France se ferait détrôner en voulant l'exécuter. On soumet une aristocratie féodale en abattant quelques têtes, mais on ne soumet pas une hydre à mille pates. Non, l'on n'écrase pas les petits, ils sont trop plats sous le pied. Et c'est avec les ministres actuels, entre nous de pauvres sires, que tu veux remuer ainsi les hommes? Mais on remue les intérêts, et l'on ne remue pas les hommes : ils crient trop; tandis que les écus sont muets.

— Mais, Célestine, si tu parles toujours, et si tu fais de l'esprit à côté de la question, nous ne nous entendrons jamais...

— Ah! je comprends à quoi mène l'État où tu as classé les capacités administratives, reprit-elle sans avoir écouté son mari. Mon Dieu, mais tu as aiguisé toi-même le couperet pour te faire trancher la tête. Sainte-Vierge! pourquoi ne m'as-tu pas consultée? au moins je t'aurais empêché d'écrire une seule ligne, ou tout au moins, si tu avais voulu faire ce mémoire, je l'aurais copié moi-même, et il ne serait jamais sorti d'ici... Pourquoi, mon Dieu, ne m'avoir rien dit? Voilà les hommes! ils sont capables de dormir auprès d'une femme en gardant un secret pendant sept ans! Se cacher d'une pauvre femme pendant sept années, douter de son dévouement?

— Mais, dit Rabourdin impatienté, voici onze ans que je n'ai jamais pu discuter avec toi sans que tu me coupes la parole et sans substituer aussitôt tes idées aux miennes... Tu ne sais rien de mon travail.

— Rien! je sais tout!

— Dis-le-moi donc? s'écria Rabourdin impatienté pour la première fois depuis son mariage.

— Tiens, il est six heures et demie, fais ta barbe, habille-toi, répondit-elle comme répondent toutes les femmes quand on les presse sur un point où elles doivent se taire. Je vais achever ma toilette, et nous ajournerons la discussion, car je ne veux pas être agacée le jour où je reçois. Mon Dieu, le pauvre homme! dit-elle en sortant, travailler sept ans pour accoucher de sa mort! Et se défier de sa femme!

Elle rentra.

— Si tu m'avais écoutée dans le temps, tu n'aurais pas intercédé pour conserver ton Commis principal, et il a sans doute une copie autographiée de ce maudit état! Adieu, homme d'esprit!

En voyant son mari dans une tragique attitude de douleur, elle comprit qu'elle était allée trop loin, elle courut à lui, le saisit tout barbouillé de savon, et l'embrassa tendrement.

— Cher Xavier, ne te fâche pas, lui dit-elle, ce soir nous étudierons ton plan, tu parleras à ton aise, j'écouterai bien et aussi long-temps que tu le voudras!... est-ce gentil? Va, je ne demande pas mieux que d'être la femme de Mahomet.

Elle se mit à rire. Rabourdin ne put s'empêcher de rire aussi, car Célestine avait de la mousse blanche aux lèvres, et sa voix avait déployé les trésors de la plus pure et de la plus solide affection.

— Va t'habiller, mon enfant, et surtout ne dis rien à des Lupeaulx, jure-le-moi? voilà la seule pénitence que je t'impose.

— *Impose?...* dit-elle, alors je ne jure rien!

— Allons, Célestine, j'ai dit en riant une chose sérieuse.

— Ce soir, répondit-elle, ton secrétaire-général saura qui nous avons à combattre, et moi, je sais qui attaquer.

— Qui? dit Rabourdin.

— Le ministre, répondit-elle en se grandissant de deux pieds.

Malgré la grâce amoureuse de sa chère Célestine, Rabourdin, en s'habillant, ne put empêcher quelques douloureuses pensées d'obscurcir son front.

— Quand saura-t-elle m'apprécier? se disait-il. Elle n'a pas même compris qu'elle seule était la cause de tout ce travail! Quel brise-raison, et quelle intelligence! Si je ne m'étais pas marié, je serais déjà bien haut et bien riche! J'aurais économisé cinq mille francs par an sur mes appointements. En les employant bien, j'aurais aujourd'hui dix mille livres de rente en dehors de ma place, je serais garçon et j'aurais la chance de devenir par un mariage... Oui, reprit-il en s'interrompant, mais j'ai Célestine et mes deux enfants. Il se rejeta sur son bonheur. Dans le plus heureux ménage, il y a toujours des moments de regret. Il vint au salon et contempla son appartement. — Il n'y a pas dans Paris deux femmes qui s'entendent à la vie comme elle. Avec douze mille livres de rente faire tout cela! dit-il en regardant les jardinières pleines de fleurs, et songeant aux jouissances de vanité que le monde allait lui donner. Elle était faite pour être la femme d'un ministre. Quand je pense que celle du mien ne lui sert à rien; elle a l'air d'une bonne grosse bourgeoise, et quand elle se trouve au château, dans les salons... Il se pinça les lèvres. Les hommes très-occupés ont des idées si fausses en ménage, qu'on peut également leur faire croire qu'avec cent mille francs on n'a rien, et qu'avec douze mille francs on a tout.

Quoique très-impatiemment attendu, malgré les flatteries préparées pour ses appétits de gourmet émérite, des Lupeaulx ne vint pas dîner, il ne se montra que très-tard dans la soirée, à minuit, heure à laquelle la causerie devient, dans tous les salons, plus intime et confidentielle. Andoche Finot, le journaliste, était resté.

— Je sais tout, dit des Lupeaulx quand il fut bien assis sur la causeuse au coin du feu, sa tasse de thé à la main, madame Rabourdin debout devant lui, tenant une assiette pleine de sandwiches et de tranches d'un gâteau bien justement nommé *gâteau de plomb*. Finot, mon cher et spirituel ami, vous pourrez rendre service à notre gracieuse reine en lâchant quelques chiens après des hommes de qui nous causerons. Vous avez contre vous, dit-il à monsieur Rabourdin en baissant la voix pour n'être entendu que des trois personnes auxquelles il s'adressait, des usuriers et le clergé, l'argent et l'Eglise. L'article du journal libéral a été demandé par un vieil escompteur à qui l'on avait des obligations, mais le petit bonhomme qui l'a fait s'en soucie peu. La rédaction en chef de ce journal change dans trois jours, et nous reviendrons là-dessus. L'opposition royaliste, car nous avons, grâce à M. de Châteaubriand, une opposition royaliste, c'est-à-dire qu'il y a des Royalistes qui passent aux Libéraux, mais ne faisons pas de haute politique; ces assassins de Charles X m'ont promis leur appui en mettant pour prix à votre nomination notre approbation à un de leurs amendements. Toutes mes batteries sont dressées. Si l'on nous impose Baudoyer, nous dirons à la Grande-Aumônerie : « Tel et tel journal et messieurs *tels et tels* attaqueront la loi que vous voulez, et toute la presse sera contre (car les journaux ministériels que je tiens seront sourds et muets, ils n'auront pas de peine à l'être, ils le sont assez, n'est-ce pas, Finot ?) Nommez Rabourdin, et vous aurez l'opinion pour vous. » Pauvres Bonifaces de gens de province qui se carrent dans leurs fauteuils au coin du feu, très-heureux de l'indépendance des organes de l'Opinion, ah! ah!

— Hi, hi, hi! fit Andoche Finot.

— Ainsi, soyez tranquille, dit des Lupeaulx. J'ai tout arrangé ce soir. La Grande-Aumônerie pliera.

— J'aurais mieux aimé perdre tout espoir et vous avoir à dîner, lui dit Célestine à l'oreille en le regardant d'un air fâché qui pouvait passer pour l'expression d'un amour-fou.

— Voici qui m'obtiendra ma grâce, reprit-il en lui remettant une invitation pour la soirée de mardi.

Célestine ouvrit la lettre, et le plaisir le plus rouge anima ses traits. Aucune jouissance ne peut se comparer à celle de la vanité triomphante.

— Vous savez ce qu'est la soirée du mardi, reprit des Lupeaulx en prenant un air mystérieux; c'est dans notre ministère comme le Petit-Château à la cour. Vous serez au cœur du pouvoir! Il y aura la comtesse Féraud, qui est toujours en faveur malgré la mort de Louis XVIII, Delphine de Nucingen, madame de Listomère, la marquise d'Espard, votre chère de Camps que j'ai priée afin que vous trouviez un appui dans le cas où les femmes vous *blakbolleraient*. Je veux vous voir au milieu de ce monde-là.

Célestine hochait la tête comme un *pur sang* avant la course, et relisait l'invitation comme Baudoyer et Saillard avaient relu leurs articles dans les journaux, sans pouvoir s'en rassasier.

— Là d'abord, et un jour aux Tuileries, dit-elle à des Lupeaulx.

Des Lupeaulx fut effrayé du mot et de l'attitude, tant ils exprimaient d'ambition et de sécurité. — Ne serais-je qu'un marchepied? se dit-il. Il se leva, s'en alla dans la chambre à coucher de madame Rabourdin, et y fut suivi par elle, car elle avait compris à un geste du Secrétaire-général qu'il voulait lui parler en secret.
— Hé, bien! le plan? dit-il.

— Bah! des bêtises d'honnête homme! Il veut supprimer quinze mille employés et n'en garder que cinq ou six mille, vous n'avez pas idée d'une monstruosité pareille, je vous ferai lire son mémoire quand la copie en sera terminée. Il est de bonne foi. Son catalogue analytique des employés a été dicté par la pensée la plus vertueuse. Pauvre cher homme!

Des Lupeaulx fut d'autant plus rassuré par le rire vrai qui accompagnait ces railleuses et méprisantes paroles, qu'il se connaissait en mensonges, et que pour le moment Célestine était de bonne foi.

— Mais enfin, le fond de tout cela? demanda-t-il.

— Hé ! bien, il veut supprimer la contribution foncière en la remplaçant par des impôts de consommation.

— Mais il y a déjà un an que François Keller et Nucingen ont proposé un plan à peu près semblable, et le ministre médite de dégrever l'impôt foncier.

— Là, quand je lui disais que ce n'était pas neuf ! s'écria Célestine en riant.

— Oui, mais s'il s'est rencontré avec le plus grand financier de l'époque, un homme qui, je vous le dis entre nous, est le Napoléon de la finance, il doit y avoir au moins quelques idées dans ses moyens d'exécution.

— Tout est vulgaire, fit-elle en imprimant à ses lèvres une moue dédaigneuse. Songez donc qu'il veut gouverner et administrer la France avec cinq ou six mille employés, tandis qu'il faudrait au contraire qu'il n'y eût pas en France une seule personne qui ne fût intéressée au maintien de la monarchie.

Des Lupeaulx parut satisfait de trouver un homme médiocre dans l'homme auquel il accordait des talents supérieurs.

— Êtes-vous bien sûr de la nomination ? Voulez-vous un conseil de femme ? lui dit-elle.

— Vous vous entendez mieux que nous en trahisons élégantes, fit des Lupeaulx en hochant la tête.

— Hé ! bien, dites *Baudoyer* à la cour et à la Grande-Aumônerie pour leur ôter tout soupçon et les endormir ; mais, au dernier moment, écrivez *Rabourdin*.

— Il y a des femmes qui disent *oui* tant qu'on a besoin d'un homme, et *non* quand il a joué son rôle, répondit des Lupeaulx.

— J'en connais, lui dit-elle en riant. Mais elles sont bien sottes, car en politique on se retrouve toujours ; c'est bon avec les niais, et vous êtes un homme d'esprit. Selon moi, la plus grande faute que l'on puisse commettre dans la vie est de se brouiller avec un homme supérieur.

— Non, dit des Lupeaulx, car il pardonne. Il n'y a de danger qu'avec de petits esprits rancuneux qui n'ont pas autre chose à faire qu'à se venger, et je passe ma vie à cela.

Quand tout le monde fut parti, Rabourdin resta chez sa femme, et, après avoir exigé pour une seule fois son attention, il put lui expliquer son plan en lui faisant comprendre qu'il ne restreignait point et augmentait au contraire le budget, en lui montrant à quels travaux s'employaient les deniers publics, en lui expliquant comment l'État décuplait le mouvement de l'argent en faisant entrer le sien pour un tiers ou pour un quart dans les dépenses qui seraient supportées par des intérêts privés ou de localité; enfin il lui prouva que son plan était moins une œuvre de théorie qu'une œuvre fertile en moyens d'exécution. Célestine, enthousiasmée, sauta au cou de son mari et s'assit au coin du feu sur ses genoux.

— Enfin j'ai donc en toi le mari que je rêvais! dit-elle. L'ignorance où j'étais de ton mérite t'a sauvé des griffes de des Lupeaulx. Je t'ai calomnié merveilleusement et de bon cœur!

Cet homme pleura de bonheur. Il avait donc enfin son jour de triomphe. Après avoir tout entrepris pour plaire à sa femme, il était grand aux yeux de son seul public!

— Et, pour qui te connaît si bon, si doux, si égal de caractère, si aimant, tu es dix fois plus grand. Mais, dit-elle, un homme de génie est toujours plus ou moins enfant, et tu es un enfant, un enfant bien-aimé. Elle tira son invitation de l'endroit où les femmes mettent ce qu'elles veulent cacher, et la lui montra. — Voilà ce que je voulais, dit-elle. Des Lupeaulx m'a mise en présence du ministre, et fût-il de bronze, cette Excellence sera pendant quelque temps mon serviteur.

Dès le lendemain, Célestine s'occupa de sa présentation au cercle intime du ministre. C'était sa grande journée, à elle! Jamais courtisane ne prit tant de soin d'elle-même que cette honnête femme n'en prit de sa personne. Jamais couturière ne fut plus tourmentée que la sienne, et jamais couturière ne comprit mieux l'importance de son art. Enfin madame Rabourdin n'oublia rien. Elle alla elle-même chez un loueur de voitures, pour choisir un coupé qui ne fût ni vieux, ni bourgeois, ni insolent. Son domestique, comme les domestiques de bonne maison, fut tenu d'avoir l'air d'un maître. Puis, vers dix heures du soir, le fameux mardi, elle sortit dans une délicieuse toilette de deuil. Elle était coiffée avec des grappes de raisin en jais du plus beau travail, une parure de mille écus commandée chez Fossin par une Anglaise partie sans la prendre. Les feuilles étaient en lames de fer estampé, légères comme de véritables feuilles de vigne, et l'artiste n'avait pas oublié ces vrilles si gracieuses, destinées à s'entortiller dans les boucles, comme elles s'accrochent à tout rameau. Les bracelets, le collier et les pendants d'oreilles étaient en fer dit de Berlin; mais ces délicates arabesques venaient de Vienne, et semblaient avoir été faites par ces fées qui, dans les contes, sont chargées par quelque Carabosse jalouse d'amasser des yeux de fourmis, ou de filer des pièces de toile contenues dans une noisette. Sa taille amincie déjà par le noir avait été mise en relief par une robe d'une coupe étudiée, et qui s'arrêtait à l'épaule dans la courbure, sans épaulettes; à chaque mouvement, il semblait que la femme, comme un papillon, allait sortir de son enveloppe, et néanmoins la robe tenait par une invention de la divine couturière. La robe était en mousseline de laine, étoffe que le fabricant n'avait pas encore envoyée à Paris, une divine étoffe qui plus tard eut un succès fou. Ce succès alla plus loin que ne vont les modes en France. L'économie positive de la mousseline de laine, qui ne coûte pas de blanchissage, a nui plus tard aux étoffes de coton, de manière à révolutionner la fabrique à Rouen. Le pied de Célestine chaussé d'un bas à mailles fines et d'un soulier de satin turc, car le grand deuil excluait le satin de soie, avait une tournure supérieure. Célestine fut bien belle ainsi. Son teint, ravivé par un bain au son, avait un éclat doux. Ses yeux, baignés par les ondes de l'espoir, étincelant d'esprit, attestaient cette supériorité dont parlait alors l'heureux et fier des Lupeaulx. Elle fit bien son entrée, et les femmes sauront apprécier le sens de cette phrase. Elle salua gracieusement la femme du ministre, en conciliant le respect qu'elle lui devait avec sa propre valeur à elle, et ne la choqua point tout en se posant dans sa majesté, car chaque belle femme est une reine. Aussi eut-elle avec le ministre cette jolie impertinence que les femmes peuvent se permettre avec les hommes, fussent-ils grands-ducs. Elle examina le terrain en s'asseyant, et se trouva dans une de ces soirées choisies, peu nombreuses, où les femmes peuvent se toiser, se bien apprécier, où la moindre parole retentit dans toutes les oreilles, où chaque regard porte coup, où la conversation est un duel avec témoins, où ce qui est médiocre devient plat, mais où tout mérite est accueilli silencieusement, comme étant au niveau de chaque esprit. Rabourdin était allé se confiner dans un salon voisin où l'on jouait, et il resta planté sur ses pieds à faire galerie, ce qui prouve qu'il ne manquait pas d'esprit.

— Ma chère, dit la marquise d'Espard à la comtesse Féraud la dernière maîtresse de Louis XVIII, Paris est unique! il en sort, sans qu'on s'y attende et sans qu'on sache d'où, des femmes comme celle-ci, qui semblent tout pouvoir et tout vouloir...

— Mais elle peut et veut tout, dit des Lupeaulx en se rengorgeant.

En ce moment, la rusée Rabourdin courtisait la femme du ministre. Stylée, la veille, par des Lupeaulx, qui connaissait les endroits faibles de la comtesse, elle la caressait, sans avoir l'air d'y toucher. Puis elle garda le silence à propos, car des Lupeaulx, tout amoureux qu'il était, avait remarqué les défauts de cette femme, et lui avait dit la veille : *Surtout ne parlez pas trop !* Exorbitante preuve d'attachement. Si Bertrand Barrère a laissé ce sublime axiome : *N'interromps pas une femme qui danse pour lui donner un avis,* on peut y ajouter celui-ci : *Ne reproche pas à une femme de semer ses perles !* afin de rendre ce chapitre du Code femelle complet. La conversation devint générale. De temps en temps, madame Rabourdin y mit la langue comme une chatte bien apprise met la pate sur les dentelles de sa maîtresse, en veloutant ses griffes. Comme cœur, le ministre avait peu de fantaisies ; la Restauration n'eut pas d'homme d'État plus fini sur l'article de la galanterie, et l'Opposition du *Miroir*, de la *Pandore*, du *Figaro* ne trouva pas le plus léger battement d'artère à lui reprocher. Sa maîtresse était l'ÉTOILE, et, chose bizarre, elle lui fut fidèle dans le malheur, elle y gagnait sans doute encore ! Madame Rabourdin savait cela ; mais elle savait aussi qu'il revient des esprits dans les vieux châteaux, elle s'était donc mis en tête de rendre le ministre jaloux du bonheur, encore sous bénéfice d'inventaire, dont paraissait jouir des Lupeaulx. En ce moment, des Lupeaulx se gargarisait avec le nom de Célestine. Pour lancer sa prétendue maîtresse, il se tuait à faire comprendre à la marquise d'Espard, à madame de Nucingen et à la comtesse, dans une conversation à huit oreilles, qu'elles devaient admettre madame Rabourdin dans leur coalition, et madame de Camps l'appuyait. Au bout d'une heure, le ministre avait été fortement égratigné, l'esprit de madame Rabourdin lui plaisait ; elle avait séduit sa femme, qui, tout enchantée de cette syrène, venait de l'inviter à venir quand elle le voudrait.

— Car, ma chère, avait dit la femme du ministre à Célestine, votre mari sera bientôt directeur : l'intention du ministre est de réunir deux Divisions et d'en faire une Direction, vous serez alors des nôtres.

L'Excellence emmena madame Rabourdin pour lui montrer une pièce de son appartement devenue célèbre par les prétendues profusions que l'Opposition lui avait reprochées, et démontrer la niaiserie du journalisme. Il lui donna le bras.

— En vérité, madame, vous devriez bien nous faire la grâce, à la comtesse et à moi, de venir souvent....

Et il lui débita des galanteries de ministre.

— Mais, monseigneur, dit-elle en lui lançant un de ces regards que les femmes tiennent en réserve, il me semble que cela dépend de vous.

— Comment?

— Mais vous pouvez m'en donner le droit.

— Expliquez-vous?

— Non, je me suis dit en venant ici que je n'aurais pas le mauvais goût de faire la solliciteuse.

— Parlez! les *placets* de ce genre ne sont pas *déplacés*, dit le ministre en riant.

Il n'y a rien comme les bêtises de ce genre pour amuser ces hommes graves.

— Hé! bien, il est ridicule à la femme d'un Chef de Bureau de paraître souvent ici, tandis que la femme d'un directeur n'y serait pas *déplacée*.

— Laissons cela, dit le ministre, votre mari est un homme indispensable, il est nommé.

— Dites-vous votre vraie vérité?

— Voulez-vous venir voir sa nomination dans mon cabinet, le travail est fait.

— Eh! bien, dit-elle en restant dans un coin seule avec le ministre dont l'empressement avait une vivacité suspecte, laissez-moi vous dire que je puis vous en récompenser....

Elle allait dévoiler le plan de son mari, lorsque des Lupeaulx, venu sur la pointe du pied, fit un : « *broum! broum!* » de colère qui annonçait qu'il ne voulait pas paraître avoir entendu ce qu'il avait écouté. Le ministre lança un regard plein de mauvaise humeur au vieux fat pris au piège. Impatient de sa conquête, des Lupeaulx avait pressé outre mesure le travail du personnel, l'avait remis au ministre, et voulait venir apporter le lendemain la nomination à celle qui passait pour sa maîtresse. En ce moment, le valet de chambre du ministre se présenta d'un air mystérieux et dit à des Lupeaulx que son valet de chambre l'avait prié de lui remettre aussitôt cette lettre en le prévenant de sa haute importance.

Le Secrétaire-général alla près d'une lampe, et lut un mot ainsi conçu :

Contre mon habitude, j'attends dans une antichambre, et il n'y a pas un instant à perdre pour vous arranger ce

Votre serviteur,

Le Secrétaire-général frémit en reconnaissant cette signature qu'il eût été dommage de ne pas donner en autographe, elle est rare sur la place, et doit être précieuse pour ceux qui cherchent à deviner le caractère des gens d'après la physionomie de leur signature. Si jamais image hiéroglyphique exprima quelque animal, assurément c'est ce nom où l'initiale et la finale figurent une vorace gueule de requin, insatiable, toujours ouverte, accrochant et dévorant tout, le fort et le faible. Il a été impossible de typographier l'écriture, elle est trop fine, trop menue et trop serrée, quoique nette; mais on peut l'imaginer, la phrase n'occupait qu'une ligne. L'esprit de l'Escompte, seul, pouvait inspirer une phrase si insolemment impérative et si cruellement irréprochable, claire et muette, qui disait tout et ne trahissait rien. Gobseck vous serait inconnu, qu'à l'aspect de cette ligne qui vous faisait venir sans être un ordre, vous eussiez deviné l'implacable argentier de la rue des Grès. Aussi, comme un chien que le chasseur a rappelé, des Lupeaulx quitta-t-il aussitôt la piste, et s'en alla-t-il chez lui, songeant à toute sa position compromise. Figurez-vous un général en chef à qui son aide-de-camp vient dire : « Il arrive à l'ennemi trente mille hommes de troupes fraîches qui nous prennent en flanc. » Un seul mot expliquera l'arrivée des sieurs Gigonnet et Gobseck sur le champ de bataille, car ils étaient tous deux chez des Lupeaulx. A huit heures du soir, Martin Falleix, venu sur l'aile des vents en vertu de trois francs de guides et d'un postillon en avant, avait apporté les actes d'acquisition à la date de la veille. Aussitôt portés au café Thémis par Mitral, les contrats avaient passé dans les mains des deux usuriers qui s'étaient empressés de se rendre au Ministère, mais à pied. Onze heures sonnaient. Des Lupeaulx tressaillit en voyant les deux sinistres figures émérillonnées par un regard aussi direct que la balle d'un pistolet, et brillant comme la flamme du coup.

— Hé! bien, qu'y a-t-il, mes maîtres?

Les usuriers restèrent froids et immobiles. Gigonnet montra tour à tour ses dossiers et le valet de chambre.

— Passons dans mon cabinet, dit des Lupeaulx en renvoyant par un geste son valet de chambre.

— Vous entendez le français à ravir, dit Gigonnet.

— Venez-vous tourmenter un homme qui vous a fait gagner à chacun deux cent mille francs? dit-il en laissant échapper un mouvement de hauteur.

— Et qui nous en fera gagner encore, j'espère, dit Gigonnet.

— Une affaire?... reprit des Lupeaulx. Si vous avez besoin de moi, j'ai de la mémoire.

— Et nous les vôtres, répondit Gigonnet.

— On paiera mes dettes, dit dédaigneusement des Lupeaulx pour ne pas se laisser entamer.

— Vrai, dit Gobseck.

— Allons au fait, mon fils, dit Gigonnet. Ne vous posez pas comme ça dans votre cravate, avec nous c'est inutile. Prenez ces actes et lisez-les.

Les deux usuriers inventorièrent le cabinet de des Lupeaulx, pendant qu'il lisait avec étonnement et stupéfaction ces contrats qui lui semblèrent jetés des nues par les anges.

— N'avez-vous pas en nous des hommes d'affaires intelligents? dit Gigonnet.

— Mais à quoi dois-je une si habile coopération? fit des Lupeaulx inquiet.

— Nous savions, il y a huit jours, ce que, sans nous, vous ne sauriez que demain : le président du tribunal de Commerce, député, se voit forcé de donner sa démission.

Les yeux de des Lupeaulx se dilatèrent et devinrent grands comme des marguerites.

— Votre ministre vous jouait ce tour-là, dit le concis Gobseck.

— Vous êtes mes maîtres, dit le Secrétaire-général en s'inclinant avec un profond respect empreint de moquerie.

— Juste, dit Gobseck.

— Mais vous allez m'étrangler?

— Possible.

MADAME SAILLARD ET SA FILLE.

Quoiqu'elle eût cinquante-sept ans, et que ses travaux obstinés au sein du ménage lui permissent bien de se reposer, elle tricotait les bas de son mari, etc.....

LES EMPLOYÉS.

— Eh! bien, à l'œuvre, bourreaux! reprit en souriant le Secrétaire-général.

— Vous voyez, reprit Gigonnet, vos créances sont inscrites avec l'argent prêté pour l'acquisition.

— Voici les titres, dit Gobseck en tirant de la poche de sa redingote verdâtre des dossiers d'avoué.

— Vous avez trois ans pour rembourser le tout, dit Gigonnet.

— Mais, dit des Lupeaulx effrayé de tant de complaisance et d'un arrangement si fantastique, que voulez-vous de moi?

— La place de La Billardière pour Baudoyer, dit vivement Gigonnet.

— C'est bien peu de chose, quoique j'aie l'impossible à faire, répondit des Lupeaulx, je me suis lié les mains.

— Vous rongerez les cordes avec vos dents, dit Gigonnet.

— Elles sont pointues! ajouta Gobseck.

— Est-ce tout? dit des Lupeaulx.

— Nous gardons les pièces jusqu'à l'admission de ces créances-là, dit Gigonnet en mettant un État sous les yeux du Secrétaire-général; si elles ne sont pas reconnues par la Commission dans six jours, vos noms sur cet acte seront remplacés par les miens.

— Vous êtes habiles, s'écria le Secrétaire-général.

— Juste, dit Gobseck.

— Voilà tout? fit des Lupeaulx.

— Vrai, dit Gobseck.

— Est ce fait? demanda Gigonnet.

Des Lupeaulx inclina la tête.

— Eh! bien, signez cette procuration, dit Gigonnet. Dans deux jours la nomination de Baudoyer, dans six les créances reconnues, et.....

— Et quoi? dit des Lupeaulx.

— Nous vous garantissons...

— Quoi? fit des Lupeaulx de plus en plus étonné.

— Votre nomination, répondit Gigonnet en se grandissant sur ses ergots. Nous faisons la majorité avec cinquante-deux voix de fermiers et d'industriels qui obéiront à votre prêteur.

Des Lupeaulx serra la main de Gigonnet.

— Il n'y a qu'entre nous que les malentendus sont impossibles, dit-il, voilà ce qui s'appelle des affaires! Aussi vous y mettrai-je la

— Juste, dit Gobseck.

— Que sera-ce? demanda Gigonnet.

— La croix pour votre imbécile de neveu.

— Bon, fit Gigonnet, vous le connaissez bien.

Les usuriers saluèrent alors des Lupeaulx qui les reconduisit jusque sur l'escalier.

— C'est donc les envoyés secrets de quelques puissances étrangères, se dirent les deux valets de chambre.

Dans la rue, les deux usuriers se regardèrent en riant, à la lueur d'un réverbère.

— Il nous devra neuf mille francs d'intérêt par an, et la terre en rapporte à peine cinq net, s'écria Gigonnet.

— Il est dans nos mains pour long-temps, dit Gobseck.

— Il bâtira, il fera des folies, répondit Gigonnet, Falleix achètera la terre.

— Son affaire est d'être député, le loup se moque du reste, dit Gobseck.

— Hé, hé!

— Hé, hé!

Ces petites exclamations sèches servaient de rire aux deux usuriers, qui se rendirent à pied au café Thémis.

Des Lupeaulx revint au salon et trouva madame Rabourdin faisant très-bien la roue, elle était charmante, et le ministre, ordinairement si triste, avait une figure déridée et gracieuse.

— Elle opère des miracles, se dit des Lupeaulx. Quelle femme précieuse! il faut la pénétrer jusqu'au fond du cœur.

— Elle est décidément très-bien, votre petite dame, dit la marquise au Secrétaire-général, il ne lui manque que votre nom.

— Oui, son seul tort est d'être la fille d'un commissaire-priseur, elle périra par le défaut de naissance, répondit des Lupeaulx d'un air froid qui contrastait avec la chaleur qu'il avait mise à parler de madame Rabourdin un instant auparavant.

La marquise regarda fixement des Lupeaulx.

— Vous leur avez jeté un coup d'œil qui ne m'a pas échappé, dit-elle en montrant le ministre et madame Rabourdin, il a percé le nuage de vos lunettes. Vous êtes amusants tous deux, à vous disputer cet os-là.

Comme la marquise passait la porte, le ministre courut à elle et la reconduisit.

— Hé! bien, dit des Lupeaulx à madame Rabourdin, que pensez-vous de notre ministre ?

— Il est charmant. Vraiment, répondit-elle en élevant la voix pour se faire entendre de la femme de l'Excellence, il faut les connaître pour les apprécier ces pauvres ministres. Les petits journaux et les calomnies de l'Opposition défigurent tant les hommes politiques que l'on finit par se laisser influencer; mais ces préventions tournent à leur avantage quand on les voit.

— Il est très-bien, dit des Lupeaulx.

— Eh! bien, je vous assure qu'on peut l'aimer, dit-elle avec bonhomie.

— Chère enfant, dit des Lupeaulx en prenant à son tour un air bonhomme et câlin, vous avez fait la chose impossible.

— Quoi ? dit-elle.

— Vous avez ressuscité un mort, je ne lui croyais pas de cœur, demandez à sa femme? il en a juste de quoi défrayer une fantaisie; mais profitez-en, venez par ici, ne soyez pas étonnée. Il amena madame Rabourdin dans le boudoir et s'assit avec elle sur le divan. — Vous êtes une rusée, et je vous en aime davantage. Entre nous, vous êtes une femme supérieure. Des Lupeaulx vous a conduite ici, tout est dit pour lui, n'est-ce pas? D'ailleurs, quand on se décide à aimer par intérêt, il vaut mieux prendre un sexagénaire ministre qu'un quadragénaire secrétaire-général : il y a plus de profit et moins d'ennuis. Je suis un homme à lunettes, à tête poudrée, usé par les plaisirs, le bel amour que cela ferait! Oh! je me suis dit cela! S'il faut absolument accorder quelque chose à l'utile, je ne serai jamais l'agréable, n'est-ce pas? Il faut être fou pour ne pas savoir raisonner sa position. Vous pouvez m'avouer la vérité, me montrer le fond de votre cœur: nous sommes deux associés et non pas deux amants. Si j'ai quelque caprice, vous êtes trop supérieure pour faire attention à de telles misères, et vous me le passerez; autrement, vous auriez des idées de petite pensionnaire ou de bourgeoise de la rue Saint-Denis! Bah! nous sommes plus élevés que tout cela, vous et moi. Voilà la marquise d'Espard qui s'en va, croyez-vous qu'elle ne pense pas ainsi? Nous nous sommes entendus ensemble il y a deux ans (le fat!), eh! bien, elle n'a qu'à m'écrire un mot, et il n'est pas long : *Mon cher des Lupeaulx, vous m'obligerez de faire telle ou telle chose!* c'est exécuté ponctuellement; nous pensons en ce moment à faire interdire son

19.

mari. Vous autres femmes, il ne vous en coûte que du plaisir pour avoir ce que vous voulez. Hé! bien donc, enjuponnez le ministre, chère enfant, je vous y aiderai, c'est dans mon intérêt. Oui, je lui voudrais une femme qui l'influençât, il ne m'échapperait pas; il m'échappe quelquefois, et cela se conçoit : je ne le tiens que par sa raison ; en m'entendant avec une jolie femme, je le tiendrais par sa folie, et c'est plus fort. Ainsi, restons bons amis, et partageons le crédit que vous aurez.

Madame Rabourdin écouta dans le plus profond étonnement cette singulière profession de rouerie. La naïveté du commerçant politique excluait toute idée de surprise.

— Croyez-vous qu'il ait fait attention à moi, lui demanda-t-elle prise au piége.

— Je le connais, j'en suis sûr.

— Est-il vrai que la nomination de Rabourdin soit signée ?

— Je lui ai remis le travail, ce matin. Mais ce n'est rien encore que d'être Directeur, il faut être Maître des requêtes...

— Oui, dit-elle.

— Eh bien! rentrez, coquetez avec l'Excellence.

— Vraiment, dit-elle, ce n'est que de ce soir que j'ai pu bien vous connaître. Vous n'avez rien de vulgaire.

— Ainsi donc, reprit des Lupeaulx, nous sommes deux vieux amis, et nous supprimons les airs tendres, l'amour ennuyeux, pour entendre la question comme sous la Régence, où l'on avait beaucoup d'esprit.

— Vous êtes vraiment fort, et vous avez mon admiration, dit-elle en souriant et lui tendant la main. Vous saurez que l'on fait plus pour son ami que pour son...

Elle n'acheva pas et rentra.

— Chère petite, se dit des Lupeaulx à lui-même en la regardant aborder le ministre, des Lupeaulx n'a plus de remords à se retourner contre toi! Demain soir, en m'offrant une tasse de thé, tu m'offriras ce dont je ne veux plus... Tout est dit! Ah! quand nous avons quarante ans, les femmes nous attrapent toujours, on ne peut plus être aimé.

Il entra dans le salon après s'être toisé dans la glace et s'être reconnu pour un fort joli homme politique, mais pour un parfait invalide de Cythère. En ce moment, madame Rabourdin se résumait. Elle méditait de s'en aller et s'efforçait de laisser dans l'esprit de chacun une dernière et gracieuse impression, elle y réussit. Contre la coutume des salons, quand elle ne fut plus là, chacun s'écria : « La charmante femme! » et le ministre la reconduisit jusqu'à la dernière porte.

— Je suis bien sûr que demain vous penserez à moi? dit-il au ménage en faisant ainsi allusion à la nomination.

— Il y a si peu de hauts fonctionnaires dont les femmes soient agréables que je suis tout content de notre acquisition, dit le ministre en rentrant.

— Ne la trouvez-vous pas un peu envahissante? dit des Lupeaulx d'un air piqué.

Les femmes échangèrent entre elles des regards expressifs, la rivalité du ministre et de son Secrétaire-général les amusait. Alors eut lieu l'une de ces jolies mystifications auxquelles s'entendent si admirablement les Parisiennes. Les femmes animèrent le ministre et des Lupeaulx en s'occupant de madame Rabourdin : l'une la trouva trop apprêtée et visant à l'esprit; l'autre compara les grâces de la bourgeoisie aux manières de la grande compagnie afin de critiquer Célestine; et des Lupeaulx défendit sa prétendue maîtresse, comme on défend ses ennemis dans les salons.

— Rendez-lui donc justice, mesdames? n'est-il pas extraordinaire que la fille d'un commissaire-priseur soit si bien! Voyez d'où elle est partie, et voyez où elle est : elle ira aux Tuileries, elle en a la prétention, elle me l'a dit.

— Si elle est la fille d'un commissaire, dit madame d'Espard en souriant, en quoi cela peut-il nuire à l'avancement de son mari?

— Par le temps qui court, n'est-ce pas? dit la femme du ministre en se pinçant les lèvres.

— Madame, dit sévèrement le ministre à la marquise, avec des mots pareils, que malheureusement la Cour n'épargne à personne, on prépare des révolutions. Vous ne sauriez croire combien la conduite peu mesurée de l'Aristocratie déplaît à certains personnages clairvoyants du Château. Si j'étais grand seigneur, au lieu d'être un petit gentilhomme de province qui semble être mis où je suis pour faire vos affaires, la monarchie ne serait pas aussi mal assise que je la vois. Que devient un trône qui ne sait pas communiquer son éclat à ceux qui le représentent? Nous sommes loin du temps où le Roi faisait grands par sa seule volonté les Louvois, les Colbert, les Richelieu, les Jeannin, les Villeroy et les Sully... Oui,

Sully, à son début, n'était pas plus que je ne suis. Je vous parle ainsi parce que nous sommes entre nous et que je serais, en effet, bien peu de chose si je me choquais d'une pareille misère. C'est à nous et non aux autres à nous rendre grands.

— Tu es nommé, mon cher, dit Célestine en serrant la main de son mari. Sans le des Lupeaulx, j'eusse expliqué ton plan au ministre ; mais ce sera pour mardi prochain, et tu pourras ainsi devenir plus promptement maître des requêtes.

Dans la vie de toutes les femmes, il est un jour où elles ont brillé de tout leur éclat, et qui leur donne un éternel souvenir auquel elles reviennent complaisamment. Quand madame Rabourdin défit un à un les artifices de sa parure, elle récapitula sa soirée en la comptant parmi ses jours de gloire et de bonheur : toutes ses beautés avaient été jalousées, elle avait été vantée par la femme du ministre, heureuse de l'opposer à ses amies. Enfin toutes ses vanités avaient rayonné au profit de l'amour conjugal. Rabourdin était nommé !

— N'étais-je pas bien ce soir ? dit-elle à son mari comme si elle avait eu besoin de l'animer.

En ce moment Mitral, qui attendait au café Thémis les deux usuriers, les vit entrer et n'aperçut rien sur ces deux figures impassibles.

— Où en sommes-nous ? leur dit-il quand ils furent attablés.

— Eh ! bien, comme toujours, dit Gigonnet en se frottant les mains, la victoire aux écus.

— Vrai, répondit Gobseck.

Mitral prit un cabriolet, alla trouver les Saillard et les Baudoyer, chez qui le boston s'était prolongé ; mais il ne restait plus que l'abbé Gaudron. Falleix, quasi mort de fatigue, était allé se coucher.

— Vous serez nommé, mon neveu, et l'on vous réserve une surprise.

— Quoi ? dit Saillard.

— La croix ! s'écria Mitral.

— Dieu protège ceux qui songent à ses autels ! dit Gaudron.

On chantait ainsi le *Te Deum* dans les deux camps avec un égal bonheur.

Le lendemain, mercredi, monsieur Rabourdin devait travailler avec le ministre, car il faisait l'intérim depuis la maladie de défunt La Billardière. Ces jours-là, les employés étaient fort exacts, les garçons de bureau très-empressés, car les jours de signature tout est en l'air dans les Bureaux, et pourquoi? personne ne le sait. Les trois garçons étaient donc à leur poste, et se flattaient d'avoir quelque gratification, car le bruit de la nomination de monsieur Rabourdin s'était répandu la veille par les soins de des Lupeaulx. L'oncle Antoine et l'huissier Laurent se trouvaient en grande tenue, quand, à huit heures moins un quart, le garçon du Secrétariat vint prier Antoine de remettre en secret à monsieur Dutocq une lettre que le Secrétaire-général lui avait dit d'aller porter chez le Commis principal à sept heures.

— Je ne sais pas comment cela s'est fait, mon vieux, j'ai dormi, dormi, que je ne fais que de me réveiller. Il me chanterait une gamme d'enfer s'il savait qu'elle n'est pas à son adresse; au *lieur* que, comme ça, je lui soutiendrai que je l'ai remise moi-même chez monsieur Dutocq. Un fameux secret, père Antoine : ne dites rien aux employés; parole ! il me renverrait, je perdrais ma place pour un seul mot, a-t-il dit ?

— Qu'est-ce qu'il y a donc dedans? dit Antoine.

— Rien. Je l'ai regardée, comme ça, tenez.

Et il fit bâiller la lettre, qui ne laissa voir que du blanc.

— C'est aujourd'hui le grand jour pour vous, Laurent, dit le garçon du Secrétariat, vous allez avoir un nouveau directeur. Décidément on fait des économies, on réunit deux Divisions en une Direction, gare aux garçons!

— Oui, neuf employés mis à la retraite, dit Dutocq qui arrivait. Comment savez-vous cela, vous autres?

Antoine présenta la lettre à Dutocq, qui dégringola les escaliers et courut au Secrétariat après l'avoir ouverte.

Depuis le jour de la mort de monsieur de La Billardière, après avoir bien bavardé, les deux Bureaux Rabourdin et Baudoyer avaient fini par reprendre leur physionomie accoutumée et les habitudes du *dolce far niente* administratif. Cependant la fin de l'année imprimait dans les Bureaux une sorte d'application studieuse, de même qu'elle donne quelque chose de plus onctueusement servile aux portiers. Chacun venait à l'heure, on remarquait plus de monde après quatre heures, car la distribution des gratifications dépend des dernières impressions qu'on laisse de soi dans l'esprit des chefs. La veille, la nouvelle de la réunion des deux divisions La Billardière et Clergeot en une Direction, sous une dénomination nouvelle, avait agité les deux Divisions. On savait le nombre des employés mis à la retraite, mais on ignorait leurs noms. On supposait bien que Poiret ne serait pas remplacé, on ferait l'économie de sa place. Le petit La Billardière s'en était allé. Deux nouveaux surnuméraires arrivaient ; et, circonstance effrayante ! ils étaient fils de députés. La nouvelle jetée la veille dans les Bureaux, au moment où les employés partaient, avait imprimé la terreur dans les consciences. Aussi, pendant la demi-heure d'arrivée, y eut-il des causeries autour des poêles. Avant que personne ne fût arrivé, Dutocq vit des Lupeaulx à sa toilette ; et, sans quitter son rasoir, le Secrétaire-général lui jeta le coup d'œil du général intimant un ordre.

— Sommes-nous seuls ? lui dit-il.

— Oui, monsieur.

— Hé ! bien, marchez sur Rabourdin, en avant et ferme ! vous devez avoir gardé une copie de son état.

— Oui.

— Vous me comprenez : *Indè iræ !* Il nous faut un *tolle* général. Sachez inventer quelque chose pour activer les clameurs...

— Je puis faire faire une caricature, mais je n'ai pas cinq cents francs à donner...

— Qui la fera ?

— Bixiou !

— Il aura mille francs, et sera Sous-chef sous Colleville qui s'entendra avec lui.

— Mais il ne me croira pas.

— Voulez-vous me compromettre, par hasard ? Allez, ou sinon rien, entendez-vous ?

— Si monsieur Baudoyer est directeur, il pourrait prêter la somme...

— Oui, il le sera. Laissez-moi, dépêchez-vous, et n'ayez pas l'air de m'avoir vu, descendez par le petit escalier.

Pendant que Dutocq revenait au Bureau le cœur palpitant de joie, en se demandant par quels moyens il exciterait la rumeur contre son Chef sans trop se compromettre, Bixiou était entré chez les Rabourdin pour leur dire un petit bonjour. Croyant avoir perdu, le mystificateur trouva plaisant de se poser comme ayant gagné.

BIXIOU (*imitant la voix de Phellion*).

Messieurs, je vous salue, et vous dépose un bonjour collectif.

J'indique dimanche prochain pour un dîner au Rocher-de-Cancale; mais une question grave se présente, les employés supprimés en sont-ils?

POIRET.

Même ceux qui prennent leur retraite.

BIXIOU.

Ça m'est égal, ce n'est pas moi qui paye (*stupéfaction générale*). Baudoyer est nommé, je voudrais déjà l'entendre appelant Laurent! (*Il copie Baudoyer.*)

Laurent, serrez ma haire, avec ma discipline.

(*Tous pouffent de rire.*)

Ris d'aboyeur d'oie! Colleville a raison avec ses anagrammes, car vous savez l'anagramme de *Xavier Rabourdin, chef de bureau*, c'est : *D'abord rêva bureaux, e, u, fin riche*. Si je m'appelais *Charles X, par la grâce de Dieu, roi de France et de Navarre*, je tremblerais de voir le destin que me prophétise mon anagramme s'accomplir ainsi.

THUILLIER.

Ha! çà, vous voulez rire!

BIXIOU (*lui riant au nez*).

Ris au laid (riz au lait)! Il est joli celui-là, papa Thuillier, car vous n'êtes pas beau. Rabourdin donne sa démission de rage de savoir Baudoyer directeur.

VIMEUX (*entrant*).

Quelle farce! Antoine, à qui je rendais trente ou quarante francs, m'a dit que monsieur et madame Rabourdin avaient été reçus hier à la soirée particulière du ministre et y étaient restés jusqu'à minuit moins un quart. Son Excellence a reconduit madame Rabourdin jusque sur l'escalier, il paraît qu'elle était divinement mise. Enfin, il est certainement Directeur. Riffé, l'expéditionnaire du Personnel, a passé la nuit pour achever plus promptement le travail : ce n'est plus un mystère. Monsieur Clergeot a sa retraite. Après trente ans de services, ce n'est pas une disgrâce. Monsieur Cochin qui est riche...

BIXIOU.

Selon Colleville, il fait *cochenille*.

VIMEUX.

Mais il est dans la cochenille, car il est associé de la maison Matifat, rue des Lombards. Eh! bien, il a sa retraite. Poiret a sa retraite. Tous deux, ils ne sont pas remplacés. Voilà le positif, le reste n'est pas connu. La nomination de monsieur Rabourdin vient ce matin, on craint des intrigues.

BIXIOU.

Quelles intrigues?

FLEURY.

Baudoyer, parbleu! le parti-prêtre l'appuie, et voilà un nouvel article du journal libéral : il n'a que deux lignes, mais il est drôle. (Il lit.)

« Quelques personnes parlaient hier au foyer des Italiens de la
» rentrée de monsieur Châteaubriand au ministère, et se fondaient
» sur le choix que l'on a fait de monsieur Rabourdin, le pro-
» tégé des amis du noble vicomte, pour remplir la place primi-
» tivement destinée à monsieur Baudoyer. Le parti-prêtre n'aura
» pu reculer que devant une transaction avec le grand écrivain. »

Canailles!

DUTOCQ (*entrant après avoir entendu*).

Qui, canaille? Rabourdin. Vous savez donc la nouvelle?

FLEURY (*roulant des yeux féroces.*).

Rabourdin?... une canaille! Êtes-vous fou, Dutocq, et voulez-vous une balle pour vous mettre du plomb dans la cervelle?

DUTOCQ.

Je n'ai rien dit contre monsieur Rabourdin, seulement on vient de me confier sous le secret dans la cour qu'il avait dénoncé beaucoup d'employés, donné des notes, enfin que sa faveur avait pour cause un travail sur les ministères où chacun de nous est enfoncé....

PHELLION (*d'une voix forte*).

Monsieur Rabourdin est incapable....

BIXIOU.

C'est du propre! dites donc, Dutocq? (*Ils se disent un mot à l'oreille et sortent dans le corridor.*)

BIXIOU.

Qu'est-ce qu'il arrive donc?

DUTOCQ.

Vous souvenez-vous de la caricature?

BIXIOU.

Oui, eh! bien?

DUTOCQ.

Faites-la, vous êtes Sous-chef, et vous aurez une fameuse gratification. Voyez-vous, mon cher, il y a zizanie dans les régions supérieures. Le Ministère est engagé envers Rabourdin; mais s'il ne nomme pas Baudoyer, il se brouille avec le Clergé. Vous ne savez pas? le Roi, le Dauphin et la Dauphine, la Grande-Aumônerie, enfin la Cour veut Baudoyer, le ministre veut Rabourdin.

BIXIOU.

Bon!....

DUTOCQ.

Pour pouvoir se rapprocher, car le ministre a vu la nécessité de céder, il veut tuer la difficulté. Il faut une cause pour se défaire de Rabourdin. On a donc déniché un ancien travail fait par lui sur les Administrations pour les épurer, et il en circule quelque chose. Du moins, voilà comment j'essaie de m'expliquer la chose. Faites le dessin, vous entrez dans le jeu des sommités, vous servez à la fois le Ministère, la Cour, tout le monde et vous êtes nommé. Comprenez-vous?

BIXIOU.

Je ne comprends pas comment vous pouvez savoir tout cela, ou bien vous l'inventez.

DUTOCQ.

Voulez-vous que je vous montre votre article?

BIXIOU.

Oui.

DUTOCQ.

Eh! bien, venez chez moi, car je veux remettre ce travail en des mains sûres.

BIXIOU.

Allez-y tout seul. (*Il rentre dans le bureau des Rabourdin.*) Il n'est question que de ce que vous a dit Dutocq, parole d'honneur. Monsieur Rabourdin aurait donné des notes peu flatteuses sur les employés à réformer. Le secret de son élévation est là. Nous vivons dans un temps où rien n'étonne. (*Il se drape comme Talma.*)

> Vous avez vu tomber les plus illustres têtes,
> Et vous vous étonnez, insensés que vous êtes!

de trouver une cause de ce genre à la faveur d'un homme? Mon

Baudoyer est trop bête pour réussir par des moyens semblables!
Agréez mon compliment, messieurs, vous êtes sous un illustre
chef. (*Il sort.*)

POIRET.

Je quitterai le ministère sans avoir jamais pu comprendre une
seule phrase de ce monsieur-là. Qu'est-ce qu'il veut dire avec ses
têtes tombées?

FLEURY.

Parbleu! les quatre sergents de la Rochelle, Berton, Ney, Caron, les frères Faucher, tous les massacres!

PHELLION.

Il avance légèrement des choses hasardées.

FLEURY.

Dites donc qu'il ment, qu'il blague! et que dans sa gueule le
vrai prend la tournure du vert-de-gris.

PHELLION.

Vos paroles sont hors la loi de la politesse et des égards que l'on
se doit entre collègues.

VIMEUX.

Il me semble que si ce qu'il dit est faux, on nomme cela des
calomnies, des diffamations, et qu'un diffamateur mérite des coups
de cravache.

FLEURY (*s'animant*).

Et si les Bureaux sont un endroit public, cela va droit en Police
correctionnelle.

PHELLION (*voulant éviter une querelle, essaie de détourner
la conversation*).

Messieurs, du calme. Je travaille à un nouveau petit traité sur
la morale, et j'en suis à l'âme.

FLEURY (*l'interrompant*).

Qu'en dites-vous, monsieur Phellion?

PHELLION (*lisant*).

D. *Qu'est-ce que l'âme de l'homme?*

R. *C'est une substance spirituelle qui pense et qui raisonne.*

THUILLIER.

Une substance spirituelle, c'est comme si on disait un moellon
immatériel.

POIRET.

Laissez donc dire...

PHELLION (*reprenant*).

D. *D'où vient l'âme?*

R. *Elle vient de Dieu, qui l'a créée d'une nature simple et indivisible, et dont par conséquent on ne peut concevoir la destructibilité, et il a dit...*

POIRET (*stupéfait*).

Dieu?

PHELLION.

Oui, monsieur. La tradition est là.

FLEURY (*à Poiret*).

N'interrompez donc pas, vous-même!

PHELLION (*reprenant*).

Et il a dit qu'il l'avait créée immortelle, c'est-à-dire qu'elle ne mourra jamais.

D. *A quoi sert l'âme?*

R. *A comprendre, vouloir et se souvenir; ce qui constitue l'entendement, la volonté, la mémoire.*

D. *A quoi sert l'entendement?*

R. *A connaître. C'est l'œil de l'âme.*

FLEURY.

Et l'âme est l'œil de quoi?

PHELLION (*continuant*).

D. *Que doit connaître l'entendement?*

R. *La vérité.*

D. *Pourquoi l'homme a-t-il une volonté?*

R. *Pour aimer le bien et haïr le mal.*

D. *Qu'est-ce que le bien?*

R. *Ce qui rend heureux.*

VIMEUX.

Et vous écrivez cela pour des demoiselles?

PHELLION.

Oui. (*Continuant*).

D. *Combien y a-t-il de sortes de biens?*

FLEURY.

C'est prodigieusement leste!

PHELLION (*indigné*).

Oh! monsieur! (*Se calmant.*) Voici d'ailleurs la réponse. J'en suis là. (*Il lit.*)

R. *Il y a deux sortes de biens, le bien éternel et le bien temporel.*

POIRET (*il fait une mine de mépris*).

Et cela se vendra beaucoup?

PHELLION.

J'ose l'espérer. Il faut une grande contention d'esprit pour établir le système des demandes et des réponses, voilà pourquoi je vous priais de me laisser penser, car les réponses...

THUILLIER (*interrompant*).

Au reste, les réponses pourront se vendre à part...

POIRET.

Est-ce un calembour?

THUILLIER.

Oui, on en fera de la salade (*de raiponces*).

PHELLION.

J'ai eu le tort grave de vous interrompre (*il se replonge la tête dans ses cartons*). Mais (*en lui-même*) ils ne pensent plus à monsieur Rabourdin.

En ce moment il se passait entre des Lupeaulx et le ministre une scène qui décida du sort de Rabourdin. Avant le déjeuner, le Secrétaire-général était venu trouver l'Excellence dans son cabinet, en s'assurant que la Brière ne pouvait rien entendre.

— Votre Excellence ne joue pas franchement avec moi...

— Nous voilà brouillés, pensa le ministre, parce que sa maîtresse m'a fait des coquetteries hier. — Je vous croyais moins enfant, mon cher ami, reprit-il à haute voix.

— Ami, reprit le Secrétaire-général, je vais bien le savoir.

Le ministre regarda fièrement des Lupeaulx.

— Nous sommes entre nous, et nous pouvons nous expliquer. Le député de l'arrondissement où se trouve *ma terre* des Lupeaulx...

— C'est donc bien décidément une terre? dit en riant le ministre pour cacher sa surprise.

— Augmentée de deux cent mille francs d'acquisitions, reprit négligemment des Lupeaulx. Vous connaissiez la démission de ce député depuis dix jours, et vous ne m'avez point prévenu, vous ne le deviez pas; mais vous saviez très-bien que je désire m'asseoir en plein Centre. Avez-vous songé que je puis me rejeter dans la Doctrine qui vous dévorera vous et la monarchie, si l'on continue à laisser ce parti recruter les hommes d'un certain talent méconnus? Savez-vous qu'il n'y a pas dans une nation plus de cinquante ou soixante têtes dangereuses, et où l'esprit soit en rapport avec l'ambition? Savoir gouverner, c'est connaître ces têtes-là pour les couper ou pour les acheter. Je ne sais pas si j'ai du talent, mais j'ai de l'ambition, et vous commettez la faute de ne pas vous entendre avec un homme qui ne vous veut que du bien. Le Sacre a ébloui pour un moment, mais après?... Après, la guerre des mots et des discussions recommencera, s'enveminera. Eh! bien, pour ce qui vous concerne, ne me trouvez pas dans le Centre gauche, croyez-moi! Malgré les manœuvres de votre préfet, à qui sans doute il est parvenu des instructions confidentielles contre moi, j'aurai la majorité. Le moment est venu de nous bien comprendre. Après un petit coup de Jarnac on devient quelquefois bons amis. Je serai nommé comte, et l'on ne refusera pas à mes services le grand-cordon de la Légion. Mais je tiens moins à ces deux points qu'à une chose où votre intérêt seul se trouve engagé... Vous n'avez pas encore nommé Rabourdin, j'ai eu des nouvelles ce matin, vous satisferez bien du monde en lui préférant Baudoyer...

— Nommer Baudoyer, s'écria le ministre, vous le connaissez

— Oui, dit des Lupeaulx, mais quand son incapacité sera prouvée, vous le destituerez en priant ses protecteurs de l'employer chez eux. Vous aurez ainsi pour vos amis une Direction importante à donner, ce qui facilitera quelque transaction pour vous défaire de quelque ambitieux.

— Je lui ai promis...

— Oui, mais je ne vous demande pas de changer aujourd'hui même. Je sais le danger de dire oui et non dans la même journée. Remettez les nominations, vous pourrez les signer après-demain. Eh! bien, après-demain vous reconnaîtrez qu'il est impossible de conserver Rabourdin, de qui, d'ailleurs, vous aurez reçu une belle et bonne démission.

— Sa démission?

— Oui.

— Pourquoi...?

— Il est l'homme d'un pouvoir inconnu pour lequel il a fait l'espionnage en grand dans tous les Ministères, et la chose a été découverte par une inadvertance; on en parle, les employés sont furieux. De grâce, ne travaillez pas aujourd'hui avec lui, laissez-moi trouver un biais pour vous en dispenser. Allez chez le Roi, je suis sûr que vous trouverez des personnes contentes de votre concession à propos de Baudoyer, vous obtiendrez quelque chose en échange. Puis, vous serez bien fort plus tard en destituant ce sot, puisqu'on vous l'aura pour ainsi dire imposé.

— Qui vous a fait changer ainsi sur le compte de Rabourdin ?

— Aideriez-vous monsieur de Chateaubriand à faire un article contre le ministère ? Eh ! bien, voici comment Rabourdin me traite dans son État, dit-il en donnant sa note au ministre. Il organise un gouvernement tout entier, sans doute au profit d'une société que nous ne connaissons pas. Je vais rester son ami pour le surveiller : je crois que je rendrai quelque grand service qui me mènera à la Pairie, car la Pairie est le seul objet de mes désirs. Sachez-le bien, je ne veux ni ministère ni quoi que ce soit qui puisse vous contrarier, je vise à la Pairie qui me permettra d'épouser la fille de quelque maison de banque avec deux cent mille livres de rente. Ainsi, laissez-moi vous rendre quelques grands services qui fassent dire au Roi que j'ai sauvé le trône. Il y a long-temps que je le dis : le libéralisme ne nous livrera plus de bataille rangée ; il a renoncé aux conspirations, au carbonarisme, aux prises d'armes, il mine en dessous et se prépare à un complet *Ote-toi de là que je m'y mette !* Croyez-vous que je me sois fait le courtisan de la femme d'un Rabourdin pour mon plaisir ? non, j'avais des renseignements ! Ainsi deux choses aujourd'hui : l'ajournement des nominations, et votre coopération *sincère* à mon élection. Vous verrez si vers la fin de la session je ne vous aurai pas largement payé ma dette.

Pour toute réponse, le ministre prit le travail du Personnel et le tendit à des Lupeaulx.

— Je vais faire dire à Rabourdin, reprit des Lupeaulx, que vous remettez le travail à samedi.

Le ministre consentit par un signe de tête. Le garçon du secrétariat traversa bientôt les cours et vint chez Rabourdin pour le prévenir que le travail était remis à samedi, jour où la Chambre ne s'occupait que de pétitions et où le ministre avait toute sa journée. En ce moment même, Saillard glissait sa phrase à la femme du ministre, qui lui répondit avec dignité qu'elle ne se mêlait point d'affaires d'État et que d'ailleurs elle avait entendu dire que monsieur Rabourdin était nommé. Saillard épouvanté monta chez Baudoyer et trouva Dutocq, Godard et Bixiou dans un état d'exaspération difficile à décrire, car ils parcouraient la terrible minute du travail de Rabourdin sur les employés.

BIXIOU (*en montrant du doigt un passage*).
Vous voilà, père Saillard.

SAILLARD. *La caisse est à supprimer dans tous les ministères qui doivent avoir leurs comptes courants au Trésor. Saillard est riche et n'a nul besoin de pension.*

Voulez-vous voir votre gendre? (*Il feuillette.*) Voilà.

BAUDOYER. *Complétement incapable. Remercié sans pension, il est riche.*

Et l'ami Godard? (*Il feuillette.*)

GODARD. *A renvoyer! une pension du tiers de son traitement.*

Enfin nous y sommes tous. Moi je suis *un artiste à faire employer par la Liste Civile, à l'Opéra, aux Menus-Plaisirs, au Muséum. Beaucoup de capacité, peu de tenue, incapable d'application, esprit remuant.* Ah! je t'en donnerai de l'artiste!

SAILLARD.
Supprimer les caissiers?... C'est un monstre!

BIXIOU.
Que dit-il de notre mystérieux Desroys? (*Il feuillette et lit.*)

DESROYS. *Homme dangereux en ce qu'il est inébranlable en des principes contraires à tout pouvoir monarchique. Fils de conventionnel, il admire la Convention, il peut devenir un pernicieux publiciste.*

BAUDOYER.
La police n'est pas si habile!

GODARD.
Mais je vais au Secrétariat-général porter une plainte en règle; il faut nous retirer tous en masse si un pareil homme est nommé.

DUTOCQ.
Écoutez-moi, messieurs! de la prudence. Si vous vous souleviez d'abord, nous serions accusés de vengeance et d'intérêt personnel! Non, laissez courir le bruit tout doucement. Quand l'Administration entière sera soulevée, vos démarches auront l'assentiment général.

BIXIOU.
Dutocq est dans les principes du grand air inventé par le sublime

Rossini pour *Basilio*, et qui prouve que ce grand compositeur est un homme politique ! Ceci me semble juste et convenable. Je compte mettre ma carte chez monsieur Rabourdin demain matin, et je vais faire graver BIXIOU ; puis, comme titres, au-dessous : *Peu de tenue, incapable d'application, esprit remuant.*

GODARD.

Bonne idée, messieurs. Faisons faire nos cartes, et que le Rabourdin les ait toutes demain matin.

BAUDOYER.

Monsieur Bixiou, chargez-vous de ce petit détail, et faites détruire les planches après qu'on en aura tiré une seule épreuve.

DUTOCQ (*prenant à part Bixiou*).

Eh ! bien, voulez-vous dessiner la charge maintenant ?

BIXIOU.

Je comprends, mon cher, que vous êtes dans le secret depuis dix jours. (*Il le regarde dans le blanc des yeux.*) Serai-je Sous-chef ?

DUTOC .

Ma parole d'honneur, et mille francs de gratification, comme je vous l'ai dit. Vous ne savez pas quel service vous rendez à des gens puissants.

BIXIOU.

Vous les connaissez ?

DUTOCQ.

Oui.

BIXIOU.

Eh ! bien, je veux leur parler.

DUTOCQ (*sèchement*).

Faites la charge ou ne la faites pas, vous serez Sous-chef ou vous ne le serez pas.

BIXIOU.

Eh ! bien, voyons les mille francs ?

DUTOCQ.

Je vous les donnerai contre le dessin.

BIXIOU.

En avant. La charge courra demain dans les Bureaux. Allons donc *embêter* les Rabourdin. (*Parlant à Saillard, à Godard et à Baudoyer qui causent entre eux à voix basse.*) Nous allons aller travailler les voisins. (*Il sort avec Dutocq et arrive au bureau Rabourdin. A son aspect, Fleury, Thuillier, Vimeux s'animent.*) Eh! bien, qu'avez-vous, messieurs? Ce que je vous ai dit est si vrai que vous pouvez aller voir les preuves de la plus infâme des délations chez le vertueux, l'honnête, l'estimable, probe et pieux Baudoyer, qui certes est incapable, lui! du moins, de faire un pareil métier. Votre chef a inventé quelque guillotine pour les employés, c'est sûr, allez voir! suivez le monde, on ne paie pas si l'on est mécontent, vous jouirez de votre malheur, GRATIS! Aussi les nominations sont-elles remises. Les Bureaux sont en rumeur, et Rabourdin vient d'être prévenu que le ministre ne travaillerait pas avec lui aujourd'hui. Et, allez donc!

Phellion et Poiret demeurèrent seuls. Le premier aimait trop Rabourdin pour aller chercher une conviction qui pouvait nuire à un homme qu'il ne voulait pas juger; le second n'avait plus que cinq jours à rester au bureau. En ce moment, Sébastien descendit pour venir chercher ce qui devait être compris dans les pièces à signer. Il fut assez étonné, sans en rien témoigner, de trouver le bureau désert.

PHELLION.

Mon jeune ami (*il se lève, cas rare*), savez-vous ce qui se passe, quels bruits courent sur *môsieur* Rabourdin, que vous aimez et (*il baisse la voix et s'approche de l'oreille de Sébastien*) que j'aime autant que je l'estime? On dit qu'il a commis l'imprudence de laisser traîner un travail sur les Employés... (*A ces mots Phellion s'arrête, il est obligé de soutenir dans ses bras nerveux le jeune Sébastien, qui devient pâle comme une rose blanche, et défaille sur une chaise.*) Une clef dans le dos, môsieur Poiret, avez-vous une clef?

POIRET.

J'ai toujours celle de mon domicile.

(*Le vieux Poiret jeune insinue sa clef dans le dos de Sébastien, à qui Phellion fait boire un verre d'eau froide. Le pauvre enfant n'ouvre les yeux que pour verser un torrent de larmes. Il va se mettre la tête sur le bureau de Phellion, en s'y renversant le corps abandonné comme si la foudre l'avait atteint, et ses sanglots sont si pénétrants, si vrais, si abondants, que, pour la première fois de sa vie, Poiret s'émeut de la douleur d'autrui.*)

PHELLION (*grossissant sa voix*).

Allons, allons, mon jeune ami, du courage! Dans les grandes

circonstances il en faut. Vous êtes un homme. Qu'y a-t-il? en quoi ceci peut-il vous émouvoir si démesurément?

SÉBASTIEN (*à travers ses sanglots*).

C'est moi qui ai perdu monsieur Rabourdin. J'ai laissé l'État que j'avais copié, j'ai tué mon bienfaiteur, j'en mourrai. Un si grand homme! un homme qui eût été ministre!

POIRET (*en se mouchant*).

C'est donc vrai qu'il a fait les rapports?

SÉBASTIEN (*à travers ses sanglots*).

Mais c'était pour.... Allons, je vais dire ses secrets, maintenant! Ah! le misérable Dutocq! c'est lui qui l'a volé....

Et les pleurs, les sanglots recommencèrent si bien que, de son cabinet, Rabourdin entendit les larmes, distingua la voix, et monta. Le chef trouva Sébastien presque évanoui, comme un Christ entre les bras de Phellion et de Poiret, qui singeaient grotesquement la pose des deux Maries et dont les figures étaient crispées par l'attendrissement.

RABOURDIN.

Qu'y a-t-il, messieurs? (*Sébastien se dresse sur ses pieds et tombe sur ses genoux devant Rabourdin.*)

SÉBASTIEN.

Je vous ai perdu, monsieur! L'État, Dutocq le montre, il l'a sans doute surpris!

RABOURDIN (*calme*).

Je le savais. (*Il relève Sébastien et l'emmène.*) Vous êtes un enfant, mon ami. (*Il s'adresse à Phellion.*) Où sont ces messieurs?

PHELLION.

Môsieur, ils sont allés voir dans le cabinet de monsieur Baudoyer un état que l'on dit...

RABOURDIN.

Assez. (*Il sort en tenant Sébastien. Poiret et Phellion se regardent en proie à une vive surprise et ne savent quelles idées se communiquer.*)

POIRET (*à Phellion*).

Monsieur Rabourdin!...

PHELLION (*à Poiret*).

Monsieur Rabourdin!

POIRET.

Par exemple, monsieur Rabourdin!

PHELLION.

Avez-vous vu comme il était, néanmoins, calme et digne...
POIRET (*d'un air finaud qui ressemble à une grimace*).
Il y aurait quelque chose là-dessous que cela ne m'étonnerait point.

PHELLION.

Un homme d'honneur, pur, sans tache.
POIRET.
Et ce Dutocq?

PHELLION.

Môsieur Poiret, vous pensez ce que je pense sur Dutocq; ne me comprenez-vous pas?
POIRET (*en donnant deux ou trois petits coups de tête, répond d'un air fin*).
Oui. (*Tous les employés rentrent.*)

FLEURY.

En voilà une sévère, et après avoir lu je ne le crois pas encore. Monsieur Rabourdin, le roi des hommes! Ma foi, s'il y a des espions parmi ces hommes-là, c'est à dégoûter de la vertu. Je mettais Rabourdin dans les héros de Plutarque.

VIMEUX.

Oh! c'est vrai!

POIRET (*songeant qu'il n'a plus que cinq jours*).

Mais, messieurs, que dites-vous de celui qui a dérobé le travail, qui a guetté monsieur Rabourdin? (*Dutocq s'en va.*)

FLEURY.

C'est un Judas Iscariote! Qui est-ce?

PHELLION (*finement*).

Il n'est certes pas parmi nous.

VIMEUX (*illuminé*).

C'est Dutocq.

PHELLION.

Je n'en ai point vu la preuve, môsieur. Pendant que vous étiez absent, ce jeune homme, môsieur Delaroche, a failli mourir. Tenez, voyez ses larmes sur mon bureau!...

POIRET.

Nous l'avons tenu dans nos bras évanoui. Et la clef de mon domicile, tiens, tiens, il l'a toujours dans le dos. (*Poiret sort.*)

VIMEUX.

Le ministre n'a pas voulu travailler avec Rabourdin aujourd'hui, et monsieur Saillard, à qui le Chef du Personnel a dit deux mots, est venu prévenir monsieur Baudoyer de faire une demande pour la croix de la Légion-d'Honneur; il y en a une pour le jour de l'an accordée à la Division, et elle est donnée à monsieur Baudoyer. Est-ce clair ? Monsieur Rabourdin est sacrifié par ceux-là même qui l'emploient. Voilà ce que dit Bixiou. Nous étions tous supprimés, excepté Phellion et Sébastien.

DU BRUEL (*arrivant*).

Hé! bien, messieurs, est-ce vrai?

THUILLIER.

De la dernière exactitude.

DU BRUEL (*remettant son chapeau*).

Adieu, messieurs. (*Il sort.*)

THUILLIER.

Il ne s'amuse pas dans les feux de file, le vaudevilliste! Il va chez le duc de Rhétoré, chez le duc de Maufrigneuse; mais il peut courir! C'est, dit-on, Colleville qui sera notre chef.

PHELLION.

Il avait pourtant l'air d'aimer môsieur Rabourdin.

POIRET (*rentrant*).

J'ai eu toutes les peines du monde à avoir la clef de mon domicile; ce petit fond en larmes, et monsieur Rabourdin a disparu complétement. (*Dutocq et Bixiou rentrent.*)

BIXIOU.

Hé! bien, messieurs, il se passe d'étranges choses dans votre bureau! Du Bruel? (*Il regarde dans le cabinet.*) Parti!

THUILLIER.

En course!

BIXIOU.

Et Rabourdin?

FLEURY.

Fondu! distillé! *fumé!* Dire qu'un homme, le roi des hommes!...

POIRET (*à Dutocq*).

Dans sa douleur, monsieur Dutocq, le petit Sébastien vous accuse d'avoir pris le travail, il y a dix jours...

BIXIOU (*en regardant Dutocq*).

Il faut vous laver de ce reproche, mon cher. (*Tous les employés contemplent fixement Dutocq.*)

DUTOCQ.

Où est-il, ce petit aspic qui le copiait?

BIXIOU.

Comment savez-vous qu'il le copiait? Mon cher, il n'y a que le diamant qui puisse polir le diamant? (*Dutocq sort.*)

POIRET.

Écoutez, monsieur Bixiou, je n'ai plus que cinq jours et demi à rester dans les Bureaux, et je voudrais une fois, une seule fois, avoir le plaisir de vous comprendre! Faites-moi l'honneur de m'expliquer en quoi le diamant est utile dans cette circonstance...

BIXIOU.

Cela veut dire, papa, car je veux bien une fois descendre jusqu'à vous, que de même que le diamant peut seul user le diamant, de même il n'y a qu'un *curieux* qui puisse vaincre son semblable.

FLEURY.

Curieux est mis ici pour espion.

POIRET.

Je ne comprends pas...

BIXIOU.

Eh! bien, ce sera pour une autre fois!

Monsieur Rabourdin avait couru chez le ministre. Le ministre était à la Chambre. Rabourdin se rendit à la Chambre des députés, où il écrivit un mot au ministre. Le ministre était à la tribune, occupé d'une chaude discussion. Rabourdin attendit, non pas dans la salle des conférences, mais dans la cour, et se décida, malgré le froid, à se poster devant la voiture de l'Excellence, afin de lui parler quand elle y monterait. L'huissier lui avait dit que le ministre était engagé dans une tempête soulevée par les dix-neuf de l'extrême Gauche, et qu'il y avait une séance orageuse. Rabourdin se promenait dans la largeur de la cour du palais, en proie à une agitation fébrile, et il attendit cinq mortelles heures. A six heures et demie, le défilé commença; mais le chasseur du ministre vint trouver le cocher.

— Hé! Jean! lui dit-il, monseigneur est parti avec le ministre de la guerre; ils vont chez le roi, et de là dînent ensemble. Nous irons le chercher à dix heures, il y aura conseil.

Rabourdin revint à pas lents chez lui, dans un abattement facile à concevoir. Il était sept heures. Il eut à peine le temps de s'habiller.

— Hé! bien, tu es nommé, lui dit joyeusement sa femme quand il se montra dans le salon.

Rabourdin leva la tête par un mouvement d'horrible mélancolie, et répondit : — Je crains bien de ne plus remettre les pieds au Ministère.

— Quoi? dit sa femme agitée d'une horrible anxiété.

— Mon mémoire sur les employés court les Bureaux, et il m'a été impossible de joindre le ministre !

Célestine eut une vision rapide, où, par un de ses éclairs infernaux, le démon lui montra le sens de sa dernière conversation avec des Lupeaulx.

— Si je m'étais conduite en femme vulgaire, pensa-t-elle, nous aurions eu la place.

Elle contempla Rabourdin avec une sorte de douleur. Il se fit un triste silence, et le dîner se passa dans de mutuelles méditations.

— Et c'est notre mercredi, dit-elle.

— Tout n'est pas perdu, ma chère Célestine, dit Rabourdin en mettant un baiser sur le front de sa femme, peut-être pourrai-je parler demain matin au ministre et tout s'expliquera. Sébastien a passé hier la nuit, toutes les copies sont achevées et collationnées, je prierai le ministre de me lire en mettant tout sur son bureau. La Brière m'aidera. L'on ne condamne jamais un homme sans l'entendre.

— Je suis curieuse de savoir si monsieur des Lupeaulx viendra nous voir aujourd'hui.

— Lui?... certes il n'y manquera pas, dit Rabourdin. Il y a du tigre chez lui, il aime à lécher le sang de la blessure qu'il a faite!

— Mon pauvre ami, reprit sa femme en lui prenant la main, je ne sais pas comment l'homme qui pouvait concevoir une si belle réforme n'a pas vu qu'elle ne devait être communiquée à personne. C'est de ces idées qu'un homme garde dans sa conscience, car lui seul peut les appliquer. Il fallait faire dans ta sphère comme Napoléon dans la sienne : il s'est plié, tordu, il a rampé! Oui, Bonaparte a rampé! Pour devenir général en chef, il a épousé la maîtresse de Barras. Il fallait attendre, se faire nommer député, suivre les mouvements de la politique, tantôt au fond de la mer, tantôt sur le dos d'une lame, et, comme monsieur de Villèle, prendre la devise *Col tempo* : *Tout vient à point pour qui sait attendre.* Cet orateur a visé le pouvoir pendant sept ans, et a commencé en 1814 par une protestation contre la Charte à l'âge où tu te trouves aujourd'hui. Voilà la faute ! tu t'es subordonné, quand tu es fait pour ordonner.

L'arrivée du peintre Schinner imposa silence à la femme et au mari que ces paroles rendirent songeur.

— Cher ami, dit le peintre en serrant la main à l'administrateur, le dévouement d'un artiste est bien inutile ; mais, dans ces circonstances, nous sommes fidèles, nous autres ! J'ai acheté le journal du soir. Baudoyer est nommé directeur, et décoré de la croix de la Légion-d'Honneur...

— Je suis le plus ancien, et j'ai vingt-quatre ans de services, dit en souriant Rabourdin.

— Je connais assez monsieur le comte de Sérizy, le ministre d'État, si vous voulez l'employer, je puis l'aller voir, dit Schinner.

Le salon s'emplit des personnes à qui les mouvements administratifs étaient inconnus. Du Bruel ne vint pas. Madame Rabourdin redoubla de gaieté, de grâce, comme le cheval qui, blessé dans la bataille, trouve encore des forces pour porter son maître.

— Elle est bien courageuse, dirent quelques femmes qui furent charmantes pour elle en la voyant dans le malheur.

— Elle a eu cependant bien des attentions pour des Lupeaulx, dit la baronne du Châtelet à la vicomtesse de Fontaine.

— Croyez-vous que...., demanda la vicomtesse.

— Mais monsieur Rabourdin aurait au moins eu la croix ! dit madame de Camps en défendant son amie.

Vers onze heures, des Lupeaulx apparut, et l'on ne peut le peindre qu'en disant que ses lunettes étaient tristes et ses yeux gais ; mais le verre enveloppait si bien les regards qu'il fallait être physionomiste pour découvrir leur expression diabolique. Il alla serrer la main à Rabourdin, qui ne put se dispenser de la lui laisser prendre.

— Nous avons à causer ensemble, lui dit-il en allant s'asseoir auprès de la belle Rabourdin qui le reçut à merveille.

— Eh ! fit-il en lui jetant un regard de côté, vous êtes grande, et je vous trouve comme je vous imaginais, sublime dans la déroute. Savez-vous qu'il est bien rare à une personne supérieure de répondre à l'idée qu'on se fait d'elle ? la défaite ne vous accable donc pas? Vous avez raison, nous triompherons, lui dit-il à l'oreille. Votre sort est toujours entre vos mains, tant que vous aurez pour allié un homme qui vous adore. Nous tiendrons conseil.

— Mais Baudoyer est-il nommé, lui demanda-t-elle.

— Oui, dit le Secrétaire-général.

— Est-il décoré ?

— Pas encore, mais il le sera.

— Eh ! bien ?

— Vous ne connaissez pas la politique.

Pendant que cette soirée semblait éternelle à madame Rabourdin, il se passait à la Place-Royale une de ces comédies qui se jouent dans sept salons à Paris lors de chaque changement de ministère. Le salon des Saillard était plein. Monsieur et madame Transon arrivèrent à huit heures. Madame Transon embrassa madame Baudoyer, *née Saillard*. Monsieur Bataille, capitaine de la garde nationale, vint avec son épouse et le curé de Saint-Paul.

— Monsieur Baudoyer, dit madame Transon, je veux être la première à vous faire mon compliment; l'on a rendu justice à vos talents. Allons, vous avez bien gagné votre avancement.

— Vous voilà Directeur, dit monsieur Transon en se frottant les mains, c'est très-flatteur pour le quartier.

— Et l'on peut bien dire que c'est sans intrigue, s'écria le père Saillard. Nous ne sommes pas intrigants, nous autres ! nous n'allons pas dans les soirées intimes du ministre.

L'oncle Mitral se frotta le nez en souriant, il regarda sa nièce Élisabeth qui causait avec Gigonnet. Falleix ne savait que penser de l'aveuglement du père Saillard et de Baudoyer. Messieurs Dutocq, Bixiou, du Bruel, Godard et Colleville, nommé Chef, entrèrent.

— Quelles boules ! dit Bixiou à du Bruel, quelle belle caricature si on les dessinait sous formes de raies, de dorades, et de claquarts (nom vulgaire d'un coquillage) dansant une sarabande !

— Monsieur le directeur, dit Colleville, je viens vous féliciter, ou plutôt nous nous félicitons nous-mêmes de vous avoir à la tête de la Direction, et nous venons vous assurer du zèle avec lequel nous coopérerons à vos travaux.

Monsieur et madame Baudoyer, père et mère du nouveau directeur, étaient là jouissant de la gloire de leur fils et de leur belle-fille. L'oncle Bidault, qui avait dîné au logis, avait un petit regard frétillant qui épouvanta Bixiou.

— En voilà un, dit l'artiste à du Bruel en montrant Gigonnet, qui peut faire un personnage de vaudeville! Qu'est-ce que ça vend? un Chinois pareil devrait servir d'enseigne aux Deux-Magots. Et quelle redingote! je croyais qu'il n'y avait que Poiret capable d'en montrer une semblable après dix ans d'exposition publique aux intempéries parisiennes.

— Baudoyer est magnifique, dit du Bruel.

— Étourdissant, répondit Bixiou.

— Messieurs, leur dit Baudoyer, voici mon oncle propre, monsieur Mitral, et mon grand-oncle par ma femme, monsieur Bidault.

Gigonnet et Mitral jetèrent sur les trois employés un de ces regards profonds où éclatait la couleur de l'or et qui firent leur impression sur les deux rieurs.

— Hein! dit Bixiou en s'en allant sous les arcades de la Place-Royale, avez-vous bien examiné les deux oncles? deux exemplaires de Shylock. Ils vont, je le parie, à la Halle placer leurs écus à cent pour cent par semaine. Ils prêtent sur gage, ils vendent des habits, des galons, des fromages, des femmes et des enfants; ils sont arabes-juifs-génois-grecs-genevois-lombards et parisiens, nourris par une louve et enfantés par une Turque.

— Je crois bien, l'oncle Mitral a été huissier, dit Godard.

— Voyez-vous! dit du Bruel.

— Je vais aller voir tirer la pierre, reprit Bixiou, mais je voudrais bien étudier le salon de monsieur Rabourdin : vous êtes bien heureux de pouvoir y aller, du Bruel.

— Moi? dit le vaudevilliste, que voulez-vous que j'y fasse? ma figure ne se prête pas aux compliments de condoléance. Et puis, c'est bien vulgaire aujourd'hui d'aller faire queue chez les gens destitués.

A minuit, le salon de madame Rabourdin était désert, il ne restait plus que deux ou trois personnes, des Lupeaulx et les maîtres de la maison. Quand Schinner, madame et monsieur Octave de Camps furent partis, des Lupeaulx se leva d'un air mystérieux, se plaça le dos à la pendule, et regarda tour à tour la femme et le mari.

— Mes amis, leur dit-il, rien n'est perdu, car le ministre et moi nous vous restons. Dutocq entre deux pouvoirs a préféré celui qui lui paraissait le plus fort. Il a servi la Grande-Aumônerie et la Cour, il m'a trahi, c'est dans l'ordre : un homme politique ne se plaint jamais d'une trahison. Seulement Baudoyer sera destitué dans quelques mois, et replacé sans doute à la préfecture de police, car la Grande-Aumônerie ne l'abandonnera pas.

Et il fit une longue tirade sur la Grande-Aumônerie, sur les dangers que courait le gouvernement à s'appuyer sur l'Église, sur les Jésuites, etc. Mais il n'est pas inutile de faire observer que la Cour et la Grande-Aumônerie, à laquelle des journaux libéraux accordaient une influence énorme sur l'Administration, s'étaient très-peu mêlées du sieur Baudoyer. Ces petites intrigues se mouraient dans la haute sphère devant les grands intérêts qui s'y agitaient. Si quelques paroles furent arrachées par l'importunité du curé de Saint-Paul et de monsieur Gaudron, la sollicitation s'était tue à la première observation du ministre. Les passions seules faisaient la police de la Congrégation en se dénonçant les unes les autres... Le pouvoir occulte de cette association, bien permise en présence de l'effrontée société de la Doctrine intitulée : *Aide-toi, le ciel t'aidera*, ne devenait formidable que par l'action dont la dotaient gratuitement les subordonnés en s'en menaçant à l'envi. Enfin les calomnies libérales se plaisaient à configurer la Grande-Aumônerie en un géant politique, administratif, civil et militaire. La peur se fera toujours des idoles. En ce moment, Baudoyer croyait à la Grande-Aumônerie, tandis que la seule aumônerie qui l'avait protégé siégeait au café Thémis. Il est, à certaines époques, des noms, des institutions, des pouvoirs à qui l'on prête tous les malheurs, à qui l'on dénie leurs talents, et qui servent de raison coefficiente aux sots. De même que M. de Talleyrand fut censé saluer tout événement par un bon mot, de même, en ce moment de la Restauration, la Grande-Aumônerie faisait et défaisait tout. Malheureusement elle ne faisait ni ne défaisait rien. Son influence n'était entre les mains ni d'un cardinal de Richelieu ni d'un cardinal Mazarin ; mais entre les mains d'une espèce de cardinal de Fleury, qui, timide pendant cinq ans, n'osa que pendant un jour, et osa mal. Plus tard, la Doctrine fit impunément à Saint-Merry plus que Charles X ne prétendit faire en juillet 1830. Sans l'article sur la censure si sottement mis dans la nouvelle Charte, le journalisme aurait eu son Saint-Merry aussi. La branche cadette aurait légalement exécuté le plan de Charles X.

— Restez Chef de Bureau sous Baudoyer, ayez ce courage, reprit des Lupeaulx, soyez un véritable homme politique ; laissez les pensées et les mouvements généreux de côté, renfermez-vous dans vos fonctions ; ne dites pas un mot à votre Directeur, ne lui donnez pas un conseil, ne faites rien sans son ordre. En trois mois Baudoyer quittera le Ministère ou destitué ou déporté sur une autre plage administrative. Il ira à la Maison du Roi peut-être. Il m'est arrivé deux fois dans ma vie d'être ainsi couché sous une avalanche de niaiseries, j'ai laissé passer.

— Oui, dit Rabourdin, mais vous n'étiez pas calomnié, atteint dans votre honneur, compromis...

— Ah! ah! ah! dit des Lupeaulx en interrompant le Chef de Bureau par un rire homérique; mais c'est là le pain quotidien de tout homme remarquable dans le beau pays de France, et il y a deux manières de prendre la chose : ou d'être au-dessous, il faut plier bagage et s'en aller planter des choux ; ou d'être au-dessus et marcher sans crainte, sans même tourner la tête.

— Je n'ai pour moi qu'une seule manière de dénouer le nœud coulant que l'espionnage et la trahison m'ont mis autour du cou, reprit Rabourdin, c'est de m'expliquer immédiatement avec le ministre, et, si vous m'êtes aussi sincèrement attaché que vous le dites, vous pouvez me mettre face à face avec lui demain.

— Vous voulez lui exposer votre plan d'administration ?...

Rabourdin inclina la tête.

— Eh! bien, confiez-moi vos plans, vos mémoires, et je vous jure qu'il y passera la nuit.

— Allons-y donc, dit vivement Rabourdin, car c'est bien le moins qu'après six ans de travaux j'aie la jouissance de deux ou trois heures pendant lesquelles un ministre du Roi sera forcé d'applaudir à tant de persévérance.

Mis par la ténacité de Rabourdin sur un chemin sans buissons où la ruse pût s'abriter, des Lupeaulx hésita pendant un moment et regarda madame Rabourdin en se demandant : — Qui triomphera de ma haine pour lui ou de mon goût pour elle?

— Si vous n'avez pas de confiance en moi, dit-il au Chef de Bureau après une pause, je vois que vous serez toujours pour moi l'homme de votre *note secrète*. Adieu, madame.

Madame Rabourdin salua froidement. Célestine et Xavier se retirèrent chacun de leur côté sans se rien dire, tant ils étaient oppressés par le malheur. La femme songeait à l'horrible situation où elle se trouvait vis-à-vis de son mari. Le Chef de bureau, qui se résolvait à ne plus remettre les pieds au Ministère et à donner sa démission, était perdu dans l'immensité de ses réflexions : il s'agissait pour lui de changer de vie et de prendre une voie nouvelle. Il resta pendant toute la nuit devant son feu, sans apercevoir Célestine, qui vint à plusieurs reprises sur la pointe du pied, dans ses vêtements de nuit.

— Puisque je dois aller une dernière fois au Ministère pour retirer mes papiers et mettre Baudoyer au fait des affaires, tentons-y l'effet de ma démission, se dit-il.

Il rédigea sa démission, médita les expressions de la lettre dans laquelle il la mit et que voici :

« Monseigneur,

» J'ai l'honneur d'adresser à Votre Excellence ma démission sous
» ce pli ; mais j'ose croire qu'elle se souviendra de m'avoir entendu
» lui dire que j'avais remis mon honneur entre ses mains, et qu'il
» dépendait d'une explication immédiate. Cette explication, je l'ai
» vainement implorée, et aujourd'hui peut-être serait-elle inutile,
» alors qu'un fragment de mes travaux sur l'Administration, sur-
» pris et défiguré, court dans les Bureaux, est mal interprété
» par la haine, et me force à me retirer devant la tacite réproba-
» tion du pouvoir. Votre Excellence, le matin où je voulais lui
» parler, a pu penser qu'il s'agissait d'avancement, quand je ne
» songeais qu'à la gloire de son ministère et au bien public ; il
» m'importait de rectifier ses idées à cet égard. »

Suivaient les formules de respect.

Il était sept heures et demie quand cet homme eut consommé le sacrifice de ses idées, car il brûla tout son travail. Fatigué par ses méditations et vaincu par ses souffrances morales, il s'assoupit la tête appuyée sur son fauteuil. Il fut réveillé par une sensation bizarre, il trouva ses mains couvertes des larmes de sa femme, agenouillée devant lui. Célestine était venue lire la démission. Elle avait mesuré l'étendue de la chute. Elle et Rabourdin, ils allaient être réduits à quatre mille livres de rente. Elle avait supputé ses dettes, elles montaient à trente-deux mille francs ! C'était la plus ignoble de toutes les misères. Et cet homme si noble et si confiant ignorait l'abus qu'elle s'était permis de la fortune confiée à ses soins. Elle sanglotait à ses pieds, belle comme Madeleine.

— Le malheur est complet, dit Xavier dans son effroi, je suis déshonoré au Ministère, et déshonoré...

L'éclair de l'honneur pur scintilla dans les yeux de Célestine, elle se dressa comme un cheval effarouché, jeta sur Rabourdin un regard foudroyant.

— Moi! *moi!* lui dit-elle sur deux tons sublimes. Suis-je donc une femme vulgaire? Ne serais-tu pas nommé, si j'avais failli? Mais, reprit-elle, il est plus facile de croire à cela qu'à la vérité.

— Qu'y a-t-il? dit Rabourdin.

— Tout en deux mots, répondit-elle. Nous devons trente mille francs.

Rabourdin saisit sa femme par un geste fou et l'assit sur ses genoux avec joie.

— Console-toi, ma chère, dit-il avec un son de voix où perçait une adorable bonté qui changea l'amertume de ses larmes en je ne sais quoi de doux. Moi aussi j'ai fait des fautes! j'ai travaillé fort inutilement pour mon pays, ou du moins j'ai cru pouvoir lui être utile... Maintenant, je vais marcher dans un autre sentier. Si j'avais vendu des épices, nous serions millionnaires. Eh! bien, faisons-nous épiciers. Tu n'as que vingt-huit ans, mon ange! Eh! bien, dans dix ans, l'Industrie t'aura rendu le luxe que tu aimes, et auquel nous renoncerons pendant quelques jours. Moi aussi, chère enfant, je ne suis pas un mari vulgaire. Nous vendrons notre ferme! elle a depuis sept ans gagné de valeur. Cette plus-value et notre mobilier paieront *mes* dettes...

Elle embrassa son mari mille fois dans un seul baiser pour ce mot généreux.

— Nous aurons, reprit-il, cent mille francs à employer dans un commerce quelconque. Avant un mois, j'aurai choisi quelque spéculation. Le hasard qui a fait rencontrer un Martin Falleix à un Saillard ne nous manquera pas. Attends-moi pour déjeuner. Je reviendrai du Ministère, libre de mon collier de misère.

Célestine serra son mari dans ses bras avec une force que n'ont point les hommes dans leurs moments les plus encolérés, car la femme est plus forte par le sentiment que l'homme n'est fort par sa puissance. Elle pleurait, riait, sanglotait et parlait tout ensemble.

Quand à huit heures Rabourdin sortit, la portière lui remit les cartes railleuses de Baudoyer, de Bixiou, de Godard et autres. Néanmoins, il se rendit au Ministère, et y trouva Sébastien à la porte, qui le supplia de ne point venir dans les Bureaux, où il courait une infâme caricature sur lui.

320   III. LIVRE, SCÈNES DE LA VIE PARISIENNE.

— Si vous voulez m'adoucir l'amertume de la chute, apportez-moi ce dessin, dit-il, car je vais porter ma démission moi-même à Ernest de La Brière afin qu'elle ne soit pas dénaturée en suivant la voie administrative. J'ai mes raisons en vous demandant la caricature.

Quand après s'être assuré que sa lettre était entre les mains du ministre, Rabourdin revint dans la cour, il trouva Sébastien en larmes, qui lui présenta la lithographie, dont voici le principal trait rendu par ce léger croquis.

— Il y a là beaucoup d'esprit, dit Rabourdin en montrant au

surnuméraire un front serein comme le fut celui du Sauveur quand on lui mit sa couronne d'épines.

Il entra dans les bureaux d'un air calme, et alla d'abord chez Baudoyer pour le prier de venir dans le cabinet de la Division recevoir de lui les instructions relatives aux affaires que ce routinier devait désormais diriger.

— Dites à monsieur Baudoyer que ceci ne souffre pas de retard, ajouta-t-il devant Godard et les employés, ma démission est entre les mains du ministre, et je ne veux pas rester cinq minutes de plus qu'il ne le faut dans les Bureaux !

En apercevant Bixiou, Rabourdin alla droit à lui, lui montra la lithographie ; et, au grand étonnement de tous, il lui dit : — N'avais-je pas raison de prétendre que vous étiez un artiste ? il est seulement dommage que vous ayez dirigé la pointe de votre crayon contre un homme qui ne pouvait être jugé ni de cette manière, ni dans les Bureaux ; mais on rit de tout en France, même de Dieu !

Puis il entraîna Baudoyer dans l'appartement de feu La Billardière. A la porte, se trouvaient Phellion et Sébastien, les seuls qui dans ce grand désastre particulier osassent rester ostensiblement fidèles à cet accusé. Rabourdin, apercevant les yeux de Phellion humides, ne put s'empêcher de lui serrer la main.

— Môsieur, dit le bonhomme, si nous pouvons vous être utiles à quelque chose, disposez de nous...

— Entrez donc, mes amis, leur dit Rabourdin avec une grâce noble. Sébastien, mon enfant, écrivez votre démission et envoyez-la par Laurent, vous devez être enveloppé dans la calomnie qui m'a renversé ; mais j'aurai soin de votre avenir : nous ne nous quitterons plus.

Sébastien fondit en larmes.

Monsieur Rabourdin s'enferma dans le cabinet de feu La Billardière avec monsieur Baudoyer, et Phellion l'aida à mettre le nouveau Chef de Division en présence de toutes les difficultés administratives. A chaque dossier que Rabourdin expliquait, à chaque carton ouvert, les petits yeux de Baudoyer devenaient grands comme des soucoupes.

— Adieu, monsieur, lui dit enfin Rabourdin d'un air à la fois solennel et railleur.

Sébastien avait, pendant ce temps-là, fait un paquet des papiers appartenant au Chef de bureau, et les avait emportés dans un fiacre. Rabourdin passa par la grande cour du Ministère où tous les employés étaient aux fenêtres, et y attendit un moment les ordres du ministre. Le ministre ne bougea pas. Phellion et Sébastien tenaient compagnie à Rabourdin. Phellion escorta courageusement l'homme tombé jusqu'à la rue Duphot, en lui exprimant une respectueuse admiration. Il revint satisfait de lui-même reprendre sa place, après avoir rendu les honneurs funèbres au talent administratif méconnu.

BIXIOU (*voyant entrer Phellion*).

Victrix causa diis placuit, sed victa Catoni.

PHELLION.

Oui, môsieur!

POIRET.

Qu'est-ce que cela veut dire?

FLEURY.

Que le parti-prêtre se réjouit, et que monsieur Rabourdin a l'estime des gens d'honneur.

DUTOCQ (*piqué*).

Vous ne disiez pas cela hier.

FLEURY.

Si vous m'adressez encore la parole, vous aurez ma main sur la figure, vous! il est certain que vous avez *chippé* le travail demonsieur Rabourdin. (*Dutocq sort.*) Allez vous plaindre à votre monsieur des Lupeaulx, espion!

BIXIOU, *riant et grimaçant comme un singe.*

Je suis curieux de savoir comment ira la Division? Monsieur Rabourdin était un homme si remarquable qu'il devait avoir ses vues en faisant ce travail. Le Ministère perd une fameuse tête. (*Il se frotte les mains.*)

LAURENT.

Monsieur Fleury est mandé au secrétariat.

LES EMPLOYÉS DES DEUX BUREAUX.

Enfoncé!

FLEURY (*en sortant*).

Ça m'est bien égal, j'ai une place d'éditeur responsable. J'aurai toute la journée à moi pour flâner ou pour remplir quelque place amusante dans le bureau du journal.

BIXIOU.

Dutocq a déjà fait destituer ce pauvre Desroys, accusé de vouloir couper les têtes....

THUILLIER.

Des rois ?...

BIXIOU.

Recevez mes compliments ? il est joli celui-là !

COLLEVILLE (*entrant joyeux*).

Messieurs, je suis votre Chef...

THUILLIER (*il embrasse Colleville*).

Ah! mon ami, je le serais comme tu l'es, je ne serais pas si content.

BIXIOU.

C'est un coup de sa femme, mais ce n'est pas un coup de tête!... (*Éclats de rire.*)

POIRET.

Qu'on me dise la morale de ce qui nous arrive aujourd'hui ?...

BIXIOU.

La voulez-vous? L'antichambre de l'Administration sera désormais la Chambre, la cour en est le boudoir, le chemin ordinaire en est la cave, le lit est plus que jamais le petit sentier de traverse.

POIRET.

Monsieur Bixiou, je vous en prie, expliquez-vous?

BIXIOU.

Je vais paraphraser mon opinion. Pour être quelque chose, il faut commencer par être tout. Il y a évidemment une réforme administrative à faire ; car, ma parole d'honneur, l'État vole autant ses employés que les employés volent le temps dû à l'État; mais nous travaillons peu parce que nous ne recevons presque rien, nous trouvant en beaucoup trop grand nombre pour la besogne à faire, et ma vertueuse Rabourdin a vu tout cela ! Ce grand homme de bureau prévoyait, messieurs, ce qui doit arriver, et ce que les niais appellent le jeu de nos admirables institutions libérales. La Chambre va vouloir administrer, et les administrateurs voudront être législateurs. Le Gouvernement voudra administrer, et l'Administration voudra gouverner. Aussi les lois seront-elles des règlements, et les ordonnances deviendront-elles des lois. Dieu fit cette époque pour ceux qui aiment à rire. Je vis dans l'admiration du spectacle que le plus grand railleur des temps modernes, Louis XVIII, nous a préparé. (*Stupéfaction générale.*) Messieurs, si la France, le pays le mieux administré de l'Europe, est ainsi, jugez de ce que doivent être les autres. Pauvres pays, je me demande comment ils peuvent marcher sans les deux chambres, sans la liberté de la presse, sans le Rapport et le Mémoire, sans les circulaires, sans une armée d'employés!... Ah! çà, comment ont-ils des armées, des flottes? comment existent-ils sans discuter à chaque respiration et à chaque bouchée?... Ça peut-il s'appeler des gouvernements, des patries? On m'a soutenu... (des farceurs de voyageurs!...) que ces gens prétendent avoir une politique, et qu'ils jouissent d'une certaine influence; mais je les plains!... ils n'ont pas le *progrès des lumières*, ils ne peuvent pas remuer des idées, ils n'ont pas de tribuns indépendants, ils sont dans la barbarie. Il n'y a que le peuple français de spirituel. Comprenez-vous, monsieur Poiret (*Poiret reçoit comme une secousse*), qu'un pays puisse se passer de chefs de division, de directeurs-généraux, de ce bel état-major, la gloire de la France et de l'empereur Napoléon qui eut bien ses raisons pour créer des places. Tenez, comme ces pays ont l'audace d'exister, et qu'à Vienne on compte à peu près cent employés au ministère de la Guerre, tandis que chez nous les traitements et les pensions forment le tiers du budget, ce dont on ne se doutait pas avant la Révolution, je me résume en disant que l'Académie des Inscriptions et Belles-lettres, qui a peu de chose à faire, devrait bien proposer un prix pour qui résoudra cette question : *Quel est l'État le mieux constitué de celui qui fait beaucoup de choses avec peu d'employés, ou de celui qui fait peu de chose avec beaucoup d'employés?*

POIRET.

Est-ce là votre dernier mot?...

BIXIOU.

Yès, sir!... Ya, mein herr!... Si, signor! Da!... je vous fais grâce des autres langues...

POIRET (*il lève les mains au ciel*).

Mon Dieu!... et l'on dit que vous êtes spirituel!

BIXIOU.

Vous ne m'avez donc pas compris?

PHELLION.

Cependant la dernière proposition est pleine de sens...

BIXIOU.

Comme le budget, aussi compliqué qu'il paraît simple, et je vous mets ainsi comme un lampion sur ce casse-cou, sur ce trou, sur ce gouffre, sur ce volcan appelé, par le *Constitutionnel*, *l'horizon politique*.

POIRET.

J'aimerais mieux une explication que je pusse comprendre...

BIXIOU.

Vive Rabourdin!... voilà mon opinion. Êtes-vous content?

COLLEVILLE (*gravement*).

Monsieur Rabourdin n'a eu qu'un tort.

POIRET.

Lequel?

COLLEVILLE.

Celui d'être un homme d'État au lieu d'être un Chef de Bureau.

PHELLION (*en se plaçant devant Bixiou*).

Pourquoi, môsieur, vous qui compreniez si bien monsieur Rabourdin, avez-vous fait cette ign... cette inf... cette affreuse caricature?

BIXIOU.

Et notre pari? oubliez-vous que je jouais le jeu du diable! et que votre Bureau me doit un dîner au Rocher de Cancale.

POIRET (*très-chiffonné*).

Il est donc dit que je quitterai le Bureau sans avoir jamais pu comprendre une phrase, un mot, une idée de monsieur Bixiou.

BIXIOU.

C'est votre faute! demandez à ces messieurs?... Messieurs, avez-vous compris le sens de mes observations? sont-elles justes? lumineuses?...

TOUS.

Hélas! oui.

MINARD.

Et la preuve, c'est que je viens d'écrire ma démission. Adieu, messieurs, je me jette dans l'industrie...

BIXIOU.

Avez-vous inventé des corsets mécaniques ou des biberons, des pompes à incendie ou des paracrottes, des cheminées qui ne consomment pas de bois, ou des fourneaux qui cuisent les côtelettes avec trois feuilles de papier.

MINARD (*en s'en allant*).

Je garde mon secret.

BIXIOU.

Eh! bien, jeune Poiret-jeune, vous le voyez?... ces messieurs me comprennent tous...

POIRET (*humilié*).

Monsieur Bixiou, voulez-vous me faire l'honneur de me parler une seule fois mon langage en descendant jusqu'à moi...

BIXIOU (*en guignant les employés*).

Volontiers! (*Il prend Poiret par le bouton de sa redingote.*) Avant de vous en aller d'ici, peut-être serez-vous bien aise de savoir qui vous êtes...

POIRET (*vivement*).

Un honnête homme, monsieur...

BIXIOU.

.... De définir, d'expliquer, de pénétrer, d'analyser ce que c'est qu'un employé... le savez-vous?

POIRET.

Je le crois.

BIXIOU (*tortille le bouton*).

J'en doute.

POIRET.

C'est un homme payé par le gouvernement pour faire un travail.

BIXIOU.

Évidemment, alors un soldat est un employé.

POIRET (*embarrassé*).

Mais non.

BIXIOU.

Cependant il est payé par l'État pour monter la garde et passer des revues. Vous me direz qu'il souhaite trop quitter sa place, qu'il est trop peu en place, qu'il travaille trop et touche généralement trop peu de métal, excepté toutefois celui de son fusil.

POIRET (*ouvre de grands yeux*).

Eh! bien, monsieur, un employé serait plus logiquement un homme qui pour vivre a besoin de son traitement et qui n'est pas libre de quitter sa place, ne sachant faire autre chose qu'expédier.

BIXIOU.

Ah! nous arrivons à une solution... Ainsi le Bureau est la coque de l'employé. Pas d'employé sans bureau, pas de bureau sans employé. Que faisons-nous alors du douanier. (*Poiret essaye de piétiner, il échappe à Bixiou qui lui a coupé un bouton et qui le reprend par un autre.*) Bah! ce serait dans la matière bureaucratique un être neutre. Le gabelou est à moitié employé, il est sur les confins des bureaux et des armes, comme sur les frontières : ni tout à fait soldat, ni tout à fait employé. Mais, papa, où allons-nous? (*Il tortille le bouton.*) Où cesse l'employé? Question grave! Un préfet est-il un employé?

POIRET (*timidement*).

C'est un fonctionnaire.

BIXIOU.

Ah! vous arrivez à ce contre-sens qu'un fonctionnaire ne serait pas un employé!...

POIRET (*fatigué regarde tous les employés*).

Monsieur Godard a l'air de vouloir dire quelque chose.

GODARD.

L'employé serait l'Ordre et le fonctionnaire un Genre.

BIXIOU (*souriant*).

Je ne vous croyais pas capable de cette ingénieuse distinction, brave Sous-Ordre.

POIRET.

Où allons-nous?...

BIXIOU.

Là, là... papa, ne marchons pas sur notre longe... Écoutez, et nous finirons par nous entendre. Tenez, posons un axiome que je lègue aux Bureaux !...

Où finit l'employé commence le fonctionnaire, où finit le fonctionnaire commence l'homme d'État.

Il se rencontre cependant peu d'hommes d'État parmi les préfets. Le préfet serait alors un neutre des Genres supérieurs. Il se trouverait entre l'homme d'État et l'employé, ce que le douanier se trouve entre le civil et le militaire. Continuons à débrouiller ces hautes questions. (*Poiret devient rouge.*) Ceci ne peut-il pas se formuler par cette maxime digne de Larochefoucault : Au-dessus de vingt mille francs d'appointements, il n'y a plus d'employés. Nous pouvons mathématiquement en tirer ce premier *corollaire:* L'homme d'État se déclare dans la sphère des traitements supérieurs. Et ce non moins important et logique deuxième *corollaire :* Les Directeurs généraux peuvent être des hommes d'État. Peut-être est-ce dans ce sens que plus d'un député se dit : — C'est un bel état que d'être directeur général! Mais, dans l'intérêt de la langue française et de l'Académie...

POIRET (*tout à fait fasciné par la fixité du regard de Bixiou*).

La langue française !... l'Académie !...

BIXIOU (*il coupe un second bouton et ressaisit le bouton supérieur*).

Oui, dans l'intérêt de notre belle langue, on doit faire observer que si le chef de bureau peut à la rigueur être encore un employé, le chef de division doit être un bureaucrate. Ces messieurs... (*Il se tourne vers les employés en leur montrant le second bouton coupé à la redingote de Poiret.*) ces messieurs apprécieront cette nuance pleine de délicatesse. Ainsi, papa Poiret, l'employé finit exclusivement au chef de division. Voici donc la question bien posée, il n'existe plus aucune incertitude, l'employé qui pouvait paraître indéfinissable est défini.

POIRET.

Cela me semble hors de doute.

BIXIOU.

Néanmoins, faites-moi l'amitié de résoudre cette question : Un juge étant inamovible, conséquemment ne pouvant être, selon votre subtile distinction, un fonctionnaire, et n'ayant pas un traitement en harmonie avec son ouvrage, doit-il être compris dans la classe des employés ?...

POIRET (*il regarde les corniches*).

Monsieur, je n'y suis plus...

BIXIOU (*il coupe un troisième bouton*).

Je voulais vous prouver, monsieur, que rien n'est simple, mais surtout, et ce que je vais dire est pour les philosophes (si vous voulez me permettre de retourner un mot de Louis XVIII), je veux faire voir que : A côté du besoin de définir, se trouve le danger de s'embrouiller.

POIRET (*s'essuie le front*).

Pardon, monsieur, j'ai mal au cœur... (*Il veut croiser sa redingote.*) Ah ! vous m'avez coupé tous mes boutons !

BIXIOU.

Eh ! bien, comprenez-vous ?...

POIRET (*mécontent*).

Oui, monsieur.... oui, je comprends que vous avez voulu faire une très-mauvaise farce, en me coupant mes boutons, sans que je m'en aperçusse !...

BIXIOU (*gravement*).

Vieillard! vous vous trompez. J'ai voulu graver dans votre cerveau la plus vivante image possible du Gouvernement constitutionnel (*tous les employés regardent Bixiou, Poiret stupéfait le contemple dans une sorte d'inquiétude*) et vous tenir ainsi ma parole. J'ai pris la manière parabolique des Sauvages. (Écoutez!) Pendant que les ministres établissent à la Chambre des colloques à peu près aussi concluants, aussi utiles que le nôtre, l'Administration coupe des boutons aux contribuables.

TOUS.

Bravo, Bixiou!

POIRET (*qui comprend*).

Je ne regrette plus mes boutons.

BIXIOU.

Et je fais comme Minard, je ne veux plus émarger pour si peu de chose, et je prive le Ministère de ma coopération. (*Il sort au milieu des rires de tous les employés.*)

Une autre scène, plus instructive que celle-ci, car elle peut apprendre comment périssent les grandes idées dans les sphères supérieures et comment on s'y console d'un malheur, se passait dans le salon de réception du ministère.

En ce moment, des Lupeaulx présentait au ministre le nouveau Directeur, monsieur Baudoyer. Il se trouvait dans le salon deux ou trois députés ministériels, influents, et monsieur Clergeot, à qui l'Excellence donnait l'assurance d'un traitement honorable. Après quelques phrases banales échangées, l'événement du jour fut sur le tapis.

UN DÉPUTÉ.

Vous n'aurez donc plus Rabourdin?

DES LUPEAULX.

Il a donné sa démission.

CLERGEOT.

Il voulait, dit-on, réformer l'administration.

LE MINISTRE (*en regardant les députés*).

Les traitements ne sont peut-être pas proportionnés aux exigences du service.

DE LA BRIÈRE.

Selon monsieur Rabourdin, cent employés à douze mille francs feraient mieux et plus promptement que mille employés à douze cents francs.

CLERGEOT.

Peut-être a-t-il raison.

LE MINISTRE.

Que voulez-vous? la machine est montée ainsi, il faudrait la briser et la refaire ; qui donc en aura le courage en présence de la Tribune, sous le feu des sottes déclamations de l'Opposition, ou des terribles articles de la Presse? Il s'ensuit qu'un jour il y aura quelque solution de continuité dommageable entre le Gouvernement et l'Administration.

LE DÉPUTÉ.

Qu'arriverait-il ?

LE MINISTRE.

Un ministre voudra le bien sans pouvoir l'accomplir. Vous aurez créé des lenteurs interminables entre les choses et les résultats. Si vous avez rendu le vol d'un écu vraiment impossible, vous n'empêcherez pas les collusions dans la sphère des intérêts. On ne concédera certaines opérations qu'après des stipulations secrètes, qu'il sera difficile de surprendre. Enfin les employés, depuis le plus petit jusqu'au chef de bureau, vont avoir des opinions à eux, ils ne seront plus les mains d'une cervelle, ils ne représenteront plus la pensée du Gouvernement, l'Opposition tend à leur donner le droit de parler contre lui, voter contre lui, juger contre lui.

BAUDOYER (*tout bas, mais de manière à être entendu*).
Monseigneur est sublime.

DES LUPEAULX.

Certes, la bureaucratie a des torts : je la trouve et lente et insolente, elle enserre un peu trop l'action ministérielle, elle étouffe bien des projets, elle arrête le progrès ; mais l'administration française est admirablement utile...

BAUDOYER.

Certes !

DES LUPEAULX.

Ne fût-ce qu'à soutenir la papeterie et le timbre. Si, comme les excellentes ménagères, elle est un peu taquine, elle peut, à toute heure, rendre compte de sa dépense. Quel est le négociant habile qui ne jetterait pas joyeusement, dans le gouffre d'une assurance quelconque, cinq pour cent de toute sa production, du capital qui sort ou rentre, pour ne pas avoir de *Coulage!* Les industriels des deux mondes souscriraient avec joie à un pareil accord avec ce génie du mal appelé Coulage. Eh! bien, quoique la Statistique soit l'enfantillage des hommes d'État modernes, qui croient que les chiffres sont le calcul, on doit se servir de chiffres pour calculer. Calculons donc? Le chiffre est d'ailleurs la raison probante des sociétés basées sur l'intérêt personnel et sur l'argent, et telle est la société que nous a faite la Charte! selon moi, du moins. Puis rien ne convaincra mieux les *masses intelligentes* qu'un peu de chiffres. Tout, disent nos hommes d'État de la Gauche, en définitif, se résout par des chiffres. Chiffrons. (*Le ministre cause à voix basse avec un député, dans un coin.*) On compte environ quarante mille employés en France, déduction faite des salariés, car un cantonnier, un balayeur des rues, une rouleuse de cigares ne sont pas des employés. La moyenne des traitements est de quinze cents francs. Multipliez quarante mille par quinze cents, vous obtenez soixante millions. Et, d'abord, un publiciste pourrait faire observer à la Chine, à la Russie, où tous les employés volent, à l'Autriche, aux républiques américaines, au monde, que, pour ce prix, la France obtient la plus fureteuse, la plus méticuleuse, la plus écrivassière, paperassière, inventorière, contrôleuse, vérifiante, soigneuse, enfin la plus femme de ménage des Administrations connues! Il ne se dépense pas, il ne s'encaisse pas un centime en France qui ne soit ordonné par une lettre, prouvé par une pièce, produit et reproduit sur des états de situation, payé sur quittance; puis la demande et la quittance sont enregistrées, contrôlées, vérifiées par des gens à lunettes. Au moindre défaut de forme, l'employé s'effarouche, car il vit de ces scrupules. Enfin bien des pays seraient contents, mais Napoléon ne s'en est pas tenu là. Ce grand organisateur a rétabli les magistrats suprêmes d'une cour unique dans le monde. Ces magistrats passent leurs jours à vérifier tous les bons, paperasses, rôles, contrôles, acquits à caution, paiements, contributions reçues, contributions dépensées, etc., que les employés ont écrits. Ces juges sévères poussent le talent du scrupule, le génie de la recherche, la vue des lynx, la perspicacité des Comptes jusqu'à refaire toutes les additions pour chercher des soustractions. Ces sublimes victimes des chiffres renvoient, deux ans après, à un intendant militaire, un état quelconque où il y a une erreur de deux centimes. Ainsi l'administration française, la plus pure de toutes celles qui paperassent sur le globe, a rendu, comme vient de le dire Son Excellence, le vol impossible. En France, la concussion est une chimère. Eh ! bien, que peut-on objecter ? La France possède un revenu de douze cents millions, elle le dépense, voilà tout. Il entre douze cents millions dans ses caisses, et douze cents millions en sortent. Elle manie donc deux milliards quatre cents millions, et ne paie que soixante millions, deux et demi pour cent, pour avoir la certitude qu'il n'existe pas de coulage. Notre livre de cuisine politique coûte soixante millions, mais la gendarmerie coûte davantage, et ne nous empêche pas d'être volés. Les tribunaux, les bagnes et la police coûtent autant et ne nous font rien rendre. Et nous trouvons l'emploi de gens qui ne peuvent pas faire autre chose que ce qu'ils font, croyez-le bien. Le gaspillage, s'il y en a, ne peut plus être que moral et législatif, les Chambres en sont alors les complices, le gaspillage devient légal. Le coulage consiste à faire faire des travaux qui ne sont pas urgents ou nécessaires, à dégalonner et regalonner les troupes, à commander des vaisseaux sans s'inquiéter s'il y a du bois et de payer alors le bois trop cher, à se préparer à la guerre sans la faire, à payer les dettes d'un État sans lui en demander le remboursement ou des garanties, etc., etc.

BAUDOYER.

Mais ce haut coulage ne regarde pas l'employé. Cette mauvaise gestion des affaires du pays concerne l'homme d'État qui conduit le vaisseau.

LE MINISTRE (*il a fini sa conversation*).

Il y a du vrai dans ce que vient de dire des Lupeaulx ; mais sachez (*à Baudoyer*), monsieur le directeur, que personne n'est au point de vue d'un homme d'État. Ordonner toute espèce de dépenses, mêmes inutiles, ne constitue pas une mauvaise gestion. N'est-ce pas toujours animer le mouvement de l'argent dont l'immobilité devient, en France surtout, funeste par suite des habitudes avaricieuses et profondément illogiques de la province qui enfouit des tas d'or...

LE DÉPUTÉ (*qui a écouté des Lupeaulx*).

Mais il me semble que si votre Excellence avait raison tout à l'heure, et si notre spirituel ami (*il prend des Lupeaulx par le bras*) n'a pas tort, que conclure ?

DES LUPEAULX (*après avoir regardé le ministre*).

Il y a sans doute quelque chose à faire....

DE LA BRIÈRE (*timidement*).

Monsieur Rabourdin a donc raison?

LE MINISTRE.

Je verrai Rabourdin...

DES LUPEAULX.

Ce pauvre homme a eu le tort de se constituer le juge suprême de l'Administration et des hommes qui la composent ; il ne veut que trois ministères...

LE MINISTRE (*interrompant*).

Il est donc fou !

LE DÉPUTÉ.

Comment représenterait-on, dans les ministères, les chefs des partis à la Chambre ?

BAUDOYER.

Peut-être monsieur Rabourdin changeait-il aussi la constitution ?

LE MINISTRE (*devenu pensif prend le bras de La Brière et l'emmène*).

Je voudrais voir le travail de Rabourdin ; et puisque vous le connaissez...

DE LA BRIÈRE (*dans le cabinet*).

Il a tout brûlé, vous l'avez laissé déshonorer, il quitte l'Administration. Ne croyez pas, monseigneur, qu'il ait eu la sotte pensée, comme des Lupeaulx veut le faire croire, de rien changer à l'admirable centralisation du pouvoir.

LE MINISTRE (*en lui-même*).

J'ai fait une faute. (*Il reste un moment silencieux.*) Bah ! nous ne manquerons jamais de plans de réforme...

DE LA BRIÈRE.

Ce n'est pas les idées, mais les hommes d'exécution qui manquent.

Des Lupeaulx, ce délicieux avocat des abus, entra dans le cabinet.

— Monseigneur, je pars pour mon élection.

— Attendez ! dit l'Excellence en laissant son secrétaire particulier et prenant le bras de des Lupeaulx avec qui il alla dans l'embrasure de la fenêtre. Mon cher, laissez-moi cet arrondissement, vous serez nommé comte, et je paie vos dettes... Enfin, si, après le renouvellement de la Chambre, je reste aux affaires, je trouverai l'occasion de vous faire nommer pair de France dans une fournée.

— Vous êtes homme d'honneur, j'accepte.

Ce fut ainsi que Clément Chardin des Lupeaulx dont le père, anobli sous Louis XV, portait *écartelé au premier d'argent au loup ravissant de sable emportant un agneau de gueules; au deux, de pourpre à trois fermeaux d'argent; deux et un, aux trois pals de gueules et d'argent de douze pièces; au quatre, d'or au caducée de gueules mis en pal, volé et serpenté de sinople, soutenu de quatre pates de griffon mouvantes des flancs de l'écu;* avec EN LUPUS IN HISTORIA pour devise, put surmonter cet écusson quasi-railleur d'une couronne comtale.

En 1830, vers la fin de décembre, monsieur Rabourdin eut une affaire dans son ancien Ministère où les Bureaux furent agités par des déménagements de fond en comble. Cette révolution pesa principalement sur les garçons de bureau, qui n'aiment guère les nouveaux visages. Venu de bonne heure au Ministère dont les êtres lui étaient connus, Rabourdin put entendre le dialogue suivant entre les deux neveux de Laurent, car l'oncle avait eu sa retraite.

— Hé! bien, comment va ton Chef de division?

— Ne m'en parle pas, je n'en peux rien faire. Il me sonne pour me demander si j'ai vu son mouchoir ou sa tabatière. Il reçoit sans faire attendre, pas la moindre dignité. Moi, je suis obligé de lui dire : Mais, monsieur, monsieur le comte votre prédécesseur, dans l'intérêt du pouvoir, il bûchait son fauteuil avec son canif pour faire croire qu'il travaillait. Enfin, il brouille tout! je trouve tout cen dessus dessous, c'est un bien petit esprit. Et le tien?

— Le mien, oh! j'ai fini par le former, il sait maintenant où sont placés son papier à lettres, ses enveloppes, son bois, toutes ses affaires. Mon autre jurait, celui-là est doux... mais ça n'a pas le grand genre; il n'est pas décoré, je n'aime pas qu'un chef soit sans décoration : on peut le prendre pour un de nous, c'est humiliant. Il emporte le papier du bureau, et il m'a demandé si je pouvais aller servir chez lui des jours de soirée.

— Eh! quel gouvernement, mon cher?

— Oui, tout le monde y carotte.

— Pourvu qu'on ne nous rogne pas nos pauvres appointements !...

— J'en ai peur ! Les Chambres sont bien près regardantes. On chicane le bois des bûches.

— Eh ! bien, ça ne durera pas long-temps, s'ils prennent ce genre-là.

— Nous sommes pincés, on nous écoutait.

— Et ! c'est défunt monsieur Rabourdin... ah ! monsieur, je vous ai reconnu à votre manière de vous présenter... si vous avez besoin ici, personne ne saura ce qu'on vous doit d'égards, car nous sommes les seuls qui soyons restés de votre temps... Messieurs Colleville et Baudoyer n'ont pas usé le maroquin de leurs fauteuils après votre départ, six mois après ils ont été nommés percepteurs à Paris...

Paris, juillet 1838

SPLENDEURS ET MISÈRES

DES COURTISANES.

A. S. A. LE PRINCE ALFONSO SERAFINO DI PORCIA.

Laissez-moi mettre votre nom en tête d'une œuvre essentiellement parisienne et méditée chez vous ces jours derniers. N'est-il pas naturel de vous offrir les fleurs de rhétorique poussées dans votre jardin, arrosées des regrets qui m'ont fait connaître la nostalgie, et que vous avez adoucis quand j'errais sous les boschetti dont les ormes me rappelaient les Champs-Élysées? Peut-être rachèterai-je ainsi le crime d'avoir rêvé Paris en face du Duomo, d'avoir aspiré à nos rues si boueuses sur les dalles si propres et si élégantes de Porta Renza. Quand j'aurai quelques livres à publier qui pourront être dédiés à des Milanaises, j'aurai le bonheur de trouver des noms déjà chers à vos vieux conteurs italiens parmi ceux des personnes que nous aimons, et au souvenir desquelles je vous prie de rappeler

Votre sincèrement affectionné

DE BALZAC.

Août 1838.

PREMIÈRE PARTIE.

ESTHER HEUREUSE.

En 1824, au dernier bal de l'Opéra, plusieurs masques furent frappés de la beauté d'un jeune homme qui se promenait dans les corridors et dans le foyer, avec l'allure des gens en quête d'une femme que des circonstances imprévues retiennent au logis. Le secret de cette démarche, tour à tour indolente et pressée, n'est connu que des vieilles femmes et de quelques flâneurs émérites. Dans cet immense rendez-vous, la foule observe peu la foule, les

L'ABBÉ CARLOS HERRERA

Les personnes les moins clairvoyantes eussent pensé que les passions les plus chaudes..... avaient jeté cet homme dans le sein de l'Église.

SPLENDEURS ET MISÈRES DES COURTISANES.

intérêts sont passionnés, le désœuvrement lui-même est préoccupé. Le jeune dandy était si bien absorbé par son inquiète recherche, qu'il ne s'apercevait pas de son succès : les exclamations railleusement admiratives de certains masques, les étonnements sérieux, les mordants lazzis, les plus douces paroles, il ne les entendait pas, il ne les voyait point. Quoique sa beauté le classât parmi ces personnages exceptionnels qui viennent au bal de l'Opéra pour y avoir une aventure, et qui l'attendent comme on attendait un coup heureux à la Roulette quand Frascati vivait, il paraissait bourgeoisement sûr de sa soirée ; il devait être le héros d'un de ces mystères à trois personnages qui composent tout le bal masqué de l'Opéra, et connus seulement de ceux qui y jouent leur rôle ; car, pour les jeunes femmes qui viennent afin de pouvoir dire : *J'ai vu;* pour les gens de province, pour les jeunes gens inexpérimentés, pour les étrangers, l'Opéra doit être alors le palais de la fatigue et de l'ennui. Pour eux, cette foule noire, lente et pressée, qui va, vient, serpente, tourne, retourne, monte, descend, et qui ne peut être comparée qu'à des fourmis sur leur tas de bois, n'est pas plus compréhensible que la Bourse pour un paysan bas-breton qui ignore l'existence du Grand-Livre. A de rares exceptions près, à Paris, les hommes ne se masquent point : un homme en domino paraît ridicule. En ceci le génie de la nation éclate. Les gens qui veulent cacher leur bonheur peuvent aller au bal de l'Opéra sans y venir, et les masques absolument forcés d'y entrer en sortent aussitôt. Un spectacle des plus amusants est l'encombrement que produit à la porte, dès l'ouverture du bal, le flot des gens qui s'échappent aux prises avec ceux qui y montent. Donc, les hommes masqués sont des maris jaloux qui viennent espionner leurs femmes, ou des maris en bonne fortune qui ne veulent pas être espionnés par elles, deux situations également moquables. Or, le jeune homme était suivi, sans qu'il le sût, par un masque assassin, gros et court, roulant sur lui-même comme un tonneau. Pour tout habitué de l'Opéra, ce domino trahissait un administrateur, un agent de change, un banquier, un notaire, un bourgeois quelconque en soupçon de son infidèle. En effet, dans la très-haute société, personne ne court après d'humiliants témoignages. Déjà plusieurs masques s'étaient montré en riant ce monstrueux personnage, d'autres l'avaient apostrophé, quelques jeunes s'étaient moqués de lui, sa carrure et son maintien annonçaient un dédain marqué pour ces traits sans portée ; il allait où le menait le jeune homme, comme va un sanglier poursuivi qui ne se soucie ni des balles qui sifflent à ses oreilles, ni des chiens qui aboient après lui. Quoiqu'au premier abord le plaisir et l'inquiétude aient pris la même livrée, l'illustre robe noire vénitienne, et que tout soit confus au bal de l'Opéra, les différents cercles dont se compose la société parisienne se retrouvent, se reconnaissent et s'observent. Il y a des notions si précises pour quelques initiés, que ce grimoire d'intérêts est lisible comme un roman qui serait amusant. Pour les habitués, cet homme ne pouvait donc pas être en bonne fortune; il eût infailliblement porté quelque marque convenue, rouge, blanche ou verte, qui signale les bonheurs apprêtés de longue main. S'agissait-il d'une vengeance ? En voyant le masque suivant de si près un homme en bonne fortune, quelques désœuvrés revenaient au beau visage sur lequel le plaisir avait mis sa divine auréole. Le jeune homme intéressait : plus il allait, plus il réveillait de curiosités. Tout en lui signalait d'ailleurs les habitudes d'une vie élégante. Suivant une loi fatale de notre époque, il existait peu de différence, soit physique, soit morale, entre le plus distingué, le mieux élevé des fils d'un duc et pair, et ce charmant garçon que naguère la misère étreignit de ses mains de fer au milieu de Paris. La beauté, la jeunesse pouvaient masquer chez lui de profonds abîmes, comme chez beaucoup de jeunes gens qui veulent jouer un rôle à Paris sans posséder le capital nécessaire à leurs prétentions, et qui chaque jour risquent le tout pour le tout en sacrifiant au dieu le plus courtisé dans cette cité royale, le Hasard. Néanmoins, sa mise, ses manières étaient irréprochables, il foulait le parquet classique du foyer en habitué de l'Opéra. Qui n'a pas remarqué que là, comme dans toutes les zones de Paris, il est une façon d'être qui révèle ce que vous êtes, ce que vous faites, d'où vous venez, et ce que vous voulez?

— Le beau jeune homme! Ici l'on peut se retourner pour le voir, dit un masque en qui les habitués du bal reconnaissaient une femme comme il faut.

— Vous ne vous le rappelez pas? lui répondit le cavalier, madame du Châtelet vous l'a cependant présenté....

— Quoi ! c'est le petit apothicaire de qui elle s'était amourachée, qui s'est fait journaliste, l'amant de mademoiselle Coralie?

— Je le croyais tombé trop bas pour jamais pouvoir remonter, et je ne comprends pas comment il peut reparaître dans le monde de Paris, dit le comte Sixte du Châtelet.

— Il a un air de prince, dit le masque, et ce n'est pas cette actrice avec laquelle il vivait qui le lui aura donné; ma cousine, qui l'avait deviné, n'a pas su le débarbouiller; je voudrais bien connaître la maîtresse de ce Sargine, dites-moi quelque chose de sa vie qui puisse me permettre de l'intriguer.

Ce couple qui suivait le jeune homme en chuchotant fut alors particulièrement observé par le masque aux épaules carrées.

— Cher monsieur Chardon, dit le préfet de la Charente en prenant le dandy par le bras, je vous présente une personne qui veut renouer connaissance avec vous...

— Cher comte Châtelet, répondit le jeune homme, cette personne m'a appris combien était ridicule le nom que vous me donnez. Une Ordonnance du roi m'a rendu celui de mes ancêtres maternels, les Rubempré. Quoique les journaux aient annoncé ce fait, il concerne un si pauvre personnage que je ne rougis point de le rappeler à mes amis, à mes ennemis et aux indifférents : vous vous classerez où vous voudrez, mais je suis certain que vous ne désapprouverez point une mesure qui me fut conseillée par votre femme quand elle n'était encore que madame de Bargeton. (Cette jolie épigramme, qui fit sourire la marquise, fit éprouver un tressaillement nerveux au préfet de la Charente.) — Vous lui direz, ajouta Lucien, que maintenant je porte *de gueules, au taureau furieux d'argent, dans le pré de sinople.*

— Furieux d'argent, répéta Châtelet.

— Madame la marquise vous expliquera, si vous ne le savez pas, pourquoi ce vieil écusson est quelque chose de mieux que la clef de chambellan et les abeilles d'or de l'Empire qui se trouvent dans le vôtre, au grand désespoir de madame Châtelet, *née Nègrepelisse d'Espard*... dit vivement Lucien.

— Puisque vous m'avez reconnue, je ne puis plus vous intriguer, et ne saurais vous exprimer à quel point vous m'intriguez, lui dit à voix basse la marquise d'Espard tout étonnée de l'impertinence et de l'aplomb acquis par l'homme qu'elle avait jadis méprisé.

— Permettez-moi donc, madame, de conserver la seule chance que j'aie d'occuper votre pensée en restant dans cette pénombre mystérieuse, dit-il avec le sourire d'un homme qui ne veut pas compromettre un bonheur sûr.

La marquise ne put réprimer un petit mouvement sec en se sentant, suivant une expression anglaise, *coupée* par la précision de Lucien.

— Je vous fais mon compliment sur votre changement de position, dit le comte du Châtelet.

— Et je la reçois comme vous me l'adressez, répliqua Lucien en saluant la marquise avec une grâce infinie.

— Le fat! dit à voix basse le comte à madame d'Espard, il a fini par conquérir ses ancêtres.

— Chez les jeunes gens, la fatuité, quand elle tombe sur nous, annonce presque toujours un bonheur très-haut situé; car, entre vous autres, elle annonce la mauvaise fortune. Aussi voudrais-je connaître celle de nos amies qui a pris ce bel oiseau sous sa protection; peut-être aurais-je alors la possibilité de m'amuser ce soir. Mon billet anonyme est sans doute une méchanceté préparée par quelque rivale, car il est question de ce jeune homme; son impertinence lui aura été dictée: espionnez-le. Je vais prendre le bras du duc de Navarreins, vous saurez bien me retrouver.

Au moment où madame d'Espard allait aborder son parent, le masque mystérieux se plaça entre elle et le duc pour lui dire à l'oreille : — Lucien vous aime, il est l'auteur du billet; votre préfet est son plus grand ennemi, pouvait-il s'expliquer devant lui?

L'inconnu s'éloigna, laissant madame d'Espard en proie à une double surprise. La marquise ne savait personne au monde capable de jouer le rôle de ce masque; elle craignit un piége, alla s'asseoir et se cacha. Le comte Sixte du Châtelet, à qui Lucien avait retranché son *du* ambitieux avec une affectation qui sentait une vengeance long-temps rêvée, suivit à distance ce merveilleux dandy, et rencontra bientôt un jeune homme auquel il crut pouvoir parler à cœur ouvert.

— Eh! bien, Rastignac, avez-vous vu Lucien? il a fait peau neuve.

— Si j'étais aussi joli garçon que lui, je serais encore plus riche que lui, répondit le jeune élégant d'un ton léger mais fin qui exprimait une raillerie attique.

— Non, lui dit à l'oreille le gros masque en lui rendant mille railleries pour une par la manière dont il accentua le monosyllabe.

Rastignac, qui n'était pas homme à dévorer une insulte, resta comme frappé de la foudre, et se laissa mener dans l'embrasure d'une fenêtre par une main de fer, qu'il lui fut impossible de secouer.

— Jeune coq sorti du poulailler de maman Vauquer, vous à qui le cœur a failli pour saisir les millions du papa Taillefer quand le plus fort de l'ouvrage était fait, sachez, pour votre sûreté personnelle, que si vous ne vous comportez pas avec Lucien comme avec un frère que vous aimeriez, vous êtes dans nos mains sans que nous soyons dans les vôtres. Silence et dévouement, ou j'entre dans votre jeu pour y renverser vos quilles. Lucien de Rubempré est protégé par le plus grand pouvoir d'aujourd'hui, l'Église. Choisissez entre la vie ou la mort. Votre réponse ?

Rastignac eut le vertige comme un homme endormi dans une forêt, et qui se réveille à côté d'une lionne affamée. Il eut peur, mais sans témoins : les hommes les plus courageux s'abandonnent alors à la peur.

— Il n'y a que *lui* pour savoir.... et pour oser..., se dit-il à lui-même.

Le masque lui serra la main pour l'empêcher de finir sa phrase :
— Agissez comme si c'était *lui*, dit-il.

Rastignac se conduisit alors comme un millionnaire sur la grande route, en se voyant mis en joue par un brigand : il capitula.

— Mon cher comte, dit-il à Châtelet vers lequel il revint, si vous tenez à votre position, traitez Lucien de Rubempré comme un homme que vous trouverez un jour placé beaucoup plus haut que vous ne l'êtes.

Le masque laissa échapper un imperceptible geste de satisfaction, et se remit sur la trace de Lucien.

— Mon cher, vous avez bien rapidement changé d'opinion sur son compte, répondit le préfet justement étonné.

— Aussi rapidement que ceux qui sont au Centre et qui votent avec la Droite, répondit Rastignac à ce préfet-député, dont la voix manquait depuis peu de jours au Ministère.

— Est-ce qu'il y a des opinions, aujourd'hui ? il n'y a plus que des intérêts, répliqua des Lupeaulx qui les écoutait. De quoi s'agit-il ?

— Du sieur de Rubempré, que Rastignac veut me donner pour un personnage, dit le député au Secrétaire-Général.

— Mon cher comte, lui répondit des Lupeaulx d'un air grave, monsieur de Rubempré est un jeune homme du plus grand mérite, et si bien appuyé que je me croirais très-heureux de pouvoir renouer connaissance avec lui.

— Le voilà qui va tomber dans le guêpier des roués de l'époque, dit Rastignac.

Les trois interlocuteurs se tournèrent vers un coin où se tenaient quelques beaux esprits, des hommes plus ou moins célèbres, et plusieurs élégants. Ces messieurs mettaient en commun leurs observations, leurs bons mots et leurs médisances, en essayant de s'amuser ou en attendant quelque amusement. Dans cette troupe si bizarrement composée se trouvaient des gens avec qui Lucien avait eu des relations mêlées de procédés ostensiblement bons et de mauvais services cachés.

— Eh! bien, Lucien, mon enfant, mon cher amour, nous voilà rempaillé, rafistolé. D'où venons-nous? Nous avons donc remonté sur notre bête à l'aide des cadeaux expédiés du boudoir de Florine. Bravo, mon gars! lui dit Blondet en quittant le bras de Finot pour prendre familièrement Lucien par la taille et le serrer contre son cœur.

Andoche Finot était le propriétaire d'une Revue où Lucien avait travaillé presque gratis, et que Blondet enrichissait par sa collaboration, par la sagesse de ses conseils et la profondeur de ses vues. Finot et Blondet personnifiaient Bertrand et Raton, à cette différence près que le chat de La Fontaine finit par s'apercevoir de sa duperie, et que, tout en se sachant dupé, Blondet servait toujours Finot. Ce brillant condottière de plume devait, en effet, être pendant long-temps esclave. Finot cachait une volonté brutale sous des dehors lourds, sous les pavots d'une bêtise impertinente, frottée d'esprit comme le pain d'un manœuvre est frotté d'ail. Il savait engranger ce qu'il glanait, les idées et les écus, à travers les champs de la vie dissipée que mènent les gens de lettres et les gens d'affaires politiques. Blondet, pour son malheur, avait mis sa force à la solde de ses vices et de sa paresse. Toujours surpris par le besoin, il appartenait au pauvre clan des gens éminents qui peuvent tout pour la fortune d'autrui sans rien pouvoir pour la leur, des Aladins qui se laissent emprunter leur lampe. Ces admirables conseillers ont l'esprit perspicace et juste quand il n'est pas tiraillé par l'intérêt personnel. Chez eux, c'est la tête et non le bras qui agit. De là le décousu de leurs mœurs, et de là le blâme dont les accablent les esprits inférieurs. Blondet partageait sa bourse avec le ca-

marade qu'il avait blessé la veille ; il dînait, trinquait, couchait
avec celui qu'il égorgerait le lendemain. Ses amusants paradoxes
justifiaient tout. En acceptant le monde entier comme une plaisanterie, il ne voulait pas être pris au sérieux. Jeune, aimé, presque
célèbre, heureux, il ne s'occupait pas, comme Finot, d'acquérir
la fortune nécessaire à l'homme âgé. Le courage le plus difficile est
peut-être celui dont avait besoin Lucien en ce moment pour couper
Blondet comme il venait de couper madame d'Espard et Châtelet.
Malheureusement, chez lui, les jouissances de la vanité gênaient
l'exercice de l'orgueil, qui certes est le principe de beaucoup de
grandes choses. Sa vanité avait triomphé dans sa précédente rencontre : il s'était montré riche, heureux et dédaigneux avec deux
personnes qui jadis l'avaient dédaigné pauvre et misérable ; mais
un poète pouvait-il, comme un diplomate vieilli, rompre en visière
à deux soi-disant amis qui l'avaient accueilli dans sa misère, chez
lesquels il avait couché durant les jours de détresse ? Finot, Blondet
et lui s'étaient avilis de compagnie, ils avaient roulé dans des orgies
qui ne dévoraient pas que l'argent de leurs créanciers. Comme ces
soldats qui ne savent pas placer leur courage, Lucien fit alors ce
que font bien des gens dans Paris, il compromit de nouveau son
caractère en acceptant une poignée de main de Finot, en ne se re-
fusant pas à la caresse de Blondet. Quiconque a trempé dans le
journalisme, ou y trempe encore, est dans la nécessité cruelle de
saluer les hommes qu'il méprise, de sourire à son meilleur ennemi,
de pactiser avec les plus fétides bassesses, de se salir les doigts en
voulant payer ses agresseurs avec leur monnaie. On s'habitue à voir
faire le mal, à le laisser passer ; on commence par l'approuver, on
finit par le commettre. A la longue, l'âme, sans cesse maculée par
de honteuses et continuelles transactions, s'amoindrit, le ressort
des pensées nobles se rouille, les gonds de la banalité s'usent et
tournent d'eux-mêmes. Les Alcestes deviennent des Philintes, les
caractères se détrempent, les talents s'abâtardissent, la foi dans les
belles œuvres s'envole. Tel qui voulait s'enorgueillir de ses pages
se dépense en de tristes articles que sa conscience lui signale tôt ou
tard comme autant de mauvaises actions. On était venu, comme
Lousteau, comme Vernou, pour être un grand écrivain, on se
trouve un impuissant folliculaire. Aussi ne saurait-on trop honorer
les gens chez qui le caractère est à la hauteur du talent, les d'Arthez qui savent marcher d'un pied sûr à travers les écueils de la vie

littéraire. Lucien ne sut rien répondre au patelinage de Blondet, dont l'esprit exerçait d'ailleurs sur lui d'irrésistibles séductions, qui conservait l'ascendant du corrupteur sur l'élève, et qui d'ailleurs était bien posé dans le monde par sa liaison avec la comtesse de Montcornet.

— Avez-vous hérité d'un oncle? lui dit Finot d'un air railleur.

— J'ai mis, comme vous, les sots en coupes réglées, lui répondit Lucien sur le même ton.

— Monsieur aurait une Revue, un journal quelconque? reprit Andoche Finot avec la suffisance impertinente que déploie l'exploitant envers son exploité.

— J'ai mieux, répliqua Lucien dont la vanité blessée par la supériorité qu'affectait le rédacteur en chef lui rendit l'esprit de sa nouvelle position.

— Et, qu'avez-vous, mon cher?...

— J'ai un Parti.

— Il y a le parti Lucien? dit en souriant Vernou.

— Finot, te voilà distancé par ce garçon-là, je te l'ai prédit. Lucien a du talent, tu ne l'as pas ménagé, tu l'as roué. Repens-toi, gros butor, reprit Blondet.

Fin comme le musc, Blondet vit plus d'un secret dans l'accent, dans le geste, dans l'air de Lucien; tout en l'adoucissant, il sut donc resserrer par ces paroles la gourmette de la bride. Il voulait connaître les raisons du retour de Lucien à Paris, ses projets, ses moyens d'existence.

— A genoux devant une supériorité que tu n'auras jamais, quoique tu sois Finot! reprit-il. Admets monsieur, et sur-le-champ, au nombre des hommes forts à qui l'avenir appartient, il est des nôtres! Spirituel et beau, ne doit-il pas arriver par tes *quibuscumque viis?* Le voilà dans sa bonne armure de Milan, avec sa puissante dague à moitié tirée, et son pennon arboré! Tudieu! Lucien, où donc as-tu volé ce joli gilet? Il n'y a que l'amour pour savoir trouver de pareilles étoffes. Avons-nous un domicile? Dans ce moment, j'ai besoin de savoir les adresses de mes amis, je ne sais où coucher. Finot m'a mis à la porte pour ce soir, sous le vulgaire prétexte d'une bonne fortune.

— Mon cher, répondit Lucien, j'ai mis en pratique un axiome avec lequel on est sûr de vivre tranquille : *Fuge, late, tace!* Je vous laisse.

— Mais je ne te laisse pas que tu ne t'acquittes envers moi d'une dette sacrée, ce petit souper, hein? dit Blondet qui donnait un peu trop dans la bonne chère et qui se faisait traiter quand il se trouvait sans argent.

— Quel souper? reprit Lucien en laissant échapper un geste d'impatience.

— Tu ne t'en souviens pas? Voilà où je reconnais la prospérité d'un ami : il n'a plus de mémoire.

— Il sait ce qu'il nous doit, je suis garant de son cœur, reprit Finot en saisissant la plaisanterie de Blondet.

— Rastignac, dit Blondet en prenant le jeune élégant par le bras au moment où il arrivait en haut du foyer et auprès de la colonne où se tenaient les soi-disant amis, il s'agit d'un souper : vous serez des nôtres... A moins que monsieur, reprit-il sérieusement en montrant Lucien, ne persiste à nier une dette d'honneur; il le peut.

— Monsieur de Rubempré, je le garantis, en est incapable, dit Rastignac qui pensait à tout autre chose qu'à une mystification.

— Voilà Bixiou, s'écria Blondet, il en sera : rien de complet sans lui. Sans lui, le vin de Champagne m'empâte la langue, et je trouve tout fade, même le piment des épigrammes.

— Mes amis, dit Bixiou, je vois que vous êtes réunis autour de la merveille du jour. Notre cher Lucien recommence les Métamorphoses d'Ovide. De même que les dieux se changeaient en de singuliers légumes et autres, pour séduire des femmes, il a changé le Chardon en gentilhomme pour séduire, quoi? Charles X! Mon petit Lucien, dit-il en le prenant par un bouton de son habit, un journaliste qui passe grand seigneur mérite un joli charivari. A leur place, dit l'impitoyable railleur en montrant Finot et Vernou, je t'entamerais dans leur petit journal; tu leur rapporterais une centaine de francs, dix colonnes de bons mots.

— Bixiou, dit Blondet, un Amphitryon nous est sacré vingt-quatre heures auparavant et douze heures après la fête : notre illustre ami nous donne à souper.

— Comment! comment! reprit Bixiou; mais quoi de plus nécessaire que de sauver un grand nom de l'oubli, que de doter l'indigente aristocratie d'un homme de talent? Lucien, tu as l'estime de la Presse, de laquelle tu étais le plus bel ornement, et nous te soutiendrons. Finot, un entrefilet aux premiers-Paris! Blondet, une tartine insidieuse à la quatrième page de ton journal ! Annonçons l'apparition du plus beau livre de l'époque , *l'Archer de Charles IX !* Supplions Dauriat de nous donner bientôt les *Marguerites,* ces divins sonnets du Pétrarque français ! Portons notre ami sur le pavois de papier timbré qui fait et défait les réputations !

— Si tu veux à souper, dit Lucien à Blondet pour se défaire de cette troupe qui menaçait de se grossir , il me semble que tu n'avais pas besoin d'employer l'hyperbole et la parabole avec un ancien ami, comme si c'était un niais. A demain soir, chez Lointier, dit-il vivement en voyant venir une femme vers laquelle il s'élança.

— Oh ! oh ! oh ! dit Bixiou sur trois tons et d'un air railleur en paraissant reconnaître le masque au-devant duquel allait Lucien, ceci mérite confirmation.

Et il suivit le joli couple, le devança, l'examina d'un œil perspicace, et revint à la grande satisfaction de tous ces envieux intéressés à savoir d'où provenait le changement de fortune de Lucien.

— Mes amis, vous connaissez de longue main la bonne fortune du sire de Rubempré, leur dit Bixiou, c'est l'ancien rat de des Lupeaulx.

L'une des perversités maintenant oubliées, mais en usage au commencement de ce siècle , était le luxe des rats. Un rat , mot déjà vieilli, s'appliquait à un enfant de dix à onze ans, comparse à quelque théâtre, surtout à l'Opéra, que les débauchés formaient pour le vice et l'infamie. Un rat était une espèce de page infernal, un gamin femelle à qui se pardonnaient les bons tours. Le rat pouvait tout prendre ; il fallait s'en défier comme d'un animal dangereux, il introduisait dans la vie un élément de gaieté, comme jadis les Scapin, les Sganarelle et les Frontin dans l'ancienne comédie. Un rat était trop cher : il ne rapportait ni honneur, ni profit, ni plaisir ; la mode des rats passa si bien, qu'aujourd'hui peu de personnes savaient ce détail intime de la vie élégante avant la Restauration, jusqu'au moment où quelques écrivains se sont emparés du rat comme d'un sujet neuf.

— Comment, Lucien, après avoir eu Coralie tuée sous lui, nous ravirait la Torpille ? dit Blondet.

En entendant ce nom, le masque aux formes athlétiques laissa échapper un mouvement qui, bien que concentré, fut surpris par Rastignac.

— Ce n'est pas possible! répondit Finot, la Torpille n'a pas un liard à donner, elle a emprunté, m'a dit Nathan, mille francs à Florine.

— Oh! messieurs, messieurs!... dit Rastignac en essayant de défendre Lucien contre de si odieuses imputations.

— Eh! bien, s'écria Vernou, l'ancien *entretenu* de Coralie est-il donc si bégueule?...

— Oh! ces mille francs-là, dit Bixiou, me prouvent que notre ami Lucien vit avec la Torpille...

— Quelle perte irréparable fait l'élite de la littérature, de la science, de l'art et de la politique! dit Blondet. La Torpille est la seule fille de joie en qui s'est rencontrée l'étoffe d'une belle courtisane; l'instruction ne l'avait pas gâtée, elle ne sait ni lire ni écrire : elle nous aurait compris. Nous aurions doté notre époque d'une de ces magnifiques figures aspasiennes sans lesquelles il n'y a pas de grand siècle. Voyez comme la Dubarry va bien au dix-huitième siècle, Ninon de Lenclos au dix-septième, Marion de Lorme au seizième, Impéria au quinzième, Flora à la république romaine, qu'elle fit son héritière, et qui put payer la dette publique avec cette succession! Que serait Horace sans Lydie, Tibulle sans Délie, Catulle sans Lesbie, Properce sans Cynthie, Démétrius sans Lamie, qui fait aujourd'hui sa gloire?

— Blondet, parlant de Démétrius dans le foyer de l'Opéra, me semble un peu trop *Débats*, dit Bixiou à l'oreille de son voisin.

— Et sans toutes ces reines, que serait l'empire des Césars? disait toujours Blondet. Laïs, Rhodope sont la Grèce et l'Égypte. Toutes sont d'ailleurs la poésie des siècles où elles ont vécu. Cette poésie, qui manque à Napoléon, car la veuve de sa grande armée est une plaisanterie de caserne, n'a pas manqué à la Révolution, qui a eu madame Tallien! Maintenant, en France où c'est à qui trônera, certes, il y a un trône vacant! A nous tous, nous pouvions faire une reine. Moi, j'aurais donné une tante à la Torpille, car sa mère est trop authentiquement morte au champ du déshonneur; Du Tillet lui aurait payé un hôtel, Lousteau une voiture, Rastignac des laquais, des Lupeaulx un cuisinier, Finot des chapeaux (Finot ne put réprimer un mouvement en recevant cette épigramme à bout portant), Vernou lui aurait fait des réclames, Bixiou lui aurait fait ses mots! L'aristocratie serait venue s'amuser chez notre Ninon, où nous aurions appelé les artistes sous peine d'articles mortifères.

Ninon II aurait été magnifique d'impertinence, écrasante de luxe. Elle aurait eu des opinions. On aurait lu chez elle un chef-d'œuvre dramatique défendu; on l'aurait au besoin fait faire exprès. Elle n'aurait pas été libérale, une courtisane est essentiellement monarchique. Ah! quelle perte! elle devait embrasser tout son siècle, elle aime avec un petit jeune homme! Lucien en fera quelque chien de chasse!

— Aucune des puissances femelles que tu nommes n'a barboté dans la rue, dit Finot, et ce joli rat a roulé dans la fange.

— Comme la graine d'un lys dans son terreau, reprit Vernou, elle s'y est embellie, elle y a fleuri. De là vient sa supériorité. Ne faut-il pas avoir tout connu pour créer le rire et la joie qui tiennent à tout?

— Il a raison, dit Lousteau qui jusqu'alors avait observé sans parler, la Torpille sait rire et fait rire. Cette science des grands auteurs et des grands acteurs appartient à ceux qui ont pénétré toutes les profondeurs sociales. A dix-huit ans, cette fille a déjà connu la plus haute opulence, la plus basse misère, les hommes à tous les étages. Elle tient comme une baguette magique avec laquelle elle déchaîne les appétits brutaux si violemment comprimés chez les hommes qui ont encore du cœur en s'occupant de politique ou de science, de littérature ou d'art. Il n'y a pas de femme dans Paris qui puisse dire comme elle à l'Animal: Sors!... Et l'Animal quitte sa loge, et il se roule dans les excès; elle vous met à table jusqu'au menton, elle vous aide à boire, à fumer. Enfin cette femme est le sel chanté par Rabelais et qui, jeté sur la Matière, l'anime et l'élève jusqu'aux merveilleuses régions de l'Art: sa robe déploie des magnificences inouïes, ses doigts laissent tomber à temps leurs pierreries, comme sa bouche les sourires; elle donne à toute chose l'esprit de la circonstance; son jargon pétille de traits piquants; elle a le secret des onomatopées les mieux colorées et les plus colorantes; elle...

— Tu perds cent sous de feuilleton, dit Bixiou en interrompant Lousteau, la Torpille est infiniment mieux que tout cela: vous avez tous été plus ou moins ses amants, nul de vous ne peut dire qu'elle a été sa maîtresse; elle peut toujours vous avoir, vous ne l'aurez jamais. Vous forcez sa porte, vous avez un service à lui demander...

— Oh! elle est plus généreuse qu'un chef de brigands qui fait bien ses affaires, et plus dévouée que le meilleur camarade de collège, dit Blondet : on peut lui confier sa bourse et son secret. Mais ce qui me la faisait élire pour reine, c'est son indifférence bourbonnienne pour le favori tombé.

— Elle est comme sa mère, beaucoup trop chère, dit des Lupeaulx. La belle Hollandaise aurait avalé les revenus de l'archevêque de Tolède, elle a mangé deux notaires....

— Et nourri Maxime de Trailles quand il était page, dit Bixiou.

— La Torpille est trop chère, comme Raphaël, comme Carême, comme Taglioni, comme Lawrence, comme Boule, comme tous les artistes de génie étaient trop chers... dit Blondet.

— Jamais Esther n'a eu cette apparence de femme comme il faut, dit alors Rastignac en montrant le masque à qui Lucien donnait le bras. Je parie pour madame de Sérizy.

— Il n'y a pas de doute, reprit du Châtelet, et la fortune de monsieur de Rubempré s'explique.

— Ah ! l'Église sait choisir ses lévites, quel joli secrétaire d'ambassade il fera ! dit des Lupeaulx.

— D'autant plus, reprit Rastignac, que Lucien est un homme de talent. Ces messieurs en ont eu plus d'une preuve, ajouta-t-il en regardant Blondet, Finot et Lousteau.

— Oui, le gars est taillé pour aller loin, dit Lousteau qui crevait de jalousie, d'autant plus qu'il a ce que nous nommons *de l'indépendance dans les idées...*

— C'est toi qui l'as formé, dit Vernou.

— Eh! bien, répliqua Bixiou en regardant des Lupeaulx, j'en appelle aux souvenirs de monsieur le secrétaire-général et maître des requêtes ; ce masque est la Torpille, je gage un souper...

— Je tiens le pari, dit Châtelet intéressé à savoir la vérité.

— Allons, des Lupeaulx, dit Finot, voyez à reconnaître les oreilles de votre ancien rat.

— Il n'y a pas besoin de commettre un crime de lèse-masque, reprit Bixiou, la Torpille et Lucien vont revenir jusqu'à nous en remontant le foyer, je m'engage alors à vous prouver que c'est elle.

— Il est donc revenu sur l'eau, notre ami Lucien, dit Nathan qui se joignit au groupe, je le croyais retourné dans l'Angoumois pour le reste de ses jours. A-t-il découvert quelque secret contre les Anglais ?

— Il a fait ce que tu ne feras pas de sitôt, répondit Rastignac, il a tout payé.

Le gros masque hocha la tête en signe d'assentiment.

— En se rangeant à son âge, un homme se dérange bien, il n'a plus d'audace, il devient rentier, reprit Nathan.

— Oh! celui-là sera toujours grand seigneur, et il y aura toujours en lui une hauteur d'idées qui le mettra au-dessus de bien des hommes soi-disant supérieurs, répondit Rastignac.

En ce moment journalistes, dandies, oisifs, tous examinaient, comme des maquignons examinent un cheval à vendre, le délicieux objet de leur pari. Ces juges vieillis dans la connaissance des dépravations parisiennes, tous d'un esprit supérieur et chacun à des titres différents, également corrompus, également corrupteurs, tous voués à des ambitions effrénées, habitués à tout supposer, à tout deviner, avaient les yeux ardemment fixés sur une femme masquée, une femme qui ne pouvait être déchiffrée que par eux. Eux et quelques habitués du bal de l'Opéra savaient seuls reconnaître, sous le long linceul du domino noir, sous le capuchon, sous le collet tombant qui rendent les femmes méconnaissables, la rondeur des formes, les particularités du maintien et de la démarche, le mouvement de la taille, le port de la tête, les choses les moins saisissables aux yeux vulgaires et les plus faciles à voir pour eux. Malgré cette enveloppe informe, ils purent donc reconnaître le plus émouvant des spectacles, celui que présente à l'œil une femme animée par un véritable amour. Que ce fût là Torpille, la duchesse de Maufrigneuse ou madame de Sérizy, le dernier ou le premier échelon de l'échelle sociale, cette créature était une admirable création, l'éclair des rêves heureux. Ces vieux jeunes gens, aussi bien que ces jeunes vieillards, éprouvèrent une sensation si vive qu'ils envièrent à Lucien le privilége sublime de cette métamorphose de la femme en déesse. Le masque était là comme s'il eût été seul avec Lucien, il n'y avait plus pour cette femme dix mille personnes, une atmosphère lourde et pleine de poussière; non; elle était sous la voûte céleste des Amours, comme les madones de Raphaël sont sous leur ovale filet d'or. Elle ne sentait point les coudoiements, la flamme de son regard partait par les deux trous du masque et se ralliait aux yeux de Lucien, enfin le frémissement de son corps semblait avoir pour principe le mouvement même de son ami. D'où vient cette flamme qui rayonne autour d'une femme amoureuse et qui la signale entre toutes? d'où vient cette légèreté de sylphide qui semble changer les lois de la pesanteur? Est-ce l'âme qui s'échappe? Le bonheur a-t-il des vertus physiques? L'ingénuité d'une vierge, les grâces de l'enfance se trahissaient sous le domino. Quoique séparés et marchant, ces deux êtres ressemblaient à ces groupes de Flore et Zéphire savamment enlacés par les plus habiles statuaires; mais c'était plus que de la sculpture, le plus grand des arts, Lucien et son joli domino rappelaient ces anges occupés de fleurs ou d'oiseaux, et que le pinceau de Gian-Bellini a mis sous les images de la Virginité-mère; Lucien et cette femme appartenaient à la Fantaisie, qui est au-dessus de l'Art comme la cause est au-dessus de l'effet.

Quand cette femme, qui oubliait tout, fut à un pas du groupe, Bixiou cria : — Esther? L'infortunée tourna vivement la tête comme une personne qui s'entend appeler, reconnut le malicieux personnage, et baissa la tête comme un agonisant qui a rendu le dernier soupir. Un rire strident partit, et le groupe fondit au milieu de la foule comme une troupe de mulots effrayés, qui du bord d'un chemin rentrent dans leurs trous. Rastignac seul ne s'en alla pas plus loin qu'il ne le devait pour ne pas avoir l'air de fuir les regards étincelants de Lucien, il put admirer deux douleurs également profondes quoique voilées : d'abord la pauvre Torpille abattue comme par un coup de foudre, puis le masque incompréhensible, le seul du groupe qui fût resté. Esther dit un mot à l'oreille de Lucien au moment où ses genoux fléchirent, et Lucien disparut avec elle en la soutenant. Rastignac suivit du regard ce joli couple, en demeurant abîmé dans ses réflexions.

— D'où lui vient ce nom de Torpille? lui dit une voix sombre qui l'atteignit aux entrailles, car elle n'était plus déguisée.

— C'est bien lui qui s'est encore échappé:... dit Rastignac à part.

— Tais-toi ou je t'égorge, répondit le masque en prenant une autre voix. Je suis content de toi, tu as tenu ta parole, aussi as-tu plus d'un bras à ton service. Sois désormais muet comme la tombe; et avant de te taire, réponds à ma demande.

— Eh! bien, cette fille est si attrayante qu'elle aurait engourdi l'empereur Napoléon, et qu'elle engourdirait quelqu'un de plus difficile à séduire : toi! répondit Rastignac en s'éloignant.

— Un instant, dit le masque. Je vais te montrer que tu dois ne m'avoir jamais vu nulle part.

L'homme se démasqua, Rastignac hésita pendant un moment en

ne trouvant rien du hideux personnage qu'il avait jadis connu dans la Maison-Vauquer.

— Le diable vous a permis de tout changer en vous, moins vos yeux qu'on ne saurait oublier, lui dit-il.

La main de fer lui serra le bras pour lui recommander un silence éternel.

A trois heures du matin, des Lupeaulx et Finot trouvèrent l'élégant Rastignac à la même place, appuyé sur la colonne où l'avait laissé le terrible masque. Rastignac s'était confessé à lui-même : il avait été le prêtre et le pénitent, le juge et l'accusé. Il se laissa emmener à déjeuner, et revint chez lui parfaitement gris, mais taciturne.

La rue de Langlade, de même que les rues adjacentes, dépare le Palais-Royal et la rue de Rivoli. Cette partie d'un des plus brillants quartiers de Paris conservera long-temps la souillure qu'y ont laissées les monticules produits par les immondices du vieux Paris, et sur lesquels il y eut autrefois des moulins. Ces rues étroites, sombres et boueuses, où s'exercent des industries peu soigneuses de leurs dehors, prennent à la nuit une physionomie mystérieuse et pleine de contrastes. En venant des endroits lumineux de la rue Saint-Honoré, de la rue Neuve-des-Petits-Champs et de la rue de Richelieu, où se presse une foule incessante, où reluisent les chefs-d'œuvre de l'Industrie, de la Mode et des Arts, tout homme à qui le Paris du soir est inconnu serait saisi d'une terreur triste en tombant dans le lacis de petites rues qui cercle cette lueur reflétée jusque sur le ciel. Une ombre épaisse succède à des torrents de gaz. De loin en loin, un pâle réverbère jette sa lueur incertaine et fumeuse qui n'éclaire plus certaines impasses noires. Les passants vont vite et sont rares. Les boutiques sont fermées, celles qui sont ouvertes ont un mauvais caractère : c'est un cabaret malpropre et sans lumière, une boutique de lingère qui vend de l'eau de Cologne. Un froid malsain pose sur vos épaules son manteau moite. Il passe peu de voitures. Il y a des coins sinistres, parmi lesquels se distingue la rue de Langlade, le débouché du passage Saint-Guillaume et quelques tournants de rues. Le Conseil municipal n'a pu rien faire encore pour laver cette grande léproserie, car la prostitution a depuis long-temps établi là son quartier-général. Peut-être est-ce un bonheur pour le monde parisien que de laisser à ces ruelles leur aspect ordurier. En y passant pendant la journée, on ne peut se figurer ce que toutes ces rues deviennent à la nuit; elles sont sillonnées par des êtres bizarres qui ne sont d'aucun monde; des formes à demi nues et blanches meublent les murs, l'ombre est animée. Il se coule entre la muraille et le passant des toilettes qui marchent et qui parlent. Certaines portes entrebâillées se mettent à rire aux éclats. Il tombe dans l'oreille de ces paroles que Rabelais prétend s'être gelées et qui fondent. Des ritournelles sortent d'entre les pavés. Le bruit n'est pas vague, il signifie quelque chose : quand il est rauque, c'est une voix; mais s'il ressemble à un chant, il n'a plus rien d'humain, il approche du sifflement. Il part souvent des coups de sifflet. Enfin les talons de botte ont je ne sais quoi de provoquant et de moqueur. Cet ensemble de choses donne le vertige. Les conditions atmosphériques y sont changées : on y a chaud en hiver et froid en été. Mais, quelque temps qu'il fasse, cette nature étrange offre toujours le même spectacle : le monde fantastique d'Hoffmann le Berlinois est là. Le caissier le plus mathématique n'y trouve rien de réel après avoir repassé les détroits qui mènent aux rues honnêtes où il y a des passants, des boutiques et des quinquets. Plus dédaigneuse ou plus honteuse que les reines et que les rois du temps passé, qui n'ont pas craint de s'occuper des courtisanes, l'administration ou la politique moderne n'ose plus envisager en face cette plaie des capitales. Certes, les mesures doivent changer avec les temps, et celles qui tiennent aux individus et à leur liberté sont délicates; mais peut-être devrait-on se montrer large et hardi sur les combinaisons purement matérielles, comme l'air, la lumière, les locaux. Le moraliste, l'artiste et le sage administrateur regretteront les anciennes Galeries de Bois du Palais-Royal, où se parquaient ces brebis qui viendront toujours où vont les promeneurs; et ne vaut-il pas mieux que les promeneurs aillent où elles sont? Qu'est-il arrivé? Aujourd'hui les parties les plus brillantes des boulevards, cette promenade enchantée, sont interdites le soir à la famille. La police n'a pas su profiter des ressources offertes, sous ce rapport, par quelques Passages, pour sauver la voie publique.

La fille brisée par un mot au bal de l'Opéra demeurait, depuis un mois ou deux, rue de Langlade, dans une maison d'ignoble apparence. Accolée au mur d'une immense maison, cette construction, mal plâtrée, sans profondeur et d'une hauteur prodigieuse, tire son jour de la rue et ressemble assez à un bâton de perroquet. Un appartement de deux pièces s'y trouve à chaque étage. Cette maison est desservie par un escalier mince, plaqué contre la muraille et singulièrement éclairé par des châssis qui dessinent extérieurement la rampe, et où chaque palier est indiqué par un plomb, l'une des plus horribles particularités de Paris. La boutique et l'entresol appartenaient alors à un ferblantier, le propriétaire demeure au premier, les quatre autres étages étaient occupés par des grisettes très-décentes qui obtenaient du propriétaire et de la portière une considération et des complaisances nécessitées par la difficulté de louer une maison si singulièrement bâtie et située. La destination de ce quartier s'explique par l'existence d'une assez grande quantité de maisons semblables à celle-ci, dont ne veut pas le Commerce, et qui ne peuvent être exploitées que par des industries désavouées, précaires ou sans dignité.

A trois heures après-midi, la portière, qui avait vu mademoiselle Esther ramenée mourante par un jeune homme à deux heures du matin, venait de tenir conseil avec la grisette logée à l'étage supérieur, laquelle, avant de monter en voiture pour se rendre à quelque partie de plaisir, lui avait témoigné son inquiétude sur Esther : elle ne l'avait pas entendue remuer. Esther dormait sans doute encore, mais ce sommeil semblait suspect. Seule dans sa loge, la portière regrettait de ne pouvoir aller s'enquérir de ce qui se passait au quatrième étage, où se trouvait le logement de mademoiselle Esther. Au moment où elle se décidait à confier au fils du ferblantier la garde de sa loge, espèce de niche pratiquée dans un enfoncement de mur, à l'entresol, un fiacre s'arrêta. Un homme enveloppé dans un manteau de la tête aux pieds, avec une évidente intention de cacher son costume ou sa qualité, en sortit et demanda mademoiselle Esther. La portière fut alors entièrement rassurée, le silence et la tranquillité de la recluse lui semblèrent parfaitement expliqués. Lorsque le visiteur monta les degrés au-dessus de la loge, la portière remarqua les boucles d'argent qui décoraient ses souliers, elle crut avoir aperçu la frange noire d'une ceinture de soutane ; elle descendit et questionna le cocher, qui répondit sans parler, et la portière comprit encore. Le prêtre frappa, ne reçut aucune réponse, entendit de légers soupirs, et força la porte d'un coup d'épaule, avec une vigueur que lui donnait sans doute la charité, mais qui chez tout autre aurait paru être de l'habitude. Il se précipita dans la seconde pièce, et vit, devant une sainte Vierge en plâtre colorié, la pauvre Esther agenouillée, ou mieux, tombée sur elle-même, les mains jointes. La grisette expirait.

Un réchaud de charbon consumé disait l'histoire de cette terrible matinée. Le capuchon et le mantelet du domino se trouvaient à terre. Le lit n'était pas défait. La pauvre créature, atteinte au cœur d'une blessure mortelle, avait tout disposé sans doute à son retour de l'Opéra. Une mèche de chandelle, figée dans la mare que contenait la bobèche du chandelier, apprenait combien Esther avait été absorbée par ses dernières réflexions. Un mouchoir trempé de larmes prouvait la sincérité de ce désespoir de Madeleine, dont la pose classique était celle de la courtisane irréligieuse. Ce repentir absolu fit sourire le prêtre. Inhabile à mourir, Esther avait laissé sa porte ouverte sans calculer que l'air des deux pièces voulait une plus grande quantité de charbon pour devenir irrespirable ; la vapeur l'avait seulement étourdie ; l'air frais venu de l'escalier la rendit par degrés au sentiment de ses maux. Le prêtre demeura debout, perdu dans une sombre méditation, sans être touché de la divine beauté de cette fille, examinant ses premiers mouvements comme si c'eût été quelque animal. Ses yeux allaient de ce corps affaissé à des objets indifférents avec une apparente indifférence. Il regarda le mobilier de cette chambre, dont le carreau rouge, frotté, froid, était mal caché par un méchant tapis qui montrait la corde. Une couchette en bois peint, d'un vieux modèle, enveloppée de rideaux en calicot jaune à rosaces rouges ; un seul fauteuil et deux chaises également en bois peint, et couvertes du même calicot qui avait aussi fourni les draperies de la fenêtre ; un papier à fond gris moucheté de fleurs, mais noirci par le temps et gras ; une table à ouvrage en acajou ; la cheminée encombrée d'ustensiles de cuisine de la plus vile espèce, deux falourdes entamées, un chambranle en pierre sur lequel étaient çà et là quelques verroteries mêlées à des bijoux, à des ciseaux ; une pelote salie, des gants blancs et parfumés, un délicieux chapeau jeté sur le pot à l'eau, un châle de Ternaux qui bouchait la fenêtre, une robe élégante pendue à un clou, un petit canapé, sec, sans coussins ; d'ignobles socques cassés et des souliers mignons, des brodequins à faire envie à une reine, des assiettes de porcelaine commune ébréchées où se voyaient les restes du dernier repas, et encombrées de couverts en maillechort, l'argenterie du pauvre à Paris; un corbillon plein de pommes de terre et du linge à blanchir, puis par-dessus un frais bonnet de gaze; une mauvaise armoire à glace ouverte et déserte, sur les tablettes de laquelle se voyaient des reconnaissances du Mont-de-Piété : tel était l'ensemble de choses lugubres et joyeuses, misérables et riches, qui frappait le regard. Ces vestiges de luxe dans ces tessons, ce ménage si bien approprié à la vie bohémienne de cette fille abattue dans ses linges défaits comme un cheval mort dans son harnais, sous son brancard cassé, empêtré dans ses guides, ce spectacle étrange faisait-il penser le prêtre? Se disait-il qu'au moins cette créature égarée devait être désintéressée pour accoupler une telle pauvreté avec l'amour d'un jeune homme riche? Attribuait-il le désordre du mobilier au désordre de la vie? Éprouvait-il de la pitié, de l'effroi? Sa charité s'émouvait-elle? Qui l'eût vu, les bras croisés, le front soucieux, les lèvres crispées, l'œil âpre, l'aurait cru préoccupé de sentiments sombres, haineux, de réflexions qui se contrariaient, de projets sinistres. Il était, certes, insensible aux jolies rondeurs d'un sein presque écrasé sous le poids du buste fléchi et aux formes délicieuses de la Vénus accroupie qui paraissaient sous le noir de la jupe, tant la mourante était rigoureusement ramassée sous elle-même; l'abandon de cette tête, qui, vue par derrière, offrait au regard la nuque blanche, molle et flexible, les belles épaules d'une nature hardiment développée, ne l'émouvait point; il ne relevait pas Esther, il ne semblait pas entendre les aspirations déchirantes par lesquelles se trahissait le retour à la vie : il fallut un sanglot horrible et le regard effrayant que lui lança cette fille pour qu'il daignât la relever et la porter sur le lit avec une facilité qui révélait une force prodigieuse.

— Lucien! dit-elle en murmurant.

— L'amour revient, la femme n'est pas loin, dit le prêtre avec une sorte d'amertume.

La victime des dépravations parisiennes aperçut alors le costume de son libérateur, et dit, avec le sourire de l'enfant quand il met la main sur une chose enviée : — Je ne mourrai donc pas sans m'être réconciliée avec le ciel!

— Vous pourrez expier vos fautes, dit le prêtre en lui mouillant le front avec de l'eau et lui faisant respirer une burette de vinaigre qu'il trouva dans un coin.

— Je sens que la vie, au lieu de m'abandonner, afflue en moi, dit-elle après avoir reçu les soins du prêtre et en lui exprimant sa gratitude par des gestes pleins de naturel.

Cette attrayante pantomime, que les Grâces auraient déployée pour séduire, justifiait parfaitement le surnom de cette étrange fille.

— Vous sentez-vous mieux ? demanda l'ecclésiastique en lui donnant à boire un verre d'eau sucrée.

Cet homme semblait être au fait de ces singuliers ménages, il en connaissait tout. Il était là comme chez lui. Ce privilége d'être partout chez soi n'appartient qu'aux rois, aux filles et aux voleurs.

— Quand vous serez tout à fait bien, reprit ce singulier prêtre après une pause, vous me direz les raisons qui vous ont portée à commettre votre dernier crime, ce suicide commencé.

— Mon histoire est bien simple, mon père, répondit-elle. Il y a trois mois, je vivais dans le désordre où je suis née. J'étais la dernière des créatures et la plus infâme, maintenant je suis seulement la plus malheureuse de toutes. Permettez-moi de ne rien vous raconter de ma pauvre mère, morte assassinée...

— Par un capitaine, dans une maison suspecte, dit le prêtre en interrompant sa pénitente... Je connais votre origine, et sais que si une personne de votre sexe peut jamais être excusée de mener une vie honteuse, c'est vous à qui les bons exemples ont manqué.

— Hélas ! je n'ai pas été baptisée, et n'ai reçu les enseignements d'aucune religion.

— Tout est donc encore réparable, reprit le prêtre, pourvu que votre foi, votre repentir soient sincères et sans arrière-pensée.

— Lucien et Dieu remplissent mon cœur, dit-elle avec une touchante ingénuité.

— Vous auriez pu dire Dieu et Lucien, répliqua le prêtre en souriant. Vous me rappelez l'objet de ma visite. N'omettez rien de ce qui concerne ce jeune homme.

— Vous venez pour lui ? demanda-t-elle avec une expression amoureuse qui eût attendri tout autre prêtre. Oh ! il s'est douté du coup.

— Non, répondit-il, ce n'est pas de votre mort, mais de votre vie que l'on s'inquiète. Allons, expliquez-moi vos relations.

— En un mot, dit-elle.

La pauvre fille tremblait au ton brusque de l'ecclésiastique, mais en femme que la brutalité ne surprenait plus depuis long-temps.

— Lucien est Lucien, reprit-elle, le plus beau jeune homme, et le meilleur des êtres vivants ; mais si vous le connaissez, mon amour doit vous sembler bien naturel. Je l'ai rencontré par hasard, il y a trois mois, à la Porte-Saint-Martin où j'étais allée un jour de sortie ; car nous avions un jour par semaine dans la maison de madame Meynardie, où j'étais. Le lendemain, vous comprenez bien que je me suis affranchie sans permission. L'amour était entré dans mon cœur, et m'avait si bien changée qu'en revenant du théâtre, je ne me reconnaissais plus moi-même : je me faisais horreur. Jamais Lucien n'a pu rien savoir. Au lieu de lui dire où j'étais, je lui ai donné l'adresse de ce logement où demeurait alors une de mes amies qui a eu la complaisance de me le céder. Je vous jure ma parole sacrée...

— Il ne faut point jurer.

— Est-ce donc jurer que de donner sa parole sacrée ! Eh ! bien, depuis ce jour j'ai travaillé dans cette chambre, comme une perdue, à faire des chemises à vingt-huit sous de façon, afin de vivre d'un travail honnête. Pendant un mois, je n'ai mangé que des pommes de terre, pour rester sage et digne de Lucien, qui m'aime et me respecte comme la plus vertueuse des vertueuses. J'ai fait ma déclaration en forme à la Police, pour reprendre mes droits, et je suis soumise à deux ans de surveillance. Eux, qui sont si faciles pour vous inscrire sur les registres d'infamie, deviennent d'une excessive difficulté pour vous en rayer. Tout ce que je demandais au ciel était de protéger ma résolution. J'aurai dix-neuf ans au mois d'avril : à cet âge, il y a de la ressource. Il me semble, à moi, que je ne suis née qu'il y a trois mois... Je priais le bon Dieu tous les matins, et lui demandais de permettre que jamais Lucien ne connût ma vie antérieure. J'ai acheté cette Vierge que vous voyez ; je la priais à ma manière, vu que je ne sais point de prières ; je ne sais ni lire ni écrire, je ne suis jamais entrée dans une église, je n'ai jamais vu le bon Dieu qu'aux processions, par curiosité.

— Que dites-vous donc à la Vierge ?

— Je lui parle comme je parle à Lucien, avec ces élans d'âme qui le font pleurer.

— Ah ! il pleure ?

— De joie, dit-elle vivement. Pauvre chat ! nous nous entendons si bien que nous avons une même âme ! Il est si gentil, si caressant, si doux de cœur, d'esprit et de manières !... Il dit qu'il est poète, moi je dis qu'il est dieu.... Pardon ! mais, vous autres prêtres, vous ne savez pas ce que c'est que l'amour. Il n'y a d'ailleurs que nous qui connaissions assez les hommes pour apprécier un Lucien. Un Lucien, voyez-vous, est aussi rare qu'une femme sans péché ; quand on le rencontre, on ne peut plus aimer que lui : voilà. Mais à un pareil être, il faut sa pareille. Je voulais donc être digne d'être aimée par mon Lucien. De là, est venu mon malheur. Hier, à l'Opéra, j'ai été reconnue par des jeunes gens qui n'ont pas plus de cœur qu'il n'y a de pitié chez les tigres ; encore m'entendrai-je avec un tigre ? Le voile d'innocence que j'avais est tombé ; leurs rires m'ont fendu la tête et le cœur. Ne croyez pas m'avoir sauvée, je mourrai de chagrin.

— Votre voile d'innocence ?... dit le prêtre, vous avez donc traité Lucien avec la dernière rigueur ?

— Oh ! mon père, comment vous, qui le connaissez, me faites-vous une semblable question ! répondit-elle en lui jetant un sourire superbe. On ne résiste pas à un Dieu.

— Ne blasphémez pas, dit l'ecclésiastique d'une voix douce. Personne ne peut ressembler à Dieu ; l'exagération va mal au véritable amour, vous n'aviez pas pour votre idole un amour pur et vrai. Si vous aviez éprouvé le changement que vous vous vantez d'avoir subi, vous eussiez acquis les vertus qui sont l'apanage de l'adolescence, vous auriez connu les délices de la chasteté, les délicatesses de la pudeur, ces deux gloires de la jeune fille. Vous n'aimez pas.

Esther fit un geste d'effroi que vit le prêtre, et qui n'ébranla point l'impassibilité de ce confesseur.

— Oui, vous l'aimez pour vous et non pour lui, pour les plaisirs temporels qui vous charment, et non pour l'amour en lui-même ; si vous vous en êtes emparée ainsi, vous n'aviez pas ce tremblement sacré qu'inspire un être sur qui Dieu a mis le cachet des plus adorables perfections : avez-vous songé que vous le dégradiez par votre impureté passée, que vous alliez corrompre un enfant par ces épouvantables délices qui vous ont mérité votre surnom, glorieux d'infamie ? Vous avez été inconséquente avec vous-même et avec votre passion d'un jour...

— D'un jour ! répéta-t-elle en levant les yeux.

— De quel nom appeler un amour qui n'est pas éternel, qui ne nous unit pas, jusque dans l'avenir du chrétien, avec celui que nous aimons ?

— Ah! je veux être catholique, cria-t-elle d'un ton sourd et violent qui lui eût obtenu sa grâce de Notre-Sauveur.

— Est-ce une fille qui n'a reçu ni le baptême de l'Église ni celui de la science, qui ne sait ni lire, ni écrire, ni prier, qui ne peut faire un pas sans que les pavés ne se lèvent pour l'accuser, remarquable seulement par le fugitif privilége d'une beauté que la maladie enlèvera demain peut-être; est-ce cette créature avilie, dégradée, et qui connaissait sa dégradation... (ignorante et moins aimante, vous eussiez été plus excusable...) est-ce la proie future du suicide et de l'enfer, qui pouvait être la femme de Lucien de Rubempré?

Chaque phrase était un coup de poignard qui entrait à fond de cœur. A chaque phrase, les sanglots croissants, les larmes abondantes de la fille au désespoir attestaient la force avec laquelle la lumière entrait à la fois dans son intelligence pure comme celle d'un sauvage, dans son âme enfin réveillée, dans sa nature sur laquelle la dépravation avait mis une couche de glace boueuse, qui fondait alors au soleil de la foi.

— Pourquoi ne suis-je pas morte! était la seule idée qu'elle exprimait au milieu des torrents d'idées qui ruisselaient dans sa cervelle en la ravageant.

— Ma fille, dit le terrible juge, il est un amour qui ne s'avoue point devant les hommes, et dont les confidences sont reçues avec des sourires de bonheur par les anges.

— Lequel?

— L'amour sans espoir quand il inspire la vie, quand il y met le principe des dévouements, quand il ennoblit tous les actes par la pensée d'arriver à une perfection idéale. Oui, les anges approuvent cet amour, il mène à la connaissance de Dieu. Se perfectionner sans cesse pour se rendre digne de celui qu'on aime, lui faire mille sacrifices secrets, l'adorer de loin, donner son sang goutte à goutte, lui immoler son amour-propre, ne plus avoir ni orgueil ni colère avec lui, lui dérober jusqu'à la connaissance des jalousies atroces qu'il échauffe au cœur, lui donner tout ce qu'il souhaite, fût-ce à notre détriment, aimer ce qu'il aime, avoir toujours le visage tourné vers lui pour le suivre sans qu'il le sache; cet amour, la religion vous l'eût pardonné, il n'offensait ni les lois humaines ni les lois divines, et conduisait dans une autre voie que celle de vos sales voluptés.

En entendant cet horrible arrêt exprimé par un mot (et quel mot? et de quel accent fut-il accompagné?) Esther fut en proie à une défiance assez légitime. Ce mot fut comme un coup de tonnerre qui trahit un orage près de foudre. Elle regarda ce prêtre, et il lui prit le saisissement d'entrailles qui tord le plus courageux en face d'un danger imminent et soudain. Aucun regard n'aurait pu lire ce qui se passait alors en cet homme; mais pour les plus hardis il y aurait eu plus à frémir qu'à espérer à l'aspect de ses yeux, jadis clairs et jaunes comme ceux des tigres, et sur lesquels les austérités et les privations avaient mis un voile semblable à celui qui se trouve sur les horizons au milieu de la canicule : la terre est chaude et lumineuse, mais le brouillard la rend indistincte, vaporeuse, elle est presque invisible. Une gravité tout espagnole, des plis profonds que les mille cicatrices d'une horrible petite vérole rendaient hideux et semblables à des ornières déchirées, sillonnaient sa figure olivâtre et cuite par le soleil. La dureté de cette physionomie ressortait d'autant mieux qu'elle était encadrée par la sèche perruque du prêtre qui ne se soucie plus de sa personne, une perruque pelée et d'un noir rouge à la lumière. Son buste d'athlète, ses mains de vieux soldat, sa carrure, ses fortes épaules appartenaient à ces cariatides que les architectes du Moyen-Age ont employées dans quelques palais italiens, et que rappellent imparfaitement celles de la façade du théâtre de la Porte-Saint-Martin. Les personnes les moins clairvoyantes eussent pensé que les passions les plus chaudes ou des accidents peu communs avaient jeté cet homme dans le sein de l'église; certes, les plus étonnants coups de foudre avaient pu seuls le changer, si toutefois une pareille nature était susceptible de changement. Les femmes qui ont mené la vie alors si violemment répudiée par Esther arrivent à une indifférence absolue sur les formes extérieures de l'homme. Elles ressemblent au critique littéraire d'aujourd'hui, qui, sous quelques rapports, peut leur être comparé, et qui arrive à une profonde insouciance des formules d'art : il a tant lu d'ouvrages, il en voit tant passer, il s'est tant accoutumé aux pages écrites, il a subi tant de dénoûments, il a vu tant de drames, il a tant fait d'articles sans dire ce qu'il pensait, en trahissant si souvent la cause de l'art en faveur de ses amitiés et de ses inimitiés, qu'il arrive au dégoût de toute chose et continue néanmoins à juger. Il faut un miracle pour que cet écrivain produise une œuvre, de même que l'amour pur et noble exige un autre miracle pour éclore dans le cœur d'une courtisane. Le ton et les manières de ce prêtre, qui semblait échappé d'une toile de Zurbaran, parurent si hostiles à cette pauvre fille, à qui la forme importait peu, qu'elle se crut moins l'objet d'une sollicitude que le sujet nécessaire d'un plan. Sans pouvoir distinguer entre le patelinage de l'intérêt personnel et l'onction de la charité, car il faut bien être sur ses gardes pour reconnaître la fausse monnaie que donne un ami, elle se sentit comme entre les griffes d'un oiseau monstrueux et féroce qui tombait sur elle après avoir plané longtemps, et, dans son effroi, elle dit ces paroles d'une voix alarmée : — Je croyais les prêtres chargés de nous consoler, et vous m'assassinez!

A ce cri de l'innocence, l'ecclésiastique laissa échapper un geste, et fit une pause ; il se recueillit avant de répondre. Pendant cet instant, ces deux personnages si singulièrement réunis s'examinèrent à la dérobée. Le prêtre comprit la fille, sans que la fille pût comprendre le prêtre. Il renonça sans doute à quelque dessein qui menaçait la pauvre Esther, et revint à ses idées premières.

— Nous sommes les médecins des âmes, dit-il d'une voix douce, et nous savons quels remèdes conviennent à leurs maladies.

— Il faut pardonner beaucoup à la misère, dit Esther.

Elle crut s'être trompée, se coula à bas de son lit, se prosterna aux pieds de cet homme, baisa sa soutane avec une profonde humilité, et releva vers lui des yeux baignés de larmes.

— Je croyais avoir beaucoup fait, dit-elle.

— Écoutez, mon enfant? votre fatale réputation a plongé dans le deuil la famille de Lucien ; on craint, et avec quelque justesse, que vous ne l'entraîniez dans la dissipation, dans un monde de folies...

— C'est vrai, c'est moi qui l'avais amené au bal pour l'intriguer.

— Vous êtes assez belle pour qu'il veuille triompher en vous aux yeux du monde, vous montrer avec orgueil et faire de vous comme un cheval de parade. S'il ne dépensait que son argent !... mais il dépensera son temps, sa force ; il perdra le goût des belles destinées qu'on veut lui faire. Au lieu d'être un jour ambassadeur, riche, admiré, glorieux, il aura été, comme tant de ces gens débauchés qui ont noyé leurs talents dans la boue de Paris, l'amant d'une femme impure. Quant à vous, vous auriez repris plus tard votre première vie, après être un moment montée dans une sphère élégante, car vous n'avez point en vous cette force que donne une bonne éducation pour résister au vice et penser à l'avenir. Vous n'auriez pas mieux rompu avec vos compagnes que vous n'avez rompu avec les gens qui vous ont fait honte à l'Opéra, ce matin. Les vrais amis de Lucien, alarmés de l'amour que vous lui inspirez, ont suivi ses pas, ont tout appris. Pleins d'épouvante, ils m'ont envoyé vers vous pour sonder vos dispositions et décider de votre sort; mais s'ils sont assez puissants pour débarrasser la voie de ce jeune homme d'une pierre d'achoppement, ils sont miséricordieux. Sachez-le, ma fille : une personne aimée de Lucien a des droits à leur respect, comme un vrai chrétien adore la fange où, par hasard, rayonne la lumière divine. Je suis venu pour être l'organe de la pensée bienfaisante ; mais si je vous eusse trouvée entièrement perverse, et armée d'effronterie, d'astuce, corrompue jusqu'à la moelle, sourde à la voix du repentir, je vous eusse abandonnée à leur colère. Cette libération civile et politique, si difficile à obtenir; que la Police a raison de tant retarder dans l'intérêt de la Société même, et que je vous ai entendu souhaiter avec l'ardeur des vrais repentirs, la voici, dit le prêtre en tirant de sa ceinture un papier de forme administrative. On vous a vue hier, cette lettre d'avis est datée d'aujourd'hui : vous voyez combien sont puissants les gens que Lucien intéresse.

A la vue de ce papier, les tremblements convulsifs que cause un bonheur inespéré agitèrent si ingénument Esther, qu'elle eut sur les lèvres un sourire fixe qui ressemblait à celui des insensés. Le prêtre s'arrêta, regarda cette enfant pour voir si, privée de l'horrible force que les gens corrompus tirent de leur corruption même, et revenue à sa frêle et délicate nature primitive, elle résisterait à tant d'impressions. Courtisane trompeuse, Esther eût joué la comédie ; mais, redevenue innocente et vraie, elle pouvait mourir, comme un aveugle opéré peut reperdre la vue en se trouvant frappé par un jour trop vif. Cet homme vit donc en ce moment la nature humaine à fond, mais il resta dans un calme terrible par sa fixité : c'était une Alpe froide, blanche et voisine du ciel, inaltérable et sourcilleuse, aux flancs de granit, et cependant bienfaisante. Les filles sont des êtres essentiellement mobiles, qui passent sans raison de la défiance la plus hébétée à une confiance absolue. Elles sont, sous ce rapport, au-dessous de l'animal.

Extrêmes en tout, dans leurs joies, dans leurs désespoirs, dans leur religion, dans leur irréligion, presque toutes deviendraient folles, si la mortalité qui leur est particulière ne les décimait, et si d'heureux hasards n'élevaient quelques-unes d'entre elles au-dessus de la fange où elles vivent. Pour pénétrer jusqu'au fond des misères de cette horrible vie, il faudrait avoir vu jusqu'où la créature peut aller dans la folie sans y rester, en admirant la violente extase de la Torpille aux genoux de ce prêtre. La pauvre fille regardait le papier libérateur avec une expression que Dante a oubliée, et qui surpassait les inventions de son Enfer. Mais la réaction vint avec les larmes. Esther se releva, jeta ses bras autour du cou de cet homme, pencha la tête sur son sein, y versa des pleurs, baisa la rude étoffe qui couvrait ce cœur d'acier, et sembla vouloir y pénétrer. Elle saisit cet homme, lui couvrit les mains de baisers; elle employa, mais dans une sainte effusion de reconnaissance, les chatteries de ses caresses, lui prodigua les noms les plus doux, lui dit, au travers de ses phrases sucrées, mille et mille fois : *Donnez-le-moi !* avec autant d'intonations différentes; elle l'enveloppa de ses tendresses, le couvrit de ses regards avec une rapidité qui le saisit sans défense; enfin, elle finit par engourdir sa colère. Le prêtre connut comment cette fille avait mérité son surnom; il comprit combien il était difficile de résister à cette charmante créature, il devina tout à coup l'amour de Lucien et ce qui devait avoir séduit le poète. Une passion semblable cache, entre mille attraits, un hameçon lancéolé qui pique surtout l'âme élevée des artistes. Ces passions, inexplicables pour la foule, sont parfaitement expliquées par cette soif du beau idéal qui distingue les êtres créateurs. N'est-ce pas ressembler un peu aux anges chargés de ramener les coupables à des sentiments meilleurs, n'est-ce pas créer que de purifier un pareil être? Quel allèchement que de mettre d'accord la beauté morale et la beauté physique! Quelle jouissance d'orgueil, si l'on réussit! Quelle belle tâche que celle qui n'a d'autre instrument que l'amour! Ces alliances, illustrées d'ailleurs par l'exemple d'Aristote, de Socrate, de Platon, d'Alcibiade, de Céthégus, de Pompée, et si monstrueuses aux yeux du vulgaire, sont fondées sur le sentiment qui a porté Louis XIV à bâtir Versailles, qui jette les hommes dans toutes les entreprises ruineuses : convertir les miasmes d'un marais en un monceau de parfums entouré d'eaux vives; mettre un lac sur une colline, comme fit le prince de Conti à Nointel, ou les vues de la Suisse à Cassan, comme le fermier-général Bergeret. Enfin c'est l'Art qui fait irruption dans la Morale.

Le prêtre, honteux d'avoir cédé à cette tendresse, repoussa vivement Esther, qui s'assit honteuse aussi, car il lui dit : — Vous êtes toujours courtisane. Et il remit froidement la lettre dans sa ceinture. Comme un enfant qui n'a qu'un désir en tête, Esther ne cessa de regarder l'endroit de la ceinture où était le papier. — Mon enfant, reprit le prêtre après une pause, votre mère était juive, et vous n'avez pas été baptisée, mais vous n'avez pas non plus été menée à la synagogue : vous êtes dans les limbes religieuses où sont les petits enfants...

— Les petits enfants! répéta-t-elle d'une voix attendrie.

—...Comme vous êtes, dans les cartons de la police, un chiffre en dehors des êtres sociaux, dit en continuant le prêtre impassible. Si l'amour, vu par une échappée, vous a fait croire, il y a trois mois, que vous naissiez, vous devez sentir que depuis ce jour vous êtes vraiment en enfance. Il faut donc vous conduire comme si vous étiez une enfant; vous devez changer entièrement, et je me charge de vous rendre méconnaissable. D'abord, vous oublierez Lucien.

La pauvre fille eut le cœur brisé par cette parole; elle leva les yeux sur le prêtre et fit un signe de négation; elle fut incapable de parler, en retrouvant encore le bourreau dans le sauveur.

—Vous renoncerez à le voir, du moins, reprit-il. Je vous conduirai dans une maison religieuse où les jeunes filles des meilleures familles reçoivent leur éducation ; vous y deviendrez catholique, vous y serez instruite dans la pratique des exercices chrétiens, vous y apprendrez la religion; vous pourrez en sortir une jeune fille accomplie, chaste, pure, bien élevée, si...

Cet homme leva le doigt et fit une pause.

— Si, reprit-il, vous vous sentez la force de laisser ici la Torpille.

— Ah! cria la pauvre enfant pour qui chaque parole avait été comme la note d'une musique au son de laquelle les portes du paradis se fussent lentement ouvertes, ah ! s'il était possible de verser ici tout mon sang et d'en prendre un nouveau !...

— Écoutez-moi.

Elle se tut.

— Votre avenir dépend de la puissance de votre oubli. Songez, à l'étendue de vos obligations : une parole, un geste qui décèlerait la Torpille tue la femme de Lucien ; un mot dit en rêve, une pensée involontaire, un regard immodeste, un mouvement d'impatience, un souvenir de déréglement, une omission, un signe de tête qui révélerait ce que vous savez ou ce qui a été su pour votre malheur.....

— Allez, allez, mon père, dit la fille avec une exaltation de sainte, marcher avec des souliers de fer rouge et sourire, vivre vêtue d'un corset armé de pointes et conserver la grâce d'une danseuse, manger du pain saupoudré de cendre, boire de l'absinthe, tout sera doux, facile !

Elle retomba sur ses genoux, elle baisa les souliers du prêtre, elle y fondit en larmes et les mouilla, elle étreignit les jambes et s'y colla, murmurant des mots insensés au travers des pleurs que lui causait la joie. Ses beaux et admirables cheveux blonds ruisselèrent et firent comme un tapis sous les pieds de ce messager céleste, qu'elle trouva sombre et dur quand, en se relevant, elle le regarda.

— En quoi vous ai-je offensé ? dit-elle tout effrayée. J'ai entendu parler d'une femme comme moi qui avait lavé de parfums les pieds de Jésus-Christ. Hélas ! la vertu m'a faite si pauvre que je n'ai plus que mes larmes à vous offrir.

— Ne m'avez-vous pas entendu ? répondit-il d'une voix cruelle. Je vous dis qu'il faut pouvoir sortir de la maison où je vous conduirai, si bien changée au physique et au moral, que nul de ceux ou de celles qui vous ont connue ne puisse vous crier : Esther ! et vous faire retourner la tête. Hier, l'amour ne vous avait pas donné la force de si bien enterrer la fille de joie qu'elle ne reparût jamais, elle reparaît encore dans une adoration qui ne va qu'à Dieu.

— Ne vous a-t-il pas envoyé vers moi ? dit-elle.

— Si, durant votre éducation, vous étiez aperçue de Lucien, tout serait perdu, reprit-il, songez-y bien.

— Qui le consolera ? dit-elle.

— De quoi le consoliez-vous ? demanda le prêtre d'une voix où, pour la première fois de cette scène, il y eut un tremblement nerveux.

— Je ne sais pas, il est souvent venu triste.

— Triste ? reprit le prêtre ; il vous a dit pourquoi ?

— Jamais, répondit-elle.

— Il était triste d'aimer une fille comme vous, s'écria-t-il.

— Hélas ! il devait l'être, reprit-elle avec une humilité profonde, je suis la créature la plus méprisable de mon sexe, et je ne pouvais trouver grâce à ses yeux que par la force de mon amour.

— Cet amour doit vous donner le courage de m'obéir aveuglément. Si je vous conduisais immédiatement dans la maison où se fera votre éducation, ici tout le monde dirait à Lucien que vous vous êtes en allée, aujourd'hui dimanche, avec un prêtre; il pourrait être sur votre voie. Dans huit jours, la portière, ne me voyant pas revenir, m'aura pris pour ce que je ne suis pas. Donc, un soir, comme d'aujourd'hui en huit, à sept heures, vous sortirez furtivement et vous monterez dans un fiacre qui vous attendra en bas de de la rue des Frondeurs. Pendant ces huit jours évitez Lucien ; trouvez des prétextes, faites-lui défendre la porte, et, quand il viendra, montez chez une amie; je saurai si vous l'avez revu, et, dans ce cas, tout est fini, je ne reviendrai même pas. Ces huit jours vous sont nécessaires pour vous faire un trousseau décent et pour quitter votre mine de prostituée, dit-il en déposant une bourse sur la cheminée. Il y a dans votre air, dans vos vêtements, ce je ne sais quoi si bien connu des Parisiens qui leur dit ce que vous êtes. N'avez-vous jamais rencontré par les rues, sur les boulevards, une modeste et vertueuse jeune personne marchant en compagnie de sa mère ?...

— Oh! oui, pour mon malheur. La vue d'une mère et de sa fille est un de nos plus grands supplices, elle réveille des remords cachés dans les replis de nos cœurs et qui nous dévorent !... Je ne sais que trop ce qui me manque.

— Eh ! bien, vous savez comment vous devez être dimanche prochain, dit le prêtre en se levant.

— Oh ! dit-elle, apprenez-moi une vraie prière avant de partir, afin que je puisse prier Dieu.

C'était une chose touchante que de voir ce prêtre faisant répéter à cette fille l'*Ave Maria* et le *Pater noster* en français.

— C'est bien beau ! dit Esther quand elle eut une fois répété sans faute ces deux magnifiques et populaires expressions de la foi catholique.

— Comment vous nommez-vous ? demanda-t-elle au prêtre quand il lui dit adieu.

— Carlos Herrera, je suis Espagnol et banni de mon pays.

Esther lui prit la main et la baisa. Ce n'était plus une courtisane, mais un ange qui se relevait d'une chute.

Dans une maison célèbre par l'éducation aristocratique et religieuse qui s'y donne, au commencement du mois de mars de cette année, un lundi matin, les pensionnaires aperçurent leur jolie troupe augmentée d'une nouvelle venue dont la beauté triompha sans contestation, non-seulement de ses compagnes, mais des beautés particulières qui se trouvaient parfaites chez chacune d'elles. En France, il est extrêmement rare, pour ne pas dire impossible, de rencontrer les trente fameuses perfections décrites en vers persans sculptés, dit-on, dans le sérail, et qui sont nécessaires à une femme pour être entièrement belle. En France, s'il y a peu d'ensemble, il y a de ravissants détails. Quant à l'ensemble imposant que la statuaire cherche à rendre, et qu'elle a rendu dans quelques compositions rares, comme la Diane et la Callipyge, il est le privilége de la Grèce et de l'Asie-Mineure. Esther venait de ce berceau du genre humain, la patrie de la beauté : sa mère était juive. Les Juifs, quoique si souvent dégradés par leur contact avec les autres peuples, offrent parmi leurs nombreuses tribus des filons où s'est conservé le type sublime des beautés asiatiques. Quand ils ne sont pas d'une laideur repoussante, ils présentent le magnifique caractère des figures arméniennes. Esther eût remporté le prix au sérail, elle possédait les trente beautés harmonieusement fondues. Loin de porter atteinte au fini des formes, à la fraîcheur de l'enveloppe, son étrange vie lui avait communiqué le je ne sais quoi de la femme : ce n'est plus le tissu lisse et serré des fruits verts, et ce n'est pas encore le ton chaud de la maturité, il y a de la fleur encore. Quelques jours de plus passés dans la dissolution, elle serait arrivée à l'embonpoint. Cette richesse de santé, cette perfection de l'animal chez une créature à qui la volupté tenait lieu de la pensée doit être un fait éminent aux yeux des physiologistes. Par une circonstance rare, pour ne pas dire impossible chez les très-jeunes filles, ses mains, d'une incomparable noblesse, étaient molles, transparentes et blanches comme les mains d'une femme en couches de son second enfant. Elle avait exactement le pied et les cheveux si justement célèbres de la duchesse de Berri, des cheveux qu'aucune main de coiffeur ne pouvait tenir, tant ils étaient abondants, et si longs, qu'en tombant à terre ils y formaient des anneaux, car Esther possédait cette moyenne taille qui permet de faire d'une femme une sorte de joujou, de la prendre quitter, reprendre et porter sans fatigue. Sa peau fine comme du papier de Chine et d'une chaude couleur d'ambre nuancée par des veines rouges, était luisante sans sécheresse, douce sans moiteur. Nerveuse à l'excès, mais délicate en apparence, Esther attirait soudain l'attention par un trait remarquable dans les figures que le dessin de Raphaël a le plus artistement coupées, car Raphaël est le peintre qui a le plus étudié, le mieux rendu la beauté juive. Ce trait merveilleux était produit par la profondeur de l'arcade sous laquelle l'œil roulait comme dégagé de son cadre, et dont la courbe ressemblait par sa netteté à l'arête d'une voûte. Quand la jeunesse revêt de ses teintes pures et diaphanes ce bel arc, surmonté de sourcils à racines perdues; quand la lumière, en se glissant dans le sillon circulaire de dessous, y reste d'un rose clair, il y a là des trésors de tendresse à contenter un amant, des beautés à désespérer la peinture. C'est le dernier effort de la nature que ces plis lumineux où l'ombre prend des teintes dorées, que ce tissu qui a la consistance d'un nerf et la flexibilité de la plus délicate membrane. L'œil au repos est là-dedans comme un œuf miraculeux dans un nid de brins de soie. Mais plus tard cette merveille devient d'une horrible mélancolie, quand les passions ont charbonné ces contours si déliés, quand les douleurs ont ridé ce réseau de fibrilles. L'origine d'Esther se trahissait dans cette coupe orientale de ses yeux à paupières turques, et dont la couleur était un gris d'ardoise qui contractait, aux lumières, la teinte bleue des ailes noires du corbeau. L'excessive tendresse de son regard pouvait seule en adoucir l'éclat. Il n'y a que les races venues des déserts qui possèdent dans l'œil le pouvoir de la fascination sur tous, car une femme fascine toujours quelqu'un. Leurs yeux retiennent sans doute quelque chose de l'infini qu'ils ont contemplé. La nature, dans sa prévoyance, a-t-elle donc armé leurs rétines de quelque tapis réflecteur, pour leur permettre de soutenir le mirage des sables, les torrents du soleil et l'ardent cobalt de l'éther? ou les êtres humains prennent-ils, comme les autres, quelque chose aux milieux dans lesquels ils se développent, et gardent-ils pendant des siècles les qualités qu'ils en tirent? Cette grande solution du problème des races est peut-être dans la question elle-même. Les instincts sont des faits vivants dont la cause gît dans une nécessité subie. Les variétés animales sont le résultat de l'exercice de ces instincts. Pour se convaincre de cette vérité tant cherchée, il suffit d'étendre aux troupeaux d'hommes l'observation récemment faite sur les troupeaux de moutons espagnols et anglais qui, dans les prairies de plaines où l'herbe abonde, paissent serrés les uns contre les autres, et se dispersent sur les montagnes où l'herbe est rare. Arrachez à leur pays ces deux espèces de moutons, transportez-les en Suisse ou en France : le mouton de montagne y paîtra séparé, quoique dans une prairie basse et touffue ; les moutons de plaine y paîtront l'un contre l'autre, quoique sur une Alpe. Plusieurs générations réforment à peine les instincts acquis et transmis. A cent ans de distance, l'esprit de la montagne reparaît dans un agneau réfractaire, comme, après dix-huit cents ans de bannissement, l'Orient brillait dans les yeux et dans la figure d'Esther. Ce regard n'exerçait point de fascination terrible, il jetait une douce chaleur, il attendrissait sans étonner, et les plus dures volontés se fondaient sous sa flamme. Esther avait vaincu la haine, elle avait étonné les dépravés de Paris, enfin ce regard et la douceur de sa peau suave lui avaient mérité le surnom terrible qui venait de lui faire prendre sa mesure dans la tombe. Tout, chez elle, était en harmonie avec ces caractères de la péri des sables ardents. Elle avait le front ferme et d'un dessin fier. Son nez, comme celui des Arabes, était fin, mince, à narines ovales, bien placées, retroussées sur les bords. Sa bouche rouge et fraîche était une rose qu'aucune flétrissure ne déparait, les orgies n'y avaient point laissé de traces. Le menton, modelé comme si quelque sculpteur amoureux en eût poli le contour, avait la blancheur du lait. Une seule chose à laquelle elle n'avait pu remédier trahissait la courtisane tombée trop bas : ses ongles déchirés qui voulaient du temps pour reprendre une forme élégante, tant ils avaient été déformés par les soins les plus vulgaires du ménage.

Les jeunes pensionnaires commencèrent par jalouser ces miracles de beauté, mais elles finirent par les admirer. La première semaine ne se passa point sans qu'elles se fussent attachées à la naïve Esther, car elles s'intéressèrent aux secrets malheurs d'une fille de dix-huit ans qui ne savait ni lire ni écrire, à qui toute science, toute instruction était nouvelle, et qui allait procurer à l'archevêque la gloire de la conversion d'une Juive au catholicisme, au couvent la fête de son baptême. Elles lui pardonnèrent sa beauté en se trouvant supérieures à elle par l'éducation. Esther eut bientôt pris les manières, la douceur de voix, le port et les attitudes de ces filles si distinguées ; enfin elle retrouva sa nature première. Le changement devint si complet que, à sa première visite, Herrera fut surpris, lui que rien au monde ne paraissait devoir surprendre, et les supérieures le complimentèrent sur sa pupille. Ces femmes n'avaient jamais, dans leur carrière d'enseignement, rencontré naturel plus aimable, douceur plus chrétienne, modestie plus vraie, ni si grand désir d'apprendre. Lorsqu'une fille a souffert les maux qui avaient accablé la pauvre pensionnaire et qu'elle attend une récompense comme celle que l'Espagnol offrait à Esther, il est difficile qu'elle ne réalise pas ces miracles des premiers jours de l'Église que les Jésuites renouvelèrent au Paraguay.

— Elle est édifiante, dit la supérieure en la baisant au front.

Ce mot, essentiellement catholique, dit tout.

Pendant les récréations, Esther questionnait avec mesure ses compagnes sur les choses du monde les plus simples, et qui pour elle étaient comme les premiers étonnements de la vie pour un enfant. Quand elle sut qu'elle serait habillée de blanc le jour de son baptême et de sa première communion, qu'elle aurait un bandeau de satin blanc, des rubans blancs, des souliers blancs, des gants blancs ; qu'elle serait coiffée de nœuds blancs, elle fondit en larmes au milieu de ses compagnes étonnées. C'était le contraire de la scène de Jephté sur la montagne. La courtisane eut peur d'être comprise, elle rejeta cette horrible mélancolie sur la joie que ce spectacle lui causait par avance. Comme il y a certes aussi loin des mœurs qu'elle quittait aux mœurs qu'elle prenait qu'il y a de distance entre l'état sauvage et la civilisation, elle avait la grâce et la naïveté, la profondeur, qui distinguent la merveilleuse héroïne des Puritains d'Amérique. Elle avait aussi, sans le savoir elle-même, un amour au cœur qui la rongeait, un amour étrange, un désir plus violent chez elle qui savait tout, qu'il ne l'est chez une vierge qui ne sait rien, quoique ces deux désirs eussent la même cause et la même fin. Pendant les premiers mois, la nouveauté d'une vie recluse, les surprises de l'enseignement, les travaux qu'on lui apprenait, les pratiques de la religion, la ferveur d'une sainte résolution, la douceur des affections qu'elle inspirait, enfin l'exercice des facultés de l'intelligence réveillée, tout lui servit à comprimer ses souvenirs, même les efforts de la nouvelle mémoire qu'elle se faisait ; car elle avait autant à désapprendre qu'à apprendre. Il existe en nous plusieurs mémoires : le corps, l'esprit ont chacun la leur ; et la nostalgie, par exemple, est une maladie de la mémoire physique. Pendant le troisième mois, la violence de cette âme vierge, qui tendait à pleines ailes vers le paradis, fut donc, non pas domptée, mais entravée par une sourde résistance dont la cause était ignorée d'Esther elle-même. Comme les moutons d'Écosse, elle voulait paître à l'écart, elle ne pouvait vaincre les instincts développés par la débauche. Les rues boueuses du Paris qu'elle avait abjuré la rappelaient-elles ? Les chaînes de ses horribles habitudes rompues tenaient-elles à elle par des scellements oubliés, et les sentait-elle comme, selon les médecins, les vieux soldats souffrent encore dans les membres qu'ils n'ont plus ? Les vices et leurs excès avaient-ils si bien pénétré jusqu'à sa moelle que les eaux saintes n'atteignaient pas encore le démon caché là ? La vue de celui pour qui s'accomplissaient tant d'efforts angéliques était-elle nécessaire à celle à qui Dieu devait pardonner de mêler l'amour humain à l'amour sacré ? L'un l'avait conduite à l'autre. Se faisait-il en elle un déplacement de la force vitale, et qui entraînait des souffrances nécessaires ? Tout est doute et ténèbres dans une situation que la science a dédaigné d'examiner en trouvant le sujet trop immoral et trop compromettant, comme si le médecin et l'écrivain, le prêtre et le politique n'étaient pas au-dessus du soupçon. Cependant un médecin arrêté par la mort a eu le courage de commencer des études laissées incomplètes. Peut-être la noire mélancolie à laquelle Esther fut en proie, et qui obscurcissait sa vie heureuse, participait-elle de toutes ces causes ; et, incapable de les deviner, peut-être souffrait-elle comme souffrent les malades qui ne connaissent ni la médecine ni la chirurgie. Le fait est bizarre. Une nourriture abondante et saine substituée à une détestable nourriture inflammatoire ne sustentait pas Esther. Une vie pure et régulière, partagée en travaux modérés exprès et en récréations, mise à la place d'une vie désordonnée où les plaisirs étaient aussi horribles que les peines, cette vie brisait la jeune pensionnaire. Le repos le plus frais, les nuits plus calmes qui remplaçaient des fatigues écrasantes et les agitations les plus cruelles, donnaient une fièvre dont les symptômes échappaient au doigt et à l'œil de l'infirmière. Enfin, le bien, le bonheur succédant au mal et à l'infortune, la sécurité à l'inquiétude, étaient aussi funestes à Esther que ses misères passées l'eussent été à ses jeunes compagnes. Implantée dans la corruption, elle s'y était développée.

Sa patrie infernale exerçait encore son empire, malgré les ordres souverains d'une volonté absolue. Ce qu'elle haïssait était pour elle la vie, ce qu'elle aimait la tuait. Elle avait une si ardente foi que sa piété réjouissait l'âme. Elle aimait à prier. Elle avait ouvert son âme aux clartés de la vraie religion, qu'elle recevait sans efforts, sans doutes. Le prêtre qui la dirigeait était dans le ravissement ; mais chez elle le corps contrariait l'âme à tout moment.

On prit des carpes à un étang bourbeux pour les mettre dans un bassin de marbre et dans de belles eaux claires, afin de satisfaire un désir de madame de Maintenon qui les nourrissait des bribes de la table royale. Les carpes dépérissaient. Les animaux peuvent être dévoués, mais l'homme ne leur communiquera jamais la lèpre de la flatterie. Un courtisan remarqua cette muette opposition dans Versailles. « Elles sont comme moi, répliqua cette reine inédite, elles regrettent leurs vases obscurs. » Ce mot est toute l'histoire d'Esther.

Par moments, la pauvre fille était poussée à courir dans les magnifiques jardins du couvent, elle allait affairée d'arbre en arbre, elle se jetait désespérément aux coins obscurs en y cherchant, quoi ? elle ne le savait pas, mais elle succombait au démon, elle coquetait avec les arbres, elle leur disait des paroles qu'elle ne prononçait point. Elle se coulait parfois le long des murs, le soir, comme une couleuvre, sans châle, les épaules nues. Souvent à la chapelle, durant les offices, elle restait les yeux fixés sur le crucifix, et chacun l'admirait, les larmes la gagnaient ; mais elle pleurait de rage ; au lieu des images sacrées qu'elle voulait voir, les nuits flamboyantes où elle conduisait l'orgie comme Habeneck conduit au Conservatoire une symphonie de Beethoven, ces nuits rieuses et lascives, coupées de mouvements nerveux, de rires inextinguibles, se dressaient échevelées, furieuses, brutales. Elle était au dehors suave comme une vierge qui ne tient à la terre que par sa forme féminine, au dedans s'agitait une impériale Messaline. Elle seule était dans le secret de ce combat du démon contre l'ange ; quand la supérieure la grondait d'être plus artistement coiffée que la règle ne le voulait, elle changeait sa coiffure avec une adorable et prompte obéissance, elle était prête à couper ses cheveux si sa mère le lui eût ordonné. Cette nostalgie avait une grâce touchante dans une fille qui aimait mieux périr que de retourner aux pays impurs. Elle pâlit, changea, maigrit. La supérieure modéra l'enseignement, et prit cette intéressante créature auprès d'elle pour la questionner. Esther était heureuse, elle se plaisait infiniment avec ses compagnes ; elle ne se sentait attaquée en aucune partie vitale, mais sa vitalité était essentiellement attaquée. Elle ne regrettait rien, elle ne désirait rien. La supérieure, étonnée des réponses de sa pensionnaire, ne savait que penser en la voyant en proie à une langueur dévorante. Le médecin fut appelé lorsque l'état de la jeune pensionnaire parut grave, mais ce médecin ignorait la vie antérieure d'Esther et ne pouvait la soupçonner ; il trouva la vie partout, la souffrance n'était nulle part. La malade répondit à renverser toutes les hypothèses. Restait une manière d'éclaircir les doutes du savant qui s'attachait à une affreuse idée : Esther refusa très-obstinément de se prêter à l'examen du médecin. La supérieure en appela, dans ce danger, à l'abbé Herrera. L'Espagnol vint, vit l'état désespéré d'Esther, et causa pendant un moment à l'écart avec le docteur. Après cette confidence, l'homme de science déclara à l'homme de foi que le seul remède était un voyage en Italie. L'abbé ne voulut pas que ce voyage se fît avant le baptême et la première communion d'Esther.

— Combien faut-il de temps encore ? demanda le médecin.
— Un mois, répondit la supérieure.
— Elle sera morte, répliqua le docteur.
— Oui, mais en état de grâce et sauvée, dit l'abbé.

La question religieuse domine en Espagne les questions politiques, civiles et vitales ; le médecin ne répliqua donc rien à l'Espagnol, il se tourna vers la supérieure ; mais le terrible abbé le prit alors par le bras pour l'arrêter.

— Pas un mot, monsieur ! dit-il.

Le médecin, quoique religieux et monarchique, jeta sur Esther un regard plein de pitié tendre. Cette fille était belle comme un lys penché sur sa tige.

— A la grâce de Dieu, donc ! s'écria-t-il en sortant.

Le jour même de cette consultation, Esther fut emmenée par son protecteur au Rocher de Cancale, car le désir de la sauver avait suggéré les plus étranges expédients à ce prêtre ; il essaya de deux excès : un excellent dîner qui pouvait rappeler à la pauvre fille ses orgies, l'Opéra qui lui présenterait quelques images mondaines. Il fallut son écrasante autorité pour décider la jeune sainte à de telles profanations. Herrera se déguisa si complétement en militaire qu'Esther eut peine à le reconnaître ; il eut soin de faire prendre un voile à sa compagne, et la plaça dans une loge où elle pût être cachée aux regards. Ce palliatif, sans danger pour une innocence si sérieusement reconquise, fut promptement épuisé. La pensionnaire éprouva du dégoût pour les dîners de son protecteur, une répugnance religieuse pour le théâtre, et retomba dans sa mélancolie.

— Elle meurt d'amour pour Lucien, se dit Herrera qui voulut sonder la profondeur de cette âme et savoir tout ce qu'on en pouvait exiger.

Il vint donc un moment où cette pauvre fille n'était plus soutenue que par sa force morale, et où le corps allait céder. Le prêtre calcula ce moment avec l'affreuse sagacité pratique apportée autrefois par les bourreaux dans leur art de donner la question. Il trouva sa pupille au jardin, assise sur un banc, le long d'une treille que caressait le soleil d'avril ; elle paraissait avoir froid et s'y réchauffer ; ses camarades regardaient avec intérêt sa pâleur d'herbe flétrie, ses yeux de gazelle mourante, sa pose mélancolique. Esther se leva pour aller au-devant de l'Espagnol par un mouvement qui montra combien elle avait peu de vie, et, disons-le, peu de goût pour la vie. Cette pauvre Bohémienne, cette fauve hirondelle blessée excita pour la seconde fois la pitié de Carlos Herrera. Ce sombre ministre, que Dieu ne devait employer qu'à l'accomplissement de ses vengeances, accueillit la malade par un sourire qui exprimait autant d'amertume que de douceur, autant de vengeance que de charité. Instruite à la méditation, à des retours sur elle-même depuis sa vie quasi-monastique, Esther éprouva, pour la seconde fois, un sentiment de défiance à la vue de son protecteur ; mais, comme à la première, elle fut aussitôt rassurée par sa parole.

— Eh! bien, ma chère enfant, disait-il, pourquoi ne m'avez-vous jamais parlé de Lucien ?

— Je vous avais promis, répondit-elle en tressaillant de la tête aux pieds par un mouvement convulsif, je vous avais juré de ne point prononcer ce nom.

— Vous n'avez cependant pas cessé de penser à lui.

— Là, monsieur, est ma seule faute. A toute heure je pense à lui, et quand vous vous êtes montré, je me disais à moi-même ce nom.

— L'absence vous tue ?

Pour toute réponse, Esther inclina la tête à la manière des malades qui sentent déjà l'air de la tombe.

— Le revoir?... dit-il.

— Ce serait vivre, répondit-elle.

— Pensez-vous à lui d'âme seulement?

— Ah! monsieur, l'amour ne se partage point.

— Fille de la race maudite! j'ai fait tout pour te sauver, je te rends à ta destinée : tu le reverras !

— Pourquoi donc injuriez-vous mon bonheur? Ne puis-je aimer Lucien et pratiquer la vertu, que j'aime autant que je l'aime? Ne suis-je pas prête à mourir ici pour elle, comme je serais prête à mourir pour lui? Ne vais-je pas expirer pour ces deux fanatismes, pour la vertu qui me rendait digne de lui, pour lui qui m'a jetée dans les bras de la vertu? oui, prête à mourir sans le revoir, prête à vivre en le revoyant. Dieu me jugera.

Ses couleurs étaient revenues, sa pâleur avait pris une teinte dorée. Esther eut encore une fois sa grâce.

— Le lendemain du jour où vous vous serez lavée dans les eaux du baptême, vous reverrez Lucien, et s vous croyez pouvoir vivre vertueuse en vivant pour lui, vous ne vous séparerez plus.

Le prêtre fut obligé de relever Esther, dont les genoux avaient plié. La pauvre fille était tombée comme si la terre eût manqué sous ses pieds, l'abbé l'assit sur le banc, et quand elle retrouva la parole, elle lui dit : — Pourquoi pas aujourd'hui?

— Voulez-vous dérober à Monseigneur le triomphe de votre baptême et de votre conversion? Vous êtes trop près de Lucien pour n'être pas loin de Dieu.

— Oui, je ne pensais plus à rien !

— Vous ne serez jamais d'aucune religion, dit le prêtre avec un mouvement de profonde ironie.

— Dieu est bon, reprit-elle, il lit dans mon cœur.

Vaincu par la délicieuse naïveté qui éclatait dans la voix, le regard, les gestes et l'attitude d'Esther, Herrera l'embrassa sur le front pour la première fois.

— Les libertins t'avaient bien nommée : tu séduiras Dieu le père. Encore quelques jours, il le faut, et après, vous serez libres tous deux.

— Tous deux ! répéta-t-elle avec une joie extatique.

Cette scène, vue à distance, frappa les pensionnaires et les supérieures, qui crurent avoir assisté à quelque opération magique, en comparant Esther à elle-même. L'enf nt tout changée vivait. Elle reparut dans sa vraie nature d'amour, gentille, coquette, agaçante, gaie ; enfin e le ressuscita !

Herrera demeurait rue Cassette, près de Saint-Sulpice, église à laquelle il s'était attaché. Cette église, d'un style dur et sec, allait à cet Espagnol dont la religion tenait de celle des Dominicains. Enfant perdu de la politique astucieuse de Ferdinand VII, il desservait la cause constitutionnelle, en sachant que ce dévouement ne pourrait jamais être récompensé qu'au rétablissement du *Rey netto*. Et Carlos Herrera s'était donné corps et âme à la *camarilla* au moment où les Cortès ne paraissaient pas devoir être renversées. Pour le monde, cette conduite annonçait une âme supérieure. L'expédition du duc d'Angoulême avait eu lie , le roi Ferdinand régnait, et Carlos Herrera n'allait pas réclamer le prix de ses services à Madrid. Défendu contre la curiosité par n silence diplomatique, il donna pour cause à son séjour a Paris, sa vive affection pour Lucien de Rubempré, et à laquelle ce jeune homme devait déjà l'ordonnance du roi relative à son changement de nom. Herrera vivait d'ailleurs comme vivent traditionnellement les prêtres employés à des missions secrètes, fort obscurément. Il accomplissait ses devoirs religieux à Saint-Sulpice, ne sortait que pour affaires, toujours le soir et en voiture. La journée était remplie pour lui par la sieste espagnole, qui place le sommeil entre les deux repas, et prend ainsi tout le temps pendant lequel Paris est tumultueux et affairé. Le cigare espagnol jouait aussi son rôle, et consumait autant de temps que de tabac. La paresse est un masque aussi bien que la gravité, qui est encore de la paresse. Herrera demeurait dans une aile de la maison, au second étage, et Lucien occupait l'autre aile. Ces deux appartements étaient à la fois séparés et réunis par un grand appartement de réception dont la magnificence antique convenait également au grave ecclésiastique et au jeune poète. La cour de cette maison était sombre. De grands arbres touffus ombrageaient le jardin. Le silence et la discrétion se rencontrent dans les habitations choisies par les prêtres. Le logement d'Herrera sera décrit en deux mots : une cellule. Celui de Lucien, brillant de luxe et muni des recherches du comfort, réunissait tout ce qu'exige la vie élégante d'un dandy, poète, écrivain, ambitieux, vicieux, à la fois orgueilleux et vaniteux, plein de négligence et souhaitant l'ordre, un de ces génies incomplets qui ont quelque puissance pour désirer, pour concevoir, ce qui est peut-être la même chose, mais qui n'ont aucune force pour exécuter. A eux deux, Lucien et Herrera formaient un politique : là sans doute était le secret de leur union. Les vieillards chez qui l'action de la vie s'est déplacée et s'est transportée dans la sphère des intérêts, sentent souvent le besoin d'une jolie machine, d'un acteur jeune et passionné pour accomplir leurs projets. Richelieu chercha trop tard une belle et blanche figure à moustaches pour la jeter aux femmes qu'il devait amuser. Incompris par de jeunes étourdis, il fut obligé de bannir la mère de son maître et d'épouvanter la reine, après avoir essayé de se faire aimer de l'une et de l'autre, sans être de taille à plaire à des reines. Quoi qu'on fasse, il faut toujours, dans une vie ambitieuse, se heurter contre une femme, au moment où l'on s'attend le moins à pareille rencontre. Quelque puissant que soit un grand politique, il lui faut une femme à opposer à la femme, de même que les Hollandais usent le diamant par le diamant. Rome, au moment de sa puissance, obéissait à cette nécessité. Voyez aussi comme la vie de Mazarin, cardinal italien, fut autrement dominatrice que celle de Richelieu, cardinal français? Richelieu trouve une opposition chez les grands seigneurs, il y met la hache; il meurt à la fleur de son pouvoir, usé par ce duel où il n'avait qu'un capucin pour second. Mazarin est repoussé par la Bourgeoisie et par la Noblesse réunies, armées, parfois victorieuses, et qui font fuir la royauté; mais le serviteur d'Anne d'Autriche n'ôte la tête à personne, sait vaincre la France entière et forme Louis XIV, qui acheva l'œuvre de Richelieu en étranglant la noblesse avec des lacets dorés dans le grand sérail de Versailles. Madame de Pompadour morte, Choiseul est perdu. Herrera s'était-il pénétré de ces hautes doctrines? s'était-il rendu justice à lui-même plus tôt que ne l'avait fait Richelieu? avait-il choisi dans Lucien un Cinq-Mars, mais un Cinq-Mars fidèle? Personne ne pouvait répondre à ces questions ni mesurer l'ambition de cet Espagnol comme on ne pouvait prévoir quelle serait sa fin. Ces questions faites par ceux qui purent jeter un regard sur cette union, pendant long-temps secrète, tendaient à percer un mystère horrible que Lucien ne connaissait que depuis quelques jours. Carlos était ambitieux pour deux, voilà ce que sa conduite démontrait aux personnages qui le connaissaient, et qui tous croyaient que Lucien était l'enfant naturel de ce prêtre.

Quinze mois après son apparition à l'Opéra, qui le jeta trop tôt dans un monde où l'abbé ne voulait le voir qu'au moment où il aurait achevé de l'armer contre le monde, Lucien avait trois beaux chevaux dans son écurie, un coupé pour le soir, un cabriolet et un tilbury pour le matin. Il mangeait en ville. Les prévisions d'Herrera s'étaient réalisées : la dissipation s'était emparée de son élève ; mais il avait jugé nécessaire de faire diversion à l'amour insensé que ce jeune homme gardait au cœur pour Esther. Après avoir dépensé quarante mille francs environ, chaque folie avait ramené Lucien plus vivement à la Torpille, il la cherchait avec obstination ; et, ne la trouvant pas, elle devenait pour lui ce qu'est le gibier pour le chasseur. Herrera pouvait-il connaître la nature de l'amour d'un poète ? Une fois que ce sentiment a gagné chez un de ces grands petits hommes la tête, comme il a embrasé le cœur et pénétré les sens, ce poète devient aussi supérieur à l'humanité par l'amour qu'il l'est par la puissance de sa fantaisie. Devant à un caprice de la génération intellectuelle la faculté rare d'exprimer la nature par des images où il empreint à la fois le sentiment et l'idée, il donne à son amour les ailes de son esprit : il sent et il peint, il agit et médite, il multiplie ses sensations par la pensée, il triple la félicité présente par l'aspiration de l'avenir et par les souvenances du passé ; il y mêle les exquises jouissances d'âme qui le rendent le prince des artistes. La passion d'un poète devient alors un grand poème où souvent les proportions humaines sont dépassées. Le poète ne met-il pas alors sa maîtresse beaucoup plus haut que les femmes ne veulent être logées ? Il change, comme le sublime chevalier de la Manche, une fille des champs en princesse. Il use pour lui-même de la baguette avec laquelle il touche toute chose pour la faire merveilleuse, et il grandit ainsi les voluptés par l'adorable monde de l'idéal. Aussi cet amour est-il un modèle de passion : il est excessif en tout, dans ses espérances, dans ses désespoirs, dans ses colères, dans ses mélancolies, dans ses joies ; il vole, il bondit, il rampe, il ne ressemble à aucune des agitations qu'éprouve le commun des hommes ; il est à l'amour bourgeois ce qu'est l'éternel torrent des Alpes aux ruisseaux des plaines. Ces beaux génies sont si rarement compris qu'ils se dépensent en faux espoirs ; ils se consument à la recherche de leurs idéales maîtresses, ils meurent presque toujours comme de beaux insectes parés à plaisir pour les fêtes de l'amour par la plus poétique des natures, et qui sont écrasés vierges sous le pied d'un passant ; mais, autre danger ! lorsqu'ils rencontrent la forme qui répond à leur esprit et qui souvent est une boulangère, ils font comme Raphaël, ils font comme le bel insecte, ils meurent auprès de la *Fornarina.* Lucien en était là. Sa nature poétique, nécessairement extrême en tout, en bien comme en mal, avait deviné l'ange dans la fille, plutôt frottée de corruption que corrompue : il la voyait toujours blanche, ailée, pure et mystérieuse, comme elle s'était faite pour lui, devinant qu'il la voulait ainsi.

Vers la fin du mois de mai 1825, Lucien avait perdu toute sa vivacité ; il ne sortait plus, dînait avec Herrera, demeurait pensif, travaillait, lisait la collection des traités diplomatiques, restait assis à la turque sur un divan et fumait trois ou quatre houka par jour. Son groom était plus occupé à nettoyer les tuyaux de ce bel instrument et à les parfumer, qu'à lisser le poil des chevaux et à les harnacher de roses pour les courses au Bois. Le jour où l'Espagnol vit le front de Lucien pâli, où il aperçut les traces de la maladie dans les folies de l'amour comprimé, il voulut aller au fond de ce cœur d'homme sur lequel il avait assis sa vie.

Par une belle soirée où Lucien, assis dans un fauteuil, contemplait machinalement le coucher du soleil à travers les arbres du jardin, en y jetant le voile de sa fumée de parfums par des souffles égaux et prolongés, comme font les fumeurs préoccupés, il fut tiré de sa rêverie par un profond soupir. Il se retourna et vit l'abbé debout, les bras croisés.

— Tu étais là ? dit le poète.

— Depuis long temps, répondit le prêtre. Mes pensées ont suivi l'étendue des tiennes...

Lucien comprit ce mot.

— Je ne me suis jamais donné pour une nature de bronze comme est la tienne. La vie est pour moi tour à tour un paradis et un enfer ; mais quand, par hasard, elle n'est ni l'un ni l'autre, elle m'ennuie, et je m'ennuie...

— Comment peut-on s'ennuyer quand on a tant de magnifiques espérances devant soi...

— Quand on ne croit pas à ces espérances, ou quand elles sont trop voilées...

— Pas de bêtises !... dit le prêtre. Il est bien plus digne de toi et de moi de m'ouvrir ton cœur. Il y a entre nous ce qu'il ne devait jamais y avoir : un secret! Ce secret dure depuis seize mois. Tu aimes une femme.

— Après...

— Une fille immonde, nommée la Torpille...

— Eh! bien?

— Mon enfant, je t'avais permis de prendre une maîtresse, mais une femme de la cour, jeune, belle, influente, au moins comtesse. Je t'avais choisi madame d'Espard, afin d'en faire sans scrupule un instrument de fortune; car elle ne t'aurait jamais perverti le cœur, elle te l'aurait laissé libre... Aimer une prostituée de la dernière espèce, quand on n'a pas, comme les rois, le pouvoir de l'anoblir, est une faute énorme.

— Suis-je le premier qui ait renoncé à l'ambition pour suivre la pente d'un amour effréné?

— Bon! fit le prêtre en ramassant le *bochettino* du houka que Lucien avait laissé tomber par terre et le lui rendant, je comprends l'épigramme. Ne peut-on réunir l'ambition et l'amour? Enfant, tu as dans le vieil Herrera une mère dont le dévouement est absolu...

— Je le sais, mon vieux, dit Lucien en lui prenant la main et la lui secouant.

— Tu as voulu les joujoux de la richesse, tu les as. Tu veux briller, je te dirige dans la voie du pouvoir, je baise des mains bien sales pour te faire avancer, et tu avanceras. Encore quelque temps, il ne te manquera rien de ce qui plaît aux hommes et aux femmes. Efféminé par tes caprices, tu es viril par ton esprit : j'ai tout conçu de toi, je te pardonne tout. Tu n'as qu'à parler pour satisfaire tes passions d'un jour. J'ai agrandi ta vie en y mettant ce qui la fait adorer par le plus grand nombre, le cachet de la politique et de la domination. Tu seras aussi grand que tu es petit; mais il ne faut pas briser le balancier avec lequel nous battons monnaie. Je te permets tout, moins les fautes qui tueraient ton avenir. Quand je t'ouvre les salons du faubourg Saint-Germain, je te défends de te vautrer dans les ruisseaux. Lucien! je serai comme une barre de fer dans ton intérêt, je souffrirai tout de toi, pour toi. Ainsi donc, j'ai converti ton manque de touche au jeu de la vie en une finesse de joueur habile...

Lucien leva la tête par un mouvement d'une brusquerie furieuse.

— J'ai enlevé la Torpille!

— Toi? s'écria Lucien.

Dans un accès de rage animale, le poète se leva, jeta le bochinetto d'or et de pierreries à la face du prêtre, qu'il poussa assez violemment pour renverser cet athlète.

— Moi, dit l'Espagnol en se relevant et en gardant sa gravité terrible.

La perruque noire était tombée. Un crâne poli comme une tête de mort rendit à cet homme sa vraie physionomie; elle était épouvantable. Lucien resta sur son divan, les bras pendants, accablé, regardant l'abbé d'un air stupide.

— Je l'ai enlevée, reprit-il.

— Qu'en as-tu fait? Tu l'as enlevée le lendemain du bal masqué....

— Oui, le lendemain du jour où j'ai vu insulter un être qui t'appartenait par des drôles à qui je ne voudrais pas donner mon pied dans...

— Des drôles, dit Lucien en l'interrompant, dis des monstres, auprès de qui ceux que l'on guillotine sont des anges. Sais-tu ce que la pauvre Torpille a fait pour trois d'entre eux ? Il y en a un qui a été, pendant deux mois, son amant : elle était pauvre et cherchait son pain dans le ruisseau ; lui n'avait pas le sou, il était comme moi, quand tu m'as rencontré, bien près de la rivière ; mon gars se relevait la nuit, il allait à l'armoire où étaient les restes du dîner de cette fille, et il les mangeait : elle a fini par découvrir ce manége; elle a compris cette honte, elle a eu soin de laisser beaucoup de restes, elle était bien heureuse; elle n'a dit cela qu'à moi, dans son fiacre, au retour de l'Opéra. Le second avait volé, mais avant qu'on ne pût s'apercevoir du vol, elle a pu lui prêter la somme qu'il a pu restituer et qu'il a toujours oublié de rendre à cette pauvre enfant. Quant au troisième, elle a fait sa fortune en jouant une comédie où éclate le génie de Figaro; elle a passé pour sa femme et s'est faite la maîtresse d'un homme tout-puissant qui la croyait la plus candide des bourgeoises. A l'un la vie, à l'autre l'honneur, au dernier la fortune, qui est aujourd'hui tout cela ! Et voilà comme elle a été récompensée par eux.

— Veux-tu qu'ils meurent? dit Herrera qui avait une larme dans les yeux.

— Allons, te voilà bien ! Je te connais...

— Non, apprends tout, poète rageur, dit le prêtre, la Torpille n'existe plus...

Lucien s'élança sur Herrera si vigoureusement pour le prendre à la gorge, que tout autre homme eût été renversé; mais le bras de l'Espagnol maintint le poète.

— Écoute donc, dit-il froidement. J'en ai fait une femme chaste, pure, bien élevée, religieuse, une femme comme il faut; elle est dans le chemin de l'instruction. Elle peut, elle doit devenir, sous l'empire de ton amour, une Ninon, une Marion de Lorme, une Dubarry, comme le disait ce journaliste à l'Opéra. Tu l'avoueras pour ta maîtresse ou tu resteras derrière le rideau de ta création, ce qui sera plus sage! L'un ou l'autre parti t'apportera profit et orgueil, plaisir et progrès; mais si tu es aussi grand politique que grand poète, Esther ne sera qu'une fille pour toi, car plus tard elle nous tirera peut-être d'affaire, elle vaut son pesant d'or. Bois, mais ne te grise pas. Si je n'avais pas pris les rênes de ta passion, où en serais-tu aujourd'hui? Tu aurais roulé avec la Torpille dans la fange des misères d'où je t'ai tiré. Tiens, lis, dit Herrera aussi simplement que Talma dans *Manlius* qu'il n'avait jamais vu.

Un papier tomba sur les genoux du poète, et le tira de l'extatique surprise où l'avait plongé cette terrifiante réponse, il le prit et lut la première lettre écrite par mademoiselle Esther.

« A MONSIEUR L'ABBÉ CARLOS HERRERA.

» Mon cher protecteur, ne croirez-vous pas que chez moi la re-
» connaissance passe avant l'amour, en voyant que c'est à vous ren-
» dre grâce que j'emploie, pour la première fois, la faculté d'ex-
» primer mes pensées, au lieu de la consacrer à peindre un amour
» que Lucien a peut-être oublié? Mais je vous dirai à vous, homme
» divin, ce que je n'oserais lui dire à lui, qui, pour mon bonheur,
» tient encore à la terre. La cérémonie d'hier a versé les trésors de
» la grâce en moi, je remets donc ma destinée en vos mains. Dussé-
» je mourir en restant loin de mon bien-aimé, je mourrai purifiée
» comme la Madeleine, et mon âme deviendra pour lui la rivale de
» son ange gardien. Oublierai-je jamais la fête d'hier? Comment
» vouloir abdiquer le trône glorieux où je suis montée? Hier, j'ai
» lavé toutes mes souillures dans l'eau du baptême, et j'ai reçu le
» corps sacré de notre Sauveur; je suis devenue l'un de ses taber-
» nacles. En ce moment, j'ai entendu les chants des anges, je n'é-
» tais plus qu'une femme, je naissais à une vie de lumière, au mi-

» lieu des acclamations de la terre, admirée par le monde, dans un
» nuage d'encens et de prières qui enivrait, et parée comme une
» vierge pour un époux céleste. En me trouvant, ce que je n'espé-
» rais jamais, digne de Lucien, j'ai abjuré tout amour impur,
» et ne veux pas marcher dans d'autres voies que celles de la vertu.
» Si mon corps est plus faible que mon âme, qu'il périsse. Soyez
» l'arbitre de ma destinée, et, si je meurs, dites à Lucien que je
» suis morte pour lui en naissant à Dieu.

» Ce dimanche soir. »

Lucien leva sur l'abbé ses yeux mouillés de larmes.

— Tu connais l'appartement de la petite Caroline Bellefeuille, rue Taitbout, reprit l'Espagnol. Cette pauvre fille, abandonnée par son magistrat, était dans un effroyable besoin, elle allait être saisie : j'ai fait acheter son domicile en bloc, elle en est sortie avec ses nippes. Esther, cet ange qui voulait monter au ciel, y est descendue et t'attend.

En ce moment, Lucien entendit dans la cour ses chevaux qui piaffaient, il n'eut pas la force d'exprimer son admiration pour un dévouement que lui seul pouvait apprécier ; il se jeta dans les bras de l'homme qu'il avait outragé, répara tout par un seul regard et par la muette effusion de ses sentiments ; puis il franchit les escaliers, jeta l'adresse d'Esther à l'oreille de son tigre, et les chevaux partirent comme si la passion de leur maître eût animé leurs jambes.

Le lendemain, un homme, qu'à son habillement les passants pouvaient prendre pour un gendarme déguisé, se promenait, rue Taitbout, en face d'une maison, comme s'il attendait la sortie de quelqu'un ; son pas était celui des hommes agités. Vous rencontrerez souvent de ces promeneurs passionnés dans Paris, vrais gendarmes qui guettent un garde national réfractaire, des recors qui prennent leurs mesures pour une arrestation, des créanciers méditant une avanie à leur débiteur qui s'est claquemuré, des amants ou des maris jaloux et soupçonneux, des amis en faction pour compte d'amis ; mais vous rencontrerez bien rarement une face éclairée par les sauvages et rudes pensées qui animaient celle du sombre athlète allant et venant sous les fenêtres de mademoiselle Esther avec la précipitation occupée d'un ours en cage. A midi, une croisée s'ouvrit pour laisser passer la main d'une femme de chambre qui en poussa les volets rembourrés de coussins. Quelques instants après, Esther en déshabillé vint respirer l'air, elle s'appuyait sur Lucien ; qui les eût vus, les aurait pris pour l'original d'une suave vignette anglaise. Esther rencontra tout d'abord les yeux de basilic du prêtre espagnol, et la pauvre créature, atteinte comme de la peste, jeta un cri d'effroi.

— Voilà le terrible prêtre, dit-elle en le montrant à Lucien.

— Lui ! dit-il en souriant, il n'est pas plus prêtre que toi...

— Qu'est-il donc alors? dit-elle effrayée.

— Eh ! c'est un vieux Lascar qui ne croit ni à Dieu ni au diable, dit Lucien en laissant échapper sur les secrets du prêtre une lueur qui, saisie par un être moins dévoué qu'Esther, aurait pu perdre à jamais Lucien et l'Espagnol.

En allant de la fenêtre de leur chambre à coucher dans la salle à manger où leur déjeuner venait d'être servi, les deux amants rencontrèrent Carlos Herrera.

— Que viens-tu faire ici ? lui dit brusquement Lucien.

— Vous bénir, répondit cet audacieux personnage en arrêtant le couple et le forçant à rester dans le petit salon de l'appartement. Écoutez-moi, mes amours? Amusez-vous, soyez heureux, c'est très-bien. Le bonheur à tout prix, voilà ma doctrine. Mais toi, dit-il à Esther, toi que j'ai tirée de la boue et que j'ai savonnée, âme et corps, tu n'as pas la prétention de te mettre en travers sur le chemin de Lucien ?... Quant à toi, mon petit, reprit-il après une pause en regardant Lucien, tu n'es plus assez poète pour te laisser aller à une nouvelle Coralie. Nous faisons de la prose. Que peut devenir l'amant d'Esther? rien. Esther peut-elle devenir madame de Rubempré? non. Eh ! bien, le monde, ma petite, dit-il en mettant sa main sur celle d'Esther, qui frissonna comme si quelque serpent l'eût enveloppée, le monde doit ignorer que vous vivez; le monde doit surtout ignorer qu'une mademoiselle Esther aime Lucien, et que Lucien est épris d'elle... Cet appartement sera votre prison, ma petite. Si vous voulez sortir, et votre santé l'exigera, vous vous promènerez pendant la nuit, aux heures où vous ne pourrez point être vue ; car votre beauté, votre jeunesse et la distinction que vous avez acquise au couvent seraient trop promptement remarquées dans Paris. Le jour où qui que ce soit au monde, dit-il avec un terrible accent accompagné d'un plus terrible regard, saurait que Lucien est votre amant ou que vous êtes sa maîtresse, ce jour serait l'avant-dernier de vos jours. On a obtenu à ce cadet-là une ordonnance qui lui a permis de porter le

nom et les armes de ses ancêtres maternels. Mais ce n'est pas tout!
le titre de marquis ne nous a pas été rendu ; et, pour le reprendre,
il doit épouser une fille de bonne maison à qui le roi fera cette
faveur. Cette alliance mettra Lucien dans le monde de la cour. Cet
enfant, de qui j'ai su faire un homme, deviendra d'abord secrétaire d'ambassade ; plus tard, il sera ministre dans quelque petite
cour d'Allemagne, et, Dieu ou moi (ce qui vaut mieux) aidant, il
ira s'asseoir quelque jour sur les bancs de la pairie...

— Ou sur les bancs... dit Lucien en interrompant le faux prêtre.

— Tais-toi, s'écria Carlos en couvrant avec sa large main la bouche de Lucien. Un pareil secret à une femme !... lui souffla-t-il
dans l'oreille.

— Esther, une femme !... s'écria l'auteur des *Marguerites*.

— Encore des sonnets ! dit le faux prêtre. Tous ces anges-là
redeviennent femmes, tôt ou tard ; or, la femme a toujours des
moments où elle est à la fois singe et enfant ! deux êtres qui nous
tuent en voulant rire. — Esther, mon bijou, dit-il à la jeune pensionnaire épouvantée, je vous ai trouvé pour femme de chambre
une créature qui m'appartient comme si elle était ma fille. Vous
aurez pour cuisinière une mulâtresse, ce qui donne un fier ton à
une maison. Avec Europe et Asie, vous pourrez vivre ici pour un
billet de mille francs par mois, tout compris, comme une reine...
de théâtre. Europe a été couturière, modiste et comparse, Asie a
servi un milord gourmand. Ces deux créatures seront pour vous
comme deux fées.

En voyant Lucien très-petit garçon devant cet être, coupable au
moins d'un sacrilége et d'un faux, cette femme, sacrée par son
amour, sentit alors au fond de son cœur une terreur profonde. Sans
répondre, elle entraîna Lucien dans la chambre où elle lui dit :
— Est ce le diable ?

— C'est bien pis... pour moi ! reprit-il vivement. Mais, si tu
m'aimes, tâche d'imiter le dévouement de cet homme, et obéis-lui
sous peine de mort...

— De mort ?... dit-elle encore plus effrayée.

— De mort, répéta Lucien. Hélas ! ma petite biche, aucune
mort ne saurait se comparer à celle qui m'attendrait, si...

Esther pâlit en entendant ces paroles et se sentit défaillir.

— Eh ! bien ? leur cria le faux abbé, vous n'avez donc pas encore effeuillé toutes vos marguerites ?

Esther et Lucien reparurent, et la pauvre fille dit, sans oser regarder l'homme mystérieux : — Vous serez obéi comme on obéit à Dieu, monsieur.

— Bien ! répondit-il, vous pourrez être, pendant quelque temps, heureuse, et.... vous n'aurez que des toilettes de chambre et de nuit à faire, ce sera très-économique. Et les deux amants se dirigèrent vers la salle à manger ; mais le protecteur de Lucien fit un geste pour arrêter le joli couple, qui s'arrêta. — Je viens de vous parler de vos gens, mon enfant, dit-il à Esther, je dois vous les présenter.

L'Espagnol sonna deux fois. Les deux femmes, qu'il nommait Europe et Asie, apparurent, et il fut alors facile de voir la cause de ces surnoms.

Asie, qui devait être née à l'île de Java, offrait au regard, pour l'épouvanter, ce visage cuivré particulier aux Malais, plat comme une planche, et où le nez semble avoir été rentré par une compression violente. L'étrange disposition des os maxillaires donnait au bas de cette figure une ressemblance avec la face des singes de la grande espèce. Le front, quoique déprimé, ne manquait pas d'une intelligence produite par l'habitude de la ruse. Deux petits yeux ardents conservaient le calme de ceux des tigres, mais ils ne regardaient point en face. Asie semblait avoir peur d'épouvanter son monde. Les lèvres, d'un bleu pâle, laissaient passer des dents d'une blancheur éblouissante, mais entre-croisées. L'expression générale de cette physionomie animale était la lâcheté. Les cheveux, luisants et gras, comme la peau du visage, bordaient de deux bandes noires un foulard très-riche. Les oreilles, excessivement jolies, avaient deux grosses perles brunes pour ornement. Petite, courte, ramassée, Asie ressemblait à ces créations falotes que se permettent les Chinois sur leurs écrans, ou, plus exactement, à ces idoles hindoues dont le type ne paraît pas devoir exister, mais que les voyageurs finissent par trouver. En voyant ce monstre, paré d'un tablier blanc sur une robe de stoff, Esther eut le frisson.

— Asie ! dit l'Espagnol vers qui cette femme leva la tête par un mouvement qui n'est comparable qu'à celui d'un chien regardant son maître, voilà votre maîtresse...

Et il montra du doigt Esther en peignoir. Asie regarda cette jeune fée avec une expression quasi douloureuse ; mais en même temps une lueur étouffée entre ses petits cils pressés partit comme la flammèche d'un incendie sur Lucien, qui, vêtu d'une magnifique robe de chambre ouverte, d'une chemise en toile de Frise et d'un pantalon rouge, un bonnet turc sur sa tête, d'où ses cheveux blonds sortaient en grosses boucles, offrait une image divine. Le génie italien peut inventer de raconter Othello, le génie anglais peut le mettre en scène; mais la nature seule a le droit d'être dans un seul regard plus magnifique et plus complète que l'Angleterre et l'Italie dans l'expression de la jalousie. Ce regard, surpris par Esther, lui fit saisir l'Espagnol par le bras et y imprimer ses ongles comme eût fait un chat qui se retient pour ne pas tomber dans un précipice où il ne voit pas de fond. L'Espagnol dit alors trois ou quatre mots d'une langue inconnue à ce monstre asiatique, qui vint s'agenouiller en rampant aux pieds d'Esther, et les lui baisa.

— C'est, dit l'Espagnol à Esther, non pas une cuisinière, mais un cuisinier qui rendrait Carême fou. Asie sait tout faire en cuisine. Elle vous accommodera un simple plat de haricots à vous mettre en doute si les anges ne sont pas descendus pour y ajouter des herbes du ciel. Elle ira tous les matins à la Halle elle-même, et se battra comme un démon qu'elle est, afin d'avoir les choses au plus juste prix; elle lassera les curieux par sa discrétion. Comme vous passerez pour être allée aux Indes, Asie vous aidera beaucoup à rendre cette fable possible; mais mon avis n'est pas que vous soyez étrangère... — Europe, qu'en dis-tu?...

Europe formait un contraste parfait avec Asie, car elle était la soubrette la plus gentille que jamais Monrose ait pu souhaiter pour adversaire sur le théâtre. Svelte, en apparence étourdie, au minois de belette, le nez en vrille, Europe offrait à l'observation une figure fatiguée par les corruptions parisiennes, la blafarde figure d'une fille nourrie de pommes crues, lymphatique et fibreuse, molle et tenace. Son petit pied en avant, les mains dans les poches de son tablier, elle frétillait tout en restant immobile, tant elle avait d'animation. A la fois grisette et figurante, elle devait, malgré sa jeunesse, avoir déjà fait bien des métiers. Perverse comme toutes les Madelonnettes ensemble, elle pouvait avoir volé ses parents et frôlé les bancs de la Police correctionnelle. Asie inspirait une grande épouvante; mais on la connaissait tout entière en un moment, elle descendait en ligne droite de Locuste; tandis qu'Europe inspirait une inquiétude qui ne pouvait que grandir à mesure qu'on se servait d'elle; sa corruption semblait ne pas avoir de bornes; elle devait, comme dit le peuple, savoir faire battre des montagnes.

— Madame pourrait être de Valenciennes, dit Europe d'un petit ton sec, j'en suis. Monsieur, dit-elle à Lucien d'un air pédant, veut-il nous apprendre le nom qu'il donne à madame?

— Madame van Bogseck, répondit l'Espagnol en retournant aussitôt le nom d'Esther. Madame est une Juive originaire de Hollande, veuve d'un négociant et malade d'une maladie de foie rapportée de Java... Pas grande fortune, afin de ne pas exciter la curiosité.

— De quoi vivre, six mille francs de rentes, et nous nous plaindrons de ses lésineries, dit Europe.

— C'est cela, fit l'Espagnol en inclinant la tête. Satanées farceuses! reprit-il d'un son de voix terrible en surprenant en Asie et en Europe des regards qui lui déplurent, vous savez ce que je vous ai dit : vous servez une reine, vous lui devez le respect qu'on doit à une reine, vous la soignerez comme vous soigneriez une vengeance, vous lui serez dévouée comme à moi. Ni le portier, ni les voisins, ni les locataires, enfin personne au monde ne doit savoir ce qui se passe ici. C'est à vous à déjouer toutes les curiosités, s'il s'en éveille. Et, madame, ajouta-t-il en mettant sa large main velue sur le bras d'Esther, madame ne doit pas commettre la plus légère imprudence, vous l'en empêcheriez au besoin, mais... toujours respectueusement. Europe, c'est vous qui serez en relation avec le dehors pour la toilette de madame, et vous y travaillerez afin d'aller à l'économie. Enfin, que personne, pas même les gens les plus insignifiants, ne mettent les pieds dans l'appartement. A vous deux, il faut savoir tout y faire. — Ma petite belle, dit-il à Esther, quand vous voudrez sortir le soir en voiture, vous le direz à Europe, elle sait où aller chercher vos gens, car vous aurez un chasseur, et de ma façon, comme ces deux esclaves.

Esther et Lucien ne trouvaient pas un mot à dire, ils écoutaient l'Espagnol et regardaient les deux sujets précieux auxquels il donnait ses ordres. A quel secret devait-il la soumission, le dévouement écrits sur ces deux visages, l'un si méchamment mutin, l'autre si profondément cruel? Il devina les pensées d'Esther et de Lucien, qui paraissaient engourdis comme l'eussent été Paul et Virginie à l'aspect de deux horribles serpents, et il leur dit de sa bonne voix à l'oreille : — Vous pouvez compter sur elles comme sur moi-même; n'ayez aucun secret pour elles, ça les flattera. — Va servir, ma petite Asie, dit-il à la cuisinière; et toi, ma mignonne, mets un couvert, dit-il à Europe, c'est bien le moins que ces enfants donnent à déjeuner à papa.

Quand les deux femmes eurent fermé la porte, et que l'Espagnol entendit Europe allant et venant, il dit à Lucien et à la jeune fille, en ouvrant sa large main : — Je les tiens ! Mot et geste qui faisaient frémir.

— Où donc les as-tu trouvées? s'écria Lucien.

— Eh ! parbleu, répondit cet homme, je ne les ai pas cherchées au pied des trônes! Ça sort de la boue et ça a peur d'y rentrer.... Menacez-les de *monsieur l'abbé* quand elles ne vous satisferont pas, et vous les verrez tremblant comme des souris à qui l'on parle d'un chat. Je suis un dompteur de bêtes féroces, ajouta-t-il en souriant.

— Vous me faites l'effet du démon.... s'écria gracieusement Esther en se serrant contre Lucien.

— Mon enfant, j'ai tenté de vous donner au ciel; mais la fille repentie sera toujours une mystification pour l'Église; s'il s'en trouvait une, elle redeviendrait courtisane dans le paradis... Vous y avez gagné de vous faire oublier et de ressembler à une femme comme il faut ; car vous avez appris là-bas ce que vous n'auriez jamais pu savoir dans la sphère infâme où vous viviez... Vous ne me devez rien, fit-il en voyant une délicieuse expression de reconnaissance sur la figure d'Esther, j'ai tout fait pour lui... Et il montra Lucien... Vous êtes fille, vous resterez fille, vous mourrez fille ; car, malgré les séduisantes théories des éleveurs de bêtes, on ne peut devenir ici-bas que ce qu'on est. L'homme aux bosses a raison. Vous avez la bosse de l'amour.

L'Espagnol était, comme on le voit, fataliste, ainsi que Napoléon, Mahomet et beaucoup de grands politiques. Chose étrange, presque tous les hommes d'action inclinent à la Fatalité, de même que la plupart des penseurs inclinent à la Providence.

— Je ne sais pas ce que je suis, répondit Esther avec une douceur d'ange ; mais j'aime Lucien, et je mourrai l'adorant.

— Venez déjeuner, dit brusquement l'Espagnol ; et priez Dieu que Lucien ne se marie pas promptement, car alors vous ne le reverriez plus.

— Son mariage serait ma mort, dit-elle.

Elle laissa passer le faux prêtre le premier afin de pouvoir se hausser jusqu'à l'oreille de Lucien, sans être vue.

— Est-ce ta volonté, dit-elle, que je reste sous la puissance de cet homme qui me fait garder par ces deux hyènes ?

Lucien inclina la tête. La pauvre fille réprima sa tristesse et parut joyeuse; mais elle fut horriblement oppressée. Il fallut plus d'un an de soins constants et dévoués pour qu'elle s'habituât à ces deux terribles créatures, que l'abbé nommait *les deux chiens de garde*.

La conduite de Lucien, depuis son retour à Paris, était marquée au coin d'une politique si profonde, qu'il devait exciter et qu'il excita la jalousie de tous ses anciens amis, envers lesquels il n'exerça pas d'autre vengeance que de les faire enrager par ses succès, par sa tenue irréprochable, et par sa façon de laisser les gens à distance. L'auteur des *Marguerites*, ce poëte si communicatif, si expansif, devint froid et réservé. De Marsay, ce type adopté par la jeunesse parisienne, n'apportait pas dans ses discours et dans ses actions plus de mesure que n'en avait Lucien. Quant à de l'esprit, l'auteur et le journaliste avaient fait leurs preuves. De Marsay, à qui bien des gens opposaient Lucien avec complaisance en donnant la préférence au poëte, eut la petitesse de s'en taquiner. Lucien, très en faveur auprès des hommes qui exerçaient secrètement le pouvoir, abandonna si bien toute pensée de gloire littéraire, qu'il fut insensible aux succès de son roman, republié sous son vrai titre de *l'Archer de Charles IX*, et au bruit que fit son recueil de sonnets vendu par Dauriat en une seule semaine.

— C'est un succès posthume, répondit-il en riant à mademoiselle des Touches qui le complimentait.

Le terrible Espagnol maintenait sa créature avec un bras de fer dans la ligne au bout de laquelle les fanfares et les profits de la victoire attendent les politiques patients. Lucien avait pris l'appartement de garçon de Baudenord, sur le quai Malaquais, afin de se rapprocher de la rue Taitbout. L'abbé s'était logé dans trois chambres de la même maison, au quatrième étage. Lucien n'avait plus qu'un cheval de selle et de cabriolet, un domestique et un palefrenier. Quand il ne dînait pas en ville, il dînait chez Esther. L'abbé surveillait si bien les gens au quai Malaquais, que Lucien ne dépensait pas en tout dix mille francs par an. Dix mille francs suffisaient à Esther, grâce au dévouement constant, inexplicable d'Europe et d'Asie. Lucien employait les plus grandes précautions pour aller rue Taitbout ou pour en sortir. Il n'y venait jamais qu'en fiacre, les stores baissés, et faisait toujours entrer la voiture. Aussi, sa passion pour Esther et l'existence du joli ménage de la rue Taitbout, entièrement inconnues dans le monde, ne nuisirent-elles à aucune de ses entreprises ou de ses relations. Jamais un mot indiscret ne lui échappa sur ce sujet délicat. Ses fautes en ce genre avec Coralie, lors de son premier séjour à Paris, lui avaient donné de l'expérience. Sa vie offrit d'abord cette régularité de bon ton sous laquelle on peut cacher bien des mystères : il restait dans le monde tous les soirs jusqu'à une heure du matin ; on le trouvait chez lui de dix heures à une heure après-midi ; puis il allait au bois de Boulogne et faisait des visites jusqu'à cinq heures. On le voyait rarement à pied, il évitait ainsi ses anciennes connaissances. Quand il fut salué par quelque journaliste ou par quelqu'un de ses anciens camarades, il répondit d'abord par une inclination de tête assez polie pour qu'il fût impossible de se fâcher, mais où perçait un dédain profond qui tuait la familiarité française. Il se débarrassa promptement ainsi des gens qu'il ne voulait plus avoir connus. Une vieille haine l'empêchait d'aller chez madame d'Espard, qui, plusieurs fois, avait voulu l'avoir chez elle ; s'il la rencontrait chez la duchesse de Maufrigneuse ou chez mademoiselle des Touches, chez la comtesse de Montcornet, ou ailleurs, il se montrait d'une exquise politesse avec elle. Cette haine, égale chez madame d'Espard, obligeait Lucien à user de prudence, car on verra comment il l'avait avivée en se permettant une vengeance qui, d'ailleurs, lui valut une forte semonce de l'abbé.

— Tu n'es pas encore assez puissant pour te venger de qui que ce soit, lui avait dit l'Espagnol. Quand on est en route, par un ardent soleil, on ne s'arrête pas pour cueillir la plus belle fleur....

Il y avait trop d'avenir et trop de supériorité vraies chez Lucien pour que les jeunes gens, que son retour à Paris et sa fortune inexplicable offusquaient ou froissaient, ne fussent pas enchantés de lui jouer un mauvais tour. Lucien, qui se savait beaucoup d'ennemis, n'ignorait pas ces mauvaises dispositions chez ses amis. Aussi l'abbé mettait-il admirablement son fils adoptif en garde contre les traîtrises du monde, contre les imprudences si fatales à la jeunesse. Lucien devait raconter et racontait tous les soirs à l'abbé les plus petits événements de la journée. Grâce aux conseils de ce mentor, il déjouait la curiosité la plus habile, celle du monde. Gardé par un sérieux Anglais, fortifié par les redoutes qu'élève la circonspection des diplomates, il ne laissait à personne le droit ou l'occasion de jeter l'œil sur ses affaires. Sa jeune et belle figure avait fini par être, dans le monde, impassible comme une figure de princesse en cérémonie.

Au commencement de l'année 1829, il fut question de son mariage avec la fille aînée de la duchesse de Grandlieu, qui n'avait alors pas moins de quatre filles à établir. Personne ne mettait en doute que le roi ne fît, à propos de cette alliance, la faveur de rendre à Lucien le titre de marquis. Ce mariage allait décider la fortune politique de Lucien, qui probablement serait nommé ministre auprès d'une cour d'Allemagne. Depuis trois ans surtout, la vie de Lucien avait été d'une sagesse inattaquable; aussi de Marsay ava t-il dit de lui ce mot singulier : — Ce garçon doit avoir derrière lui quelqu'un de bien fort !

Lucien était ainsi devenu presque un personnage. Sa passion pour Esther l'avait d'ailleurs aidé beaucoup à jouer son rôle d'homme grave. Une habitude de ce genre garantit les ambitieux de bien des sottises; et, ne tenant à aucune femme, ils ne se laissent pas prendre aux réactions du physique sur le moral. Quant au bonheur dont jouissait Lucien, c'était la réalisation des rêves de poètes sans le sou, à jeun, dans un grenier. Esther, l'idéal de la courtisane amoureuse, tout en rappelant à Lucien Coralie, l'actrice avec laquelle il avait vécu pendant une année, l'effaçait complétement. Toutes les femmes aimantes et dévouées inventent la réclusion, l'incognito, la vie de la perle au fond de la mer; mais, chez la plupart d'entre elles, c'est un de ces charmants caprices qui font un sujet de conversation, une preuve d'amour qu'elles rêvent de donner et qu'elles ne donnent pas; tandis qu'Esther, toujours au lendemain de sa première félicité, vivant à toute heure sous le premier regard incendiaire de Lucien, n'eut pas, en quatre ans, un mouvement de curiosité. Son esprit tout entier, elle l'employait à rester dans les termes du programme tracé par la main fatale du faux abbé. Bien plus ! au milieu des plus enivrantes délices, elle n'abusa pas du pouvoir illimité que prêtent aux femmes aimées les désirs renaissants d'un amant pour faire à Lucien une interrogation sur Herrera, qui, d'ailleurs, l'épouvantait toujours : elle n'osait pas penser à lui. Les savants bienfaits de ce personnage inexplicable, à qui certainement Esther devait et sa grâce de pensionnaire, et ses façons de femme comme il faut, et sa régénération, semblaient à la pauvre fille être des avances de l'enfer.

— Je payerai tout cela quelque jour, se disait-elle avec effroi.

Pendant toutes les belles nuits, elle sortait en voiture de louage. Elle allait, avec une célérité sans doute imposée par l'abbé, dans un de ces charmants bois qui sont autour de Paris, à Boulogne, Vincennes, Romainville ou Ville-d'Avray, souvent avec Lucien, quelquefois seule avec Europe. Elle s'y promenait sans avoir peur, car elle était accompagnée, quand elle se trouvait sans Lucien, par un grand chasseur vêtu comme les chasseurs les plus élégants, armé d'un vrai couteau, et dont la physionomie autant que la musculature annonçaient un terrible athlète. Cet autre gardien était pourvu, selon la mode anglaise, d'une canne, appelée *bâton de longueur*, que connaissent les bâtonistes, et avec laquelle ils peuvent défier plusieurs assaillants. En conformité d'un ordre donné par l'abbé, jamais Esther n'avait dit un mot à ce chasseur. Europe, quand madame voulait revenir, jetait un cri; le chasseur sifflait le cocher, qui se trouvait toujours à une distance convenable. Lorsque Lucien se promenait avec Esther, Europe et le chasseur restaient à cent pas d'eux, comme deux de ces pages infernaux dont parlent les *Mille et une Nuits*, et qu'un enchanteur donne à ses protégés. Les Parisiens, et surtout les Parisiennes, ignorent les charmes d'une promenade au milieu des bois par une belle nuit. Le silence, les effets de lune, la solitude ont l'action calmante des bains. Ordinairement Esther partait à dix heures, se promenait de minuit à une heure, et rentrait à deux heures et demie. Il ne faisait jamais jour chez elle avant onze heures. Elle se baignait, procédait à cette toilette minutieuse, ignorée de la plupart des femmes de Paris, car elle veut trop de temps, et ne se pratique guère que chez les courtisanes, les lorettes ou les grandes dames qui toutes ont leur journée à elles. Elle n'était que prête quand Lucien venait, et s'offrait toujours à ses regards comme une fleur nouvellement éclose. Elle n'avait de souci que du bonheur de son poète; elle était à lui comme une chose à lui, c'est-à-dire qu'elle lui laissait la plus entière liberté. Jamais elle ne jetait un regard au delà de la sphère où elle rayonnait; l'abbé le lui avait bien recommandé, car il entrait dans les plans de ce profond politique que Lucien eût des bonnes fortunes. Le bonheur n'a pas d'histoire, et les conteurs de tous les pays l'ont si bien compris que cette phrase : *Ils furent heureux!* termine toutes les aventures d'amour. Aussi ne peut-on qu'expliquer les moyens de ce bonheur vraiment fantastique au milieu de Paris. Ce fut le bonheur sous sa plus belle forme, un poëme, une symphonie de quatre ans ! Toutes les femmes diront : — C'est beaucoup ! Ni Esther ni Lucien n'avaient dit : — C'est trop ! Enfin, la formule : *Ils furent heureux*, fut pour eux encore plus explicite que dans les contes de fées, car *ils n'eurent pas d'enfants*. Ainsi, Lucien pouvait coqueter dans le monde, s'abandonner à ses caprices de poète et, disons le mot, aux nécessités de sa position. Il rendit, pendant le temps où il faisait lentement son chemin, des services secrets à quelques hommes politiques en coopérant à leurs travaux. Il fut en ceci d'une grande discrétion. Il cultiva beaucoup la société de madame de Sérizy, avec laquelle il était, au dire des salons, du dernier bien. Madame de Sérizy avait enlevé Lucien à la duchesse de Maufrigneuse, qui, dit-on, n'y tenait plus, un de ces mots par lesquels les femmes se vengent d'un bonheur envié. Lucien était, pour ainsi dire, dans le giron de la Grande-Aumônerie, et dans l'intimité de quelques femmes amies de l'archevêque de Paris. Modeste et discret, il attendait avec patience. Aussi le mot de Marsay, qui s'était alors marié et qui faisait mener à sa femme la vie que menait Esther, contenait-il plus qu'une observation. Mais les dangers sous-marins de la position de Lucien s'expliqueront assez dans le courant de cette histoire.

Dans ces circonstances, par une belle nuit du mois de juin, le baron de Nucingen revenait à Paris de la terre d'un banquier étranger établi en France, et chez lequel il avait dîné. Cette terre est à huit lieues de Paris, en pleine Brie. Or, comme le cocher du baron s'était vanté d'y mener son maître et de le ramener avec ses chevaux, ce cocher prit la liberté d'aller lentement quand la nuit fut venue. En entrant dans le bois de Vincennes, voici la situation des bêtes, des gens et du maître. Libéralement abreuvé à l'office de l'illustre autocrate du Change, le cocher, complétement ivre, dormait, tout en tenant les guides, à faire illusion aux passants. Le valet, assis derrière, ronflait comme une toupie d'Allemagne, pays des petites figures en bois sculpté, des grands Reinganum et des toupies. Le baron voulut penser ; mais, dès le pont de Gournay, la douce somnolence de la digestion lui avait fermé les yeux. A la mollesse des guides, les chevaux comprirent l'état du cocher ; ils entendirent la basse continue du valet en vigie à l'arrière, ils se virent les maîtres, et profitèrent de ce petit quart d'heure de liberté pour marcher à leur fantaisie. En esclaves intelligents, ils offrirent aux voleurs l'occasion de dévaliser l'un des plus riches capitalistes de France, le plus profondément habile de ceux qu'on a fini par nommer assez énergiquement des Loups-cerviers. Enfin, devenus les maîtres et attirés par cette curiosité que tout le monde a pu remarquer chez les animaux domestiques, ils s'arrêtèrent, dans un rond-point quelconque, devant d'autres chevaux à qui sans doute ils dirent en langue de cheval : — A qui êtes-vous? Que faites-vous? Êtes-vous heureux? Quand la calèche ne roula plus, le baron assoupi s'éveilla. Il crut d'abord n'avoir pas quitté le parc de son confrère ; puis il fut surpris par une vision céleste qui le trouva sans son arme habituelle, le calcul. Il faisait un clair de lune si magnifique qu'on aurait pu tout lire, même un journal du soir. Par le silence des bois, et, à cette lueur pure, le baron vit une femme seule qui, tout en montant dans une voiture de louage, regarda le singulier spectacle de cette calèche endormie. A la vue de cet ange, le baron de Nucingen fut comme illuminé par une lumière intérieure. En se voyant admirée, la jeune femme abaissa son voile avec un geste d'effroi. Un chasseur jeta un cri rauque dont la signification fut bien comprise par le cocher, car la voiture fila comme une flèche. Le vieux banquier ressentit une émotion terrible : le sang qui lui revenait des pieds charriait du feu à sa tête, sa tête renvoyait des flammes au cœur ; la gorge se serra. Le malheureux craignit une indigestion, et, malgré cette appréhension capitale, il se dressa sur ses pieds.

— *Hau crante callot! fichi pédate ki tord! Sante frante si di haddrappe cedde foidire.* cria-t-il.

A ces mots, *cent francs*, le cocher se réveilla, le valet de l'arrière les entendit sans doute dans son sommeil. Le baron répéta l'ordre, le cocher mit les chevaux au grand galop, et réussit à rattraper, à la barrière du Trône, une voiture à peu près semblable à celle où Nucingen avait vu la divine inconnue, mais où se prélassait le premier commis de quelque riche magasin, avec une *femme comme il faut* de la rue Vivienne. Cette méprise consterna le baron.

— *Zi chaffais âmné Chorche* (prononcez George), *au tier te doi, crosse pette, ile aurede pien si droufer cedde phâmme,* dit-il au domestique pendant que les commis visitaient la voiture.

— Eh! monsieur le baron, le diable était, je crois, derrière, sous forme d'heiduque, et il m'a substitué cette voiture à la sienne.

— *Le tiaple n'egssisde boinde*, dit le baron.

Le baron de Nucingen avouait alors soixante ans, les femmes lui étaient devenues parfaitement indifférentes, et, à plus forte raison, la sienne. Il se vantait de n'avoir jamais connu l'amour qui fait faire des folies. Il regardait comme un bonheur d'en avoir fini avec les femmes, desquelles il disait, sans se gêner, que la plus angélique ne valait pas ce qu'elle coûtait, même quand elle se donnait gratis. Il passait pour être si complétement blasé, qu'il n'achetait plus, à raison d'une couple de mille francs par mois, le plaisir de se faire tromper. De sa loge à l'Opéra, ses yeux froids plongeaient tranquillement sur le Corps de Ballet. Pas une œillade ne partait pour ce capitaliste de ce redoutable essaim de vieilles jeunes filles et de jeunes vieilles femmes, l'élite des plaisirs parisiens. Amour naturel, amour postiche et d'amour-propre, amour de bienséance et de vanité; amour-goût, amour décent et conjugal, amour excentrique, le baron avait acheté tout, avait connu tout, excepté le véritable amour.

Cet amour venait de fondre sur lui comme un aigle sur sa proie, comme il fondit sur Gentz, le confident de S. A. le prince de Metternich. On sait toutes les sottises que ce vieux diplomate fit pour Fanny Elssler dont les répétitions l'occupaient beaucoup plus que les intérêts européens. La femme qui venait de bouleverser cette caisse doublée de fer, appelée Nucingen, lui était apparue comme une de ces femmes uniques dans une génération. Il n'est pas sûr que la maîtresse du Titien, que la Monna Lisa de Léonard de Vinci, que la Fornarina de Raphaël fussent aussi belles que la sublime Esther, en qui l'œil le plus exercé du Parisien le plus observateur n'aurait pu reconnaître le moindre vestige qui rappelât la courtisane. Aussi le baron fut-il surtout étourdi par cet air de femme noble et grande qu'Esther, aimée, environnée de luxe, d'élégance et d'amour avait au plus haut degré. L'amour heureux est la Sainte-Ampoule des femmes, elles deviennent toutes alors fières comme des impératrices. Le baron alla, pendant huit nuits de suite, au bois de Vincennes, puis au bois de Boulogne, puis dans les bois de Ville-d'Avray, puis dans le bois de Meudon, enfin dans tous les environs de Paris, sans pouvoir rencontrer Esther. Cette sublime figure juive qu'il disait être *eine viguire te la Piple*, était toujours devant ses yeux. A la fin de la quinzaine, il perdit l'appétit. Delphine de Nucingen et sa fille Augusta, que la baronne commençait à montrer, ne s'aperçurent pas tout d'abord du changement qui se fit chez le baron. La mère et la fille ne voyaient monsieur de Nucingen que le matin au déjeuner et le soir au dîner, quand ils dînaient tous à la maison, ce qui n'arrivait qu'aux jours où Delphine avait du monde. Mais, au bout de deux mois, pris par une fièvre d'impatience et en proie à un état semblable à celui que donne la nostalgie, le baron, surpris de l'impuissance du million, maigrit et parut si profondément atteint, que Delphine espéra secrètement devenir veuve. Elle se mit à plaindre assez hypocritement son mari, et fit rentrer sa fille à l'intérieur. Elle assomma son mari de questions; il répondit comme répondent les Anglais attaqués du spleen, il ne répondit presque pas. Delphine de Nucingen donnait un grand dîner tous les dimanches. Elle avait pris ce jour-là pour recevoir, après avoir remarqué que, dans le grand monde, personne n'allait au spectacle, et que cette journée était assez généralement sans emploi. L'invasion des classes marchandes ou bourgeoises rend le dimanche presque aussi sot à Paris qu'il est ennuyeux à Londres. La baronne invita donc l'illustre Desplein à dîner pour pouvoir faire une consultation malgré le malade, car Nucingen disait se porter à merveille. Keller, Rastignac, de Marsay, du Tillet, tous les amis de la maison avaient fait comprendre à la baronne qu'un homme comme Nucingen ne devait pas mourir à l'improviste; ses immenses affaires exigeaient des précautions, il fallait savoir absolument à quoi s'en tenir. Ces messieurs furent priés à ce dîner, ainsi que le comte de Gondreville, beau-père de François Keller, le chevalier d'Espard, des Lupeaulx, le docteur Bianchon, celui de ses élèves que Desplein aimait le plus, Beaudenord et sa femme, le comte et la comtesse de Montcornet, Blondet, mademoiselle des Touches et Conti; puis enfin Lucien de Rubempré pour qui Rastignac avait, depuis cinq ans, conçu la plus vive amitié; mais *par ordre*, comme on dit en style d'affiches.

— Nous ne nous débarrasserons pas facilement de celui-là, dit Blondet à Rastignac quand il vit entrer dans le salon Lucien plus beau que jamais et mis d'une façon ravissante.

— Il vaut mieux s'en faire un ami, car il est redoutable, dit Rastignac.

— Lui? dit de Marsay. Je ne reconnais de redoutable que les gens dont la position est claire, et la sienne est plus inattaquée qu'inattaquable ! Voyons ! de quoi vit-il ? D'où lui vient sa fortune ? il a, j'en suis sûr, une soixantaine de mille francs de dettes.

— Il a trouvé dans un prêtre espagnol un protecteur fort riche, et qui lui veut du bien, répondit Rastignac.

— Il épouse mademoiselle de Grandlieu l'aînée, dit mademoiselle des Touches.

— Oui, mais, dit le chevalier d'Espard, on lui demande d'acheter une terre d'un revenu de trente mille francs pour assurer la fortune qu'il doit reconnaître à sa future, et il lui faut un million, ce qui ne se trouve sous le pied d'aucun Espagnol.

— C'est cher, car Clotilde est bien laide, dit la baronne en se donnant le genre d'appeler mademoiselle de Grandlieu par son petit nom, comme si elle, née Goriot, hantait cette société.

— Non, répliqua du Tillet, la fille d'une duchesse n'est jamais laide pour nous autres, surtout quand elle apporte le titre de marquis et un poste diplomatique.

— Je ne m'étonne plus de voir Lucien si grave. Il n'a pas le sou, peut-être, et il ne sait pas comment se tirer de cette position, reprit de Marsay.

— Oui, mais mademoiselle de Grandlieu l'adore, dit la comtesse de Montcornet, et, avec l'aide de la jeune personne, il aura peut-être de meilleures conditions.

— Que fera-t-il de sa sœur et de son beau-frère d'Angoulême ? demanda le chevalier d'Espard.

— Mais, répondit Rastignac, sa sœur est riche, et il l'appelle aujourd'hui madame Séchard de Marsac.

— S'il y a des difficultés, il est bien joli garçon, dit Bianchon en se levant pour saluer Lucien.

— Bonjour, cher ami, dit Rastignac en échangeant une chaleureuse poignée de main avec Lucien.

De Marsay salua froidement après avoir été salué le premier par Lucien.

Avant le dîner, Desplein et Bianchon, qui, tout en plaisantant le baron de Nucingen, l'examinaient, reconnurent que sa maladie était entièrement morale ; mais personne n'en put deviner la cause, tant il paraissait impossible que ce profond politique de la Bourse pût être amoureux. Quand Bianchon, en ne voyant plus que l'amour pour expliquer l'état pathologique du banquier, en dit deux mots à Delphine de Nucingen, elle sourit en femme qui depuis long-temps sait à quoi s'en tenir sur son mari. Après dîner cependant, quand on descendit au jardin, les intimes de la maison cernèrent le banquier et voulurent éclaircir ce cas extraordinaire en entendant Bianchon affirmer que Nucingen devait être amoureux.

— Savez-vous, baron, lui dit de Marsay, que vous avez maigri considérablement? et l'on vous soupçonne de violer les lois de la nature financière.

— *Chamais!* dit le baron.

— Mais si, répliqua de Marsay. On ose prétendre que vous êtes amoureux.

— *C'esde frai*, répondit piteusement Nucingen. *Chai zoubire abbrest kèque chausse t'ingonni.*

— Vous êtes amoureux, vous?... vous êtes un fat! dit le chevalier d'Espard.

— *Hédre hâmûreusse à mon hâche, cheu zai piène que rienne n'ai blis ritiquille; mai ké foullez-vûs? za y éde!*

— D'une femme du monde? demanda Lucien.

— Mais, dit de Marsay, le baron ne peut maigrir ainsi que pour un amour sans espoir, il a de quoi acheter toutes les femmes qui veulent ou qui peuvent se vendre.

— *Cheu neu la gonnès boind*, répondit le baron. *Et cheu buis fûs le tire buisque montame ti Nichingen ai tan lé salon. Chiskissi, cheu n'ai boin si ceu qu'edait l'amûre. L'amûre?... jeu groid que c'esd te maicrir.*

— Où l'avez-vous rencontrée, cette jeune innocente? demanda Rastignac.

— *An foidire, hâ minouitte, au pois de Finzennes.*

— Son signalement? dit de Marsay.

— *Eine jabot de casse plange, rope rosse, eine haigeharbe plange, foile planc... eine viguire fraiment piplique! Tes yeix de veu, eine tain t'Oriend.*

— Vous rêviez! dit en souriant Lucien.

— *C'est frai, cheu tormais gomme ein govre... ein govre blain*, dit-il en se reprenant, *gar zédaite en refenand te tinner à la gambagne te mon hâmi...*

— Était-elle seule? dit du Tillet en interrompant le Loup-cervier.

— *Ui,* dit le baron d'un ton dolent, *zauv cin heidicq terrière la foidire ed eine fâme te jampre...*

— Lucien a l'air de la connaître, s'écria Rastignac en saisissant un sourire de l'amant d'Esther.

— Qui est-ce qui ne connaît pas les femmes capables d'aller à minuit à la rencontre de Nucingen? dit Lucien en pirouettant.

— Enfin, ce n'est pas une femme qui aille dans le monde? demanda le chevalier d'Espard, car le baron aurait reconnu l'heiduque.

— *Che neu l'ai fue nille bard,* répondit le baron, *et foillà quarande chours queu cheu la vais gerger bar la bolice qui neu droufe bas.*

— Il vaut mieux qu'elle vous coûte quelques centaines de mille francs que de vous coûter la vie, et, à votre âge, une passion sans aliment est dangereuse, dit Desplein, on peut en mourir.

— *Ui,* répondit Nucingen à Desplein, *ce que che manche neu meu nurride boind, l'air me semple mordel. Che fais au pois te Finzennes, foir la blace i che l'ai fue!... Ed! foillà ma fie! Cheu n'ai bas pi m'oguiber tu ternier cimbrunt: cheu m'an sis rabbordé à mes gonvrères ki onte i biddié te moi... Bire ein million, che foudrais gonnèdre cedde phâmme, ch'y cagnerais, car cheu neu fais plis à la Pirse... Temantez à ti Dilet.*

— Oui, répondit du Tillet, il a le dégoût des affaires, il change, c'est signe de mort.

— *Zigne t'amûr,* reprit Nucingen, *bir moi, c'esde eine même chausse!*

La naïveté de ce vieillard, qui n'était plus Loup-cervier, et qui, pour la première fois de sa vie, apercevait quelque chose de plus saint et de plus sacré que l'or, émut cette compagnie de gens blasés : les uns échangèrent des sourires, les autres regardèrent Nucingen en exprimant cette pensée dans leur physionomie : Un homme si fort en arriver là!... Puis chacun revint au salon en causant de cet événement ; car ce fut un événement de nature à produire la plus grande sensation. Madame de Nucingen se mit à rire quand Lucien lui découvrit le secret du banquier ; mais en entendant les moqueries de sa femme, le baron la prit par le bras et l'emmena dans l'embrasure d'une fenêtre.

— *Montame,* lui dit-il à voix basse, *aiche chamai titte ein* mod té moguerie sir fos bassions, pir ké fis fis moguiez les miennes ? Eine ponne fame aiteraid son mari à ze direr t'avvaire sante sè móguer te lui, gomme fus le vaiddes...

D'après la description du vieux banquier, Lucien avait reconnu son Esther. Déjà très-fâché d'avoir vu son sourire remarqué, il profita du moment de causerie générale qui a lieu pendant le service du café pour disparaître.

— Qu'est donc devenu monsieur de Rubempré? dit la baronne de Nucingen.

— Il est fidèle à sa devise : *Quid me continebit?* répondit Rastignac.

— Ce qui veut dire : Qui peut me retenir ? ou : Je suis indomptable, à votre choix, reprit de Marsay.

— Il a laissé échapper un sourire au moment où monsieur le baron parlait de son inconnue, qui me ferait croire qu'elle est de sa connaissance, dit Horace Bianchon très-innocemment.

— *Pon!* se dit en lui-même le Loup-cervier.

Semblable à tous les malades désespérés, le baron acceptait tout ce qui paraissait être un espoir, et il se promit de faire espionner Lucien par d'autres gens que ceux de Louchard, le plus habile Garde du Commerce de Paris, à qui, depuis quinze jours, il s'était adressé.

Avant de se rendre chez Esther, Lucien devait aller à l'hôtel de Grandlieu passer les deux heures qui rendaient mademoiselle Clotilde-Frédérique de Grandlieu la fille la plus heureuse du faubourg Saint-Germain. La prudence qui caractérisait la conduite de ce jeune ambitieux lui conseilla d'instruire aussitôt Carlos Herrera de l'effet produit par le sourire que lui avait arraché le portrait d'Esther, tracé par le baron de Nucingen. L'amour du baron pour Esther, et l'idée qu'il avait eue de mettre la police à la recherche de son inconnue, étaient d'ailleurs des événements assez importants à communiquer à l'homme qui avait cherché sous la soutane l'asile que jadis les criminels trouvaient dans les églises. Et, de la rue Saint-Lazare, où demeurait en ce temps le banquier, à la rue Saint-Dominique, où se trouve l'hôtel de Grandlieu, le chemin de Lucien le menait devant son chez-soi du quai Malaquais. Lucien trouva l'abbé fumant son bréviaire, c'est-à-dire culottant une pipe avant de se coucher. Cet homme, plus étrange qu'étranger, avait fini par renoncer aux cigares espagnols, qu'il trouva trop doux.

— Ceci devient sérieux, répondit l'abbé quand Lucien lui eut tout raconté. Le baron, qui se sert de Louchard pour chercher la petite, aura bien l'esprit de mettre un recors à tes trousses, et tout serait connu. Je n'ai pas trop de la nuit et de la matinée pour préparer les cartes de la partie que je vais jouer contre ce baron, à qui je dois démontrer avant tout l'impuissance de la police. Quand notre loup-cervier aura perdu tout espoir de trouver sa brebis, je me charge de la lui vendre ce qu'elle vaut pour lui...

— Vendre Esther! s'écria Lucien dont le premier mouvement était toujours excellent.

— Tu oublies donc notre position? s'écria l'abbé.

Lucien baissa la tête.

— Plus d'argent, reprit le faux prêtre, et soixante mille francs de dettes à payer! Si tu veux épouser Clotilde de Grandlieu, tu dois acheter une terre d'un million pour assurer le douaire de ce laideron. Eh! bien, Esther est un gibier après lequel je vais faire courir ce loup-cervier de manière à le dégraisser d'un million. Ça me regarde...

— Esther ne voudra jamais...

— Ça me regarde.

— Elle en mourra.

— Ça regarde les Pompes Funèbres. D'ailleurs, après?... s'écria ce sauvage personnage en arrêtant les élégies de Lucien par la manière dont il se posa. — Combien y a-t-il de généraux morts à la fleur de l'âge pour l'empereur Napoléon? demanda-t-il à Lucien après un moment de silence. On trouve toujours des femmes! En 1821, pour toi, Coralie n'avait pas sa pareille; Esther ne s'en est pas moins rencontrée. Après cette fille viendra... sais-tu qui?... la femme inconnue! Voilà, de toutes les femmes, la plus belle, et tu la chercheras dans la capitale où le gendre du duc de Grandlieu sera ministre et représentera le roi de France... Et puis, dis donc, monsieur l'enfant, Esther en mourra-t-elle? Enfin, le mari de mademoiselle de Grandlieu peut-il conserver Esther? D'ailleurs, laisse-moi faire, tu n'as pas l'ennui de penser à tout : ça me regarde. Seulement tu te passeras d'Esther pour une semaine ou deux, et tu n'en iras pas moins rue Taitbout. Allons, va roucouler auprès de ta Grandlieu. Tu retrouveras Esther un peu triste, mais dis-lui d'obéir. Il s'agit de notre livrée de vertu, de nos casaques d'honnêteté, du paravent derrière lequel les grands cachent toutes leurs

26.

infamies... Il s'agit de mon beau *moi*, de toi qui ne dois jamais être soupçonné. Le hasard nous a mieux servis que ma pensée, qui, depuis deux mois, travaillait dans le vide.

En jetant ces terribles phrases une à une, comme des coups de pistolet, le faux abbé s'habillait et se disposait à sortir.

— Ta joie est visible, s'écria Lucien, tu n'as jamais aimé la pauvre Esther, et tu vois arriver avec délices le moment de t'en débarrasser...

— Tu ne t'es jamais lassé de l'aimer, n'est-ce pas?... Eh! bien, je ne me suis jamais lassé de l'exécrer. Mais n'ai-je pas agi toujours comme si j'étais attaché sincèrement à cette fille, moi qui, par Asie, tenais sa vie entre mes mains! Quelques mauvais champignons dans un ragoût, et tout eût été dit... Mademoiselle Esther vit, cependant!... elle est heureuse parce que tu l'aimes! Ne fais pas l'enfant. Voici quatre ans que nous attendons un hasard pour ou contre nous, eh! bien, il faut déployer plus que du talent pour éplucher le légume que nous jette aujourd'hui le sort : il y a dans ce coup de roulette du bon et du mauvais, comme dans tout. Sais-tu à quoi je pensais au moment où tu es entré?

— Non...

— A me rendre, ici comme à Barcelone, héritier d'une vieille dévote, à l'aide d'Asie...

— Un crime?...

— Il ne me restait plus que cette ressource pour assurer ton bonheur. Les créanciers se remuent. Une fois poursuivi par des huissiers et chassé de l'hôtel de Grandlieu, que serais-tu devenu? L'échéance du diable serait arrivée.

Le faux prêtre peignit par un geste le suicide d'un homme qui se jette à l'eau, puis il arrêta sur Lucien un de ces regards fixes et pénétrants qui font entrer la volonté des gens forts dans l'âme des gens faibles. Ce regard fascinateur, qui eut pour effet de détendre toute résistance, annonçait entre Lucien et le faux abbé, non seulement des secrets de vie et de mort, mais encore des sentiments aussi supérieurs aux sentiments ordinaires que cet homme l'était à la bassesse de sa position.

Contraint à vivre en dehors du monde où la loi lui interdisait à jamais de rentrer, épuisé par le vice et par de furieuses, par de terribles résistances, mais doué d'une force d'âme qui le rongeait, ce personnage ignoble et grand, obscur et célèbre, dévoré surtout d'une fièvre de vie, revivait dans le corps élégant de Lucien dont l'âme était devenue la sienne. Il se faisait représenter dans la vie sociale par ce poète, auquel il donnait sa consistance et sa volonté de fer. Pour lui, Lucien était plus qu'un fils, plus qu'une femme aimée, plus qu'une famille, plus que sa vie, il était sa vengeance ; aussi, comme les âmes fortes tiennent plus à un sentiment qu'à l'existence, se l'était-il attaché par des liens indissolubles. Après avoir acheté la vie de Lucien au moment où ce poète au désespoir faisait un pas vers le suicide, il lui avait proposé l'un de ces pactes infernaux qui ne se voient que dans les romans, mais dont la possibilité terrible a souvent été démontrée aux Assises par de célèbres drames judiciaires. En prodiguant à Lucien toutes les joies de la vie parisienne, en lui prouvant qu'il pouvait se créer encore un bel avenir, il en avait fait sa chose. Aucun sacrifice ne coûtait d'ailleurs à cet homme étrange, dès qu'il s'agissait de son second lui-même. Au milieu de sa force, il était si faible contre les fantaisies de sa créature qu'il avait fini par lui confier ses secrets. Peut-être fut-ce un lien de plus entre eux que cette complicité purement morale ? Depuis le jour où la Torpille fut enlevée, Lucien savait sur quelle horrible base reposait son bonheur. Cette soutane de prêtre espagnol cachait Jacques Collin, une des célébrités du bagne, et qui, dix ans auparavant, vivait sous le nom bourgeois de Vautrin dans la Maison Vauquer, où Rastignac et Bianchon se trouvèrent en pension. Jacques Collin, dit *Trompe-la-Mort,* presqu'aussitôt évadé de Rochefort qu'il y fut réintégré, mit à profit l'exemple donné par le fameux comte de Sainte-Hélène ; mais en modifiant tout ce que l'action hardie de Coignard eut de vicieux. Se substituer à un honnête homme et continuer la vie du forçat est une proposition dont les deux termes sont trop contradictoires pour qu'il ne s'en dégage pas un dénoûment funeste, à Paris surtout ; car, en s'implantant dans une famille, un condamné décuple les dangers de cette substitution. Pour être à l'abri de toute recherche, ne faut-il pas d'ailleurs se mettre plus haut que ne sont situés les intérêts ordinaires de la vie ? Un homme du monde est soumis à des hasards qui pèsent rarement sur les gens sans contact avec le monde. Aussi la soutane est-elle le plus sûr des déguisements, quand on peut le compléter par une vie exemplaire, solitaire et sans action. — Donc, je serai prêtre, se dit ce mort-civil qui voulait absolument revivre sous une forme sociale et satisfaire des passions aussi étranges que lui.

La guerre civile que la constitution de 1812 alluma en Espagne, où s'était rendu cet homme d'énergie, lui fournit les moyens de tuer secrètement le véritable Carlos Herrera dans une embuscade. Bâtard d'un grand seigneur et abandonné depuis long-temps par son père, ignorant à quelle femme il devait le jour, ce prêtre était chargé d'une mission politique en France par le roi Ferdinand VII, à qui un évêque l'avait proposé. L'évêque, le seul homme qui s'intéressât à Carlos Herrera, mourut pendant le voyage que cet enfant perdu de l'Église faisait de Cadix à Madrid et de Madrid en France. Heureux d'avoir rencontré cette individualité si désirée, et dans les conditions où il la voulait, Jacques Collin se fit des blessures au dos pour effacer les fatales lettres, et changea son visage à l'aide de réactifs chimiques. En se métamorphosant ainsi devant le cadavre du prêtre avant de l'anéantir, il put se donner quelque ressemblance avec son Sosie. Pour achever cette transmutation presque aussi merveilleuse que celle dont il est question dans ce conte arabe où le derviche a conquis le pouvoir d'entrer, lui vieux, dans un jeune corps par des paroles magiques, le forçat, qui parlait espagnol, apprit autant de latin qu'un prêtre andalou devait en savoir.

Banquier du Bagne, Collin était riche des dépôts confiés à sa probité connue, et forcée d'ailleurs : entre de tels associés, une erreur se solde à coups de poignard. A ces fonds, il joignit l'argent donné par l'évêque à Carlos Herrera. Avant de quitter l'Espagne, il put s'emparer du trésor d'une dévote de Barcelone à laquelle il donna l'absolution, en lui promettant d'opérer la restitution des sommes provenues d'un assassinat commis par elle, et d'où provenait sa fortune. Devenu prêtre, chargé d'une mission secrète qui devait lui valoir les plus puissantes recommandations à Paris, Jacques Collin, résolu à ne rien faire pour compromettre le caractère dont il s'était revêtu, s'abandonnait aux chances de sa nouvelle existence, quand il rencontra Lucien sur la route d'Angoulême à Paris. Ce garçon parut au faux abbé devoir être un merveilleux instrument de pouvoir ; il le sauva du suicide, en lui disant : — Donnez-vous à un homme de Dieu comme on se donne au diable, et vous aurez toutes les chances d'une nouvelle destinée. Vous vivrez comme en rêve, et le pire réveil sera la mort que vous vouliez vous donner... L'alliance de ces deux êtres, qui n'en devaient faire qu'un seul, reposa sur ce raisonnement plein de force, que l'abbé cimenta d'ailleurs par une complicité savamment amenée. Doué du génie de la corruption, il détruisit l'honnêteté de Lucien en le plongeant dans des nécessités cruelles et en l'en tirant par des consentements tacites à des actions mauvaises ou infâmes qui le laissaient toujours pur, loyal, noble aux yeux du monde. Lucien était la splendeur sociale à l'ombre de laquelle voulait vivre le faux abbé.

— Je suis l'auteur, tu seras le drame ; si tu ne réussis pas, c'est moi qui serai sifflé, lui dit-il le jour où il lui avoua le sacrilége de son déguisement.

Le faux prêtre alla prudemment d'aveu en aveu, mesurant l'infamie des confidences à la force de ses progrès et aux besoins de Lucien. Aussi, Trompe-la-Mort ne livra-t-il son dernier secret qu'au moment où l'habitude des jouissances parisiennes, les succès, la vanité satisfaite lui avaient asservi le corps et l'âme de ce poète si faible. Là où jadis Rastignac tenté par ce démon avait résisté, Lucien succomba, mieux manœuvré, plus savamment compromis, vaincu surtout par le bonheur d'avoir conquis une éminente position. Le Mal, dont la configuration poétique s'appelle le Diable, usa envers cet homme à moitié femme de ses plus attachantes séductions, et lui demanda peu d'abord en lui donnant beaucoup. Le grand argument de l'abbé fut cet éternel secret promis par Tartufe à Elmire. Les preuves réitérées d'un dévouement absolu, semblable à celui de Séide pour Mahomet, achevèrent cette œuvre horrible de la conquête de Lucien par Jacques Collin.

En ce moment, non-seulement Esther et Lucien avaient dévoré tous les fonds confiés à la probité du banquier des bagnes, qui s'exposait pour eux à de terribles redditions de comptes, mais encore le dandy, le prêtre et la courtisane avaient des dettes. Au moment où Lucien allait réussir, le plus petit caillou sous le pied d'un de ces trois êtres pouvait donc faire crouler le fantastique édifice d'une fortune si audacieusement bâtie. Au bal de l'Opéra, Rastignac avait reconnu le Vautrin de la Maison Vauquer, mais il se savait mort en cas d'indiscrétion, et Lucien échangeait avec l'amant de madame de Nucingen des regards où la peur se cachait de part et d'autre sous des semblants d'amitié. Aussi, dans le moment du danger, Rastignac aurait-il évidemment fourni avec le plus grand plaisir la voiture qui eût mené Trompe-la-Mort à l'échafaud. Chacun doit maintenant deviner de quelle sombre joie le faux abbé fut saisi en apprenant l'amour du baron Nucingen, et en saisissant dans une seule pensée tout le parti qu'un homme de sa trempe devait tirer de la pauvre Esther.

— Va, dit-il à Lucien, le diable protége son aumônier.

— Tu fumes sur une poudrière.

— *Incedo per ignes!* répondit le faux prêtre en souriant, c'est mon métier.

La maison de Grandlieu s'est partagée en deux branches vers le milieu du dernier siècle : d'abord la maison ducale condamnée à finir, puisque le duc actuel n'a eu que des filles ; puis les vicomtes de Grandlieu qui doivent hériter du titre et des armes de leur branche aînée. La branche ducale porte *de gueules, à trois doutlouères ou haches d'armes d'or mises en fasce*, avec le fameux CAVEO NON TIMEO ! pour devise, qui est toute l'histoire de cette maison. L'écusson des vicomtes est écartelé de Navarreins qui est *de gueules, à la fasce crenelée d'or*, et timbré du casque de chevalier avec : GRANDS FAITS, GRAND LIEU ! pour devise. La vicomtesse actuelle, veuve depuis 1813, a un fils et une fille. Quoique revenue quasi ruinée de l'émigration, elle a retrouvé, par suite du dévouement d'un avoué, de Derville, une fortune assez considérable. Rentrés en 1804, le duc et la duchesse de Grandlieu furent l'objet des coquetteries de l'empereur ; aussi Napoléon, qui les eut à sa cour, rendit-il tout ce qui se trouvait à la maison de Grandlieu dans le Domaine, environ quarante mille livres de rentes. De tous les grands seigneurs du faubourg Saint-Germain qui se laissèrent séduire par Napoléon, le duc et la duchesse (une Adjuda de la branche aînée, alliée aux Bragance) furent les seuls qui ne renièrent pas l'empereur ni ses bienfaits. Louis XVIII eut égard à cette fidélité lorsque le faubourg Saint-Germain en fit un crime aux Grandlieu ; mais peut-être, en ceci, Louis XVIII voulait-il uniquement taquiner MONSIEUR. On regardait comme probable le mariage du jeune vicomte de Grandlieu avec Marie-Athénaïs, la dernière fille du duc, alors âgée de neuf ans. Sabine, l'avant-dernière, épousa le baron du Guénic, après la Révolution de Juillet. Joséphine, la troisième, devint madame d'Adjuda-Pinto, quand le marquis perdit sa première femme, mademoiselle de Rochefide (*alias* Rochegude). L'aînée avait pris le voile en 1822. La seconde, mademoiselle Clotilde-Frédérique, en ce moment, à l'âge de vingt-sept ans, était profondément éprise de Lucien de Rubempré. Il ne faut pas demander si l'hôtel du duc de Grandlieu, l'un des plus beaux de la rue Saint-Dominique, exerçait mille prestiges sur l'esprit de Lucien ; toutes les fois que la porte immense tournait sur ses gonds pour laisser entrer son cabriolet, il éprouvait cette satisfaction de vanité dont a parlé Mirabeau.

— Quoique mon père ait été simple pharmacien à l'Houmeau, j'entre pourtant là...

Telle était sa pensée. Aussi eût-il commis bien d'autres crimes que ceux de son alliance avec Jacques Collin pour conserver le droit de monter les quelques marches du perron, pour s'entendre annoncer : — Monsieur de Rubempré! dans le grand salon à la Louis XIV, fait du temps de Louis XIV sur le modèle de ceux de Versailles, où se trouvait cette société d'élite, la *crème* de Paris, nommée alors *le petit château*. La noble Portugaise, une des femmes qui aimait le moins à sortir de chez elle, était la plupart du temps entourée de ses voisins les Chaulieu, les Navarreins, les Lenoncourt. Souvent la jolie baronne de Macumer (née Chaulieu), la duchesse de Maufrigneuse, madame d'Espard, madame de Camps, mademoiselle des Touches, alliée aux Grandlieu qui sont de Bretagne, se trouvaient en visite, allant au bal ou revenant de l'Opéra. Le vicomte de Grandlieu, le duc de Rhétoré, le marquis de Chaulieu, qui devait être un jour duc de Lenoncourt-Chaulieu, sa femme Madeleine de Mortsauf, petite-fille du duc de Lenoncourt, le marquis d'Adjuda-Pinto, le prince de Blamont-Chauvry, le marquis de Beauséant, le vidame de Pamiers, les Vandenesse, le vieux prince de Cadignan et son fils le duc de Maufrigneuse, étaient les habitués de ce salon grandiose où l'on respirait l'air de la cour, où les manières, le ton, l'esprit s'harmoniaient à la noblesse des maîtres, dont la grande tenue aristocratique avait fini par faire oublier leur servage napoléonien. La vieille duchesse d'Uxelles, la mère de la duchesse de Maufrigneuse, était l'oracle de ce salon, où madame de Sérizy n'avait jamais pu se faire admettre, quoique née de Ronquerolles. Amené par madame de Maufrigneuse, qui avait fait agir sa mère, Lucien s'y maintenait, grâce à l'influence de la Grande Aumônerie de France et à l'aide de l'archevêque de Paris. Il ne fut présenté toutefois qu'après avoir obtenu l'ordonnance qui lui rendit le nom et les armes de la maison de Rubempré. Le duc de Rhétoré, le chevalier d'Espard, quelques autres encore, jaloux de Lucien, indisposaient périodiquement contre lui le duc de Grandlieu en lui racontant des anecdotes prises aux antécédents de

Lucien ; mais la dévote duchesse, entourée déjà par les sommités de l'Église, et Clotilde de Grandlieu le soutinrent. Lucien expliqua d'ailleurs ces inimitiés par son aventure avec la cousine de madame d'Espard, madame de Bargeton, devenue comtesse Châtelet. Puis, en sentant la nécessité de se faire adopter par une famille si puissante, et poussé par son conseil intime à séduire Clotilde, Lucien eut le courage des parvenus : il vint là cinq jours sur les sept de la semaine, il avala gracieusement les couleuvres de l'envie, il soutint les regards impertinents, il répondit spirituellement aux railleries. Son assiduité, le charme de ses manières, sa complaisance finirent par neutraliser les scrupules et par amoindrir les obstacles. Reçu chez la duchesse de Maufrigneuse, chez madame de Sérizy, chez mademoiselle des Touches, Lucien, content d'être admis dans ces trois maisons, apprit de l'abbé à mettre la plus grande réserve dans ses relations.

— On ne peut pas se dévouer à plusieurs maisons à la fois, lui disait son conseiller intime. Qui va partout ne trouve d'intérêt vif nulle part. Les grands ne protégent que ceux qui rivalisent avec leurs meubles, ceux qu'ils voient tous les jours, et qui savent leur devenir quelque chose de nécessaire, comme le divan sur lequel on s'assied.

Habitué à regarder le salon des Grandlieu comme son champ de bataille, Lucien réservait son esprit, ses bons mots, les nouvelles et ses grâces de courtisan pour le temps qu'il y passait le soir. Insinuant, caressant, prévenu par Clotilde des écueils à éviter, il flattait les petites passions de monsieur de Grandlieu. Après avoir commencé par envier le bonheur de la duchesse de Maufrigneuse, Clotilde devint éperdument amoureuse de Lucien. En apercevant tous les avantages d'une pareille alliance, Lucien joua son rôle d'amoureux comme l'eût joué Armand, le dernier jeune premier de la Comédie Française. Lucien allait à la messe à Saint-Thomas-d'Aquin tous les dimanches, il se donnait pour fervent catholique, il se livrait à des prédications monarchiques et religieuses qui faisaient merveilles. Il écrivait d'ailleurs dans les journaux dévoués à la Congrégation des articles excessivement remarquables, sans vouloir en recevoir aucun prix, sans y mettre d'autre signature qu'un L. Il fit des brochures politiques, demandées ou par le roi Charles X, ou par la Grande Aumônerie, sans exiger la moindre récompense.

— Le roi, disait-il, a déjà tant fait pour moi, que je lui dois mon sang.

Aussi, depuis quelques jours, était-il question d'attacher Lucien au cabinet du premier ministre en qualité de secrétaire particulier ; mais madame d'Espard mit tant de gens en campagne contre Lucien, que le maître Jacques de Charles X hésitait à prendre cette résolution. Non-seulement la position de Lucien n'était pas assez nette, et ces mots : De quoi vit-il ? que chacun avait sur les lèvres à mesure qu'il s'élevait, demandaient une réponse ; mais encore la curiosité bienveillante comme la curiosité malicieuse allaient d'investigations en investigations, et trouvaient plus d'un défaut à la cuirasse de cet ambitieux. Clotilde de Grandlieu servait à son père et à sa mère d'espion innocent. Quelques jours auparavant, elle avait pris Lucien pour causer dans l'embrasure d'une fenêtre, et l'instruire des objections de la famille.

— Ayez une terre d'un million, et vous aurez ma main, telle a été la réponse de ma mère, avait dit Clotilde.

— Ils te demanderont plus tard d'où provient ton argent ! avait dit l'abbé à Lucien quand Lucien lui reporta ce prétendu dernier mot.

— Mon beau-frère doit avoir fait fortune, s'écria Lucien, nous aurons en lui un éditeur responsable.

— Il ne manque donc plus que le million, s'était écrié l'abbé, j'y songerai.

Pour bien expliquer la position de Lucien à l'hôtel de Grandlieu, jamais il n'y avait dîné. Ni Clotilde, ni la duchesse d'Uxelles, ni madame de Maufrigneuse, qui resta toujours excellente pour Lucien, ne purent obtenir du vieux duc cette faveur, tant le gentilhomme conservait de défiance sur celui qu'il appelait le sire de Rubempré. Cette nuance, aperçue par toute la société de ce salon, causait de vives blessures à l'amour-propre de Lucien, qui s'y sentait seulement toléré. Le monde a le droit d'être exigeant, il est si souvent trompé ! Faire figure à Paris sans avoir une fortune connue, sans une industrie avouée, est une position que nul artifice ne peut rendre pendant long-temps soutenable. Aussi, Lucien, en s'élevant, donnait-il une force excessive à cette objection : — De quoi vit-il ? Il avait été forcé de dire chez madame Sérizy, à laquelle il devait l'appui du Procureur-général Grandville et d'un ministre d'État, le comte Octave de Bauvan, président à une cour souveraine : — Je m'endette horriblement.

En entrant dans la cour de l'hôtel où se trouvait la légitimation de ses vanités, il se disait avec amertume, en pensant à la délibération de Trompe-la-Mort : — J'entends tout craquer sous mes pieds !

Il aimait Esther, et il voulait mademoiselle de Grandlieu pour femme ! Étrange situation ! Il fallait vendre l'une pour avoir l'autre. Un seul homme pouvait faire ce trafic sans que l'honneur de Lucien en souffrît, cet homme était Jacques Collin : ne devaient-ils pas être aussi discrets l'un que l'autre, l'un envers l'autre ? On n'a pas dans la vie deux pactes de ce genre où chacun est tour à tour dominateur et dominé. Lucien chassa les nuages qui obscurcissaient son front, il entra gai, radieux dans les salons de l'hôtel de Grandlieu. En ce moment, les fenêtres étaient ouvertes, les senteurs du jardin parfumaient le salon, la jardinière qui en occupait le milieu offrait aux regards sa pyramide de fleurs. La duchesse, assise dans un coin, sur un sofa, causait avec la duchesse de Chaulieu. Plusieurs femmes composaient un groupe remarquable par diverses attitudes empreintes des différentes expressions que chacune d'elles donnait à une douleur jouée. Dans le monde, personne ne s'intéresse à un malheur ni à une souffrance, tout y est parole. Les hommes se promenaient dans le salon, ou dans le jardin. Clotilde et Joséphine s'occupaient autour de la table à thé. Le vidame de Pamiers, le duc de Grandlieu, le marquis d'Adjuda-Pinto, le duc de Maufrigneuse, faisaient leur wisk (*sic*) dans un coin.

Quand Lucien fut annoncé, il traversa le salon et alla saluer la duchesse, à laquelle il demanda raison de l'affliction peinte sur son visage.

— Madame de Chaulieu vient de recevoir une affreuse nouvelle : son gendre, le baron de Macumer, l'ex-duc de Soria, vient de mourir. Le jeune duc de Soria et sa femme, qui étaient allés à Chantepleurs y soigner leur frère, ont écrit ce triste événement. Louise est dans un état navrant.

— Une femme n'est pas deux fois aimée dans sa vie comme Louise l'était par son mari, dit Madeleine de Mortsauf.

— Ce sera une riche veuve, reprit la vieille duchesse d'Uxelles en regardant Lucien dont le visage garda son impassibilité.

— Pauvre Louise, fit madame d'Espard, je la comprends et je la plains.

La marquise d'Espard eut l'air songeur d'une femme pleine

d'âme et de cœur. Quoique Sabine de Grandlieu n'eût que dix ans, elle leva sur sa mère un œil intelligent dont le regard presque moqueur fut réprimé par un coup d'œil de sa mère. C'est ce qui s'appelle bien élever ses enfants.

— Si ma fille résiste à ce coup-là, dit madame de Chaulieu de l'air le plus maternel, son avenir m'inquiétera. Louise est très-romanesque.

— Je ne sais pas, dit la vieille duchesse d'Uxelles, de qui nos filles ont pris ce caractère-là ?...

— Il est difficile, dit un vieux cardinal, de concilier aujourd'hui le cœur et les convenances.

Lucien, qui n'avait pas un mot à dire, alla vers la table à thé, faire ses compliments à mesdemoiselles de Grandlieu. Quand le poète fut à quelques pas du groupe de femmes, la marquise d'Espard se pencha pour pouvoir parler à l'oreille de la duchesse de Grandlieu.

— Vous croyez donc que ce garçon-là aime beaucoup votre chère Clotilde? lui dit-elle.

La perfidie de cette interrogation ne peut être comprise qu'après l'esquisse de Clotilde. Cette jeune personne, de vingt-sept ans était alors debout. Cette attitude permettait au regard moqueur de la marquise d'Espard d'embrasser la taille sèche et mince de Clotilde qui ressemblait parfaitement à une asperge. Le corsage de la pauvre fille était si plat qu'il n'admettait pas les ressources coloniales de ce que les modistes appellent des fichus menteurs. Aussi Clotilde, qui se savait de suffisants avantages dans son nom, loin de prendre la peine de déguiser ce défaut, le faisait-elle héroïquement ressortir. En se serrant dans ses robes, elle obtenait l'effet du dessin roide et net que les sculpteurs du Moyen-Age ont cherché dans leurs statuettes dont le profil tranche sur le fond des niches où ils les ont mises dans les cathédrales. Clotilde avait cinq pieds quatre pouces. S'il est permis de se servir d'une expression familière qui, du moins, a le mérite de bien se faire comprendre, elle était tout jambes. Ce défaut de proportion donnait à son buste quelque chose de difforme. Brune de teint, les cheveux noirs et durs, les sourcils très-fournis, les yeux ardents et encadrés dans des orbites déjà charbonnées, la figure arquée comme un premier quartier de lune et dominée par un front proéminent, elle offrait la caricature de sa mère, l'une des plus belles femmes du Portugal.

La nature se plaît à ces jeux-là. On voit souvent, dans les familles, une sœur d'une beauté surprenante et dont les traits offrent, chez le frère, une laideur achevée, quoique tous deux se ressemblent. Clotilde avait sur sa bouche, excessivement rentrée, une expression de dédain stéréotypée. Aussi ses lèvres dénonçaient-elles plus que tout autre trait de son visage les secrets mouvements de son cœur, car l'affection leur imprimait une expression charmante, et d'autant plus remarquable que ses joues trop brunes pour rougir, que ses yeux noirs toujours durs ne disaient jamais rien. Malgré tant de désavantages, malgré sa prestance de planche, elle tenait de son éducation et de sa race un air de grandeur, une contenance fière, enfin tout ce qu'on a nommé si justement le *je ne sais quoi*, peut-être dû à la franchise de son costume, et qui signalait en elle une fille de bonne maison. Elle tirait parti de ses cheveux, dont la force, le nombre et la longueur pouvaient passer pour une beauté. Sa voix, qu'elle avait cultivée, jetait des charmes. Elle chantait à ravir. Clotilde était bien la jeune personne dont on dit : Elle a de beaux yeux, ou — Elle a un charmant caractère ! A quelqu'un qui lui disait à l'anglaise : Votre Grâce, elle répondit : Appelez-moi Votre Minceur.

— Pourquoi n'aimerait-on pas ma pauvre Clotilde ? répondit la duchesse à la marquise. Savez-vous ce qu'elle me disait hier ? « Si je suis aimée par ambition, je me charge de me faire aimer pour moi-même ! » Elle est spirituelle et ambitieuse, il y a des hommes à qui ces deux qualités plaisent. Quant à lui, ma chère, il est beau comme un rêve ; et s'il peut racheter la terre de Rubempré, le roi lui rendra, par égard pour nous, le titre de marquis... Après tout, sa mère est la dernière Rubempré...

— Pauvre garçon, où prendra-t-il un million ? dit la marquise.

— Ceci n'est pas notre affaire, reprit la duchesse ; mais, à coup sûr, il est incapable de le voler... Et, d'ailleurs, nous ne donnerions pas Clotilde à un intrigant ni à un malhonnête homme, fût-il beau, fût-il poète et jeune comme monsieur de Rubempré.

— Vous venez tard, dit Clotilde en souriant avec une grâce infinie à Lucien.

— Oui, j'ai dîné en ville.

— Vous allez beaucoup dans le monde depuis quelques jours, dit-elle en cachant sa jalousie et ses inquiétudes sous un sourire.

— Dans le monde ?... reprit Lucien, non, j'ai seulement, par le plus grand des hasards, dîné toute la semaine chez des banquiers; aujourd'hui chez Nucingen, hier chez du Tillet, et avant-hier chez les Keller...

On voit que Lucien avait bien su prendre le ton de spirituelle impertinence des grands seigneurs.

— Vous avez bien des ennemis, lui dit Clotilde en lui présentant une tasse de thé. On est venu dire à mon père que vous jouissiez de soixante mille francs de dettes, que d'ici à quelque temps vous auriez Sainte-Pélagie pour château de plaisance. Et si vous saviez ce que toutes ces calomnies me valent... Tout cela tombe sur moi. Je ne vous parle pas de ce que je souffre (mon père a des regards qui me crucifient), mais de ce que vous devez souffrir, si cela se trouvait, le moins du monde, vrai...

— Ne vous préoccupez point de ces niaiseries, aimez-moi comme je vous aime, et faites-moi crédit de quelques mois, répondit Lucien en replaçant sa tasse vide sur le plateau d'argent ciselé.

— Ne vous montrez pas à mon père, il vous dirait quelque impertinence; et comme vous ne la souffririez pas, nous serions perdus... Cette méchante marquise d'Espard lui a dit que votre mère avait gardé les femmes en couche, et que votre sœur était repasseuse...

— Nous avons été dans la plus profonde misère, répondit Lucien à qui des larmes vinrent aux yeux. Ceci n'est pas de la calomnie, mais de la bonne médisance. Aujourd'hui ma sœur est plus que millionnaire, et ma mère est morte depuis deux ans..... On avait réservé ces renseignements pour le moment où je serais sur le point de réussir ici...

— Mais qu'avez-vous fait à madame d'Espard?

— J'ai eu l'imprudence de raconter plaisamment, chez madame de Sérizy, devant monsieur de Grandville, l'histoire du procès qu'elle faisait à son mari pour en obtenir l'interdiction et qui m'avait été confié par Bianchon. L'opinion de monsieur de Grandville a fait changer celle du Garde-des-sceaux. L'un et l'autre, ils ont reculé devant la *Gazette des Tribunaux*, devant le scandale, et la marquise a eu sur les doigts dans les motifs du jugement qui a mis fin à cette horrible affaire. Si monsieur de Sérizy a commis une indiscrétion qui m'a fait de la marquise une ennemie mortelle, j'y ai gagné sa protection, celle du Procureur général et du comte Octave de Bauvan, à qui madame de Sérizy a dit le péril où ils m'avaient mis en laissant apercevoir la source d'où venaient leurs renseignements. Monsieur le marquis d'Espard a eu la maladresse de me faire une visite en me regardant comme la cause du gain de cet infâme procès.

— Je vais nous délivrer de madame d'Espard, dit Clotilde.

— Eh! comment? s'écria Lucien.

— Ma mère invitera les petits d'Espard qui sont charmants et déjà bien grands. Le père et ses deux fils chanteront ici vos louanges, nous sommes bien sûrs de ne jamais voir leur mère...

— Oh! Clotilde, vous êtes adorable, et si je ne vous aimais pas pour vous-même, je vous aimerais pour votre esprit.

— Ce n'est pas de l'esprit, dit-elle en mettant tout son amour sur ses lèvres. Adieu. Soyez quelques jours sans venir. Quand vous me verrez à Saint-Thomas-d'Aquin avec une écharpe rose, mon père aura changé d'humeur.

Cette jeune personne avait évidemment plus de vingt-sept ans.

Lucien prit un fiacre à la rue de la Planche, le quitta sur les boulevards, en prit un autre à la Madeleine et lui recommanda de demander la porte rue Taitbout. A onze heures, en entrant chez Esther, il la trouva tout en pleurs, mais mise comme elle se mettait pour lui faire fête! Elle attendait son Lucien couchée sur un divan de satin blanc broché de fleurs jaunes, vêtue d'un délicieux peignoir en mousseline des Indes, à nœuds de rubans couleur cerise, sans corset, les cheveux simplement attachés sur sa tête, les pieds dans de jolies pantoufles de velours doublées de satin cerise, toutes les bougies allumées et le houka prêt; mais elle n'avait pas fumé le sien, qui restait sans feu devant elle, comme un indice de sa situation. En entendant ouvrir les portes, elle essuya ses larmes, bondit comme une gazelle et enveloppa Lucien de ses bras comme un tissu qui, saisi par le vent, s'entortillerait à un arbre.

— Séparés, dit-elle, est-il vrai?...

— Bah! pour quelques jours, répondit Lucien.

Esther lâcha Lucien et retomba sur le divan comme morte. En ces situations, la plupart des femmes babillent comme des perroquets! Ah! elles vous aiment!... Après cinq ans, elles sont au lendemain de leur premier jour de bonheur, elles ne peuvent pas vous quitter, elles sont sublimes d'indignation, de désespoir, d'amour, de colère, de regrets, de terreur, de chagrin, de pressentiments! Enfin, elles sont belles comme une scène de Shakspeare.

Mais, sachez-le bien ! ces femmes-là n'aiment pas. Quand elles sont tout ce qu'elles disent être, quand enfin elles aiment véritablement, elles font comme fit Esther, comme font les enfants, comme fait le véritable amour : Esther ne disait pas une parole, elle gisait la face dans les coussins, et pleurait à chaudes larmes. Lucien, lui, s'efforçait de soulever Esther et lui parlait.

— Mais, enfant, nous ne sommes pas séparés... Comment, après bientôt quatre ans de bonheur, voilà ta manière de prendre une absence ? Eh ! qu'ai-je donc fait à toutes ces filles-là ?... se dit-il en se souvenant d'avoir été aimé ainsi par Coralie.

— Ah ! monsieur, vous êtes bien beau, dit Europe.

Les sens ont leur beau idéal. Quand à ce beau si séduisant se joignent la douceur de caractère, la poésie qui distinguaient Lucien, on peut concevoir la folle passion de ces créatures éminemment sensibles aux dons naturels extérieurs, et si naïves dans leur admiration. Esther sanglotait doucement, et restait dans une pose où se trahissait une extrême douleur.

— Mais, petite bête, dit Lucien, ne t'a-t-on pas dit qu'il s'agissait de ma vie !...

A ce mot dit exprès par Lucien, Esther se dressa comme une bête fauve, ses cheveux dénoués entourèrent sa sublime figure comme d'un feuillage. Elle regarda Lucien d'un œil fixe.

— De ta vie !... s'écria-t-elle en levant les bras et les laissant retomber par un geste qui n'appartient qu'aux filles en danger. Mais c'est vrai, le mot de ce sauvage parle de choses graves.

Elle tira de sa ceinture un méchant papier, mais elle vit Europe, et lui dit : — Laisse-nous, ma fille.

Quand Europe eut fermé la porte : — Tiens, voici ce qu'*il* m'écrit, reprit-elle en tendant à Lucien une lettre que l'abbé venait d'envoyer et que Lucien lut à haute voix.

« Vous partirez demain à cinq heures du matin, on vous con-
» duira chez un Garde au fond de la forêt de Saint-Germain, vous
» y occuperez une chambre au premier étage. Ne sortez pas de
» cette chambre jusqu'à ce que je le permette, vous n'y manque-
» rez de rien. Le Garde et sa femme sont sûrs. N'écrivez pas à Lu-
» cien. Ne vous mettez pas à la fenêtre pendant le jour ; mais vous
» pouvez vous promener pendant la nuit sous la conduite du Garde,
» si vous avez envie de marcher. Tenez les stores baissés pendant
» la route : il s'agit de la vie de Lucien.

» Lucien viendra ce soir vous dire adieu, brûlez ceci devant
» lui... »

Lucien brûla sur-le-champ ce billet à la flamme d'une bougie.

— Écoute, mon Lucien, dit Esther après avoir entendu la lecture de ce billet comme un criminel écoute celle de son arrêt de mort, je ne te dirai pas que je t'aime, ce serait une bêtise.... Voici cinq ans bientôt qu'il me semble aussi naturel de t'aimer que de respirer, de vivre.... Le premier jour où mon bonheur a commencé sous la protection de cet être inexplicable, qui m'a mise ici comme on met une petite bête curieuse dans une cage, j'ai su que tu devais te marier. Le mariage est un élément nécessaire de ta destinée, et Dieu me garde d'arrêter les développements de ta fortune. Ce mariage est ma mort. Mais je ne t'ennuierai point; je ne ferai pas comme les grisettes qui se tuent à l'aide d'un réchaud de charbon, j'en ai eu assez d'une fois; et, deux fois, ça écœure, comme dit Mariette. Non : je m'en irai bien loin, hors de France. Asie a des secrets de son pays, elle m'a promis de m'apprendre à mourir tranquillement. On se pique, paf! tout est fini. Je ne demande qu'une seule chose, mon ange adoré, c'est de ne pas être trompée. J'ai mon compte de la vie : j'ai eu, depuis le jour où je t'ai vu, en 1824, jusqu'aujourd'hui, plus de bonheur qu'il n'en tient dans dix existences de femmes heureuses. Ainsi, prends-moi pour ce que je suis : une femme aussi forte que faible. Dis-moi : « Je me marie. » Je ne te demande plus qu'un adieu bien tendre, et tu n'entendras plus jamais parler de moi.

Il y eut un moment de silence après cette déclaration, dont la sincérité ne peut se comparer qu'à la naïveté des gestes et de l'accent.

— S'agit-il de ton mariage? dit-elle en plongeant un de ses regards fascinateurs et brillants comme la lame d'un poignard dans les yeux bleus de Lucien.

— Voici dix-huit mois que nous travaillons à mon mariage, et il n'est pas encore conclu, répondit Lucien, je ne sais pas quand il pourra se conclure; mais il ne s'agit pas de cela, ma chère petite... il s'agit de l'abbé, de moi, de toi... nous sommes sérieusement menacés... Nucingen t'a vue...

— Oui, dit-elle, à Vincennes, il m'a donc reconnue?...

— Non, répondit Lucien, mais il est amoureux de toi à en perdre sa caisse. Après dîner, quand il t'a dépeinte en parlant de votre rencontre, j'ai laissé échapper un sourire involontaire, imprudent, car je suis au milieu du monde comme le sauvage au milieu des piéges d'une tribu ennemie. L'abbé, qui m'évite la peine de penser, trouve cette situation dangereuse, il se charge de rouer Nucingen si Nucingen s'avise de nous espionner, et le baron en est bien capable; il m'a parlé de l'impuissance de la police. Tu as allumé un incendie dans une vieille cheminée pleine de suie...

— Et que veut faire l'abbé? dit Esther tout doucement.

— Je n'en sais rien, il m'a dit de dormir sur mes deux oreilles, répondit Lucien sans oser regarder Esther.

— S'il en est ainsi, j'obéis avec cette soumission canine dont je fais profession, dit Esther qui passa son bras à celui de Lucien et l'emmena dans sa chambre en lui disant : — As-tu bien dîné, mon Lulu, chez cet infâme Nucingen?

— La cuisine d'Asie empêche de trouver un dîner bon, quelque célèbre que soit le chef de la maison où l'on dîne ; mais Carême avait fait le dîner comme tous les dimanches.

Lucien comparait involontairement Esther à Clotilde. La maîtresse était si belle, si constamment charmante qu'elle n'avait pas encore laissé approcher le monstre qui dévore les plus robustes amours : *la satiété !*

— Quel dommage, se dit-il, de trouver sa femme en deux volumes ! d'un côté, la poésie, la volupté, l'amour, le dévouement, la beauté, la gentillesse.....

Esther furetait comme furètent les femmes avant de se coucher, elle allait et revenait, elle papillonnait en chantant. Vous eussiez dit d'un colibri.

— ... De l'autre, la noblesse du nom, la race, les honneurs, le rang, la science du monde!... Et aucun moyen de les réunir en une seule personne ! s'écria Lucien.

Le lendemain, à sept heures du matin, en s'éveillant dans cette charmante chambre rose et blanche, le poëte se trouva seul. Quand il eut sonné, la fantastique Europe accourut.

— Que veut monsieur ?

— Esther !

— Madame est partie à quatre heures trois quarts. D'après les ordres de monsieur l'abbé, j'ai reçu franc de port un nouveau visage.

— Une femme ?...

— Non, monsieur, une Anglaise... une de ces femmes qui vont en journée la nuit, et nous avons ordre de la traiter comme si c'était madame ; qu'est-ce que monsieur veut en faire ?... Pauvre Madame, elle s'est mise à pleurer quand elle est montée en voiture... « Enfin, il le faut !... s'est-elle écriée. J'ai quitté ce pauvre chat pendant qu'il dormait, m'a-t-elle dit en essuyant ses larmes ; Europe, s'il m'avait regardée ou s'il avait prononcé mon nom, je serais restée, quitte à mourir avec lui... » Tenez, monsieur, j'aime tant madame, que je ne lui ai pas montré sa remplaçante, il y a bien des femmes de chambre qui lui en auraient donné le crève-cœur.

— L'inconnue est donc là ?...

— Mais, monsieur, elle était dans la voiture qui a emmené madame, et je l'ai cachée dans ma chambre.

— Est-elle bien ?

— Aussi bien que peut l'être une femme d'occasion, fit Europe, mais elle n'aura pas de peine à jouer son rôle, si monsieur y met du sien.

Après ce sarcasme, Europe alla chercher la fausse Esther.

La veille, avant de se coucher, le tout-puissant banquier avait donné ses ordres à son valet de chambre qui, dès sept heures, introduisait le fameux Louchard, le plus habile des Gardes du Commerce dans un petit salon où vint le baron en robe de chambre et en pantoufles...

— *Fus fus êdes mogué te moi !* dit-il en réponse aux salutations du Garde.

— Ça ne pouvait pas être autrement, monsieur le baron. Je tiens à ma Charge, et j'ai eu l'honneur de vous dire que je ne pouvais pas me mêler d'une affaire étrangère à mes fonctions. Que vous ai-je promis ? de vous mettre en relation avec celui de nos agents qui m'a paru le plus capable de vous servir. Mais monsieur le baron connaît les démarcations qui existent entre les gens de différents métiers... Quand on bâtit une maison, on ne fait pas faire à un menuisier ce qui regarde le serrurier. Eh ! bien, il y a deux polices : la Police Politique, la Police Judiciaire. Jamais les agents de la Police Judiciaire ne se mêlent de Police Politique, *et vice versa*. Si vous vous adressiez au chef de la Police Politique, il lui faudrait une autorisation du ministre pour s'occuper de votre affaire, et vous n'oseriez pas l'expliquer au Directeur-général de la police du Royaume. Un agent qui ferait de la police pour son compte perdrait sa place. Or, la Police Judiciaire est tout aussi circonspecte que la Police Politique. Ainsi personne, au Ministère de l'Intérieur ou à la Préfecture, ne marche que dans l'intérêt de l'État ou dans l'intérêt de la Justice. S'agit-il d'un complot ou d'un crime, eh! mon Dieu, les chefs vont être à vos ordres ; mais comprenez donc, monsieur le baron, qu'ils ont d'autres chats à fouetter que de s'occuper des cinquante mille amourettes de Paris. Quant à nous autres, nous ne devons nous mêler que de l'arrestation des débiteurs ; et, dès qu'il s'agit d'autre chose, nous nous exposons énormément dans le cas où nous troublerions la tranquillité de qui que ce soit. Je vous ai envoyé un de mes gens, mais en vous disant que je n'en répondais pas; vous lui avez dit de vous trouver une femme dans Paris, Contenson vous a *carotté* un billet de mille, sans seulement se déranger. Autant valait chercher une aiguille dans la rivière que de chercher dans Paris une femme soupçonnée d'aller au bois de Vincennes, et dont le signalement ressemblait à celui de toutes les jolies femmes de Paris.

— *Gondanzon* (Contenson), dit le baron, *ne bouffait-ile bas me tire la féridé, au lier te me garodder ein pilet te mile vrancs?*

— Écoutez, monsieur le baron, dit Louchard, voulez-vous me donner mille écus, je vais vous donner... vous vendre un conseil.

— *Faud-il mile égus te gouzeil?* demanda Nucingen.

— Je ne me laisse pas attraper, monsieur le baron, répondit Louchard. Vous êtes amoureux, vous voulez découvrir l'objet de votre passion, vous en séchez comme une laitue sans eau. Il est venu chez vous hier, m'a dit votre valet de chambre, deux médecins qui vous trouvent en danger; moi seul puis vous mettre entre les mains d'un homme habile... Eh! que diable! si votre vie ne valait pas mille écus...

— *Tiddes-moi le nom de cedde ôme hapile, et gondez sir ma chénérosité!*

Louchard prit son chapeau, salua, s'en alla.

— *Tiaple t'homme!* s'écria Nucingen, *fennez?... dennez...*

— Prenez garde, dit Louchard avant de prendre l'argent, que je vous vends purement et simplement un renseignement. Je vous donnerai le nom, l'adresse du seul homme capable de vous servir, mais c'est un maître...

— *Fa de vaire viche!* s'écria Nucingen, *il n'y a que le nom te Rotschild qui faille mile égus, ed encore quant ille elle zigné au pas t'ein pilet... — Ch'ovre mile vrancs?*

Louchard, petit finaud qui n'avait pu traiter d'aucune charge d'avoué, de notaire, d'huissier, ni d'agréé, guigna le baron d'une manière significative.

— Pour vous, c'est mille écus ou rien, vous les reprendrez en quelques secondes à la Bourse, lui dit-il.

— *Ch'ovre mile vrans!...* répéta le baron.

— Vous marchanderiez une mine d'or! dit Louchard en saluant et se retirant.

— *Ch'aurai l'attresse pir ein pilet te sainte sant vrans*, s'écria le baron qui dit à son valet de chambre de lui envoyer son secrétaire.

Turcaret n'existe plus. Aujourd'hui le plus grand comme le plus petit banquier déploie son astuce dans les moindres choses : il marchande les arts, la bienfaisance, l'amour, il marchanderait au pape une absolution. Ainsi, en écoutant parler Louchard, Nucingen avait rapidement pensé que Contenson, étant le bras droit du Garde du Commerce, devait savoir l'adresse de ce Maître en espionnage. Contenson lâcherait pour cinq cents francs ce que Louchard voulait vendre mille écus. Cette rapide combinaison prouve énergiquement que si le cœur de cet homme était envahi par l'amour, la tête restait encore celle d'un Loup-cervier.

— *Hâlez, fis même, mennesier*, dit le baron à son secrétaire, *ghez Gondanzon, l'esbion te Lichard le Carte ti Gommerce, maisse hâlez an gapriotedde, pien fidde, et hamnez-leu eingondinend. Chattends!... Vus basserez bar la borde ti chartin. — Foissi la glef, — gar il edde idile que berzonne ne foye ced homme-là ghez moi. Fous l'indrotuirez tans la bedite paffillon ti chartin. Dâgez te vaire ma gommission afec indellichance.*

On vint parler d'affaires à Nucingen ; mais il attendait Contenson, il rêvait d'Esther, il se disait qu'avant peu de temps il reverrait la femme à laquelle il avait dû des émotions inespérées. Et il renvoya tout le monde avec des paroles vagues, avec des promesses à double sens. Contenson lui paraissait l'être le plus important de Paris, il regardait à tout moment dans son jardin. Enfin, après avoir donné l'ordre de fermer sa porte, il se fit servir son déjeuner dans le pavillon qui se trouvait à l'un des angles de son jardin. Dans les bureaux, la conduite, les hésitations du plus madré, du plus clairvoyant, du plus politique des banquiers de Paris, paraissaient inexplicables.

— Qu'a donc le patron? disait un Agent-de-change à l'un des premiers commis.

— On ne sait pas, il paraît que sa santé donne des inquiétudes; hier, madame la baronne a réuni les docteurs Desplein et Bianchon...

Un jour, des étrangers voulurent voir Newton dans un moment où il était occupé à médicamenter un de ses chiens nommé *Beauty*, qui lui perdit, comme on sait, un immense travail, et à laquelle (Beauty était une chienne) il ne dit pas autre chose que : — Ah! Beauty, tu ne sais pas ce que tu viens de détruire... Les étrangers s'en allèrent en respectant les travaux du grand homme. Dans toutes les existences grandioses, on trouve une petite chienne Beauty. Quand le maréchal de Richelieu vint saluer Louis XV, après la prise de Mahon, un des plus grands faits d'armes du dix-huitième siècle, le roi lui dit : — « Vous savez la grande nouvelle?... ce pauvre Lansmatt est mort! » Lansmatt était un concierge au fait des intrigues du roi. Jamais les banquiers de Paris ne surent les obligations qu'ils avaient à Contenson. Cet espion fut cause que Nucingen laissa conclure une affaire immense où sa part était faite, et qu'il leur abandonna. Tous les jours le Loup-cervier pouvait viser une fortune avec l'artillerie de la Spéculation, tandis que l'Homme était aux ordres du Bonheur!

Le célèbre banquier prenait du thé, grignottait quelques tartines de beurre en homme dont les dents n'étaient plus aiguisées par l'appétit depuis long-temps, quand il entendit une voiture arrêtant à la petite porte de son jardin. Bientôt le secrétaire de Nucingen lui présenta Contenson, qu'il n'avait pu trouver que dans un café près de Sainte-Pélagie, où l'agent déjeunait du pour-boire donné par un débiteur incarcéré avec certains égards qui se paient. Contenson, voyez-vous, était tout un poème, un poème parisien. A son aspect, vous eussiez deviné de prime abord que le Figaro de Beaumarchais, le Mascarille de Molière, les Frontin de Marivaux et les Lafleur de Dancourt, ces grandes expressions de l'audace dans la friponnerie, de la ruse aux abois, du stratagème renaissant de ses ficelles coupées, sont quelque chose de médiocre en comparaison de ce colosse d'esprit et de misère. Quand, à Paris, vourencontrez un type, ce n'est plus un homme, c'est un spectacle! ce n'est plus un moment de la vie, mais une existence, plusieurs existences! Cuisez trois fois dans un four un buste de plâtre, vous obtenez une espèce d'apparence bâtarde de bronze florentin; eh! bien, les éclairs de malheurs innombrables, les nécessités de positions terribles avaient bronzé la tête de Contenson comme si la sueur d'un four eût, par trois fois, déteint sur son visage. Les rides très-pressées ne pouvaient plus se déplisser, elles formaient des plis éternels, blancs au fond. Cette figure jaune était tout rides. Le crâne, semblable à celui de Voltaire, avait l'insensibilité d'une tête de mort, et, sans quelques cheveux à l'arrière, on eût douté qu'il fût celui d'un homme vivant. Sous un front immobile, s'agitaient, sans rien exprimer, des yeux de Chinois exposés sous verre à la porte d'un magasin de thé, des yeux factices qui jouent la vie, et dont l'expression ne change jamais. Le nez, camus comme celui de la mort, narguait le Destin, et la bouche, serrée comme celle d'un avare, était toujours ouverte et néanmoins discrète comme le rictus d'une boîte à lettres. Calme comme un sauvage, les mains hâlées, Contenson, petit homme sec et maigre, avait cette attitude diogénique pleine d'insouciance qui ne peut jamais se plier aux formes du respect. Et quels commentaires de sa vie et de ses mœurs n'étaient pas écrits dans son costume, pour ceux qui savent déchiffrer un costume?... Quel pantalon surtout!... un pantalon de recors, noir et luisant comme l'étoffe dite *voile* avec laquelle on fait les robes d'avocats!.. un gilet acheté au Temple, mais à châle et brodé!.. un habit d'un noir rouge!.. Et tout cela brossé, quasi propre, orné d'une montre attachée par une chaîne en chrysocale. Contenson laissait voir une chemise de percale jaune, plissée, sur laquelle brillait un faux diamant en épingle! Le col de velours ressemblait à un carcan, sur lequel débordaient les plis rouges d'une chair de caraïbe. Le chapeau de soie était luisant comme du satin, mais la coiffe eût rendu de quoi faire deux lampions si quelque épicier l'eût acheté pour le faire bouillir. Ce n'est rien que d'énumérer ces accessoires, il faudrait pouvoir peindre l'excessive prétention que Contenson savait leur imprimer. Il y avait je ne sais quoi de coquet dans le col de l'habit, dans le cirage tout frais des bottes à semelles entre-bâillées, qu'aucune expression française ne peut rendre. Enfin, pour faire entrevoir ce mélange de tons si divers, un homme d'es-

prit aurait compris, à l'aspect de Contenson, que, si au lieu d'être
mouchard il eût été voleur, toutes ces guenilles, au lieu d'attirer
le sourire sur les lèvres, eussent fait frissonner d'horreur. Sur le
costume, un observateur se fût dit : — Voilà un homme infâme,
il boit, il joue, il a des vices, mais il ne se soûle pas, mais il ne
triche pas, ce n'est ni un voleur, ni un assassin. Et Contenson était
vraiment indéfinissable jusqu'à ce que le mot espion fût venu dans
la pensée. Cet homme avait fait autant de métiers inconnus qu'il
y en a de connus. Le fin sourire de ses lèvres pâles, le clignement
de ses yeux verdâtres, la petite grimace de son nez camus, disaient
qu'il ne manquait pas d'esprit. Il avait un visage de fer-blanc, et
l'âme devait être comme le visage. Aussi ses mouvements de physionomie étaient-ils des grimaces arrachées par la politesse, plutôt
que l'expression de ses mouvements intérieurs. Il eût effrayé, s'il
n'eût pas fait tant rire. Contenson, un des plus curieux produits
de l'écume qui surnage aux bouillonnements de la cuve parisienne,
où tout est en fermentation, se piquait surtout d'être philosophe.
Il disait sans amertume : — J'ai de grands talents, mais on les a
pour rien, c'est comme si j'étais un crétin ! Et il se condamnait
au lieu d'accuser les hommes. Trouvez beaucoup d'espions qui
n'aient pas plus de fiel que n'en avait Contenson ? — Les circonstances sont contre nous, répétait-il à ses chefs, nous pouvions
être du cristal, nous restons grains de sable, voilà tout. Son cy-
nisme en fait de costume avait un sens : il tenait aussi peu à son
habillement de ville que les acteurs tiennent au leur; il excellait
à se déguiser, à se grimer ; il eût donné des leçons à Frédérick
Lemaître, car il pouvait se faire dandy quand il le fallait. Il ma-
nifestait une profonde antipathie pour la Police Judiciaire, car il
avait appartenu sous l'Empire à la police de Fouché, qu'il regardait
comme un grand homme. Depuis la suppression du Ministère de la
Police, il avait pris pour pis-aller la partie des arrestations commerciales ; mais ses capacités connues, sa finesse en faisaient un
instrument précieux, et les chefs inconnus de la Police Politique
avaient maintenu son nom sur leurs listes. Contenson, de même
que ses camarades, n'était qu'un des comparses du drame dont
les premiers rôles appartenaient à leurs chefs, quand il s'agissait
d'un travail politique.

— *Hâlés fis-en,* dit Nucingen en renvoyant son secrétaire par
un geste.

— Pourquoi cet homme est-il dans un hôtel et moi dans un garni.... se disait Contenson. Il a trois fois roué ses créanciers, il a volé, moi je n'ai jamais pris un denier... J'ai plus de talent qu'il n'en a...

— *Gondanson, mon bedid*, dit le baron, *vûs m'affesse garoddé ein pilet te mile vrancs...*

— Ma maîtresse devait à Dieu et au diable...

— *Ti has eine maîtresse?* s'écria Nucingen en regardant Contenson avec une admiration mêlée d'envie.

— Je n'ai que soixante-six ans, répondit Contenson en homme que le Vice avait maintenu jeune, comme un fatal exemple.

— *Et que vaid-elle?*

— Elle m'aide, dit Contenson. Quand on est voleur et qu'on est aimé par une honnête femme, ou elle devient voleuse, ou l'on devient honnête homme. Moi, je suis resté mouchard.

— *Ti has pessoin t'archant, tuchurs!* demanda Nucingen.

— Toujours, répondit Contenson en souriant, c'est mon état d'en désirer, comme le vôtre est d'en gagner; nous pouvons nous entendre : ramassez-m'en, je me charge de le dépenser. Vous serez le puits et moi le seau...

— *Feux-du cagner ein pilet te sainte saint vrancs?*

— Belle question! mais suis-je bête?... vous ne me l'offrez pas pour réparer l'injustice de la fortune à mon égard.

— *Di tutte, ché le choins au pilet te mile ké ti m'has ghibbé : ça vait kinse sante vrancs ke che de tonne.*

— Bien, vous me donnez les mille francs que j'ai pris, et vous ajoutez cinq cents francs...

— *C'esde pien ça*, fit Nucingen en hochant la tête.

— Ça ne fait toujours que cinq cents francs, dit imperturbablement Contenson.

— *A tonner?...* répondit le baron.

— A prendre. Eh! bien, contre quelle valeur monsieur le baron échange-t-il cela?

— *On m'a did qu'il y affait à Baris ein ôme gabaple te tégoufrir la phâme que chaime, et queu tu sais son hatresse... Envin ein maîdre en esbionache?*

— C'est vrai...

— *Eh! pien, tonne-moi l'hatresse, et ti hâs les saint sante vrancs.*

— Où sont-ils ? répondit vivement Contenson.

— *Les foissi*, reprit le baron en tirant un billet de sa poche.

— Eh! bien, donnez, dit Contenson en tendant la main.

— *Tonnant, tonnant, hâlons foir l'ôme, et ti has l'archant, gar ti hourrais me fendre peaugoub t'atresses à ce brix-là.*

Contenson se mit à rire.

— Au fait, vous avez le droit de penser cela de moi, dit-il en ayant l'air de se gourmander. Plus notre état est canaille, plus il y faut de probité. Mais, voyez-vous, monsieur le baron, mettez six cents francs, et je vous donnerai un bon conseil.

— *Tonne, et vie-toi à ma chenerosidé...*

— Je me risque, dit Contenson ; mais je joue gros jeu. En police, voyez-vous, il faut aller sous terre. Vous dites : Allons, marchons !... Vous êtes riche, vous croyez que tout cède à l'argent. L'argent est bien quelque chose. Mais, avec de l'argent, selon les deux ou trois hommes forts de notre partie, on n'a que des hommes. Et il existe des choses, auxquelles on ne pense point, qui ne peuvent pas s'acheter !... On ne soudoie pas le hasard. Aussi, en bonne police, ça ne se fait-il pas ainsi. Voulez-vous vous montrer avec moi en voiture? on sera rencontré. On a le hasard tout aussi bien pour soi que contre soi.

— *Frai?* dit le baron.

— Dame! oui, monsieur. C'est un fer à cheval ramassé dans la rue qui a mené le Préfet de police à la découverte de la machine infernale. Eh! bien, quand nous irions ce soir, à la nuit, en fiacre chez monsieur de Saint-Germain, il ne se soucierait pas plus de vous voir entrant chez lui que vous d'être vu y allant.

— *C'esd chiste*, dit le baron.

— Ah! c'est le fort des forts, le second du fameux Corentin, le bras droit de Fouché, que d'aucuns disent son fils naturel, il l'aurait eu étant prêtre ; mais c'est des bêtises : Fouché savait être prêtre, comme il a su être ministre. Eh! bien, vous ne ferez pas travailler cet homme-là, voyez-vous, à moins de dix billets de mille francs... pensez y... Mais votre affaire sera faite, et bien faite. Ni vu ni connu, comme on dit. Je devrai prévenir monsieur de Saint-Germain, et il vous assignera quelque rendez-vous dans un endroit où personne ne pourra rien voir ni rien entendre, car il court des dangers à faire de la police pour le compte des particuliers. Mais, que voulez-vous?... c'est un brave homme, le roi des hommes, et un homme qui a essuyé de grandes persécutions, et pour avoir sauvé la France, encore!...

— *Ai pien, di m'egriras t'hire tu Percher*, dit le baron en souriant de cette vulgaire plaisanterie.

— Monsieur le baron ne me graisse pas la patte?... dit Contenson avec un air à la fois humble et menaçant.

— *Chan*, cria le baron à son jardinier, *fa temanter fint vrancs à Cheorche, et abborde-les moi...*

— Si monsieur le baron n'a pas d'autres renseignements que ceux qu'il m'a donnés, je doute cependant que le maître puisse lui être utile.

— *Chen ai t'audres!* répondit le baron d'un air fin.

— J'ai l'honneur de saluer monsieur le baron, dit Contenson en prenant la pièce de vingt francs, j'aurai l'honneur de venir dire à Georges où monsieur devra se trouver ce soir, car il ne faut jamais rien écrire en bonne police.

— *C'edde trolle gomme ces caillarts onte de l'esbrit*, se dit le baron, *c'edde en bolice, dou gomme tans les avvaires.*

En quittant le baron, Contenson alla tranquillement de la rue Saint-Lazare à la rue Saint-Honoré, jusqu'au café David ; il y regarda par les carreaux, et aperçut un vieillard connu là sous le nom du père Canquoëlle.

Le café David, situé rue de la Monnaie au coin de la rue Saint-Honoré, a joui pendant les trente premières années de ce siècle d'une sorte de célébrité, circonscrite d'ailleurs au quartier dit des Bourdonnais. Là se réunissaient les vieux négociants retirés ou les gros commerçants encore en exercice : les Camusot, les Lebas, les Pillerault, les Popinot, quelques propriétaires comme le petit père Molineux. On y voyait de temps en temps le vieux père Guillaume qui y venait de la rue du Colombier. On y parlait politique entre soi, mais prudemment, car l'opinion du café David était le libéralisme. On s'y racontait les cancans du quartier, tant les hommes éprouvent le besoin de se moquer les uns des autres !... Ce café, comme tous les cafés d'ailleurs, avait son personnage original dans ce père Canquoëlle, qui y venait depuis l'année 1811, et qui paraissait être si parfaitement en harmonie avec les gens probes réunis là, que personne ne se gênait pour parler politique en sa présence.

Quelquefois ce bonhomme, dont la simplicité fournissait beaucoup de plaisanteries aux habitués, avait disparu pour un ou deux mois ; mais ses absences, toujours attribuées à ses infirmités ou à sa vieillesse, car il parut dès 1811 avoir passé l'âge de soixante ans, n'étonnaient jamais personne.

— Qu'est donc devenu le père Canquoëlle?... disait-on à la dame du comptoir.

— J'ai dans l'idée, répondait-elle, qu'un beau jour nous apprendrons sa mort par les Petites-Affiches.

Le père Canquoëlle donnait dans sa prononciation un perpétuel certificat de son origine, il disait *une estatue, espécialle, le peuble*, et *ture* pour turc. Son nom était celui d'un petit bien appelé Les Canquoëlles, mot qui signifie hanneton dans quelques provinces, et situé dans le département de Vaucluse, d'où il était venu. On avait fini par dire Canquoëlle au lieu de des Canquoëlles, sans que le bonhomme s'en fâchât, la noblesse lui semblait morte en 1793 ; d'ailleurs le fief des Canquoëlles ne lui appartenait pas, il était cadet d'une branche cadette. Aujourd'hui la mise du père Canquoëlle semblerait étrange ; mais, de 1811 à 1820, elle n'étonnait personne. Ce vieillard portait des souliers à boucles en acier à facettes, des bas de soie à raies circulaires alternativement blanches et bleues, une culotte en pou-de-soie à boucles ovales pareilles à celles des souliers, quant à la façon. Un gilet blanc à broderie, un vieil habit de drap verdâtre-marron à boutons de métal et une chemise à jabot plissé dormant complétaient ce costume. A moitié du jabot brillait un médaillon en or où se voyait sous verre un petit temple en cheveux, une de ces adorables petitesses de sentiment qui rassurent les hommes, tout comme un épouvantail effraie les moineaux. La plupart des hommes, comme les animaux, s'effraient et se rassurent avec des riens. La culotte du père Canquoëlle se soutenait par une boucle qui, selon la mode du dernier siècle, la serrait au-dessus de l'abdomen. De la ceinture pendaient parallèlement deux chaînes d'acier composées de plusieurs chaînettes, et terminées par un paquet de breloques. Sa cravate blanche était tenue par derrière au moyen d'une petite boucle en or. Enfin sa tête neigeuse et poudrée se parait encore, en 1816, du tricorne municipal que portait aussi monsieur Try, Président du Tribunal. Ce chapeau, si cher au vieillard, le père Canquoëlle l'avait remplacé depuis peu (le bonhomme crut devoir ce sacrifice à son temps) par cet ignoble chapeau rond contre lequel personne n'ose réagir. Une petite queue, serrée dans un ruban, décrivait dans le dos de l'habit une trace circulaire où la crasse disparaissait sous une fine tombée de poudre. En vous arrêtant au trait distinctif du visage, un nez plein de gibbosités, rouge et digne de figurer dans un plat de truffes, vous eussiez supposé un caractère facile, niais et débonnaire à cet honnête vieillard essentiellement gobe-mouche, et vous en eussiez été la dupe, comme tout le café David, où jamais personne n'avait examiné le front observateur, la bouche sardonique et les yeux froids de ce vieillard dodeliné de vices, calme comme un Vitellius dont le ventre impérial reparaissait, pour ainsi dire, palingénésiquement.

En 1816, un jeune Commis-Voyageur, nommé Gaudissart, habitué du café David, se grisa de onze heures à minuit avec un officier à demi-solde. Il eut l'imprudence de parler d'une conspiration ourdie contre les Bourbons, assez sérieuse et près d'éclater. On ne voyait plus dans le café que le père Canquoëlle qui semblait endormi, deux garçons qui sommeillaient, et la dame du comptoir. Dans les vingt-quatre heures Gaudissart fut arrêté : la conspiration était découverte. Deux hommes périrent sur l'échafaud. Ni Gaudissart, ni personne ne soupçonna jamais le brave père Canquoëlle d'avoir éventé la mèche. On renvoya les garçons, on s'observa pendant un an, et l'on s'effraya de la police, de concert avec le père Canquoëlle qui parlait de déserter le café David, tant il avait horreur de la police.

Contenson entra dans le café, demanda un petit verre d'eau-de-vie, ne regarda pas le père Canquoëlle occupé à lire les journaux ; seulement, quand il eut lampé son verre d'eau-de-vie, il prit la pièce d'or du baron, et appela le garçon en frappant trois coups secs sur la table. La dame du comptoir et le garçon examinèrent la pièce d'or avec un soin très-injurieux pour Contenson ; mais leur défiance était autorisée par l'étonnement que causait à tous les habitués l'aspect de Contenson.

— Cet or est-il le produit d'un vol ou d'un assassinat ?... Telle était la pensée de quelques esprits forts et clairvoyants qui regardaient Contenson par-dessous leurs lunettes tout en ayant l'air de lire leur journal. Contenson, qui voyait tout et ne s'étonnait jamais de rien, s'essuya dédaigneusement les lèvres avec un foulard où il n'y avait que trois reprises, reçut le reste de sa monnaie, empocha tous les gros sous dans son gousset dont la doublure, jadis blanche, était aussi noire que le drap du pantalon, et n'en laissa pas un seul au garçon.

— Quel gibier de potence! dit le père Canquoëlle à monsieur Pillerault son voisin.

— Bah! répondit à tout le café monsieur Camusot, qui seul n'avait pas montré le moindre étonnement, c'est Contenson, le bras droit de Louchard, notre Garde du Commerce. Ces drôles ont peut-être quelqu'un à pincer dans le quartier...

Un quart d'heure après, le bonhomme Canquoëlle se leva, prit son parapluie, et s'en alla tranquillement. N'est-il pas nécessaire d'expliquer quel homme terrible et profond se cachait sous l'habit du père Canquoëlle, de même que l'abbé Carlos recélait Vautrin? Ce méridional, né à Canquoëlle, le seul domaine de sa famille, assez honorable d'ailleurs, avait nom Peyrade. Il appartenait en effet à la branche cadette de la maison de La Peyrade, une vieille mais pauvre famille du Comtat, qui possède encore la petite terre de La Peyrade. Il était venu, lui septième enfant, à pied à Paris, avec deux écus de six livres dans sa poche, en 1772, à l'âge de dix-sept ans, poussé par les vices d'un tempérament fougueux, par la brutale envie de parvenir qui attire tant de méridionaux dans la capitale, quand ils ont compris que la maison paternelle ne pourra jamais fournir les rentes de leurs passions. On comprendra toute la jeunesse de Peyrade en disant qu'en 1782 il était le confident, le héros de la lieutenance-générale de police, où il fut très-estimé par messieurs Lenoir et d'Albert, les deux derniers lieutenants-généraux. La Révolution n'eut pas de police, elle n'en avait pas besoin. L'espionnage, alors assez général, s'appela civisme. Le Directoire, gouvernement un peu plus régulier que celui du Comité de Salut public, fut obligé de reconstituer une police, et le Premier Consul en acheva la création par la préfecture de police et par le Ministère de la Police générale. Peyrade, l'homme des traditions, créa le personnel, de concert avec un homme appelé Corentin, beaucoup plus fort que Peyrade d'ailleurs, quoique plus jeune, et qui ne fut un homme de génie que dans les souterrains de la police. En 1808, les immenses services que rendit Peyrade furent récompensés par sa nomination au poste éminent de Commissaire-Général de police à Anvers. Dans la pensée de Napoléon, cette espèce de Préfecture de police équivalait à un ministère de la police chargé de surveiller la Hollande. Au retour de la campagne de 1809, Peyrade fut enlevé d'Anvers par un ordre du cabinet de l'Empereur, amené en poste à Paris entre deux gendarmes, et jeté à la Force. Deux mois après, il sortit de prison, cautionné par son ami Corentin, après avoir toutefois subi, chez le Préfet de police, trois interrogatoires de chacun six heures. Peyrade devait-il sa disgrâce à l'activité miraculeuse avec laquelle il avait secondé Fouché dans la défense des côtes de la France, attaquées par ce qu'on a, dans le temps, nommé l'expédition de Walcheren, et dans laquelle le duc d'Otrante déploya des capacités dont s'effraya l'Empereur? Ce fut probable dans le temps pour Fouché; mais aujourd'hui que tout le monde sait ce qui se passa dans ce temps au Conseil des ministres convoqué par Cambacérès, c'est une certitude. Tous foudroyés par la nouvelle de la tentative de l'Angleterre, qui rendait à Napoléon l'expédition de Boulogne, et surpris sans le maître alors retranché dans l'île de Lobau, où l'Europe le croyait perdu, les ministres ne savaient quel parti prendre. L'opinion générale fut d'expédier un courrier à l'Empereur; mais Fouché seul osa tracer le plan de campagne qu'il mit d'ailleurs à exécution. — Agissez comme vous voudrez, lui dit Cambacérès; *mais moi qui tiens à ma tête,* j'expédie un rapport à l'Empereur. On sait quel absurde prétexte prit l'Empereur, à son retour, en plein Conseil d'État, pour disgracier son ministre et le punir d'avoir sauvé la France sans lui. Depuis ce jour, l'Empereur doubla l'inimitié du prince de Talleyrand de celle du duc d'Otrante, les deux seuls grands politiques dus à la Révolution, et qui peut-être eussent sauvé Napoléon en 1813. On prit, pour mettre Peyrade à l'écart, le vulgaire prétexte de concussion: il avait favorisé la contrebande en partageant quelques profits avec le haut commerce. Ce traitement était rude pour un homme qui devait le bâton de maréchal du Commissariat-Général à de grands services rendus. Cet homme, vieilli dans la pratique des affaires, possédait les secrets de tous les gouvernements depuis l'an 1775, époque de son entrée à la Lieutenance-Générale de police. L'Empereur, qui se croyait assez fort pour créer des hommes à son usage, ne tint aucun compte des représentations qui lui furent faites plus tard en faveur d'un homme considéré comme un des plus sûrs, des plus habiles et des plus fins de ces génies inconnus, chargés de veiller à la sûreté des États. Peyrade fut d'autant plus cruellement atteint, que, libertin et gourmand, il se trouvait relativement aux femmes dans la situation d'un pâtissier qui aimerait les friandises. Ses habitudes étaient devenues chez lui la nature même : il ne pouvait plus se passer de bien dîner, de jouer, de mener enfin cette vie de grand seigneur sans faste à laquelle s'adonnent tous les gens de facultés puissantes, et qui se sont fait un besoin de distractions exorbitantes. Puis, il avait jusqu'alors grandement vécu sans jamais être tenu à représentation, mangeant à même, car on ne comptait jamais ni avec lui ni avec Corentin, son ami. Cyniquement spirituel, il aimait d'ailleurs son état, il était philosophe. Enfin, un espion, à quelque étage qu'il soit dans la machine de la police, ne peut pas plus qu'un forçat revenir à une profession dite honnête ou libérale. Une fois marqués, une fois immatriculés, les espions et les condamnés ont pris, comme les diacres, un caractère indélébile. Il est des êtres auxquels l'État Social imprime des destinations fatales. Pour son malheur, Peyrade s'était amouraché d'une jolie petite fille, un enfant qu'il avait la certitude d'avoir eu lui-même d'une actrice célèbre, à laquelle il rendit un service et qui en fut reconnaissante pendant trois mois. Peyrade, qui fit revenir son enfant d'Anvers, se vit donc sans ressources dans Paris, avec un secours annuel de douze cents francs accordé par la Préfecture de police au vieil élève de Lenoir. Il se logea rue des Moineaux, au quatrième, dans un petit appartement de cinq pièces, pour deux cent cinquante francs.

Si jamais homme doit sentir l'utilité, les douceurs de l'amitié, n'est-ce pas le lépreux moral appelé par la foule un espion, par le peuple un mouchard, par l'administration un agent? Peyrade et Corentin étaient donc amis comme Oreste et Pylade. Peyrade avait formé Corentin, comme Vien forma David : l'élève surpassa promptement le maître. Ils avaient commis ensemble plus d'une expédition (*Voir* UNE TÉNÉBREUSE AFFAIRE). Peyrade, heureux d'avoir deviné le mérite de Corentin, l'avait lancé dans la carrière en lui préparant un triomphe. Il força son élève à se servir d'une maîtresse qui le dédaignait comme d'un hameçon à prendre un homme (*Voir* LES CHOUANS). Et Corentin avait à peine alors vingt-cinq ans !... Corentin, resté l'un des généraux dont le Ministre de la police est le Connétable, avait gardé, sous le duc de Rovigo, la place éminente qu'il occupait sous le duc d'Otrante. Or, il en était alors de la Police Générale comme de la Police Judiciaire. A chaque affaire un peu vaste, on passait des forfaits, pour ainsi dire, avec les trois, quatre ou cinq agents capables. Le ministre, instruit de quelque complot, averti de quelque machination, n'importe comment, disait à l'un des colonels de sa police : — Que vous faut-il pour arriver à tel résultat? Corentin répondait après un mûr examen : — Vingt, trente, quarante mille francs. Puis, une fois l'ordre donné d'aller en avant, tous les moyens et les hommes à employer étaient laissés au choix et au jugement de Corentin ou de l'agent désigné. La Police Judiciaire agissait d'ailleurs ainsi pour la découverte des crimes avec Vidocq.

La Police Politique, de même que la Police Judiciaire, prenait ses hommes principalement parmi les agents connus, immatriculés, habituels, et qui sont comme les soldats de cette force secrète si nécessaire aux gouvernements, malgré les déclamations des philanthropes ou des moralistes à petite morale. Mais l'excessive confiance due aux deux ou trois généraux de la trempe de Peyrade et de Corentin impliquait, chez eux, le droit d'employer des personnes inconnues, toujours néanmoins à charge de rendre compte au ministre dans les cas graves. Or l'expérience, la finesse de Peyrade étaient trop précieuses à Corentin, qui, la bourrasque de 1810 passée, employa son vieil ami, le consulta toujours, et subvint largement à ses besoins. Corentin trouva moyen de donner environ mille francs par mois à Peyrade. De son côté, Peyrade rendit d'immenses services à Corentin. En 1816, Corentin, à propos de la découverte de la conspiration où devait tremper le bonapartiste Gaudissart, essaya de faire réintégrer Peyrade à la Police Générale du Royaume ; mais une influence inconnue écarta Peyrade. Voici pourquoi. Dans leur désir de se rendre nécessaires, Peyrade et Corentin, à l'instigation du duc d'Otrante, avaient organisé, pour le compte de Louis XVIII, une Contre-Police dans laquelle Contenson et quelques autres agents de cette force furent employés. Louis XVIII mourut, instruit de secrets qui resteront des secrets pour les historiens les mieux informés. La lutte de la Police Générale du Royaume et de la Contre-Police du Roi engendra d'horribles affaires dont le secret a été gardé par quelques échafauds. Ce n'est ici ni le lieu ni l'occasion d'entrer dans des détails à ce sujet, car les Scènes de la Vie Parisienne ne sont pas les Scènes de la Vie Politique ; et il suffit de faire apercevoir quels étaient les moyens d'existence de celui qu'on appelait le bonhomme Canquoëlle au café David, par quels fils il se rattachait au pouvoir terrible et mystérieux de la Police. De 1817 à 1822, Corentin, Peyrade et leurs agents eurent pour mission d'espionner souvent le ministre lui-même. Ceci peut expliquer pourquoi le Ministère refusa d'employer Peyrade, sur qui Corentin, à l'insu de Peyrade, fit tomber les soupçons des ministres, afin d'utiliser son ami, quand sa réintégration lui parut impossible. Les ministres eurent confiance en Corentin, ils le chargèrent de surveiller Peyrade, ce qui fit sourire Louis XVIII. Corentin et Peyrade restaient alors entièrement les maîtres du terrain. Contenson, pendant long-temps attaché à Peyrade, le servait encore. Il s'était mis au service de Gardes du Commerce par les ordres de Corentin et de Peyrade. En effet, par suite de cette espèce de fureur qu'inspire une profession exercée avec amour, ces deux généraux aimaient à placer leurs plus habiles soldats dans tous les endroits où les renseignements pouvaient abonder. D'ailleurs, les vices de Contenson, ses habitudes dépravées exigeaient tant d'argent, qu'il lui fallait beaucoup de besogne. Contenson, sans commettre aucune indiscrétion, avait dit à Louchard qu'il connaissait le seul homme capable de satisfaire le baron de Nucingen. Peyrade était, en effet, le seul agent qui pouvait faire impunément de la police pour le compte d'un particulier. Louis XVIII mort, Peyrade perdit non-seulement toute son importance, mais encore les bénéfices de sa position d'Espion Ordinaire de Sa Majesté. En se croyant indispensable, il avait continué son train de vie. Les femmes, la bonne chère et le Cercle des Etrangers avaient préservé de toute économie un homme qui jouissait, comme tous les gens taillés pour les vices, d'une constitution de fer. Mais, de 1826 à 1829, près d'atteindre soixante-quatorze ans, il enrayait, selon son expression. D'année en année, Peyrade avait vu son bien-être diminuant. Il assistait aux funérailles de la Police, il voyait avec chagrin le gouvernement de Charles X en abandonnant les bonnes traditions. De session en session, la Chambre rognait les allocations nécessaires à l'existence de la Police, en haine de ce moyen de gouvernement et par parti pris de moraliser cette institution.

— C'est comme si l'on voulait faire la cuisine en gants blancs, disait Peyrade à Corentin.

Corentin et Peyrade apercevaient 1830 dès 1825. Ils connaissaient la haine intime que Louis XVIII portait à son successeur, ce qui explique son laissez-aller avec la branche cadette, et sans laquelle son règne et sa politique seraient une énigme sans mot.

En vieillissant, son amour pour sa fille naturelle avait grandi chez Peyrade. Pour elle, il s'était mis sous sa forme bourgeoise, car il voulait marier sa Lydie à quelque honnête homme. Aussi, depuis trois ans surtout, voulait-il se caser, soit à la Préfecture de Police, soit à la Direction de la Police Générale du Royaume, dans quelque place ostensible, avouable. Il avait fini par inventer une place dont la nécessité se ferait, disait-il à Corentin, sentir tôt ou tard. Il s'agissait de créer à la Préfecture de Police un Bureau dit *de renseignements*, qui serait un intermédiaire entre la Police de Paris proprement dite, la Police Judiciaire et la Police du Royaume, afin de faire profiter la Direction Générale de toutes ces forces disséminées. Peyrade seul pouvait, à son âge, après cinquante cinq ans de discrétion, être l'anneau qui rattacherait les trois polices, être enfin l'archiviste à qui la Politique et la Justice s'adresseraient pour s'éclairer en certains cas. Peyrade espérait ainsi rencontrer, Corentin aidant, une occasion d'attraper une dot et un mari pour sa petite Lydie. Corentin avait déjà parlé de cette affaire au Directeur-Général de la Police du Royaume, sans parler de Peyrade, et le Directeur-Général, un Méridional, jugeait nécessaire de faire venir la proposition de la Préfecture.

Au moment où Contenson avait frappé trois coups avec sa pièce d'or sur la table du café, signal qui voulait dire : « J'ai à vous parler, » le doyen des hommes de police était à penser à ce problème: « Par quel personnage, par quel intérêt faire marcher le Préfet de Police actuel ? » Et il avait l'air d'un imbécile étudiant son *Courrier français*. — Notre pauvre Fouché, se disait-il en cheminant le long de la rue Saint-Honoré, ce grand homme est mort ! nos intermédiaires avec Louis XVIII sont en disgrâce ! D'ailleurs, comme me le disait Corentin hier, on ne croit plus à l'agilité ni à l'intelligence d'un septuagénaire.... Ah ! pourquoi me suis-je habitué à dîner chez Véry, à boire des vins exquis.... à chanter la Mère Godichon.... à jouer quand j'ai de l'argent ! Pour s'assurer une position, il ne suffit pas d'avoir de l'esprit, comme dit Corentin, il faut encore de l'esprit de conduite ! Ce cher monsieur Lenoir m'a bien prédit mon sort quand il s'est écrié, à propos de l'affaire du Collier : — Vous ne serez jamais rien ! en apprenant que je n'étais pas resté sous le lit de la fille Oliva.

Si le vénérable père Canquoëlle (on l'appelait le père Canquoëlle dans sa maison) était resté rue des Moineaux, au quatrième étage, croyez qu'il avait trouvé, dans la disposition du local, des bizarreries qui favorisaient l'exercice de ses terribles fonctions. Sise au coin de la rue Saint-Roch, sa maison se trouvait sans voisinage d'un côté. Comme elle était partagée en deux portions, au moyen de l'escalier, il existait, à chaque étage, deux chambres complétement isolées. Ces deux chambres étaient situées du côté de la rue Saint-Roch. Au-dessus du quatrième étage s'étendaient des mansardes dont l'une servait de cuisine, et dont l'autre était l'appartement de l'unique servante du père Canquoëlle, une Flamande nommée Katt, qui avait nourri Lydie. Le père Canquoëlle avait fait sa chambre à coucher de la première des deux pièces séparées, et de la seconde son cabinet. Un gros mur mitoyen isolait ce cabinet par le fond. La croisée, qui voyait sur la rue des Moineaux, faisait face à un mur d'encoignure sans fenêtre. Or, comme toute la largeur de la chambre de Peyrade les séparait de l'escalier, les deux amis ne craignaient aucun regard, aucune oreille, en causant d'affaires dans ce cabinet fait exprès pour leur affreux métier. Par précaution, Peyrade avait mis un lit de paille, une thibaude et un tapis très-épais dans la chambre de la Flamande, sous prétexte de rendre heureuse la nourrice de son enfant. De plus, il avait condamné la cheminée, en se servant d'un poêle dont le tuyau sortait par le mur extérieur sur la rue Saint-Roch. Enfin, il avait étendu sur le carreau plusieurs tapis, afin d'empêcher les locataires de l'étage inférieur de saisir aucun bruit. Expert en moyens d'espionnage, il sondait le mur mitoyen, le plafond et le plancher une fois par semaine, et les visitait comme un homme qui veut tuer des insectes importuns.

La certitude d'être là, sans témoins ni auditeurs, avait fait choisir ce cabinet à Corentin pour salle de délibération quand il ne délibérait pas chez lui. Le logement de Corentin n'était connu que du Directeur-Général de la Police du Royaume et de Peyrade, il y recevait les personnages que le ministère ou le château prenaient pour intermédiaires dans les circonstances graves; mais aucun agent, aucun homme en sous-ordre n'y venait, et il combinait les choses du métier chez Peyrade. Dans cette chambre sans aucune apparence se tramèrent des plans, se prirent des résolutions qui fourniraient d'étranges annales et des drames curieux, si les murs pouvaient parler. Là s'analysèrent, de 1816 à 1826, d'immenses intérêts. Là se découvrirent dans leur germe les événements qui devaient peser sur la France. Là, Peyrade et Corentin, aussi prévoyants, mais plus instruits que Bellart, le Procureur-Général, se disaient dès 1819 : — Si Louis XVIII ne veut pas frapper tel ou tel coup, se défaire de tel prince, il exècre donc son frère ? il veut donc lui léguer une révolution ?

La porte de Peyrade était ornée d'une ardoise sur laquelle il trouvait parfois des marques bizarres, des chiffres écrits à la craie. Cette espèce d'algèbre infernale offrait aux initiés des significations très-claires.

En face de l'appartement si mesquin de Peyrade, celui de Lydie était composé d'une antichambre, d'un petit salon, d'une chambre à coucher et d'un cabinet de toilette... La porte de Lydie, comme celle de la chambre de Peyrade, était composée d'une tôle de quatre lignes d'épaisseur, placée entre deux fortes planches en chêne, armées de serrures et d'un système de gonds qui les rendaient aussi difficiles à forcer que des portes de prison. Aussi, quoique la maison fût une de ces maisons à allée, à boutique et sans portier, Lydie vivait-elle là sans avoir rien à craindre. La salle à manger, le petit salon, la chambre, dont toutes les croisées avaient des jardins aériens, étaient d'une propreté flamande et pleine de luxe.

La nourrice flamande n'avait jamais quitté Lydie, qu'elle appelait sa fille. Toutes deux elles allaient à l'église avec une régularité qui donnait du bonhomme Canquoëlle une excellente opinion à l'épicier royaliste établi dans la maison. au coin de la rue des Moineaux et de la rue Neuve-Saint-Roch, et dont la famille, la cuisine, les garçons occupaient le premier étage et l'entresol. Au second étage vivait le propriétaire, et le troisième était loué, depuis vingt ans, par un lapidaire. Chacun des locataires avait la clef de la porte bâtarde. L'épicière recevait d'autant plus complaisamment les lettres et les paquets adressés à ces trois paisibles ménages, que le magasin d'épiceries était pourvu d'une boîte aux lettres. Sans ces détails, les étrangers et ceux à qui Paris est connu n'auraient pu comprendre le mystère et la tranquillité, l'abandon et la sécurité qui faisaient de cette maison une exception parisienne. Dès minuit, le père Canquoëlle pouvait ourdir toutes les trames, recevoir des espions et des ministres, des femmes et des filles, sans que qui que ce soit au monde s'en aperçût.

Peyrade, de qui la Flamande avait dit à la cuisinière de l'épicier : — Il ne ferait pas de mal à une mouche ! passait pour le meilleur des hommes. Il n'épargnait rien pour sa fille. Lydie, qui avait eu Schmuke pour maître de musique, était musicienne à pouvoir composer. Elle savait *laver* une *seppia*, peindre à la gouache et à l'aquarelle. Peyrade dînait tous les dimanches avec sa fille. Ce jour-là le bonhomme était exclusivement père. Religieuse sans être dévote, Lydie faisait ses pâques et allait à confesse tous les mois. Néanmoins, elle se permettait de temps en temps la petite partie de spectacle. Elle se promenait aux Tuileries quand il faisait beau. Tels étaient tous ses plaisirs, car elle menait la vie la plus sédentaire. Lydie, qui adorait son père, en ignorait entièrement les sinistres capacités et les occupations ténébreuses. Aucun désir n'avait troublé la vie pure de cette enfant si pure. Svelte, belle comme sa mère, douée d'une voix délicieuse, d'un minois fin, encadré par de beaux cheveux blonds, elle ressemblait à ces anges plus mystiques que réels, posés par quelques peintres primitifs au fond de leurs Saintes-Familles. Le regard de ses yeux bleus semblait verser un rayon du ciel sur celui qu'elle favorisait d'un coup d'œil. Sa mise chaste, sans exagération d'aucune mode, exhalait un charmant parfum de bourgeoisie.

Figurez-vous un vieux Satan, père d'un ange, et se rafraîchissant à ce divin contact, vous aurez une idée de Peyrade et de sa fille. Si quelqu'un eût sali ce diamant, le père aurait inventé, pour l'engloutir, un de ces formidables traquenards où se prirent, sous la Restauration, des malheureux qui portèrent leurs têtes sur l'échafaud. Mille écus par an suffisaient à Lydie et à Katt, celle qu'elle appelait sa bonne.

En entrant par le haut de la rue des Moineaux, Peyrade aperçut Contenson; il le dépassa, monta le premier, entendit les pas de son agent dans l'escalier, et l'introduisit avant que la Flamande n'eût mis le nez à la porte de sa cuisine. Une sonnette que faisait partir une porte à claire-voie, placée au troisième étage où demeurait le lapidaire, avertissait les locataires du troisième et du quatrième quand il montait quelqu'un pour eux. Il est inutile de dire que, dès minuit, Peyrade cotonnait le battant de cette sonnette.

— Qu'y a-t-il donc de si pressé, Philosophe?

Philosophe était le surnom que Peyrade donnait à Contenson, et que méritait cet Épictète des Mouchards.

— Mais il y a quelque chose, comme dix mille à prendre.

— Qu'est-ce? politique?

— Non, une niaiserie! Le baron de Nucingen, vous savez, ce vieux voleur patenté, hennit après une femme qu'il a vue au bois de Vincennes, et il faut la lui trouver, ou il meurt d'amour... L'on a fait une consultation de médecins hier, à ce que m'a dit son valet de chambre.... Je lui ai déjà soutiré mille francs, sous prétexte de chercher l'infante.

Et Contenson raconta la rencontre de Nucingen et d'Esther, en ajoutant que le baron avait quelques renseignements nouveaux.

— Va, dit Peyrade, nous lui trouverons sa Dulcinée; dis-lui de venir en voiture ce soir aux Champs-Élysées, avenue Gabrielle, au coin de l'allée de Marigny.

Peyrade mit Contenson à la porte, et frappa chez sa fille comme il fallait frapper pour être admis. Il entra joyeusement, le hasard venait de lui jeter un moyen d'avoir enfin la place qu'il désirait. Il se plongea dans un bon fauteuil à la Voltaire après avoir embrassé Lydie au front, et lui dit: — Joue-moi quelque chose?....

Lydie lui joua un morceau écrit, pour le piano, par Beethoven.

— C'est bien joué cela, ma petite biche, dit-il en prenant sa fille entre ses genoux, sais-tu que nous avons vingt et un ans? Il faut se marier, car notre père a plus de soixante-dix ans....

— Je suis heureuse ici, répondit-elle.

— Tu n'aimes que moi, moi si laid, si vieux? demanda Peyrade.

— Mais qui veux-tu donc que j'aime?

— Je dîne avec toi, ma petite biche, préviens-en Katt. Je songe à nous établir, à prendre une place et à te chercher un mari digne de toi.... quelque bon jeune homme, plein de talent, de qui tu puisses être fière un jour....

— Je n'en ai vu qu'un encore qui m'ait plu pour mari....

— Tu en as vu un?....

— Oui, aux Tuileries, reprit Lydie, il passait, il donnait le bras à la comtesse de Sérizy.

— Il se nomme?....

— Lucien de Rubempré!.... J'étais assise sous un tilleul avec Katt, ne pensant à rien. Il y avait à côté de moi deux dames qui se sont dit: « Voilà madame de Sérizy et le beau Lucien de Rubempré. » Moi, j'ai regardé le couple que ces deux dames regardaient. « Ah! ma chère, a dit l'autre, il y a des femmes qui sont bien heureuses !.... On lui passe tout, à celle-ci, parce qu'elle est née Ronquerolles, et que son mari a le pouvoir. — Mais, ma chère, a répondu l'autre dame, Lucien lui coûte cher.... » Qu'est-ce que cela veut dire, papa?

— C'est des bêtises, comme en disent les gens du monde, répondit Peyrade à sa fille d'un air de bonhomie. Peut-être faisaient-elles allusion à des événements politiques.

— Enfin, vous m'avez interrogée, je vous réponds. Si vous voulez me marier, trouvez-moi un mari qui ressemble à ce jeune homme-là....

— Enfant! répondit le père, la beauté chez les hommes n'est pas toujours le signe de la bonté. Les jeunes gens doués d'un extérieur agréable ne rencontrent aucune difficulté au début de la vie, ils ne déploient alors aucun talent, ils sont corrompus par les avances que leur fait le monde, et il faut leur payer plus tard les intérêts de leurs qualités !... Je voudrais te trouver ce que les bourgeois, les riches et les imbéciles laissent sans secours ni protection....

— Qui, mon père ?

— Un homme de talent inconnu... Mais, va, mon enfant chéri, j'ai les moyens de fouiller tous les greniers de Paris et d'accomplir ton programme en présentant à ton amour un homme aussi beau que le mauvais sujet dont tu me parles, mais plein d'avenir, un de ces hommes signalés à la gloire et à la fortune.... Oh! je n'y songeais point! je dois avoir un troupeau de neveux, et dans le nombre il peut s'en trouver un digne de toi!.... Je vais écrire ou faire écrire en Provence !

Chose étrange! en ce moment un jeune homme, mourant de faim et de fatigue, venu à pied du département de Vaucluse, un neveu du père Canquoëlle, entrait par la Barrière d'Italie, à la recherche de son oncle. Dans les rêves de la famille à qui le destin de cet oncle était inconnu, Peyrade offrait un texte d'espérances : on le croyait revenu des Indes avec des millions ! Stimulé par ces romans du coin du feu, ce petit-neveu, nommé Théodose, avait entrepris un voyage de circumnavigation à la recherche de l'oncle fantastique.

Après avoir savouré le bonheur de sa paternité pendant quelques heures, Peyrade, les cheveux lavés et teints (sa poudre était un déguisement), vêtu d'une bonne grosse redingote de drap bleu boutonnée jusqu'au menton, couvert d'un manteau noir, chaussé de grosses bottes à fortes semelles et muni d'une carte particulière, marchait à pas lents le long de l'avenue Gabrielle, où Contenson, déguisé en vieille marchande des quatre saisons, le rencontra devant les jardins de l'Élysée-Bourbon.

— Monsieur Saint-Germain, lui dit Contenson en donnant à son ancien chef son nom de guerre, vous m'avez fait gagner cinq cents *faces* (francs); mais si je suis venu me poster là, c'est pour vous dire que le damné baron, avant de me les donner, est allé prendre des renseignements *à la maison* (la préfecture).

— J'aurai besoin de toi, sans doute, répondit Peyrade. Vois nos numéros 7, 10 et 21, nous pourrons employer ces hommes-là sans qu'on s'en aperçoive, ni à la Police, ni à la Préfecture.

Contenson alla se replacer auprès de la voiture où monsieur de Nucingen attendait Peyrade.

— Je suis monsieur de Saint-Germain, dit le méridional au baron, en s'élevant jusqu'à la portière.

— Hé! *pien, mondez afec moi*, répondit le baron qui donna l'ordre de marcher vers l'arc de Triomphe de l'Étoile.

— Vous êtes allé à la Préfecture, monsieur le baron? ce n'est pas bien... Peut-on savoir ce que vous avez dit à monsieur le Préfet, et ce qu'il vous a répondu? demanda Peyrade.

— *Affant te tonner sainte cente vrans à ein trôle gomme Godenzon, ch'édais pien aisse te saffoir s'il lès affait cagnés... Chai zimblement tidde au brevet de bolice que che zoubhaiddais amployer ein achent ti nom te Beyrate à l'édrancher tans eine mission téligade, et si che bouffais affoir en loui eine gonffiance ilimidée... Le brevet m'a rébonti que visse édiez ein tes plis hapiles ômes et tes plis ônèdes. C'esde tutte l'avvaire.*

— Monsieur le baron veut-il me dire de quoi il s'agit, maintenant qu'on lui a révélé mon vrai nom?...

Quand le baron eut expliqué longuement et verbeusement, dans son affreux patois de juif polonais, et sa rencontre avec Esther, et le cri du chasseur qui se trouvait derrière la voiture, et ses vains efforts, il conclut en racontant ce qui s'était passé la veille chez lui, le sourire échappé à Lucien de Rubempré; la croyance de Bianchon et de quelques dandies, relativement à une accointance entre l'inconnue et ce jeune homme.

— Écoutez, monsieur le baron, vous me remettrez d'abord dix mille francs en à-compte sur les frais, car pour vous, dans cette affaire, il s'agit de vivre ; et, comme votre vie est une manufacture d'affaires, il ne faut rien négliger pour vous trouver cette femme. Ah ! vous êtes pincé !

— *Ui, che zuis binzé...*

— S'il faut davantage, je vous le dirai, baron ; fiez-vous à moi, reprit Peyrade. Je ne suis pas, comme vous pouvez le croire, un espion... J'étais, en 1807, commissaire-général de police à Anvers, et maintenant que Louis XVIII est mort, je puis vous confier que, pendant sept ans, j'ai dirigé sa contre-police... On ne marchande donc pas avec moi. Vous comprenez bien, monsieur le baron, qu'on ne peut pas faire le devis des consciences à acheter avant d'avoir étudié une affaire. Soyez sans inquiétude, je réussirai. Ne croyez pas que vous me satisferez avec une somme quelconque, je veux autre chose pour récompense...

— *Bourfi que ce ne soid bas ein royaume?...* dit le baron.

— C'est moins que rien pour vous.

— *Çà me fa !*

— Vous connaissez les Keller ?

— *Pawgoub.*

— François Keller est le gendre du comte de Gondreville, et le comte de Gondreville a dîné chez vous hier avec son gendre.

— *Ki tiaple beut fus tire...* s'écria le baron. — *Ce sera Chorche ki pafarte tuchurs*, se dit en lui-même monsieur de Nucingen.

Peyrade se mit à rire. Le banquier conçut alors d'étranges soupçons sur son domestique, en remarquant ce sourire.

— Le comte de Gondreville est tout à fait en position de m'obtenir une place que je désire avoir à la Préfecture de police, et sur la création de laquelle le préfet aura, sous quarante-huit heures, un mémoire, dit Peyrade en continuant. Demandez la place pour moi, faites que le comte de Gondreville veuille se mêler de cette affaire, en y mettant de la chaleur, et vous reconnaîtrez ainsi le service que je vais vous rendre. Je ne veux de vous que votre parole, car, si vous y manquiez, vous maudiriez tôt ou tard le jour où vous êtes né... foi de Peyrade...

— *Je fus tonne ma barole t'honner te vaire le bossiple...*

— Si je ne faisais que le possible pour vous, ce ne serait pas assez.

— *Hé! pien, ch'achirai vrangement.*

— Franchement... Voilà tout ce que je veux, dit Peyrade, et la franchise est le seul présent un peu neuf que nous puissions nous faire, l'un et l'autre.

— *Vranchement*, répéta le baron. *U foullez-vûs que che vis remedde?*

— Au bout du pont Louis XVI.

— *Au bond te la Jambre*, dit le baron à son valet de pied qui vint à la portière.

— *Che fais tonc affoir l'eingonnie...* se dit le baron en s'en allant.

— Quelle bizarrerie, se disait Peyrade en retournant à pied au Palais-Royal où il se proposait d'essayer de tripler les dix mille francs pour faire une dot à Lydie. Me voilà **obligé d'examiner les petites affaires du jeune homme dont un regard a ensorcelé ma fille**. C'est sans doute un de ces hommes qui ont *l'œil à femme*, se dit-il en employant une des expressions du langage particulier qu'il avait fait à son usage, et dans lesquelles ses observations, celles de Corentin se résumaient par des mots où la langue était souvent violée, mais, par cela même, énergiques et pittoresques.

En rentrant chez lui, le baron de Nucingen ne se ressemblait pas à lui même; il étonna ses gens et sa femme, il leur montrait une face colorée, animée, il était gai.

— Gare à nos actionnaires! dit du Tillet à Rastignac.

On prenait en ce moment le thé dans le petit salon de Delphine de Nucingen, **au retour de l'Opéra**.

— *Ui*, reprit en souriant le baron qui saisit la plaisanterie de son compère, *chébroufe l'enfie de vaire tes avvaires...*

— Vous avez donc vu votre inconnue? demanda madame de Nucingen.

— *Non*, répondit-il, *che n'ai que l'esboir te la droufer.*

— Aime-t-on jamais sa femme ainsi?... s'écria madame de Nucingen en ressentant un peu de jalousie ou feignant d'en avoir.

— Quand vous l'aurez à vous, dit du Tillet au baron, vous nous ferez souper avec elle, car je suis bien curieux d'examiner la créature qui a pu vous rendre aussi jeune que vous l'êtes.

— *C'esde eine cheffe d'œivre te la gréation*, répondit le vieux banquier.

— Il va se faire attraper comme un mineur, dit Rastignac à l'oreille de Delphine.

— Bah! il gagne bien assez d'argent pour...

— Pour en rendre un peu, n'est-ce pas?... dit du Tillet en interrompant la baronne.

Nucingen se promenait dans le salon comme si ses jambes le gênaient.

— Voilà le moment de lui faire payer vos nouvelles dettes, dit Rastignac à l'oreille de la baronne.

En ce moment même, l'abbé, venu rue Taitbout pour faire ses dernières recommandations à Europe qui devait jouer le principal rôle dans la comédie inventée pour tromper le baron de Nucingen, s'en allait plein d'espérance. Il fut accompagné jusqu'au boulevard par Lucien, assez inquiet de voir ce demi-démon si parfaitement déguisé, que lui-même ne l'avait reconnu qu'à sa voix.

— Où diable as-tu trouvé une femme plus belle qu'Esther? demanda-t-il à son corrupteur.

— Mon petit, ça ne se trouve pas à Paris. Ces teints-là ne se fabriquent pas en France.

— C'est-à-dire que tu m'en vois encore étourdi... La Vénus Callipyge n'est pas si bien faite! On se damnerait pour elle... Mais où l'as-tu prise?

— C'est la plus belle fille de Londres. Elle a tué son amant dans un accès de jalousie, et ivre aussi de *gin*... L'amant est un misérable de qui la police de Londres est débarrassée, et l'on a, pour quelque temps, envoyé cette créature à Paris, afin de laisser oublier l'affaire... La drôlesse a été très-bien élevée; c'est la fille d'un ministre, elle parle le français comme si c'était sa langue maternelle. Elle ne sait et ne pourra jamais savoir ce qu'elle fait là. On lui a dit que si elle te plaisait elle pourrait te manger des millions... mais que tu étais jaloux comme un tigre, et on lui a donné le programme de l'existence d'Esther. Elle ne connaît pas ton nom.

— Mais si Nucingen la préférait à Esther...

— Ah! t'y voilà venu... s'écria l'abbé. Tu as peur aujourd'hui de ne pas voir s'accomplir ce qui t'effrayait tant hier! Sois tranquille. Cette fille est blonde, blanche, et a les yeux bleus. Elle est le contraire de la belle juive, et il n'y a que les yeux d'Esther qui puissent remuer un homme aussi pourri que Nucingen. Tu ne pouvais pas cacher un laideron, que diable! Quand cette poupée aura joué son rôle, je l'enverrai, sous la conduite d'une personne sûre, à Rome ou à Madrid, où elle fera des passions.

— Puisque nous ne l'avons que pour peu de temps, dit Lucien, j'y retourne...

— Va, mon fils, amuse-toi... Demain tu auras un jour de plus. Moi, j'attends quelqu'un que j'ai chargé de savoir ce qui se passe chez le baron de Nucingen.

— Qui?

— La maîtresse de son valet de chambre, car enfin faut-il savoir à tout moment ce qui se passe chez l'ennemi.

A minuit, Paccard, le chasseur d'Esther, trouva l'abbé sur le pont des Arts, l'endroit le plus favorable à Paris pour se dire deux mots qui ne doivent pas être entendus. Tout en causant, le chasseur regardait d'un côté pendant que l'abbé regardait de l'autre.

— Le baron est allé ce matin à la Préfecture de police, de quatre heures à cinq heures, dit le chasseur, et il s'est vanté ce soir de trouver la femme qu'il a vue au bois de Vincennes, on la lui a promise...

— Nous serons observés! dit Jacques Collin, mais par qui?...

— On s'est déjà servi de Louchard, le Garde du Commerce.

— Ce serait un enfantillage, répondit l'abbé. Nous n'avons que la brigade de sûreté, la police judiciaire à craindre; et du moment où elle ne marche pas, nous pouvons marcher, nous!...

— Quel est l'ordre? dit Paccard de l'air respectueux que devait avoir un maréchal en venant prendre le mot d'ordre de Louis XVIII.

— Vous sortirez tous les soirs à dix heures, répondit le faux abbé, vous irez bon train au bois de Vincennes, dans les bois de Meudon et de Ville-d'Avray. Si quelqu'un vous observe ou vous suit, laisse-toi faire, sois liant, causant, corruptible. Tu parleras de la jalousie de Rubempré, qui est fou de *madame*, et qui, surtout, ne veut pas qu'on sache dans le monde qu'il a une maîtresse de ce genre-là...

— Suffit! Faut-il s'armer?...

— Jamais! dit Jacques vivement. Une arme!.. à quoi cela sert-il? à faire des malheurs. Ne te sers dans aucun cas de ton couteau de chasseur. Quand on peut casser les jambes à l'homme le plus fort par le coup que je t'ai montré!... quand on peut se battre avec trois argousins armés avec la certitude d'en mettre deux à

terre avant qu'ils n'aient tiré leurs briquets!... que craint-on?...
N'as tu pas ta canne?...

— C'est juste! dit le chasseur.

Paccard, qualifié de Vieille Garde, de Fameux Lapin, de Bon-là, homme à jarret de fer, à bras d'acier, à favoris italiens, à chevelure artiste, à barbe de sapeur, à figure blême et impassible comme celle de Contenson, gardait sa fougue en dedans, et jouissait d'une tournure de tambour-major qui déroutait le soupçon. Un échappé de Poissy, de Melun n'a pas cette fatuité sérieuse et cette croyance en son mérite. Giafar de l'Aaroun al Raschild du Bagne, il lui témoignait l'amicale admiration que Peyrade avait pour Corentin. Ce colosse, excessivement fendu, sans beaucoup de poitrine et sans trop de chair sur les os, allait sur deux longues béquilles d'un pas grave. Jamais la droite ne se mouvait sans que l'œil droit examinât les circonstances extérieures avec cette rapidité placide particulière au voleur et à l'espion. L'œil gauche imitait l'œil droit. Un pas, un coup-d'œil! Sec, agile, prêt à tout et à toute heure, sans une ennemie intime appelée *la liqueur des braves*, Paccard eût été complet, disait Jacques, tant il possédait à fond les talents indispensables à l'homme en guerre avec la société; mais le maître avait réussi à convaincre l'esclave de *faire la part au feu* en ne buvant que le soir. En rentrant, Paccard absorbait l'or liquide que lui versait à petits coups une fille à grosse panse venue de Dantzick.

— On ouvrira l'œil, dit Paccard en remettant son magnifique chapeau à plumes après avoir salué celui qu'il nommait *son confesseur*.

Voilà par quels événements deux hommes aussi forts que l'étaient, chacun dans leur sphère, Jacques Collin et Peyrade, arrivèrent à se trouver aux prises sur le même terrain, et à déployer leur génie dans une lutte où chacun combattit pour sa passion ou pour ses intérêts. Ce fut un de ces combats ignorés, mais terribles, où il se dépense en talent, en haine, en irritations, en marches et contremarches, en ruses, autant de puissance qu'il en faut pour établir une fortune. Hommes et moyens, tout fut secret du côté de Peyrade, que son ami Corentin seconda dans cette expédition, une niaiserie pour eux. Ainsi, l'histoire est muette à ce sujet, comme elle est muette sur les véritables causes de bien des révolutions. Mais voici le résultat. Cinq jours après l'entrevue de monsieur de Nucingen avec Peyrade aux Champs-Élysées, un matin, un homme d'une cinquantaine d'années, doué de cette figure de blanc de céruse que se font les diplomates, habillé de drap bleu, d'une tournure assez élégante, ayant presque l'air d'un ministre d'État, descendit d'un cabriolet splendide en en jetant les guides à son domestique. Il demanda si le baron de Nucingen était visible, au valet qui se tenait sur une banquette du péristyle, et qui lui en ouvrit respectueusement la magnifique porte en glaces.

— Le nom de monsieur?... dit le domestique.

— Dites à monsieur le baron que je viens de l'Avenue Gabrielle, répondit Corentin. S'il y a du monde, gardez-vous bien de prononcer ce nom-là tout haut, vous vous feriez mettre à la porte.

Une minute après, le valet revint et conduisit Corentin dans le cabinet du baron, par les appartements intérieurs.

Corentin échangea son regard impénétrable contre un regard de même nature avec le banquier, et ils se saluèrent convenablement.

— Monsieur le baron, dit-il, je viens au nom de Peyrade...

— *Pien*, fit le baron en allant pousser les verrous aux deux portes.

— La maîtresse de monsieur de Rubempré demeure rue Taitbout, dans l'ancien appartement de mademoiselle de Bellefeuille, l'ex-maîtresse de monsieur de Grandville, le Procureur-Général.

— *Ah! si brès te moi,* s'écria le baron, *gomme c'ed trôle.*

— Je n'ai pas de peine à croire que vous soyez fou de cette magnifique personne, elle m'a fait plaisir à voir, répondit Corentin. Lucien est si jaloux de cette fille qu'il lui défend de se montrer; et il est bien aimé d'elle, car, depuis quatre ans qu'elle a succédé à la Bellefeuille, et dans son mobilier et dans son état, jamais les voisins, ni le portier, ni les locataires de la maison n'ont pu l'apercevoir. L'infante ne se promène que la nuit. Quand elle part, les stores de la voiture sont baissés, et madame est voilée. Lucien n'a pas seulement des raisons de jalousie pour cacher cette femme : il doit se marier à Clotilde de Grandlieu, et il est le favori intime actuel de madame de Sérizy. Naturellement, il tient et à sa maîtresse d'apparat et à sa fiancée. Ainsi, vous êtes maître de la position : Lucien sacrifiera son plaisir à ses intérêts et à sa vanité. Vous êtes riche, il s'agit probablement de votre dernier bonheur, soyez généreux. Vous arriverez à vos fins par la femme de chambre. Donnez une dizaine de mille francs à la soubrette, elle vous cachera dans la chambre à coucher de sa maîtresse ; et, pour vous, ça vaut bien ça !

Aucune figure de rhétorique ne peut peindre le débit saccadé, net, absolu de Corentin ; aussi le baron le remarquait-il en manifestant de l'étonnement, une expression qu'il avait depuis longtemps défendue à son visage impassible.

— Je viens vous demander cinq mille francs pour Peyrade, qui a laissé tomber cinq de vos billets de banque... un petit malheur ! reprit Corentin avec le plus beau ton de commandement. Peyrade connaît trop bien son Paris pour faire des frais d'affiches, et il a compté sur vous. Mais ceci n'est pas le plus important, dit Corentin en se reprenant de manière à ôter à la demande d'argent toute gravité. Si vous ne voulez pas avoir du chagrin dans vos vieux jours, obtenez à Peyrade la place qu'il vous a demandée, et vous pouvez la lui faire obtenir facilement. Le Directeur-Général de la Police du royaume a dû recevoir hier une note à ce sujet. Il ne s'agit que d'en faire parler au Préfet de police par Gondreville. Hé ! bien, dites à Malin comte de Gondreville, qu'il s'agit d'obliger un de ceux qui l'ont su débarrasser de messieurs de Simeuse, et il marchera...

— Voici, monsieur, dit le baron en prenant cinq billets de mille francs et les présentant à Corentin.

— La femme de chambre a pour bon ami un grand chasseur nommé Paccard, qui demeure rue de Provence, chez un carrossier, et qui se loue comme chasseur à ceux qui se donnent des airs de prince. Vous arriverez à la femme de chambre de madame Van-Bogseck par Paccard, un grand drôle de Piémontais qui aime assez le vermout.

Évidemment cette confidence, élégamment jetée en Post-Scriptum, était le prix des cinq mille francs. Le baron cherchait à deviner à quelle race appartenait Corentin, en qui son intelligence lui disait assez qu'il voyait plutôt un directeur d'espionnage qu'un espion ; mais Corentin resta pour lui ce qu'est, pour un archéologue, une inscription à laquelle il manque au moins les trois quarts des lettres.

— *Gommend se nomme la phâme te jampre ?* demanda-t-il.

— Eugénie, répondit Corentin qui salua le baron et sortit.

Le baron de Nucingen, transporté de joie, abandonna ses affaires, ses bureaux, et remonta chez lui dans l'heureux état où se trouve un jeune homme de vingt ans qui jouit en perspective d'un premier rendez-vous avec une première maîtresse. Le baron prit tous les billets de mille francs de sa caisse particulière, une somme avec laquelle il aurait pu faire le bonheur d'un village, cinquante-cinq mille francs! et il les mit à même, dans la poche de son habit. Mais la prodigalité des millionnaires ne peut se comparer qu'à leur avidité pour le gain. Dès qu'il s'agit d'un caprice, d'une passion, l'argent n'est plus rien pour les Crésus : il leur est en effet plus difficile d'avoir des caprices que de l'or. Une jouissance est la plus grande rareté de cette vie rassasiée, pleine des émotions que donnent les grands coups de la Spéculation, et sur lesquelles ces cœurs secs se sont blasés. Exemple. Un des plus riches capitalistes de Paris, connu d'ailleurs pour ses bizarreries, rencontre un jour, sur les boulevards, une petite ouvrière excessivement jolie. Accompagnée de sa mère, cette grisette donnait le bras à un jeune homme d'un habillement assez équivoque, et d'un balancement de hanches très-faraud. A la première vue, le millionnaire devient amoureux de cette Parisienne ; il la suit chez elle, il y entre ; il se fait raconter cette vie mélangée de bals chez Mabile, de jours sans pain, de spectacles et de travail ; il s'y intéresse, et laisse cinq billets de mille francs sous une pièce de cent sous : une générosité déshonorée. Le lendemain, un fameux tapissier, Braschon, vient prendre les ordres de la grisette, meuble un appartement qu'elle choisit, y dépense une vingtaine de mille francs. L'ouvrière se livre à des espérances fantastiques : elle habille convenablement sa mère, elle se flatte de pouvoir placer son ex-amoureux dans les bureaux d'une Compagnie d'Assurance. Elle attend... un, deux jours ; puis une... et deux semaines. Elle se croit obligée d'être fidèle, elle s'endette. Le capitaliste, appelé en Hollande, avait oublié l'ouvrière ; il n'alla pas une seule fois dans le Paradis où il l'avait mise, et d'où elle retomba aussi bas qu'on peut tomber à Paris. Nucingen ne jouait pas, Nucingen ne protégeait pas les arts, Nucingen n'avait aucune fantaisie ; il devait donc se jeter dans sa passion pour Esther avec un aveuglement sur lequel comptait l'abbé.

Après son déjeuner, le baron fit venir Georges, son valet de chambre, et lui dit d'aller rue Taitbout, prier mademoiselle Eugénie, la femme de chambre de madame Van-Bogseck, de passer dans ses bureaux pour une affaire importante.

— *Du la guedderas*, ajouta-t-il, *et du la veras monder tans ma jampre, en lui tisand que sa vordine est vaidde.*

Georges eut mille peines à décider Europe-Eugénie à venir. Madame, lui dit-elle, ne lui permettait jamais de sortir ; elle pouvait perdre sa place, etc., etc. Aussi Georges fit-il sonner haut ses mérites aux oreilles du baron, qui lui donna dix louis.

— Si madame sort cette nuit sans elle, dit Georges à son maître dont les yeux brillaient comme des escarboucles, elle viendra sur les dix heures.

— *Pon! ti fientras m'habiler à neiffeires... me goïver ; gar che feusse édre auzi pien que bossiple... Che grois que che gombaraidrai teffant ma maidresse, u l'archante ne seraid bas l'archante...*

De midi à une heure, le baron teignit ses cheveux et ses favoris. A neuf heures, le baron, qui prit un bain avant le dîner, fit une toilette de marié, se parfuma, s'adonisa. Madame de Nucingen, avertie de cette métamorphose, se donna le plaisir de voir son mari.

— Mon Dieu ! dit-elle, êtes-vous ridicule !... Mais mettez donc une cravate de satin noir, à la place de cette cravate blanche qui fait paraître vos favoris encore plus durs. Et, d'ailleurs, c'est *Empire*, c'est vieux bonhomme, et vous vous donnez l'air d'un ancien Conseiller au Parlement. Otez donc vos boutons en diamant, qui valent chacun cent mille francs ; cette singesse vous les demanderait, vous ne pourriez pas les refuser ; et pour les offrir à une fille, autant les mettre à mes oreilles.

Le pauvre financier, frappé de la justesse des remarques de sa femme, lui obéissait en rechignant.

— *Ritiquile ! ritiquile !... Che ne fous ai chamais tidde que visse édiez ritiquile quand vis vis meddiez te fodre miex bir fodre bedid mennesier de Rasdignac.*

— Je l'espère bien que vous ne m'avez jamais trouvée ridicule. Suis-je femme à faire de pareilles fautes d'orthographe dans une toilette ? Voyons, tournez-vous !... Boutonnez votre habit jusqu'en haut, comme fait le duc de Maufrigneuse, en laissant libres les deux dernières boutonnières d'en haut. Enfin, tâchez de vous rendre jeune.

— Monsieur, dit Georges, voici mademoiselle Eugénie.

— *Attieu, montame...* s'écria le banquier. Il reconduisit sa femme jusqu'au delà des limites de leurs appartements respectifs, pour être certain qu'elle n'écouterait pas la conférence. En revenant, il prit par la main Europe, et l'amena dans sa chambre avec une sorte de respect ironique : — *Hé! pien, ma bedide, fus édes pien héreize, gar vis édes au serfice te la blis cholie phâme de l'inifers... Fodre fordine éd vaidde, si vis foulez barler bir moi, édre tans mes eindereds.*

— C'est ce que je ne ferais pas pour dix mille francs, s'écria Europe. Vous comprenez, monsieur le baron, que je suis avant tout une honnête fille....

— *Ui. Che gomde pien bayer fodre onédedé. C'ed ce q'on abbèle, tans le gommerce, la guriosidé.*

— Ensuite, ce n'est pas tout, dit Europe. Si monsieur ne plaît pas à madame, et il y a de la chance ! elle se fâche, je suis renvoyée, et ma place me vaut mille francs par an.

— *Le gabidal te mile vrancs ed te fint mile vrancs, et si che fus les tonne, fus ne berterez rien.*

— Ma foi, si vous le prenez sur ce ton-là, mon gros père, dit Europe, ça change joliment la question. Où sont-ils?...

— *Foissi*, répondit le baron en montrant un à un les billets de banque.

Il regarda chaque éclair que chaque billet faisait jaillir des yeux d'Europe, et qui révélait la concupiscence à laquelle il s'attendait.

— Vous payez la place, mais l'honnêteté, la conscience?... dit Europe en levant sa mine fûtée et lançant au baron un regard *seria-buffa.*

— *La gonzience ne faud bas la blace; mais, meddons saint mille vrancs de blis,* dit-il en ajoutant cinq billets de mille francs.

— Non, vingt mille francs pour la conscience, et cinq mille pour la place, si je la perds...

— *Gomme fus futrez...* dit-il en ajoutant les cinq billets. *Mais bir les cagner, il vaut me gager tans la jampre te da maidresse bentant la nouid, quand elle sera séle...*

— Si vous voulez m'assurer de ne jamais dire qui vous a introduit, j'y consens. Mais je vous préviens d'une chose : madame est forte comme Turc, elle aime monsieur de Rubempré comme une folle, et vous lui remettriez un million en billets de banque, que vous ne lui feriez pas commettre une infidélité... C'est bête, mais elle est ainsi quand elle aime, elle est pire qu'une honnête femme, quoi? Quand elle va se promener dans les bois avec monsieur, il est rare que monsieur reste à la maison ; elle y est allée ce soir, je puis donc vous cacher dans ma chambre. Si madame revient seule, je vous viendrai chercher ; vous vous tiendrez dans le salon, je ne fermerai pas la porte de la chambre, et le reste... dame! le reste, ça vous regarde... Préparez-vous!

— *Che te tonnerai les fint-sainte mile vrancs tans le salon... tonnant, tonnant.*

— Ah! dit Europe, vous n'êtes pas plus défiant que ça?... Excusez du peu...

— *Di auras pien tes ogassions te me garodder... Ni verons gonnaissance...*

— Eh! bien, soyez rue Taitbout à minuit ; mais prenez alors trente mille francs sur vous. L'honnêteté d'une femme de chambre se paie, comme les fiacres, beaucoup plus cher, passé minuit.

— *Bar britence, che de tonnerai ein pon sur la Panque...*

— Non, non, dit Europe, des billets, ou rien ne va...

A une heure du matin, le baron de Nucingen, caché dans la mansarde où couchait Europe, était en proie à toutes les anxiétés d'un homme en bonne fortune. Il vivait, son sang lui semblait bouillant à ses orteils, et sa tête allait éclater comme une machine à vapeur trop chauffée.

— *Che chouissais moralement pire blis te sant mile égus!* dit-il à du Tillet en lui racontant cette aventure. Il écouta les moindres bruits de la rue, il entendit, à deux heures du matin, la voiture de sa maîtresse dès le boulevard. Son cœur battit à soulever la soie du gilet, quand la grande porte tourna sur ses gonds : il allait donc revoir la céleste, l'ardente figure d'Esther!... Il reçut dans le cœur le bruit du marchepied et le claquement de la portière. L'attente du moment suprême l'agitait plus que s'il se fût agi de perdre sa fortune.

— *Ha!* s'écria-t-il, *c'esde fifre ça! C'esde trob fifre même, che ne serai gabaple te rienne te dude!*

Un quart d'heure après, Europe monta.

— Madame est seule, descendez... Surtout, ne faites pas de bruit, gros éléphant!

— *Cros élevant!* répéta-t-il en riant et marchant comme sur des barres de fer rouge.

Europe allait en avant, un bougeoir à la main.

— *Diens, gonde-les*, dit le baron en tendant à Europe les billets de banque quand il fut dans le salon.

Europe prit les trente billets d'un air sérieux, et sortit en enfermant le banquier. Nucingen alla droit dans la chambre, où il trouva la belle Anglaise qui lui dit : — Serait-ce toi, Lucien ?...

— *Non, pelle envant*, s'écria Nucingen qui n'acheva pas.

Il resta stupide en voyant une femme absolument le contraire d'Esther : du blond là où il avait vu du noir, de la faiblesse là où il admirait de la force ! la douce nuit là où scintillait le soleil de l'Arabie.

— Ah çà ! d'où venez-vous ?... qui êtes-vous ?... dit l'Anglaise en sonnant sans que les sonnettes fissent aucun bruit.

— *Chai godonné les sonneddes, mais n'ayez poind beurre... chez fais m'en aller*, dit-il. *Foilà drende mile vrancs te cheddés tans l'eau. Fus édes pien la maîdresse te mennesier Licien te Ripembré?*

— Un peu, mon neveu, dit l'Anglaise qui parlait bien le français. *Mais ki ed-dû, doi?* fit-elle en imitant le parler de Nucingen.

— *Ein ôme pien addrabé!...* répondit-il piteusement.

— *Esd-on addrabé bir afoir eine cholie phâme?* demanda-t-elle en plaisantant.

— *Bermeddez-moi te fis enfoyer temain eine barure, bir fus rabbeler le paron ti Nichenguenne.*

— *Gonnais bas!...* fit-elle en riant comme une folle ; mais la parure sera bien reçue, mon gros violateur de domicile.

— *Fis le gonnaidrez? Attié, montame. Fis édes un morzo te roi ; mais je ne soui qu'ein bofre panquier té soizande ans bassés, et fis m'affez vaide combrentre gompien la phâme que ch'aime a te buissance, buisque fodre paudé sirhimaine n'a bas pi me la vaire ûplier...*

— Tiens, ce èdre chentile ze que fis me tides là, répondit l'Anglaise.

— *Ze n'esd pas si chentile que zelle qui me t'einsbire...*

— Vous parliez de *drande* mille francs... à qui les avez-vous donnés ?

— *A fodre goguine te phâme te jampre...*

L'Anglaise sonna, Europe n'était pas loin.

— Oh! s'écria Europe, un homme dans la chambre de madame, et qui n'est pas monsieur!... Quelle horreur!

— Vous a-t-il donné trente mille francs pour y être introduit?

— Non, madame; car, à nous deux, nous ne les valons pas...

Et Europe se mit à crier au voleur d'une si dure façon, que le banquier effrayé gagna la porte, d'où Europe le fit rouler par les escaliers...

— Gros scélérat, lui cria-t-elle, vous me dénoncez à ma maîtresse! Au voleur!... au voleur!

L'amoureux baron, au désespoir, put regagner sans avanie sa voiture qui stationnait sur le boulevard; mais il ne savait plus à quel espion se vouer.

— Est-ce que, par hasard, madame voudrait m'ôter mes profits?... dit Europe en revenant comme une furie vers l'Anglaise.

— Je ne sais pas les usages de France, dit l'Anglaise.

— Mais c'est que je n'ai qu'un mot à dire à monsieur pour faire mettre madame à la porte demain, répondit insolemment Europe.

— *Cedde zagrée fâme te jampre,* dit le baron à Georges qui demanda naturellement à son maître s'il était content, *m'a ghibbé drande mile vrancs..., mais c'esd te ma vôde, ma drès crande vôde !...*

— Ainsi la toilette de monsieur ne lui a pas servi. Diable! je ne conseille pas à monsieur de prendre pour rien ses pastilles...

— *Chorche, che meirs te tesesboir... Chai vroit... Chai de la classe au cuer... Plis d'Esder, mon hami.*

Georges était toujours l'ami de son maître dans les grandes circonstances.

Deux jours après cette scène, que la jeune Europe venait de dire beaucoup plus plaisamment qu'on ne peut la raconter, car elle y ajouta sa mimique, le faux espagnol déjeunait en tête-à-tête avec Lucien.

— Il ne faut pas, mon petit, que la police ni personne mette le nez dans nos affaires, lui dit-il à voix basse en allumant un cigare à celui de Lucien. C'est malsain. J'ai trouvé un moyen audacieux, mais infaillible, de faire tenir tranquille notre baron et ses agents. Tu vas aller chez madame de Sérizy, tu seras très-gentil pour elle.

Tu lui diras, dans la conversation, que, pour être agréable à
Rastignac, qui depuis long-temps a trop de madame de Nucingen,
tu consens à lui servir de manteau pour cacher une maîtresse.
Monsieur de Nucingen, devenu très-amoureux de la femme que
cache Rastignac (ceci la fera rire) s'est avisé d'employer la Police
pour t'espionner, toi, bien innocent des roueries de ton compatriote, et dont les intérêts chez les Grandlieu pourraient être compromis. Tu prieras la comtesse de te donner l'appui de son mari,
qui est Ministre d'État, pour aller à la Préfecture de Police. Une fois
là, devant monsieur le Préfet, plains-toi, mais en homme politique
et qui va bientôt entrer dans la vaste machine du gouvernement
pour en être un des plus importants pistons. Tu comprendras la
Police en homme d'État, tu l'admireras, y compris le Préfet. Les
plus belles mécaniques font des taches d'huile ou crachent. Ne te
fâche que tout juste. Tu n'en veux pas du tout à monsieur le
Préfet ; mais engage-le à surveiller son monde, et plains-le d'avoir
à gronder ses gens. Plus tu seras doux, gentilhomme, plus le
Préfet sera terrible contre ses agents. Nous serons alors tranquilles,
et nous pourrons faire revenir Esther, qui doit bramer comme les
daims dans sa forêt.

Le Préfet d'alors était un ancien magistrat. Les anciens magistrats font des préfets de police beaucoup trop jeunes. Imbus du
Droit, à cheval sur la Légalité, leur main n'est pas leste à l'Arbitraire que nécessite assez souvent une circonstance critique où
l'action de la Préfecture doit ressembler à celle d'un pompier chargé
d'éteindre un feu. En présence du Vice-Président du Conseil-d'É-
tat, le Préfet reconnut à la Police plus d'inconvénients qu'elle n'en
a, déplora les abus, et se souvint alors de la visite que le baron de
Nucingen lui avait faite et des renseignements qu'il avait demandés
sur Peyrade. Le Préfet, tout en promettant de réprimer les excès
auxquels se livraient les agents, remercia Lucien de s'être adressé
directement à lui, lui promit le secret, et eut l'air de comprendre
cette intrigue. De belles phrases sur la Liberté individuelle, sur
l'inviolabilité du domicile furent échangées entre le Ministre d'État
et le Préfet, à qui monsieur de Sérizy fit observer que si les grands
intérêts du royaume exigeaient parfois de secrètes illégalités, le
crime commençait à l'application de ces moyens d'État aux intérêts
privés.

Un matin, au moment où Peyrade allait à son cher café David

où il se régalait de voir des bourgeois comme un artiste s'amuse à voir pousser des fleurs, un gendarme habillé en bourgeois l'accosta dans la rue.

— J'allais chez vous, lui dit-il à l'oreille, j'ai ordre de vous amener à la Préfecture.

Peyrade prit un fiacre et monta, sans faire la moindre observation, en compagnie du gendarme.

Le Préfet de Police traita Peyrade comme s'il eût été le dernier argousin du Bagne, en se promenant dans une allée du petit jardin de la Préfecture de Police qui, dans ce temps, s'étendait le long du quai des Orfévres.

— Ce n'est pas sans raison, monsieur, que, depuis 1809, vous avez été mis en dehors de l'administration... Ne savez-vous pas à quoi vous nous exposez et vous vous exposez vous-même?...

La mercuriale fut terminée par un coup de foudre. Le Préfet annonça durement au pauvre Peyrade que non-seulement son secours annuel était supprimé, mais encore qu'il serait, lui, l'objet d'une surveillance spéciale. Le vieillard reçut cette douche de l'air le plus calme du monde. Il n'y a rien d'immobile et d'impassible comme un homme foudroyé. Peyrade avait perdu tout son argent au jeu. Le père de Lydie comptait sur sa place, et il se voyait sans autre ressource que les aumônes de son ami Corentin.

— J'ai été Préfet de Police, je vous donne complétement raison, dit tranquillement le vieillard au fonctionnaire posé dans sa majesté judiciaire et qui fit alors un haut-le-corps assez significatif. Mais permettez-moi, sans vouloir en rien m'excuser, de vous faire observer que vous ne me connaissez point, reprit Peyrade en jetant une fine œillade au Préfet. Vos paroles sont, ou trop dures pour l'ancien Commissaire Général de Police en Hollande, ou pas assez sévères pour un simple mouchard.

Le Préfet gardait le silence.

— Seulement, monsieur le Préfet, souvenez-vous de ce que je vais avoir l'honneur de vous dire. Sans que je me mêle en rien de *votre police* ni de ma justification, vous aurez l'occasion de voir que, dans cette affaire, il y a quelqu'un qu'on trompe : en ce moment, c'est votre serviteur; plus tard, vous direz : C'était moi.

Et il salua le Préfet, qui resta pensif pour cacher son étonnement.

Le vieillard revint chez lui, les bras et les jambes cassés, saisi d'une rage froide contre le baron de Nucingen. Cet épais financier pouvait seul avoir trahi un secret concentré dans les têtes de Contenson, de Peyrade et de Corentin. Le vieillard accusa le banquier de vouloir se dispenser du paiement, une fois le but atteint. Une seule entrevue lui avait suffi pour deviner les astuces du plus astucieux des banquiers. — Il liquide avec tout le monde, même avec nous, mais je me vengerai, se disait le bonhomme. Je n'ai jamais rien demandé à Corentin, je lui demanderai de m'aider à me venger de cette stupide caisse. Sacré baron! tu sauras de quel bois je me chauffe, en trouvant un matin ta fille déshonorée.... Mais aime-t-il sa fille? Le soir de cette catastrophe qui renversait les espérances de ce vieillard, il avait pris dix ans de plus. En causant avec son ami Corentin, il entremêlait ses doléances de larmes arrachées par la perspective du triste avenir qu'il léguait à sa fille, son idole, sa perle, son offrande à Dieu.

— Nous suivrons cette affaire, lui disait Corentin. Il faut savoir d'abord si le baron est ton délateur. Avons-nous été sages en nous appuyant de Gondreville?.... Ce vieux Malin nous doit trop pour ne pas essayer de nous engloutir; aussi fais-je surveiller son gendre Keller, un niais en politique, et très-capable de tremper dans quelque conspiration tendant à renverser la branche aînée au profit de la branche cadette.... Demain, je saurai ce qui se passe chez Nucingen, s'il a vu sa maîtresse, et d'où nous vient ce coup de caveçon..... Ne te désole pas. D'abord, le Préfet ne restera pas long-temps en place.... Le temps est gros de révolutions, et les révolutions, c'est notre eau trouble.

Un sifflement particulier retentit dans la rue.

— C'est Contenson, dit Peyrade qui mit une lumière sur la fenêtre, et il y a quelque chose qui m'est personnel.

Un instant après, le fidèle Contenson comparaissait devant les deux gnômes de la Police par lui révérés à l'égal de deux génies.

— Qu'y a-t-il? dit Corentin.

— Du nouveau! Je sortais du 113, où j'ai tout perdu. Que vois-je sous les galeries?...., Georges! ce garçon est renvoyé par le baron, qui le soupçonne d'être un mouchard.

— Voilà l'effet d'un sourire qui m'est échappé, dit Peyrade.

— Oh! tout ce que j'ai vu de désastres causés par des sourires!... dit Corentin.

— Sans compter ceux que causent les coups de cravache, dit Pey-

rade en faisant allusion à l'affaire Simeuse. (Voir UNE TÉNÉBREUSE
AFFAIRE.) Mais, voyons, Contenson, qu'arrive-t-il ?

— Voici ce qui arrive, reprit Contenson. J'ai fait jaser Georges
en lui faisant payer des petits verres d'une infinité de couleurs,
il en est resté gris; quant à moi, je dois être comme un alambic!
Notre baron est allé rue Taitbout, bourré de pastilles du sérail. Il
y a trouvé la belle femme que vous savez. Mais une bonne farce:
cette Anglaise n'est pas son *ingonnie!*.... Et il a dépensé trente
mille francs pour séduire la femme de chambre. Une bêtise. Ça se
croit grand parce que ça fait de petites choses avec de grands capitaux, retournez la phrase, et vous trouvez le problème que résout
l'homme de génie. Le baron est revenu dans un état à faire pitié. Le
lendemain Georges, pour faire son bon apôtre, dit à son maître : —
Pourquoi monsieur se sert-il de gens de sac et de corde? Si monsieur
voulait s'en rapporter à moi, je lui trouverais son inconnue, car la
description que monsieur m'en a faite me suffit, je remuerai tout Paris. — Va, lui dit le baron, je te récompenserai bien ! Georges m'a
raconté tout cela, entremêlé des détails les plus saugrenus. Mais...
l'on est fait à recevoir la pluie! Le lendemain, le baron reçut une lettre anonyme où on lui disait quelque chose comme : « Monsieur de
Nucingen se meurt d'amour pour une inconnue, il a déjà dépensé
beaucoup d'argent en pure perte; s'il veut se trouver ce soir, à
minuit, au bout du pont de Neuilly, et monter dans la voiture
derrière laquelle sera le chasseur du bois de Vincennes, en se laissant bander les yeux, il verra celle qu'il aime..... Comme sa fortune peut lui donner des craintes sur la pureté des intentions de
ceux qui procèdent ainsi, monsieur le baron peut se faire accompagner de son fidèle Georges. Il n'y aura d'ailleurs personne dans
la voiture. » Le baron y va, sans rien dire à Georges, avec Georges.
Tous deux se laissent bander les yeux et couvrir la tête d'un voile.
Le baron reconnaît le chasseur. Deux heures après, la voiture, qui
marchait comme une voiture à Louis XVIII (que Dieu ait son âme!
il se connaissait en police, ce roi-là!) arrête au milieu d'un bois.
Le baron, à qui l'on ôte son bandeau, voit dans une voiture arrêtée
son inconnue, qui.... psit!.... disparaît aussitôt. Et la voiture
(même train que Louis XVIII) le ramène au pont de Neuilly, où
il retrouve sa voiture. On avait mis dans la main de Georges un
petit billet ainsi conçu : « Combien de billets de mille francs monsieur le baron lâche-t-il pour être mis en rapport avec son incon-

nue? » Georges donne le petit billet à son maître, et le baron, ne doutant pas que Georges ne s'entende ou avec moi ou avec vous, monsieur Peyrade, pour l'exploiter, a mis Georges à la porte. En v'là un imbécile de banquier! il ne fallait renvoyer Georges qu'après avoir *gougé affec l'cingonnte*.

— Georges a vu la femme?... dit Corentin.

— Oui, dit Contenson.

— Eh! bien, s'écria Peyrade, comment est-elle?

— Oh! répondit Contenson, il ne m'en a dit qu'un mot : un vrai soleil de beauté!...

— Nous sommes joués par des drôles plus forts que nous, s'écria Peyrade. Ces chiens-là vont vendre leur femme bien cher au baron.

— *Ya, mein Herr!* répondit Contenson. Aussi, en apprenant que vous aviez reçu des giroflées à la Préfecture, ai-je fait jaser Georges.

— Je voudrais bien savoir qui m'a roulé, dit Peyrade, nous mesurerions nos ergots!

— Faut faire les cloportes, dit Contenson.

— Il a raison, dit Peyrade, glissons-nous dans les fentes pour écouter, attendre...

— Nous allons étudier cette version-là, s'écria Corentin; pour le moment, je n'ai rien à faire. Tiens-toi sage, toi, Peyrade! Obéissons toujours à monsieur le Préfet...

— Monsieur de Nucingen est bon à saigner, fit observer Contenson, il a trop de billets de mille francs dans les veines...

— La dot de Lydie était pourtant là! dit Peyrade à l'oreille de Corentin.

— Contenson, viens-nous-en, laissons dormir notre père...ade!... A de...main.

— Monsieur, dit Contenson à Corentin sur le pas de la porte, quelle drôle d'opération de change aurait faite le bonhomme!... Hein! marier sa fille avec le prix de!... Ah! ah! l'on ferait de ce sujet une jolie pièce, et morale, intitulée : *La Dot d'une jeune fille.*

— Ah! comme vous êtes organisés, vous autres!..... quelles oreilles tu as!... dit Corentin à Contenson. Décidément la Nature Sociale arme toutes ses Espèces des qualités nécessaires aux services qu'elle en attend! La société c'est une autre Nature!

— C'est très-philosophique ce que vous dites là, s'écria Contenson, un professeur en ferait un système !

— Sois au fait, reprit Corentin en souriant et s'en allant avec l'espion par les rues, de tout ce qui se passera chez monsieur de Nucingen, à propos de l'inconnue... en gros... ne finasse pas...

— On regarde si les cheminées fument ! dit Contenson.

— Un homme comme le baron de Nucingen ne peut pas être heureux incognito, reprit Corentin. D'ailleurs nous, pour qui les hommes sont des cartes, nous ne devons jamais être joués par eux !

— Parbleu ! ce serait le condamné qui s'amuserait à couper le cou au bourreau, s'écria Contenson.

— Tu as toujours le petit mot pour rire, répondit Corentin en laissant échapper un sourire qui dessina de faibles plis dans son masque de plâtre.

Cette affaire était excessivement importante en elle-même, et à part ses résultats. Si le baron n'avait pas trahi Peyrade, qui donc avait eu intérêt à voir le Préfet de Police ? Il s'agissait pour Corentin de savoir s'il n'existait pas de faux frères parmi ses hommes. Il se disait en se couchant ce que ruminait aussi Peyrade : — Qui donc est allé se plaindre au Préfet ?..... A qui cette femme appartient-elle ? Ainsi, tout en s'ignorant les uns les autres, Jacques Collin, Peyrade et Corentin se rapprochaient sans le savoir ; et la pauvre Esther, Nucingen, Lucien allaient nécessairement être enveloppés dans la lutte déjà commencée, et que l'amour-propre particulier aux gens de police devait rendre terrible.

Grâce à l'adresse d'Europe, la partie la plus menaçante des soixante mille francs de dettes qui pesaient sur Esther et sur Lucien fut acquittée. La confiance des créanciers ne fut pas même ébranlée. Lucien et l'abbé purent respirer pendant un moment. Comme deux bêtes fauves poursuivies qui lappent un peu d'eau au bord de quelque marais, ils purent continuer à côtoyer les précipices, le long desquels l'homme fort conduisait l'homme faible ou au gibet ou à la fortune.

— Aujourd'hui, dit le faux prêtre à sa créature, nous jouons le tout pour le tout ; mais heureusement les cartes sont *biseautées*.

Pendant quelque temps Lucien fut assidu, par ordre de son terrible Mentor, auprès de madame de Sérizy. En effet, Lucien ne devait pas être soupçonné d'avoir une fille entretenue pour maîtresse. Il trouva d'ailleurs dans le plaisir d'être aimé, dans l'entraînement d'une vie mondaine, une force d'emprunt pour s'étourdir. Il obéissait à mademoiselle Clotilde de Grandlieu en ne la voyant plus qu'au Bois ou aux Champs-Élysées.

Le lendemain du jour où Esther fut enfermée dans la maison du Garde, l'être, pour elle problématique et terrible qui lui pesait sur le cœur, vint lui proposer de signer en blanc trois papiers timbrés, aggravés de ces mots tortionnaires : *Accepté pour soixante mille francs,* sur le premier ; — *Accepté pour cent vingt mille francs,* sur le second ; — *Accepté pour cent vingt mille francs,* sur le troisième. En tout trois cent mille francs d'acceptations. En mettant *bon pour,* vous faites un simple billet. Le mot *accepté* constitue la lettre de change et vous soumet à la contrainte par corps. Ce mot fait encourir à celui qui le signe imprudemment cinq ans de prison, une peine que le tribunal de police correctionnelle n'inflige presque jamais, et que la cour d'assises applique à des scélérats. La loi sur la contrainte par corps est un reste des temps de barbarie qui joint à sa stupidité le rare mérite d'être inutile, en ce qu'elle n'atteint jamais les fripons (*Voir* ILLUSIONS PERDUES).

— Il s'agit, dit l'Espagnol à Esther, de tirer Lucien d'embarras : nous avons soixante mille francs de dettes, et avec ces trois cent mille francs nous nous en tirerons peut-être.

Après avoir antidaté de six mois les lettres de change, l'abbé les fit tirer sur Esther par un *homme incompris de la police correctionnelle,* et dont les aventures, malgré le bruit qu'elles ont fait, furent bientôt oubliées, perdues, couvertes par le tapage de la grande symphonie de juillet 1830.

Ce jeune homme, un des plus audacieux chevaliers d'industrie, fils d'un huissier de Boulogne près Paris, se nomme Georges-Marie Destourny. Le père, obligé de vendre sa charge en des circonstances peu prospères, laissa, vers 1824, son fils sans aucune ressource après lui avoir donné cette brillante éducation, la folie des petits bourgeois pour leurs enfants. A vingt-trois ans, le jeune et brillant élève en droit avait déjà renié son père en écrivant ainsi son nom sur ses cartes :

GEORGES D'ESTOURNY.

Cette carte donnait à son personnage un parfum d'aristocratie. Ce fashionable eut l'audace de prendre tilbury, groom, et de hanter les clubs. Un mot expliquera tout : il faisait des affaires à la Bourse avec l'argent des femmes entretenues dont il était le confident. Enfin il succomba devant la Police correctionnelle, où il comparut accusé de se servir de cartes trop heureuses ; il avait des complices, des jeunes gens corrompus par lui, ses séides obligés, les compères de son élégance et de son crédit. Obligé de fuir, il négligea de payer ses différences à la Bourse. Tout Paris, le Paris des loups-cerviers et des clubs, des boulevards et des industriels, tremblait encore de cette double affaire. Au temps de sa splendeur, Georges d'Estourny, joli garçon, bon enfant surtout, généreux comme un chef de voleurs, avait protégé la Torpille pendant quelques mois. Le faux Espagnol basa sa spéculation sur l'accointance d'Esther avec ce célèbre escroc, accident particulier aux femmes de cette classe. Georges d'Estourny, dont l'ambition s'était enhardie avec le succès, avait pris sous sa protection un homme venu du fond d'un département pour faire des affaires à Paris, et que le parti libéral voulait indemniser de condamnations encourues avec courage dans la lutte de la Presse contre le Gouvernement de Charles X, dont la persécution s'était ralentie pendant le ministère Martignac. On avait alors gracié le sieur Cérizet, ce gérant responsable, surnommé le Courageux-Cériset. Or, Cérizet, patroné pour la forme par les sommités de la Gauche, fonda une maison qui tenait à la fois à l'agence d'affaires, à la Banque et à la maison de commission. Ce fut une de ces positions qui ressemblent, dans le commerce, à ces domestiques annoncés dans les Petites-Affiches, comme pouvant et sachant tout faire. Cérizet fut très-heureux de se lier avec Georges d'Estourny, qui le forma. Esther, en vertu de l'anecdote sur Ninon, pouvait passer pour être la fidèle dépositaire d'une portion de la fortune de Georges d'Estourny. Un endos en blanc signé *Georges d'Estourny* rendit Carlos Herrera maître des valeurs qu'il avait créées. Ce faux n'avait aucun danger du moment où, soit mademoiselle Esther, soit quelqu'un pour elle, pouvait ou devait payer. Après avoir pris des renseignements sur la maison Cérizet, Jacques Collin y reconnut l'un de ces personnages obscurs décidés à faire fortune, mais.... légalement. Cérizet, le vrai dépositaire de d'Estourny, restait nanti de sommes importantes alors engagées dans la Hausse, à la Bourse, et qui permettaient à Cérizet de se dire banquier. Tout cela se fait à Paris : on méprise un homme, on n'en méprise pas l'argent. L'abbé se rendit chez Cérizet dans l'intention de le travailler à sa manière, car il se trouvait par hasard maître de tous les secrets de ce digne associé de d'Estourny. Le Courageux-Cérizet demeurait dans un entresol, rue du Gros-Chenet, et l'abbé, qui se fit mystérieusement annoncer comme venant de la part de Georges d'Estourny, surprit le soi-disant banquier pâle de cette annonce. L'abbé vit, dans un modeste cabinet, un petit homme à cheveux rares et blonds, et reconnut en lui, d'après la description que lui en avait faite Lucien, le judas de David Séchard.

— Pouvons-nous parler ici sans crainte d'être entendus? dit l'Espagnol métamorphosé subitement en Anglais à cheveux rouges, à lunettes bleues, aussi propre, aussi net qu'un puritain allant au Prêche.

— Et pourquoi, monsieur? dit Cérizet. Qui êtes-vous?

— Monsieur William Barker, créancier de monsieur d'Estourny; mais je vais démontrer la nécessité de fermer vos portes, puisque vous le désirez. Nous savons, monsieur, quelles ont été vos relations avec les Petit-Claud, les Cointet et les Séchard d'Angoulême...

A ces mots, Cérizet s'élança vers la porte et la ferma, revint à une autre porte qui donnait dans une chambre à coucher, la verrouilla; puis il dit à l'inconnu : — Plus bas, monsieur! Et il examina le faux Anglais en lui disant : — Que voulez-vous de moi?...

— Mon Dieu! reprit William Barker, chacun pour soi, dans ce monde. Vous avez les fonds de ce drôle de d'Estourny... Rassurez-vous, je ne viens pas vous les demander; mais, pressé par moi, ce fripon qui mérite la corde, entre nous, m'a donné ces valeurs en me disant qu'il pouvait y avoir quelque chance de les réaliser; et, comme je ne veux pas poursuivre en mon nom, il m'a dit que vous ne me refuseriez pas le vôtre.

Cérizet regarda la lettre de change, et dit : — Mais il n'est plus à Francfort...

— Je le sais, répondit le faux Barker, mais il pouvait encore y être à la date de ces traites...

— Mais je ne veux pas être responsable, dit Cérizet...

— Je ne vous demande pas ce sacrifice, reprit le faux Anglais; vous pouvez être chargé de les recevoir. Acquittez-les, et je me charge d'opérer le recouvrement.

— Je suis étonné de voir à d'Estourny autant de défiance de moi, reprit Cérizet.

— Il sait bien des choses, répondit l'Espagnol ; mais ne le blâmez pas d'avoir mis ses œufs dans plusieurs paniers.

— Est-ce que vous croiriez?... demanda le petit faiseur d'affaires en rendant au faux Anglais les lettres de change acquittées et en règle.

— ... Je crois que vous garderez bien ses fonds? dit le faux Anglais, j'en suis sûr! ils sont déjà jetés sur le tapis vert de la Bourse.

— Ma fortune est intéressée à...

— A les perdre ostensiblement, dit William Barker.

— Monsieur!... s'écria Cérizet.

— Tenez, mon cher monsieur Cérizet, dit froidement Barker en interrompant Cérizet, vous me rendriez un service en me facilitant cette rentrée. Ayez la complaisance de m'écrire une lettre où vous disiez que vous me remettez ces valeurs acquittées pour le compte de d'Estourny, et que l'huissier poursuivant devra considérer le porteur de la lettre comme le possesseur de ces trois traites.

— Voulez-vous me dire vos noms?

— Pas de nom! répondit le faux Anglais. Mettez : *Le porteur de cette lettre et des valeurs...* Vous allez être bien payé de cette complaisance...

— Et comment?... dit Cérizet.

— Par un seul mot. Vous resterez en France, n'est-ce pas?...

— Oui, monsieur.

— Eh! bien, jamais Georges d'Estourny n'y rentrera.

— Et pourquoi?

— Il y a plus de cinq personnes qui, à ma connaissance, l'assassineraient, et il le sait.

— Je ne m'étonne plus qu'il me demande de quoi faire une pacotille pour les Indes! s'écria Cérizet. Et il m'a malheureusement obligé d'engager tout dans les fonds. Nous sommes déjà débiteurs de différences. Je vis au jour le jour.

— Tirez votre épingle du jeu!

— Ah! si j'avais su cela plus tôt! s'écria Cérizet. J'ai manqué ma fortune...

— Un dernier mot?... dit Barker. Discrétion!... vous en êtes capable; mais, ce qui peut-être est moins sûr, fidélité. Nous nous reverrons, et je vous ferai faire fortune.

Après avoir jeté dans cette âme de boue un espoir qui devait en assurer la discrétion pendant long-temps, Barker se rendit chez un huissier sur lequel il pouvait compter, et le chargea d'obtenir des jugements définitifs contre Esther. — On payera, dit-il à l'huissier, c'est une affaire d'honneur, nous voulons seulement être en règle. Il fit représenter mademoiselle Esther au Tribunal de Commerce pour que les jugements fussent contradictoires. L'huissier, prié d'agir poliment, mit sous enveloppe tous les actes de procédure, vint saisir lui-même le mobilier, rue Taitbout, où il fut reçu par Europe. La contrainte par corps une fois dénoncée, Esther fut ostensiblement sous le coup de trois cents et quelques mille francs de dettes indiscutables. Jacques Collin ne fit pas en ceci de grands frais d'invention. Ce vaudeville des fausses dettes se joue à Paris très-souvent. Il y existe des *sous*-Gobseck, des *sous*-Gigonnet qui, moyennant une prime, se prêtent à ce *calembour*, car ils plaisantent de ce tour. Tout, en France, se fait en riant. On rançonne ainsi, soit des parents récalcitrants, soit des passions qui lésineraient, mais qui tous, devant une nécessité flagrante ou quelque prétendu déshonneur, *s'exécutent*. Maxime de Trailles avait usé très-souvent de ce moyen, renouvelé des comédies du vieux répertoire. Seulement Carlos Herrera, qui voulait sauver et l'honneur de sa robe et celui de Lucien, avait eu recours à un faux sans aucun danger, mais assez souvent pratiqué pour qu'en ce moment la Justice s'en émeuve. Il se tient, dit-on, une Bourse des effets faux aux environs du Palais-Royal, où, pour trois francs, on vous donne une signature.

Avant d'entamer la question de ces cent mille écus destinés à faire sentinelle à la porte de la chambre à coucher, Carlos se promit de faire payer, au préalable, cent mille autres francs à monsieur de Nucingen. Voici comment. Par ses ordres, Asie se posa, vis-à-vis de l'amoureux baron, en vieille femme au courant des affaires de la belle inconnue. Jusqu'à présent, les peintres de mœurs ont mis en scène beaucoup d'usuriers; mais on a oublié l'usurière, la madame *La Ressource* d'aujourd'hui, personnage excessivement curieux, appelée décemment *marchande à la toilette,* et qu'allait jouer la féroce Asie, à qui Carlos trouva le physique de l'emploi. — Tu t'appelleras madame *de Saint-Estève*, lui dit-il. L'abbé voulut voir Asie habillée. La fausse entremetteuse vint en robe de damas à fleurs, provenant de rideaux décrochés à quelque boudoir saisi, ayant un de ces châles de cachemire passés, usés, invendables, qui finissent leur vie au dos de ces femmes. Elle portait une collerette en dentelles magnifiques, mais éraillées, et un affreux chapeau; mais elle était chaussée en souliers de peau d'Irlande, sur le bord desquels sa chair faisait l'effet d'un bourrelet de soie noire à jour.

— Et la boucle de ma ceinture! dit-elle en montrant une orfévrerie suspecte que repoussait son ventre de cuisinière. Hein! quel genre! Et mon tour... comme il m'enlaidit gentiment!

— Sois mielleuse d'abord, lui dit Carlos, sois craintive presque, défiante comme une chatte; et fais surtout rougir le baron d'avoir employé la Police sans que tu paraisses avoir à trembler devant les agents. Enfin donne à entendre *à la pratique*, en termes plus ou moins clairs, que tu défies toutes les polices du monde de savoir où se trouve la belle. Cache bien tes traces... Quand le baron t'aura donné le droit de lui frapper sur le ventre en l'appelant : — Gros corrompu! deviens insolente et fais-le aller comme un laquais.

Menacé de ne plus revoir l'entremetteuse s'il se livrait au moindre espionnage, Nucingen voyait Asie en allant à la Bourse, à pied, mystérieusement, dans un misérable entresol de la rue Neuve-Saint-Marc, un appartement prêté; par qui? le baron ne put jamais obtenir la moindre lumière à ce sujet... Ces boueux sentiers, combien de fois les millionnaires amoureux les ont-ils côtoyés, et avec quelles délices! les pavés de Paris le savent. Madame de Saint-Estève fit arriver, d'espérance en désespoir, en relayant l'un par l'autre, le baron à vouloir être mis au courant de tout ce qui concernait l'inconnue, *à tout prix!*...

Pendant ce temps, l'huissier marchait, et marchait d'autant mieux que, ne trouvant aucune résistance chez Esther, il agissait dans les délais légaux, sans perdre vingt-quatre heures.

Lucien, conduit par l'abbé, visita cinq ou six fois la recluse à Saint-Germain. Le féroce conducteur de ces machinations avait jugé ces entrevues nécessaires pour empêcher Esther de dépérir, car sa beauté passait à l'état de capital. Au moment de quitter la maison du Garde, il amena Lucien et la pauvre courtisane au bord d'un chemin désert, à un endroit d'où l'on voyait Paris, et où personne ne pouvait les entendre. Tous trois ils s'assirent au soleil levant, sous un tronçon de peuplier abattu devant ce paysage, un des plus magnifiques du monde, et qui embrasse le cours de la Seine, Montmartre, Paris, Saint-Denis.

— Mes enfants, dit Carlos, votre rêve est fini. Toi, ma petite, tu ne reverras plus Lucien; ou, si tu le vois, tu dois l'avoir connu, il y a cinq ans, pendant quelques jours seulement.

— Voilà donc ma mort arrivée! dit-elle sans verser une larme.

— Eh! voilà cinq ans que tu es malade, reprit l'abbé. Suppose-toi poitrinaire, et meurs sans nous ennuyer de tes élégies. Mais tu vas voir que tu peux encore vivre, et très-bien!... Laisse-nous, Lucien, va cueillir des *sonnets*, dit-il en lui montrant un champ à quelques pas d'eux.

Lucien jeta sur Esther un regard mendiant, un de ces regards propres à ces hommes faibles et avides, pleins de tendresse dans le cœur et de lâcheté dans le caractère. Esther lui répondit par un signe de tête qui voulait dire : — Je vais écouter le bourreau pour savoir comment je dois poser ma tête sous la hache, et j'aurai le courage de bien mourir. Ce fut si gracieux et, en même temps, si plein d'horreur, que le poète pleura ; Esther courut à lui, le serra dans ses bras, but cette larme et lui dit : — Sois tranquille! un de ces mots qui se disent avec les gestes et les yeux, avec la voix du délire.

Carlos se mit à expliquer nettement, sans ambiguïté, souvent avec d'horribles mots propres, la situation critique de Lucien, sa position à l'hôtel de Grandlieu, sa belle vie s'il triomphait, et enfin la nécessité pour Esther de se sacrifier à ce magnifique avenir.

— Que faut-il faire? s'écria-t-elle fanatisée.

— M'obéir aveuglément, dit Carlos. Et de quoi pourriez-vous vous plaindre? Il ne tiendra qu'à vous de vous faire un beau sort. Vous allez devenir ce que sont Tullia, Florine, Mariette et la Val-Noble, vos anciennes amies, la maîtresse d'un homme riche que vous n'aimerez pas. Une fois nos affaires faites, notre amoureux est assez riche pour vous rendre heureuse...

— Heureuse!... dit-elle en levant les yeux au ciel.

— Vous avez eu cinq ans de paradis, reprit-il. Ne peut-on vivre avec de pareils souvenirs?...

— Je vous obéirai, répondit-elle en essuyant une larme dans le coin de ses yeux. Ne vous inquiétez pas du reste! Vous l'avez dit, mon amour est une maladie mortelle.

— Ce n'est pas tout, reprit Carlos, il faut rester belle. A vingt-deux ans et demi, vous êtes à votre plus haut point de beauté, grâce à votre bonheur. Enfin, redevenez surtout la Torpille. Soyez espiègle, dépensière, rusée, sans pitié pour le millionnaire que je vous livre. Écoutez!... cet homme a été sans pitié pour bien du monde, il s'est engraissé des fortunes de la veuve et de l'orphelin, vous serez leur Vengeance!... Asie viendra vous prendre en fiacre, et vous serez à Paris ce soir. Si vous laissiez soupçonner vos liaisons depuis six ans avec Lucien, autant vaudrait lui tirer un coup de pistolet dans la tête. On vous demandera ce que vous êtes devenue : vous répondrez que vous avez été emmenée en voyage par un Anglais excessivement jaloux. Vous avez eu jadis assez d'esprit pour bien *blaguer*, retrouvez tout cet esprit-là...

Avez-vous jamais vu un radieux cerf-volant, ce géant des papillons de l'enfance, tout chamarré d'or, planant dans les cieux?... Les enfants oublient un moment la corde, un passant la coupe : le météore *donne*, en langage de collége, *une tête*, et il tombe avec une effrayante rapidité. Telle Esther en entendant Carlos.

DEUXIÈME PARTIE.

A COMBIEN L'AMOUR REVIENT AUX VIEILLARDS.

Depuis huit jours, Nucingen allait marchander la livraison de celle qu'il aimait, presque tous les jours, dans l'entresol de la rue Neuve-Saint-Marc. Là trônait Asie entre les plus belles parures arrivées à cette phase horrible où les robes ne sont plus des robes et ne sont pas encore des haillons. Le cadre était en harmonie avec la figure que cette femme se composait, car ces boutiques sont une des plus sinistres particularités de Paris. On y voit des défroques que la Mort y a jetées de sa main décharnée, et l'on entend alors le râle d'une phthisie sous un châle, comme on y devine l'agonie de la misère sous une robe lamée d'or. Les atroces débats entre le Luxe et la Faim sont écrits là sur de légères dentelles. On y retrouve la physionomie d'une Reine sous un turban à plumes dont la pose rappelle et rétablit presque la figure absente. C'est le hideux dans le joli! Le fouet de Juvénal, agité par les mains officielles du commissaire-priseur, éparpille les manchons pelés, les fourrures flétries des Messalines aux abois. C'est un fumier de fleurs où, çà et là, brillent des roses coupées d'hier, portées un jour, et sur lequel est toujours accroupie une vieille, la cousine-germaine de l'usure, l'Occasion chauve, édentée, et prête à vendre le contenu, tant elle a l'habitude d'acheter le contenant, la robe sans la femme ou la femme sans la robe! Asie était là, comme l'argousin dans le Bagne, comme un vautour au bec rougi sur des cadavres, au sein de son élément; plus affreuse que ces sauvages horreurs qui font frémir les passants étonnés quelquefois de rencontrer un de leurs plus jeunes et frais souvenirs pendus dans le sale vitrage derrière lequel grimace une vraie Saint-Estève retirée.

D'irritations en irritations et de dix mille en dix mille francs, le banquier était arrivé à offrir soixante mille francs à madame de Saint-Estève, qui lui répondit par un refus grimacé à désespérer un macaque. Après une nuit agitée, après avoir reconnu combien Esther portait de désordre dans ses idées, après avoir réalisé des gains inattendus à la Bourse, il vint enfin un matin avec l'intention de lâcher les cent mille francs demandés par Asie, mais il voulait lui soutirer une foule de renseignements.

— Tu te décides donc, mon gros farceur? lui dit Asie en lui tapant sur l'épaule.

La familiarité la plus déshonorante est le premier impôt que ces sortes de femmes prélèvent sur les passions effrenées ou sur les misères qui se confient à elles; elles ne s'élèvent jamais à la hauteur du client, elles le font asseoir côte à côte auprès d'elles sur leur tas de boue. Asie, comme on le voit, obéissait admirablement à son maître.

— *Il le vaud pien*, dit Nucingen.

— Et tu n'es pas volé, répondit Asie. On a vendu des femmes plus cher que tu ne payeras celle-là, relativement. Il y a femme et femme! De Marsay a donné de Coralie soixante mille francs. Celle que tu veux a coûté cent mille francs de première main; mais pour toi, vois-tu, vieux corrompu, c'est une affaire de convenance.

— *Mèz ù ed-elle?*

— Ah! tu la verras. Je suis comme toi : donnant, donnant!... Ah! çà, mon cher, *ta passion* a fait des folies. Ces jeunes filles, ça n'est pas raisonnable. La princesse est en ce moment ce que nous appelons une belle de nuit...

— *Eine pelle...*

— Allons, vas-tu faire le jobard?... Elle a Louchard à ses trousses. Je lui ai prêté, moi, cinquante mille francs...

— *Finte-sinte! tis tonc*, s'écria le banquier.

— Parbleu, vingt-cinq pour cinquante, ça va sans dire, répondit Asie. Cette femme-là, faut lui rendre justice, c'est la probité même! Elle n'avait plus que sa personne, elle m'a dit : Ma petite madame Saint-Estève, je suis poursuivie, il n'y a que vous qui puissiez m'obliger, donnez-moi vingt mille francs, et je vous les hypothèque sur mon cœur... Oh! elle a un joli cœur... Il n'y a que moi qui sache où elle est. Une indiscrétion me coûterait mes vingt mille francs... Auparavant, elle demeurait rue Taitbout. Avant de s'en aller de là... (— son mobilier était saisi... — rapport aux frais. — Ces gueux d'huissiers!... — Vous savez, vous qui êtes un fort de la Bourse!) — Eh! bien, pas bête, elle a loué pour deux mois son appartement à une Anglaise, une femme superbe qu'avait ce petit chose... Rubempré, pour amant, et il en était si jaloux qu'il la faisait promener la nuit... Mais, comme on va vendre le mobilier, l'Anglaise a déguerpi, d'autant plus qu'elle était trop chère pour un petit criquet comme Lucien...

— *Vus vaides la panque*, dit Nucingen.

— En nature, dit Asie. Je prête aux jolies femmes; et ça rend, car on escompte deux valeurs à la fois.

Asie s'amusait à *charger* le rôle des revendeuses à la toilette qui sont bien âpres, mais plus patelines, plus douces que la Malaise, et qui justifient leur commerce par des raisons pleines de beaux motifs. Asie se posa comme ayant perdu ses illusions, cinq amants, ses enfants, et se laissant *voler!* Elle montra de temps en temps des reconnaissances du Mont-de-Piété, pour prouver combien son commerce comportait de mauvaises chances. Elle se donna pour gênée, endettée. Enfin, elle fut si naïvement hideuse que le baron finit par croire au personnage qu'elle représentait.

— *Eh! pien, si che tâge les sante mille, à la ferrai che?* dit-il en faisant le geste d'un homme décidé à tous les sacrifices.

— Mon gros père, tu viendras ce soir, avec ta voiture, par exemple, en face le Gymnase. C'est le chemin, dit Asie. Tu t'arrêteras au coin de la rue Sainte-Barbe. Je serai là en vedette, nous irons trouver mon hypothèque à cheveux noirs... Oh! elle a de beaux cheveux, mon hypothèque! En ôtant son peigne, Esther se trouve à couvert comme sous un pavillon. Mais si tu te connais aux chiffres, tu m'as l'air assez jobard sur le reste; je te conseille de bien cacher la petite, car on te la fourre à Sainte-Pélagie, et vivement, le lendemain, si on la trouve... et... on la cherche.

— *Ne bourraid-on boind rageder les pilets ?* dit l'incorrigible Loup-cervier.

— L'huissier les a... mais il n'y a pas mèche. L'enfant a eu une passion et a mangé un dépôt qu'on lui redemande. Ah! dam! c'est un peu farceur un cœur de vingt-deux ans.

— *Pon, pon, ch'arrancherai ça*, dit Nucingen en prenant son air finaud. *Il éde pien endentu que che serai son brodecdère.*

— Eh! grosse bête, c'est ton affaire de te faire aimer par elle, et tu as bien assez de moyens pour acheter un semblant d'amour qui vaille le vrai. Je te remets ta princesse entre les mains ; elle est tenue de te suivre, je ne m'inquiète point du reste... Mais elle est habituée au luxe, aux plus grands égards. Ah! mon petit! c'est une femme comme il faut... Sans cela, lui aurais-je donné quinze mille francs?

— *Eh! pien, c'est tidde. A ce soir !*

Le baron recommença la toilette nuptiale qu'il avait déjà faite; mais, cette fois, avec la certitude du succès. A neuf heures, il trouva l'horrible femme au rendez-vous, et la prit dans sa voiture.

— *U ?* dit le baron.

— Où? fit Asie, rue de la Perle, au Marais, une adresse de circonstance, car ta perle est dans la boue, mais tu la laveras!

Arrivés là, la fausse madame Saint-Estève dit à Nucingen avec un affreux sourire : — Nous allons faire quelques pas à pied, je ne suis pas assez sotte pour avoir donné la véritable adresse.

— *Ti benses à tutte*, répondit Nucingen.

— C'est mon état, répliqua-t-elle.

Asie conduisit Nucingen rue Barbette, où, dans une maison garnie tenue par un tapissier du quartier, il fut introduit au quatrième étage. En apercevant, dans une chambre mesquinement meublée, Esther mise en ouvrière et travaillant à un ouvrage de broderie, le millionnaire pâlit. Au bout d'un quart d'heure, pendant lequel Asie eut l'air de chuchoter avec Esther, à peine ce jeune vieillard pouvait-il parler.

— *Montemisselle*, dit-il enfin à la pauvre fille, *aurez-fûs la ponde té m'accebder gomme fodre brodecdère ?...*

— Mais il le faut bien, monsieur, dit Esther dont les deux yeux laissèrent échapper deux grosses larmes qui roulèrent le long de ses joues...

— Ne bleurez boind. Che feux fus rentre la blis héréize te duddes les phâmes... Laissez-fûs seilement aimer bar moi, fus ferrez.

— Ma petite, monsieur est raisonnable, dit Asie, il sait bien qu'il a soixante-six ans passés, et il sera bien indulgent. Enfin, mon bel ange, c'est un père que je t'ai trouvé... — Faut lui dire ça, dit Asie à l'oreille du banquier surpris. On ne prend pas des hirondelles en leur tirant des coups de pistolet. Venez par ici? dit Asie en emmenant Nucingen dans la pièce voisine. Vous savez nos petites conventions, mon ange?

Nucingen tira de la poche de son habit un portefeuille et compta les cent mille francs, que Carlos, caché dans un cabinet, attendait avec une vive impatience, et que la cuisinière lui porta.

— Voilà cent mille francs que notre homme place en Asie, maintenant nous allons lui en faire placer en Europe, dit Carlos à sa confidente quand ils furent sur le palier.

Il disparut après avoir donné ses instructions à la Malaise, qui rentra dans l'appartement où Esther pleurait à chaudes larmes. L'enfant, comme un criminel condamné à mort, s'était fait un roman d'espérance, et l'heure fatale avait sonné.

— Mes chers enfants, dit Asie, où allez-vous aller?... car le baron de Nucingen...

Esther regarda le banquier célèbre en laissant échapper un geste d'étonnement admirablement joué.

— *Ui, mon envand, che suis le paron te Nichinguenne...*

— Le baron de Nucingen ne doit pas, ne peut pas rester dans un chenil pareil. Écoutez-moi!... Votre ancienne femme de chambre Eugénie...

— *Icheni! te la rie Daidpoud...* s'écria le baron.

— Eh! bien, oui, la gardienne judiciaire des meubles, reprit Asie, et qui a loué l'appartement à la belle Anglaise...

— *Ah! je combrens!* dit le baron.

— L'ancienne femme de chambre de madame, reprit respectueusement Asie en désignant Esther, vous recevra très-bien ce soir, et jamais le Garde du Commerce ne s'avisera de la venir chercher dans son ancien appartement, qu'elle a quitté depuis trois mois.....

— *Barvait! barvait!* s'écria le baron. *T'aillers, che*

gonnais les Cartes ti Gommerce, et che zais les baroles bir les vaire tisbaraidre...

— Vous aurez dans Eugénie une fine mouche, dit Asie, c'est moi qui l'ai donnée à madame...

— *Che la gonnais*, s'écria le millionnaire en riant. *Ichénie m'a gibbé drende mille vrans...*

Esther fit un geste d'horreur sur la foi duquel un homme de cœur lui aurait confié sa fortune.

— *Oh! bar ma vôde*, reprit le baron, *che gourais abrès fûs...*

Et il raconta le quiproquo auquel avait donné lieu la location de l'appartement à une Anglaise.

— Eh! bien, voyez-vous, madame? dit Asie. Eugénie ne vous a rien dit de cela, la rusée! Mais, madame est bien habituée à cette fille-là, dit-elle au baron, gardez-la tout de même.

Asie reprit Nucingen à part et lui dit : — Avec cinq cents francs par mois à Eugénie, qui arrondit joliment sa pelote, vous saurez tout ce que fera madame, donnez-la-lui pour femme de chambre. Eugénie sera d'autant mieux à vous qu'elle vous a déjà carotté... Rien n'attache plus les femmes à un homme que de le carotter. Mais tenez Eugénie en bride : elle fait tout pour de l'argent, cette fille-là, c'est une horreur !...

— *Ed doi ?...*

— Moi, fit Asie, je me rembourse.

Nucingen, cet homme si profond, avait un bandeau sur les yeux; il se laissa faire comme un enfant. La vue de cette candide et adorable Esther essuyant ses yeux et tirant avec la décence d'une jeune vierge les points de sa broderie, rendait à ce vieillard amoureux les sensations qu'il avait éprouvées au bois de Vincennes : il eût donné la clef de sa caisse! il se sentait jeune, il avait le cœur plein d'adoration, il attendait qu'Asie fût partie pour pouvoir se mettre aux genoux de cette madone de Raphaël. Cette éclosion subite de l'enfance au cœur d'un Loup-Cervier, d'un vieillard, est un des phénomènes sociaux que la physiologie peut le plus facilement expliquer. Comprimée sous le poids des affaires, étouffée par de continuels calculs, par les préoccupations perpétuelles de la chasse aux millions, l'adolescence et ses sublimes illusions reparaît, s'élance et fleurit, comme une cause, comme une graine oubliée dont les effets, dont les floraisons splendides obéissent au hasard, à un soleil qui jaillit, qui luit tardivement. Commis à douze ans dans la maison d'Aldrigger de Strasbourg, le baron n'avait jamais mis le pied dans le monde des sentiments. Aussi restait-il devant son idole en entendant mille phrases qui se heurtaient dans sa cervelle, et n'en trouvant aucune sur ses lèvres, il obéit alors à un désir brutal où l'homme de soixante-six ans reparaissait.

— *Foulez-fous fenir rie Daidboud ?...* dit-il.

— Où vous voudrez, monsieur, répondit Esther en se levant.

— *I vis fudrez !* répéta-t-il avec ravissement. *Fus êdes ein anche tescentû ti ciel, et que ch'aime comme si ch'édais ein bedide cheune ôme quoique ch'aie tes gefeux cris...*

— Ah ! vous pouvez bien dire blancs ! car ils sont d'un trop beau noir pour n'être que gris, dit Asie.

— *Fa-d'en, filaine fenteusse te chair himaine ! Ti as don archente, ne baffe blis sir cedde fleir t'amûr !* s'écria le banquier en se remboursant par cette sauvage apostrophe de toutes les insolences qu'il avait supportées.

— Vieux polisson ! tu me payeras cette phrase-là !... lui dit Asie en menaçant le banquier par un geste digne de la Halle qui lui fit hausser les épaules.

— Entre la gueule du pot et celle d'un *licheur* il y a la place d'une vipère, et tu m'y trouveras !... dit-elle excitée par le dédain de Nucingen.

Les millionnaires dont l'argent est gardé par la Banque de France, dont les hôtels sont gardés par une escouade de valets, dont la personne a, dans la rue, le rempart d'une rapide voiture à chevaux anglais, ne craignent aucun malheur ; aussi le baron lorgna-t-il froidement Asie, en homme qui venait de lui donner cent mille francs. Cette majesté produisit son effet. Asie exécuta sa retraite en grommelant dans l'escalier et tenant un langage excessivement révolutionnaire, elle parlait d'échafaud !

— Que lui avez-vous donc dit ?... demanda la *vierge à la broderie*, car elle est bonne femme.

— *Elle fus ha fentie, elle fus ha follée...*

— Quand nous sommes dans la misère, répondit-elle d'un air à fendre le cœur d'un diplomate, qui donc a de l'argent et des égards pour nous ?...

— *Bôfre bedide !* dit Nucingen, *ne resdez bas cine minude de blis, izi !*

Nucingen donna le bras à Esther, il l'emmena comme elle se trouvait, et la mit dans sa voiture avec plus de respect peut-être qu'il n'en aurait eu pour la belle duchesse de Maufrigneuse.

— *Fis haurez ein pel équipache, te blis choli te Baris,* disait Nucingen pendant le chemin. *Doud ce que le lixe a te blis jarmant fis endourera. Eine reine ne sera bas blis riche que fus. Vis serez resbectée gomme eine viande t'Allemeigne : che fous feux lipre... Ne bleurez boint. Égoudez... Che vis aime fériddaplement t'amur pur. Jagune te fos larmes me prise le cuer...*

— Aime-t-on d'amour une femme qu'on achète ?... demanda d'une voix délicieuse la pauvre fille.

— *Choseffe ha pien édé fenti bar ses vrères à gausse de sa chantilesse. C'esd tans la Piple. T'aillers, tans l'Oriende, on agéde ses phâmes léchidimes.*

Arrivée rue Taitbout, Esther ne put revoir sans des impressions douloureuses le théâtre de son bonheur. Elle resta sur un divan, immobile, étanchant ses larmes une à une, sans entendre un mot des folies que lui baragouinait le banquier, il se mit à ses genoux ; elle l'y laissa sans lui rien dire, lui abandonnant ses mains quand il les prenait, mais ignorant, pour ainsi dire, de quel sexe était la créature qui lui réchauffait les pieds, que Nucingen trouva froids. Cette scène de larmes brûlantes semées sur la tête du baron, et de pieds à la glace réchauffés par lui, dura de minuit à deux heures du matin.

— *Ichenie,* dit enfin le baron en appelant Europe, *optenez tonc te fodre maîdresse qu'elle se gouche...*

— Non, s'écria Esther en se dressant sur ses jambes comme un cheval effarouché, jamais ici !...

— Tenez, monsieur, je connais madame, elle est douce et bonne comme un agneau, dit Europe au banquier ; seulement, il ne faut pas la heurter, il faut toujours la prendre de biais... Elle a été si malheureuse ici ! — Voyez ?... le mobilier est bien usé ! — Laissez-lui suivre ses idées. — Arrangez-lui, là, bien gentiment, quelque joli hôtel. Peut-être qu'en voyant tout nouveau autour d'elle, elle sera dépaysée, elle vous trouvera peut-être mieux que vous n'êtes, et sera d'une douceur angélique. — Oh ! madame n'a pas sa pareille ! et vous pouvez vous vanter d'avoir fait une excellente acquisition : un bon cœur, des manières gentilles, un cou-de-pied fin, une peau... Ah!... Et de l'esprit à faire rire des condamnés à mort... Madame est susceptible d'*attache*... — Et comme elle sait s'habiller!... Eh! bien, si c'est cher, un homme en a, comme on dit, pour son argent. — Ici, toutes ses robes sont saisies, sa toilette est donc arriérée de trois mois. — Mais Madame est si bonne, voyez-vous, que moi je l'aime et c'est ma maîtresse! — Mais, soyez juste, une femme comme elle se voir au milieu de meubles saisis!... Et pour qui? pour un garnement qui l'a rouée... Pauvre petite femme! elle n'est plus elle-même.

— *Esder.... Esder....* disait le baron, *gouchez-fis, mon unche?* — *Eh! si c'edde moi qui fous vais beur, che resderai sir ce ganabé...* s'écria le baron enflammé par l'amour le plus pur en voyant qu'Esther pleurait toujours.

— Hé! bien, répondit Esther en prenant la main du baron et la lui baisant avec un sentiment de reconnaissance qui fit venir aux yeux de ce loup-cervier quelque chose d'assez ressemblant à une larme, je vous en saurai gré.... Et elle se sauva dans sa chambre en s'y enfermant.

— *Il y a quéque chausse t'inexblicaple là-tetans...* se disait Nucingen en s'asseyant sur le canapé. *Que tira-d-on chèze moi?...* Il se leva, regarda par la fenêtre : — *Ma foidire ed tuchurs là.... Foissi piendôd le chour!...* Il se promena par la chambre : — *Gomme montame te Nichinguenne se mogueraid te moi, si chamais éle saffaid gommand chai bassé cedde nouid!...* Il alla coller son oreille à la porte de la chambre en se trouvant un peu trop niaisement couché. — *Esder!...* Aucune réponse. — *Mon tié! elle bleure tuchurs!...* se dit-il en revenant s'étendre sur le canapé.

Dix minutes environ après le lever du soleil, le baron de Nucingen, qui s'était endormi de ce mauvais sommeil pris par force, et dans une position gênée, sur un divan, fut éveillé en sursaut par Europe au milieu d'un de ces rêves qu'on fait alors et dont les rapides complications sont un des phénomènes insolubles de la physiologie médicale.

— Ah! mon Dieu! madame, criait-elle, madame! des soldats!... des gendarmes, la justice. On veut vous arrêter...

Au moment où Esther ouvrit sa porte et se montra, mal enveloppée de sa robe de chambre, les pieds nus dans ses pantoufles, ses cheveux en désordre, belle à faire damner l'ange Raphaël, la porte du salon vomit un flot de boue humaine qui roula, sur dix pattes, vers cette céleste fille, posée comme un ange dans un tableau de religion flamand. Un homme s'avança. Contenson, l'affreux Contenson mit sa main sur l'épaule moite d'Esther.

— Vous êtes mademoiselle Esther Van...? dit-il.

Europe, d'un revers appliqué sur la joue de Contenson, l'envoya d'autant mieux mesurer ce qu'il lui fallait de tapis pour se coucher, qu'elle lui donna dans les jambes ce coup sec si connu de ceux qui pratiquent l'art dit *de la savate.*

— Arrière! cria-t-elle, on ne touche pas à ma maîtresse!

— Elle m'a cassé la jambe! criait Contenson en se relevant, on me la paiera...

Sur la masse des cinq recors vêtus comme des recors, gardant leurs chapeaux affreux sur leurs têtes plus affreuses encore, et offrant des têtes de bois d'acajou veiné où les yeux louchaient, où les nez manquaient, où les bouches grimaçaient, se détacha Louchard, vêtu plus proprement que ses hommes, mais le chapeau sur la tête, la figure à la fois doucereuse et rieuse.

— Mademoiselle, je vous arrête, dit-il à Esther. Quant à vous, ma fille, dit-il à Europe, toute rébellion serait punie et toute résistance est inutile.

Le bruit des fusils, dont les crosses tombèrent sur les dalles de la salle à manger et de l'antichambre en annonçant que le Garde était doublé de la Garde, appuya ce discours.

— Et pourquoi m'arrêter? dit innocemment Esther.

— Et nos petites dettes?... répondit Louchard.

— Ah! c'est vrai! s'écria Esther. Laissez-moi m'habiller.

— Malheureusement, mademoiselle, il faut que je m'assure si vous n'avez aucun moyen d'évasion dans votre chambre, dit Louchard.

Tout cela se fit si rapidement que le baron n'avait pas encore eu le temps d'intervenir.

— *Eh! pien, je sis à cede hire eine fenteuse de chair himaine, paron de Nichinguenne!...* s'écria la terrible Asie en se glissant à travers les recors jusqu'au divan où elle feignit de découvrir le banquier.

— *Filaine trôlesse!* s'écria Nucingen qui se dressa dans toute sa majesté financière, et il se jeta entre Esther et Louchard, qui lui ôta son chapeau à un cri de Contenson.

— Monsieur le baron de Nucingen!...

Au geste que fit Louchard, les recors évacuèrent l'appartement en se découvrant tous avec respect. Contenson seul resta.

— Monsieur le baron paye-t-il?.... demanda le Garde qui avait son chapeau à la main.

— *Je baye*, répondit-il, *mais angore vaud-il saffoir de quoi il s'achit.*

— Trois cent douze mille francs et des centimes, frais liquidés; mais l'arrestation n'est pas comprise.

— *Drois sante mille vrans!* s'écria le baron. — *C'esde ein reffeille drop cher bir ein ôme qui a bassé la nuid sir ein ganabé,* ajouta-t-il à l'oreille d'Europe.

— Cet homme est-il bien le baron de Nucingen? dit Europe à Louchard en commentant son doute par un geste que mademoiselle Dupont, la dernière soubrette du Théâtre-Français, eût envié.

— Oui, mademoiselle, dit Louchard.

— Oui, répondit Contenson.

— *Che rebont t'elle*, dit le baron à Louchard, *laissez-moi lui lire ein mode.*

Esther et son vieil amoureux entrèrent dans la chambre, à la serrure de laquelle Louchard trouva nécessaire d'appliquer son oreille.

— *Che fus aime blis que ma fic, Esder; mais birquoi tonner à fos gréanciers te l'archande qui serait invinimente miex tans fodre birse? Halez an brison : che me vais vort te rageder ces sante mille égus afec sente mile vrans, et fus aurez teux sante mile vrans pir fus..*

— Ce système, lui cria Louchard, est inutile. Le créancier n'est pas amoureux de mademoiselle, lui!... Vous comprenez? Et il veut plus que tout, depuis qu'il sait que vous êtes épris d'elle.

— *Fitu pedad!* s'écria Nucingen à Louchard en ouvrant la porte et l'introduisant dans la chambre, *ti ne sais ce que du tis! Che te tonne, a doi, fint pir sant, zi tu vais l'avvaire...*

— Impossible, monsieur le baron.

— Comment, monsieur! vous auriez le cœur, dit Europe en intervenant, de laisser aller ma maîtresse en prison!... Mais voulez-vous mes gages, mes économies? prenez-les, madame, j'ai quarante mille francs...

— Ah! ma pauvre fille, s'écria Esther, je ne te connaissais pas! dit Esther en serrant Europe dans ses bras, et Europe se mit à fondre en larmes.

— *Cheu baye,* dit piteusement le baron en tirant un carnet. Il y prit un de ces petits carrés de papier imprimés que la Banque donne aux banquiers, et sur lesquels ils n'ont plus qu'à remplir les sommes en chiffres et en toutes lettres pour en faire des mandats payables au porteur.

— Ce n'est pas la peine, monsieur le baron, dit Louchard, j'ai ordre de ne recevoir mon paiement qu'en espèces d'or ou d'argent. A cause de vous, je me contenterai de billets de banque.

— *Tarteifle!* s'écria le baron, *mondrez moi tonc les didres?* Contenson présenta trois dossiers couverts en papier bleu, que le baron prit en regardant Contenson, auquel il dit à l'oreille : — *Ti hauraid vaide eine meyeur churnée en m'aferdissant.*

— Eh! vous savais-je ici, monsieur le baron? répondit l'espion sans se soucier d'être ou non entendu de Louchard. Vous avez bien perdu en ne me continuant pas votre confiance. On vous carotte, ajouta ce profond philosophe en haussant les épaules.

— *C'esde frai,* se dit le baron. *Ah! ma bedide,* s'écria-t-il en voyant les lettres de change et s'adressant à Esther, *fus edes la ficdime t'ein famez goquin! eine aissegrob!*

— Hélas! oui, dit la pauvre Esther; mais il m'aimait bien!...

— *Si chaffais si... chaurais vaid eine obbosition andre fos mains.*

— Vous perdez la tête, monsieur le baron, dit Louchard, il y a un tiers porteur.

— *Ui,* reprit-il, *il y a ein diers bordier... Cérissed! ein ôme t'obbozission!*

— Il a le malheur spirituel, dit en souriant Contenson, il fait un calembour.

— Monsieur le baron veut-il écrire un mot à son caissier? dit Louchard en souriant, je vais y envoyer Contenson et renverrai mon monde. L'heure s'avance, et tout le monde saurait...

— *Fa, Gondenson!...* cria Nucingen. *Mon gaissier temeure au goin te la rie tes Madurins et te t'Argate. Foissi ein mode avin qu'il ale ghès ti Dilet ou ghès tes Keller, tans le gas où nus n'aurions bas sante mil égus, gar nodre archant ed dude à la Panque... — Habilés-fous, mon anche*, dit-il à Esther, *fous édes lipre — Les fieilles phâmes*, s'écria-t-il en regardant Asie, *sonte blis tanchereuses que les cheûnes...*

— Je vais aller faire rire le créancier, lui dit Asie, et il me donnera de quoi m'amuser aujourd'hui. — *Zan rangune monnessier le paron...* ajouta la mulâtresse en faisant une horrible révérence.

Louchard reprit les titres des mains du baron, et resta seul avec lui au salon, où, une demi-heure après, le caissier vint suivi de Contenson. Esther reparut alors dans une toilette ravissante, quoique improvisée. Quand les fonds eurent été comptés par Louchard, le baron voulut examiner les titres; mais Esther s'en saisit par un geste de chatte et les porta dans son secrétaire.

— Que donnez-vous pour la canaille?... dit Contenson à Nucingen.

— *Fus n'affez pas î paugoub d'eccarts*, dit le baron.

— Et ma jambe!... s'écria Contenson.

— *Lûchart, vis tonnerez sante vrans à Gondanson sir le reste tu pilet te mile...*

— *C'esde eine pien petle phâme!* disait le caissier au baron de Nucingen en sortant de la rue Taitbout, *mais elle goûte pien cher à monnessière le paron.*

— *Cartez-moi le segréte*, dit le baron qui avait aussi demandé le secret à Contenson et à Louchard.

Louchard s'en alla suivi de Contenson; mais, sur le boulevard, Asie qui le guettait, arrêta le Garde du Commerce.

— L'huissier et le créancier sont là dans un fiacre, ils ont soif! lui dit-elle, *et il y a gras!*

Pendant que Louchard comptait les fonds, Contenson put examiner les clients. Il aperçut les yeux de Carlos, distingua la forme du front sous la perruque, et cette perruque lui sembla justement suspecte; il prit le numéro du fiacre, tout en paraissant totalement étranger à ce qui se passait; Asie et Europe l'intriguaient au dernier point. Il pensait que le baron était victime de gens excessivement habiles, avec d'autant plus de raison que Louchard, en réclamant ses soins, avait été d'une discrétion étrange. Le croc-en-jambe d'Europe n'avait pas, d'ailleurs, frappé Contenson seulement au tibia. — C'est un coup qui sent son Saint-Lazare! s'était-il dit en se relevant.

Carlos renvoya l'huissier, le paya généreusement, et dit au fiacre en le payant : — Palais-Royal, au Perron !

— Ah ! le mâtin ! se dit Contenson qui entendit l'ordre, il y a quelque chose !...

Carlos arriva au Palais-Royal d'un train à ne pas avoir à craindre d'être suivi. D'ailleurs, il traversa les galeries à sa manière, prit un autre fiacre sur la place du Château-d'Eau, en lui disant : — Passage de l'Opéra, du côté de la rue Pinon. Un quart d'heure après, il entrait rue Taitbout, chez Esther qui lui dit : — Voilà les fatales pièces ! Carlos prit les titres, les examina ; puis il alla les brûler au feu de la cuisine.

— Le tour est fait ! s'écria-t-il en montrant les trois cent dix mille francs roulés en un paquet qu'il tira de la poche de sa redingote. Ça et les cent mille francs d'Asie nous permettent d'agir.

— Mon Dieu ! mon Dieu ! s'écria la pauvre Esther.

— Mais, imbécile, dit le féroce calculateur, sois ostensiblement la maîtresse de Nucingen, et tu pourras voir Lucien, il est l'ami de Nucingen, je ne te défends pas d'avoir une passion pour lui !

Esther aperçut une faible clarté dans sa vie ténébreuse, elle respira.

— Europe, ma fille, dit Carlos en emmenant cette créature dans un coin du boudoir où personne ne pouvait surprendre un mot de cette conversation, Europe, je suis content de toi.

Europe releva la tête, regarda cet homme avec une expression qui changea tellement son visage flétri que le témoin de cette scène, Asie, qui veillait à la porte, se demanda si l'intérêt par lequel Carlos tenait Europe pouvait surpasser en profondeur celui par lequel elle se sentait rivée à lui.

— Ce n'est pas tout, ma fille. Quatre cent mille francs ne sont rien pour moi... Paccard te remettra une facture d'argenterie qui monte à trente mille francs, et sur laquelle il y a des à-comptes reçus ; mais notre orfèvre, Biddin, a fait des frais. Notre mobilier, saisi par lui, sera sans doute affiché demain. Va voir Biddin, il demeure rue de l'Arbre-Sec, il te donnera des reconnaissances du Mont-de-Piété pour dix mille francs. Tu comprends : Esther s'est fait faire de l'argenterie, elle ne l'a pas payée, et l'a mise *en plan*, elle sera menacée d'une plainte en escroquerie. Donc, il faudra donner trente mille francs à l'orfèvre et dix mille francs au Mont-de-Piété pour ravoir l'argenterie. Total : quarante-trois mille francs avec les frais. Cette argenterie est pleine d'alliage, le baron la renouvellera, nous lui rechipperons là quelques billets de mille francs. Vous devez... quoi, pour deux ans à la couturière ?

— On peut lui devoir six mille francs, répondit Europe.

— Eh ! bien, si madame Auguste veut être payée et conserver la pratique, elle devra faire un mémoire de trente mille francs depuis quatre ans. Même accord avec la marchande de modes. Le bijoutier, Samuel Frisch, le juif de la rue Sainte-Avoie, te prêtera des reconnaissances, nous *devons* lui *devoir* vingt-cinq mille francs, et nous aurons eu six mille francs de nos bijoux du Mont-de-Piété. Nous rendrons les bijoux au bijoutier, il y aura moitié pierres fausses ; aussi, le baron ne doit-il pas trop les regarder. Enfin, tu dois faire *cracher* encore cent cinquante mille francs au baron d'ici à huit jours.

— Madame devra m'aider un petit peu, répondit Europe, parlez-lui, car elle reste là comme une hébétée, et m'oblige à déployer plus d'esprit que trois auteurs pour une pièce.

— Si Esther tombait dans le bégueulisme, tu m'en préviendrais, dit Carlos. Nucingen lui doit un équipage et des chevaux, elle voudra choisir et acheter tout elle-même. Ce sera le marchand de chevaux et le carrossier du loueur où est Paccard que vous choisirez. Nous aurons là d'admirables chevaux, très-chers, qui boiteront un mois après, et nous les changerons.

— On pourrait tirer six mille francs au moyen d'un mémoire de parfumeur, dit Europe.

— Oh ! fit-il en hochant la tête, allez doucement, de concessions en concessions. Nucingen n'a passé que le bras dans la machine, il nous faut la tête. J'ai besoin, outre tout cela, de cinq cent mille francs.

— Vous pourrez les avoir, répondit Europe. Madame s'adoucirait pour ce gros imbécile vers six cent mille, et lui en demanderait quatre cents pour le bien aimer.

— Écoute ceci, ma fille, dit Carlos. Le jour où je toucherai les derniers cent mille francs, il y aura pour toi vingt mille francs.

— A quoi cela peut-il me servir ? dit Europe en laissant aller ses bras en personne pour qui l'existence est impossible.

— Tu pourras retourner à Valenciennes, acheter un bel établissement, et devenir honnête femme, si tu veux ; tous les goûts sont dans la nature, Paccard y pense quelquefois ; il n'a rien sur l'épaule, presque rien sur la conscience, vous pourrez vous convenir, répliqua Carlos.

— Retourner à Valenciennes!... Y pensez-vous, monsieur? s'écria Europe effrayée.

Née à Valenciennes et fille de tisserands très-pauvres, Europe fut envoyée à sept ans dans une filature où l'Industrie moderne avait abusé de ses forces physiques, de même que le Vice l'avait dépravée avant le temps. Corrompue à douze ans, mère à treize ans, elle se vit attachée à des êtres profondément dégradés. A propos d'un assassinat, elle avait comparu, comme témoin d'ailleurs, devant la Cour d'Assises. Vaincue à seize ans par un reste de probité, par la terreur que cause la Justice, elle fit condamner l'accusé, par son témoignage, à vingt ans de travaux forcés. Ce criminel, un de ces repris de justice dont l'organisation implique de terribles vengeances, avait dit en pleine audience à cette enfant: — Dans dix ans, comme à présent, Prudence (Europe s'appelait Prudence Servien), je reviendrai pour te *terrer*, dussé-je être *fauché*. Le président de la Cour essaya bien de rassurer Prudence Servien en lui promettant l'appui, l'intérêt de la Justice; mais la pauvre enfant fut frappée d'une si profonde terreur qu'elle tomba malade et resta près d'un an à l'hôpital. La Justice est un être de raison représenté par une collection d'individus sans cesse renouvelés, dont les bonnes intentions et les souvenirs sont, comme eux, excessivement ambulatoires. Les Parquets, les Tribunaux ne peuvent rien prévenir en fait de crimes, ils sont inventés pour les accepter tout faits. Sous ce rapport, une police préventive serait un bienfait pour un pays; mais le mot police effraie aujourd'hui le législateur, qui ne sait plus distinguer entre ces mots : *Gouverner*, — *administrer*, — *faire les lois*. Le législateur tend à tout absorber dans l'État, comme s'il pouvait agir. Le forçat devait toujours penser à sa victime, et se venger alors que la Justice ne songerait plus ni à l'un ni à l'autre. Prudence, qui comprit instinctivement, en gros si vous voulez, son danger, quitta Valenciennes, et vint à dix-sept ans à Paris pour s'y cacher. Elle y fit quatre métiers, dont le meilleur fut celui de comparse à un petit théâtre. Elle fut rencontrée par Paccard, à qui elle raconta ses malheurs. Paccard, le bras droit, le Séide de Jacques Collin, parla de Prudence à son maître; et quand le maître eut besoin d'une esclave, il dit à Prudence : « Si tu veux me servir comme on doit servir le diable, je te débarrasserai de Durut. » Durut était le forçat, l'épée de Damoclès suspendue au-dessus de la tête de Prudence Servien. Sans ces détails, beaucoup de critiques auraient trouvé l'attachement d'Europe un peu fantastique. Enfin personne n'aurait compris le coup de théâtre que Carlos allait produire.

— Oui, ma fille, tu pourras retourner à Valenciennes... Tiens, lis. Et il tendit le journal de la veille en montrant du doigt l'article suivant : TOULON. — *Hier, a eu lieu l'exécution de Jean-François Durut... Dès le matin la garnison*, etc.

Prudence lâcha le journal; ses jambes se dérobèrent sous le poids de son corps; elle retrouvait la vie, car elle n'avait pas, disait-elle, trouvé de goût au pain depuis la menace de Durut.

— Tu le vois, j'ai tenu ma parole. Il a fallu quatre ans pour faire tomber la tête de Durut en l'attirant dans un piége... Eh! bien, achève ici mon ouvrage, tu te trouveras à la tête d'un petit commerce dans ton pays, riche de vingt mille francs, et la femme de Paccard, à qui je permets la vertu comme retraite.

Europe reprit le journal, et lut avec des yeux vivants tous les détails que les journaux donnent, sans se lasser, sur l'exécution des forçats depuis vingt ans; le spectacle imposant, l'aumônier qui a toujours converti le patient, le vieux criminel qui exhorte ses ex-collègues, l'artillerie braquée, les forçats agenouillés; puis les réflexions banales, qui ne changent rien au régime des bagnes, où grouillent dix-huit mille crimes.

— Il faut réintégrer Asie au logis, dit Carlos.

Asie s'avança, ne comprenant rien à la pantomime d'Europe.

— Pour la faire revenir cuisinière ici, vous commencerez par servir au baron un dîner comme il n'en aura jamais mangé, reprit-il; puis vous lui direz qu'Asie a perdu son argent au jeu et s'est remise en maison. Nous n'aurons pas besoin de chasseur : Paccard sera cocher, les cochers ne quittent pas leur siége où ils ne sont guère accessibles, l'espionnage l'atteindra moins là. Madame lui fera porter une perruque poudrée, un tricorne en gros feutre galonné; ça le changera, je le peindrai d'ailleurs.

— Nous allons avoir des domestiques avec nous? dit Asie en louchant.

— Nous aurons d'honnêtes gens, répondit Carlos.

— Tous têtes faibles! répliqua la mulâtresse.

— Si le baron loue un hôtel, Paccard a un ami capable d'être concierge, reprit Carlos. Il ne nous faudra plus qu'un valet de pied et une fille de cuisine, vous pourrez bien surveiller deux étrangers....

Au moment où Carlos allait sortir, Paccard se montra.

— Restez, il y a du monde dans la rue, dit le chasseur.

Ce mot si simple fut effrayant. Carlos monta dans la chambre d'Europe, et y resta jusqu'à ce que Paccard fût venu le chercher avec une voiture de louage qui entra dans la maison. Carlos baissa les stores et fut mené d'un train à déconcerter toute espèce de poursuite. Arrivé au faubourg Saint-Antoine, il se fit descendre à quelques pas d'une place de fiacre où il se rendit à pied, et rentra quai Malaquais, en échappant ainsi aux curieux.

— Tiens, enfant, dit-il à Lucien en lui montrant quatre cents billets de mille francs, voici, j'espère, un à-compte sur le prix de la terre de Rubempré. Nous allons en risquer cent mille. On vient de lancer les Omnibus, les Parisiens vont se prendre à cette nouveauté-là, dans trois mois nous triplerons nos fonds. Je connais l'affaire : on donnera des dividendes superbes pris sur le capital, pour faire mousser les actions. Une idée renouvelée de Nucingen. En refaisant la terre de Rubempré, nous ne paierons pas tout sur-le-champ. Tu vas aller trouver des Lupeaulx, et tu le prieras de te recommander lui-même à un avoué nommé Desroches, un drôle fûté que tu iras voir à son Étude; tu lui diras d'aller à Rubempré, d'étudier le terrain, et tu lui promettras vingt mille francs d'honoraires s'il peut, en t'achetant pour huit cent mille francs de terre autour des ruines du château, te constituer trente mille livres de rente.

— Comme tu vas !... Tu vas ! tu vas !....

— Je vais toujours. Ne plaisantons point. Tu t'en iras mettre cent mille écus en bons du Trésor, afin de ne pas perdre d'intérêts; tu peux les laisser à Desroches, il est aussi honnête homme que madré... Cela fait, cours à Angoulême, obtiens de ta sœur et de ton beau-frère qu'ils prennent sur eux un petit mensonge officieux. Tes parents peuvent dire t'avoir donné six cent mille francs pour faciliter ton mariage avec Clotilde de Grandlieu, ça n'est pas déshonorant.

— Nous sommes sauvés ! s'écria Lucien ébloui.

— Toi, oui ! reprit Carlos ; mais encore ne le seras-tu qu'en sortant de Saint-Thomas-d'Aquin avec Clotilde pour femme...

— Que crains-tu? dit Lucien en apparence plein d'intérêt.

— Il y a des curieux à ma piste... Il faut que j'aie l'air d'un vrai prêtre, et c'est bien ennuyeux! Le diable ne me protégera plus, en me voyant un bréviaire sous le bras.

En ce moment le baron de Nucingen, qui s'en alla donnant le bras à son caissier, atteignait à la porte de son hôtel.

— *Chai pien beur*, dit-il en rentrant, *t'affoir vaid eine vichu gambagne.... Pah! nus raddraberons ça....*

— *Le malheir esd que menneser le paron s'esd avviché*, répondit le bon Allemand en ne s'occupant que du décorum.

— *Ui, ma maîdresse an didre toid édre tans eine bosission tigne te moi*, répondit ce Louis XIV de comptoir.

Sûr d'avoir tôt ou tard Esther, le baron redevint le grand financier qu'il était. Il reprit si bien la direction de ses affaires que son caissier, en le trouvant le lendemain, à six heures, dans son cabinet, vérifiant des valeurs, se frotta les mains.

— *Técitément, mennesier le paron a vaid eine égonomie la nuid ternière*, dit-il avec un sourire d'Allemand, moitié fin, moitié niais.

Si les gens riches à la manière du baron de Nucingen ont plus d'occasions que les autres de perdre de l'argent, ils ont aussi plus d'occasions d'en gagner, alors même qu'ils se livrent à leurs folies. Quoique la politique financière de la fameuse Maison de Nucingen se trouve expliquée ailleurs, il n'est pas inutile de faire observer que de si considérables fortunes ne s'acquièrent point, ne se constituent point, ne s'agrandissent point, ne se conservent point, au milieu des révolutions commerciales, politiques et industrielles de notre époque, sans qu'il y ait d'immenses pertes de capitaux, ou, si vous voulez, des impositions frappées sur les fortunes particulières. On verse très-peu de nouvelles valeurs dans le trésor commun du globe. Tout accaparement nouveau représente une nouvelle inégalité dans la répartition générale. Ce que l'État demande, il le rend; mais ce qu'une Maison Nucingen prend, elle le garde. Ce coup de Jarnac échappe aux lois, par la raison qui eût fait de Frédéric II un Jacques Collin, un Mandrin, si, au lieu d'opérer sur les provinces à coups de batailles, il eût travaillé dans la contrebande ou sur les valeurs mobilières. Forcer les États européens à emprunter à vingt ou dix pour cent, gagner ces dix ou vingt pour cent avec les capitaux du public, rançonner en grand les industries

en s'emparant des matières premières, tendre au fondateur d'une
affaire une corde pour le soutenir hors de l'eau jusqu'à ce qu'on ait
repêché son entreprise asphyxiée, enfin toutes ces batailles d'écus
gagnées constituent la haute politique de l'argent. Certes, il
s'y rencontre pour le banquier, comme pour le conquérant, des
risques ; mais il y a si peu de gens en position de livrer de tels
combats que les moutons n'ont rien à y voir. Ces grandes choses
se passent entre bergers. Aussi, comme les *exécutés* (le terme
consacré dans l'argot de la Bourse) sont coupables d'avoir voulu
trop gagner, prend-on généralement très-peu de part aux malheurs
causés par les combinaisons des Nucingens. Qu'un spéculateur se
brûle la cervelle, qu'un agent de change prenne la fuite, qu'un
notaire emporte les fortunes de cent ménages, ce qui est pis que
de tuer un homme; qu'un banquier liquide ; toutes ces catastrophes, oubliées à Paris en quelques mois, sont bientôt couvertes
par l'agitation quasi marine de cette grande cité. Les fortunes co-
lossales des Jacques Cœur, des *Médici*, des Ango de Dieppe, des
Auffredi de La Rochelle, des *Fugger*, des *Tiepolo*, des *Corner*,
furent jadis loyalement conquises par des priviléges dus à l'ignorance
où l'on était des provenances de toutes les denrées précieuses ; mais,
aujourd'hui, les clartés géographiques ont si bien pénétré les masses,
la concurrence a si bien limité les profits, que toute fortune rapidement faite est : ou l'effet d'un hasard et d'une découverte, ou le
résultat d'un vol légal. Perverti par de scandaleux exemples, le
bas commerce a répondu, surtout depuis dix ans, à la perfidie des
conceptions du haut commerce, par des attentats odieux sur les
matières premières. Partout où la chimie est pratiquée, on ne boit
plus de vin ; aussi l'industrie vinicole succombe-t-elle. On vend du
sel falsifié pour échapper au Fisc. Les tribunaux sont effrayés de
cette improbité générale. Enfin le commerce français est en suspi-
cion devant le monde entier, et l'Angleterre se démoralise également. Le mal vient, chez nous, de la loi politique. La Charte a pro-
clamé le règne de l'argent, le succès devient alors la raison suprême
d'une époque athée. Aussi la corruption des sphères élevées, malgré des résultats éblouissants d'or et leurs raisons spécieuses, est-
elle infiniment plus hideuse que les corruptions ignobles et quasi
personnelles des sphères inférieures, dont quelques détails servent
de comique, terrible si vous voulez, à cette Scène. Les ministères,
que toute pensée effraie, ont banni du théâtre les éléments du co-

mique actuel. La bourgeoisie, moins libérale que Louis XIV, tremble de voir venir son *Mariage de Figaro*, défend de jouer le Tartufe politique, et, certes, ne laisserait pas jouer *Turcaret* aujourd'hui, car Turcaret est devenu souverain. Dès lors, la comédie se raconte et le Livre devient l'arme moins rapide, mais plus sûre, des poètes.

Durant cette matinée, au milieu des allées et venues des audiences, des ordres donnés, des conférences de quelques minutes, qui font du cabinet de Nucingen une espèce de Salle-des-Pas-Perdus financière, un de ses Agents de change lui annonça la disparition d'un membre de la Compagnie, un des plus habiles, un des plus riches, Jacques Falleix, frère de Martin Falleix, et le successeur de Jules Desmarets. Jacques Falleix était l'Agent de change en titre de la maison Nucingen. De concert avec du Tillet et les Keller, le baron avait aussi froidement conjuré la ruine de cet homme que s'il se fût agi de tuer un mouton pour la Pâque.

— *Il ne bouffaid bas dennir*, répondit tranquillement le baron.

Jacques Falleix avait rendu d'énormes services à l'agiotage. Dans une crise, quelques mois auparavant, il avait *sauvé la place* en manœuvrant avec audace. Mais demander de la reconnaissance aux Loups-cerviers, n'est-ce pas vouloir attendrir, en hiver, les loups de l'Ukraine?

— Pauvre homme! répondit l'Agent de change, il se doutait si peu de ce dénoûment-là qu'il avait meublé, rue Saint-Georges, une petite maison pour sa maîtresse; il y a dépensé cent cinquante mille francs en peintures, en mobilier. Il aimait tant madame du Val-Noble!... Voilà une femme obligée de quitter tout cela... Tout y est dû.

— *Pon! pon!* se dit Nucingen, *foilà pien le gas de rébarer mes berdes de cede nuid... — Il n'a rienne bayé?* demanda-t-il à l'Agent de change.

— Eh! répondit l'agent, quel est le fournisseur malappris qui n'eût pas fait crédit à Jacques Falleix? Il paraît qu'il y a une cave exquise. Par parenthèse, la maison est à vendre, il comptait l'acheter. Le bail est à son nom. Quelle sottise! Argenterie, mobilier, vins, voiture, chevaux, tout va devenir une valeur de la masse, et qu'est-ce que les créanciers en auront?

— *Fennez temain*, dit Nucingen, *c'haurai édé foir dout*

cela, et zi l'on ne téclare boint te falite, qu'on arranche
les avvaires à l'âmiaple, che vous charcherai t'ouvrir
cine brix résonnaple te ce mopilier, en brenant le pail...

— Ça pourra se faire très-bien, dit l'Agent de change. Allez-y ce
matin, vous trouverez l'un des associés de Falleix avec les fournisseurs qui voudraient se créer un privilége ; mais la Val-Noble a
leurs factures au nom de Falleix.

Le baron de Nucingen envoya sur-le-champ un de ses commis
chez son notaire, Jacques Falleix lui avait parlé de cette maison,
qui valait tout au plus soixante mille francs, et il voulut être immédiatement propriétaire, afin d'en exercer le privilége à raison des
loyers.

Le caissier (honnête homme!) vint savoir si son maître perdait
quelque chose à la faillite de Falleix.

— *Au gondraire, mon pon Volfgang, che fais raddra-
ber sante mile vrans.*

— *Hai! gommand?*

— *Hé! ch'aurai la bedide maison gue ce bofre tiaple
de Valeix brébarait à sa maîdresse tebuis un an. Ch'aurai le doute en ovvrand cinquande mite vrans aux gréanciers, et maîdre Gartot, mon nodaire, fa affoir mes or-
tres pir la méson, gar le brobriédaire ed chéné... Che le
saffais, mais che n'affais blis la déde à moi. Tans beu,
ma tiffine Esder habidera cin bedid balai... Valeix m'y
ha menné: c'esde cine merfeille, et à teux bas d'ici... Ça
me fa gomme cin cant.*

La faillite de Falleix forçait le baron d'aller à la Bourse ; mais il
lui fut impossible de quitter la rue Saint-Lazare sans passer par la
rue Taitbout ; il souffrait déjà d'être resté quelques heures sans
Esther, il aurait voulu la garder à ses côtés. Le gain qu'il comptait
faire avec les dépouilles de son Agent de change lui rendait la perte
des quatre cent mille francs déjà dépensés excessivement légère à
porter. Enchanté d'annoncer à *zon anche* sa translation de la
rue Taitbout à la rue Saint-Georges, où elle serait dans *cine bedid balai*, où des souvenirs ne s'opposeraient plus à leur bonheur, les pavés lui semblaient doux aux pieds, il marchait en jeune
homme dans un rêve de jeune homme. Au détour de la rue des
Trois-Frères, au milieu de son rêve et du pavé, le baron vit venir à
lui Europe, la figure renversée.

— *U fas-ti?* dit-il.

— Hé! monsieur, j'allais chez vous... Vous aviez bien raison hier! Je conçois maintenant que la pauvre madame devait se laisser mettre en prison pour quelques jours. Mais les femmes se connaissent-elles en finance?... Quand les créanciers de madame ont su qu'elle était revenue chez elle, tous ont fondu sur nous comme sur une proie... Hier, à sept heures du soir, monsieur, on est venu apposer d'affreuses affiches pour vendre son mobilier samedi... Mais ceci n'est rien... Madame, qui est tout cœur, a voulu, dans le temps, obliger ce monstre d'homme, vous savez!

— *Quel monsdre?...*

— Eh! bien, celui qu'elle aimait, ce d'Estourny, oh! il était charmant. Il jouait, voilà tout.

— *Ile jhouait afec tes cardes pissaudées...*

— Eh! bien! Et vous?... dit Europe, que faites-vous à la Bourse? Mais laissez-moi dire. Un jour, pour empêcher Georges, soi-disant, de se brûler la cervelle, elle a mis au Mont-de-Piété toute son argenterie, ses bijoux qui n'étaient pas payés. En apprenant qu'elle *avait donné quelque chose* à un créancier, tous sont venus lui faire une scène... On la menace de la Correctionnelle... Votre ange sur ce banc-là!... n'est-ce pas à faire dresser une perruque de dessus la tête?... Elle fond en larmes, elle parle d'aller se jeter à la rivière... Oh! elle ira.

— *Si che fais fous foir, attieu la Pirse!* s'écria Nucingen. *Ed ile ed imbossiple que che n'y ale bas, gar ch'y cagnerai queque chausse bir elle... Fa la galmer : che bayeraï ses teddes, ch'irai la foir à quadre heires. Mais, Ichénie, tis-lui qu'elle m'aime cin beu...*

— Comment, un peu, mais beaucoup!... Tenez, monsieur, il n'y a que la générosité pour gagner le cœur des femmes... Certainement, vous auriez économisé peut-être une centaine de mille francs en la laissant aller en prison. Eh! bien, vous n'auriez jamais eu son cœur... Comme elle me le disait : — Eugénie, il a été bien grand, bien large... C'est une belle âme!

— *Elle a tidde ça, Ichénie?* s'écria le baron.

— Oui, monsieur, à moi-même.

— *Diens, foissi tix luis...*

— Merci... Mais elle pleure en ce moment, elle pleure depuis hier autant que sainte Madeleine a pleuré pendant un mois... Celle que vous aimez est au désespoir, et pour des dettes qui ne sont pas les siennes, encore ! Oh ! les hommes ! ils grugent autant les femmes que les femmes grugent les vieux... allez !

— *Elles sont tuttes gomme ça!.. S'encacher!.. Eh! l'on ne s'encache chamais... Qu'èle ne zigne blus rien. Che baye, mais si elle tonne angore eine zignadire... che...*

— Que feriez-vous ? dit Europe en se posant.

— *Mon Tié! che né augun bouffoir sur èle... Che fais me mèdre à la déde de ses bedides affres... Fa, fa la gonzoler, et là tire que tans ein mois elle habidera ein bedid balai.*

— Vous avez fait, monsieur le baron, des placements à gros intérêts dans le cœur d'une femme ! Tenez... je vous trouve rajeuni, moi qui ne suis que la femme de chambre, et j'ai souvent vu ce phénomène... c'est le bonheur... le bonheur a un certain reflet... Si vous avez quelques débours, ne les regrettez pas... vous verrez ce que ça rapporte. D'abord, je l'ai dit à madame : elle serait la dernière des dernières, *une traînée*, si elle ne vous aimait pas, car vous la retirez d'un enfer... Une fois qu'elle n'aura plus de soucis, vous la connaîtrez. Entre nous, je puis vous l'avouer, la nuit où elle pleurait tant... Que voulez-vous ?... on tient à l'estime d'un homme qui va nous entretenir... elle n'osait pas vous dire tout cela... elle voulait se sauver.

— *Se soffer!* s'écria le baron effrayé de cette idée. *Mais la Pirse, la Pirse. Fa, fa, che n'andre boint... Mais que che la foye à la venêdre... sa fue me tonnera tu cuer...*

Esther sourit à monsieur de Nucingen quand il passa devant la maison, et il s'en alla pesamment en se disant : — *Cède cin anche !* Voici comment s'y était pris Europe pour obtenir ce résultat impossible. Vers deux heures et demie, Esther avait fini de s'habiller comme quand elle attendait Lucien, elle était délicieuse ; en la voyant ainsi, Prudence lui dit, en regardant à la fenêtre : « Voilà monsieur ! » La pauvre fille se précipita, croyant voir Lucien, et vit Nucingen.

— Oh ! quel mal tu me fais ! dit-elle.

— Il n'y avait que ce moyen-là de vous donner l'air de faire attention à un pauvre vieillard qui va payer vos dettes, répondit Europe, car enfin elles vont être toutes payées.

— Quelles dettes ? s'écria cette créature qui ne pensait qu'à retenir son amour à qui des mains terribles donnaient la volée.

— Celles que monsieur Carlos a faites à madame.

— Comment ! voici près de quatre cent cinquante mille francs !... s'écria Esther.

— Vous en avez encore pour cent cinquante mille francs ; mais il a très-bien pris tout cela, le baron... il va vous tirer d'ici, vous mettre *tans ein bedid balai*... Ma foi ! vous n'êtes pas malheureuse !... A votre place, puisque vous tenez cet homme-là par le bon bout, quand vous aurez satisfait Carlos, je me ferais donner une maison et des rentes. Madame est certes la plus belle femme que j'aie vue, et la plus engageante, mais la laideur vient si vite ! j'ai été fraîche et belle, et me voilà. J'ai vingt-trois ans, presque l'âge de madame, et je parais dix ans de plus... Une maladie suffit... Eh ! bien, quand on a une maison à Paris et des rentes, on ne craint pas de finir dans la rue...

Esther n'écoutait plus Europe-Eugénie-Prudence Servien. La volonté d'un homme doué du génie de la corruption avait donc replongé dans la boue Esther avec la même force dont il avait usé pour l'en retirer. Ceux qui connaissent l'amour dans son infini savent qu'on n'en éprouve pas les plaisirs sans en accepter les vertus. Depuis la scène dans son taudis rue de Langlade, Esther avait complétement oublié son ancienne vie. Elle avait jusqu'alors vécu très-vertueusement, cloîtrée dans sa passion. Aussi, pour ne pas rencontrer d'obstacles, le savant corrupteur avait-il le talent de tout préparer de manière que la pauvre fille, poussée par son dévouement, n'eût plus qu'à donner son consentement à des friponneries consommées ou sur le point de se consommer. En révélant la supériorité de ce corrupteur, cette finesse indique le procédé par lequel il avait soumis Lucien. Créer des nécessités terribles, creuser la mine, la remplir de poudre, et, au moment critique, dire au complice : « Fais un signe de tête, tout saute ! » Autrefois Esther, imbue de la morale particulière aux courtisanes, trouvait toutes ces gentillesses si naturelles qu'elle n'estimait une de ses rivales que par ce qu'elle savait faire dépenser à un homme. Les fortunes détruites sont les chevrons de ces créatures. Carlos, en comptant sur les souvenirs d'Esther, ne s'était pas trompé. Ces ruses de guerre, ces stratagèmes mille fois employés, non-seulement par ces femmes, mais encore par les dissipateurs, ne troublaient pas l'esprit d'Esther. La pauvre fille ne sentait que sa dégradation. Elle aimait Lucien, elle devenait la maîtresse en titre du baron de Nucingen : tout était là pour elle. Que le faux Espagnol prît l'argent des arrhes, que Lucien élevât l'édifice de sa fortune avec les pierres du tombeau d'Esther, qu'une seule nuit de plaisir coûtât plus ou moins de billets de mille francs au vieux banquier, qu'Europe en extirpât quelques centaines de mille francs par des moyens plus ou moins ingénieux, rien de tout cela n'occupait cette fille amoureuse ; mais voici le cancer qui lui rongeait le cœur. Elle s'était vue pendant cinq ans blanche comme un ange! Elle aimait, elle était heureuse, elle n'avait pas commis la moindre infidélité. Ce bel amour pur allait être sali. Son esprit n'opposait pas ce contraste de sa belle vie inconnue à son immonde vie future. Ceci n'était en elle ni calcul ni poésie, elle éprouvait un sentiment indéfinissable et d'une puissance infinie : de blanche, elle devenait noire ; de pure, impure ; de noble, ignoble. Hermine par sa propre volonté, la souillure morale ne lui semblait pas supportable. Aussi, lorsque le baron l'avait menacée de son amour, l'idée de se jeter par la fenêtre lui était-elle venue à l'esprit. Lucien enfin était aimé absolument, et comme il est extrêmement rare que les femmes aiment un homme. Les femmes qui disent aimer, qui souvent croient aimer le plus, dansent, valsent, coquètent avec d'autres hommes, se parent pour le monde, y vont chercher leur moisson de regards convoiteurs ; mais Esther avait accompli, sans qu'il y eût sacrifice, les miracles du véritable amour. Elle avait aimé Lucien pendant six ans comme aiment les actrices et les courtisanes qui, roulées dans les fanges et les impuretés, ont soif des noblesses, des dévouements du véritable amour, et qui en pratiquent alors l'*exclusivité* (ne faut-il pas faire un mot pour rendre une idée si peu mise en pratique?). Les nations disparues, la Grèce, Rome et l'Orient ont toujours sequestré la femme, la femme qui aime devrait se sequestrer d'elle-même. On peut donc concevoir qu'en sortant du palais fantastique où cette fête, ce poème s'était accompli, pour entrer dans le *bedid balai* d'un froid vieillard, Esther fût saisie d'une sorte de maladie morale. Poussée par une main de fer, elle avait eu de l'infamie jusqu'à mi-corps avant d'avoir pu réfléchir ; mais depuis deux jours elle réfléchissait et se sentait un froid mortel au cœur.

A ces mots : « finir dans la rue » elle se leva brusquement et dit :
— Finir dans la rue?... non, plutôt finir dans la Seine...

— Dans la Seine ?... Et monsieur Lucien ?... dit Europe.

Ce seul mot fit rasseoir Esther sur son fauteuil, où elle resta les yeux attachés à une rosace du tapis, le foyer du crâne absorbant les pleurs. A quatre heures, Nucingen trouva son ange plongé dans cet océan de réflexions, de résolutions, sur lequel flottent les esprits femelles, et d'où ils sortent par des mots incompréhensibles pour ceux qui n'y ont pas navigué de conserve.

— *Terittès fôdre vrond... ma pette,* lui dit le baron en s'asseyant auprès d'elle. *Fus n'aurez blis te teddes... che m'endentrai affec Ichénie, et tans ein mois, fus guidderez cède abbardement bir endrer tans ein bedid balai... Oh! la cholie mainne. Tonnez que che la pèse.* (Esther laissa prendre sa main comme un chien donne la patte.) — *Ah! fus tonnez la mainne, mais bas le cuer... et cède le cuer que ch'aime...*

Ce fut dit avec un accent si vrai, que la pauvre Esther tourna ses yeux sur ce vieillard avec une expression de pitié qui le rendit quasi fou. Les amoureux, de même que les martyrs, se sentent frères de supplices! Rien au monde ne se comprend mieux que deux douleurs semblables.

— Pauvre homme! dit-elle, il aime.

En entendant ce mot, sur lequel il se méprit, le baron pâlit, son sang pétilla dans ses veines, il respirait l'air du ciel. A son âge, les millionnaires payent une semblable sensation d'autant d'or qu'une femme leur en demande.

— *Che fus âme audant que ch'aime ma fîle...* dit-il, *et che sans là,* reprit-il en mettant la main sur son cœur, *que che ne beux bas fus foir audrement que hireise.*

— Si vous vouliez n'être que mon père, je vous aimerais bien, je ne vous quitterais jamais, et vous vous apercevriez que je ne suis pas une femme mauvaise, ni vénale, ni intéressée, comme j'en ai l'air en ce moment...

— *Fus afez vaid tes bedides vollies,* reprit le baron, *gomme duttes les cholies phâmes, foilà tut. Ne bartons blis te cela. Nodre meddier, à nus, ed te cagner te l'archant pir fus... Soyez hireise : che feux pien édre fodre bère bentant queques churs, gar che gombrends qu'il vaud fus aggoutimer à ma bofre gargasse.*

— Vrai!... s'écria-t-elle en se levant et sautant sur les genoux de Nucingen, lui passant la main autour du cou et se tenant à lui.

— *Frai*, répondit-il en essayant de faire sourire sa figure.

Elle l'embrassa sur le front, elle crut à une transaction impossible : rester pure, et voir Lucien... Elle câlina si bien le banquier que la Torpille reparut. Elle ensorcela le vieillard, qui promit de rester père pendant quarante jours. Ces quarante jours étaient nécessaires à l'acquisition et à l'arrangement de la maison rue Saint-Georges. Une fois dans la rue, et en revenant chez lui, le baron se disait : — *Che sui ein chopard!* En effet, s'il devenait enfant en présence d'Esther, loin d'elle il reprenait en sortant sa peau de Loup-cervier, absolument comme le Joueur redevient amoureux d'Angélique quand il n'a plus un liard.

— *Eine temi-million, et n'affoir bas engore si ceu qu'ede sa chambe, c'ede être bar drob pède; mès bersonne hireisement n'an saura rien*, disait-il vingt jours après. Et il prenait de belles résolutions d'en finir avec une femme qu'il avait achetée si cher ; puis, quand il se trouvait en présence d'Esther, il passait à réparer la brutalité de son début tout le temps qu'il avait à lui donner. — *Che ne beux bas*, lui disait-il au bout du mois, *édre le Bère Édernel.*

Vers la fin du mois de décembre 1829, à la veille d'installer Esther dans le petit hôtel de la rue Saint-Georges, le baron pria du Tillet d'y amener Florine afin de voir si tout était en harmonie avec la fortune de Nucingen, si ces mots un *bedit balai* avaient été réalisés par les artistes chargés de rendre cette volière digne de l'oiseau. Toutes les inventions trouvées par le luxe avant la révolution de 1830 faisaient de cette maison le type du bon goût. Grindot l'architecte y avait vu le chef-d'œuvre de son talent de décorateur. L'escalier refait en marbre, les stucs, les étoffes, les dorures sobrement appliquées, les moindres détails comme les grands effets surpassaient tout ce que le siècle de Louis XV a laissé dans ce genre à Paris.

— Voilà mon rêve : ça et la vertu ! dit Florine en souriant. Et pour qui fais-tu ces dépenses ? demanda-t-elle à Nucingen. Est-ce une vierge qui s'est laissé tomber du ciel ?

— *C'ed eine phâme qui y remonde*, répondit le baron.

— Une manière de te poser en Jupiter, répliqua l'actrice. Et quand la verra-t-on ?

— Oh ! le jour où l'on pendra la crémaillère, s'écria du Tillet.

— *Bas affant...* dit le baron.

— Il faudra joliment se brosser, se ficeler, se damasquiner, reprit Florine. Oh! les femmes donneront-elles du mal à leurs couturières et à leurs coiffeurs pour cette soirée-là!... Et quand?...

— *Che ne suis bas le maidre.*

— En voilà une de femme!... s'écria Florine. Oh! comme je voudrais la voir!...

— *Ed moi auzi*, répliqua naïvement le baron.

— Comment! la maison, la femme, les meubles, tout sera neuf?

— Même le banquier, dit du Tillet, car mon ami me semble bien jeune.

— Mais il lui faudra, dit Florine, retrouver ses vingt ans, au moins pour un instant.

Dans les premiers jours de 1830, tout le monde parlait à Paris de la passion de Nucingen et du luxe effréné de sa maison. Le pauvre baron, affiché, moqué, pris d'une rage facile à concevoir, mit alors dans sa tête un vouloir de financier d'accord avec la furieuse passion qu'il se sentait au cœur. Il désirait, en pendant la crémaillère, pendre aussi l'habit du père noble et toucher le prix de tant de sacrifices. Toujours battu par la Torpille, il se résolut à traiter l'affaire de son mariage par correspondance, afin d'obtenir d'elle un engagement chirographaire. Les banquiers ne croient qu'aux lettres de change. Donc, le Loup-cervier se leva, dans un des premiers jours de cette année, de bonne heure, s'enferma dans son cabinet et se mit à composer la lettre suivante, écrite en bon français; car, s'il le prononçait mal, il l'orthographiait très-bien.

« Chère Esther, fleur de mes pensées et seul bonheur de ma vie,
» quand je vous ai dit que je vous aimais comme j'aime ma fille, je
» vous trompais et me trompais moi-même. Je voulais seulement
» vous exprimer ainsi la sainteté de mes sentiments, qui ne res-
» semblent à aucun de ceux que les hommes ont éprouvés, d'abord
» parce que je suis un vieillard, puis parce que je n'avais jamais
» aimé. Je vous aime tant que, si vous me coûtiez ma fortune, je
» ne vous en aimerais pas moins. Soyez juste? La plupart des
» hommes n'auraient pas vu, comme moi, un ange en vous : je
» n'ai jamais jeté les yeux sur votre passé. Je vous aime à la fois
» comme j'aime ma fille Augusta, qui est mon unique enfant, et
» comme j'aimerais ma femme si ma femme avait pu m'aimer. Si
» le bonheur est la seule absolution d'un vieillard amoureux, de-
» mandez-vous si je ne joue pas un rôle ridicule. J'ai fait de vous

» la consolation, la joie de mes vieux jours. Vous savez bien que,
» jusqu'à ma mort, vous serez aussi heureuse qu'une femme peut
» l'être, et vous savez bien aussi qu'après ma mort vous serez assez
» riche pour que votre sort fasse envie à bien des femmes. Dans
» toutes les affaires que je fais depuis que j'ai eu le bonheur de
» vous parler, votre part se prélève, et vous avez un compte dans
» la Maison Nucingen. Dans quelques jours, vous entrez dans une
» maison qui, tôt ou tard, sera la vôtre, si elle vous plaît. Voyons,
» y recevrez-vous encore votre père en m'y recevant, ou serai-je
» enfin heureux?...

» Pardonnez-moi de vous écrire si nettement; mais quand je
» suis près de vous, je n'ai plus de courage, et je sens trop que
» vous êtes ma maîtresse. Je n'ai pas l'intention de vous offenser,
» je veux seulement vous dire combien je souffre et combien il
» est cruel à mon âge d'attendre, quand chaque jour m'ôte des es-
» pérances et des plaisirs. La délicatesse de ma conduite est d'ail-
» leurs une garantie de la sincérité de mes intentions. Ai-je jamais
» agi comme un créancier? Vous êtes comme une citadelle, et je
» ne suis pas un jeune homme. Vous répondez à mes doléances
» qu'il s'agit de votre vie, et vous me le faites croire quand je
» vous écoute; mais ici je retombe en de noirs chagrins, en des
» doutes qui nous déshonorent l'un et l'autre. Vous m'avez semblé
» aussi bonne, aussi candide que belle; mais vous vous plaisez à
» détruire mes convictions. Jugez-en? vous me dites que vous avez
» une passion dans le cœur, une passion impitoyable, et vous re-
» fusez de me confier le nom de celui que vous aimez... Est-ce na-
» turel? Vous avez fait d'un homme assez fort un homme d'une
» faiblesse inouïe... Voyez où j'en suis arrivé? je suis obligé de
» vous demander quel avenir vous réservez à ma passion après
» cinq mois? Encore faut-il que je sache quel rôle je jouerai à
» l'inauguration de votre hôtel. L'argent n'est rien pour moi quand
» il s'agit de vous; je n'aurai pas la sottise de me faire à vos yeux
» un mérite de ce mépris; mais si mon amour est sans bornes,
» ma fortune est limitée, et je n'y tiens que pour vous. Eh! bien, si,
» en vous donnant tout ce que je possède, je pouvais, pauvre, obte-
» nir votre affection, j'aimerais mieux être pauvre et aimé de vous que
» riche et dédaigné. Vous m'avez si fort changé, ma chère Esther,
» que personne ne me reconnaît plus : j'ai payé dix mille francs un
» tableau de Joseph Bridau, parce que vous m'avez dit qu'il était

» homme de talent et méconnu. Enfin je donne à tous les pauvres que
» je rencontre cinq francs en votre nom. Eh ! bien, que demande le
» pauvre vieillard qui se regarde comme votre débiteur quand vous
» lui faites l'honneur d'accepter quoi que ce soit?... il ne veut
» qu'une espérance, et quelle espérance, grand Dieu ! N'est-ce pas
» plutôt la certitude ne ne jamais avoir de vous que ce que ma
» passion en prendra? Mais le feu de mon cœur aidera vos
» cruelles tromperies. Vous me voyez prêt à subir toutes les condi-
» tions que vous mettrez à mon bonheur, à mes rares plaisirs ;
» mais, au moins, dites-moi que le jour où vous prendrez posses-
» sion de votre maison, vous accepterez le cœur et la servitude de
» celui qui se dit, pour le reste de ses jours,

» Votre esclave,

» Frédéric de NUCINGEN. »

— Eh! il m'ennuie, ce pot à millions! s'écria Esther redevenue courtisane.

Elle prit du papier à poulet et écrivit, tant que le papier put la contenir, la célèbre phrase, devenue proverbe à la gloire de Scribe : *Prenez mon ours.* Un quart d'heure après, saisie par le remords, Esther écrivit la lettre suivante.

« Monsieur le baron,

» Ne faites pas la moindre attention à la lettre que vous avez
» reçue de moi, j'étais revenue à la folle nature de ma jeunesse ;
» pardonnez-la donc, monsieur, à une pauvre fille qui doit être une
» esclave. Je n'ai jamais mieux senti la bassesse de ma condition que
» depuis le jour où je vous fus livrée. Vous avez payé, je me dois.
» Il n'y a rien de plus sacré que les dettes de déshonneur. Je n'ai pas
» le droit de *liquider* en me jetant dans la Seine. On peut toujours
» payer une dette en cette affreuse monnaie, qui n'est bonne que
» d'un côté : vous me trouverez donc à vos ordres. Je veux payer
» dans une seule nuit toutes les sommes qui sont hypothéquées sur
» ce fatal moment, et j'ai la certitude qu'une heure de moi vaut
» des millions, avec d'autant plus de raison que ce sera la seule,
» la dernière. Après, je serai quitte, et pourrai sortir de la vie.
» Une honnête femme a des chances de se relever d'une chute ;
» mais, nous autres, nous tombons trop bas. Aussi ma résolution

» est-elle si bien prise que je vous prie de garder cette lettre en té-
» moignage de la cause de la mort de celle qui se dit pour un jour,

» Votre servante,
» ESTHER. »

Cette lettre partie, Esther eut un regret. Dix minutes après, elle écrivit la troisième lettre que voici :

« Pardon, cher baron, c'est encore moi. Je n'ai voulu ni me
» moquer de vous ni vous blesser ; je veux seulement vous faire
» réfléchir sur ce simple raisonnement : si nous restons ensemble
» dans les relations de père à fille, vous aurez un plaisir faible,
» mais durable ; si vous exigez l'exécution du contrat, vous me
» pleurerez. Je ne veux plus vous ennuyer : le jour que vous au-
» rez choisi le plaisir au lieu du bonheur sera sans lendemain pour
» moi.

» Votre fille,
» ESTHER. »

A la première lettre, le baron entra dans une de ces colères froides qui peuvent tuer les millionnaires, il se regarda dans la glace, il sonna.

— *Hein pain de biets !...* cria-t-il à son nouveau valet de chambre.

Pendant qu'il prenait le bain de pieds, la seconde lettre vint, il la lut, et tomba sans connaissance. On porta le millionnaire dans son lit. Quand le financier revint à lui, madame de Nucingen, assise au pied du lit, lui dit : — Cette fille a raison ! pourquoi voulez-vous acheter l'amour ?.... cela se vend-il au marché ? Voyons votre lettre ? Le baron donna les divers brouillons qu'il avait faits, madame de Nucingen les lut en souriant. La troisième lettre arriva.

— C'est une fille étonnante ! s'écria la baronne après avoir lu cette dernière lettre.

— *Que vaire, montame ?* demanda le baron à sa femme.

— Attendre.

— *Addentre !* reprit-il, *la nadure est imbidoyaple...*

— Tenez, mon cher, dit la baronne, vous avez fini par être excellent pour moi, je vais vous donner un bon conseil.

— *Vus esde ein ponne phâme !...* dit-il. *Vaides des teddes, che les baye...*

— Ce qui vous est arrivé à la réception des lettres de cette fille touche plus une femme que des millions dépensés, ou que toutes les lettres, tant belles soient-elles ; tâchez qu'elle l'apprenne indirectement, vous la posséderez peut-être ! et.... n'ayez aucun scrupule, elle n'en mourra point, dit-elle en toisant son mari.

Madame de Nucingen ignorait entièrement la *nature-fille*.

— *Gomme montame ti Nichinguenne a te l'esbrit !* se dit le baron, quand sa femme l'eut laissé seul. Mais, plus le banquier admira la finesse du conseil que la baronne venait de lui donner, moins il devina la manière de s'en servir ; et non-seulement il se trouvait stupide, mais encore il se le disait à lui-même.

La stupidité de l'homme d'argent, quoique devenue quasi proverbiale, n'est cependant que relative. Il en est des facultés de notre esprit comme des aptitudes de notre corps. Le danseur a sa force aux pieds, le forgeron a la sienne dans les bras ; le fort de la halle s'exerce à porter des fardeaux, le chanteur travaille son larynx, et le pianiste se cémente le poignet. Un banquier s'habitue à combiner les affaires, à les étudier, à faire mouvoir les intérêts, comme un vaudevilliste se dresse à combiner des situations, à étudier des sujets, à faire mouvoir des personnages. On ne doit pas plus demander au baron de Nucingen l'esprit de conversation qu'on ne doit exiger les images du poète dans l'entendement du mathématicien. Combien se rencontre-t-il par époque de poètes qui soient ou prosateurs ou spirituels dans le commerce de la vie à la manière de madame Cornuel ? Buffon était lourd, Newton n'a pas aimé, lord Byron n'a guère aimé que lui-même, Rousseau fut sombre et quasi fou, La Fontaine était distrait. Également distribuée, la force humaine produit les sots, ou la médiocrité partout ; inégale, elle engendre ces disparates auxquelles on donne le nom de *génie*, et qui, si elles étaient visibles, paraîtraient des difformités. La même loi régit le corps : une beauté parfaite est presque toujours accompagnée de froideur ou de sottise. Que Pascal soit à la fois un grand géomètre et un grand écrivain, que Beaumarchais soit un grand homme d'affaires, que Zamet soit un profond courtisan ; ces rares exceptions confirment le principe de la spécialité des intelligences. Dans la sphère des calculs spéculatifs, le banquier déploie donc autant d'esprit, d'adresse, de finesse, de qualités, qu'un habile diplomate dans celle des intérêts nationaux. Sorti de son cabinet, s'il était remarquable, un banquier serait alors un grand homme. Nucingen multiplié par le prince de Ligne, par Mazarin ou par Diderot est une formule humaine presque impossible, et qui cependant s'est appelée Périclès, Aristote, Voltaire et Napoléon. Le rayonnement du soleil impérial ne doit pas faire tort à l'homme privé, l'Empereur avait du charme, il était instruit et spirituel. Monsieur de Nucingen, purement banquier, sans aucune invention hors de ses calculs, comme la plupart des banquiers, ne croyait qu'aux valeurs certaines. En fait d'art, il avait le bon sens de recourir, l'or à la main, aux experts en toute chose, prenant le meilleur architecte, le meilleur chirurgien, le plus fort connaisseur en tableaux, en statues, le plus habile avoué, dès qu'il s'agissait de bâtir une maison, de surveiller sa santé, d'une acquisition de curiosités ou d'une terre. Mais, comme il n'existe pas d'expert-juré pour les intrigues ni de connaisseur en passion, un banquier est très-mal mené quand il aime, et très-embarrassé dans le manége de la femme. Nucingen n'inventa donc rien de mieux que ce qu'il avait déjà fait : donner de l'argent à un Frontin quelconque, mâle ou femelle, pour agir et pour penser à sa place. Madame Saint-Estève pouvait seule exploiter le moyen trouvé par la baronne. Le banquier regretta bien amèrement de s'être brouillé avec l'odieuse marchande à la toilette. Néanmoins, confiant dans le magnétisme de sa caisse et dans les calmants signés *Garat*, il sonna son valet de chambre et lui dit de s'enquérir, rue Neuve-Saint-Marc, de cette horrible veuve, en la priant de venir. A Paris, les extrêmes se rencontrent par les passions. Le vice y soude perpétuellement le riche au pauvre, le grand au petit. L'impératrice y consulte mademoiselle Lenormand. Enfin le grand seigneur y trouve toujours un Ramponneau de siècle en siècle.

Le nouveau valet de chambre revint deux heures après.

— Monsieur le baron, dit-il, madame Saint-Estève est ruinée.

— *Ah! dant miè!* dit le baron joyeusement, *che la diens!*

— La brave femme est, à ce qu'il paraît, un peu joueuse, reprit le valet. De plus, elle se trouve sous la domination d'un petit comédien des théâtres de la banlieue, que, par décence, elle fait passer pour son filleul. Il paraît qu'elle est excellente cuisinière, elle cherche une place.

— *Zes tiaples te chénies sipaldernes ont dous tisse manières te cagner te l'archant, ed tousse manières te le tébenser*, se dit le baron sans se douter qu'il se rencontrait avec Panurge.

Sémiramis, vous avez été assez rincé comme ça. Aussi vrai que je me nomme Saint-Estève, dans le commerce s'entend, je prends votre parti.

— *Pien!... che te régombenserai...*

— Je le crois, car je vous ai montré que je savais me venger. D'ailleurs, sachez-le, papa, dit-elle en lui jetant un regard effroyable, j'ai les moyens de vous souffler madame Esther comme on mouche une chandelle. Et je connais ma femme! Quand la petite gueuse vous aura donné le bonheur, elle vous sera plus nécessaire encore qu'elle ne vous l'est en ce moment. Vous m'avez bien payée, vous vous êtes fait tirer l'oreille, mais enfin vous avez financé! Moi, j'ai rempli mes engagements, pas vrai? Eh! bien, tenez, je vais vous proposer un marché.

— *Foyons.*

— Vous me placez cuisinière chez madame, vous me prenez pour dix ans, j'ai mille francs de gages, vous payez les cinq dernières années d'avance (un denier-à-Dieu, quoi!) Une fois chez madame, je saurai la déterminer aux concessions suivantes. Par exemple, vous lui ferez arriver une toilette délicieuse de chez madame Auguste, qui connaît les goûts et les façons de madame, et vous donnez des ordres pour que le nouvel équipage soit à la porte à quatre heures. Après la Bourse, vous montez chez elle, et vous allez faire une petite promenade au bois de Boulogne. Eh! bien, cette femme dit ainsi qu'elle est votre maîtresse, elle s'engage au vu et au su de tout Paris...—Cent mille francs...—Vous dînerez avec elle (je sais faire de ces dîners-là); vous la menez au spectacle, aux Variétés, à l'avant-scène, et tout Paris dit alors: — Voilà ce vieux filou de Nucingen avec sa maîtresse... — C'est flatteur de faire croire ça? — Tous ces avantages-là, je suis bonne femme, sont compris dans les premiers cent mille francs... En huit jours, en vous conduisant ainsi, vous aurez fait bien du chemin.

— *Ch'aurai bayé sant mile vrancs...*

— Dans la seconde semaine, reprit Asie qui n'eut pas l'air d'avoir entendu cette piteuse phrase, madame se décidera, poussée par ces préliminaires, à quitter son petit appartement et à s'installer dans l'hôtel que vous lui offrez. Votre Esther a revu le monde, elle a retrouvé ses anciennes amies, elle voudra briller, elle fera les honneurs de son palais! C'est dans l'ordre...— Encore cent mille francs! —Dam... vous êtes chez vous, Esther est compromise... elle est à vous. Reste une bagatelle dont vous faites le principal, vieux éléphant! (Ouvre-t-il des yeux, ce gros monstre-là!) Eh! bien, je m'en charge. — Quatre cent mille... — Ah! pour ça, mon gros, tu ne les lâches que le lendemain.... Est-ce de la probité?... J'ai plus de confiance en toi que tu n'en as en moi. Si je décide madame à se montrer comme votre maîtresse, à se compromettre, à prendre tout ce que vous lui offrirez, et peut-être aujourd'hui, vous me croirez bien capable de l'amener à vous livrer le passage du Grand Saint-Bernard. Et c'est difficile, allez!... il y a là, pour faire passer votre artillerie, autant de tirage que pour le premier consul dans les Alpes.

— *Et birquoi?...*

— Elle a le cœur plein d'amour, *razibus,* comme vous dites, vous autres qui savez le latin, reprit Asie. Elle se croit une reine de Saba parce qu'elle s'est lavée dans les sacrifices qu'elle a faits à son amant... une idée que ces femmes-là se fourrent dans la tête! Ah! mon petit, il faut être juste, c'est beau! Cette farceuse-là mourrait de chagrin de vous appartenir, je n'en serais pas étonnée; mais ce qui me rassure, moi, je vous le dis pour vous donner du cœur, il y a chez elle un bon fond de fille.

— *Ti has*, dit le baron qui écoutait Asie dans un profond silence et avec admiration, *le chénie te la gorrhiblion, gomme chai le chique te la Panque.*

— Est-ce dit, mon bichon? reprit Asie.

— *Fa bir cinquande mile vrancs au lier de sante mile!... Et che tonnerai cint cent mile le lentemain te mon driomphe.*

— Eh! bien, je vais aller travailler, répondit Asie... Ah! vous pouvez venir! reprit Asie avec respect. MONSIEUR trouvera MADAME déjà douce comme un dos de chatte, et peut-être disposée à lui être agréable.

— *Fa, fa, ma ponne*, dit le banquier en se frottant les mains. Et, après avoir souri à cette affreuse mulâtresse, il se dit: *Gomme on a réson t'afoir paugoup t'archant!*

Et il sauta hors de son lit, alla dans ses bureaux et reprit le maniement de ses immenses affaires, le cœur gai.

Rien ne pouvait être plus funeste à Esther que le parti pris par Nucingen. La pauvre courtisane défendait sa vie en se défendant contre l'infidélité. Carlos appelait *bégueulisme* cette défense si naturelle. Or Asie alla, non sans employer les précautions usitées en

Il renvoya son domestique à la recherche de madame Saint-Estève, qui ne vint que le lendemain. Questionné par Asie, le nouveau valet de chambre apprit à cet espion femelle les terribles résultats des lettres écrites par la maîtresse de monsieur le baron.

— Monsieur doit bien aimer cette femme-là, dit en terminant le valet de chambre, car il a failli mourir. Moi, je lui donnais le conseil de n'y pas retourner, il se verrait bientôt cajolé. Une femme qui coûte à monsieur le baron déjà cinq cent mille francs, dit-on, sans compter ce qu'il vient de dépenser dans le petit hôtel de la rue Saint-Georges!... Mais cette femme-là veut de l'argent, et rien que de l'argent. En sortant de chez monsieur, madame la baronne disait en riant : — Si cela continue, cette fille-là me rendra veuve..

— Diable! répondit Asie, il ne faut jamais tuer la poule aux œufs d'or!

— Monsieur le baron n'espère plus qu'en vous, dit le valet de chambre.

— Ah! c'est que je me connais à faire marcher les femmes!....

— Allons, entrez, dit le valet de chambre en s'humiliant devant cette puissance occulte.

— Eh! bien, dit la fausse Saint-Estève en entrant d'un air humble chez le malade, monsieur le baron éprouve donc de petites contrariétés?... Que voulez-vous! tout le monde est atteint par son faible. Moi aussi, j'ai évu des malheurs. En deux mois la roue de fortune a drôlement tourné pour moi! me voilà cherchant une place... Nous n'avons été raisonnables ni l'un ni l'autre. Si monsieur le baron voulait me placer en qualité de cuisinière chez madame Esther, il aurait en moi la plus dévouée des dévouées, et je lui serais bien utile pour surveiller Eugénie et madame.

— *Il ne s'achit boint te cela*, dit le baron. *Che ne buis barfenir à édre le maîdre, et che suis mené gomme...*

— Une toupie, reprit Asie. Vous avez fait aller les autres, papa, la petite vous tient et *vous polissonne....* Le ciel est juste!

— *Chiste?* reprit le baron. *Che ne d'ai bas vait fenir bir endentre te la morale...*

— Bah! mon fils, un peu de morale ne gâte rien. C'est le sel de la vie pour nous autres, comme le vice pour les dévots. Voyons, avez-vous été généreux? Vous avez payé ses dettes....

— *Ui!* dit piteusement le baron.

— C'est bien. Vous avez dégagé ses effets, c'est mieux ; mais convenez-en ?... ce n'est pas assez : ça ne lui donne encore rien à rire, et ces créatures aiment à *flamber...*

— *Che lui brebare eine sirbrise, rie Sainte-Chorche... Elle le said...* dit le baron. *Mais che ne feux bas èdre ein chopart.*

— Eh ! bien, quittez-la...

— *Chai beur qu'elle ne me laisse hâler,* s'écria le baron.

— Et nous en voulons pour notre argent, mon fils, répondit Asie. Écoutez. Nous en avons carotté de ces millions au public, mon petit ! On dit que vous en possédez vingt-cinq. (Le baron ne put s'empêcher de sourire.) — Eh ! bien, il faut en lâcher un...

— *Che le lâgerais pien,* répondit le baron, *mais che ne l'aurais bas plidôt lâgé qu'on en temantera ein segond.*

— Oui, je comprends, répondit Asie, vous ne voulez pas dire B, de peur d'aller jusqu'au Z. Esther est honnête fille cependant...

— *Drès-honède file !* s'écria le banquier ; *ele feud pien s'eczéguder, mais gomme on s'aguide t'eine tedde.*

— Enfin, elle ne veut pas être votre maîtresse, elle a de la répugnance. Et je le conçois, l'enfant a toujours obéi à ses fantaisies. Quand on n'a connu que de charmants jeunes gens, on se soucie peu d'un vieillard... Vous n'êtes pas beau, vous êtes gros comme Louis XVIII, et un peu bêtât, comme tous ceux qui cajolent la fortune au lieu de s'occuper des femmes. Eh ! bien, si vous ne regardez pas à six cent mille francs, dit Asie, je me charge de la faire devenir pour vous tout ce que vous voudrez qu'elle soit.

— *Ziz sante mile vrancs !...* s'écria le baron en faisant un léger sursaut. *Esder me goûde eine milion téchâ !...*

— Le bonheur vaut bien seize cent mille francs, mon gros corrompu. Vous connaissez des hommes, dans ce temps-ci, qui certainement ont mangé plus d'un et de deux millions avec leurs maîtresses. Je connais même des femmes qui ont coûté la vie, et pour qui l'on a craché sa tête dans un panier... Vous savez ce médecin qui a empoisonné son ami ?... il voulait la fortune pour faire le bonheur d'une femme.

— *Ui, che le zais, mais si che suis amûreusse, che ne suis pas pêde, izi, ti moins, gar quand che la fois, che lui tonnerais mon bordefeille...*

— Écoutez, monsieur le baron, dit Asie en prenant une pose de pareil cas, apprendre à Carlos la conférence qu'elle venait d'avoir avec le baron, et tout le parti qu'elle en avait tiré. La colère de cet homme fut comme lui, terrible; il vint aussitôt en voiture, les stores baissés, chez Esther, en faisant entrer la voiture sous la porte. Encore presque blanc quand il monta, ce double faussaire se présenta devant la pauvre fille; elle le regarda, elle se trouvait debout, elle tomba sur un fauteuil, les jambes comme cassées.

— Qu'avez-vous, monsieur? lui dit-elle en tressaillant de tous ses membres.

— Laisse-nous, Europe, dit-il à la femme de chambre.

Esther regarda cette fille comme un enfant aurait regardé sa mère, de qui quelque assassin le séparerait avant de le tuer.

— Savez-vous où vous enverrez Lucien? reprit-il quand ils se trouvèrent seuls.

— Où?... demanda-t-elle d'une voix faible en se hasardant à regarder cet homme.

— Là d'où je viens, mon bijou.

Esther vit tout rouge en regardant l'homme.

— Aux galères, ajouta-t-il à voix basse.

Esther ferma les yeux, ses jambes s'allongèrent, ses bras pendirent, elle devint blanche. L'homme sonna, Prudence vint.

— Fais-lui reprendre connaissance, dit-il froidement, je n'ai pas fini.

Il se promena dans le salon en attendant. Prudence-Europe fut obligée de venir prier Monsieur de porter Esther sur son lit; il la prit avec une facilité qui prouvait sa force athlétique. Il fallut aller chercher ce que la Pharmacie a de plus violent pour rendre Esther au sentiment de ses maux. Une heure après, la pauvre fille était en état d'écouter ce cauchemar vivant, assis au pied du lit, le regard fixe et éblouissant comme deux jets de plomb fondu.

— Mon petit cœur, reprit-il, Lucien se trouve entre une vie splendide, honorée, heureuse, digne, et le trou plein d'eau, de vase et de cailloux où il allait se jeter quand je l'ai rencontré. La maison de Grandlieu lui demande une terre d'un million avant de lui obtenir le titre de marquis et de lui tendre cette grande perche, appelée Clotilde. Grâce à nous deux, Lucien vient d'acquérir le manoir maternel, le vieux château de Rubempré qui n'a pas coûté grand'chose, trente mille francs; mais son avoué, par d'heureuses négociations, a fini par y joindre pour un million de propriétés, sur lesquelles on a payé trois cent mille francs. Le château, les frais, les primes à ceux qu'on a mis en avant pour déguiser l'opération aux gens du pays, ont absorbé le reste. Nous avons bien, il est vrai, cent mille francs dans les affaires qui, d'ici à quelques mois, vaudront deux à trois cent mille francs ; mais il restera toujours quatre cent mille francs à payer... Dans trois jours, Lucien revient d'Angoulême où il est allé, car il ne doit pas être soupçonné d'avoir trouvé sa fortune en cardant vos matelas...

— Oh ! non, dit-elle, en levant les yeux par un mouvement sublime.

— Je vous le demande, est-ce le moment d'effrayer le baron ? dit-il tranquillement, et vous avez failli le tuer avant-hier ! il s'est évanoui comme une femme en lisant votre seconde lettre. — Vous avez un fier style, je vous en fais mes compliments. — Si le baron était mort, que devenions-nous ? Quand Lucien sortira de Saint-Thomas-d'Aquin, gendre du duc de Grandlieu, si vous voulez entrer dans la Seine... eh ! bien, mon amour, je vous offre la main pour faire le plongeon ensemble. C'est une manière d'en finir. Mais réfléchissez donc un peu ? Ne vaudrait-il pas mieux vivre en se disant à toute heure : Cette brillante fortune, cette heureuse famille... car il aura des enfants — *des enfants!*... avez-vous pensé jamais au plaisir de passer vos mains dans la chevelure de ses enfants ? (Esther ferma les yeux et frissonna doucement.) — Eh ! bien, en voyant l'édifice de ce bonheur on se dit : Voilà mon œuvre !

Il se fit une pause, pendant laquelle ces deux êtres se regardèrent.

— Voilà ce que j'ai tenté de faire d'un désespoir qui se jetait à l'eau, reprit Carlos. Suis-je un égoïste, moi ? Voilà comme l'on aime ! On ne se dévoue ainsi que pour les rois ; mais je l'ai sacré roi, Lucien ! On me riverait pour le reste de mes jours à mon ancienne chaîne, il me semble que je pourrais y rester tranquille en me disant : « *Il* est au bal, *il* est à la cour. » Mon âme et ma pensée triompheraient pendant que ma guenille serait livrée aux argousins ! Vous êtes une misérable femelle, vous aimez en femelle ! Mais l'amour, chez une courtisane, devrait être, comme chez toutes les créatures dégradées, un moyen de devenir mère, en dépit de la nature qui vous frappe d'infécondité ! Si jamais on retrouvait, sous la peau de l'abbé Carlos, le condamné que j'étais auparavant, savez-vous ce que je ferais pour ne pas compromettre Lucien ? (Esther attendit dans une sorte d'anxiété.)

— Eh! bien, je mourrais comme les nègres, en avalant ma langue. Et vous, avec vos simagrées, vous indiquez ma trace. Que vous avais-je demandé?... de reprendre la jupe de la Torpille pour six mois, pour six semaines, et de vous en servir pour pincer un million... Lucien ne vous oubliera jamais! Les hommes n'oublient pas l'être qui se rappelle à leur souvenir par le bonheur dont on jouit tous les matins en se réveillant toujours riche. Lucien vaut mieux que vous... il a commencé par aimer Coralie, elle meurt, bon; mais il n'avait pas de quoi la faire enterrer, il n'a pas fait comme vous tout à l'heure, il ne s'est pas évanoui, quoique poète; il a écrit six chansons gaillardes, et il en a eu trois cents francs avec lesquels il a pu payer le convoi de Coralie. J'ai ces chansons-là, je les sais par cœur. Eh! bien, composez vos chansons : soyez gaie, soyez folle; soyez irrésistible et insatiable! Vous m'avez entendu? ne m'obligez plus à parler... Baisez papa. Adieu...

Quand, une demi-heure après, Europe entra chez sa maîtresse, elle la trouva devant un crucifix agenouillée dans la pose que le plus religieux des peintres a donnée à Moïse devant le buisson d'Horeb, pour en peindre la profonde et entière adoration devant Jehova. Après avoir dit ses dernières prières, Esther renonçait à sa belle vie, à l'honneur qu'elle s'était fait, à sa gloire, à ses vertus, à son amour. Elle se leva.

— Oh! madame, vous ne serez plus jamais ainsi! s'écria Prudence Servien stupéfaite de la sublime beauté de sa maîtresse.

Elle tourna promptement la psyché pour que la pauvre fille pût se voir. Les yeux gardaient encore un reflet des splendeurs de l'âme qui s'envolait au ciel. Le teint de la Juive étincelait. Trempés de larmes absorbées par le feu de la prière, ses cils ressemblaient à un feuillage après une pluie d'été : le soleil de l'amour pur les brillantait pour la dernière fois. Les lèvres parlaient des suprêmes invocations aux anges, à qui sans doute elle avait emprunté la palme du martyre en leur confiant sa vie sans souillure. Enfin, elle avait la majesté qui dut briller chez Marie Stuart au moment où elle dit adieu à sa couronne, à la terre et à l'amour.

— J'aurais voulu que Lucien me vît ainsi, dit-elle en laissant échapper un soupir étouffé. Maintenant, reprit-elle d'une voix vibrante, *blaguons*...

En entendant ce mot, Europe resta tout hébétée, comme elle eût pu l'être en entendant blasphémer un ange.

— Eh! bien, qu'as-tu donc à regarder si j'ai dans la bouche des clous de girofle au lieu de dents? Je ne suis plus maintenant qu'une *voleuse*, une infâme et immonde créature, une fille, et j'attends milord. Ainsi, fais chauffer un bain et apprête-moi ma toilette. Il est midi, le baron viendra sans doute après la Bourse, je vais lui dire que je l'attends, et j'entends qu'Asie lui apprête un dîner un peu *chouette*, je veux le rendre fou cet homme... Allons, va, va, ma fille... Nous allons rire, c'est-à-dire nous allons *travailler*.

Elle se mit à sa table, et écrivit la lettre suivante :

« Mon ami, si la cuisinière que vous m'avez envoyée n'avait jamais
» été à mon service, j'aurais pu croire que votre intention était de me
» faire savoir combien de fois vous vous êtes évanoui avant-hier en
» recevant mes trois poulets. Que voulez-vous? j'étais très-nerveuse
» ce jour-là, je repassais les souvenirs de ma déplorable existence.
» Mais je connais la sincérité d'Asie. Je ne me repens donc plus de
» vous avoir fait quelque chagrin, puisqu'il a servi à me prouver
» combien je vous suis chère. Nous sommes ainsi, nous autres pau-
» vres créatures méprisées : une affection vraie nous touche bien
» plus que de nous voir l'objet de dépenses folles. Pour moi, j'ai
» toujours eu peur d'être comme le porte-manteau où vous accro-
» chiez vos vanités. Ça m'ennuyait de ne pas être autre chose pour
» vous. Oui, malgré vos belles protestations, je croyais que vous me
» preniez pour une femme achetée. Eh! bien, maintenant vous me
» trouverez bonne fille, mais à condition de toujours m'obéir un
» petit peu. Si cette lettre peut remplacer pour vous les ordonnan-
» ces du médecin, vous me le prouverez en venant me voir après
» la Bourse. Vous trouverez sous les armes, et parée de vos dons,
» celle qui se dit, pour la vie, votre machine à plaisir,

» ESTHER. »

A la Bourse, le baron de Nucingen fut si gaillard, si content, si facile en apparence, et se permit tant de plaisanteries, que du Tillet et les Keller, qui s'y trouvaient, ne purent s'empêcher de lui demander raison de son hilarité.

— *Che suis amé... Nous bentons piendôd la gremail-lière*, dit-il à du Tillet.

— A combien cela vous revient-il? lui repartit brusquement François Keller à qui madame Colleville coûtait, disait-on, vingt-cinq mille francs par an.

—*Chamais cedde phâme, qui ed cin anche, ne m'a temanté teux liarts.*

—Cela ne se fait jamais, lui répondit du Tillet. C'est pour ne jamais rien avoir à demander qu'elles se donnent des tantes ou des mères.

De la Bourse à la rue Taitbout, le baron dit sept fois à son domestique : — *Fus n'alez bas, voueddés tonc le gefal!...*

Il grimpa lestement, et trouva pour la première fois sa maîtresse belle comme le sont ces filles dont l'unique occupation est le soin de leur toilette et de leur beauté. Sortie du bain, la fleur était fraîche, parfumée à inspirer des désirs à Robert d'Arbrissel. Esther avait fait une demi-toilette délicieuse. Une redingote de reps noir, garnie en passementerie de soie rose, s'ouvrait sur une jupe de satin gris, le costume que se fit plus tard la belle Amigo dans *I Puritani*. Un fichu de point d'Angleterre retombait sur les épaules en badinant. Les manches de la robe étaient pincées par des lisérés pour diviser les bouffants que, depuis quelque temps, les femmes comme il faut avaient substituées aux manches à gigot devenues monstrueuses. Esther avait fixé par une épingle, sur ses magnifiques cheveux, un bonnet de malines, dit *à la folle*, près de tomber et qui ne tombait pas, mais qui lui donnait l'air d'être en désordre et mal peignée, quoique l'on vît parfaitement les raies blanches de sa petite tête entre les sillons des cheveux.

—N'est-ce pas une horreur, dit Europe au baron en lui ouvrant la porte du salon, de voir madame si belle dans un salon passé comme celui-là?

—*Hé, bien, fennez rie Sainte-Chorche*, dit le baron en restant en arrêt comme un chien devant une perdrix. *Le demps ed manivique, nus nus broncnerons aux Jamps-Elusées, et matame Saint-Estèfe afec Ichénie dransborderont dutte fodre doiledde, fodre linche et nodre tinner à la rie Sainte-Chorche.*

—Je ferai tout ce que vous voudrez, dit Esther, si vous voulez me faire le plaisir d'appeler ma cuisinière Asie, et Eugénie, Europe. J'ai surnommé ainsi toutes les femmes qui m'ont servie, depuis les deux premières que j'ai eues. Je n'aime pas le changement...

— *Acie... Irobe...* répéta le baron en se mettant à rire. *Gomme fus edes trôle.... fus affez tes imachinassions....*

Ch'aurais manché pien tes tinners afant te nommer eine guisinière Acie.

— C'est notre état d'être drôles, dit Esther. Voyons, une pauvre fille ne peut donc pas se faire nourrir par l'Asie et habiller par l'Europe, quand vous, vous vivez de tout le monde? C'est un mythe, quoi! Il y a des femmes qui mangeraient la terre, il ne m'en faut que la moitié. Voilà!

— *Quelle phâme que montame Saind-Esdèfe!* se dit le baron en admirant le subit changement des façons d'Esther.

— Europe, ma fille, il me faut un chapeau, dit Esther. Je dois avoir une capote de satin noir doublée de rose, garnie en dentelles.

— Madame Thomas ne l'a pas envoyée... Allons, baron, vite! haut la patte! commencez votre service d'homme de peine, c'est-à-dire d'homme heureux! Le bonheur est lourd!... Vous avez votre cabriolet, allez chez madame Thomas, dit Europe au baron. Vous ferez demander par votre domestique la capote de madame Van-Bogseck... Et surtout, lui dit-elle à l'oreille, rapportez-lui le plus beau bouquet qu'il y ait à Paris. Nous sommes en hiver, tâchez d'avoir des fleurs des Tropiques.

Le baron descendit et dit à son domestique : — *Ghez montame Domas.* Le domestique mena son maître chez une fameuse pâtissière. — *C'edde ein margeante de motes, vichi pedâte ed non te cateaux*, dit le baron qui courut au Palais-Royal chez madame Prévôt, où il fit composer un bouquet de dix louis, pendant que son domestique allait chez la fameuse marchande de modes.

En se promenant dans Paris, l'observateur superficiel se demande quels sont les fous qui viennent acheter les fleurs fabuleuses qui parent la boutique de l'illustre bouquetière et les primeurs de l'européen Chevet, le seul, avec le Rocher-de-Cancale, qui offre une véritable et délicieuse Revue des Deux-Mondes... Il s'élève tous les jours, à Paris, cent et quelques passions à la Nucingen, qui se prouvent par des raretés que les reines n'osent pas se donner, et qu'on offre, et à genoux, à des filles qui, selon le mot d'Asie, *aiment à flamber*. Sans ce petit détail, une honnête bourgeoise ne comprendrait pas comment une fortune se fond entre les mains de ces créatures ; après tout, leur fonction sociale, dans le système fouriériste, est peut-être de réparer les malheurs de l'Avarice et de la Cupidité ; leurs dissipations sont peut-être au Corps Social ce qu'un coup de lancette est pour un corps pléthorique. Nucingen venait d'arroser l'Industrie de plus de deux cent mille francs.

Quand le vieil amoureux revint, la nuit tombait, le bouquet était inutile. L'heure d'aller aux Champs-Élysées, en hiver, est de deux heures à quatre. Mais la voiture servit à Esther pour se rendre de la rue Taitbout à la rue Saint-Georges, où elle prit possession du *bedid balai*. Jamais, disons-le, Esther n'avait encore été l'objet d'un pareil culte ni de profusions pareilles ; elle en fut surprise, et se garda bien, comme toutes ces royales ingrates, de montrer le moindre étonnement. Quand vous entrez dans Saint-Pierre de Rome, pour vous faire apprécier l'étendue et la hauteur de la cathédrale des cathédrales, on vous montre le petit doigt d'une statue qui a je ne sais quelle longueur, et qui vous semble un petit doigt naturel. Or, on a tant critiqué les descriptions, néanmoins si nécessaires à l'histoire de nos mœurs, qu'il faut imiter ici le cicerone romain. Donc, en entrant dans la salle à manger, le baron ne put s'empêcher de montrer à Esther l'étoffe des rideaux de croisée, drapée avec une abondance royale, doublée en moire blanche et garnie d'une passementerie digne du corsage d'une princesse portugaise. Cette étoffe était une soierie de Chine où la patience chinoise avait su peindre les oiseaux d'Asie avec une perfection dont le modèle n'existe que sur les vélins du Moyen Age, ou dans le missel de Charles-Quint, l'orgueil de la bibliothèque impériale de Vienne.

— *Elle a goûdé teux mile vrans l'aune à eine milort qui l'a rabbordée tes Intes...*

— Très-bien. Charmant! Quel plaisir ce sera de boire ici du vin de Champagne! dit Esther. Du moins, la mousse n'y jaillira pas sur du carreau !

— Oh! madame, dit Europe, mais voyez donc le tapis?...

— *Gomme on affait tessiné la dabis bir la tuc Dorlonia, mon hâmi, qui le droufe drob cher, che l'ai bris pir vus, qui édes eine reine!* dit Nucingen en montrant le tapis.

Par un effet du hasard, ce tapis, dû à l'un de nos plus ingénieux dessinateurs, se trouvait assorti aux caprices de la draperie chinoise. Les murs avaient été peints par Diaz et représentaient de délicieuses scènes, toutes voluptueuses, qui ressortaient sur des ébènes sculptés, acquis à prix d'or chez du Sommerard, et formant des panneaux où de simples filets d'or attiraient sobrement la lumière. Maintenant vous pouvez juger du reste.

— Vous avez bien fait de m'amener ici, dit Esther, il me faudra bien huit jours pour m'habituer à ma maison, et ne pas avoir l'air d'une parvenue...

— *Ma mèson!* répétait joyeusement le baron. *Fus accebdez donc?...*

— Mais oui, mille fois oui, animal-bête, dit-elle en souriant

— *Hânimâle édait azez...*

— Bête est pour la caresse, reprit-elle en le regardant.

Le pauvre Loup-Cervier prit la main d'Esther et la mit sur son cœur : il était assez animal pour sentir, mais trop bête pour trouver un mot.

— *Foyez gomme il pat... bir un bedid mote te dentresse!...* reprit-il. Et il emmena sa déesse (*téesse*) dans la chambre à coucher.

— Oh! madame, dit Eugénie, je ne peux pas rester là, ça parle trop au cœur...

— Eh! bien, dit Esther, je veux rendre heureux le magicien qui opère de tels prodiges. Allons, mon gros éléphant, après le dîner nous irons ensemble au spectacle. J'ai une fringale de spectacle.

Il y avait précisément six ans qu'Esther n'était allée à un théâtre. Tout Paris se portait alors à la Porte-Saint-Martin, pour y voir une de ces pièces auxquelles la puissance des acteurs communique une expression de réalité terrible, *Richard d'Arlington.* Comme toutes les natures ingénues, Esther aimait autant à trembler qu'à se laisser aller aux larmes du bonheur. — Nous irons voir Frédérick-Lemaître, dit-elle, j'adore cet acteur-là !

— *C'edde ein trame sófache*, dit Nucingen qui se vit contraint en un moment de s'afficher.

Le baron envoya son domestique prendre une des deux loges d'Avant-scène aux Premières. Autre originalité parisienne ! Quand le Succès, aux pieds d'argile, emplit une salle, il y a toujours une loge d'Avant-scène à louer dix minutes avant le lever du rideau ; les directeurs la gardent pour eux quand il ne s'est pas présenté pour la prendre, une passion à la Nucingen. Cette loge est, comme la primeur de Chevet, l'impôt prélevé sur les fantaisies de l'Olympe parisien.

Il est inutile de parler du service. Il y avait trois services : le petit service, le moyen service, le grand service. Le dessert du grand service était, en entier, assiettes et plats, de vermeil sculpté.

Le banquier, pour ne pas paraître écraser la table de valeurs d'or et d'argent, avait joint à tous ces services une délicieuse porcelaine de la plus charmante fragilité, genre Saxe, et qui coûtait plus qu'un service d'argenterie. Quant au nappage, le linge de Saxe, le linge d'Angleterre, de Flandre et de France rivalisaient de coquetterie avec leurs fleurs damassées.

Au dîner, ce fut le tour au baron d'être surpris en goûtant la cuisine d'Asie.

— *Che gomprents*, dit-il, *birquoi fus la nommez Acie : c'ed eine guizine aciadique*.

— Ah! je commence à croire qu'il m'aime, dit Esther à Europe, il a dit quelque chose qui ressemble à un mot.

— *Il y en a blisieurs*, dit-il.

— Eh! bien, il est encore plus Turcaret qu'on le dit, s'écria la rieuse courtisane à cette réponse digne des naïvetés célèbres échappées au banquier.

La cuisine avait été faite pour donner une indigestion au baron, afin qu'il s'en allât chez lui de bonne heure ; aussi fut-ce tout ce qu'il rapporta de sa première entrevue avec Esther en fait de plaisir. Au spectacle, il fut obligé de boire un nombre infini de verres d'eau sucrée, en laissant Esther seule pendant les entr'actes. Par une rencontre si prévisible qu'on ne saurait la nommer un hasard, Tullia, Mariette et madame du Val-Noble se trouvaient au spectacle ce jour-là. *Richard d'Arlington* fut un de ces succès fous, et mérités d'ailleurs, comme il ne s'en voit qu'à Paris. En voyant ce drame, tous les hommes concevaient qu'on pût jeter sa femme légitime par la fenêtre, et toutes les femmes aimaient à se voir injustement victimées. Les femmes se disaient : — C'est trop fort, nous ne sommes que poussées... mais ça nous arrive souvent !..... Or une créature de la beauté d'Esther, mise comme Esther, ne pouvait pas *flamber* impunément à l'Avant-scène de la Porte-Saint-Martin. Aussi, dès le second acte, y eut-il dans la loge des deux danseuses une sorte de révolution causée par la constatation de l'identité de la belle inconnue avec la Torpille.

— Ah! çà, d'où sort-elle? dit Mariette à madame du Val-Noble, je la croyais noyée...

— Est-ce elle? elle me paraît trente-sept fois plus jeune et plus belle qu'il y a six ans.

— Elle s'est peut-être conservée comme madame d'Espard et

madame Zayonchek, dans la glace, dit le comte de Brambourg.

Ce parvenu avait conduit les trois femmes au spectacle, dans une loge du rez-de-chaussée.

— N'est-ce pas le rat que vous vouliez m'envoyer pour empaumer mon oncle ? dit Philippe à Tullia.

— Précisément, dit Tullia. Du Bruel, allez donc à l'Orchestre, voir si c'est bien elle.

— *Fait-elle sa tête !* s'écria madame du Val-Noble en se servant d'une admirable expression du vocabulaire des filles.

— Oh ! s'écria le comte de Brambourg, elle en a le droit, car elle est avec mon ami, le baron de Nucingen. J'y vais.

— Est-ce que ce serait cette prétendue Jeanne d'Arc qui a conquis Nucingen, et avec laquelle on nous *embête* depuis trois mois ?... dit Mariette.

— Bonsoir, mon cher baron, dit Philippe Bridau en entrant dans la loge d'Esther. Vous voilà donc marié avec mademoiselle Esther ?... Mademoiselle, je suis un pauvre officier que vous deviez jadis tirer d'un mauvais pas, à Issoudun... Philippe Bridau...

— Connais pas, dit Esther en braquant ses jumelles sur la salle.

— *Montemiselle*, répondit le baron, *ne s'abbelle blis Esder, di gourt; elle ha nom matame te Jamby (Champy), eine bedid pien que che lui ai agedé...*

— Si vous faites bien les choses, dit le comte, ces dames disent que madame Champy *fait trop sa tête...* Si vous ne voulez pas vous souvenir de moi, daignerez-vous reconnaître Mariette, Tullia, madame du Val-Noble, dit le colonel en faveur auprès du Dauphin.

— Si ces dames sont bonnes pour moi, je suis disposée à leur être très-agréable, répondit sèchement madame de Champy.

— Bonnes ! dit Philippe, elles sont excellentes, elles vous surnomment Jeanne d'Arc.

— *Eh! pien, si ces tames feulent fus dennir gombagnie,* dit Nucingen, *che fus laiserai sèle, gar chai drob manché. Vodre foidire flentra vus brentre afec vos chens... Tiaple t'Acie !...*

— Pour la première fois, vous me laisseriez seule ! dit Esther. Allons donc ! il faut savoir mourir sur votre bord. J'ai besoin de mon homme pour sortir. Si j'étais insultée, je crierais donc pour rien ?...

L'égoïsme du vieux millionnaire dut céder devant les obligations de l'amoureux. Le baron souffrit et resta. Esther avait ses raisons pour garder le baron. Si elle devait recevoir les visites de ses anciennes connaissances, elle ne devait pas être questionnée aussi sérieusement en compagnie qu'elle l'aurait été seule. Philippe Bridau se hâta de revenir dans la loge des danseuses.

— Ah! c'est elle qui hérite de *ma* maison de la rue Saint-Georges! dit au comte de Brambourg avec amertume madame du Val-Noble qui, dans le langage de ces sortes de femmes, se trouvait *à pied*.

— Probablement, répondit-il. Du Tillet m'a dit que le baron y avait dépensé trois fois autant que votre pauvre Falleix.

— Allons donc la voir, dit Tullia.

— Ma foi! non, répliqua Mariette, elle est trop belle... J'irai la voir chez elle.

— Je me trouve assez bien pour me risquer, répondit Tullia.

Tullia vint donc au premier entr'acte, et renouvela connaissance avec Esther, qui se tint dans les généralités.

— Et d'où reviens-tu, ma chère enfant? demanda la danseuse qui n'en pouvait mais de curiosité.

— Oh! je suis restée pendant cinq ans dans un château des Alpes avec un Anglais jaloux comme un tigre, un nabab; je l'appelais un *nabot,* car il n'était pas si grand que le bailli de Ferrette. Et je suis retombée à un banquier, *de caraïbe en syllabe*, comme dit Florine. Aussi, maintenant que me voilà revenue à Paris, ai-je des envies de m'amuser qui me vont rendre un vrai Carnaval. J'aurai maison ouverte. Ah! il faut me refaire de cinq ans de solitude, et je commence à me rattraper. Cinq ans d'Anglais, c'est trop; d'après les affiches, on doit n'y être que six semaines.

— Est-ce le baron qui t'a donné cette dentelle?

— Non, c'est un reste de nabab... Ai-je du malheur, ma chère! il était jaune comme un rire d'ami devant un succès. J'ai cru qu'il mourrait en dix mois. Bah! il était fort comme une Alpe. Il faut se défier de tous ceux qui se disent malades du foie... Je ne veux plus entendre parler de foie. J'ai eu trop de foi aux proverbes..... Ce nabab m'a volée : il est mort sans faire de testament, et la famille m'a mise à la porte comme si j'avais eu la peste. Aussi j'ai dit à ce gros-là : — Paye pour deux! Vous avez bien raison de m'appeler une Jeanne d'Arc, j'ai perdu l'Angleterre! et je mourrai peut-être brûlée.

— D'amour! dit Tullia.

— Et vive! répondit Esther que ce mot rendit songeuse.

Le baron riait de toutes ces niaiseries au gros sel, mais il ne les comprenait pas toujours sur-le-champ, en sorte que son rire ressemblait à ces fusées oubliées qui partent après un feu d'artifice.

Nous vivons tous dans une sphère quelconque, et les habitants de toutes les sphères sont doués d'une dose égale de curiosité. Le lendemain, à l'Opéra, l'aventure du retour d'Esther fut la nouvelle des coulisses. Le matin, de deux heures à quatre heures, tout le Paris des Champs-Élysées avait reconnu la Torpille, et savait enfin quel était l'objet de la passion du baron de Nucingen.

— Savez-vous, disait Blondet à de Marsay dans le foyer de l'Opéra, que la Torpille a disparu le lendemain du jour où nous l'avons reconnue ici pour être la maîtresse du petit Rubempré?

A Paris, comme en province, tout se sait. La police de la rue de Jérusalem n'est pas si bien faite que celle du monde, où chacun s'espionne sans le savoir. Aussi Carlos avait-il bien deviné quel était le danger de la position de Lucien pendant et après la rue Taitbout.

Il n'existe pas de situation plus horrible que celle où se trouvait madame du Val-Noble, et le mot *être à pied* la rend à merveille. L'insouciance et la prodigalité de ces femmes les empêchent de songer à l'avenir. Dans ce monde exceptionnel, beaucoup plus comique et spirituel qu'on ne le pense, les femmes qui ne sont pas belles de cette beauté positive, presque inaltérable et facile à reconnaître, les femmes qui ne peuvent être aimées enfin que par caprice, pensent seules à leur vieillesse et se font une fortune : plus elles sont belles, plus imprévoyantes elles sont. — Tu as donc peur de devenir laide, que tu te fais des rentes?... est un mot de Florine à Mariette qui peut faire comprendre une des causes de cette prodigalité. Dans le cas d'un spéculateur qui se tue, d'un prodigue à bout de ses sacs, ces femmes tombent donc avec une effroyable rapidité d'une opulence effrontée à une profonde misère. Elles se jettent alors dans les bras de la marchande à la toilette, elles vendent à vil prix des bijoux exquis, elles font des dettes, surtout pour rester dans un luxe apparent qui leur permette de retrouver ce qu'elles viennent de perdre : une caisse où puiser. Ces hauts et bas de leur vie expliquent assez bien la cherté d'une liaison presque toujours ménagée, en réalité, comme Asie avait *agrafé* (autre mot du vocabulaire) Nucingen avec Esther. Aussi ceux qui connaissent bien leur Paris savent-ils parfaitement à quoi s'en tenir en retrouvant aux Champs-Élysées, ce bazar mouvant et tumultueux, telle femme en voiture de louage, après l'avoir vue, un an, six mois auparavant, dans un équipage étourdissant de luxe et de la plus belle tenue. — Quand on tombe à Sainte-Pélagie, il faut savoir rebondir au bois de Boulogne, disait Florine en riant avec Blondet du petit vicomte de Portenduère. Quelques femmes habiles ne risquent jamais ce contraste. Elles restent ensevelies en d'affreux hôtels garnis, où elles expient leurs profusions par des privations comme en souffrent les voyageurs égarés dans un Sahara quelconque ; mais elles n'en conçoivent pas la moindre velléité d'économie. Elles se hasardent aux bals masqués, elles entreprennent un voyage en province, elles se montrent bien mises sur les boulevards par les belles journées. Elles trouvent d'ailleurs entre elles le dévouement que se témoignent les classes proscrites. Les secours à donner coûtent peu de chose à la femme heureuse, qui se dit en elle-même : — Je serai comme ça dimanche. La protection la plus efficace est néanmoins celle de la marchande à la toilette. Quand cette usurière se trouve créancière, elle remue et fouille tous les cœurs de vieillards en faveur de son hypothèque à brodequins et à chapeaux. Incapable de prévoir le désastre d'un des plus riches et des plus habiles Agents de change, madame du Val-Noble fut donc prise en plein désordre. Elle employait l'argent de Falleix à ses caprices, et s'en remettait sur lui pour les choses utiles et pour son avenir. — Comment, disait-elle à Mariette, s'attendre à cela de la part d'un homme qui paraissait si *bon enfant ?*

Dans presque toutes les classes de la société, le *bon enfant* est un homme qui a de la largeur, qui prête quelques écus par ci par là sans les redemander, qui se conduit toujours d'après les règles d'une certaine délicatesse, en dehors de la moralité vulgaire, obligée, courante. Il y a des gens dits vertueux et probes qui, semblablement à Nucingen, ont ruiné leurs bienfaiteurs, et il y a des gens sortis de la Police Correctionnelle qui sont d'une ingénieuse probité pour une femme. La vertu complète, le rêve de Molière, Alceste, est excessivement rare ; elle se rencontre néanmoins. Le *bon enfant* est le produit d'une certaine grâce dans le caractère qui ne prouve rien : un homme est ainsi comme le chat est soyeux, comme une pantoufle est faite pour être prête au pied. Donc, dans l'acception du mot bon enfant par les femmes entretenues, Falleix devait avertir sa maîtresse de la faillite et lui laisser de quoi vivre.

D'Estourny, le galant escroc. était un bon enfant ; il trichait au jeu, mais il avait mis de côté trente mille francs pour sa maîtresse. Aussi, dans les soupers de carnaval, les femmes répondaient-elles à ses accusateurs : « C'EST ÉGAL !... vous aurez beau dire, Georges était un bon enfant, et il avait de belles manières, il méritait un meilleur sort ! » Les filles se moquent des lois, elles adorent une certaine délicatesse. Elles savent se vendre, comme Esther, pour un beau idéal secret, leur religion à elles.

Après avoir à grand'peine sauvé quelques bijoux du naufrage, madame du Val-Noble succombait sous le poids terrible de cette accusation : — Elle a ruiné Falleix ! Elle atteignait à l'âge de trente ans, et quoiqu'elle fût dans tout le développement de sa beauté, néanmoins elle pouvait d'autant mieux passer pour une vieille femme que, dans ces crises, une femme a contre soi toutes ses rivales. Mariette, Florine et Tullia recevaient bien leur amie à dîner, lui donnaient bien quelques secours ; mais, ne connaissant pas le chiffre de ses dettes, elles n'osaient sonder la profondeur de ce gouffre. Six ans d'intervalle constituaient un point d'aiguille un peu trop long dans les fluctuations de la mer parisienne, entre la Torpille et madame du Val-Noble, pour que la *femme à pied* s'adressât à la femme en voiture ; mais la Val-Noble savait Esther trop généreuse pour ne pas songer parfois qu'elle avait, selon son mot, hérité d'elle, et venir à elle dans une rencontre qui semblerait fortuite, quoique cherchée. Pour faire arriver ce hasard, madame du Val-Noble, mise en femme comme il faut, se promenait aux Champs-Élysées tous les jours, ayant au bras Théodore Gaillard, qui a fini par l'épouser et qui, dans cette détresse, se conduisait très-bien avec son ancienne maîtresse, il lui donnait des loges et la faisait inviter à toutes les *parties*. Elle se flattait que, par un beau temps, Esther se promènerait, et qu'elles se trouveraient face à face. Esther avait Paccard pour cocher, car sa maison fut, en cinq jours, organisée par Asie, par Europe et Paccard, d'après les instructions de Carlos, de manière à faire de la maison rue Saint-Georges une place forte. De son côté, Peyrade, mu par sa haine profonde, par son désir de vengeance, et surtout dans le dessein d'établir sa chère Lydie, prit pour but de promenade les Champs-Élysées, dès que Contenson lui dit que la maîtresse de monsieur de Nucingen y était visible. Peyrade se mettait si parfaitement en Anglais, et parlait si bien en français avec les gazouillements que les Anglais introduisent dans notre langage ; il savait si purement l'anglais, il connaissait si complétement les affaires de ce pays, où par trois fois, la police de Paris l'avait envoyé, en 1779 et 1786, qu'il soutint son rôle d'Anglais chez des ambassadeurs et à Londres, sans éveiller de soupçons. Peyrade, qui tenait beaucoup de Musson, le fameux mystificateur, savait se déguiser avec tant d'art que Contenson, un jour, ne le reconnut pas. Accompagné de Contenson déguisé en mulâtre, Peyrade examinait, de cet œil qui semble inattentif, mais qui voit tout, Esther et ses gens. Il se trouva donc naturellement dans la contre-allée où les gens à équipage se promènent quand il fait sec et beau, le jour où Esther y rencontra madame du Val-Noble. Peyrade, suivi de son mulâtre en livrée, marcha sans affectation, et en vrai nabab qui ne pense qu'à lui-même, sur la ligne des deux femmes, de manière à saisir à la volée quelques mots de leur conversation.

— Eh ! bien, ma chère enfant, disait Esther à madame du Val-Noble, venez me voir. Nucingen se doit à lui-même de ne pas laisser sans un liard la maîtresse de son Agent de change...

— D'autant plus qu'on dit qu'il l'a ruiné, dit Théodore Gaillard, et que nous pourrions bien le faire *chanter*...

— Il dîne chez moi demain, viens, ma bonne, dit Esther. Puis elle lui dit à l'oreille : — J'en fais ce que je veux, il n'a pas encore ça ! Elle mit un de ses ongles tout ganté sous la plus jolie de ses dents, et fit ce geste assez connu dont la signification énergique veut dire : *rien du tout !*

— Tu le tiens...

— Ma chère, il n'a encore que payé mes dettes...

— Est-il petite-poche ! s'écria Suzanne du Val-Noble.

— Oh ! reprit Esther, j'en avais à faire reculer un ministre des finances. Maintenant, je veux trente mille francs de rente, *avant la lettre !*... Oh ! il est charmant, je n'ai pas à me plaindre... Il va... Dans huit jours, nous pendons la crémaillère, tu en seras... Le matin, il doit m'offrir le contrat de la maison de la rue Saint-Georges. Décemment, on ne peut pas habiter une pareille maison sans trente mille francs de rentes à soi... pour les retrouver en cas de malheur. J'ai connu la misère, et je n'en veux plus. Il y a de certaines connaissances dont on a trop tout de suite.

— Toi qui disais : « *La fortune c'est moi !* » comme tu as changé ! s'écria Suzanne.

— C'est l'air de la Suisse, on y devient économe... Tiens, vas-y, ma chère! *fais-y un Suisse,* et tu en feras peut-être un mari! car ils ne savent pas encore ce que sont des femmes comme nous... Dans tous les cas, tu en reviendras avec l'amour des rentes sur le Grand-Livre, un amour honnête et délicat! Adieu.

Esther remonta dans sa belle voiture attelée des plus magnifiques chevaux gris-pommelés qui fussent alors à Paris.

— La femme qui monte en voiture, dit alors Peyrade en anglais à Contenson, est bien, mais j'aime encore mieux celle qui se promène, tu vas la suivre et savoir qui elle est.

— Voici ce que cet Anglais vient de dire en anglais, dit Théodore Gaillard en répétant à madame du Val-Noble la phrase de Peyrade.

Avant de se risquer à parler anglais, Peyrade avait lâché dans cette langue un mot qui fit faire à Théodore Gaillard un mouvement de physionomie par lequel il s'était assuré que le journaliste savait l'anglais. Madame du Val-Noble alla dès lors très lentement chez elle, rue Louis-le-Grand, dans un hôtel garni décent, en regardant de côté pour voir si le mulâtre la suivait. Cet établissement appartenait à une madame Gérard que, dans ses jours de splendeur, madame du Val-Noble avait obligée, et qui lui témoignait de la reconnaissance en la logeant d'une façon convenable. Cette bonne femme, bourgeoise honnête et pleine de vertus, pieuse même, acceptait la courtisane comme une femme d'un ordre supérieur; elle la voyait toujours au milieu de son luxe, elle la prenait pour une reine déchue; elle lui confiait ses filles; et, chose plus naturelle qu'on ne le pense, la courtisane était aussi scrupuleuse en les menant au spectacle que le serait une mère, elle était aimée des deux demoiselles Gérard. Cette brave et digne hôtesse ressemblait à ces sublimes prêtres qui voient encore une créature à sauver, à aimer, dans ces femmes mises hors la loi. Madame du Val-Noble respectait cette honnêteté, souvent elle l'enviait en causant le soir, et en déplorant ses malheurs. « — Vous êtes encore belle, vous pouvez faire une bonne fin, » disait madame Gérard. Madame du Val-Noble n'était d'ailleurs tombée que relativement. La toilette de cette femme, si gaspilleuse et si élégante, était encore assez bien fournie pour lui permettre de paraître, à l'occasion, comme le jour de Richard d'Arlington à la Porte-Saint-Martin, dans tout son éclat. Madame Gérard payait encore assez gracieusement les voitures dont la femme à pied avait besoin pour aller dîner en ville, pour se rendre au spectacle et en revenir.

— Eh! bien, ma chère madame Gérard, dit-elle à cette honnête mère de famille, mon sort va changer, je crois...

— Allons, madame, tant mieux; mais soyez sage, pensez à l'avenir... Ne faites plus de dettes. J'ai tant de mal à renvoyer ceux qui vous cherchent!...

— Eh! ne vous inquiétez pas de ces *chiens*-là, qui tous ont gagné des sommes énormes avec moi. Tenez, voici des billets de Variétés pour vos filles, une bonne loge aux deuxièmes. Si quelqu'un me demandait ce soir et que je ne fusse pas rentrée, on laisserait monter tout de même. Adèle, mon ancienne femme de chambre, y sera; je vais vous l'envoyer.

Madame du Val-Noble, qui n'avait ni tante ni mère, se trouvait forcée de recourir à sa femme de chambre (aussi à pied!) pour faire jouer le rôle d'une Saint-Estève auprès de l'inconnu dont la conquête allait lui permettre de remonter à son rang. Elle alla dîner avec Théodore Gaillard, qui, pour ce jour-là, se trouvait avoir une *partie*, c'est-à-dire un dîner offert par Nathan, qui payait un pari perdu, une de ces débauches dont on dit aux invités : — *Il y aura des femmes.*

Peyrade ne s'était pas décidé sans de puissantes raisons à donner de sa personne dans le champ de cette intrigue. Sa curiosité, comme celle de Corentin, était d'ailleurs si vivement excitée que, sans raison, il se fût encore mêlé volontiers à ce drame. En ce moment la politique de Charles X avait achevé sa dernière évolution. Après avoir confié le timon des affaires à des ministres de son choix, le roi préparait la conquête d'Alger pour faire servir cette gloire de passe-port à ce qu'on a nommé son coup d'État. Au dedans, personne ne conspirait plus, Charles X croyait n'avoir aucun adversaire. En politique comme en mer, il y a des calmes trompeurs. Corentin était donc tombé dans une inaction absolue. Dans cette situation, un vrai chasseur, pour s'entretenir la main, *faute de grives, tue des merles.* Domitien, lui, tuait des mouches, faute de chrétiens. Témoin de l'arrestation d'Esther, Contenson avait, avec le sens exquis de l'espion, très-bien jugé cette opération. Ainsi qu'on l'a vu, le drôle n'avait pas pris la peine de gazer son opinion au baron de Nucingen. « Au profit de qui rançonne-t-on la passion du banquier? » fut la première question que se posèrent les deux amis. Après avoir reconnu dans Asie un personnage de la pièce, Contenson avait espéré, par elle, arriver à l'auteur; mais elle lui coula des mains pendant quelque temps en se cachant comme une anguille dans la vase parisienne, et, lorsqu'il la retrouva cuisinière chez Esther, la coopération de cette mulâtresse lui parut inexplicable. Pour la première fois, les deux artistes en espionnage rencontraient donc un texte indéchiffrable, tout en soupçonnant une ténébreuse histoire. Après trois attaques successives et hardies sur la maison rue Taitbout, Contenson trouva le mutisme le plus obstiné. Tant qu'Esther y demeura, le portier sembla dominé par une profonde terreur. Peut-être Asie avait-elle promis des boulettes empoisonnées à toute la famille en cas d'indiscrétion. Le lendemain du jour où Esther quitta son appartement, Contenson trouva ce portier un peu plus raisonnable, il regrettait beaucoup cette petite dame qui, disait-il, le nourrissait des restes de sa table. Contenson, déguisé en courtier de commerce, marchandait l'appartement, et il écoutait les doléances du portier en se moquant de lui, mettant en doute tout ce qu'il disait par des : « — Est-ce possible?... — Oui, monsieur, cette petite dame a demeuré cinq ans ici sans en être jamais sortie, à preuve que son amant, jaloux quoiqu'elle fût sans reproche, prenait les plus grandes précautions pour venir, pour entrer, pour sortir. C'était d'ailleurs un très-beau jeune homme. » Lucien se trouvait encore à Marsac, chez sa sœur, madame Séchard; mais, dès qu'il fut revenu, Contenson envoya le portier quai Malaquais, demander à monsieur de Rubempré s'il consentait à vendre les meubles de l'appartement quitté par madame Van-Bogseck. Le portier reconnut alors dans Lucien l'amant mystérieux de la jeune veuve, et Contenson n'en voulait pas savoir davantage. On doit juger de l'étonnement profond, quoique contenu, dont furent saisis Lucien et Carlos, qui parurent croire le portier fou; ils essayèrent de le lui persuader.

En vingt-quatre heures, une contre-police fut organisée par Carlos, qui fit surprendre Contenson en flagrant délit d'espionnage. Contenson, déguisé en porteur de la Halle, avait déjà deux fois apporté les provisions achetées le matin par Asie, et deux fois il était entré dans le petit hôtel de la rue Saint-Georges. Corentin, de son côté, se remuait; la réalité du personnage de Carlos Herrera l'arrêta net; mais il sut promptement que cet abbé, l'envoyé secret de Ferdinand VII, était venu vers la fin de l'année 1823 à Paris,

Néanmoins, Corentin dut étudier les raisons qui portaient cet Espagnol à protéger Lucien de Rubempré. Il fut démontré bientôt à Corentin que Lucien avait eu pendant cinq ans Esther pour maîtresse. Ainsi la substitution de l'Anglaise à Esther avait eu lieu dans les intérêts du dandy. Or Lucien n'avait aucun moyen d'existence, on lui refusait mademoiselle de Grandlieu pour femme, et il venait d'acheter un million la terre de Rubempré. Corentin fit mouvoir adroitement le directeur-général de la Police du royaume, à qui le préfet de Police apprit, à propos de Peyrade, qu'en cette affaire les plaignants n'étaient rien moins que le comte de Sérizy et Lucien de Rubempré. — Nous y sommes! s'étaient écriés Peyrade et Corentin. Le plan des deux amis fut dessiné dans un moment. — « Cette fille, avait dit Corentin, a eu des liaisons, elle a des amies. Parmi ces amies, il est impossible qu'il ne s'en trouve pas une dans le malheur; un de nous doit jouer le rôle d'un riche étranger qui l'entretiendra; nous les ferons camarader. Elles ont toujours besoin les unes des autres pour le *tric-trac* des amants, et nous serons alors au cœur de la place. » Peyrade pensa tout naturellement à prendre son rôle d'Anglais. La vie de débauche à mener, pendant le temps nécessaire à la découverte du complot dont il avait été la victime, lui souriait, tandis que Corentin, vieilli par ses travaux et assez malingre, s'en souciait peu. En mulâtre, Contenson échappa sur-le-champ à la contre-police de Carlos. Trois jours avant la rencontre de Peyrade et de madame du Val-Noble aux Champs-Élysées, le dernier des agents de messieurs de Sartine et Lenoir, muni d'un passe-port parfaitement en règle, avait débarqué rue de la Paix, à l'hôtel Mirabeau, venant des colonies par le Havre dans une petite calèche aussi crottée que si elle arrivait du Havre, quoiqu'elle n'eût fait que le chemin de Saint-Denis à Paris.

Carlos Herrera, de son côté, fit viser son passe-port à l'ambassade espagnole, et disposa tout quai Malaquais pour un voyage à Madrid. Voici pourquoi. Sous quelques jours Esther allait être propriétaire du petit hôtel de la rue Saint-Georges, elle devait obtenir une inscription de trente mille francs de rentes; Europe et Asie étaient assez rusées pour la lui faire vendre et en remettre secrètement le prix à Lucien. Lucien, soi-disant riche par la libéralité de sa sœur, achèverait ainsi de payer le prix de la terre de Rubempré. Personne n'avait rien à reprendre dans cette conduite. Esther seule pouvait être indiscrète; mais elle serait morte plutôt que de laisser échapper un mouvement de sourcils. Clotilde venait d'arborer un petit mouchoir rose à son cou de cigogne, la partie était donc gagnée à l'hôtel de Grandlieu. Les actions des Omnibus donnaient déjà trois capitaux pour un. Carlos, en disparaissant pour quelques jours, déjouait toute malveillance. La prudence humaine avait tout prévu, pas une faute n'était possible. Le faux Espagnol devait partir le lendemain du jour où Peyrade avait rencontré madame du Val-Noble aux Champs-Élysées. Or, dans la nuit même, à deux heures du matin, Asie arriva quai Malaquais en fiacre, et trouva le chauffeur de cette machine fumant dans sa chambre, et se livrant au résumé qui vient d'être traduit en quelques mots, comme un auteur épluchant une feuille de son livre pour y découvrir des fautes à corriger. Un pareil homme ne voulait pas commettre deux fois un oubli comme celui du portier de la rue Taitbout.

— Paccard, dit Asie à l'oreille de son maître, a reconnu ce matin, à deux heures et demie, aux Champs-Élysées, Contenson déguisé en mulâtre et servant de domestique à un Anglais qui, depuis trois jours, se promène aux Champs-Élysées pour observer Esther. Paccard a reconnu ce mâtin-là, comme moi quand il était en porteur de la Halle, aux yeux. Paccard a ramené la petite de manière à ne pas perdre de vue notre drôle. Il est à l'hôtel Mirabeau; mais il a échangé de tels signes d'intelligence avec l'Anglais, qu'il est impossible, dit Paccard, que l'Anglais soit un Anglais.

— Nous avons un taon sur le dos, dit Carlos. Je ne pars qu'après-demain. Ce Contenson est bien celui qui nous a lancé jusqu'ici le portier de la rue Taitbout; il faut savoir si le faux Anglais est notre ennemi.

A midi, le mulâtre de monsieur Samuel Johnson servait gravement son maître, qui déjeunait toujours trop bien, par calcul. Peyrade voulait se faire passer pour un Anglais du genre *Buveur*; il ne sortait jamais qu'entre deux vins. Il avait des guêtres en drap noir qui lui montaient jusqu'aux genoux et rembourrées de manière à lui grossir les jambes; son pantalon était doublé d'une futaine énorme; il avait un gilet boutonné jusqu'au menton; sa cravate bleue lui entourait le cou jusqu'à fleur des joues; il portait une petite perruque rousse qui lui cachait la moitié du front; il s'était donné trois pouces de plus environ; en sorte que le plus ancien habitué du café David n'aurait pu le reconnaître. A son habit carré, noir, ample et propre comme un habit anglais, un passant devait le prendre pour un Anglais millionnaire. Contenson avait manifesté l'insolence froide du valet de confiance d'un nabab, il était muet, rogue, méprisant, peu communicatif, et se permettait des gestes étrangers et des cris féroces. Peyrade achevait sa seconde bouteille quand un garçon de l'hôtel introduisit sans cérémonie dans l'appartement un homme en qui Peyrade, aussi bien que Contenson, reconnut un gendarme en bourgeois.

— Monsieur Peyrade, dit le gendarme en s'adressant au nabab et en lui parlant à l'oreille, j'ai l'ordre de vous amener à la Préfecture. Peyrade se leva sans faire la moindre observation et chercha son chapeau. — Vous trouverez un fiacre à la porte, lui dit le gendarme dans l'escalier. Le préfet voulait vous faire arrêter, mais il s'est contenté de vous envoyer demander des explications sur votre conduite par l'officier de paix que vous trouverez dans la voiture.

— Dois-je rester avec vous? demanda le gendarme à l'officier de paix quand Peyrade fut monté.

— Non, répondit l'officier de paix. Dites tout bas au cocher d'aller à la Préfecture.

Peyrade et Carlos se trouvaient ensemble dans le même fiacre. Carlos tenait à portée un stylet. Le fiacre était mené par un cocher de confiance, capable d'en laisser sortir Carlos sans s'en apercevoir et de s'étonner, en arrivant sur une place, de trouver un cadavre dans sa voiture. On ne réclame jamais un espion. La justice laisse presque toujours ces meurtres impunis, tant il est difficile d'y voir clair. Peyrade jeta son coup d'œil d'espion sur le magistrat que lui détachait le préfet de Police, Carlos lui présenta des lignes satisfaisantes : un crâne pelé, sillonné de rides à l'arrière; des cheveux poudrés; puis, sur des yeux tendres bordés de rouge et qui voulaient des soins, une paire de lunettes d'or très-légères, très-bureaucratiques, à verres verts et doubles. Ces yeux offraient des certificats de maladies ignobles. Une chemise en percale à jabot plissé dormant, un gilet de satin noir usé, un pantalon d'homme de justice, des bas de filoselle noire et des souliers noués par des rubans, une longue redingote noire, des gants à quarante sous, noirs et portés depuis dix jours, une chaîne de montre en or. C'était, ni plus ni moins, le magistrat inférieur appelé très-antinomiquement *officier de paix*.

— Mon cher monsieur Peyrade, je regrette qu'un homme comme

vous soit l'objet d'une surveillance, et que vous preniez à tâche de la justifier. Votre déguisement n'est pas du goût de monsieur le préfet. Si vous croyez échapper ainsi à notre vigilance, vous êtes dans l'erreur. Vous avez sans doute pris la route d'Angleterre à Beaumont-sur-Oise?...

— A Beaumont-sur-Oise, répondit Peyrade.

— Ou à Saint-Denis? reprit l'abbé.

Peyrade se troubla. Cette nouvelle demande exigeait une réponse. Or toute réponse était dangereuse. Une affirmation devenait une moquerie ; une négation, si l'homme savait la vérité, perdait Peyrade. — Il est fin, pensa-t-il. Il essaya de regarder l'officier de paix en souriant, et lui donna son sourire pour une réponse. Le sourire fut accepté sans protêt.

— Dans quel but vous êtes-vous déguisé, avez-vous pris un appartement à l'hôtel Mirabeau, et mis Contenson en mulâtre? demanda le faux magistrat.

— Monsieur le préfet fera de moi ce qu'il voudra, mais je ne dois compte de mes actions qu'à mes chefs, dit Peyrade avec dignité.

— Si vous voulez me donner à entendre que vous agissez pour le compte de la Police Générale du Royaume, dit sèchement Carlos, nous allons changer de direction, et aller rue de Grenelle au lieu d'aller rue de Jérusalem. J'ai les ordres les plus positifs à votre égard. Mais prenez bien garde? on ne vous en veut pas énormément, et, en un moment, vous brouilleriez vos cartes. Quant à moi, je ne vous veux pas de mal.... Mais, marchons!.... Dites-moi la vérité....

— La vérité? la voici, dit Peyrade en jetant un regard fin sur les yeux rouges de son cerbère.

La figure de Carlos resta muette, impassible, l'officier de paix faisait son métier, toute vérité lui paraissait indifférente, il avait l'air de taxer le Préfet de quelque caprice. Les Préfets ont des lubies.

— Je suis devenu amoureux comme un fou d'une femme, la maîtresse de cet Agent de change qui voyage pour son plaisir et pour le déplaisir de ses créanciers, Falleix.

— Madame du Val-Noble? dit l'officier.

— Oui, reprit Peyrade. Pour pouvoir l'entretenir pendant un mois, ce qui ne me coûtera guère plus de mille écus, je me suis mis en nabab et j'ai pris Contenson pour domestique. Cela, monsieur, est si vrai que, si vous voulez me laisser dans le fiacre, où je vous attendrai, foi d'ancien Commissaire-général de police, montez à l'hôtel, vous y questionnerez Contenson. Non-seulement Contenson vous confirmera ce que j'ai l'honneur de vous dire, mais vous verrez venir la femme de chambre de madame du Val-Noble, qui doit nous apporter ce matin le consentement à mes propositions, ou les conditions de sa maîtresse. Un vieux singe se connaît en grimaces : j'ai offert mille francs par mois, une voiture; cela fait quinze cents; cinq cents francs de cadeaux, puis autant en quelques parties, des dîners, des spectacles ; vous voyez que je ne me trompe pas d'un centime en vous disant mille écus. Un homme de mon âge peut bien mettre mille écus à sa dernière fantaisie.

— Ah! papa Peyrade, vous aimez encore assez les femmes pour?... Mais vous m'attrapez ; moi, j'ai soixante ans, et je m'en prive très-bien... Si cependant les choses sont comme vous les dites, je conçois que, pour vous passer cette fantaisie, il vous a fallu vous donner la tournure d'un étranger.

— Vous comprenez que Peyrade ou le père Canquoëlle de la rue des Moineaux...

— Oui, ni l'un ni l'autre n'eût convenu à madame du Val-Noble, reprit Carlos enchanté d'apprendre l'adresse du père Canquoëlle. J'ai connu jadis une femme, dit le faux magistrat, qui était entretenue par l'exécuteur des hautes-œuvres. Un jour, au spectacle, elle se pique avec une épingle, et, comme cela se disait avant la révolution, elle s'écrie : Ah! bourreau ! — Est-ce une réminiscence? lui dit quelqu'un... Eh bien! mon cher Peyrade, elle a quitté son amant à cause de ce mot. Je conçois que vous ne voulez pas vous exposer à une semblable avanie... Madame du Val-Noble est femme à gens comme il faut, je l'ai vue un jour à l'Opéra, je l'ai trouvée bien belle... Faites revenir le cocher rue de la Paix, mon cher Peyrade, je vais monter avec vous dans votre appartement et voir les choses par moi-même. Un rapport verbal suffira sans doute à monsieur le préfet.

Carlos sortit de sa poche de côté une tabatière en carton noir doublée de vermeil, il l'ouvrit, et offrit du tabac à Peyrade par un geste d'une bonhomie adorable. Peyrade se dit en lui-même : — Et voilà leurs agents!... mon Dieu! si monsieur Lenoir ou monsieur de Sartine revenait au monde, que dirait-il ?

— C'est là sans doute une partie de la vérité, mais ce n'est pas tout, mon cher ami, dit le faux officier de paix en achevant de humer sa prise par le nez. Vous vous êtes mêlé des affaires de cœur du baron de Nucingen, et vous voulez sans doute l'entortiller dans quelque nœud coulant; vous l'avez manqué au pistolet, vous voulez le viser avec du gros canon. Madame du Val-Noble est une amie de madame de Champy...

— Ah! diable! ne nous enferrons pas! se dit Peyrade. Il est plus fort que je ne le croyais. Il me joue : il parle de me faire relâcher, et il continue de me faire causer.

— Eh! bien, dit Carlos d'un air d'autorité magistrale.

— Monsieur, il est vrai que j'ai eu le tort de chercher pour le compte de monsieur de Nucingen une femme dont il était amoureux à en perdre la tête. C'est la cause de la disgrâce dans laquelle je suis; car il paraît que j'ai touché, sans le savoir, à des intérêts très-graves. (Le magistrat subalterne fut impassible.) Mais je connais assez la Police après cinquante-deux ans d'exercice, reprit Peyrade, pour m'être abstenu depuis la mercuriale que m'a donnée monsieur le préfet, qui certainement avait raison...

— Vous renonceriez alors à votre caprice si monsieur le préfet vous le demandait? Ce serait, je crois, la meilleure preuve à donner de la sincérité de ce que vous me dites.

— Comme il va! comme il va! se disait Peyrade. Ah! sacrebleu! les agents d'aujourd'hui valent ceux de monsieur Lenoir.

— Y renoncer? dit Peyrade..... J'attendrai les ordres de monsieur le préfet... Mais si vous voulez monter, nous voici à l'hôtel.

— Où trouvez-vous donc des fonds? lui demanda Carlos d'un air sagace et à brûle-pourpoint.

— Monsieur, j'ai un ami... dit Peyrade...

— Allez donc dire cela, reprit Carlos, à un juge d'instruction?

Cette audacieuse scène était chez Carlos le résultat d'une de ces combinaisons dont la simplicité ne pouvait sortir que de la tête d'un homme de sa trempe. Il avait envoyé Lucien, de très-bonne heure, chez la comtesse de Sérizy. Lucien pria le secrétaire particulier du comte d'aller, de la part du comte, demander au préfet des renseignements sur l'agent employé par le baron de Nucingen. Le secrétaire était revenu muni d'une note sur Peyrade, la copie du sommaire écrit sur le dossier :

Dans la police depuis 1778, et venu d'Avignon à Paris, deux ans auparavant.

Sans fortune et sans moralité, dépositaire de secrets d'État.

Domicilié rue des Moineaux, sous le nom de Canquoëlle, nom du petit bien sur lequel vit sa famille, dans le département de Vaucluse, famille honorable d'ailleurs.

A été demandé récemment par un de ses petits-neveux, nommé Théodose de la Peyrade. (Voir le rapport d'un agent, n° 37 des pièces.)

— C'est lui qui doit être l'Anglais à qui Contenson sert de mulâtre, s'était écrié Carlos quand Lucien lui rapporta les renseignements donnés de vive voix, outre la note.

En trois heures de temps, cet homme, d'une activité de général en chef, avait trouvé par Paccard un innocent complice capable de jouer le rôle d'un gendarme en bourgeois, et s'était déguisé en officier de paix. Il avait hésité trois fois à tuer Peyrade dans le fiacre; mais il s'était interdit de jamais commettre un assassinat par lui-même, il se promit de se défaire à temps de Peyrade en le faisant signaler comme un millionnaire à quelques forçats libérés.

Peyrade et son Mentor entendirent la voix de Contenson qui causait avec la femme de chambre de madame du Val-Noble. Peyrade fit alors signe à Carlos de rester dans la première pièce, en ayant l'air de lui dire ainsi : — Vous allez juger de ma sincérité.

— Madame consent à tout, disait Adèle. Madame est en ce moment chez une de ses amies, madame de Champy, qui a pour un an encore un appartement tout meublé rue Taitbout, et qui le lui donnera sans doute. Madame sera mieux là pour recevoir monsieur Johnson, car les meubles sont encore très-bien, et Monsieur pourra les acheter à Madame en s'entendant avec madame de Champy.

— Bon, mon enfant. Si ce n'est pas une carotte, c'en est le feuillage, dit le mulâtre à la fille stupéfaite ; mais nous partagerons....

— Eh! bien, en voilà un homme de couleur! s'écria mademoiselle Adèle. Si votre nabab est un nabab, il peut bien donner des meubles à Madame. Le bail finit en avril 1830, votre nabab pourra le renouveler, s'il se trouve bien.

— *Moa trée contente!* répondit Peyrade qui fit son entrée en frappant sur l'épaule de la femme de chambre.

Et il fit un geste d'intelligence à Carlos qui répondit par un geste d'assentiment en comprenant que le nabab devait rester dans son rôle. Mais la scène changea subitement par l'entrée d'un personnage sur qui Carlos ni le préfet de police ne pouvaient rien. Corentin se montra soudain. Il avait trouvé la porte ouverte, il venait voir en passant comment son vieux Peyrade jouait son rôle de nabab.

— Le préfet m'*otolondre* toujours ! dit Peyrade à l'oreille de Corentin, il m'a découvert en nabab.

— Nous ferons tomber le préfet, répondit Corentin à l'oreille de son ami.

Puis, après avoir salué froidement, il se mit à examiner sournoisement le magistrat.

— Restez ici jusqu'à mon retour ; je vais à la Préfecture, dit Carlos. Si vous ne me voyez pas, vous pourrez vous passer votre fantaisie.

Après avoir dit ces mots à l'oreille de Peyrade afin de ne pas en démolir le personnage aux yeux de la femme de chambre, Carlos sortit, ne se souciant pas de rester sous le regard du nouveau venu, dans lequel il reconnut une de ces natures blondes, à œil bleu, terribles à froid.

— C'est l'officier de paix que m'a envoyé le préfet, dit Peyrade à Corentin.

— Ça ! répondit Corentin, tu t'es laissé mettre dedans. Cet homme a trois jeux de cartes dans ses souliers, cela se voit à la position du pied dans le soulier ; et un officier de paix n'a pas besoin de se déguiser !

Corentin descendit avec rapidité pour éclaircir ses soupçons ; Carlos montait en fiacre.

— Eh ! monsieur l'abbé ?... cria Corentin. Carlos tourna la tête, vit Corentin, et monta dans son fiacre ; mais Corentin eut le temps de lui dire à la portière : — Voilà tout ce que je voulais savoir. — Quai Malaquais ! cria Corentin au cocher en mettant d'infernales railleries dans son accent et dans son regard.

— Allons, se dit Jacques Collin, je suis cuit, ils y sont, il faut les gagner de vitesse, et surtout savoir ce qu'ils nous veulent.

Corentin avait vu cinq ou six fois l'abbé Carlos Herrera, et le regard de cet homme ne pouvait pas s'oublier. Corentin avait reconnu d'abord la carrure des épaules, puis les boursouflures du visage, et la tricherie des trois pouces obtenus par un talon intérieur.

— Ah ! mon vieux, l'on t'a fait *poser* ! dit Corentin en voyant qu'il n'y avait plus dans la chambre à coucher que Peyrade et Contenson.

— Qui? s'écria Peyrade dont l'accent eut une vibration métallique. J'emploie mes derniers jours à le mettre sur un gril et à l'y retourner.

— C'est l'abbé Carlos Herrera, probablement le Corentin de l'Espagne. Tout s'explique. L'Espagnol est un débauché qui a voulu faire la fortune de ce petit jeune homme en battant monnaie avec le traversin d'une jolie fille.... C'est à toi de savoir si tu veux jouter avec un abbé qui me paraît diablement roué.

— Oh! cria Contenson, il a reçu les trois cent mille francs le jour de l'arrestation d'Esther, il était dans le fiacre! je me souviens de ces yeux-là, de ce front, de ces marques de petite-vérole.

— Ah! quelle dot aurait eue ma pauvre Lydie! s'écria Peyrade.

— Tu peux rester en nabab, dit Corentin. Pour avoir un œil chez Esther, il faut la lier avec la Val-Noble, elle était la vraie maîtresse de Lucien de Rubempré.

— On a déjà chippé plus de cinq cent mille francs au Nucingen, dit Contenson.

— Il leur en faut encore autant, reprit Corentin, la terre de Rubempré coûte un million. Papa, dit-il en frappant sur l'épaule de Peyrade, tu pourras avoir plus de cent mille francs pour marier Lydie.

— Ne me dis pas cela, Corentin. Si ton plan manquait, je ne sais pas de quoi je serais capable...

— Tu les auras peut-être demain! L'abbé, mon cher, est bien fin, nous devons baiser son ergot, c'est un diable supérieur; mais je le tiens, il est homme d'esprit, il capitulera. Tâche d'être aussi bête qu'un nabab, et ne crains plus rien.

Le soir de cette journée où les véritables adversaires s'étaient rencontrés face à face et sur un terrain aplani, Lucien alla passer la soirée à l'hôtel de Grandlieu. La compagnie y était nombreuse. A la face de tout son salon, la duchesse garda pendant quelque temps Lucien auprès d'elle, en se montrant excellente pour lui.

— Vous êtes allé faire un petit voyage? lui dit-elle.

— Oui, madame la duchesse. Ma sœur, dans le désir de faciliter mon mariage, a fait de grands sacrifices, et j'ai pu acquérir la terre de Rubempré, la recomposer en entier. Mais j'ai trouvé dans mon avoué de Paris un homme habile, il a su m'éviter les prétentions que les détenteurs des biens auraient élevées en sachant le nom de l'acquéreur.

— Y a-t-il un château ? dit Clotilde en souriant trop.

— Il y a quelque chose qui ressemble à un château; mais le plus sage sera de s'en servir comme de matériaux pour bâtir une maison moderne.

Les yeux de Clotilde jetaient des flammes de bonheur à travers ses sourires de contentement.

— Vous ferez ce soir un *rubber* avec mon père, lui dit-elle tout bas. Dans quinze jours, j'espère que vous serez invité à dîner.

— Eh! bien, mon cher monsieur, dit le duc de Grandlieu, vous avez acheté, dit-on, la terre de Rubempré; je vous en fais mon compliment. C'est une réponse à ceux qui vous donnaient des dettes. Nous autres, nous pouvons, comme la France ou l'Angleterre, avoir une Dette Publique; mais, voyez-vous, les gens sans fortune, les commençants ne peuvent pas se donner ce ton-là...

— Eh! monsieur le duc, je dois encore cinq cent mille francs sur ma terre.

— Eh! bien, il faut épouser une fille qui vous les apporte; mais vous trouverez difficilement, pour vous, un parti de cette fortune dans notre faubourg, où l'on donne peu de dot aux filles.

— Mais elles ont assez de leur nom, répondit Lucien.

— Nous ne sommes que trois joueurs de whisk, Maufrigneuse, d'Espard et moi, dit le duc; voulez-vous être notre quatrième? dit-il à Lucien en lui montrant la table à jouer.

Clotilde vint à la table de jeu pour voir jouer son père.

— Elle veut que je prenne ça pour moi, dit le duc en tapotant les mains de sa fille et regardant de côté Lucien qui resta sérieux.

Lucien, le partenaire de monsieur d'Espard, perdit vingt louis.

— Ma chère mère, vint dire Clotilde à la duchesse, il a eu l'esprit de perdre.

A onze heures, après quelques paroles d'amour échangées avec mademoiselle de Grandlieu, Lucien revint, se mit au lit en pensant au triomphe complet qu'il devait obtenir dans un mois, car il ne doutait pas d'être accepté comme prétendu de Clotilde, et marié avant le carême de 1830. Le lendemain, à l'heure où Lucien fumait quelques cigarettes après déjeuner, en compagnie de Carlos devenu très-soucieux, on leur annonça monsieur de Saint-Estève (quelle épigramme!), qui désirait parler, soit à l'abbé Carlos Herrera, soit à monsieur Lucien de Rubempré.

— A-t-on dit, en bas, que je suis parti? s'écria l'abbé.

— Oui, monsieur, répondit le groom.

— Eh! bien, reçois cet homme, dit-il à Lucien; mais ne dis pas un seul mot compromettant, ne laisse pas échapper un geste d'étonnement, c'est l'ennemi.

— Tu m'entendras, dit Lucien.

Carlos se cacha dans une pièce contiguë, et par la fente de la porte il vit entrer Corentin, qu'il ne reconnut qu'à la voix, tant ce grand homme inconnu possédait le don de transformation! En ce moment, Corentin ressemblait à un vieux Chef de Division aux Finances.

— Je n'ai pas l'honneur d'être connu de vous, monsieur, dit Corentin; mais...

— Excusez-moi de vous interrompre, monsieur, dit Lucien; mais...

— Mais, il s'agit de votre mariage avec mademoiselle Clotilde de Grandlieu, qui ne se fera pas, dit alors vivement Corentin. (Lucien s'assit et ne répondit rien.) — Vous êtes entre les mains d'un homme qui a le pouvoir, la volonté, la facilité de prouver au duc de Grandlieu que la terre de Rubempré sera payée avec le prix qu'un sot vous a donné de votre maîtresse, mademoiselle Esther... On trouvera facilement les minutes des jugements en vertu desquels mademoiselle Esther a été poursuivie, et l'on a les moyens de faire parler d'Estourny. Les manœuvres extrêmement habiles employées contre le baron de Nucingen seront mises à jour... En ce moment, tout peut s'arranger. Donnez une somme de cent mille francs et vous aurez la paix... Ceci ne me regarde en rien. Je suis le chargé d'affaires de ceux qui se livrent à ce *chantage*, voilà tout.

Corentin aurait pu parler une heure, Lucien fumait sa cigarette d'un air parfaitement insouciant.

— Monsieur, répondit-il, je ne veux pas savoir qui vous êtes, car les gens qui se chargent de commissions semblables ne se nomment d'aucune manière, pour moi, du moins. Je vous ai laissé parler tranquillement : je suis chez moi. Vous ne me paraissez pas dénué de sens, écoutez bien mon dilemme. (Une pause se fit, pendant laquelle Lucien opposa aux yeux de chat que Corentin dirigeait sur lui un regard couvert de glace.) — Ou vous vous appuyez sur des faits entièrement faux, et je ne dois en prendre aucun souci; ou vous avez raison, et alors, en vous donnant cent mille francs, je vous laisse le droit de me demander autant de cent mille francs que votre mandataire pourra trouver de Saint-Estèves à m'envoyer... Enfin, pour terminer d'un coup votre estimable négociation, sachez que moi, Lucien de Rubempré, je ne crains personne, attendu que je ne suis pour rien dans les tripotages dont vous me parlez; que, si la maison de Grandlieu fait la difficile, il y a d'autres jeunes personnes très-nobles à épouser, et qu'en somme il n'y a pas d'affront pour moi à rester garçon, surtout en faisant, comme vous le croyez, la traite des blanches avec de pareils bénéfices.

— Si monsieur l'abbé Carlos Herrera...

— Monsieur, dit Lucien en interrompant Corentin, l'abbé Carlos Herrera se trouve en ce moment sur la route d'Espagne; il n'a rien à faire à mon mariage, ni rien à voir dans mes intérêts. Cet homme d'État a bien voulu m'aider pendant long-temps de ses conseils, mais il a des comptes à rendre à Sa Majesté le roi d'Espagne; si vous avez à causer avec lui, je vous engage à prendre le chemin de Madrid.

— Monsieur, dit nettement Corentin, vous ne serez jamais le mari de mademoiselle Clotilde de Grandlieu.

— Tant pis pour elle, répondit Lucien en poussant vers la porte Corentin avec impatience.

— Avez-vous bien réfléchi? dit froidement Corentin.

— Monsieur, je ne vous reconnais ni le droit de vous mêler de mes affaires ni celui de me faire perdre une cigarette, dit Lucien en jetant sa cigarette éteinte.

— Adieu, monsieur, dit Corentin. Nous ne nous reverrons plus... mais il y aura certes un moment de votre vie où vous donnerez la moitié de votre fortune pour avoir eu l'idée de me rappeler sur l'escalier.

En réponse à cette menace, l'abbé fit le geste de couper une tête. — A l'ouvrage, maintenant! s'écria-t-il en regardant Lucien devenu blême après cette terrible conférence.

Si, dans le nombre, assez restreint, des lecteurs qui s'occupent de la partie morale et philosophique d'un livre, il s'en trouvait un seul capable de croire à la satisfaction du baron de Nucingen, celui-là prouverait combien il est difficile de soumettre le cœur d'une fille à des maximes physiologiques quelconques. Esther avait résolu de faire payer cher au pauvre millionnaire ce que le millionnaire appelait son *chour te driomphe*. Aussi, dans les premiers jours de février 1830, la crémaillère n'avait-elle pas encore été pendue dans le *bedid balais.* — Mais, dit Esther confidentiellement à ses amies qui le redirent au baron, au Carnaval, j'ouvre mon établissement, et je veux rendre mon homme heureux comme *un coq en plâtre.* Ce mot devint proverbial dans le monde Fille. Le baron se livrait donc à beaucoup de lamentations. Comme les gens mariés, il devenait assez ridicule, il commençait à se plaindre devant ses intimes, et son mécontentement transpirait. Cependant Esther continuait consciencieusement son rôle de Pompadour du prince de la Spéculation. Elle avait déjà donné deux ou trois petites soirées uniquement pour introduire Lucien au logis. Lousteau, Rastignac, du Tillet, Bixiou, Nathan, le comte de Brambourg, la fleur des roués, devinrent les habitués de la maison. Enfin Esther accepta, pour actrices dans la pièce qu'elle jouait, Tullia, Florentine, Fanny-Beaupré, Florine, deux actrices et deux danseuses, puis madame du Val-Noble. Rien n'est plus triste qu'une maison de courtisane sans le sel de la rivalité, le jeu des toilettes et la diversité des physionomies. En six semaines, Esther devint la femme la plus spirituelle, la plus amusante, la plus belle et la plus élégante des Pariahs femelles qui composent la classe des femmes entretenues. Placée sur son vrai piédestal, elle savourait toutes les jouissances de vanité qui séduisent les femmes ordinaires, mais en femme qu'une pensée secrète mettait au-dessus de sa caste. Elle gardait en son cœur une image d'elle-même qui tout à la fois la faisait rougir et dont elle se glorifiait, l'heure de son abdication était toujours présente à sa conscience ; aussi vivait-elle comme double, en prenant son personnage en pitié. Ses sarcasmes se ressentaient de la disposition intérieure où la maintenait le profond mépris que l'ange d'amour, contenu dans la courtisane, portait à ce rôle infâme et odieux joué par le corps en présence de l'âme. A la fois le spectateur et l'acteur, le juge et le patient, elle réalisait l'admirable fiction des Contes Arabes, où se trouve presque toujours un être sublime caché sous une enveloppe dégradée, et dont le type est, sous le nom de Nabuchodonosor, dans le livre des livres, la Bible. Après s'être accordé la vie jusqu'au lendemain de l'infidélité, la victime pouvait bien s'amuser un peu du bourreau. D'ailleurs, les lumières acquises par Esther sur les moyens secrètement honteux auxquels le baron devait sa fortune colossale lui ôtèrent tout scrupule, elle se plut à jouer le rôle de la déesse Até, la Vengeance, selon le mot de Carlos. Aussi se faisait-elle tour-à-tour charmante et détestable pour ce millionnaire qui ne vivait que par elle. Quand le baron en arrivait à un degré de souffrance auquel il désirait quitter Esther, elle le ramenait à elle par une scène de tendresse.

Herrera, très-ostensiblement parti pour l'Espagne, était allé jusqu'à Tours. Il avait fait continuer le chemin à sa voiture jusqu'à Bordeaux, en y laissant un domestique de place chargé de jouer le rôle du maître, et de l'attendre dans un hôtel de Bordeaux. Puis, revenu par la diligence sous le costume d'un commis-voyageur, il s'était secrètement installé chez Esther, d'où, par Asie, par Europe et par Paccard, il dirigeait avec soin ses machinations, en surveillant tout, et particulièrement Peyrade.

Une quinzaine environ avant le jour choisi pour donner sa fête, et qui devait être le lendemain du premier bal de l'Opéra, la courtisane, que ses bons mots commençaient à rendre redoutable, se trouvait aux Italiens, dans le fond de la loge que le baron, forcé de lui donner une loge, lui avait obtenue au rez-de-chaussée, afin d'y cacher sa maîtresse et ne pas se montrer en public avec elle, à quelques pas de madame de Nucingen. Esther avait choisi sa loge de manière à pouvoir contempler celle de madame de Sérizy, que Lucien accompagnait presque toujours. La pauvre courtisane mettait son bonheur à regarder Lucien les mardis, les jeudis et les samedis, auprès de madame de Sérizy. Esther vit alors, vers les neuf heures et demie, Lucien entrant dans la loge de la comtesse le front soucieux, pâle, et la figure presque décomposée. Ces signes de désolation intérieure n'étaient visibles que pour Esther. La connaissance du visage d'un homme est, chez la femme qui l'aime, comme celle de la pleine mer pour un marin. — Mon Dieu ! que peut-il avoir ?... qu'est-il arrivé ? Aurait-il besoin de parler à cet ange infernal, qui est un ange gardien pour lui, et qui vit caché dans une mansarde entre celle d'Europe et celle d'Asie ? Occupée de pensées si cruelles, Esther entendait à peine la musique. Aussi peut-on facilement croire qu'elle n'écoutait pas du tout le baron, qui tenait entre ses deux mains une main de son *anche*, en lui parlant dans son patois de juif polonais, dont les singulières désinences ne doivent pas donner moins de mal à ceux qui les lisent qu'à ceux qui les entendent.

— *Esder*, dit-il en lui lâchant la main, et la repoussant avec un léger mouvement d'humeur, *fus ne m'égoudez bas!*

— Baron, tenez, vous baragouinez l'amour comme vous baragouinez le français.

— *Terteifle!*

— Je ne suis pas ici dans mon boudoir, je suis aux Italiens. Si vous n'étiez pas une des caisses fabriquées par Huret ou par Fichet, qui s'est métamorphosée en homme par un tour de force de la Nature, vous ne feriez pas tant de tapage dans la loge d'une femme qui aime la musique. Je crois bien que je ne vous écoute pas! Vous êtes là, tracassant dans ma robe comme un hanneton dans du papier, et vous me faites rire de pitié. Vous me dites : — « *Fus édes cholie, fis édes à groguer...* » Vieux fat! si je vous répondais : — « Vous me déplaisez moins ce soir qu'hier, rentrons chez nous. » Eh! bien, à la manière dont je vous vois soupirer (car si je ne vous écoute pas, je vous sens), je vois que vous avez énormément dîné, votre digestion commence. Apprenez de moi (je vous coûte assez cher pour que je vous donne de temps en temps un conseil pour votre argent!) apprenez, mon cher, que quand on a des digestions embarrassées comme le sont les vôtres, il ne vous est pas permis de dire indifféremment, et à des heures indues, à votre maîtresse : — *Fus édes cholie...* Un vieux soldat est mort de cette fatuité-là *dans les bras de la Religion*, a dit Blondet... Il est dix heures, vous avez fini de dîner à neuf heures chez du Tillet avec votre pigeon, le comte de Brambourg, vous avez des millions et des truffes à digérer, repassez demain à dix heures!

— *Gomme fus édes grielle!...* s'écria le baron qui reconnut la profonde justesse de cet argument médical.

— Cruelle?... fit Esther en regardant toujours Lucien. N'avez-vous pas consulté Bianchon, Desplein, le vieil Haudry... Depuis que vous entrevoyez l'aurore de votre bonheur, savez-vous de quoi vous me faites l'effet?...

— *Te quoi?*

— D'un petit bonhomme enveloppé de flanelle, qui, d'heure en heure, se promène de son fauteuil à sa croisée pour savoir si le thermomètre est à l'article *vers à soie*, la température que son médecin lui ordonne...

— *Dennez, fus èdes eine incrade!* s'écria le baron au désespoir d'entendre une musique que les vieillards amoureux entendent cependant assez souvent aux Italiens.

— Ingrate! dit Esther. Et que m'avez-vous donné jusqu'à présent?.. beaucoup de désagrément. Voyons, papa! puis-je être fière de vous? Vous! vous êtes fier de moi, je porte très-bien vos galons et votre livrée. Vous avez payé mes dettes!... soit. Mais vous avez *chippé* assez de millions... (Ah! ah! ne faites pas la moue, vous en êtes convenu avec moi...) pour n'y pas regarder. Et c'est là votre plus beau titre de gloire... Fille et voleur, rien ne s'accorde mieux. Vous avez construit une cage magnifique pour un perroquet qui vous plaît... Allez demander à un ara du Brésil s'il doit de la reconnaissance à celui qui l'a mis dans une cage dorée... — Ne me regardez pas ainsi, vous avez l'air d'un bonze... — Vous montrez votre ara rouge et blanc à tout Paris. Vous dites : « Y a-t-il quelqu'un à Paris qui possède un pareil perroquet?... Et comme il jacasse! comme il rencontre bien dans ses mots!... Du Tillet entre, il lui dit : — « Bonjour, petit fripon... » Mais vous êtes heureux comme un Hollandais qui possède une tulipe unique, comme un ancien nabab, pensionné en Asie par l'Angleterre, à qui un commis-voyageur a vendu la première tabatière suisse qui a joué trois ouvertures. Vous voulez mon cœur! Eh! bien, tenez, je vais vous donner les moyens de le gagner.

— *Tiddes, tiddes!... che verai dut bir fus... C'haime à èdre plagué bar fus!*

— Soyez jeune, soyez beau, soyez comme Lucien de Rubempré, que voilà chez votre femme, et vous obtiendrez *gratis* ce que vous ne pourrez jamais acheter avec tous vos millions!...

— *Che fus guiddes, gar, fraimante! fus édes ecgsegraple ce soir...* dit le Loup-cervier, dont la figure s'allongea.

— Eh! bien, bonsoir, répondit Esther. Recommandez à *Chorche* de tenir la tête de votre lit très-haut, de mettre les pieds bien en pente, vous avez ce soir le teint à l'apoplexie... Cher, vous ne direz pas que je ne m'intéresse point à votre santé.

Le baron était debout et tenait le bouton de la porte.

— Ici, Nucingen!... fit Esther en le rappelant par un geste hautain.

Le baron se pencha vers elle avec une servilité canine.

— Voulez-vous me voir gentille pour vous et vous donner ce soir chez moi des verres d'eau sucrée en vous *chouchoûtant*, gros monstre?...

— *Fus me prissez le cueir...*

— *Briser le cuir*, ça se dit en un seul mot : *tanner !...* reprit-elle en se moquant de la prononciation du baron. Voyons, amenez-moi Lucien, que je l'invite à notre festin de Balthazar, et que je sois sûre qu'il n'y manquera pas. Si vous réussissez à cette petite négociation, je te dirai si bien que je t'aime, mon gros Frédéric, que tu le croiras...

— *Fus êdes eine engeanderesse*, dit le baron en baisant le gant d'Esther. *Che gonzentirais à andandre eine hire t'inchures, s'il y afait tuchurs eine garesse au poud...*

— Allons, si je ne suis pas obéie, je... dit-elle en menaçant le baron du doigt comme on fait avec les enfants.

Le baron hocha la tête en oiseau pris dans un traquenard et qui implore le chasseur.

— Mon Dieu ! qu'a donc Lucien ? se dit-elle quand elle fut seule en ne retenant plus ses larmes qui tombèrent, il n'a jamais été si triste !

Voici ce qui le soir même était arrivé à Lucien. A neuf heures, Lucien était sorti, comme tous les soirs, dans son coupé, pour aller à l'hôtel de Grandlieu. Réservant son cheval de selle et son cheval de cabriolet pour ses matinées, comme font tous les jeunes gens, il avait pris un coupé pour ses soirées d'hiver, et avait choisi chez le premier loueur de carrosses un des plus magnifiques avec de magnifiques chevaux. Tout lui souriait depuis un mois : il avait dîné trois fois à l'hôtel de Grandlieu, le duc était charmant pour lui ; ses actions dans l'entreprise des *Omnibus* vendues trois cent mille francs lui avaient permis de payer encore un tiers du prix de sa terre ; Clotilde de Grandlieu, qui faisait de délicieuses toilettes, avait dix pots de fard sur la figure quand il entrait dans le salon, et avouait hautement d'ailleurs sa passion pour lui. Quelques personnes assez haut placées parlaient du mariage de Lucien et de mademoiselle de Grandlieu comme d'une chose probable. Le duc de Chaulieu, l'ancien ambassadeur en Espagne et ministre des Affaires Étrangères pendant un moment, avait promis à la duchesse de Grandlieu de demander au roi le titre de marquis pour Lucien. Après avoir dîné chez madame de Sérizy, Lucien était donc allé, ce soir-là, de la rue de la Chaussée-d'Antin au faubourg Saint-Germain y faire sa visite de tous les jours. Il arrive, son cocher demande la porte, elle s'ouvre, il arrête au perron. Lucien, en descendant de voiture, voit dans la cour quatre équipages. En apercevant monsieur de Rubempré, l'un des valets de pied, qui ouvrait et fermait la porte du péristyle, s'avance, sort sur le perron et se met devant la porte, comme un soldat qui reprend sa faction.

— Sa Seigneurie n'y est pas! dit-il.

— Madame la duchesse reçoit, fit observer Lucien au valet.

— Madame la duchesse est sortie, répond gravement le valet.

— Mademoiselle Clotilde...

— Je ne pense pas que mademoiselle Clotilde reçoive monsieur en l'absence de madame la duchesse...

— Mais il y a du monde, repartit Lucien foudroyé.

— Je ne sais pas, répondit le valet de pied en tâchant d'être à la fois bête et respectueux.

Il n'y a rien de plus terrible que l'étiquette pour ceux qui l'admettent comme la loi la plus formidable de la société. Lucien devina facilement le sens de cette scène atroce pour lui : le duc et la duchesse ne voulaient pas le recevoir. Il sentit sa moelle épinière se gelant dans les anneaux de sa colonne vertébrale, et une petite sueur froide lui mit quelques perles au front. Ce colloque avait lieu devant son valet de chambre à lui, qui tenait la poignée de la portière et qui hésitait à la fermer; Lucien lui fit signe qu'il allait repartir; mais, en remontant, il entendit le bruit que font des gens en descendant un escalier, et un domestique vint crier successivement : — Les gens de monsieur le duc de Chaulieu! — Les gens de madame la vicomtesse de Grandlieu! Lucien ne dit qu'un mot à son domestique : — Vite aux Italiens!... Malgré sa prestesse, l'infortuné dandy ne put éviter le duc de Chaulieu et son fils le duc de Réthoré, avec lesquels il fut forcé d'échanger des saluts, et qui ne lui dirent pas un mot. Une grande catastrophe à la cour, la chute d'un favori redoutable est souvent consommée au seuil d'un cabinet par le mot d'un huissier à visage de plâtre.

— Comment faire savoir ce désastre à l'instant à mon conseiller? se disait Lucien. Que se passe-t-il?... Il se perdait en conjectures. Voici ce qui venait d'avoir lieu. Le matin même, à onze heures, le duc de Grandlieu dit, en entrant dans le petit salon où l'on déjeunait en famille, à Clotilde après l'avoir embrassée : — Mon enfant, jusqu'à nouvel ordre, ne t'occupe plus du sire de Rubempré. Puis il prit la duchesse par la main et l'emmena dans une embrâsure de croisée, où il lui dit quelques mots à voix basse qui firent changer de couleur la pauvre Clotilde; car sa mère, qu'elle observait écoutant le duc, laissa paraître sur sa figure une vive surprise.

— Jean, dit le duc à l'un des domestiques, tenez, portez ce petit mot à monsieur le duc de Chaulieu, priez-le de vous donner réponse par oui ou non. — Je l'invite à venir dîner avec nous aujourd'hui, dit-il à sa femme.

Le déjeuner fut profondément triste: la duchesse parut pensive, le duc sembla fâché contre lui-même, et Clotilde eut beaucoup de peine à retenir ses larmes.

— Mon enfant, votre père a raison, obéissez-lui, lui dit-elle d'une voix attendrie. Je ne puis vous dire comme lui : « Ne pensez pas à Lucien ! » Non, je comprends ta douleur. (Clotilde baisa la main de sa mère.) — Mais je te dirai, mon ange : « attends, sans faire une seule démarche, souffre en silence, puisque tu l'aimes, et sois confiante en la sollicitude de tes parents ! » Les grandes dames, mon enfant, sont grandes parce qu'elles savent toujours faire leur devoir dans toutes les occasions, et avec noblesse.

— De quoi s'agit-il ?... demanda Clotilde pâle comme un lys.

— De choses trop graves pour qu'on puisse t'en parler, mon cœur, répondit la duchesse; car, si elles sont fausses, ta pensée en serait inutilement salie; et si elles sont vraies, tu dois les ignorer.

A six heures, le duc de Chaulieu vint trouver dans son cabinet le duc de Grandlieu qui l'attendait.

— Dis donc, Henri.... (Ces deux ducs se tutoyaient et s'appelaient par leurs prénoms. C'est une de ces nuances inventées pour marquer les degrés de l'intimité, repousser les envahissements de la familiarité française et humilier les amours-propres.) — Dis donc, Henri, je suis dans un embarras si grand, que je ne peux prendre conseil que d'un vieil ami qui connaisse bien les affaires et tu en as la triture. Ma fille Clotilde aime, comme tu le sais, ce petit Rubempré qu'on m'a quasi contraint de lui promettre pour mari. J'ai toujours été contre ce mariage; mais, enfin, madame de Grandlieu n'a pas su se défendre de l'amour de Clotilde. Quand ce garçon a eu acheté sa terre, quand il l'a eu payée aux trois quarts, il n'y a plus eu d'objections de ma part. Voici que j'ai reçu hier au soir une lettre anonyme (tu sais le cas qu'on en doit faire) où l'on m'affirme que la fortune de ce garçon provient d'une source impure, et qu'il nous ment en nous disant que sa sœur lui donne les fonds nécessaires à ses acquisitions. On me somme, au nom du bonheur de ma fille et de la considération de notre famille, de prendre des renseignements, en m'indiquant les moyens de m'éclairer. Tiens, lis d'abord.

— Je partage ton opinion sur les lettres anonymes, mon cher Ferdinand, dit le duc de Chaulieu après avoir lu la lettre; mais, tout en les méprisant, on doit s'en servir. Il en est de ces lettres, absolument comme des espions. Ferme ta porte à ce garçon, et voyons à prendre des renseignements.... Eh! bien, j'ai ton affaire. Tu as pour avoué Derville, un homme en qui nous avons toute confiance; il a les secrets de bien des familles, il peut bien porter celui-là. C'est un homme probe, un homme de poids, un homme d'honneur; il est fin, rusé; mais il n'a que la finesse des affaires, tu ne dois l'employer que pour obtenir un témoignage auquel tu puisses avoir égard. Nous avons au Ministère des Affaires Étrangères, par la Police du Royaume, un homme unique pour découvrir les secrets d'État, nous l'envoyons souvent en mission. Préviens Derville qu'il aura, pour cette affaire, un lieutenant. Notre espion est *un monsieur* qui se présentera décoré de la croix de la Légion-d'Honneur, il aura l'air d'un diplomate. Ce drôle sera le chasseur, et Derville assistera tout simplement à la chasse. Ton avoué te dira si la montagne accouche d'une souris, ou si tu dois rompre avec ce petit Rubempré. En huit jours, tu sauras à quoi t'en tenir.

— Le jeune homme n'est pas encore assez marquis pour se formaliser de ne pas me trouver chez moi pendant huit jours, dit le duc de Grandlieu.

— Surtout si tu lui donnes ta fille, dit l'ancien ministre. Si la lettre anonyme a raison, qué que ça te fait! Tu feras voyager Clotilde avec ma belle-fille Madeleine, qui veut aller en Italie....

— Tu me tires de peine!.... dit le duc de Grandlieu, je ne sais encore si je dois te remercier....

— Attendons l'événement.

— Ah! fit le duc de Grandlieu, quel est le nom de ce monsieur? il faut l'annoncer à Derville... Envoie-le moi demain, sur les quatre heures, j'aurai Derville, je les mettrai tous deux en rapport.

— Le nom vrai, dit l'ancien ministre, est, je crois, Corentin... (un nom que tu ne dois pas avoir entendu), mais ce monsieur viendra chez toi bardé de son nom ministériel. Il se fait appeler monsieur de Saint- quelque chose... — Ah! Saint-Yves! Sainte-Valère, l'un ou l'autre, — tu peux te fier à lui, Louis XVIII s'y fiait entièrement.

Après cette conférence, le majordome reçut l'ordre de fermer la porte à monsieur de Rubempré, ce qui venait d'être fait.

Lucien se promenait dans le foyer des Italiens comme un homme ivre. Il se voyait la fable de tout Paris. Il avait dans le duc de Rhétoré l'un de ces ennemis impitoyables et auxquels il faut sourire sans pouvoir s'en venger, car leurs atteintes sont conformes aux lois du monde. Le duc de Rhétoré savait la scène qui venait de se passer sur le perron de l'hôtel de Grandlieu. Lucien, qui sentait la nécessité d'instruire de ce désastre subit son conseiller-privé-intime-actuel, craignit de se compromettre en se rendant chez Esther, où peut-être il trouverait du monde. Il oubliait qu'Esther était là, tant ses idées se confondaient; et, au milieu de tant de perplexités, il lui fallut causer avec Rastignac, qui, ne sachant pas encore la nouvelle, le félicitait sur son prochain mariage. En ce moment, Nucingen se montra souriant à Lucien, et lui dit : — *Fûtés-fus me vaire le blésir te fennir foir montame te Jamby qui feut fus einfider elle-même à la bentaison te nodre gremaillière....*

— Volontiers, baron, répondit Lucien à qui le financier apparut comme un ange sauveur.

— Laissez-nous, dit Esther à monsieur de Nucingen quand elle le vit entrant avec Lucien, allez voir madame de Val-Noble que j'aperçois dans une loge des troisièmes avec son Nabab.... Il pousse bien des Nabab dans les Indes, ajouta-t-elle en regardant Lucien d'un air d'intelligence.

— Et, celui-là, dit Lucien en souriant, ressemble terriblement au vôtre.

— Et, dit Esther en répondant à Lucien par un autre signe d'intelligence tout en continuant de parler au baron, amenez-la moi avec son Nabab, il a grande envie de faire votre connaissance, on le dit puissamment riche. La pauvre femme m'a déjà chanté je ne sais combien d'élégies, elle se plaint que ce Nabab ne va pas; et si vous le débarrassiez de son *lest*, il serait peut-être plus leste.

— *Fûs nus brenez tonc bir tes follères*, dit le baron.

— Qu'as tu, mon Lucien?... dit elle dans l'oreille de son ami en la lui effleurant avec ses lèvres dès que la porte de la loge fut fermée.

— Je suis perdu! On vient de me refuser l'entrée de l'hôtel de Grandlieu, sous prétexte qu'il n'y avait personne, le duc et la duchesse y étaient, et cinq équipages piaffaient dans la cour....

— Comment, le mariage manquerait! dit Esther d'une voix émue, car elle entrevoyait le paradis.

— Je ne sais pas encore ce qui se trame contre moi....

— Mon Lucien, lui répondit-elle d'une voix adorablement câline, pourquoi te chagriner? tu feras un plus beau mariage plus tard.... Je te gagnerai deux terres....

— Donne à souper, ce soir, afin que je puisse parler secrètement à Carlos, et surtout invite le faux Anglais et la Val-Noble. Ce Nabab a causé ma ruine, il est notre ennemi, nous le tiendrons, et nous... Mais Lucien s'arrêta en faisant un geste de désespoir.

— Eh! bien, qu'y a-t-il? demanda la pauvre fille qui se sentait comme dans un brasier.

— Oh! madame de Sérizy me voit! s'écria Lucien, et pour comble de malheur, le duc de Rhétoré, l'un des témoins de ma déconvenue, est avec elle.

En effet, en ce moment même, le duc de Rhétoré jouait avec la douleur de la comtesse de Sérizy.

— Vous laissez Lucien se montrer dans la loge de mademoiselle Esther, disait le jeune duc en montrant et la loge et Lucien. Vous qui vous intéressez à lui, vous devriez l'avertir que cela ne se fait pas. On peut souper chez elle, on peut même y.... mais, en vérité, je ne m'étonne plus du refroidissement des Grandlieu pour ce garçon, je viens de le voir refusé à la porte, sur le perron....

— Ces filles-là sont bien dangereuses, dit madame de Sérizy qui tenait sa lorgnette braquée sur la loge d'Esther.

— Oui, dit le duc, autant pour ce qu'elles peuvent que pour ce qu'elles veulent....

— Elles le ruineront! dit madame de Sérizy, car elles sont, m'a-t-on dit, aussi coûteuses quand on ne les paye pas que quand on les paye.

— Pas pour lui!.... répondit le jeune duc en faisant l'étonné. Elles sont loin de lui coûter de l'argent, elles lui en donneraient au besoin, elles courent toutes après lui.

La comtesse eut autour de la bouche un petit mouvement nerveux qui ne pouvait pas être compris dans la catégorie de ses sourires.

— Eh! bien, dit Esther, viens souper à minuit. Amène Blondet et Rastignac. Ayons au moins deux personnes amusantes, et ne soyons pas plus de neuf.

— Il faudrait trouver un moyen d'envoyer chercher Europe par le baron, sous prétexte de prévenir Asie, et tu lui dirais ce qui vient de m'arriver, afin que Carlos en soit instruit avant d'avoir le Nabab sous sa coupe.

— Ce sera fait, dit Esther.

Ainsi Peyrade allait probablement se trouver, sans le savoir, sous le même toit avec son adversaire. Le tigre venait dans l'antre du lion et d'un lion accompagné de ses gardes.

Quand Lucien rentra dans la loge de madame de Sérizy, au lieu de tourner la tête vers lui, de lui sourire et de ranger sa robe pour lui faire place à côté d'elle, elle affecta de ne pas faire la moindre attention à celui qui entrait, elle continua de lorgner dans la salle ; mais Lucien s'aperçut au tremblement des jumelles que la comtesse était en proie à une de ces agitations formidables par lesquelles s'expient les bonheurs illicites. Il n'en descendit pas moins sur le devant de la loge, à côté d'elle, et se campa dans l'angle opposé, laissant entre la comtesse et lui un petit espace vide ; il s'appuya sur le bord de la loge, y mit son coude droit, et le menton sur sa main gantée ; puis, il se posa de trois quarts, attendant un mot. Au milieu de l'acte, la comtesse ne lui avait encore rien dit, et ne l'avait pas encore regardé.

— Je ne sais pas, lui dit-elle, pourquoi vous êtes ici ; votre place est dans la loge de mademoiselle Esther....

— J'y vais, dit Lucien qui sortit sans regarder la comtesse.

— Ah ! ma chère, dit madame de Val-Noble en entrant dans la loge d'Esther avec Peyrade que le baron de Nucingen ne reconnut pas, je suis enchantée de te présenter monsieur Samuel Johnson ; il est admirateur des talents de monsieur de Nucingen.

— Vraiment, monsieur, dit Esther en souriant à Peyrade.

— O, *yes, bocop*, dit Peyrade.

— Eh ! bien, baron, voilà un français qui ressemble au vôtre, à peu près comme le bas-breton ressemble au bourguignon. Ça va bien m'amuser de vous entendre causer finances.... Savez-vous ce que j'exige de vous, monsieur Nabab, pour faire connaissance avec mon baron ? dit-elle en souriant.

— O !... jé... *vôs mercie, vôs mé présenterez au sir berronet.*

35.

— Oui, reprit-elle. Il faut me faire le plaisir de souper chez moi... Il n'y a pas de poix plus forte que la cire du vin de Champagne pour lier les hommes, elle scelle toutes les affaires, et surtout celles où l'on s'enfonce. Venez ce soir, vous trouverez de bons garçons! Et quant à toi, mon petit Frédéric, dit-elle à l'oreille du baron, vous avez votre voiture, courez rue Saint-Georges et ramenez-moi Europe, j'ai deux mots à lui dire pour mon souper... J'ai retenu Lucien, il nous amènera deux gens d'esprit... — Nous ferons poser l'Anglais, dit-elle à l'oreille de madame de Val-Noble.

Peyrade et le baron laissèrent les deux femmes seules.

— Ah! ma chère, si tu fais jamais poser ce gros infâme-là, tu auras de l'esprit, dit la Val-Noble.

— Si c'était impossible, tu me le prêterais huit jours, répondit Esther en riant.

— Non, tu ne le garderais pas une demi-journée, répliqua madame de Val-Noble, je mange un pain trop dur, mes dents s'y cassent. Je ne veux plus, de ma vie vivante, me charger de faire le bonheur d'aucun Anglais... C'est tous égoïstes froids, des pourceaux habillés...

— Comment, pas d'égards? dit Esther en souriant.

— Au contraire, ma chère, ce monstre-là ne m'a pas encore dit *toi*.

— Dans aucune situation? dit Esther.

— Le misérable m'appelle toujours madame, et garde le plus beau sang-froid du monde au moment où tous les hommes sont plus ou moins gentils... L'amour, tiens, ma foi, c'est pour lui, comme de se faire la barbe. Il essuye ses rasoirs, il les remet dans l'étui, se regarde dans la glace, et a l'air de se dire : — Je ne me suis pas coupé. Puis il me traite avec un respect à rendre une femme folle. Cet infâme milord Pot-au-Feu ne s'amuse-t-il pas à faire cacher ce pauvre Théodore, et à le laisser debout dans mon cabinet de toilette pendant des demi-journées. Enfin il s'étudie à me contrarier en tout. Et avare... comme Gobseck et Gigonnet ensemble. Il me mène dîner, il ne me paye pas la voiture qui me ramène, si par hasard je n'ai pas demandé la mienne.

— Hé! bien, dit Esther, que te donne-t-il pour ce service-là?

— Mais, ma chère, absolument rien. Cinq cents francs, tout sec, par mois, et il me paye le remise. Mais, ma chère, qu'est-ce que c'est ?... une voiture comme celles qu'on loue aux épiciers le jour de leur mariage pour aller à la Mairie, à l'Église et au Cadran-Bleu... Il me taonne avec le respect. Si j'essaie d'avoir mal aux nerfs et d'être mal disposée, il ne se fâche pas, il me dit : — *Ie veuie qué milédy fisse sa petite voloir, por que rienne n'est pius détestabel, — no gentlemen — qué dé dire à ioune genti phâme : « Vos été ioune bellôt dé cottône, ioune merchendise !... Hé ! hé ! vos étez à cin member of society de temprence, and anti-Slavery.* Et mon drôle reste pâle, sec, froid, en me faisant ainsi comprendre qu'il a du respect pour moi comme il en aurait pour un nègre, et que cela ne tient pas à son cœur, mais à ses opinions d'abolitioniste.

— Il est impossible d'être plus infâme, dit Esther, mais je le ruinerais, ce chinois-là !

— Le ruiner? dit madame de Val-Noble, il faudrait qu'il m'aimât!... Mais toi-même, tu ne voudrais pas lui demander deux liards. Il t'écouterait gravement, et te dirait, avec ces formes britanniques qui font trouver les *giffles* aimables, qu'il te paye assez cher, *por le petit chose qu'été lé amor dans son paour existence.*

— Dire que, dans notre état, on peut rencontrer des hommes comme celui-là, s'écria Esther.

— Ah ! ma chère, tu as eu de la chance, toi !... soigne bien ton Nucingen.

— Mais il a une idée, ton Nabab?

— C'est ce que me dit Adèle, répondit madame de Val-Noble.

— Tiens, cet homme là, ma chère, aura pris le parti de se faire haïr par une femme, et de se faire renvoyer en tant de temps, dit Esther.

— Ou bien, il veut faire des affaires avec Nucingen, et il m'aura prise en sachant que nous étions liées, c'est ce que croit Adèle, répondit madame de Val-Noble. Voilà pourquoi je te le présente ce soir. Ah! si je pouvais être certaine de ses projets, comme je m'entendrais joliment avec toi et Nucingen !

— Tu ne t'emportes pas, dit Esther, tu ne lui dis pas son fait de temps en temps?

— Tu l'essayerais, tu es bien fine... eh! bien, malgré ta gentillesse, il te tuerait avec ses sourires glacés. Il te répondrait : *Yeu souis anti-slaveri, et vos étés libre...* Tu lui dirais les choses les plus drôles, il te regarderait et dirait : *Véry good !* et tu t'apercevrais que tu n'es pas autre chose, à ses yeux, qu'un polichinelle.

— Et la colère ?

— Même chose ! Ce serait un spectacle pour lui. On peut l'opérer à gauche, sous le sein, on ne lui fera pas le moindre mal ; ses viscères doivent être en fer-blanc. Je le lui ai dit. Il m'a répondu : — *Yeu souis trei-contente de cette dispeusitionne physicale...* Et toujours poli. Ma chère, il a l'âme gantée... Je continue encore quelques jours d'endurer ce martyre pour satisfaire ma curiosité. Sans cela, j'aurais fait déjà souffleter milord par Philippe, qui n'a pas son pareil à l'épée, il n'y a plus que cela...

— J'allais te le dire ! s'écria Esther ; mais tu devrais auparavant savoir s'il sait boxer, car ces vieux Anglais, ma chère, ça garde un fond de malice.

— Celui-là n'a pas son double !... Non, si tu le voyais me demandant mes ordres, et à quelle heure il peut se présenter, pour venir me surprendre (bien entendu !), et déployant les formules de respect, soi-disant des *gentlemen*, tu dirais : Voilà une femme adorée, et il n'y a pas une femme qui n'en dirait autant...

— Et l'on nous envie, ma chère ! fit Esther.

— Ah ! bien !... s'écria madame de Val-Noble. Tiens, nous avons toutes plus ou moins, dans notre vie, appris le peu de cas qu'on fait de nous ; mais, ma chère, je n'ai jamais été si cruellement, si profondément, si complétement méprisée par la brutalité, que je le suis par le respect de cette grosse outre pleine de Porto. Quand il est gris, il s'en va, *por ne pas été displaisante*, dit-il à Adèle, et ne pas être à deux *pouissances* à la fois : la femme et le vin. Il abuse de mon fiacre, il s'en sert plus que moi... Oh ! si nous pouvions le faire rouler ce soir sous la table... mais il boit dix bouteilles, et il n'est que gris : il a l'œil trouble et il y voit clair.

— C'est comme ces gens dont les fenêtres sont sales à l'extérieur, dit Esther, et qui du dedans voient ce qui se passe dehors..... Je connais cette propriété de l'homme : du Tillet a cette qualité-là, superlativement.

— Tâche d'avoir du Tillet, et à eux deux, Nucingen, s'ils pouvaient le fourrer dans quelques-unes de leurs combinaisons, je serais au moins vengée !... ils le réduiraient à la mendicité ! Ah ! ma chère, tomber à un hypocrite de protestant, après ce pauvre Falleix, qui était si drôle, si bon enfant, si *gouailleur !*... Avons-nous ri!... On dit les Agents de change tous bêtes... Eh! bien celui-là n'a manqué d'esprit qu'une fois...

— Quand il t'a laissée sans le sou, c'est ce qui t'a fait connaître les désagréments du plaisir.

Europe, amenée par monsieur de Nucingen, passa sa tête vipérine par la porte; et, après avoir entendu quelques phrases que lui dit sa maîtresse à l'oreille, elle disparut.

A onze heures et demie du soir, cinq équipages étaient arrêtés rue Saint-Georges à la porte de l'illustre courtisane : c'était celui de Lucien qui vint avec Rastignac, Blondet et Bixiou, celui de du Tillet, celui du baron de Nucingen, celui du Nabab et celui de Florine que du Tillet raccola. La triple clôture des fenêtres était déguisée par les plis des magnifiques rideaux de la Chine. Le souper devait être servi à une heure, les bougies flambaient, le petit salon et la salle à manger déployaient leurs somptuosités. On se promit une de ces nuits de débauche auxquelles ces trois femmes et ces hommes pouvaient seuls résister. On joua d'abord, car il fallait attendre environ deux heures.

— Jouez-vous, milord?... dit du Tillet à Peyrade.

— *Je aye jouié avec O'Connell, Pitt, Fox, Canning, lort Brougham, lort...*

— Dites tout de suite une infinité de lords, lui dit Bixiou.

— *Lort Fitz-William, lort Ellenborough, lort Hertford, lort...*

Bixiou regarda les souliers de Peyrade et se baissa.

— Que cherches-tu... lui dit Blondet.

— Parbleu ! le ressort qu'il faut pousser pour arrêter la machine, dit Florine.

— Jouez-vous vingt francs la fiche?... dit Lucien.

— *Je ioue tot ce que vos vodrez peirdre...*

— Est-il fort ?... dit Esther à Lucien, ils le prennent tous pour un Anglais !...

Du Tillet, Nucingen, Peyrade et Rastignac se mirent à une table de wisk. Florine, madame de Val-Noble, Esther, Blondet, Bixiou restèrent autour du feu à causer. Lucien passa le temps à feuilleter un magnifique ouvrage à gravures.

— Madame est servie, dit Paccard dans une magnifique tenue.

Peyrade fut mis à gauche de Florine et flanqué de Bixiou à qui Esther avait recommandé de faire boire outre mesure le Nabab en le défiant. Bixiou possédait la propriété de boire indéfiniment. Jamais, dans toute sa vie, Peyrade n'avait vu pareille splendeur, ni goûté pareille cuisine, ni vu de si jolies femmes.

— J'en ai ce soir pour les mille écus que me coûte déjà la Val-Noble, pensa-t-il, et d'ailleurs je viens de leur gagner mille francs.

— Voilà un exemple à suivre, lui cria madame de Val-Noble qui se trouvait à côté de Lucien et qui montra par un geste les magnificences de la salle à manger.

Esther avait mis Lucien à côté d'elle et lui tenait le pied entre les siens sous la table.

— Entendez-vous? dit la Val-Noble en regardant Peyrade qui faisait l'aveugle, voilà comment vous devriez m'arranger une maison! Quand on revient des Indes avec des millions, et qu'on veut faire des affaires avec des Nucingen, on se met à leur niveau.

— *Ie souis of society de temprence...*

— Alors vous allez boire joliment, dit Bixiou, car c'est bien chaud les Indes, mon oncle?...

La plaisanterie de Bixiou pendant le souper fut de traiter Peyrade comme un de ses oncles revenu des Indes.

— *Montame ti Fal-Nople m'a tidde que fus afiez tes itées...* demanda Nucingen en examinant Peyrade.

— Voilà ce que je voulais entendre, dit du Tillet à Rastignac, les deux baragouins ensemble.

— Vous verrez qu'ils finiront par se comprendre, dit Bixiou qui devina ce que du Tillet venait de dire à Rastignac.

— *Sir Beronette, ie aye conciu eine title spécoutéchienne, ô! very comfortable... bocop treiz-profitable, and ritche de bénéfices...*

— Vous allez voir, dit Blondet à du Tillet, qu'il ne parlera pas une minute sans faire arriver le parlement et le gouvernement anglais.

— *Ce édre dans le China... por le opiume...*

— *Ui, che gonnais*, dit aussitôt Nucingen en homme qui possédait son Globe commercial, *mais le Coufernement Enclès a vait n moyen t'agtion te l'obium pir s'oufrir la Chine, et ne nus bermeddrait boint...*

— Nucingen lui a pris la parole sur le gouvernement, dit du Tillet à Blondet.

— Ah! vous avez fait le commerce de l'opium, s'écria madame de Val-Noble, je comprends maintenant pourquoi vous êtes si stupéfiant, il vous en est resté dans le cœur...

— *Foyez!* cria le baron au soi-disant marchand d'opium et lui montrant madame de Val-Noble, *fus êdes gomme moi : chamais les milionaires ne beufent se vaire amer les p'âmes.*

— *Ie aimé bocop et sôvent, milédi,* répondit Peyrade.

— Toujours à cause de la tempérance, dit Bixiou qui venait d'entonner à Peyrade sa troisième bouteille de vin de Bordeaux, et qui lui fit entamer une bouteille de vin de Porto.

— *O!* s'écria Peyrade, *it is very vine de Pôrtiugal of Engleterre.*

Blondet, du Tillet et Bixiou échangèrent un sourire. Peyrade avait la puissance de tout travestir en lui, même l'esprit. Il y a peu d'Anglais qui ne vous soutiennent que l'or et l'argent sont meilleurs en Angleterre que partout ailleurs. Les poulets et les œufs venant de Normandie et envoyés au marché de Londres autorisent les Anglais à soutenir que les poulets et les œufs de Londres sont supérieurs (*véry fines*) à ceux de Paris qui viennent des mêmes pays. Esther et Lucien restèrent stupéfaits devant cette perfection de costume, de langage et d'audace. On buvait, on mangeait, tant et si bien en causant et en riant, qu'on atteignit à quatre heures du matin. Bixiou crut avoir remporté l'une de ces victoires si plaisamment racontées par Brillat-Savarin. Mais, au moment où il se disait en offrant à boire à son oncle : « J'ai vaincu l'Angleterre!... » Peyrade répondit à ce féroce railleur un : — *Toujours, mon garçon!* qui ne fut entendu que de Bixiou.

— Eh! les autres, il est Anglais comme moi!... Mon oncle est un Gascon! je ne pouvais pas en avoir d'autre!

Bixiou se trouvait seul avec Peyrade, ainsi personne n'entendit cette révélation. Peyrade tomba de sa chaise à terre. Aussitôt Paccard s'empara de Peyrade et le monta dans une mansarde où il s'endormit d'un profond sommeil. A six heures du soir, le Nabab se sentit réveiller par l'application d'un linge mouillé avec lequel on le débarbouillait, et il se trouva sur un mauvais lit de sangle, face à face, avec Asie masquée et en domino noir.

— Ah! ça, papa Peyrade, comptons nous deux? dit-elle.

— Où suis-je?... dit-il en regardant autour de lui.

— Écoutez-moi, ça vous dégrisera, répondit Asie. Si vous n'aimez pas madame de Val-Noble, vous aimez votre fille, n'est-ce pas?

— Ma fille? s'écria Peyrade en rugissant.

— Oui, mademoiselle Lydie...

— Eh! bien.

— Eh! bien, elle n'est plus rue des Moineaux, elle est enlevée.

Peyrade laissa échapper un soupir semblable à celui des soldats qui meurent d'une vive blessure sur le champ de bataille.

— Pendant que vous contrefaisiez l'Anglais, on contrefaisait Peyrade. Votre petite Lydie a cru suivre son père, elle est en lieu sûr... oh! vous ne la trouverez jamais! à moins que vous ne répariez le mal que vous avez fait...

— Quel mal?

— On a refusé hier, chez le duc de Grandlieu, la porte à monsieur Lucien de Rubempré. Ce résultat est dû à tes intrigues et à l'homme que tu nous as détaché. Pas un mot. Écoute! dit Asie en voyant Peyrade ouvrant la bouche. — Tu n'auras ta fille, pure et sans tache, reprit Asie en appuyant sur les idées par l'accent qu'elle mit à chaque mot, que le lendemain du jour où monsieur Lucien de Rubempré sortira de Saint-Thomas-d'Aquin, marié à mademoiselle Clotilde. Si dans dix jours Lucien de Rubempré n'est pas reçu, comme par le passé, dans la maison de Grandlieu, tu mourras d'abord de mort violente, sans que rien puisse te préserver du coup qui te menace.... Puis, quand tu te sentiras atteint, on te laissera le temps avant de mourir, de songer à cette pensée : Ma fille est une prostituée pour le reste de ses jours!... Quoique tu aies été assez bête pour laisser cette prise à nos griffes, il te reste encore assez d'esprit pour méditer sur cette communication de notre gouvernement. N'aboye pas, ne dis pas un mot, va changer de costume chez Contenson, retourne chez toi, et Katt te dira que, sur un mot de toi, la petite Lydie est descendue et n'a plus été revue. Si tu te plains, si tu fais une démarche, on commencera par où je t'ai dit qu'on finirait avec ta fille. Avec le père Canquoëlle, il ne faut pas faire de phrases, ni prendre de mitaines, n'est-ce pas?... Descends et songe bien à ne plus tripoter nos affaires.

Asie laissa Peyrade dans un état à faire pitié, chaque mot fut un coup de massue. L'espion avait deux larmes dans les yeux et deux larmes au bas de ses joues réunies par deux traînées humides.

— On attend monsieur Johnson pour dîner, dit Europe en montrant sa tête un instant après.

Peyrade ne répondit pas, il descendit, alla par les rues jusqu'à une place de fiacre, il courut se déshabiller chez Contenson à qui il ne dit pas une parole, il se remit en père Canquoëlle, et fut à huit heures chez lui. Il monta les escaliers le cœur palpitant. Quand la flamande entendit son maître, elle lui dit si naïvement : — Eh! bien, mademoiselle, où est-elle? que le vieil espion fut obligé de s'appuyer. Le coup dépassa ses forces. Il entra chez sa fille, finit par s'y évanouir de douleur en trouvant l'appartement vide, et en écoutant le récit de Katt qui lui raconta les circonstances d'un enlèvement aussi habilement combiné que s'il l'eût inventé lui-même. — Allons, se dit-il, il faut plier, je me vengerai plus tard, allons chez Corentin... Voilà la première fois que nous trouvons des adversaires. Corentin laissera ce beau garçon libre de se marier avec des impératrices, s'il veut!... Ah! je comprends que ma fille l'ait aimé à la première vue... Oh! le prêtre espagnol s'y connaît... Du courage, papa Peyrade, dégorge ta proie! Le pauvre père ne se doutait pas du coup affreux qui l'attendait.

Arrivé chez Corentin, Bruno, le domestique de confiance qui connaissait Peyrade, lui dit : — Monsieur est parti...

— Pour long-temps?

— Pour dix jours!...

— Où?

— Je ne sais pas!...

— Oh! mon Dieu, je deviens stupide! je demande où?.. comme si nous le leur disions, pensa-t-il.

Deux heures avant le moment où Peyrade allait être réveillé dans sa mansarde de la rue Saint-Georges, Corentin, venu de sa campagne de Passy, se présentait chez le duc de Grandlieu, sous le costume d'un valet de chambre de bonne maison. A une boutonnière de son habit noir se voyait le ruban de la Légion-d'honneur. Il s'était fait une petite figure de vieillard, à cheveux poudrés, très-ridée, blafarde. Ses yeux étaient voilés par des lunettes en écaille. Enfin il avait l'air d'un vieux chef de bureau. Quand il eut dit son nom (monsieur de Saint-Denis) il fut conduit dans le cabinet du duc de Grandlieu, où il trouva Derville, lisant la lettre qu'il avait dictée lui-même à l'un de ses agents, le Numéro chargé des Écritures. Le duc prit à part Corentin pour lui expliquer tout ce que savait Corentin. Monsieur de Saint-Denis écouta froidement, respectueusement, en s'amusant à étudier ce grand seigneur, à pénétrer jusqu'au tuf vêtu de velours, à mettre à jour cette vie, alors et pour toujours, occupée de wisk et de la considération de la maison de Grandlieu. Les grands seigneurs sont si naïfs avec leurs inférieurs, que Corentin n'eut pas beaucoup de questions à soumettre humblement à monsieur de Grandlieu pour en faire jaillir des impertinences.

— Si vous m'en croyez, monsieur, dit Corentin à Derville après avoir été présenté convenablement à l'avoué, nous partirons ce soir même pour Angoulême par la diligence de Bordeaux, qui va tout aussi vite que la malle, nous n'aurons pas à séjourner plus de six heures pour y obtenir les renseignements que veut monsieur le duc. Ne suffit-il pas, si j'ai bien compris Votre Seigneurie, de savoir si la sœur et le beau frère de monsieur de Rubempré ont pu lui donner douze cent mille francs?... dit-il en regardant le duc.

— Parfaitement compris, répondit le pair de France.

— Nous pourrons être ici dans quatre jours, reprit Corentin en regardant Derville, et nous n'aurons, ni l'un ni l'autre, laissé nos affaires pour un laps de temps pendant lequel elles pourraient souffrir.

— C'était la seule objection que j'avais à faire à Sa Seigneurie, dit Derville. Il est quatre heures, je rentre dire un mot à mon premier clerc, faire mon paquet de voyage ; et après avoir dîné, je serai à huit heures... Mais aurons-nous des places? dit-il à monsieur de Saint-Denis en s'interrompant.

— J'en réponds, dit Corentin, soyez à huit heures dans la cour des Messageries du Grand-Bureau. S'il n'y a pas de places, j'en aurai fait faire, car voilà comme il faut servir monseigneur le duc de Grandlieu...

— Messieurs, dit le duc avec une grâce infinie, je ne vous remercie pas encore...

Corentin et l'avoué, qui prirent ce mot pour une phrase de congé, saluèrent et sortirent. Au moment où Peyrade interrogeait le domestique de Corentin, monsieur de Saint-Denis et Derville, placés dans le coupé de la diligence de Bordeaux, s'observaient en silence à la sortie de Paris. Le lendemain matin, d'Orléans à Tours, Derville, ennuyé, devint causeur, et Corentin daigna l'amuser, mais en gardant sa distance; il lui laissa croire qu'il appartenait à la diplomatie, et s'attendait à devenir consul-général par la protection du duc de Grandlieu. Deux jours après leur départ de Paris, Corentin et Derville arrêtaient à Mansle, au grand étonnement de l'avoué qui croyait aller à Angoulême.

— Nous aurons dans cette petite ville, dit Corentin à Derville, des renseignements positifs sur madame Séchard.

— Vous la connaissez donc? demanda Derville surpris de trouver Corentin si bien instruit.

— J'ai fait causer le conducteur en m'apercevant qu'il est d'Angoulême, il m'a dit que madame Séchard demeure à Marsac, et Marsac n'est qu'à une lieue de Mansle. J'ai pensé que nous serions mieux placés ici qu'à Angoulême pour démêler la vérité.

— Au surplus, pensa Derville, je ne suis, comme me l'a dit monsieur le duc, que le témoin des perquisitions à faire par cet homme de confiance...

L'auberge de Mansle, appelée La Belle Étoile, avait pour maître un de ces gras et gros hommes qu'on a peur de ne pas retrouver au retour, et qui sont encore, dix ans après, sur le seuil de leur porte, avec la même quantité de chair, le même bonnet de coton, le même tablier, le même couteau, les mêmes cheveux gras, le même triple menton, et qui sont stéréotypés chez tous les romanciers, depuis l'immortel Cervantès jusqu'à l'immortel Walter Scott. Ne sont-ils pas tous pleins de prétentions en cuisine, n'ont-ils pas tous tout à vous servir et ne finissent-ils pas tous par vous donner un poulet étique et des légumes accommodés avec du beurre fort? Tous vous vantent leurs vins fins, et vous forcent à consommer les vins du pays. Mais depuis son jeune âge, Corentin avait appris à tirer d'un aubergiste des choses plus essentielles que des plats douteux et des vins apocryphes. Aussi se donna-t-il pour un homme très-facile à contenter et qui s'en remettait absolument à la discrétion du meilleur cuisinier de Mansle, dit-il à ce gros homme.

— Je n'ai pas de peine à être le meilleur, je suis le seul, répondit l'hôte.

— Servez-nous dans la salle à côté, dit Corentin en faisant un clignement d'yeux à Derville, et surtout ne craignez pas de mettre le feu à la cheminée, il s'agit de nous débarrasser de *l'onglée*.

— Il ne faisait pas chaud dans le coupé, dit Derville.

— Y a-t-il loin d'ici à Marsac? demanda Corentin à la femme de l'aubergiste qui descendit des régions supérieures en apprenant que la diligence avait débarqué chez elle des voyageurs à coucher.

— Monsieur, vous allez à Marsac? demanda l'hôtesse.

— Je ne sais pas, répondit-il d'un petit ton sec. — La distance d'ici à Marsac est-elle considérable? redemanda Corentin après avoir laissé le temps à la maîtresse de voir son ruban rouge.

— En cabriolet, c'est l'affaire d'une petite demi-heure, dit la femme de l'aubergiste.

— Croyez-vous que monsieur et madame Séchard y soient en hiver?...

— Sans aucun doute, ils y passent toute l'année...

— Il est cinq heures, nous les trouverons bien encore debout à neuf heures.

— Oh! jusqu'à dix heures, ils ont du monde tous les soirs, le curé, monsieur Marron, le médecin.

— C'est de braves gens! dit Derville.

— Oh! monsieur, la crème, répondit la femme de l'aubergiste, des gens droits, probes... et pas ambitieux, allez! Monsieur Séchard, quoiqu'à son aise, aurait eu des millions, à ce qu'on dit, s'il ne s'était pas laissé dépouiller d'une invention qu'il a trouvée dans la papeterie, et dont profitent les frères Cointet...

— Ah! oui, les frères Cointet! dit Corentin.

— Tais-toi donc, dit l'aubergiste. Qu'est-ce que cela fait à ces messieurs que monsieur Séchard ait droit ou non à un brevet d'invention pour faire du papier? ces messieurs ne sont pas des marchands de papier... Si vous comptez passer la nuit chez moi — à la Belle Étoile — dit l'aubergiste en s'adressant à ses deux voyageurs, voici le livre, je vous prierai de vous inscrire. Nous avons un brigadier qui n'a rien à faire et qui passe son temps à nous tracasser...

— Diable, diable, je croyais les Séchard très-riches, dit Corentin pendant que Derville écrivait ses noms et sa qualité d'avoué près le Tribunal de Première Instance de la Seine.

— Il y en a, répondit l'aubergiste, qui les disent millionnaires; mais vouloir empêcher les langues d'aller, c'est entreprendre d'empêcher la rivière de couler. Le père Séchard a laissé deux cent mille francs de biens au soleil, comme on dit, et c'est assez beau déjà pour un homme qui a commencé par être ouvrier. Eh! bien, il avait peut-être autant d'économies... — car il a fini par tirer dix à douze mille francs de ses biens. — Donc, une supposition, qu'il ait été assez bête pour ne pas placer son argent pendant dix ans, c'est le compte! Mais mettez trois cent mille francs, s'il a fait l'usure, comme on l'en soupçonne, voilà toute l'affaire. Cinq cents mille francs, c'est bien loin d'un million. Je ne demanderais pour fortune que la différence, je ne serais pas à la Belle-Étoile.

— Comment, dit Corentin, monsieur David Séchard et sa femme n'ont pas deux ou trois millions de fortune...

— Mais, s'écria la femme de l'aubergiste, c'est ce qu'on donne à messieurs Cointet, qui l'ont dépouillé de son invention, et il n'a pas eu d'eux plus de vingt mille francs... Où donc voulez-vous que ces honnêtes gens aient pris des millions? ils étaient bien gênés pendant la vie de leur père. Sans Kolb, leur régisseur, et madame Kolb, qui leur est tout aussi dévouée que son mari, ils auraient eu bien de la peine à vivre. Qu'avaient-ils donc, avec la Verberie?... mille écus de rentes!...

Corentin prit à part Derville et lui dit : — *In vino veritas!* la vérité se trouve dans les bouchons. Pour mon compte, je regarde une auberge comme le véritable État Civil d'un pays, le notaire n'est pas plus instruit que l'aubergiste de tout ce qui se passe dans un petit endroit... Voyez! nous sommes censés connaître les Cointet, Kolb, etc... Un aubergiste est le répertoire vivant de toutes les aventures, il fait la police sans s'en douter. Un gouvernement doit entretenir tout au plus deux cents espions; car, dans un pays comme la France, il y a dix millions d'honnêtes mouchards. Mais nous ne sommes pas obligés de nous fier à ce rapport, quoique déjà l'on saurait dans cette petite ville quelque chose des douze cent mille francs disparus pour payer la terre de Rubempré... Nous ne resterons pas ici long-temps....

— Je l'espère, dit Derville.

— Voilà pourquoi, reprit Corentin. J'ai trouvé le moyen le plus naturel pour faire sortir la vérité de la bouche des époux Séchard. Je compte sur vous pour appuyer, de votre autorité d'avoué, la petite ruse dont je me servirai pour vous faire entendre un compte clair et net de leur fortune. — Après le dîner, nous partirons pour aller chez monsieur Séchard, dit Corentin à la femme de l'aubergiste, vous aurez soin de nous préparer des lits, nous voulons chacun notre chambre. A la Belle-Étoile, il doit y avoir de la place.

— Oh! monsieur, dit la femme, nous avons trouvé l'enseigne.

— Oh! le calembour existe dans tous les départements, dit Corentin, vous n'en avez pas le monopole.

— Vous êtes servis, messieurs, dit l'aubergiste.

— Et, où diable ce jeune homme aurait-il pris son argent?... L'anonyme aurait-il raison? serait-ce la monnaie d'une belle fille? dit Derville à Corentin en s'attablant pour dîner.

— Ah! ce serait le sujet d'une autre enquête, dit Corentin. Lucien de Rubempré vit, m'a dit monsieur le duc de Chaulieu, avec une juive convertie, qui se faisait passer pour Hollandaise, et nommée Esther Van-Bogseck.

— Quelle singulière coïncidence! dit l'avoué, je cherche l'héritière d'un Hollandais appelé Gobseck, c'est le même nom avec un changement de consonnes...

— Eh! bien, dit Corentin, à Paris, je vous aurai des renseignements sur la filiation à mon retour à Paris.

Une heure après, les deux chargés d'affaires de la maison de Grandlieu partaient pour la Verberie, maison de monsieur et madame Séchard. Jamais Lucien n'avait éprouvé des émotions aussi profondes que celles dont il fut saisi à la Verberie par la comparaison de sa destinée avec celle de son beau-frère. Les deux Parisiens allaient y trouver le même spectacle qui, quelques jours auparavant, avait frappé Lucien. Là tout respirait le calme et l'abondance. A l'heure où les deux étrangers devaient arriver, le salon de la Verberie était occupé par une société de cinq personnes : le curé de Marsac, jeune prêtre de vingt-cinq ans qui s'était fait, à la prière de madame Séchard, le précepteur de son fils Lucien; le médecin du pays, nommé monsieur Marron; le maire de la commune, et un vieux colonel retiré du service qui cultivait les roses dans une petite propriété, située en face de la Verberie, de l'autre côté de la route. Tous les soirs d'hiver, ces personnes venaient faire un innocent boston à un centime la fiche, prendre les journaux ou rapporter ceux qu'ils avaient lus. Quand monsieur et madame Séchard achetèrent la Verberie, belle maison bâtie en tufau et couverte en ardoises, ses dépendances d'agrément consistaient en un petit jardin de deux arpents. Avec le temps, en y consacrant ses économies, la belle madame Séchard avait étendu son jardin jusqu'à un petit cours d'eau, en sacrifiant les vignes qu'elle achetait et les convertissant en gazons et en massifs. En ce moment, la Verberie, entourée d'un petit parc d'environ vingt arpents, clos de murs, passait pour la propriété la plus importante du pays. La maison de feu Séchard et ses dépendances ne servaient plus qu'à l'exploitation de vingt et quelques arpents de vignes laissés par lui, outre cinq métairies d'un produit d'environ six mille francs, et dix arpents de prés, situés de l'autre côté du cours d'eau, précisément en face du parc de la Verberie ; aussi madame Séchard comptait-elle bien les y comprendre l'année prochaine. Déjà, dans le pays, on donnait à la Verberie le nom de château, et l'on appelait Ève Séchard la dame de Marsac. En satisfaisant sa vanité, Lucien n'avait fait qu'imiter les paysans et les vignerons. Courtois, propriétaire d'un moulin assis pittoresquement à quelques portées de fusil des prés de la Verberie, était, dit-on, en marché pour ce moulin avec madame Séchard. Cette acquisition probable allait finir de donner à la Verberie la tournure d'une terre du premier ordre dans le département. Madame Séchard, qui faisait beaucoup de bien et avec autant de discernement que de grandeur, était aussi estimée qu'aimée. Sa beauté, devenue magnifique, atteignait alors à son plus grand développement. Quoique âgée d'environ vingt-six ans, elle avait gardé la fraîcheur de la jeunesse en jouissant du repos et de l'abondance que donne la vie de campagne. Toujours amoureuse de son mari, elle respectait en lui l'homme de talent assez modeste pour renoncer au tapage de la gloire ; enfin, pour la peindre, il suffit peut-être de dire que, dans toute sa vie, elle n'avait pas à compter un seul battement de cœur qui ne fût inspiré par ses enfants ou par son mari. L'impôt que ce ménage payait au malheur, on le devine : c'était le chagrin profond que causait la vie de Lucien, dans laquelle Ève Séchard pressentait des mystères et les redoutait d'autant plus que, pendant sa dernière visite, Lucien brisa sèchement à chaque interrogation de sa sœur, en lui disant que les ambitieux ne devaient compte de leurs moyens qu'à eux-mêmes. En six ans, Lucien avait vu sa sœur trois fois, et il ne lui avait pas écrit plus de six lettres. Sa première visite à la Verberie eut lieu lors de la mort de sa mère, et la dernière avait eu pour objet de demander le service de ce mensonge si nécessaire à sa politique. Ce fut le sujet d'une scène assez grave entre monsieur, madame Séchard et leur frère, qui leur laissa des doutes affreux.

L'intérieur de la maison, transformé tout aussi bien que l'extérieur, sans présenter de luxe, était confortable. On en jugera par un coup d'œil rapide jeté sur le salon où se tenait en ce moment la compagnie. Un joli tapis d'Aubusson, des tentures en croisé de coton gris ornées de galons en soie verte, des peintures imitant le bois de Spa, un meuble en acajou sculpté, garni de casimir gris à passementeries vertes, des jardinières pleines de fleurs, malgré la saison, offraient un ensemble doux à l'œil. Les rideaux des fenêtres en soie verte, la garniture de la cheminée, l'encadrement des glaces étaient exempts de ce faux goût qui gâte tout en province. Enfin les moindres détails élégants et propres, tout reposait l'âme et les regards par l'espèce de poésie qu'une femme aimante et spirituelle peut et doit introduire dans son ménage.

Madame Séchard, encore en deuil de son père, travaillait au coin du feu à un ouvrage en tapisserie, aidée par madame Kolb, la femme de charge, sur qui elle se reposait de tous les détails de la maison. Au moment où le cabriolet atteignit aux premières habitations de Marsac, la compagnie habituelle de la Verberie s'augmenta de Courtois, le meunier, veuf de sa femme, qui voulait se retirer des affaires, et qui espérait *bien* vendre sa propriété à laquelle madame Ève paraissait tenir, et Courtois savait le pourquoi.

— Voilà un cabriolet qui arrête ici! dit Courtois en entendant à la porte un bruit de la voiture; et, à la ferraille, on peut présumer qu'il est du pays...

— Ce sera sans doute Postel et sa femme qui viennent me voir, dit le médecin.

— Non, dit Courtois, le cabriolet vient du côté de Mansle.

— *Matame*, dit Kolb (un grand et gros Alsacien), *foissi ein afoué té Baris qui témente à barler à moncière.*

— Un avoué!... s'écria Séchard, ce mot-là me donne la colique.

— Merci, dit le maire de Marsac, nommé Cachan, avoué pendant vingt ans à Angoulême, et qui jadis avait été chargé de poursuivre Séchard.

— Mon pauvre David ne changera pas, il sera toujours distrait! dit Ève en souriant.

— Un avoué de Paris, dit Courtois, vous avez donc des affaires à Paris?

— Non, dit Ève.

— Vous y avez un frère, dit Courtois en souriant.

— Gare que ce ne soit à cause de la succession du père Séchard, dit Cachan. Il a fait des affaires véreuses, le bonhomme!...

En entrant, Corentin et Derville, après avoir salué la compagnie et décliné leurs noms, demandèrent à parler en particulier à madame Séchard et à son mari.

— Volontiers, dit Séchard. Mais, est-ce pour affaires?

— Uniquement pour la succession de monsieur votre père, répondit Corentin.

— Permettez alors que monsieur le maire, qui est un ancien avoué d'Angoulême, assiste à la conférence.

— Vous êtes monsieur Derville?... dit Cachan en regardant Corentin.

— Non, monsieur, c'est monsieur, répondit Corentin en montrant l'avoué qui salua.

— Mais, dit Séchard, nous sommes en famille, nous n'avons rien de caché pour nos voisins, nous n'avons pas besoin d'aller dans mon cabinet où il n'y a pas de feu... Notre vie est au grand jour...

— Celle de monsieur votre père, dit Corentin, a eu quelques mystères que, peut-être, vous ne seriez pas bien aise de publier.

— Est-ce donc une chose qui puisse nous faire rougir?... dit Ève effrayée.

— Oh! non, c'est une peccadille de jeunesse, dit Corentin en tendant avec le plus grand sang-froid une de ses mille *souricières*. Monsieur votre père vous a donné un frère aîné...

— Ah! le vieil ours! cria Courtois, il ne vous aimait guère, monsieur Séchard, et il vous a gardé cela, le sournois... Ah! je comprends maintenant ce qu'il voulait dire, quand il me disait : — Vous en verrez de belles lorsque je serai enterré!

— Oh! rassurez-vous, monsieur, dit Corentin à Séchard en étudiant Ève par un regard de côté.

— Un frère! s'écria le médecin, mais voilà votre succession partagée en deux!...

Derville affectait de regarder les belles gravures avant la lettre qui se trouvaient exposées sur les panneaux du salon.

— Oh! rassurez-vous, madame, dit Corentin en voyant la surprise qui parut sur la belle figure de madame Séchard, il ne s'agit que d'un enfant naturel. Les droits d'un enfant naturel ne sont pas ceux d'un enfant légitime. Cet enfant est dans la plus profonde misère, il a droit à une somme basée sur l'importance de la succession... Les millions laissés par monsieur votre père...

36.

A ce mot, *millions*, il y eut un cri de l'unanimité la plus complète dans le salon. En ce moment, Derville n'examinait plus les gravures.

— Le père Séchard, des millions?... dit le gros Courtois. Qui vous a dit cela? quelque paysan.

— Monsieur, dit Cachan, vous n'appartenez pas au Fisc, ainsi l'on peut vous dire ce qui en est...

— Soyez tranquille, dit Corentin, je vous donne ma parole d'honneur de ne pas être un employé des Domaines.

Cachan, qui venait de faire signe à tout le monde de se taire, laissa échapper un mouvement de satisfaction.

— Monsieur, reprit Corentin, n'y eût-il qu'un million, la part de l'enfant naturel serait encore assez belle. Nous ne venons pas faire un procès, nous venons au contraire vous proposer de nous donner cent mille francs, et nous nous en retournons...

— Cent mille francs!... s'écria Cachan en interrompant Corentin. Mais, monsieur, le père Séchard a laissé vingt arpents de vignes, cinq petites métairies, dix arpents de prés à Marsac, et pas un liard avec...

— Pour rien au monde, s'écria David Séchard en intervenant, je ne voudrais faire un mensonge, monsieur Cachan ; et moins encore en matière d'intérêt qu'en toute autre... Monsieur, dit-il à Corentin et à Derville, mon père nous a laissé outre ces biens... Courtois et Cachan eurent beau faire des signes à Séchard, il ajouta : Trois cent mille francs, ce qui porte l'importance de sa succession à cinq cent mille francs environ.

— Monsieur Cachan, dit Ève Séchard, quelle est la part que la loi donne à l'enfant naturel...

— Madame, dit Corentin, nous ne sommes pas des Turcs, nous vous demandons seulement de nous jurer devant ces messieurs que vous n'avez pas recueilli plus de cent mille écus en argent de la succession de votre beau-père, et nous nous entendrons bien...

— Donnez auparavant votre parole d'honneur, dit l'ancien avoué d'Angoulême à Derville, que vous êtes avoué.

— Voici mon passe-port, dit Derville à Cachan en lui tendant un papier plié en quatre, et monsieur n'est pas, comme vous pourriez le croire, un inspecteur-général des domaines, rassurez-vous, ajouta Derville. Nous avions seulement un intérêt puissant à savoir la vérité sur la succession Séchard, et nous la savons... Derville prit madame Ève par la main, et l'emmena très-courtoisement au bout du salon. — Madame, lui dit-il à voix basse, si l'honneur et l'avenir de la maison de Grandlieu n'étaient intéressés dans cette question, je ne me serais pas prêté à ce stratagème inventé par ce monsieur décoré; mais vous l'excuserez, il s'agissait de découvrir le mensonge à l'aide duquel monsieur votre frère a surpris la religion de cette noble famille. Gardez-vous bien maintenant de laisser croire que vous avez donné douze cent mille francs à monsieur votre frère pour acheter la terre de Rubempré...

— Douze cent mille francs! s'écria madame Séchard en pâlissant. Et où les a-t-il pris, lui, le malheureux?...

— Ah! voilà, dit Derville, j'ai peur que la source de cette fortune ne soit bien impure.

Ève eut des larmes aux yeux que ses voisins aperçurent.

— Nous vous avons rendu peut-être un grand service, lui dit Derville, en vous empêchant de tremper dans un mensonge dont les suites peuvent être très-dangereuses.

Derville laissa madame Séchard assise, pâle, des larmes sur les joues, et salua la compagnie.

— A Mansle! dit Corentin au petit garçon qui conduisait le cabriolet.

La diligence allant de Bordeaux à Paris, qui passa dans la nuit, eut une place; Derville pria Corentin de le laisser en profiter, en objectant ses affaires; mais, au fond, il se défiait de son compagnon de voyage, dont la dextérité diplomatique et le sang-froid lui parurent être de l'habitude. Corentin resta trois jours à Mansle sans trouver d'occasion pour partir; il fut obligé d'écrire à Bordeaux et d'y retenir une place pour Paris, où il ne put revenir que neuf jours après son départ.

Pendant ce temps-là, Peyrade allait tous les matins, soit à Passy, soit à Paris, chez Corentin, savoir s'il était revenu. Le huitième jour, il laissa, dans l'un et l'autre domicile, une lettre écrite en chiffres à eux, pour expliquer à son ami le genre de mort dont il était menacé, l'enlèvement de Lydie et l'affreuse destinée à laquelle ses ennemis le vouaient. Attaqué comme jusqu'alors il avait attaqué les autres, Peyrade, privé de Corentin, mais aidé par Contenson, n'en resta pas moins sous son costume de Nabab. Encore que ses invisibles ennemis l'eussent découvert, il pensait assez sagement pouvoir saisir quelques lueurs en demeurant sur le terrain même de la lutte. Contenson avait mis en campagne toutes ses connaissances à la piste de Lydie, il espérait découvrir la maison dans laquelle elle était cachée ; mais, de jour en jour, l'impossibilité, de plus en plus démontrée, de savoir la moindre chose, ajouta d'heure en heure au désespoir de Peyrade. Le vieil espion se fit entourer d'une garde de douze ou quinze agents les plus habiles. On surveillait les alentours de la rue des Moineaux et la rue Taitbout où il vivait en Nabab chez madame de Val-Noble. Pendant les trois derniers jours du délai fatal accordé par Asie pour rétablir Lucien sur l'ancien pied à l'hôtel de Grandlieu, Contenson ne quitta pas le vétéran de l'ancienne Lieutenance-générale de police. Ainsi, la poésie de terreur que les stratagèmes des tribus ennemies en guerre répandent au sein des forêts de l'Amérique, et dont a tant profité Cooper, s'attachait aux plus petits détails de la vie parisienne. Les passants, les boutiques, les fiacres, une personne debout à une croisée, tout offrait aux Hommes-Numéros à qui la défense de la vie du vieux Peyrade était confiée, l'intérêt énorme que présentent dans les romans de Cooper un tronc d'arbre, une habitation de castors, un rocher, la peau d'un bison, un canot immobile, un feuillage à fleur d'eau.

— Si l'Espagnol est parti, vous n'avez rien à craindre, disait Contenson à Peyrade en lui faisant remarquer la profonde tranquillité dont ils jouissaient.

— Et s'il n'est pas parti ? répondait Peyrade.

— Il a emmené un de mes hommes derrière sa calèche ; mais, à Blois, mon homme, forcé de descendre, n'a pu ni remonter ni rattraper la voiture.

Cinq jours après le retour de Derville, un matin, Lucien reçut la visite de Rastignac.

— Je suis, mon cher, au désespoir d'avoir à m'acquitter d'une négociation qu'on m'a confiée à cause de notre connaissance intime. Ton mariage est rompu sans que tu puisses jamais espérer de le renouer. Ne remets plus les pieds à l'hôtel de Grandlieu. Pour épouser Clotilde, il faut attendre la mort de son père, et il est devenu trop égoïste pour mourir de sitôt. Les vieux joueurs de wisk tiennent long-temps... sur leur bord.... de table. Clotilde va partir pour l'Italie avec Madeleine de Lenoncourt-Chaulieu. La pauvre fille t'aime tant, mon cher, qu'il a fallu la surveiller ; elle voulait venir te voir, elle avait fait son petit projet d'évasion.... C'est une consolation dans ton malheur.

Lucien ne répondait pas, il regardait Rastignac.

— Après tout, est-ce un malheur ?... lui dit son compatriote, tu trouveras bien facilement une autre fille aussi noble et plus belle que Clotilde !.... Madame de Sérizy te mariera par vengeance, elle ne peut pas souffrir les Grandlieu, qui n'ont jamais voulu la recevoir ; elle a une nièce, la petite Clémence du Rouvre....

— Mon cher, depuis notre dernier souper je ne suis pas bien avec madame de Sérizy, elle m'a vu dans la loge d'Esther, elle m'a fait une scène, et je l'ai laissée faire.

— Une femme de plus de quarante ans ne se brouille pas pour long-temps avec un jeune homme aussi beau que toi, dit Rastignac. Je connais un peu ces couchers de soleil ! Ça dure dix minutes à l'horizon, et dix ans dans le cœur d'une femme.

— Voici huit jours que j'attends une lettre d'elle.

— Vas-y !

— Maintenant, il le faudra bien.

— Viens-tu, du moins, chez la Val-Noble ? son Nabab rend à Nucingen le souper qu'il en a reçu.

— J'en suis et j'irai, dit Lucien d'un air grave.

Le lendemain de la confirmation de son malheur, dont Carlos fut instruit aussitôt, Lucien vint avec Rastignac et Nucingen chez le faux Nabab.

A minuit, l'ancienne salle à manger d'Esther réunissait presque tous les personnages de ce drame dont l'intérêt, caché sous le lit même de ces existences torrentielles, n'était connu que d'Esther, de Lucien, de Peyrade, du mulâtre Contenson et de Paccard, qui vint servir sa maîtresse. Asie avait été priée par madame du Val-Noble, à l'insu de Peyrade et de Contenson, de venir aider sa cuisinière. En se mettant à table, Peyrade, qui donna cinq cents francs à madame du Val-Noble pour bien faire les choses, trouva dans sa serviette un petit papier sur lequel il lut ces mots écrits au crayon : *Les dix jours expirent au moment où vous vous mettez à table.* Peyrade passa le papier à Contenson, qui se trouvait derrière lui, en lui disant en anglais : — Est-ce toi qui as fourré là mon nom ? Contenson lut à la lueur des bougies ce *Mane, Tecel, Pharès*, et mit le papier dans sa poche, mais il savait combien il est difficile de vérifier une écriture au crayon et surtout une phrase tracée en lettres majuscules, c'est-à-dire avec des lignes pour ainsi dire mathématiques, puisque les lettres capitales se composent uniquement de courbes et de droites, dans lesquelles il est impossible de reconnaître les habitudes de la main, comme dans l'écriture dite cursive.

Ce souper fut sans aucune gaieté. Peyrade était en proie à une préoccupation visible. Des jeunes *viveurs* qui savaient égayer un souper, il ne se trouvait là que Lucien et Rastignac. Lucien était fort triste et songeur. Rastignac, qui venait de perdre, avant souper, deux mille francs, buvait et mangeait avec l'idée de se rattraper après le souper. Les trois femmes, frappées de ce froid, se regardèrent. L'ennui dépouilla les mets de leur saveur. Il en est des soupers comme des pièces de théâtre et des livres, ils ont leurs hasards. A la fin du souper on servit des glaces, dites *plombières*. Tout le monde sait que ces sortes de glaces contiennent de petits fruits confits très-délicats placés à la surface de la glace qui se sert dans un petit verre, sans y affecter la forme pyramidale. Ces glaces avaient été commandées par madame du Val-Noble chez Tortoni, dont le célèbre établissement se trouve au coin de la rue Taitbout et du boulevard. La cuisinière fit appeler le mulâtre pour payer la note du glacier. Contenson, à qui l'exigence du garçon ne parut pas naturelle, descendit et l'aplatit par ce mot : — Vous n'êtes donc pas de chez Tortoni ?... et il remonta sur-le-champ. Mais Paccard avait déjà profité de cette absence pour distribuer les glaces aux convives. A peine le mulâtre atteignait-il la porte de l'appartement qu'un des agents qui surveillaient la rue des Moineaux cria dans l'escalier : — Numéro vingt-sept.

— Qu'y a-t-il? répondit Contenson en redescendant avec rapidité jusqu'au bas de la rampe.

— Dites au papa que sa fille est rentrée, et dans quel état ! bon Dieu ! qu'il vienne, elle se meurt.

Au moment où Contenson rentra dans la salle à manger, le vieux Peyrade, qui d'ailleurs avait notablement bu, gobait la petite cerise de sa plombière. On portait la santé de madame du Val-Noble, le Nabab remplit son verre d'un vin, dit de Constance, et le vida. Quelque troublé que fût Contenson par la nouvelle qu'il allait apprendre à Peyrade, il fut, en rentrant, frappé de la profonde attention avec laquelle Paccard regardait le Nabab. Les deux yeux du valet de madame de Champy ressemblaient à deux flammes fixes. Cette observation, malgré son importance, ne devait cependant pas retarder le mulâtre, et il se pencha vers son maître au moment où Peyrade replaçait son verre vide sur la table.

— Lydie est à la maison, dit Contenson, et dans un bien triste état.

Peyrade lâcha le plus français de tous les jurons français avec un accent méridional si prononcé que le plus profond étonnement parut sur la figure de tous les convives. En s'apercevant de sa faute, Peyrade avoua son déguisement en disant à Contenson en bon français : — Trouve un fiacre!... je fiche le camp.

Tout le monde se leva de table.

— Qui donc êtes-vous? s'écria Lucien.

— *Ui!...* dit le baron.

— Bixiou m'avait soutenu que vous saviez faire l'Anglais mieux que lui, et je ne voulais pas le croire, dit Rastignac.

— C'est quelque banqueroutier découvert, dit du Tillet à haute voix, je m'en doutais!...

— Quel singulier pays que Paris!... dit madame du Val-Noble. Après avoir fait faillite dans son quartier, un marchand y reparaît en nabab ou en dandy aux Champs-Élysées impunément!... Oh! j'ai du malheur, la faillite est mon insecte.

— On dit que toutes les fleurs ont le leur, dit tranquillement Esther, le mien ressemble à celui de Cléopâtre, un aspic.

— Ce que je suis!... dit Peyrade à la porte. Ah! vous le saurez, car, si je meurs, je sortirai de mon tombeau pour vous venir tirer par les pieds pendant toutes les nuits!...

En disant ces derniers mots, il regardait Esther et Lucien; puis il profita de l'étonnement général pour disparaître avec une excessive agilité, car il voulut courir chez lui sans attendre le fiacre. Dans la rue, Asie, enveloppée d'une coiffe noire comme en portaient alors les femmes pour sortir du bal, arrêta l'espion par le bras, au seuil de la porte cochère.

— Envoie chercher les sacrements, papa Peyrade, lui dit-elle de cette voix qui déjà lui avait prophétisé le malheur.

Une voiture était là, Asie y monta, la voiture disparut comme emportée par le vent. Il y avait cinq voitures, les hommes de Peyrade ne purent rien savoir.

En arrivant à sa maison de campagne dans une des places les plus retirées et les plus riantes de la petite ville de Passy, rue des Vignes, Corentin, qui passait pour un négociant dévoré par la passion du jardinage, trouva les chiffres de son ami Peyrade. Au lieu de se reposer, il remonta dans le fiacre qui l'avait amené, se fit conduire rue des Moineaux et n'y trouva que Katt. Il apprit de la Flamande la disparition de Lydie et demeura surpris du défaut de prévoyance que Peyrade et lui avaient eu.

— *Ils* ne me connaissent pas encore, se dit-il. Ces gens-là sont capables de tout, il faut savoir s'ils tueront Peyrade, car alors je ne me montrerai plus...

Plus sa vie est infâme, plus l'homme y tient; elle est alors une protestation, une vengeance de tous les instants. Corentin descendit, s'en alla chez lui se déguiser en petit vieillard souffreteux, à petite redingote verdâtre, à petite perruque en chiendent, et revint à pied, ramené par son amitié pour Peyrade. Il voulait donner des ordres à ses Numéros les plus dévoués et les plus habiles. En longeant la rue Saint-Honoré pour venir de la place Vendôme à la rue Saint-Roch, il marcha derrière une fille en pantoufles, et habillée comme l'est une femme pour la nuit. Cette fille, qui portait une camisole blanche, et sur la tête un bonnet de nuit, laissait échapper de temps en temps des sanglots mêlés à des plaintes involontaires; Corentin la devança de quelques pas et reconnut Lydie.

— Je suis l'ami de votre père, monsieur Canquoëlle, dit-il de sa voix naturelle.

— Ah! voici donc quelqu'un à qui je puis me fier!... dit-elle.

— N'ayez pas l'air de me connaître, reprit Corentin, car nous sommes poursuivis par de cruels ennemis, et forcés de nous déguiser. Mais racontez-moi ce qui vous est arrivé...

— Oh! monsieur, dit la pauvre fille, cela se dit et ne se raconte pas... Je suis déshonorée, perdue, sans pouvoir m'expliquer comment!...

— D'où venez-vous?...

— Je ne sais pas, monsieur! Je me suis sauvée avec tant de précipitation, j'ai fait tant de rues, tant de détours, en me croyant suivie... Et quand je rencontrais quelqu'un d'honnête, je demandais le chemin pour aller sur les boulevards, afin de gagner la rue de la Paix! Enfin, après avoir marché pendant..... Quelle heure est-il?

— Onze heures et demie! dit Corentin.

— Je me suis sauvée à la tombée de la nuit, voici donc cinq heures que je marche!... s'écria Lydie.

— Allons, vous allez vous reposer, vous trouverez votre bonne Katt...

— Oh! monsieur, il n'y a plus de repos pour moi! Je ne veux pas d'autre repos que celui de la tombe; et j'irai l'attendre dans un couvent, si l'on me juge digne d'y entrer...

— Pauvre petite! vous avez bien résisté?

— Oui, monsieur. Ah! si vous saviez au milieu de quelles créatures abjectes on m'a mise...

— On vous a sans doute endormie?

— Ah! c'est cela? dit la pauvre Lydie. Encore un peu de force, et j'atteindrai la maison. Je me sens défaillir, et mes idées ne sont pas très-nettes... Tout à l'heure je me croyais dans un jardin...

Corentin porta Lydie dans ses bras où elle perdit connaissance, et il la monta par les escaliers.

— Katt! cria-t-il.

Katt parut et jeta des cris de joie.

— Ne vous hâtez pas de vous réjouir! dit sentencieusement Corentin, cette jeune fille est bien malade.

Quand Lydie eut été posée sur son lit, lorsqu'à la lueur de deux bougies allumées par Katt, elle reconnut sa chambre, elle eut le délire. Elle chanta des ritournelles d'airs gracieux, et tour à tour vociféra certaines phrases horribles qu'elle avait entendues! Sa belle figure était marbrée de teintes violettes. Elle mêlait les souvenirs de sa vie si pure à ceux de ces dix jours d'infamie. Katt pleurait. Corentin se promenait dans la chambre en s'arrêtant par moments pour examiner Lydie.

— Elle paye pour son père! dit-il. Y aurait-il une Providence?
— Oh! ai-je eu raison de ne pas avoir de famille..... Un enfant! c'est, ma parole d'honneur, comme le dit je ne sais quel philosophe, un otage qu'on donne au malheur!...

— Oh! dit la pauvre enfant en se mettant sur son séant et laissant ses beaux cheveux déroulés, au lieu d'être couchée ici, Katt, je devrais être couchée sur le sable au fond de la Seine... ;

— Katt, au lieu de pleurer et de regarder votre enfant, ce qui ne la guérira pas, vous devriez aller chercher un médecin, celui de la Mairie d'abord, puis messieurs Desplein et Bianchon... Il faut sauver cette innocente créature...

Et Corentin écrivit les adresses des deux célèbres docteurs. En ce moment, l'escalier fut grimpé par un homme à qui les marches en étaient familières, la porte s'ouvrit. Peyrade, en sueur, la figure violacée, les yeux presque ensanglantés, soufflant comme un dauphin, bondit de la porte de l'appartement à la chambre de Lydie en criant : — Où est ma fille ?...

Il vit un triste geste de Corentin, le regard de Peyrade suivit le geste. On ne peut comparer l'état de Lydie qu'à celui d'une fleur, amoureusement cultivée par un botaniste, tombée de sa tige, écrasée par les souliers ferrés d'un paysan. Transportez cette image dans le cœur même de la Paternité, vous comprendrez le coup que reçut Peyrade, à qui de grosses larmes vinrent aux yeux.

— On pleure, c'est mon père, dit l'enfant.

Lydie put encore reconnaître son père ; elle se souleva, vint se mettre aux genoux du vieillard au moment où il tomba sur un fauteuil.

— Pardon, papa !... dit-elle d'une voix qui perça le cœur de Peyrade au moment où il sentit comme un coup de massue appliqué sur son crâne.

— Je meurs... ah ! les gredins ! fut son dernier mot.

Corentin voulut secourir son ami, il en reçut le dernier soupir.

— Mort empoisonné !... se dit Corentin. — Bon, voici le médecin, s'écria-t-il en entendant le bruit d'une voiture.

Contenson, qui se montra débarbouillé de sa mulâtrerie, resta comme changé en statue de bronze en entendant dire à Lydie : — Tu ne me pardonnes donc pas, mon père ?... Ce n'est pas ma faute ! (Elle ne s'apercevait pas que son père était mort.) — Oh ! quels yeux il me fait !... dit la pauvre folle...

— Il faut les lui fermer, dit Contenson qui plaça feu Peyrade sur le lit.

— Nous faisons une sottise, dit Corentin, emportons-le chez lui ; sa fille est à moitié folle, elle le deviendrait tout à fait en s'apercevant de sa mort, elle croirait l'avoir tué.

En voyant emporter son père, Lydie resta comme hébétée.

— Voilà mon seul ami !... dit Corentin en paraissant ému quand Peyrade fut exposé sur son lit dans sa chambre. Il n'a eu dans toute sa vie qu'une seule pensée cupide ! et ce fut pour sa fille !... Que cela te serve de leçon, Contenson. Chaque état a son honneur. Peyrade a eu tort de se mêler des affaires particulières, nous n'avons qu'à nous occuper des affaires publiques. Mais, quoi qu'il puisse arriver, je jure, dit-il avec un accent, un regard et un geste qui frappèrent Contenson d'épouvante, de venger mon pauvre Peyrade! Je découvrirai les auteurs de sa mort et ceux de la honte de sa fille!... Et, par mon propre égoïsme, par le peu de jours qui me restent, et que je risque dans cette vengeance, tous ces gens-là finiront leurs jours à quatre heures, en pleine santé, rasés, net, en place de Grève!...

— Et je vous y aiderai! dit Contenson ému.

Rien n'est en effet plus émouvant que le spectacle de la passion chez un homme froid, compassé, méthodique, en qui, depuis vingt ans, personne n'avait aperçu le moindre mouvement de sensibilité. C'est la barre de fer en fusion, qui fond tout ce qu'elle rencontre. Aussi Contenson eut-il une révolution d'entrailles.

— Pauvre père Canquoëlle! reprit-il en regardant Corentin, il m'a souvent régalé... Et tenez... — il n'y a que des gens vicieux qui sachent faire de ces choses-là, — souvent il m'a donné dix francs pour aller au jeu...

Après cette oraison funèbre, les deux vengeurs de Peyrade allèrent chez Lydie en entendant Katt et le médecin de la Mairie dans les escaliers.

— Va chez le commissaire de police, dit Corentin, le procureur du roi ne trouverait pas en ceci les éléments d'une poursuite; mais nous allons faire faire un rapport à la Préfecture, ça pourra servir peut-être à quelque chose. — Monsieur, dit Corentin au médecin de la Mairie, vous allez trouver dans cette chambre un homme mort, je ne crois pas sa mort naturelle, vous ferez l'autopsie en présence de monsieur le commissaire de police, qui, sur mon invitation, va venir. Tâchez de découvrir les traces du poison; vous serez d'ailleurs assisté dans quelques instants de messieurs Desplein et Bianchon, que j'ai mandés pour examiner la fille de mon meilleur ami dont l'état est pire que celui du père, quoiqu'il soit mort...

— Je n'ai pas besoin, dit le médecin de la Mairie, de ces messieurs pour faire mon métier...

— Ah! bon, pensa Corentin. — Ne nous heurtons pas, monsieur, reprit Corentin. En deux mots, voici mon opinion. Ceux qui viennent de tuer le père ont aussi déshonoré la fille.

Au jour, Lydie avait fini par succomber à sa fatigue; elle dormait quand l'illustre chirurgien et le jeune médecin arrivèrent. Le médecin chargé de constater les décès avait alors ouvert Peyrade et cherchait les causes de la mort.

— En attendant que l'on éveille la malade, dit Corentin aux deux célèbres docteurs, voudriez-vous aider un de vos confrères dans une constatation qui certainement aura de l'intérêt pour vous, et votre avis ne sera pas de trop au procès-verbal.

— Votre parent est mort d'apoplexie, dit le médecin, il y a les preuves d'une congestion cérébrale effrayante...

— Examinez, messieurs, dit Corentin, et cherchez s'il n'y a pas dans la Toxicologie des poisons qui produisent le même effet.

— L'estomac, dit le médecin, était absolument plein de matières; mais, à moins de les analyser avec des appareils chimiques, je ne vois aucune trace de poison.

— Si les caractères de la congestion cérébrale sont bien reconnus, il y a là, vu l'âge du sujet, une cause suffisante de mort, dit Desplein en montrant l'énorme quantité d'aliments...

— Est-ce ici qu'il a mangé ? demanda Bianchon.

— Non, dit Corentin, il est venu du boulevard ici rapidement, et il a trouvé sa fille violée...

— Voilà le vrai poison, s'il aimait sa fille, dit Bianchon.

— Quel serait le poison qui pourrait produire cet effet-là ? demanda Corentin sans abandonner son idée.

— Il n'y en a qu'un, dit Desplein après avoir examiné tout avec soin. C'est un poison de l'archipel de Java, pris à des arbustes assez peu connus encore, de la nature des *Strychnos*, et qui servent à empoisonner ces armes si dangereuses... les *Kris* malais... On le dit, du moins...

Le commissaire de police arriva, Corentin lui fit part de ses soupçons, le pria de rédiger un rapport en lui disant dans quelle maison et avec quels gens Peyrade avait soupé; puis il l'instruisit du complot formé contre les jours de Peyrade et des causes de l'état où se trouvait Lydie. Après, Corentin passa dans l'appartement de la pauvre fille, où Desplein et Bianchon examinaient la malade; mais il les rencontra sur le pas de la porte.

— Eh! bien, messieurs! demanda Corentin.

— Placez cette fille-là dans une maison de santé, si elle ne recouvre pas la raison en accouchant, si toutefois elle devient grosse, elle finira ses jours folle-mélancolique. Il n'y a pas, pour la guérison, d'autre ressource que dans le sentiment maternel, s'il se réveille...

Corentin donna quarante francs en or à chaque docteur, et se tourna vers le commissaire de police, qui le tirait par la manche.

— Le médecin prétend que la mort est naturelle, dit le fonctionnaire, et je puis d'autant moins faire un rapport qu'il s'agit du père Canquoëlle, il se mêlait de bien des affaires, et nous ne saurions pas trop à qui nous nous attaquerions... Ces gens-là meurent souvent *par ordre*...

— Je me nomme Corentin, dit Corentin à l'oreille du commissaire de police.

Le commissaire laissa échapper un mouvement de surprise.

— Donc, faites une note, reprit Corentin, elle sera très-utile plus tard, et ne l'envoyez qu'à titre de renseignements confidentiels. Le crime est improuvable, et je sais que l'instruction serait arrêtée au premier pas... Mais je livrerai quelque jour les coupables, je vais les surveiller et les prendre en flagrant délit.

Le commissaire de police salua Corentin et partit.

— Monsieur, dit Katt, mademoiselle ne fait que chanter et danser, que faire?...

— Mais il est donc survenu quelque chose?...

— Elle a su que son père venait de mourir...

— Mettez-la dans un fiacre et conduisez-la tout bonnement à Charenton ; je vais écrire un mot au Directeur-Général de la Police du Royaume afin qu'elle y soit placée convenablement. La fille à Charenton, le père dans la fosse commune, dit Corentin. Contenson, va commander le char des pauvres... Maintenant, à nous deux, don Carlos Herrera !...

— Carlos ! dit Contenson, il est en Espagne.

— Il est à Paris ! dit péremptoirement Corentin. Il y a là du génie espagnol du temps de Philippe III, mais j'ai des traquenards pour tout le monde, même pour les rois.

Cinq jours après la disparition du Nabab, madame du Val-Noble était, à neuf heures du matin, assise au chevet du lit d'Esther et y pleurait, car elle se sentait sur un des versants de la misère.

— Si, du moins, j'avais cent louis de rentes! Avec cela, ma chère, on se retire dans une petite ville quelconque, et on y trouve à se marier....

— Je puis te les faire avoir, dit Esther.

— Et comment? s'écria madame du Val-Noble.

— Oh! bien naturellement. Écoute. Tu vas vouloir te tuer, joue bien cette comédie-là ; tu feras venir Asie, et tu lui proposeras dix mille francs contre deux perles noires en verre très-mince où se trouve un poison qui tue en une seconde; tu me les apporteras, je t'en donne cinquante mille francs....

— Pourquoi ne les demandes-tu pas toi-même? dit madame du Val-Noble.

— Asie ne me les vendrait pas.

— Ce n'est pas pour toi?.... dit madame du Val-Noble.

— Peut-être.

— Toi! qui vis au milieu de la joie, du luxe, dans une maison à toi! la veille d'une fête dont on parlera pendant dix ans! qui coûte à Nucingen dix mille francs. On mangera, dit-on, des fraises au mois de février, des asperges, des raisins.... des melons.... Il y aura pour mille écus de fleurs dans les appartements.

— Que dis-tu donc? il y a pour mille écus de roses dans l'escalier seulement.

— On dit que ta toilette coûte dix mille francs?

— Oui, ma robe est en point de Bruxelles, et Delphine, sa femme, est furieuse. Mais j'ai voulu avoir un déguisement de mariée.

— Où sont les dix mille francs? dit madame du Val-Noble.

— C'est toute ma monnaie, dit Esther en souriant. Ouvre ma toilette, ils sont sous mon papier à papillottes....

— Quand on parle de mourir, on ne se tue guère, dit madame du Val-Noble. Si c'était pour commettre....

— Un crime, va donc! dit Esther en achevant la pensée de son amie qui hésitait. Tu peux être tranquille, reprit Esther, je ne veux tuer personne. J'avais une amie, une femme bien heureuse, elle est morte, je la suivrai... voilà tout.

— Es-tu bête!....

— Que veux-tu, nous nous l'étions promis.

— Laisse-toi protester ce billet-là, dit l'amie en souriant.

— Fais ce que je te dis, et va-t'en. J'entends une voiture qui arrive, et c'est Nucingen, un homme qui deviendra fou de bonheur! Il m'aime, celui-là.... Pourquoi n'aime-t-on pas ceux qui nous aiment?....

— Ah! voilà, dit madame du Val-Noble, c'est l'histoire du hareng qui est le plus intrigant des poissons.

— Pourquoi ?....

— Eh! bien, on n'a jamais pu le savoir.

— Mais, va-t'en donc, mon ange! Il faut que je demande tes cinquante mille francs.

— Eh! bien, adieu....

Depuis trois jours, les manières d'Esther avec le baron de Nucingen avaient entièrement changé. Le singe était devenu chatte, et la chatte devenait femme. Esther versait sur ce vieillard des trésors d'affection, elle se faisait charmante. Ses discours, dénués de malice et d'âcreté, pleins d'insinuations tendres, avaient porté la conviction dans l'esprit du lourd banquier, elle l'appelait Fritz, il se croyait aimé.

— Mon pauvre Fritz, je t'ai bien éprouvé, dit-elle, je t'ai bien tourmenté, tu as été sublime de patience, tu m'aimes, je le vois, et je t'en récompenserai. Tu me plais maintenant, et je ne sais pas comment cela s'est fait, mais je te préférerais à un jeune homme. C'est peut-être l'effet de l'expérience. A la longue on finit par s'apercevoir que le plaisir est la fortune de l'âme, et ce n'est pas plus flatteur d'être aimé pour le plaisir que d'être aimé pour son argent.... Et puis, les jeunes gens sont trop égoïstes, ils pensent plus à eux qu'à nous; tandis que toi tu ne penses qu'à moi. Je suis toute ta vie. Aussi, ne veux-je plus rien de toi, je veux te prouver à quel point je suis désintéressée.

— *Che ne vus ai rien tonné*, répondit le baron charmé, *che gomde fus abborder temain drande mil vrancs te rendes... c'ede mon gâteau te noces...*

Esther embrassa si gentiment Nucingen qu'elle le fit pâlir, sans pilules.

— Oh! dit-elle, n'allez pas croire que ce soit pour vos trente mille francs de rente que je suis ainsi, c'est parce que maintenant... je t'aime, mon gros Frédéric...

— *Oh! mon tié, birguoi m'afoir ébroufé... ch'eusse édé si hireux tébuis drois mois...*

— Est-ce en trois pour cent ou en cinq? ma bichette, dit Esther en passant les mains dans les cheveux de Nucingen et les lui arrangeant à sa fantaisie.

— *En drois... ch'en affais tes masses.*

Le baron apportait donc ce matin l'inscription sur le Grand-Livre; il venait déjeuner avec sa chère petite fille, prendre ses ordres pour le lendemain, le fameux samedi, le grand jour!

— Dennez, ma bedide phâme, ma seile phâme, dit joyeusement le banquier dont la figure rayonnait de bonheur, foissi te quoi bayer fos tébenses te guisine bir le resdant te fos churs...

Esther prit le papier sans la moindre émotion, elle le plia, le mit dans sa toilette.

— Vous voilà bien content, monstre d'iniquité, dit-elle en donnant une petite tape sur la joue de Nucingen, de me voir acceptant enfin quelque chose de vous. Je ne puis plus vous dire vos vérités, car je partage le fruit de ce que vous appelez vos travaux... Ce n'est pas un cadeau, ça, mon pauvre garçon, c'est une restitution... Allons, ne prenez pas votre figure de Bourse. Tu sais bien que je t'aime.

— Ma pelle Esder, mon anche t'amur, dit le banquier, ne me barlez blis ainsi... dennez... ça me seraid écal que la derre endière me brît bir cin folleire, si j'édais ein honnéde ôme à fos yex.... Je vus âme tuchurs te blis en blis.

— C'est mon plan, dit Esther. Aussi ne te dirai-je plus jamais rien qui te chagrine, mon bichon d'éléphant, car tu es devenu candide comme un enfant... Parbleu, gros scélérat, tu n'as jamais eu d'innocence, il fallait bien que ce que tu en as reçu en venant au monde reparût à la surface ; mais elle était enfoncée si avant qu'elle n'est revenue qu'à soixante-six ans passés..... et amenée par le croc de l'amour. Ce phénomène a lieu chez les vieillards... Et voilà pourquoi j'ai fini par t'aimer, tu es jeune, très-jeune... Il n'y a que moi qui aurai connu ce Frédéric-là... moi seule!... car tu étais banquier à quinze ans... Au collége, tu devais prêter à tes camarades une bille à la condition d'en rendre deux... (Elle sauta sur ses genoux en le voyant rire.) — Eh ! bien, tu feras ce que tu voudras ! Hé ! pille les hommes... va, je t'y aiderai. Les hommes ne valent pas la peine d'être aimés, Napoléon les tuait comme des mouches. Que ce soit à toi ou au budget que les Français payent des contributions, qu'é que ça leur fait !. . On ne fait pas l'amour avec le Budget, et ma foi... — Va, j'y ai bien réfléchi, tu as raison... — tonds les moutons, c'est dans l'Évangile selon Béranger... Embrassez votre Esder... Ah ! dis donc, tu donneras à cette pauvre Val-Noble tous les meubles de l'appartement de la rue Taitbout ! Et puis, demain, tu lui offriras cinquante mille francs... ça te posera bien, vois-tu, mon chat. Tu as tué Falleix, on commence à crier après toi... Cette générosité-là paraîtra babylonienne... et toutes les femmes parleront de toi. Oh !.. il n'y aura que toi de grand, de noble dans Paris, et le monde est ainsi fait que l'on oubliera Falleix. Ainsi c'est, après tout, de l'argent placé en considération !...

— *Ti has rison, mon anche, ti gonnais le monte,* répondit-il, *ti seras mon gonzeil.*

— Mais, reprit-elle, tu vois comme je pense aux affaires de mon homme, à sa considération, à son honneur... Va me chercher les cinquante mille francs...

Elle voulait se débarrasser de monsieur de Nucingen pour faire venir un Agent de change et vendre le soir même à la Bourse l'inscription.

— *Et birquoi doud te zuite ?...* demanda-t-il.

— Dame, mon chat, il faut les offrir dans une petite boîte en satin, et en envelopper un éventail. Tu lui diras : — Voici, madame, un éventail qui, j'espère, vous fera plaisir... On te croit Turcaret, tu passeras Baujon !

— *Jarmand ! jarmand !* s'écria le baron, *ch'aurai tonc te l'esbrit maindenant !... Ui, che rebède fos mods...*

Au moment où la pauvre Esther s'asseyait, fatiguée de l'effort qu'elle faisait pour jouer son rôle, Europe entra.

— Madame, dit-elle, voici un commissionnaire envoyé du quai Malaquais par Célestin, le valet de chambre de monsieur Lucien...

— Qu'il entre !... mais non, je vais dans l'antichambre.

— Il a une lettre de Célestin pour madame.

Esther se précipita dans son antichambre, elle regarda le commissionnaire, et vit en lui le commissionnaire pur-sang.

— Dis-*lui* de descendre !... dit Esther d'une voix faible en se laissant aller sur une chaise après avoir lu la lettre. Lucien veut se tuer..... ajouta-t-elle à l'oreille d'Europe. Monte-*lui* la lettre d'ailleurs.

L'abbé, qui conservait son costume de commis-voyageur, descendit aussitôt, et son regard se porta sur-le-champ sur le commissionnaire en trouvant dans l'antichambre un étranger.

— Tu m'avais dit qu'il n'y avait personne, dit-il dans l'oreille d'Europe.

Et par un excès de prudence il passa sur-le-champ dans le salon après avoir examiné le commissionnaire. Trompe-la-Mort ne savait pas que depuis quelque temps le fameux chef du service de sûreté qui l'avait arrêté dans la Maison-Vauquer avait un rival. Ce rival était le commissionnaire.

— On a raison, dit le faux commissionnaire à Contenson qui l'attendait dans la rue. Celui que vous m'avez dépeint est dans la maison; mais ce n'est pas un Espagnol, et je mettrais ma main au feu qu'il y a de notre gibier sous cette soutane.

— Il n'est pas plus prêtre qu'il n'est Espagnol, dit Contenson.

— J'en suis sûr, dit le chef de la Brigade de sûreté.

— Oh! si nous avions raison!... dit Contenson.

Lucien était en effet resté deux jours absent, et l'on avait profité de cette absence pour tendre ce piége; mais il revint le soir même, et les inquiétudes d'Esther se calmèrent.

Le lendemain matin, à l'heure où la courtisane sortit du bain et se remit dans son lit, son amie arriva.

— J'ai les deux perles! dit la Val-Noble.

— Voyons? dit Esther en se soulevant et enfonçant son joli coude sur un oreiller garni de dentelles.

Madame du Val-Noble tendit deux espèces de groseilles noires. Le baron avait donné à Esther deux de ces levrettes, d'une race célèbre, et qui finira par porter le nom du grand poète contemporain qui les a mises à la mode; aussi la courtisane, très-fière de les avoir obtenues, leur avait-elle conservé les noms de leurs aïeux, Roméo et Juliette. Il est inutile de parler de la gentillesse, de la blancheur, de la grâce de ces animaux, faits pour l'appartement et dont les mœurs ont quelque chose de la discrétion anglaise. Esther appela Roméo, Roméo accourut sur ses pattes si flexibles et si minces, si fermes et si nervues que vous eussiez dit des tiges d'acier, et il regarda sa maîtresse. Esther fit le geste de lui jeter une des deux perles pour éveiller son attention.

— Son nom le destine à mourir ainsi! dit Esther en jetant la perle que Roméo brisa entre ses dents.

Le chien ne jeta pas un cri, il tourna sur lui-même pour tomber roide mort. Ce fut fait pendant qu'Esther disait la phrase d'oraison funèbre.

— Ah! mon Dieu! cria madame du Val-Noble.

— Tu as un fiacre, emporte feu Roméo, dit Esther, sa mort

ferait un esclandre ici. Dépêche-toi, tu auras ce soir tes cinquante mille francs.

Ce fut dit si tranquillement et avec une si parfaite insensibilité de courtisane, que madame du Val-Noble s'écria : — Tu es bien notre reine !

— Je dirai que je t'ai prêté Roméo, il sera mort chez toi ! Viens de bonne heure, et sois belle...

A cinq heures du soir, Esther fit une toilette de mariée. Elle mit sa robe de dentelle sur une jupe de satin blanc, elle eut une ceinture blanche, des souliers de satin blanc, et sur ses belles épaules une écharpe en point d'Angleterre. Elle se coiffa en camélias blancs naturels, en imitant une coiffure de jeune vierge. Elle montrait sur sa poitrine un collier de perles de trente mille francs donné par Nucingen. Quoique sa toilette fût finie à six heures, elle avait fermé sa porte à tout le monde, même à Nucingen. Europe savait que Lucien devait être introduit dans la chambre à coucher. Lucien arriva sur les sept heures, Europe trouva moyen de le faire entrer chez madame sans que personne s'aperçût de son arrivée. Lucien, à l'aspect d'Esther, se dit : — Pourquoi ne pas aller vivre avec elle à Rubempré, loin du monde, sans jamais revenir à Paris !... J'ai cinq ans d'arrhes sur cette vie, et la chère créature est de caractère à ne jamais se démentir !... Et où trouver un pareil chef-d'œuvre ?

— Mon ami, vous dont j'ai fait mon dieu, dit Esther en pliant un genou sur un coussin devant Lucien, bénissez-moi...

Lucien voulut relever Esther et l'embrasser en lui disant : — Qu'est-ce que c'est que cette plaisanterie, mon cher amour ? Et il essaya de prendre Esther par la taille ; mais elle se dégagea par un mouvement qui peignait autant de respect que d'horreur.

— Je ne suis plus digne de toi, Lucien, dit-elle en laissant rouler des larmes dans ses yeux. Je t'en supplie, bénis-moi et jure-moi d'établir à l'Hôtel-Dieu une fondation de deux lits... Car, pour des prières à l'église, Dieu ne me pardonnera jamais qu'à moi-même... Je t'ai trop aimé. Enfin, dis-moi que je t'ai rendu heureux, et que tu penseras quelquefois à moi... dis ?

Lucien aperçut tant de solennelle bonne foi chez Esther qu'il resta pensif.

— Tu veux te tuer ! dit-il enfin d'un son de voix qui dénotait une profonde méditation.

— Non, mon ami, mais aujourd'hui, vois-tu, c'est la mort de la femme pure, chaste, aimante que tu as eue.... Et j'ai bien peur que le chagrin ne me tue.

— Pauvre enfant, attends! dit Lucien, j'ai fait depuis deux jours bien des efforts, j'ai pu parvenir jusqu'à Clotilde.

— Toujours Clotilde!..... dit-elle avec un accent de rage concentrée.

— Oui, reprit-il, nous nous sommes écrit... Mardi matin, elle part, mais j'aurai sur la route d'Italie une entrevue avec elle, à Fontainebleau...

— Ah! çà, que voulez-vous donc, vous autres, pour femmes?... des planches!... cria la pauvre Esther. Voyons, si j'avais sept ou huit millions, ne m'épouserais-tu pas?...

— Enfant! j'allais te dire que si tout est fini pour moi, je ne veux pas d'autre femme que toi...

Esther baissa la tête pour ne pas montrer sa soudaine pâleur et les larmes qu'elle essuya.

— Tu m'aimes?... dit-elle en regardant Lucien avec une douleur profonde. Eh! bien, voilà ma bénédiction. Ne te compromets pas, va par la porte dérobée et fais comme si tu venais de l'antichambre au salon. Baise-moi au front, dit-elle. Elle prit Lucien, le serra sur son cœur avec rage et lui dit: Sors!... avec un accent terrible.

Quand la mourante parut dans le salon, il se fit un cri d'admiration: les yeux d'Esther renvoyaient l'infini dans lequel l'âme se perdait en les voyant, le noir bleu de sa chevelure fine faisait valoir les camélias. Enfin tous les effets qu'elle avait cherchés furent obtenus. Elle n'eut pas de rivales. Elle parut comme la suprême expression du luxe effréné dont les créations l'entouraient. Elle fut d'ailleurs étincelante d'esprit. Elle commanda l'orgie avec la puissance froide et calme que déploie Habeneck au Conservatoire dans ces concerts où les premiers musiciens de l'Europe atteignent au sublime de l'exécution en interprétant Mozart et Beethoven. Elle observait cependant avec effroi que Nucingen mangeait peu, ne buvait pas, et faisait le maître de la maison. A minuit, personne n'avait sa raison. On cassa les verres pour qu'ils ne servissent plus jamais. Deux rideaux de Chine furent déchirés. Bixiou se grisa pour la seule fois de sa vie. Personne ne pouvant se tenir debout, les femmes étant endormies sur les divans, on ne put réaliser la plaisanterie arrêtée, à l'avance entre les convives, de conduire Esther et Nucingen à la chambre à coucher, rangés sur deux lignes, ayant tous des candélabres à la main, et chantant le *Buona sera du Barbier de Séville*. Nucingen donna seul la main à Esther. Quoique gris, Bixiou, qui les aperçut, eut encore la force de dire, comme Rivarol à propos du dernier mariage du duc de Richelieu : — Il faudrait prévenir le préfet de police... il va se faire un mauvais coup ici...

Le railleur croyait railler, il était prophète.

Monsieur de Nucingen ne se montra chez lui que lundi vers midi. A une heure, son Agent de change lui apprit que mademoiselle Esther Van-Gobseck avait fait vendre l'inscription de trente mille francs de rentes dès vendredi, et qu'elle venait d'en toucher le prix.

— Mais, monsieur le baron, dit-il, le premier clerc de Maître Derville est venu chez moi au moment où je parlais de ce transfert; et, après avoir vu les véritables noms de mademoiselle Esther, il m'a dit qu'elle héritait d'une fortune de sept millions.

— *Pah!*

— Oui, elle serait l'unique héritière du vieil escompteur Gobseck... Derville va vérifier les faits. Si la mère de votre maîtresse est la belle Hollandaise, elle hérite...

— *Chè te sais*, dit le banquier, *ele m'a ragondé sa fie... Che fais égrire cin mod à Terfite!...*

Le baron se mit à son bureau, fit un petit billet à Derville, et l'envoya par un de ses domestiques. Puis, après la Bourse, il revint sur les trois heures chez Esther.

— Madame a défendu de l'éveiller sous quelque prétexte que ce soit, elle s'est couchée, elle dort...

— *Ah! tiaple*, s'écria le baron. *Irobe, èle ne se vacherait bas t'abbrentre qu'ele teflient rigissime... Elle héride le sedde milions. Le fieux Copseck ed mord et laisse ces sedde milions, et da maîtresse ed son inique héridière, sa mère édant la brobre niaise te Cobseck...... Che ne boufais bas subssonner qu'ein milionaire, gomme lui, laissâd Esder tans le missèrre...*

— Ah! bien, votre règne est bien fini, vieux saltimbanque! lui dit Europe en regardant le baron avec une effronterie digne d'une servante de Molière. Hue! vieux corbeau d'Alsace!... Elle vous aime à peu près comme on aime la peste!... Dieu de Dieu! des millions!... mais elle peut épouser son amant! Oh! sera-t-elle contente!

Et Prudence Servien laissa le baron de Nucingen exactement foudroyé, pour aller annoncer, elle la première! ce coup du sort à sa maîtresse. Le vieillard, ivre de voluptés surhumaines, et qui croyait au bonheur, venait de recevoir une douche d'eau froide sur son amour au moment où il atteignait au plus haut degré d'incandescence.

— *Ele me drombait!...* s'écria-t-il les larmes aux yeux. *Ele me drombait!... ô Esder... ô ma fie... Bedde que che suis! Te bareilles fleirs groissent-éles chamais pir tes fieillards... Che ne buis ageder te la chénesse!... O mon tié!... que vaire? que tefenir. Ele a réson, cedde grielle Irobe? — Esder rige m'échabbe... vaud-ile hâler se bantre? Qu'ed la fie sans amure?... sans la flâme tifine ti blézir que c'hai goûdé?... Mon tié...*

Et le Loup-cervier s'arracha le faux toupet qu'il mêlait à ses cheveux gris depuis trois mois. Un cri perçant jeté par Europe fit tressaillir Nucingen jusque dans ses entrailles; il se leva, marcha les jambes avinées par la coupe du Désenchantement qu'il venait de vider. Rien ne grise comme le vin du malheur. Dès la porte de la chambre, le malheureux amant aperçut Esther roide sur son lit, bleuie par le poison, morte!... Il alla jusqu'au lit, et tomba sur ses genoux.

— *Ti has réson, elle t'avait tid!... Ele ed morde te moi...*

Paccard, Asie, toute la maison accourut. Ce fut un spectacle, une surprise et non une désolation. Il y eut chez les gens un peu d'incertitude. Le baron redevint banquier, il eut un soupçon, et il commit l'imprudence de demander où étaient les sept cent cinquante mille francs de la rente. Paccard, Asie et Europe, se regardèrent alors d'une si singulière manière que monsieur de Nucingen sortit aussitôt, en croyant à un vol et à un assassinat. Europe, qui aperçut un paquet enveloppé dont la mollesse lui révéla des billets de banque sous l'oreiller de sa maîtresse, se mit à l'arranger en morte, dit-elle.

— Va prévenir monsieur, Asie!... Mourir avant d'avoir su qu'elle avait sept millions! Gobseck est l'oncle de feu madame!... s'écria-t-elle.

La manœuvre d'Europe fut saisie par Paccard. Dès qu'Asie eut tourné le dos, Europe décacheta le paquet, sur lequel la pauvre courtisane avait écrit : *A remettre à monsieur Lucien de Rubempré !* Sept cent cinquante billets de mille francs reluirent aux yeux de Prudence Servien, qui s'écria : — Ne serait-on pas heureux et honnête pour le restant de ses jours !...

Paccard ne répondit rien : sa nature de voleur fut plus forte que son attachement à Trompe-la-Mort.

— Durut est mort, répondit-il en prenant la somme, mon épaule est encore vierge, décampons ensemble, partageons afin de ne pas mettre tous les œufs dans un panier, et marions-nous.

— Mais où se cacher? dit Prudence.

— Dans Paris, répondit Paccard.

Prudence et Paccard descendirent aussitôt avec la rapidité de deux voleurs.

— Mon enfant, dit Trompe-la-Mort à la Malaise dès qu'elle lui eut dit les premiers mots, trouve une lettre d'Esther pendant que je vais écrire un testament en bonne forme, et tu porteras à Girard le modèle de testament et la lettre, et qu'il se dépêche, il faut glisser le testament sous l'oreiller d'Esther avant qu'on ne mette les scellés ici.

Et il minuta le testament suivant :

« N'ayant jamais aimé dans le monde d'autre personne que mon-
» sieur Lucien Chardon de Rubempré, et ayant résolu de mettre
» fin à mes jours plutôt que de retomber dans le vice et dans la
» vie infâme d'où sa charité m'a tirée, je donne et lègue audit Lu-
» cien Chardon de Rubempré tout ce que je possède au jour de
» mon décès, à condition de fonder une messe à la paroisse de
» Saint-Roch à perpétuité pour le repos de celle qui lui a tout
» donné, même sa dernière pensée.

» ESTHER GOBSECK. »

— C'est assez son style, se dit Trompe-la-Mort.

A sept heures du soir le testament, écrit et cacheté, fut mis par Asie sous le chevet d'Esther.

— Monsieur, dit-elle en remontant avec précipitation, au moment où je sortais de la chambre, la Justice arrivait....

— Tu veux dire, le juge de paix....

— Non, monsieur; il y avait bien le Juge de paix, mais il se trouve accompagné de gendarmes. Le Procureur du Roi et le Juge d'Instruction y sont, les portes sont gardées.

— Cette mort a fait du tapage bien promptement, dit Collin.

— Tenez, Europe et Paccard n'ont point reparu, j'ai peur qu'ils n'aient effarouché les sept cent cinquante mille francs, lui dit Asie.

— Ah! les canailles!... dit Trompe-la-Mort. Avec cet escamotage, ils *nous* perdent!...

La justice humaine, et la justice de Paris, c'est-à-dire la plus défiante, la plus spirituelle, la plus habile, la plus instruite de toutes les justices, trop spirituelle même, car elle interprète à chaque instant la loi, mettait enfin la main sur les fils de cette horrible intrigue. Le baron de Nucingen, en reconnaissant les effets du poison, et ne trouvant pas ses sept cent cinquante mille francs, pensa que l'un des personnages odieux qui lui déplaisaient beaucoup, Paccard ou Asie, était coupable du crime. Dans son premier moment de fureur, il courut à la Préfecture de Police. Ce fut un coup de cloche qui rassembla tous les Numéros de Corentin. La Préfecture, le Parquet, le Commissaire de police, le Juge de paix, le Juge d'Instruction, tout fut sur pied. A neuf heures du soir, trois médecins mandés assistaient à une autopsie de la pauvre Esther, et les perquisitions commençaient! Trompe-la-Mort, averti par Asie, s'écria: — L'on ne me sait pas ici, je puis *me dissimuler!* Il s'éleva par le châssis à tabatière de sa mansarde, et fut, avec une agilité sans pareille, debout sur le toit, où il se mit à étudier les alentours avec le sang-froid d'un couvreur. — Bon, se dit-il en apercevant à cinq maisons de là, rue de Provence, un jardin, j'ai mon affaire.

— Tu es servi! Trompe-la-Mort, lui répondit Contenson qui sortit de derrière un tuyau de cheminée. Tu expliqueras à monsieur Camusot quelle messe tu vas dire sur les toits, monsieur l'abbé, mais surtout pourquoi tu te sauvais....

— J'ai des ennemis en Espagne, dit Carlos Herrera.

— Allons-y par ta mansarde, lui dit Contenson.

Le faux Espagnol eut l'air de céder, mais, après s'être arcbouté sur l'appui du châssis à tabatière, il prit et lança Contenson avec tant de violence que l'espion alla tomber au milieu du ruisseau de la rue Saint-Georges. Contenson mourut sur son champ d'honneur. Jacques Collin rentra tranquillement dans sa mansarde, où il se mit au lit.

— Donne-moi quelque chose qui me rende bien malade, sans me tuer, dit-il à Asie. Ne crains rien, je suis prêtre et je resterai prêtre. Je viens de me défaire, et naturellement, du seul homme qui pût me démasquer.

A sept heures du soir, la veille, Lucien était parti dans son cabriolet en poste avec un passe-port pris le matin pour Fontainebleau, où il coucha dans la dernière auberge du côté de Nemours. Vers six heures du matin, le lendemain, il s'en alla seul, à pied, dans la forêt où il marcha jusqu'à Bouron. — C'est là, se dit-il, en s'asseyant sur une des roches d'où se découvre le beau paysage de Bouron, l'endroit fatal où Napoléon espéra faire un effort gigantesque, l'avant-veille de son abdication.

Au jour, il entendit le bruit d'une voiture de poste et vit passer un briska où se trouvaient les gens de la jeune duchesse de Lenoncourt-Chaulieu et la femme de chambre de Clotilde de Grandlieu.

— Les voilà, se dit Lucien, allons, jouons bien cette comédie, et je suis sauvé, je serai le gendre du duc malgré lui.

Une heure après, la berline où étaient les deux femmes fit entendre ce roulement si facile à reconnaître d'une voiture de voyage élégante; les deux dames avaient demandé qu'on ennayât à la descente de Bouron, et le valet de chambre qui se trouvait derrière fit arrêter la berline. En ce moment, Lucien s'avança.

— Clotilde! cria-t-il en frappant à la glace.

— Non, dit la jeune duchesse à son amie, il ne montera pas dans la voiture, et nous ne serons pas seules avec lui, ma chère. Ayez un dernier entretien avec lui, j'y consens; mais ce sera sur la route où nous irons à pied, suivies de Baptiste..... La journée est belle, nous sommes bien vêtues, nous ne craignons pas le froid. La voiture nous suivra...

Et les deux femmes descendirent.

— Baptiste, dit la jeune duchesse, le postillon ira tout doucement, nous voulons faire un peu de chemin à pied, et vous nous accompagnerez.

Madeleine de Mortsauf prit Clotilde par le bras, et laissa Lucien lui parler. Ils allèrent ensemble ainsi jusqu'au petit village de Grey. Il était alors huit heures, et là, Clotilde congédia Lucien.

— Eh! bien, mon ami, dit-elle en terminant avec noblesse ce long entretien, je ne me marierai jamais qu'avec vous. J'aime

mieux croire en vous qu'aux hommes, à mon père et à ma mère...
On n'a jamais donné de si forte preuve d'attachement, n'est-ce
pas?.... Maintenant tâchez de dissiper les préventions fatales qui
pèsent sur vous...

On entendit alors le galop de plusieurs chevaux, et la gendarmerie, au grand étonnement des deux dames, entoura le petit groupe.

— Que voulez-vous?... dit Lucien avec l'arrogance du dandy.

— Vous êtes monsieur Lucien de Rubempré? dit le Procureur du roi de Fontainebleau.

— Oui, monsieur.

— Vous irez coucher ce soir à la Force, répondit-il, j'ai un mandat d'amener décerné contre vous.

— Qui sont ces dames?... s'écria le brigadier.

— Ah! oui, pardon, mesdames, vos passe-ports? car monsieur Lucien a des accointances, selon mes instructions, avec des femmes qui sont capables de...

— Vous prenez la duchesse de Lenoncourt pour une fille? dit Madeleine en jetant un regard de duchesse au Procureur du Roi. Baptiste, montrez nos passe-ports...

— Et de quel crime est accusé monsieur? dit Clotilde que la duchesse voulait faire remonter en voiture.

— D'un vol et d'un assassinat, répondit le brigadier de la gendarmerie.

Baptiste mit mademoiselle de Grandlieu complètement évanouie dans la berline.

A minuit, Lucien entrait à la Force où il fut mis au secret. L'abbé Carlos Herrera s'y trouvait de la veille, au soir.

Paris, juin 1843.

FIN DU ONZIÈME VOLUME.

TABLE DES MATIÈRES.

SCÈNES DE LA VIE PARISIENNE.

La Maison Nucingen 1
Pierre Grassou 61
Les Secrets de la princesse de Cadignan 81
Les Employés, ou la Femme supérieure 133
Splendeurs et Misères des courtisanes 336
Première partie : Esther heureuse .... Ib.
Deuxième partie : A combien l'amour revient aux vieillards 469

FIN DE LA TABLE.

2° 14

2314

www.ingramcontent.com/pod-product-compliance
Lightning Source LLC
Chambersburg PA
CBHW060410230426
43663CB00008B/1437